"十一五"国家重点图书

风景园林手册系列

公园工作手册

（第二版）

景长顺　编著

中国建筑工业出版社

图书在版编目（CIP）数据

公园工作手册/景长顺编著. —2版. —北京：中国建筑工业出版社，2015.1
（风景园林手册系列）
ISBN 978-7-112-17667-0

Ⅰ.①公… Ⅱ.①景… Ⅲ.①公园-管理-手册 Ⅳ.①G246-62

中国版本图书馆CIP数据核字（2015）第012873号

责任编辑：郑淮兵 王晓迪
责任校对：张 颖 赵 颖

"十一五"国家重点图书
风景园林手册系列
公园工作手册（第二版）
景长顺 编著
*
中国建筑工业出版社出版、发行（北京西郊百万庄）
各地新华书店、建筑书店经销
霸州市顺浩图文科技发展有限公司制版
北京中科印刷有限公司印刷
*
开本：880×1230毫米 1/32 印张：28⅛ 字数：918千字
2015年4月第二版 2015年4月第二次印刷
定价：**68.00**元
ISBN 978-7-112-17667-0
(26818)

版权所有 翻印必究
如有印装质量问题，可寄本社退换
（邮政编码100037）

第二版说明

时隔 8 年，《公园工作手册》再版，一方面反映了公园事业的大发展，另一方面也反映行业对它的需求。再版之际，其基本框架原则上不大动。但是随着时代的进步和时间的演进，新情况新问题不断出出，新成果新经验不断总结，不变不改似乎是不可能的，因此作了以下修订和补充。

第一部分：

增加了第六章、公园分展趋势，内容包括：（一）迎接公园城市时代；（二）境界文化信息；（三）《关于进一步加强公园建设管理的意见》解读；（四）中国历史名园保护与发展北京宣言。替换的部分：一、公园概述（二）P52 中替换"北京公园公类表"。五、（一）公园的服务管理规范一节 P169 的《北京市公园管理中心公园管理规范》，五（三）数字公园一节 P200 的《北京市精品公园评选标准》。

第二部分：

增加了（七）《中华人民共和国旅游法》；（十六）更新了国家重点公园管理办法。

第三部分：

增加了一（十）《城市园林绿化评价标准》；二（二）国务院关于加强城市基础设施建设的意见；（四）关于促进城市园林绿化发展的意见；（七）关于进一步加强公园建设管理的意见。删除二（十）（十一）（十二）（十三）（十四）。

第四部分：

一（五）替换为"全国公园优秀文化活动一览表"。

另外，原书中有 19 处字词错误的地方得以更正。

特此说明。

前　　言

　　2006年初，北京市高等教育自学考试院根据社会的需要，要开设园林专业本科的考试项目，主办的学校为北京林业大学。确定了17门课程，有园林艺术、园林设计、园林史、园林工程、园林管理、花卉学、美学原理等，每门课程聘请一位教授作为考试委员，唯其中园林管理一门课，找不到人，因为院校没有园林管理这门课。他们几经周折找到我，聘请我担任园林管理这门课的考试委员。我深知自己才疏学浅，加之园林管理是一门没有理论、没有教材、没有基础的课程，既说不清，也道不明，接受如此重要的任务，确实是诚惶诚恐。但是经北京市园林绿化局郑西平局长和科技处徐佳处长提名以及北京林业大学的推荐，高自考院已召集开了会，分派了任务，可以说是上了马（不如说是上了虎），只好硬着头皮接受了任务。当时想，既然这是个空白科目，不如趁此机会去闯一闯，试一试，也许能闯出一条路来，鲁迅不是说过吗，世界上原本没有路，走的人多了，路就出来了。

　　接受任务后，以中国林业出版社1997年出版的上海市园林学校主编、王焘先生编著的《园林经济管理》为主要参考书编写了考试大纲，并邀请北京市园林学校马宪红校长共同担当了园林专业本科的自学考试试卷和判卷工作，一路走来，总算完成了任务。

　　2007年初，中国建筑工业出版社郑淮兵先生找到我，说该社计划出版"风景园林手册系列"图书，包括《风景名胜区工作手册》、《公园工作手册》、《城市园林绿化管理手册》、《风景园林树种设计手册》、《园林施工手册》、《园林养护管理手册》等，准备让我负责《公园工作手册》。我认为这是件很有意义的事。有了2006年的那段经历，加之我在原北京市园林局公园处任处长和公园绿地协会任秘书长期间，参与了《北京市公园条例》制订，编写《公园奥运服务规范》，主持编辑出版过《公园管理人手册》大型画册《北京园林》、《京华百园》、《北京园林文物精华》、《文化建国》及《景观》杂志，著有《讲解心理学》和《公园漫步》等，对公园工作有些许经验，于是就答应接下了这个工作。心想，再闯一次又何妨。

　　真正做起来，确实有不少困难。因为公园的历史不长，而且就管理而言，一是中国和其他发达国家在公园管理上有很大的区别，可供借鉴的东西不多；二是它不同于规划、设计、建设和营造，后者有很多理论和著述，而公园管理工作实践的人很多，但研究的人很少，管理理论不多，大概是以往人们偏重于关注技术层面，而疏于管理方面的研究。实际上这些年，在实践中人们探索了不少好的经验，只是没有系统总结罢了。

《公园工作手册》第一部分，较系统地总结了公园管理方面的经验理论，这些经验是广大公园工作者实践的结晶，提出的理论方面的问题，是全行业员工上下求索的结果。比如生态园林理论、三个效益理论、城市大园林理论等都是园林先辈们的重要创造。其中一些文章出自我手，是我多年关注公园、研究公园的成果，有些就是我多年的讲课提纲。比如，公园管理的层次性理论、公园管理的阶段性理论、游客需要动力理论、文化建园理论、价值评价理论等。我认为，理论是支撑一个行业的基石，只有有了正确的理论，事业才能沿着正确的方向发展。我期望这本手册发挥抛砖引玉的作用，能引起园林界对公园管理工作理论化、系统化的研究，不断推动公园事业的健康发展。

《公园工作手册》的第二、三部分，是相关的法律法规和规范，也是这个手册的重点。公园工作是一项复杂的系统工程。公园管理是公园管理机构协调人与人、人与社会、人与环境关系的科学。做好管理一是靠人，靠有责任感、有事业心、想干事、能干事的人去干；二是靠正确的理论和观念，没有正确的理论和观念，往往会走弯路；三靠法律法规和规范；第四，当然还有科学与技术的作用。构成四元化支撑，四者互为动力，形成合力，如同天坛祈年殿中的四根龙井柱，支撑着大殿，有这四方面的保障，公园事业就会健康发展。我们常说"以法治园"，"工欲善其事，必先利其器"，"没有规矩不成方圆"。我们把这些法规规范聚集起来的目的，就是给大家提供武器和工具，提供一个较为完善的法规体系，使我们的管理工作有法规政策可依，有规矩可循，使管理工作走向正确健康发展的轨道。

《公园工作手册》第四部分，是中外名园撷英，为读者了解中外名园概况提供方便。

由于水平、能力和时间的限制，书中难免有错误和纰漏之处，还望专家、学者和一切关心公园事业的人士给予批评指正，我将感激之至。如果本书能对公园工作有所裨益，我将不胜荣幸！

目　　录

第二版说明
前言

第一部分　公园管理的理论和实践

一、公园概述 ·· 2
　（一）公园的产生和发展 ·································· 2
　（二）公园的类型 ·· 11
　（三）公园的功能与效益 ································ 23
　（四）科技推动公园管理 ································ 32
　　附：从传统到数字化现代化的转变 ···················· 34
　（五）公园免票的故事 ···································· 40
二、公园管理的规定性 ·· 47
　（一）公园管理的阶段性 ································ 47
　（二）公园管理的层次性 ································ 53
　（三）文化建园的必然性 ································ 64
　（四）公园管理的法律法规体系 ························ 73
三、公园管理的理论 ·· 84
　（一）生态园林理论 ······································ 84
　（二）城市大园林理论 ···································· 94
　（三）价值评价理论 ······································ 102
　　附：游览参观点价值评价表（专家用） ················ 113
　（四）游客需求动力理论 ································ 113
四、公园的行业管理 ·· 121
　（一）公园行业管理的发展 ······························ 121
　　附：深圳市星级公园评定办法 ·························· 124
　（二）公园的分级分类管理 ······························ 126
　　附1：《北京市公园分级及管理标准》 ················ 133

附2:《关于本市公园分级分类管理方法》(暂行) ·············· 138
　　(三) 创建文明公园行业的实践 ························ 139
　　　附: 文明公园评比标准及评比办法 ···················· 146
　　(四) 北京市公园条例解读 ···························· 147
　　　附: 北京市公园条例 ······························ 157
五、公园服务规范 ·· 167
　　(一) 公园服务管理规范 ······························ 167
　　(二) 公园服务人员行为规范 ·························· 182
　　(三) 数字公园 ···································· 197
　　　附: 北京市精品公园评选标准 ······················· 203
　　(四) 创建和谐公园 ································· 213
　　(五) 小事变大事 ·································· 219
　　　附1: 北京市属公园厕所建设管理规范(试行) ············ 221
　　　附2: 北京紫竹院公园《厕所管理规定》、《厕所岗位服务规范》、
　　　　　《厕所保洁标准》、《厕所保洁作业流程》 ·········· 223
六、公园发展趋势 ·· 227
　　(一) 迎接公园城市时代 ······························ 227
　　(二) 境界文化信息——园林文化漫谈 ···················· 231
　　(三)《关于进一步加强公园建设管理的意见》解读 ············ 237
　　(四) 中国历史名园保护与发展北京宣言 ·················· 246

第二部分　相关法律法规

一、国内相关法律法规 ······································ 250
　　(一) 中华人民共和国城乡规划法(节录) ················ 250
　　(二) 中华人民共和国文物保护法(节录) ················ 256
　　(三) 中华人民共和国环境噪声污染防治法(节录) ········· 272
　　(四) 中华人民共和国安全生产法(节录) ················ 273
　　(五) 中华人民共和国环境保护法(节录) ················ 274
　　(六) 中华人民共和国森林法(节录) ···················· 276
　　(七) 中华人民共和国旅游法 ·························· 278
　　(八) 中华人民共和国进出境动植物检疫法(节录) ········· 296
　　(九) 中华人民共和国野生植物保护条例(节录) ··········· 298

（十）《大型群众性活动安全管理条例》
　　（国务院令第505号）（节录） ········· 299
（十一）殡葬管理条例（节录） ············ 304
（十二）营业性演出管理条例（节录） ······ 305
（十三）城市绿化条例 ····················· 305
（十四）风景名胜区条例 ··················· 310
（十五）城市绿线管理办法 ················· 319
（十六）国家重点公园管理办法（试行） ···· 321
（十七）城市古树名木保护管理办法 ········ 324
（十八）国家城市湿地公园管理办法（试行）（节录） ····· 327
（十九）城市节约用水管理规定（节录） ···· 329
（二十）城市动物园管理规定 ··············· 330
　　附：建设部关于修改《城市动物园管理规定》的决定 ········· 335
（二十一）游乐园管理规定 ················· 336

二、国外相关法律法规 ·························· 341
（一）世界文化和自然遗产保护公约 ········ 341
（二）国际古迹保护与修复宪章 ············ 351
（三）佛罗伦萨宪章 ······················· 354
（四）生物多样性公约 ····················· 357
（五）英国公园管理法 ····················· 373
（六）美国西雅图市公园法 ················· 382
（七）美国纽约市公园与娱乐场地规章与条例 ····· 388
（八）日本城市公园法 ····················· 401
（九）日本城市绿地保护法 ················· 424

第三部分　标准规范及重要文件

一、标准规范 ································· 433
（一）公园设计规范 ······················· 433
（二）《公园设计规范》条文说明 ·········· 457
（三）城市绿地分类标准 ··················· 479
（四）《城市绿地分类标准》条文说明 ······ 484
（五）国家园林城市标准 ··················· 496

（六）城市绿地系统规划编制纲要（试行） …………… 500
（七）城市绿化工程施工及验收规范 ……………… 506
（八）城市湿地公园规划设计导则（试行） ………… 523
（九）园林树木养护技术规程规范 ………………… 528
（十）城市园林绿化评价标准 ……………………… 535
（十一）《城市园林绿化评价标准》条文说明 ……… 575
（十二）国家生态园林城市标准（暂行） …………… 605
（十三）国家重点公园评价标准（报批稿） ………… 609
（十四）园林基本术语标准 ………………………… 617
（十五）国民经济行业分类与代码（节录） ………… 642
（十六）地表水环境质量标准 ……………………… 646
（十七）旅游景区质量等级的划分与评定 ………… 660
（十八）北京市城市园林绿化养护管理标准 ……… 679
（十九）广东省城市绿地养护质量标准 …………… 697

二、重要文件 ……………………………………… 704
（一）国务院关于加强城市绿化建设的通知 ……… 704
（二）国务院关于加强城市基础设施建设的意见 … 708
（三）关于加强城市生物多样性保护工作的通知 … 715
（四）住房城乡建设部关于促进城市园林绿化事业健康
　　　发展的指导意见 …………………………… 717
（五）关于加强公园管理工作的意见 ……………… 725
（六）全国城市公园工作会议纪要 ………………… 727
（七）关于进一步加强公园建设管理的意见 ……… 731
（八）关于建设节约型城市园林绿化的意见 ……… 736
（九）城市园林绿化当前产业政策实施办法 ……… 740
　　附：城市园林绿化当前发展序列和重点发展方向 … 748
（十）旅游景区质量等级评定管理办法 …………… 750
（十一）上海市公园管理条例（修正） ……………… 753
（十二）重庆市公园管理条例 ……………………… 760
（十三）广州市公园管理条例 ……………………… 765
（十四）杭州市公园管理条例 ……………………… 770
（十五）成都市公园条例（草案） …………………… 776

（十六）安徽省森林公园管理条例 …………………… 784
（十七）南昌市公园条例 …………………………… 791
（十八）台湾省公园管理办法 ……………………… 796
（十九）台北市公园管理办法 ……………………… 798
（二十）洛阳市洛浦公园管理条例 ………………… 802

第四部分　中外名园撷英

一、中国著名公园 ………………………………………… 810
　（一）历史名园（61个）………………………………… 810
　（二）动物园（26个）…………………………………… 836
　（三）植物园（21个）…………………………………… 844
　（四）主题游乐公园（21个）…………………………… 849
　（五）全国公园优秀文化活动名录 …………………… 854
二、世界名园 ……………………………………………… 857
参考文献 …………………………………………………… 888
后记 ………………………………………………………… 890

第一部分 公园管理的理论和实践

一、公园概述

(一) 公园的产生和发展

公园一词在中国古来有之。但是词义与今天迥然不同。《辞源》中释为"古代官家之地"。《魏书》景穆十二王中的任城王传:"(任城王澄) 表减公园之地,以给无业贫口。"今天公园一词专指公众游览休息之地。它是社会公益事业,是城市的基础设施,是现代社会中人类自己创造的最佳生活境域。公园是具有良好的园林环境、较完善的设施,具有改善生态、美化城市、游览观赏、休憩娱乐和防灾避险等功能,对公众开放的场所。它是社会发展到一定程度的产物,是伴随着全球城市化的进程产生的,同时也是从古代的园林中脱胎出来的,无论在西方还是在中国,最早的公园大多都是由皇家园林改造而成的。

园林有悠久的历史。但是在历史上,它是供王公贵族等少数人享用的。虽然也有向公众开放的时候,但那是富人的一种施舍和玩趣,以显示其慷慨和雅量。比如英、法、意等国,在文艺复兴时期一些私人庄园在一定时期向公众开放,并成为一种时尚。

在中国历史上园林向公众开放的例子也时见于古籍。比如隋唐时期长安的芙蓉园,每当中和(二月初一)、上巳(三月三日)等节日,自帝王将相至商贾庶民莫不云集于此。北宋李格非于绍圣二年(1095年)所著《洛阳名园记》中记载的园林,有时也对平民开放:"花(牡丹花)开时倾城仕女绝烟游之。"曾任宰相的司马光的"独乐园",也有供人参观游览的记载。明清时代北京的天坛,西外坛域也曾几度繁盛。据《万历野获编》记载:端午盛会,"京师惟天坛游人最胜,连钱障泥,联镳飞鞚,豪门大贾之外,则中官辈竟以骑射为娱,……"明末《帝京景物略》载:"五月……五日正午前,群入天坛,日避毒也。"至清时,天坛内端午盛会依旧。清朝沈榜在《宛署杂记》中说:"端阳,士人相约携酒果游赏天坛松林,……名踏青。"酒肆、茶舍、药坊也落户坛内。

18 世纪，在欧洲随着资产阶级革命的成功和君主政权的灭亡，城市规模不断膨胀，民主思想逐步形成，人们对城市环境的需求不断增长。到 1851 年英国城市人口超过了农村人口，于是不少属于皇家的园林逐步向平民开放。如英国伦敦有著名的皇家公园 8 处，平均每个公园面积为 253hm²。如，肯辛顿公园（Ken Sington Garden）、海德公园（Hyde Park）、绿园（Green Park）、圣詹姆斯园（St. James's Park）及摄政公园（Regents Park）等，它们几乎连成一片，位于伦敦市中心区。肯辛顿园原是肯辛顿宫的花园，维多利亚女王于 1819 年在此宫出生。18 世纪前是英王狩鹿场。1843 年由帕克斯顿（Joseph Paxton）负责设计公园。1847 年完工，面积 138hm²。园的东北部有一条带状水域。在海德公园的东北角大理石拱门入口处有一片草地，自 19 世纪以来，每星期天下午，有人站在肥皂箱上发表自由演说，有 "肥皂箱上的民主" 之称，现在的演说者多数站在铝制梯架上高谈阔论，成为海德公园内独特的一景。摄政公园原是 Middlosex 大森林的一部分，亨利八世建成猎场。1811 年，著名王室建筑师约翰·纳什受摄政王委托设计建成了公园，是八大公园中面积最大的，约 300hm²。在法国首先整片开放的是布劳林苑（Boin De Boulogne）和樊尚林苑（Boin De Vincennes）。在德国将皇家狩猎园梯尔园改造成公园。

由皇家园林改造成的公园，虽然其功能、作用都发生了很大变化，主要是具备了公园的 3 个必要条件，即良好的园林环境、较完善的设施和向公众开放，但是其固有的形式和内容仍然沿袭着历史的轨迹。从整体上说，在那个时候，世界上还缺乏真正意义上的 "公园"，但是这种改建公园的热潮却为真正意义上的公园的诞生创造了条件。

世界上第一个真正意义上的公园，是美国纽约的中央公园。中央公园位于纽约市中心区域，1858 年修建，面积 340hm²，考虑到成人和儿童不同的兴趣和需要，园内安排了各种活动设施，并有各种独立的交通路线，有车行道、骑马道、步行道及穿越公园的城市公共交通线路。周边有低矮的围墙或栅栏，既融于城市，又成为独立的空间。著名的设计师奥姆斯特德提出的建园原则，即 "奥姆斯特德原则"，成为之后各国公园设计建设效仿的准则：（1）保护自然景观，在某些条件下，自然景观需要加以恢复或进一步强调；（2）除了在非常有限的范围内，尽量避免使用规则式；（3）保持公园中心的草地和草坪；（4）选用乡土树种，特别用于公园周边稠密的种植带中；（5）道路应是流畅的曲线，成环状布设；(6)全园以主要道路划分区域。这些原则对于现在公园的规划设计仍具有十分重要的指导意义。美国纽约中央公园的建立，引起欧美各国纷纷仿效，也引起世界各地的关注，揭开了公园发展的新篇章。特别是第二次世界大战以后，伴随全球经济的发展，出现了大规模兴建公园的局面。

在19世纪西方国家的公园兴起且蓬勃发展的时候，旧中国由于受帝国主义、封建主义和官僚资本主义的统治，几乎谈不上公园的发展。在中国公园的发展初期，许多公园也都是由皇家园林演化而来的。比如北京在新中国成立之前开放的仅有10多个公园（表1-1），天坛公园、地坛公园（曾称京兆公园）、中山公园（时称中央公园）、颐和园、北海公园、动物园（西郊公园）、劳动人民文化宫（和平公园）、中南海公园、先农坛公园等。天坛公园、地坛公园、中山公园、北京市劳动人民文化宫前身都是皇家的祭坛，分别是祭祀天、地、社稷和祖先的地方。颐和园、北海、中南海公园等原是皇家园林，是供皇亲国戚少数人享乐的地方。封建王朝覆灭之后，这些不同形式的园林逐步向公众开放成为公园。颐和园原是清朝皇帝的行宫（原名清漪园），建于1750年，后遭英法、八国联军侵略破坏，清末慈禧挪用海军军费整修恢复，更名颐和园。颐和园利用自然的山形水系，加以人工疏理营造，无论平面布局还是造园艺术都达到了登峰造极的地步，出神入化的境界，1928年作为公园开放，受到广大游客的欢迎，是享誉中外的天下第一名园。

北京市1949年前公园开放一览表　　　　表1-1

名　　称	原名	开放时间	备　　注
北京动物园	农事试验场	1907年7月9日	曾称为万牲园、西郊公园
城南公园	先农坛	1912年	现为体育场和古代建筑博物馆
天坛公园	天坛	1913年1月1日	1918年1月1日起售票开放
中山公园	社稷坛	1914年10月10日	曾称中央公园
劳动人民文化宫	太庙	1924年11月	曾称和平公园，1928年停办，1950年辟为劳动人民文化宫
北海公园	北海	1925年6月13日	团城1938年10月1日售票开放

续表

名　称	原名	开放时间	备　注
地坛公园	地坛	1925 年	曾称京兆公园，1928 年改称市民公园
颐和园	清漪园	1928 年 7 月 1 日	1751 年改万寿西宫为清漪园，1888 年更名为颐和园
中南海公园	中南海	1928 年	1949 年后为新中国中央政府所在地

注：资料来源《北京园林绿化志》、《北京传统文化便览》。

大约在 19 世纪末 20 世纪初叶，中国一批新公园相继建立起来。如齐齐哈尔市的龙沙（仓西）公园，建于 1907 年（清光绪三十三年）。因当时利用城西南部旧仓基址，故称仓西公园，俗称西花园。1917 年改称龙沙公园，"龙沙"泛指塞外之地，最早见于《后汉书·班固传》的"坦步葱雪、咫尺龙沙"，唐代诗人李白"将军分虎竹，战士卧龙沙"，之后始以龙沙为一地，龙沙公园即由此得名。1907 年园内建起了"望江楼"，1916 年，正式冠以"龙沙公园"之称。龙沙公园坐落于市区中心，占地 64hm^2，是一座综合性的公园。劳动湖与嫩江水系相通，湖中有游船、游艇，岸上绿树成荫，每年冬季，龙沙公园都会举办"龙沙冰景游览会"，为其增添了一大景观，齐齐哈尔的冰雕作品，在国内外享有盛名，被视为鹤城奇葩。1905 年无锡几个进步绅士集资建的"锡金公花园"，俗称"花公园"，1912 年改名"无锡公园"，现名城中公园。北京动物园前身是清朝末年的农事实验场，建于 1906 年，后改为西郊公园，是北京第一座向社会开放的公园。据北京动物园园史记载："1906 年商部上书，兴办农事试验场，选址乐善园、继园及其附近官地 854 亩（约 56.9hm^2）。同日光绪皇帝批准。""1907 年动物园竣工。其园内所养各种野兽，雇德国两名工人饲养，每月每人薪金 40 元；其飞禽各类则由学生饲养，每人月薪 5 元，按月发给。""六月初十，农事试验场附设的万牲园开放。"在此之后，在中国大地上出现了一批公园。但是在 1949 年以前，由于社会动荡，战乱不断，灾难深重，人民处在水深火热之中，经济发展缓慢，根本谈不上公园的发展。仅有的一些公园也是草木凋零，残破不堪。

1868—1915 年间中国内地早期建设的主要城市公园　　表 1-2

城市	公园名称	建成年份	园主及特点
上海	外滩公园	1868	英租界工部局，园景为维多利亚式风格
上海	新公园（后称华人公园）	1890	英租界工部局
大连	西公园（今劳动公园）	1898	俄国人始建
昆山	马鞍山公园（今亭林公园）	1906	为纪念明清爱国学者顾炎武先生建
无锡	锡金公花园 后称城中花园	1905	当地乡绅筹资捐建
青岛	森林公园（后称会前公园、旭公园、中山公园、第一公园）	1905	德国人始建，日本人扩建，以樱花路为特色
哈尔滨	董事会公园（道里公园，今兆麟公园）	1906	俄中东铁路管理局
齐齐哈尔	仓西公园（今龙沙公园）	1907	清朝黑龙江将军府主持修建
北京	万牲园（今动物园）	1908 始建于 1906	农事试验场
大连	星海公园	1909	大连市政府
柳州	柳侯公园	1909	当地乡绅在柳侯祠周边扩建
成都	少成公园（今人民公园）	1911	劝业道道台周善培拨款修建
福州	南公园	1915	福建巡查许世英主持修建

注：引自李敏：龙沙公园的历史地位，《中国公园》，2007（8）

值得一提的是，1868 年上海由外国人建造的外滩公园，曾立有歧视、侮辱中国人的牌示，其中一、五、六条规定："一、脚踏车及犬不准入内。二、除西人仆佣外华人不准入内。三、儿童无西人同伴不准入内。"这是中华民族的耻辱。同时，根据成为公园必须具备的

3个必要条件衡量，即"良好的园林环境、较完善的设施和向公众开放"，那时的外滩公园不向"公众开放"，因此它不能称其为公园，只能是"西人"的私人花园。直到1927年在北伐战争的威慑下才向中国人开放，只有从这时起，外滩公园才可称得上真正的公园。

新中国成立后，公园进入了一个新的发展时期。到1985年，全国城市公园达到978个，总面积20956 hm^2，平均每个城市人口占有公园面积1.8 m^2。到2005年，北京市的公园由新中国成立初的7个，发展到173个。全国公园达5832个，面积11.3万 hm^2。特别是近几年，公园的发展呈现快速增长的势头，一批批新公园建立起来，改善了环境，提高了人民的幸福指数。2001—2004年全国新建公园达1972个，新增公共绿地11万 hm^2，是"九五"期间的2倍。2006年建设部评选出第一批国家重点公园，包括北京的颐和园、天坛、北海公园、北京动物园、北京植物园，苏州的拙政园、留园、网师园、环秀山庄、狮子林、艺圃、耦园、退思园、沧浪亭，沈阳的东陵公园、北陵公园，济南的趵突泉公园，扬州的个园、何园，长春的世界雕塑园等。

经过50多年的发展，公园的发展无论在理论上还是实践上，无论从数量上还是质量上都取得了很大的进步，获得了许多宝贵的经验。园林理论的活跃促进了公园向更加理性化的方向发展。首先是文化建园理论的提出，为公园的发展指明了前进的方向。文化建园就是从弘扬祖国优秀文化和展现时代风范的结合上，赋予园林城市和管理以浓厚的精神文化色彩，创造出新时代中国特色的园林文化。近几年在这条方针的指引下，公园管理者的文化意识显著增强，学会了用文化的眼睛去观察，用文化的头脑去思考，用文化的胃肠去消化，用文化的双手去创造。许多公园深挖其历史文化内涵，通过景观建设、文化活动、展出展览等形式，加快了公园发展的步伐。在公园的建设和管理中，更加注重文化的创新。第二是城市大园林理论顺应城市发展的需要，顺应现代人的需要而生，它强调以整个城市为其发展的空间，继承园林的优秀传统，建设现代型园林，强调因地制宜，因需而建，注重生态平衡的原则，具有形态和功能的多样性，对于指导城市园林向其深度广度发展具有重要意义。城市公园在大园林中占据重要地位，是城市大园林的核心，在城市中发挥着奉献社会、影响社会、推动社会的作用。第三是生态园林的理论对公园的发展产生了积极的影响。近些年来在公园建设中,在强调传统实用价值、美学价值的同时,强调其生态环境的价值,以改善城市居民的生存环境。在植物配置上,坚持乔灌草花相结合的复合结构;在草坪建造中,提倡人工草地和自然草地相结合的原则;在植保方面,则大力推广使用生物防治技术,以减少污染。第四是"三个效益"的大讨论推动了公园的发展。"三个效益"的提法始于 20 世纪 80 年代初,经过 80 年代末、90 年代初的几次大讨论,端正了公园建设、管理者的思想,适应社会主义初级阶段的客观现实,将三个效益从线性排列模式转变为环形排列模式,促使公园三个效益形成良性循环的局面,有力地促进了公园的发展。

出现了多渠道建设公园的良好局面。随着改革开放的深入和旅游事业的发展,社会办公园的积极性大大增强了。改革开放以来,除政府投资兴办公园外,出现了企业、股份制公司、村镇、个人等社会办公园的局面。比如北京世界公园、中华民族园等是通过股份制形式建立起来的,个园是由几个人集资建的,南宫苑、韩村河公园是由村镇出资建的等,这批公园的出现在北京是有一定影响力的,它不仅扩大了北京市公园的数量,而且改变了固有的公园属性和运作机制。政府在社会办公园的过程中给予积极支持和鼓励,这些路子为公园提供了广阔的前景。

创造特色为公园的发展注入了新的活力。所谓特色就是指事物的个性特征及其发展规律,马克思主义告诉我们,共性寓于个性之中,没有个性就没有共性,就没有世界万物。公园事业的发展不仅要注重数量的增加,而且要注意质量的提高。新中国成立以来特别是改革开放以来,在公园的新建和改造过程中,园林设计师、规划师创造了许多具有鲜明个性的公园,比如以竹子品种最多而闻名的华北第一竹园——紫竹院公园;以亭文化为主的陶然亭公园;以龙文化为特色的龙潭湖公园;以少年儿童为对象进行环境雕塑的红领巾公园以及一批主题公园(北京世界公园、大观园、中华民族园)、游乐园等,这些公园都有极其鲜明的主题特色,因此具有很强的生命力,为北京公园的画卷上增添了五彩纷呈的篇章,大大丰富了公园的文化内涵,是在中国园林优秀传统基础上的有益的探索。

将科研和科技成果引入公园,提高了公园科学化管理的水平。公园是一种综合性的艺术,涉及许多学科和许多技术门类,在其发展过程中有许多需要解决的课题。凭借科技力量的优势，把公园建设管理中的难点当成科研的重点，一个一个地突破，一个一个地解决，大大提高了公园科学化管理水平。

加强公园行业管理，树立公园良好形象。制定公园条例和行业规范，树立公园管理的高标准。抓公园管理，首先是规范，没有规范就没有管理，针对公园的情况，各地制定了一系列公园管理的规则，用检查覆盖管理。公园是一项社会性、群众性很强的工作，各项管理都处在一个动态的过程中，一天都不能放松，因此公园行业管理把检查工作当成一个主要手段，采取了定期或不定期的检查，检查的结果同评比和奖励挂起钩来，促进了公园管理水平的提高。

公园事业的发展取得了很大成绩，但公园的发展距国际水平尚有较大差距。首先是公园数量不足。联合国生物圈与环境组织提出，首都城市人均公园面积 $60m^2$ 为最佳环境，美、德提出城市要为居民每人规划 $40m^2$ 的公园面积的目标。和北京同为 2008 年奥运会申奥城市中，法国巴黎 1984 年人均公园面积就达到 $12.4m^2$，加拿大多伦多人均公园面积为 $24m^2$。日本的《都市公园法》和《城市公园规划标准》规定，城市公园的可达距离为 $0.25\sim2km$。我国许多城市公园数量少，人均公园面积低，不适应现代化城市发展的需要。

土地资源紧缺制约着公园的发展。城市人口的不断增长，给城市的建设带来了巨大的压力，抢占城市土地已成为城市建设中突出的矛盾。公园的发展，严重地受到这种形势的挤压，呈现出艰难发展的局面。以北京为例，早在 1956 年，北京市曾规划出全市公园绿地 $9749hm^2$，平均每个城市居民 $17.72m^2$，在 1959 年全市规划修改方案中将公园及林地增至 $27000hm^2$，平均每人 $49m^2$。由于三年自然灾害，十年"文革"动乱，这些公园规划均未实现。粉碎"四人帮"以后，1983 年，中共中央、国务院批准北京市城市建设总体规划方案中，除提出利用窑坑、洼地开辟公园外，特别提出要开辟居民区公园，一般居住区每个居民应有公共绿地 $2m^2$ 左右，到 2000 年，市区范围公园绿地要达到 $4000hm^2$，平均每个城市居民 $10m^2$。从实际情况来看，许多方面未达到规划要求。如东城、西城、崇文、宣武四城区人口密度大，公园绿地比例小，据 2002 年统计四城区有公园 24 个，面积为

795hm^2，服务人口 243 万人（不含流动人口；其中 60 岁以上的老人 40 多万），每个公园服务人口 10 多万人，人均公园绿地仅 3m^2 左右。这种情况致使城区公园长时间超负荷运转，造成园容设施使用周期缩短，绿化植被毁坏率高。如已列入世界文化遗产的国家级文物保护单位天坛，年票月票的拥有者就达到 6 万多人，每天有几万人早上 6:00 就入园晨练，不利于文物古树保护。景山公园游人多时，每人活动空间不足 1m^2，大大影响了游览效果，同时存在不安全因素。解决这些问题的根本方法是建设新的公园，增加市民活动场地，但原有城市建设规划中，城中心区没有预留足够的公园规划建设用地，使公园难以发展。

在资金方面，我们国家随着经济发展，在园林绿化上已作出了很大的努力。据有关方面资料，20 世纪 80 年代初，全国每年用于城市基本建设和更新改造资金是 6000 万至 8000 万元，1998 年底是 60 亿至 80 亿元，而在此期间城市园林绿化的投入增长了 100 倍，远远超过经济发展的速度，这是非常令人鼓舞的。但是这些投入与人们的需要相比相差较远，特别是公园的维护资金长期处于低水平循环状况，致使一些公园重建轻管，甚至出现了公园或绿地改变性质的状况。这种状况随着国家经济的发展应当逐步改变。日本的《城市公园法》规定："城市公园设置与管理所需费用，除特殊规定外，国家设立的城市公园，由国家负担，属地方公共团体设立的公园，由该地方公共团体负担。"同时还规定："国家可以在预算范围内，补助地方公共团体新建或改建城市公园所需费用的一部分，其中设施建设应补助费用的 1/2，征用土地补助 1/3。"

法规体系尚未建立起来。国务院 1992 年颁布的《城市绿化条例》是公园建设管理的基本依据。各省市结合自身实际情况，先后出台了地方的"公园（管理）条例"，做了有益的探索。但是这很不够，需要不断地努力，争取出台国家层次的公园管理方面的法规。欧美日本等国家和地区政府重视公园的发展和建设，在很大程度上得益于法规的健全。我国尚无公园方面的新法规。各省市先后出台的公园条例，可作为国家公园法的重要参考。

公园绿地是现代化城市园林的主体形态，公园的绿色群落具有规模效应，其产生的边际效应和景观层次效应更为明显。因此要按照科学规划、合理布局、增加数量、形成网络的原则，建立城市公园网络体系。根据城市总体规划，经济和社会发展计划制定公园发展规划。作为绿地系统规划主体的公园，在现有的基础上，逐步建立一批新公园，形成综合性公园、专类公园、带状公园和街区公园等网络体系。维持城市的自然生态系统，美化城市，为市民创造最佳的绿色生存空间，为广大市民提供尽量多的空气清新、赏心悦目的休闲和娱乐场所。

各级政府应将公园的建设发展纳入国民经济和社会发展计划，制定公园发展规划，在城市发展中预留出充足的土地资源发展公园绿地，建立目标责任制，安排一定比例的资金用于公园的建设、发展和维护，并每年有所增长。尽快出台国家公园法，积极鼓励个人、团体企业等社会各方面力量办公园，在市政信贷、税收等方面给予一定的优惠政策，在法律允许的范围内，可以以个人团体企业的名字冠名公园，实行"谁建设谁管理谁受益"的原则，凡经过审查批准符合公园标准的，准予注册登记，对外开放。建立公园建设发展专项基金。专项基金主渠道应来自各级财政拨款，也可以通过社会捐赠、企业资助等形式筹集。当前，我们面临着难得的机遇和挑战，我们要以科学发展观和构建和谐社会为指针，促进公园事业再创新水平，再上新台阶，为改革开放和现代化建设事业作出新的贡献。

(二) 公园的类型

随着公园事业的发展，各个城市建起了许多公园，公园的分类就提上了重要的议事日程。为了统一全国城市绿地分类，科学地编制、审批、实施城市绿地系统规划，规范绿地的保护、建设和管理，改善城市的生态环境，促进城市的可持续发展，2002年发布了《城市绿地分类标准》(CJJ/T 85—2002)，明确了公园绿地的概念和公园的分类。

"公园绿地"是作为一个新概念出现在标准中，代替以往使用的"公共绿地"。《城市绿地分类标准》条文说明指出："公共绿地"引自苏联，新中国成立以来在我国城市规划与绿地规划、建设、管理、统计工作中曾广泛使用。但是，从长期的绿地建设和发展趋势来看，继续使用"公共绿地"不能如实反映我国绿地建设的现状和发展趋势。"公共绿地"是政府投资建设并管理的带有社会福利性质的市政公用设施。在社会主义市场经济条件下，绿地建设的投资渠道、开发方式和管理机制均发生了变化，由园林系统外建设并向公众开放的公园绿地在各地均有出现，这些公园绿地与"公共绿地"在概念上有所不同，但在功能和用途上是相同的。因此，使用公园绿地这个概念不仅适应绿地建设与发展的需要，而且有利于国际间的横向比较。世界各国的绿地分类及绿地规划建设指标因国情不同而各异，但我国目前使用的"公共绿地"与其他国家相对于非公有绿地的"公共绿地"缺乏可比性。"人均公园面积"是欧美、日本等发达国家普遍采用的一项反映绿地建设水平的指标，本标准使用"公园绿地"的名称，以"人均公园绿地面积"取代"人均公共绿地面积"，有利于国际间的横向比较。虽然世界各国"公园"的内涵不一定完全相同，但是基本概念是相对应的，而且从发展的角度看，也有趋同的趋势。为此，本标准不再使用"公共绿地"，而用"公园绿地"替代。

"公园绿地"是城市中向公众开放的、以游憩为主要功能，有一定的游憩设施和服务设施，同时兼有健全生态、美化景观、防灾减灾等综合作用的绿化用地。它是城市建设用地、城市绿地系统和城市市政公用设施的重要组成部分，是表示城市整体环境水平和居民生活质量的一项重要指标。将"公共绿地"改称"公园绿地"，突出绿地的主要功能。

相对于其他绿地来说，为居民提供绿化环境和良好的户外游憩场所是"公共绿地"的主要功能，但"公共绿地"从字面上看强调的是公共性，而"公园绿地"则直接体现的是这类绿地的功能性。"公园绿地"并非"公园"和"绿地"的叠加，不是公园和其他类别绿地的并列，而是对具有公园作用的所有绿地的统称，即公园性质的绿地，具备一定的延续性和协调性。以"公园绿地"替代"公共绿地"，基本保持原有的内涵，既能保证命名的科学、准确，又使绿地统计数据具有一定的延续性。国家现行标准《公园设计规范》CJJ 48 中提出的公园类型基本上与《城市用地分类与规划建设用地标准》GBJ 137 中"公共绿地"的内容相吻合，只是所用名称有所不同，如将"街头绿地"表述为"带状公园"和"街旁游园"，并作出了相应的规定。因此，使用"公园绿地"既可以涵盖"公共绿地"的内容，又与相关标准、规范具有协调性。

按各种公园绿地的主要功能和内容,将其分为综合公园、社区公园、专类公园、带状公园和街旁绿地5个中类及11个小类,小类基本上与国家现行标准《城市绿地分类标准》CJJ/T 85—2002 的规定相对应。见表1-3。

公园绿地分类 表 1-3

类别代码			类别名称	内容与范围	备注
大类	中类	小类			
G_1			公园绿地	向公众开放,以游憩为主要功能,兼具生态、美化、防灾等作用的绿地	
			综合公园	内容丰富,有相应设施,适合于公众开展各类户外活动的规模较大的绿地	
	G_{11}	G_{111}	全市性公园	为全市居民服务,活动内容丰富、设施完善的绿地	
		G_{112}	区域性公园	为市区内一定区域的居民服务,具有较丰富的活动内容和设施完善的绿地	
			社区公园	为一定居住用地范围内的居民服务,具有一定活动内容和设施的集中绿地	不包括居住组团绿地
	G_{12}	G_{121}	居住区公园	服务于一个居住区的居民,具有一定活动内容和设施,为居住区配套建设的集中绿地	服务半径:0.5~1.0km
		G_{122}	小区游园	为一个居住小区的居民服务、配套建设的集中绿地	服务半径:0.3~0.5km

续表

类别代码			类别名称	内容与范围	备注
大类	中类	小类			
G_1	G_{13}		专类公园	具有特定内容或形式，有一定游艺、休憩设施的绿地	
		G_{131}	儿童公园	单独设置，为少年儿童提供游戏及开展科普、文体活动，有安全、完善设施的绿地	
		G_{132}	动物园	在人工饲养条件下，移地保护野生动物，供观赏、普及科学知识，进行科学研究和动物繁育，并具有良好设施的绿地	
		G_{133}	植物园	进行植物科学研究和引种驯化，并供观赏、游憩及开展科普活动的绿地	
		G_{134}	历史名园	历史悠久，知名度高，体现传统造园艺术并被审定为文物保护单位的园林	
		G_{135}	风景名胜公园	位于城市建设用地范围内，以文物古迹、风景名胜点（区）为主形成的具有城市公园功能的绿地	
		G_{136}	游乐公园	具有大型游乐设施，单独设置，生态环境较好的绿地	绿化占地比例应大于等于65%
		G_{137}	其他专类公园	除以上各种专类公园外具有特定主题内容的绿地。包括雕塑园、盆景园、体育公园、纪念性公园等	绿化占地比例应大于等于65%
	G_{14}		带状公园	沿城市道路、城墙、水滨等，有一定游憩设施的狭长形绿地	
	G_{15}		街旁绿地	位于城市道路用地之外，相对独立成片的绿地，包括街道广场绿地、小型沿街绿化用地等	绿化占地比例应大于等于65%

综合公园包括全市性公园和区域性公园，与国家现行标准《城市绿地分类标准》CJJ/T 85—2002 的内容保持一致。因各城市的性质、规模、用地条件、历史沿革等具体情况不同，综合公园的规模和分布

差异较大，故标准对综合公园的最小规模和服务半径不作具体规定。

在城市化发展过程中，一方面是城市生活水平的提高使居民的生活范围发生着变化，另一方面是城市开发建设的多元化使开发项目的单位规模多样化，因此，使用"社区"的概念，既可以用其所长从规模上保证覆盖面，同时强调社区体系的建立和社区文化的创造。"社区"的基本要素为："① 有一定的地域；② 有一定的人群；③ 有一定的组织形式、共同的价值观念、行为规范及相应的管理机构；④ 有满足成员的物质和精神需求的各种生活服务设施"（摘自《辞海》）。因此，"社区"与"居住用地"基本上是吻合的。标准在公园绿地的分类中设"社区公园"中类，结合国家现行标准《城市居住区规范设计规范》GB 50180 下设"居住区公园"和"小区游园" 2 个小类，并对其服务半径作出规定，旨在着重强调这类公园绿地都属于公园性质，与居民生活关系密切，必须和住宅开发配套建设，合理分布。

目前，我国许多城市兴建了大型游乐场所，但是其建设、管理均不够规范。1997 年，国务院下发《关于游艺机、游乐园有关情况的报告》（国经贸字 [1997] 661 号），明确规定将游乐园的管理权归属建设部。本标准增设"游乐公园"，是考虑到：① 大型游乐场作为城市旅游景点和居民户外活动场所之一应当纳入城市公园绿地的范畴；② 将游乐场所定位为"游乐公园"，明确其绿化占地比例应大于等于 65% 的规定，有利于提高游乐场所的环境质量和整体水平；③ 将游乐场所从偏重于经济效益向注重环境、经济和社会综合效益的方向引导。

为符合国家现行标准《公园设计规范》CJJ 48 对公园绿地的要求，本标准提出"游乐公园"中的绿化占地比例应大于等于 65% 的规定。对于已建成的游乐场所，如达不到该项要求，不能按"公园绿地"计算。

"带状公园"常常结合城市道路、水系、城墙而建设，是绿地系统中颇具特色的构成要素，承担着城市生态廊道的职能。"带状公园"的宽度受用地条件的影响，一般呈狭长形，以绿化为主，辅以简单的设施。本标准虽未对"带状公园"提出宽度的规定，但在带状公园的最窄处必须满足游人的通行、绿化种植带的延续以及小型休息设施布置的要求。

"街旁绿地"是散布于城市中的中小型开放式绿地，虽然有的街旁绿地面积较小，但具备游憩和美化城市景观的功能，是城市中量大面广的一种公园绿地类型。标准提出"街旁绿地"的绿化占地比例的规定，其主要依据是国家现行标准《公园设计规范》CJJ 48 规定"街旁绿地"的绿化占地比例应大于等于 65%。

在"街旁绿地"的"内容与范围"一栏中提到了"街道广场绿地"的概念，"街道广场绿地"是我国绿地建设中一种新的类型，是美化城市景观，降低城市建筑密度，提供市民活动、交流和避难所的开放型空间。"街道广场绿地"在空间位置和尺度上，在设计方法和景观效果上不同于小型的沿街绿化用地，也不同于一般的城市游憩集会广场、交通广场和社会停车场库用地。"街道广场绿地"与"道路绿地"中的"广场绿地"不同，"街道广场绿地"位于道路红线之外，而"广场绿地"在城市规划的道路广场用地（即道路红线范围）以内。标准提出"街道广场绿地"中绿化占地比例大于等于 65%这一量化规定。

日本是公园发展比较早的国家，公园数量也比较多，仅东京就有公园 1000 多个。日本的公园分为骨干公园、城市森林、广场公园、特殊公园、大规模公园、国立公园、缓冲绿地、城市绿地和绿地等 9 类。其中骨干公园包括住宅区骨干公园和城市骨干公园。住宅区骨干公园包括街区公园、近邻公园、地区公园。城市骨干公园包括综合公园和运动公园。大规模公园包括广域公园、娱乐城市。见表 1-4。

日本城市公园分类　　　　　　表 1-4

种类		类别	设置目的及建设标准等
骨干公园	住宅区骨干公园	街区公园	为居住在专门街区的人提供的公园，以吸引游人范围 250m、面积 0.25hm^2 为设置标准
		近邻公园	主要为住宅区附近居民提供的公园，以 1 个住宅区 1 所、吸引游人范围 500m、面积 2hm^2 为设置标准
		地区公园	主要为可步行范围内居民提供的公园，以 1 个地区 1 所、吸引游人范围 1km、面积 4hm^2 为设置标准
	城市骨干公园	综合公园	为全市居民提供休闲、观赏、散步、游戏、运动等全面服务的公园，根据城市规模以面积 15hm^2～50hm^2 为设置标准
		运动公园	主要为全市居民提供运动设施的公园，根据城市规模以面积 15hm^2～75hm^2 为设置标准

续表

种类	类别	设置目的及建设标准等
	城市森林	主要是作为动植物生息场所或生存场所的树林地带城市公园,以保护自然和创造良好的城市自然环境为目的
	广场公园	主要是在商用的土地上,以进一步美化城市景观和为使用周围设施的人们提供更好的休憩环境为目的
	特殊公园	风景公园、动植物公园、历史公园、陵园等特殊公园,根据各自不同的目的进行设置
大规模公园	广域公园	主要以充实超出某一市镇村范围的娱乐设施为目的的公园;以地方生活单位为基础,每一生活圈一所,以面积 50hm² 以上为设置标准
	娱乐城市	为充实大城市及其他城市圈区域对多样化及具有丰富选择性娱乐设施的广泛需要,根据综合性城市规划,以良好的自然环境为主体,以大规模公园为核心设置的拥有一系列娱乐设施的地域,并且从大城市圈及其他城市圈都很容易到达,整体规模以 1000hm² 为标准
	国立公园	①主要为超越某一都道府县区域提供广泛的公园服务,是由国家设置的大规模公园,设置标准面积在大约 300hm² 以上。 ②作为国家纪念事业由国家设置的公园,为配备与其设置目的相符的内容进行建设
	缓冲绿地	以防止大气污染、噪声、振动、恶臭公害及缓和防止联合企业地带灾害为目的的绿地;针对有公害、灾害发生的居住区及商业区等建立的隔绝地域,要根据公害、灾害情况进行具体设置

续表

种类	类别	设置目的及建设标准等
城市绿地		主要是为保护城市自然环境及改善和美化城市景观而设置的绿地;以面积 $0.1hm^2$ 为设置标准。但是,如果设置绿地的市区已经有良好的树林,或者是用植树的办法让城市再增加一点绿色以达到改善城市环境的目的,其设置规模必须在 $0.05hm^2$ 以上(包括尚未决定进行城市规划,并用租借地进行建设的城市公园)
绿地		以确保灾害时期避难场所和安全舒适的市区城市生活为目的,在住宅区附近或住宅区连接地带设置的绿地。主体为植树带及人行造成自行车道,按幅员 10~20m 的设置标准。尽量起到连接公园、学校、商业中心、站前广场的作用

注:住宅区附近:为主干道路所包围的均 $1km^2$($100hm^2$)的居住单位。

北京市的公园在实践中按性质分类,可分为历史名园、古迹保护公园、文化主题公园、现代城市公园和社区公园等,(表1-5、图1-1)。

北京公园分类表　　　　　　表 1-5

大类	小类	定义	标准	与北京城市定位的关系
狭义公园	历史名园	有一定的造园历史和突出的本体价值,在一定区域范围内拥有较高知名度的公园	1. 具有50年以上造园历史; 2. 在历史、科学、艺术等方面具有独特的价值; 3. 在本地区或者全国拥有较高的美誉度	是文化名城的重要标志,国家首都的重要资源
	遗址保护公园	以古文化遗址为核心建造的公园	1. 拥有较高历史价值、文物价值的古文化遗址; 2. 将遗址保护和园林环境有机结合	延伸城市历史文脉,是文化多城的重要内容

续表

大类	小类	定义	标准	与北京城市定位的关系
狭义公园	现代城市公园	现代建造的规模较大、反映时代特征、具有地标性价值的公园	1. 规模一般在30公顷以上； 2. 功能齐备，能够满足多样性的游览需求； 注重生态、景观、文化的结合，是城市生态系统的重要组成部分	是国家首都与国际城市的重要体现
狭义公园	文化主题公园	围绕着明确的主题思想创造出来的，具有一定文化内涵的公园	1. 有明确的主题思想； 2. 以科学和艺术的手段，展示公园的文化内涵； 3. 有良好的园林环境和较完善的服务设施	是国际城市与文化名城的重要内容
狭义公园	区域公园	具备相应设施和一定规模，为一定区域居民服务的公园	1. 服务于一定区域的居民； 2. 具备一定的设施，面积为10～20公顷； 3. 具备良好的园林环境	是宜居城市的主要组成部分
狭义公园	社区、村镇公园	建在社区村镇为本社区村镇居民服务的公园	1. 服务于本社区、村镇居民； 2. 具备一定设施，面积为10公顷； 3. 具备相应的园村环境	是改善方便居民生活的必要设施
狭义公园	道路及滨河公园	依城乡道路或河流而建的公园	1. 依城乡道路或河流而建，与道河形成一体； 2. 一般规模较大； 3. 具备生态、景观、文化多种功能	是现代城市的重要基础设施
狭义公园	小游园	规模较小的公园	1. 面积在1公顷以下； 2 有一定的园林环境； 3. 有简单的设施	是城乡公园系统重要的组成部分

续表

大类	小类	定义	标准	与北京城市定位的关系
狭义公园	风景名胜区	自然景观、人文景观比较集中，环境优美，可供人们游览或者进行科学、文化活动，具有重要的生态保护功能和为大众提供休闲功能区域	1. 面积一般应在10平方公里以上； 2. 具备较为集中的自然、人文景观； 3. 是文化名城和宜居城市的重要组成部分	是文化名城和宜居城市的重要组成部分
广义公园	自然保护区	为保护珍贵和濒危动、植物以及各种典型生态系统，保护珍贵的地质剖面，为进行自然保护教育、科研和宣传活动提供场所，并在指定的区域内开展旅游和生产活动而划定的特殊区域的总称。保护对象还包括有特殊意义的文化遗迹等		
	地质公园	以具有特殊地质科学意义，稀有的自然属性、较高的美学观赏价值，具有一定规模和分布范围的地质遗迹景观为主体，并融合其他自然景观与人文景观而构成的一种独特的自然区域		
	农业公园	以向参观者提供观光、休闲为目的，以农业元素形成公园景观，配合有相关配套设施的现代农业形式		
	森林公园	具有一定规模和质量的森林风景资源与环境条件，可以开展森林旅游与休闲，并按法定程序申报批准的森林地域		
	湿地公园	城市湿地公园以湿地的自然复兴、恢复湿地的生态为特征，以形成开敞的自然空间，接纳大量的动植物种类、形成新的群落生境，为游人提供生机盎然的、多样性的游憩空间		
	郊野公园	以原有绿化隔离带为基础改造而成的公园		

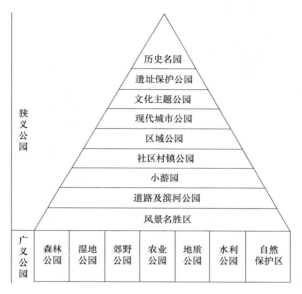

图 1-1　北京市公园分类"宝塔"结构示意图

历史名园是古都北京的象征。有着 3000 多年历史的古都北京，拥有着祖先为我们留下的众多古典园林与人文胜迹，其中故宫、长城、十三陵、颐和园、天坛、周口店猿人遗址等，已列入世界遗产名录。这些文化遗存，以其深厚的哲学理念、完美的整体设计、高超的造园艺术，让那些已经流逝的岁月与新世纪的阳光相映生辉。北京的 21 座历史名园是古都北京的象征。它们是：有园林艺术博物馆之称的颐和园，有历史上"万园之园"之称的圆明园遗址公园；有独特的北京城标志祈年殿的天坛，有地处城市东西北三面的日月地三坛；有白塔辉映的北海公园和记述着朝代更迭的景山公园；有典雅高致的宋庆龄故居和恭王府花园；有百年辉煌历史的北京第一个公园北京动物园；有以卧佛寺和曹雪芹著书地闻名的北京植物园；有丛林浸染的香山、八大处，有银锭观山奇景的什刹海；有翠竹万竿的紫竹院，有百亭之胜的陶然亭公园，还有樱花烂漫的玉渊潭公园等。这些历史名园气势恢宏、艺术精湛、山水相依、花树如烟，像颗颗宝石镶嵌在城市的版图上，构成古都独特的韵味和风范。生活在这里，生活在北京这个城市的人们，不仅可以亲手触摸历史，而且能够将身心融于其间，其乐也无限，其情也绵绵。

　　古迹保护公园续写了北京的历史辉煌。进入新世纪，首都城市公园建设始终注重文化的传承，向着新的目标登攀。建设了一批以古迹保护为内涵的公园，丰富了公园的种类，延伸了古都的历史文化，从一个侧面展示了城市的形象。在北京这块土地上，古与今，历史与现代融合交汇，像一条涓涓流淌的长河荡涤着人们的心灵。西滨河公园纪念阙，可以带你见证辽金的宫殿；元大都遗址公园的战马雕塑，让你追忆联镳飞鞚的昔年；明城墙遗址公园、顺城公园，会让你体味古城城垣的沧桑；皇城根遗址公园的墙基，让你寻觅明清王朝紫禁城的胜颜；菖蒲河公园会让你在绿树鲜花中流连；会城门公园的改造，海淀公园的新建，处处都彰显着古都的神韵和历史的悠远。它们如同北京这座历史文化名城衣襟上的一枚枚文化勋章，让北京有了区别于世界上其他城市的文化标识。古迹保护公园等一大批新公园的建设，座座都续写着历史的辉煌和时代的诗篇。在这里，你会听到历史的脚步！在这里，你会望见古都悠悠的云烟！在这里，你会感受到北京朝现代化大都市迈进的脉搏！

　　现代城市公园是现代城市的标志。多年来北京市委市政府高度重视公园的建设，先后建设了一批极具规模的现代城市公园。这些公园是城市的重要基础设施，具有良好的园林环境、较完善的设施，具备改善生态、美化城市、游览观赏、休憩娱乐、开展科学教育文化活动和防灾避险等功能，具有较高的园林艺术水平。这些公园不仅在改善环境、滋润城市、美化城市、防灾避险等方面发挥了重要作用，而且为城市涂抹生命的底色，让绿色充满人们的视野，让快乐包围人们的生活，发挥了调剂群众生活、润滑社会机器的积极作用，成为构建和谐社会的重要场所。"城中烟树绿波漫，几万楼台树影间"、"万家掩映翠微间，处处水潺潺"，从高空鸟瞰北京这座具有悠久历史的文化名城，映入我们眼帘的是一片蕴藏着无限生机的绿色。青年湖公园、柳荫公园、团结湖公园、朝阳公园、龙潭公园、人定湖公园、万寿公园、玲珑公园、丰台花园、北京国际雕塑公园等40多座现代城市公园，与历史名园、古迹保护公园等，构成一个完整的公园体系，清新的空气，优美的景色，让居住在城市高楼中的人们，融汇在大自然之中。随着占地1000多公顷的奥林匹克公园等现代公园的建设，随着奥运步伐的加快，北京市公园建设的一个辉煌时代到来了。

文化主题公园是北京公园的奇葩。它是知识的宝库、学习的课堂、游憩的天地、欢乐的海洋。大观园里可以让你体味宝黛绝世姻缘情长,世界公园一天可以让你走过全世界的每一个地方;中华民族园可以让你同 56 个民族兄弟欢聚一堂;到中华文化园读一部中国五千年历史,到法制公园听一讲中外法典的课堂;去北京国际雕塑公园看一看世界级的雕塑,去世妇公园与各国的姊妹们叙叙家常;抗战雕塑公园的雄浑,湿地生态公园的风光,农艺园的阵阵稻香;老人爱去健康园散步,孩子愿去红领巾公园徜徉;到体育公园练练身手,到世界花卉大观园闻一闻花香……改革开放二十余载,已经有 26 朵文化主题公园花朵在古都北京开放。文化主题公园,是万紫千红公园大家庭中的奇葩,是时代造就的文化城墙。

北京的社区公园如同大珠小珠落玉盘,撒满整个城市。近几年来,北京市开展了"500 米见公园绿地"的工程。每年每个街道建一块 $500m^2$ 以上的公园绿地,每个城区建设一个 $10000m^2$ 以上的公园绿地,每个近郊区建设一个 $30000m^2$ 以上的公园绿地。经过数年的努力,一批社区公园如雨后春笋般建立起来,像"大珠小珠落玉盘"一样撒落在北京 800 多个社区之中。

北京是一座古老的城市,又是一座现代化的国际化大都市,是一座坐落在公园中的城市。当生活在这里的人们每天浸染于绿色之中,当人们融于大自然的理想突然在今天变成生活现实的时候,人们不禁为我们的城市而自豪,为我们美好的生活充满信心!

(三) 公园的功能与效益

公园是社会文明的标志,是园林绿化的重要组成部分,其主要功能是改善生态、美化城市、休憩娱乐、游览观赏和防灾避险等,为居民创造良好的居住环境,提高人民的生活质量,使城市保持生机活力和持续发展。特别是在高度发展的城市,公园改善生态的功能显得极为重要。科学研究证明,园林绿化特别是面积较大的公园,植物不仅可以制造氧气,还可在夏季起到为城市降温的作用。绿化覆盖率在 50% 以上,气温可下降 14.079%。按照这样的相关系数计算,当北京市夏季白天的气温为 38℃时,绿化覆盖率在 50% 以上的地段,气温可下降 4.94℃。乔木树冠的遮阴,可阻隔 10% 的太阳辐射,气温也可比无遮阴处低 3~4℃，而且绿地面积越大效果越明显。园林绿化特别是面积较大的公园，可起到净化空气的作用。如北京在采暖期，当绿化覆盖率达到 60% 时，颗粒物浓度下降 94.3%。当绿化覆盖率达到 50% 时，苯并（a）芘的浓度下降 97%。当绿化覆盖率达到 40% 时，SO_2 浓度下降 80%。同时，园林绿化特别是面积较大的公园，能涵养水分，为鸟类和昆虫提供栖息和生存的环境，实现生物多样性的保护。

公园是城市的一条亮丽的风景线，由于公园的存在，城市变得更加美丽多姿。就一个公园而言，有山有水，有树有花，亭台楼阁，轩榭廊桥，晨钟暮鼓，曲径通幽，早霞晚云，鸟语花香，如诗如画，不仅为城市增添了斑斓的色彩，而且带来了清气、灵气和朝气，城市靠她变得生气勃勃。就整个公园体系而言，一个城市中，包括综合性公园、社区公园、专类公园、带状公园和街旁绿地等，有历史名园的厚重积淀，有现代公园的丰富多彩，有主题公园的文化底蕴，有社区公园的灵动，也有节日公园的烂漫。每年北京天安门广场的花山花海构成的"节日公园"，是公园的杰作。自 1987 年起，这里年年"花样"翻新，从"南湖灯光、延安宝塔"到"巍巍长城、姊妹情深"（1987年），从"有凤来仪、巨龙腾飞"到"走向世界、永放光芒"（1994年），从"光辉历程、走向未来"到"锦绣中华、共创明天"（2002年），从"天坛祈年殿"到"奥运之光"（2007 年），每一年都和当时的政治和社会形势相结合，以山水为画卷，以花卉造境界，成为独特的公园景观，吸引千百万的中外游人赏花观景，呈现花海人潮之盛况。

休憩娱乐是公园的重要功能之一。随着社会的发展和人民生活水平的提高，人们的闲暇时间越来越多，人们以自由的方式，自愿地到公园去休息、放松、运动、健身、体验、静思、娱乐等，以求精神和身体的愉悦和健康。北京市公园年票 2006 年就发售了 153 万张，从一个侧面反映了公园休憩娱乐功能的重要。从这个意义上说，公园是幸福指数的标志，是百姓生活须臾不可缺少的精神和文化资源。

公园不仅有丰富的动植物资源，而且有深厚的历史文化积淀，有国家重点文物保护单位，有世界文化和自然遗产，都是重要的旅游资源。随着我国改革开放的深入，旅游事业迅速发展，公园游览观赏的功能日益突出。仅北京市公园一年接待中外游客 1.1 亿人次。据报道，我国即将成为世界第三旅游目的地大国，预计到 2020 年，我国旅游人数将达到 2000 万人。可以想见，到那时公园的游览功能将显得更加突出。

防灾避险是公园的重要功能。我国地域辽阔，地理条件和气候条件十分复杂，自古是一个多灾的国家。2008 年 5 月 12 日下午，四川汶川发生 8.0 级地震。造成 69196 人遇难，18379 人失踪，374176 人受伤的悲剧。1976 年唐山大地震，死亡 24 万余人，是迄今为止 400 多年来地震史上最悲惨的一次。地震波及北京，许多公园成了避难所，260 万市民到公园绿地中避灾。从 7 月 28 日至 8 月中旬，仅天坛就接待 6 万余人。2004 年 9 月国务院下发的《关于加强防震减灾工作的通知》（国发［2004］25 号）明确指出"要结合城市广场、绿地、公园等建设，规划设置必需的应急疏散通道和避险场所，配置必要的避险救生设施"。中国地震局印发了《关于推进地震应急避难场所的意见》（中震发［2004］188 号），积极推动省会城市和百万人口以上城市灾害应急避难场所的规划设计，对应急避难场所的规划原则、建设思路、管理要求提出了建议。2001 年 10 月 16 日颁布《北京市实施〈中华人民共和国防震减灾法〉办法》，其中第二十条规定："本市在城市规划和建设中，应当考虑地震发生时人员紧急疏散和避险的需要，预留通道和必要的绿地、广场和空地。地震行政主管部门应当会同规划、市政、园林、文物等部门划定地震避难场所。"2002 年 10 月 17 日通过的《北京市公园条例》第二条规定："公园具备改善生态环境、美化城市、游览观赏、休息娱乐和防灾避险等功能。"第四十九条规定："对发生地震等重大灾害需要进入公园避灾避险的，公园管理机构应当及时开放已经划定的避难场所。"2003 年 10 月，北京建成了国内第一所防灾公园——北京元大都城垣遗址公园。它拥有 39 个疏散区，10 种应急避难设施：① 应急避难指挥中心，② 应急避难疏散区，③ 应急供水装置，④ 应急供电网，⑤ 应急简易厕所，⑥ 应急物资储备用房，⑦ 应急直升机坪，⑧ 应急消防设施，⑨ 应急监控，⑩ 应急广播功能。避难场所面积 380000m^2，可容纳 253300 人，疏散 231043 人。北京已经计划在八大城区乃至更大范围内都建立应急避难场所，已建和在建的共有 27 处，目标是保证居民在 10 分钟内即可到达一个避难所。西安、泉州、天津、上海、重庆、南京等城市对防灾公园的建设也予以了高度关注，并着手开展准备、规划和建设工作。

园林的"三个效益"即环境效益、社会效益、经济效益的提法，始于20世纪80年代初，主要的背景是针对"以园养园"的提法。从20世纪50年代起，一直流行"以园养园"这个口号，曾对国民经济恢复时期公园的发展起到了一定的积极作用，但是在后来许多地方滥用了。把公园当成了挣钱的地方，出租房屋、摆摊设点，以获得最高的经济收入为目标，影响了公园功能的发挥。随着社会的进步、经济的发展，人们生活水平的逐步提高，城市建设机构认识到园林应当以环境效益为前提，注重社会效益，同时，经济效益也不可忽视，特别是经过80年代末90年代初的几次大讨论，端正了公园建设、管理者的思想。认为三者是相辅相成的，应当形成三个效益良性循环的局面。

环境效益是园林的主要功能，主要任务是发挥维持生态平衡，改善人类生存环境的作用。(1) 维持氧和二氧化碳的平衡。二氧化碳在空气中的标准含量为330ppm，如高达0.1%就对人体有害，含量到0.4%时，人就会呕吐，而到10%时人就会死亡。城市中60%的氧气靠植物释放，40%是靠海洋上吹来，所以植物在吸收二氧化碳，放出氧气中起着至关重要的作用。根据文献，1公顷森林1天吸收1t二氧化碳，放出0.73t氧气。一个重75kg的成年人每天放出0.9kg二氧化碳，吸收0.75kg氧气，需$10\sim15m^2$的森林或$25\sim30m^2$的草地，才能满足需要。事实上城市不仅是人口耗氧，还有生活燃料及工业用燃料耗氧。因此，联合国生物圈与环境组织将首都城市人均绿地面积增加为$60m^2$，这还不能达到二氧化碳与氧气的平衡，从而可以看到城市绿地面积增减直接关系到二氧化碳与氧气的平衡。(2) 净化大气中的有害物质。城市中的烟尘，来自工厂废气、地面扬尘，特别小的尘埃粒在$1\mu m$以下被人吸入肺部，其中的重金属可致肺部疾病。美国工业城市发病率比农村大4倍，北京的工业区比居住区大1倍。绿地可降低风速，起着减尘作用，加上叶面粗糙不平，有分泌物，可以吸尘、滞尘。据广州某氮肥厂在粉尘较严重处测定，数种植物叶片每平方米滞尘量以克表示为：构20、桑10.89、夹竹桃9.4、苦楝8.28、番石榴6.76。另外，有草足球场较无草足球场灰尘量少1/5～1/6。爬山虎在雨后6天内每平方米滞尘量20.4g，葡萄为5g。据北京测定，即使在树木落叶期间，它的枝叶、树皮也能滞尘，使空气中的尘土减少18%～20%。空气中有近百种不同的细菌，有许多是病原菌，实际上是生物污染。植物分泌芳香,有杀细菌和原生动物的杀菌素。据资料介绍,百货大楼的细菌含量每立方米 400 万个,林荫道 58 万个,公园 1000 个,而林区附近 55 个。人们熟知的丁香酚、天竺葵油、肉桂油、桉叶油都是挥发性杀菌油类,松、柏、槭、木兰、忍冬、桑可抑制肺结核,杀菌力强的还有悬铃木、桧柏、茉莉、白皮松、雪松、臭椿、香樟、桉等树种。(3) 减少噪声。我国允许噪声标准的最高值,体力劳动为 90dB,脑力劳动为 60dB,睡眠为 50dB。人如长期在 90dB 条件下工作、生活将引起多种疾病。人能忍受 70dB 以下的声级。绿带可减弱噪声,据沈阳园林科研所报道,不同树种对噪声减弱能力不同,以每米绿带噪声消减值分贝比较:白榆 0.74、桑 0.70、紫丁香 0.64、复叶槭 0.65、山桃 0.44、梓 0.46、旱柳 0.42、银杏 0.24、臭椿 0.31。又据不同板带类型街道绿化带消减噪声的效果看:以 14m 宽度,每条绿带植物种类配置乔木、灌木各两种加一行绿篱,其平均噪声消减值三板四带为 6.5dB、二板三带 5.75dB、一板二带 4.75dB。因此,绿带条数越多效果越明显。(4) 调节气候。按照相关系数的计算,当北京市内夏季白天气温为 38℃时,如果该地段上的绿化覆盖率达到 50%,气温可降低 4.94℃,夜间下降的还会更大些。绿色植物对尘、苯并(a)芘、二氧化硫等大气污染物都有净化能力。植物的叶片,甚至枝干,都是净化大气的好手。绿地对大气流动和湿度的调节也有利于净化。北京有实例说明:当绿化覆盖率达到 40% 时,大气中悬浮颗粒物含量可由 $1.5mg/m^3$ 下降到 $0.57mg/m^3$;二氧化硫由 $0.3mg/m^3$ 下降到 $0.06mg/m^3$;苯并(a)芘由 $3.0\mu g/m^3$ 下降到 $0.2\mu g/m^3$。(5) 涵蓄降水,减少径流。(6) 为鸟类和昆虫提供食物和栖息场所等。

  园林的经济效益分为宏观经济效益和微观经济效益。其宏观经济效益是通过园林绿化改善环境带来的。据一位印度学者计算,一株正常生长 7 年的树,它各方面发挥的作用所产生的价值,折算后约值 20 万美元。其中包括:产生的氧气约值 3.1 万美元;防止空气污染约值 6.2 万美元;防止土壤被侵蚀约值 3.1 万美元;涵养水源约值 3.7 万美元;为鸟类及昆虫提供栖息环境约值 3.1 万美元。上述所举还不包括树木的木材价值,以及供人遮阴、乘凉的作用。上海园林局高级工程师程绪珂同志,在 1986 年全国园林经济与管理学术讨论会上的发言,列举了如下的计算数字:上海如果把园林绿化供氧气和净化大气的效益一并来计算经济效益，把氧气看作是具有商品价值的工业材料，以氧气的市价进行估算，约值 8157.6 万元。1985 年上海园林系统所有经营部门、生产部门总收入不过 1619.5 万元，两者相比，足以证明间接效益要比直接效益大得多。

《园林生态经济发展战略研究》一书中，关于天津市园林绿化经济效益计量摘录如下：1988 年天津市绿地总面积 $1615.43hm^2$，其中：公共绿地 $824.93hm^2$；公园 103 处，计 $502.01hm^2$；动物园 1 处，计 $50.5hm^2$；苗圃 $545.11hm^2$；花圃 $25.56hm^2$。经过对以上园林绿地的 5 个主要环境效益评估计量，年经济价值为 131236209.13 元。

吸收二氧化碳放出氧气的经济效益计量：市区现有园林绿地总面积 $1615.43hm^2$，每公顷通过光合作用，年吸收二氧化碳 48t，放出氧气 36t；通过呼吸作用放出二氧化碳 32t，吸收氧气 24t，两相抵消，净吸收二氧化碳 16t，放出氧气 12t（注：参照日本林业厅计算方式）。产氧量为：$1615.43hm^2 \times 12t = 19385160kg$。价值量为：$19385160kg \times 2$ 元＝38770320 元。

吸收二氧化硫的经济效益计量：据瑞典专家研究，向环境中排放二氧化硫 1t，就会造成 500 克朗（瑞典货币单位）的损失。由此反证绿色植物从空气中吸收 1t 二氧化硫，即少损失 500 克朗，折合人民币 545 元；$1hm^2$ 草皮可吸收二氧化硫 21.7kg，可减少二氧化硫污染损失 11.8 元；每 500 株树木可吸收二氧化硫 30.2kg，可减少二氧化硫污染损失 16.5 元，即每株树木可减少污染损失 0.033 元。全市树木、草坪共可吸收二氧化硫 507081.66kg，因减少污染损失而取得的价值量为：市区树木 83377100 株×0.033 元＝276444.3 元。市区草坪 $205.33hm^2 \times 11.8$ 元＝2422.89 元。因减少污染而取得的经济价值 278867.19 元。

滞尘效益计量：每公顷树木滞尘量平均为 10.9t，全市树木 837.71 万株，每公顷按 500 株计算，折合为 $16754hm^2$，滞尘量为 $16754hm^2 \times 10.9t = 182618.6t$。据天津市环保局提供的资料，每吨尘土除尘费用（包括运输、设备大修、折旧等费用）为 80.69 元，则绿地滞尘经济价值为：$182618.6t \times 80.69$ 元＝14735494 元。

蓄水效益计量：据北京测定，$1hm^2$ 树木可蓄水 30 万 L，相当于 $1500m^3$ 的蓄水池，$1hm^2$ 树木增湿和调湿效率比相同面积的水体高 10 倍。全市树木 837.71 万株，折合 $16754hm^2$，每公顷相当于 $1500m^3$ 的蓄水池。蓄水量为：$16754hm^2 \times 1500m^3 = 25131000m^3$。价值量为：$25131000m^3 \times 0.088$ 元$/m^3 = 2211528$ 元。

调节温度效益的计量。据苏联测定，$1hm^2$ 森林全年蒸发水分 $4500 \sim 7500t$，一株大树蒸发一昼夜的调温效果等于 25 万卡（1 卡 = 4.186J），相当于 10 台室内空调器工作 20 小时。室内空调器 0.86 度/台·小时，按每度 0.18 元计算，即 0.15 元/台·小时，20 小时为 0.15 元×20 小时 = 3 元。一株大树相当于 10 台室内空调器，则一株大树起到节约用电 30 元的效果。全市树木 837.71 万株，按 0.5%折算为大树 4.18 万株，每昼夜可节省电费 41800 株×30 元 = 1254000 元，按两个月计算其经济价值为：1254000 元×60 天 = 75240000 元。（注：因物价和汇率的变化较大，以上数值只能作为演示资料，供研究参考。）

园林的宏观经济效益还表现在对当地经济的积极作用。公园是一个场，不仅具有吸引游客的作用，而且能发挥潜在的能量辐射作用。(1) 凡是临近公园和绿地的地方，房地产都涨价。北京望京地区建了北小河公园，房价由原来的 7000 多元升至 19000 元，同时创造了日销售亿元的纪录。(2) 对经济的拉动作用。北京石景山区由于前几年加大绿化的投入，建设了一批公园绿地，改善了环境，因此促进了招商引资和经济的发展。这种现象在全国各地都能见到。(3) 对经济的带动作用。凡是有公园或风景区的地方，当地的商业就发展起来，当地居民的收入明显增长。北京崇文区就把天坛作为文化和经济的"核心"，实施"天坛文化圈"战略，即以天坛作为崇文区的区域品牌，大力提升区域形象，发挥场的辐射效应，促进地区经济社会全面协调可持续发展，产生了良好的经济和社会作用。

园林的微观经济效益表现在园林的生产、经营、管理、服务所带来的直接经济收入。这是现阶段园林及其发展的重要环节。要建设节约型园林。目前国家财政还不富裕，拿不出更多的资金用于园林建设。特别是养护管理经费不足，园林必须凭借自身的优势和资源条件，充分利用资源，包括文化资源、植物资源、旅游资源、人力资源，发展以服务为核心，多种经营，向全方位、多渠道、多层次的方向发展。一是大力开展旅游业务，用旅游拉动园林经济的发展。据北京市售票公园的统计，公园 80%以上的收入来自门票的收入。旅游的发展带动了公园各种经营项目收入的提高。二是通过植物的合理配置以求得后续养护和管理投资的节省。提倡种树和栽植宿根花卉，提倡自然草地和人工草坪相结合。三是生态的保存性，通过生态种植建立生态结构稳定的群落，以求得园林工程使用寿命的延长。四是建立集水节水的园林灌溉系统。据北京市 2005 年统计，城市园林完成节约灌溉 1416.6hm^2，改造前用水量为 1.03m^3/m^2，改造后为 0.67m^3/m^2，每平方米节约 0.36m^3，一年可节水 509976m^3。通过建集水网络，收集大量雨水用于园林浇灌。月坛公园在改造中，利用和改造了一段废弃的人防工事作雨水收集池，将南园 4 万 m^2 的雨水收集地下蓄水池，每年可集雨水 500m^3，用于浇灌和冲厕。景山公园后山改建了集水系统，每年可集水 100m^3。

人工草坪和自然草地相结合。人工草坪具有整齐美观、绿色期长的特点，是园林重要的景观表现方式，还是应适当运用的。但有条件的公园如天坛、香山、江水泉、玉渊潭公园等，在保留一定数量人工草坪的同时，利用地理优势，发展自然草地，少量人工干预，形成自然的景观，是难能可贵的。采用麦门冬和苔草作地被，效果非常好，而且还可以修剪，没有虫害，管理费用低，也很美观，虽然粗犷一些，但在山坡和偏僻处效果是好的。

发展宿根花卉。北京在紫竹院、海淀公园连续两年的奥运花卉展览会上，推出了宿根花卉系列品种，深受园林工作者欢迎，现在已在许多公园推广。

建设环保厕所。西城区丰宣公园的厕所，采用收集洗手水自动清洗排粪管槽，利用数控装置生成净水泡沫，节约用水，减少粪便抽运。景山公园采用中空纤维膜技术，将所有污物进行截留，消毒转化，节水 80%～90%。推行生物防治技术，如北小河公园、丰台花园等采取悬挂黑光灯、诱捕器，施放害虫天敌草蛉、瓢虫防治蚜虫，喷施白僵菌防治草坪蛴螬，施用阿米西达防治草坪病害，释放周氏啮小蜂和赤眼蜂防止美国白蛾等鳞翅目害虫。

建中水处理站。南馆公园和柳荫公园在全市率先建起中水处理站，将周围居民生活用水收集起来，分别经过化学物理处理，或菌（厌氧菌）处理加工，然后用于景观用水和浇灌，为国家节约大量自来水资源。南馆站设计能力为 1000t/天，现在运营达 200t/天～300t/天左右。

西城区万寿公园建节能型公园。利用太阳能供电，一年可节约电 2 万 kW，建集水网络、改冷季型草为苔草，可节水 1 万 t 左右。它不仅节约了资金,而且节约了宝贵的资源。

园林绿化的社会效益渗透在社会生产和人们的生活中,在一定程度上改善了人们的生活质量,提高文化素质和健康水平,促进社会物质文明和精神文明的发展。城市园林被称为城市的肺。绿化地带空气中的阴离子积累较多,能改善人的神经功能,调整人的代谢过程,提高人的免疫力。人经常处在优美、安静的绿色环境中,皮肤温度可降低 $1℃\sim2℃$,脉搏每分钟减少 $4\sim8$ 次,呼吸慢而均匀,血流减慢,心脏负担减轻,有利于高血压、神经衰弱、心脏病等患者恢复健康。植物绚丽的颜色及释放的芳香物,对大脑皮层有一种良好的刺激作用,可以解除焦虑、稳定情绪、消除疲劳、有益健康。近年来,国内外专家提出了绿化计量指标——"绿视率",据认为,如果绿色在人的视野中占 25%时,能使人的精神和心理较舒适,产生良好的生理和心理效应。

园林是自然景观的提炼和再现,是人工艺术环境和生态环境的创造。园林包括姿态美、色彩美、嗅觉美、意境美,使人感到亲切、自在、舒适,而不像硬建筑那样有约束力。人们从园林优美景象的直觉开始,通过联想而深化认识、展开想象,脑子里产生优美的意境,仿佛看到了景外之景,听到了弦外之音。这种园林意境融会了人的思想情趣与理想道德精神内容,满足了人们对感情生活、道德情操的追求,激发了人们爱家乡、爱祖国的感情和向上的奋进精神。对城市居民来说,回到大自然中去,是人类历史发展中形成的一种生态需求。国际现代建筑协会拟定的《雅典宪章》指出:"居住、工作、游憩、交通"是城市的基本职能。游憩是现代文明的产物,是一种现代生活中的补偿现象。游憩是劳动生产力再生产所必需的一个环节。

园林的社会效益表现在满足人民日益增长的文化生活的需要,清洁优美的环境给人们以启示:珍惜和爱护环境,使人们随着环境的改变,培养良好的道德风尚。优美的绿色环境可以陶冶情操、增长知识、消除疲劳、健康身心,激发人们对自然、对社会、对人际关系的爱的情感。据天津市红桥区对 283 户居民的抽样调查,对良好的绿化环境,100%的住户给予肯定和赞扬;89.4%的住户认为有利于消除疲劳;84.1%的住户认为给健身活动提供了良好的场所,对增强体质有益;79.2%的住户认为有利于慢性病的疗养,能减轻疾病,延年益寿;66.8%的住户认为有利于儿童健康发育,为青少年创造了良好的学习环境。园林绿化通过改善生产环境和生活环境,增进劳动者的身心健康，进而提高劳动生产率和职工的出勤率，减少医疗费，提高平均寿命。据我国的有关资料报道，在绿色优美的环境中劳动，效率可提高15%～35%，工伤事故可减少40%～50%。

"三个效益"的理论来源于实践，服务于实践。以环境效益为前提，社会效益为目的，经济效益为基础，三者互为条件，缺一不可，无主次之分，形成环形模式（图1-2）和良性循环，促进园林事业的发展。特别应当加强研究和宣传园林绿化所带来的宏观或间接经济效益，让更多的人了解园林绿化事业所产生的价值的重要性和不可替代性，从宏观和政策上加大对园林的投入，使园林的发展走上健康发展的轨道，以满足人们日益增长的物质和文化生活的需要。

图 1-2　三个效益关系示意图

（四）科技推动公园管理

随着时代的进步和科技的发展，公园管理水平不断发展和提高。运用现代科学技术和管理方法，把以经验管理为基础的公园管理提高到以现代科学技术和科学方法为基础的公园管理。主要标志是高新科技的引入和计算机的广泛应用，这就改变了传统的管理模式，提高了工作和生产力水平。目前，主要涵盖了以下几个方面：

1. 全球定位系统（GPS）。有的城市对遗产保护采用了全球定位系统，有的城市对古树名木进行了全球定位系统管理。比如苏州园林建立了"世界遗产·苏州古典园林管理动态信息和监测预警系统"。他们监管体系的基础数据库包括：世界遗产保护法律法规数据库、基础信息数据库、现状信息数据库、世界遗产地环境数据库、预警与违法案例信息数据库和公众监督信息管理数据库。监管系统有5大功能，即判定功能，利用系统数据，对保护异常进行初步判断；电子交互访功能；维护功能；电子办公功能和查询功能。这套系统正在不断充实和完善，并在世界遗产保护和公园管理中发挥重要作用，同时也标志着公园管理正迈向一个新的阶段（附：从传统到数字现代化的转变）。

北京市对全市4万多株古树名木进行了GPS系统定位管理，误差控制在50cm之内，可有效防止在城市建设中损坏古树名木的状况。

2. 安全管理监测系统。现在全国各地有不少公园安装了全方位的安全监测系统，极大地增强了管理效果，遇到重大活动和突发事件，能使管理人员迅速掌握现场情况，以便作出决策。比如北京市公园管理中心所属11个公园，实现了全部覆盖，同时与公园管理中心联网，中心领导或管理人员可以随时调出任一公园任一景点的现场实况。这其中，颐和园是较早建立这一系统的，2001年投资170万元完善电子监控系统，形成了由总监控室、分控室和43个监控点构成的视频监控网络，实现了对安全管理和服务情况全过程的实时监控跟踪。

3. 信息管理系统（MIS）。实现办公计算机化，建立网站，公园和上级主管部门通过政府网站或局域网络实现信息共享，同时向社会公开，极大地提高了信息传递速度和工作效率。

4. 电子门票和电子商务系统。北京市公园年票实行了"一卡通"，不仅方便了游客，不用年年换票，节约成本，而且可以通过网络链接，使管理者及时获得准确数据；有些公园不仅建立了电子门票系统，而且建立了电子商务系统，满足了游客的需要。

5. 喷灌系统。将传统的绿地浇水的漫灌方式改为由计算机控制的喷灌和滴灌，是园林绿地养护的一场革命。不仅改善了劳动条件，大大提高了效率，并且节约了宝贵的水资源。

6. 湖水净化和污水处理系统。虽然只在部分公园实施，但对生态环境的影响是巨大的。

7. 循环材料的运用。例如树皮、枝、叶制成的土壤、肥料，加气混凝土材料铺装等，不仅有效解决了行业作业的废弃物，而且环保效果明显。

8. 环保运输工具。新建的北京奥林匹克公园500多辆新能源汽车投入使用，做到了零排放，在奥运史上首次实现奥林匹克公园中心区域交通"零排放"。许多公园使用电瓶车、电瓶船代替传统燃料动力,保护了公园的环境。

9. 割灌机等园林机械的使用,提高了效率和质量。

10. 性诱剂及生物防治技术的应用。

11. ISO 9001、ISO 14001、ISO 18001 等认证体系,在许多公园和风景区的实施,使公园管理向标准化迈进。

计算机的普及和高新技术的应用,不仅改变了公园的生产和工作的方式,解决了公园管理中的焦点和难点问题,提高了劳动生产力和工作效率,改变着公园的面貌,同时也在改变着人。存在决定意识。刀耕火种必然是原始状态的农民,大机器生产伴随着工人阶级的产生,而以信息为核心的现代公园管理,必然造就一批现代化的公园管理者。

附:从传统到数字化现代化的转变

世界文化遗产苏州古典园林监测管理工作规则

第一章 总 则

第一条 为了进一步加强世界文化遗产苏州古典园林预防性保护管理,科学有效地开展世界文化遗产监测管理工作,根据《中华人民共和国文物保护法》、《保护世界文化与自然遗产公约》、《保护世界文化与自然遗产公约操作指南》,以及《关于加强我国世界文化遗产保护管理工作的意见》、《中国世界文化遗产监测巡视管理办法》等法律规,结合本地区实际,制定本规则。

第二条 世界文化遗产苏州古典园林的监测工作以维护世界文化遗产的真实性和完整性为原则。

第二章 监测对象及内容

第三条 本规则主要适用于列入《世界遗产名录》的拙政园、留园、网师园、环秀山庄、沧浪亭、狮子林、艺圃、耦园、退思园等9座苏州古典园林。

第四条 根据苏州古典园林各构成单元及影响因素,确定监测内容,分类如下:
(一)建筑物
(二)构筑物
(三)陈设
(四)植物
(五)环境
(六)控制地带
(七)客流量
(八)安全管理
(九)基础设施

第三章 监测组织和职能

第五条 苏州市园林和绿化管理局是苏州市人民政府履行世界文化遗产苏州古典园林监测管理职责的行政主管部门,负责制定本地区世界文化遗产监测管理工作制度、监测技术规范及预警标准,统筹安排本地区世界文化遗产苏州古典园林的监测管理工作。

第六条 苏州市园林和绿化管理局遗产监管处负责世界文化遗产苏州古典园林监测管理的统筹协调、监督指导及考核等工作,并协调做好预警信息处理。

苏州市园林和绿化管理局其他相关业务部门根据职能范围,负责制定预警标准,并处理相关预警信息。具体分工如下:

(一)规划管理处负责建筑物类、构筑物类、控制地带类、基础设施类;
(二)园林管理处负责陈设类、植物类、环境类;
(三)园林事业发展处负责客流量类;
(四)安全保卫处负责安全管理类。

第七条 苏州市世界文化遗产古典园林保护监管中心负责世界文化遗产苏州古典园林监测预警信息平台的建设与维护,协助制定监测技术标准,开展监测管理工作的科学研究,提供监测管理信息服务。

第八条 列入《世界遗产名录》的苏州古典园林各管理单位,负责本辖区内的遗产监测管理工作,根据监测对象的不同类别,确定对应的责任科室和责任人。

第四章 监测管理

第九条 苏州市园林和绿化管理局各业务处室、监管中心及列入《世界遗产名录》的苏州古典园林各管理单位应按照本规则制定工作计划，并予以严格实施。

第十条 监测分为日常监测和反应性监测。

日常监测是针对单个监测对象的周期性监测。

反应性监测是针对遗产保护管理中出现的异常情况或危险因素进行的专门监测。

第十一条 世界文化遗产苏州古典园林监测管理工作应按照信息收集、校验、录入、分析、预警、处理的基本步骤执行。

第十二条 监测预警管理信息平台的建设和使用，应按照全方位采集，记录和数字化处理信息的要求，建立完备的数据库。

监测管理的工作记录除录入监测预警信息平台的电子数据外，还应存有纸质记录。

数据录入及修改权限应按照监测工作责任人员的职责分配。

第十三条 遗产监管中心及列入《世界遗产名录》的苏州古典园林各管理单位应于每年1月底前向遗产监管处提交上一年度的《世界文化遗产监测报告》。

各管理单位遇有人为因素危害或自然灾害等重大事件时，在向局相关部门报告的同时，应向遗产监管处提交备案资料。

第十四条 世界遗产监测工作纳入局年度考核内容。

第五章 监测预警

第十五条 监测预警标准的制定，应参照国家有关标准，并结合苏州古典园林监测实际需求（监测预警标准将另行发布）。

监测预警标准的分类参照监测对象分类。

第十六条 预警信息按紧急严重程度分为一级预警信息、二级预警信息和三级预警信息。

一级预警，为一般危害程度，如不及时处理会使遗产本体遭受威胁或损坏；

二级预警，为严重危害程度，如不及时处理会使遗产本体遭受严重的威胁或损害；

三级预警，为极重危害程度，如不及时处理会使遗产本体遭受极严重的损害。

第十七条　一级预警信息，由各遗产园林管理单位负责处理，并将处理结果报市园林和绿化管理局相关部门，同时将处理结果抄报遗产监管中心。

二级预警信息，由各遗产园林管理单位及时上报市园林和绿化管理局相关部门会办，各遗产园林管理单位根据会办意见进行处理，并将处理结果报局遗产监管处。

三级预警信息，由各单位及时上报市园林和绿化管理局，局协调政府相关行政主管部门会同处理，处理结果报市人民政府及有关行政主管部门。

第十八条　预警信息按来源分为监测预警平台自动生成的日常监测预警信息与反应性监测产生的反应性预警信息。

日常监测预警信息直接通过平台上报，根据预警等级由各级负责人批示处理。

反应性预警信息由监测单位上报行政主管部门，进行评审定级，按预警等级由各级负责人批示处理。

第六章　附　　则

第十九条　本管理规则由局遗产监管处负责解释。

第二十条　本管理规则自2001年6月1日起实施。

附录一

《监测对象分类》

（一）建筑物（A类）：

A-1 厅、堂、轩、馆

A-2 楼、阁

A-3 榭、舫

A-4 亭

A-5 廊

A-6 墙

A-7 其他

(二) 构筑物 (B类)

B-1 假山

B-2 石峰

B-3 驳岸

B-4 花台

B-5 桥

B-6 铺地

B-7 小品

B-8 其他

(三) 陈设 (C类)

C-1 凳、椅

C-2 几、案、台、桌

C-3 炕、床(榻)

C-4 挂件(宫灯、匾、对、挂屏)

C-5 摆件(供石、瓷器、铜器、座屏、钟)

C-6 字画

C-7 摩崖石刻

C-8 书条石、碑刻

C-9 其他

(四) 植物 (D类)

D-1 古树名木

D-2 景观植物

D-3 盆景

D-4 其他

(五) 环境 (E类)

E-1 大气

E-2 气象

E-3 水质

E-4 土壤

E-5 其他（病虫害、酸雨、噪音、地震等）

（六）控制地带（F类）

F-1 控制地带建筑物

F-2 市政基础设施

F-3 环境污染源

F-4 空间视线

F-5 其他

（七）客流量（G类）

（八）安全管理（H类）

H-1 安全检查情况

H-2 案件事故情况

H-3 大型展览游园活动情况

（九）基础设施（I类）

I-1 电器和线路及配电间情况

I-2 消防器材

I-3 保护范围电气

I-4 保护范围给排水

附录二

《日常监测周期表》

监测对象分类	实测	目测	实施单位
A类（建筑物）	每2年1次	每6个月1次	1. 建筑物、构筑物实测为使用仪器进行专业化测量，由监管中心与专业单位配合遗产管理单位共同完成。 2. 目测为人工的观察、记录，由各遗产园林管理单位完成。
B类（构筑物）	每2年1次	每6个月1次	

续表

监测对象分类		实测	目测	实施单位
C类(陈设)		动态记录与常规记录相结合		3. 酸雨监测:委托专业单位实施。 4. 噪音监测:根据季节和旅游峰值,由遗产园林管理单位实施定期监测。 5. 陈设、植物、环境、控制地带、客流量、基础设施监测:由各遗产园林管理单位实施。 6. 安全监测:由各遗产园林管理单位实施定期和不定期监测。
D类(植物)		每1个月1次		
E类(环境)	空气质量	每日1次		
	气象	每日1次		
	水体	每月1次		
	土壤	每年1次		
F类(控制地带)			每6个月1次	
G类(客流量)		每日1次		
H类(安全管理)			每3个月1次	
I类(基础设施)			每6个月1次	

(五) 公园免票的故事

2006年7月1日,根据北京市委市政府的决定,北京的紫竹院公园、南馆公园、宣武艺园、万寿公园、红领巾公园、团结湖公园、人定湖公园、日坛公园、丽都公园、南苑公园、长辛店公园、八角雕塑公园等12座公园同时停止收费免费开放了。这一消息在社会上引起了广泛的反响。时至今日,已过去两年了,但许多人仍然十分关注公园免费这件事。

1. 最早的呼声

1919年6月1日,陈独秀先生写了一篇散文,题目是《北京十大特色》,谈及一位朋友从欧洲回来,在北京见了外国所没有的十大特色,诸如:不是戒严时代,满街巡警背着枪威吓市民;汽车在很窄的街上人丛里横冲直闯,巡警不加拦阻;刮起风来灰尘满天,却只用人力洒水,不用水车;安定门外粪堆之臭天下第一等等。这十条都是对当时北京时弊的批判。其中第八条写道:"分明说是公园,却要买门票才能进去。"据我所知,这一条恐怕是在中国有关公园免票的最早呼声,几近一百年了。

在20世纪初,即陈先生著文之时,北京只有公园4座:北京动物园(时称万牲园附属农事实验场)、天坛公园、中山公园(时称中央公园)和城南公园(即今日先农坛体育场和古代建筑博物馆)。北京动物园于1907年开放,售铜圆20枚/人,孩童跟役减半。很有意思的是一、三、五、日售男客票,不准女客进园参观;二、四、六售女客票,不准男客进园参观。男女有别,男的多占了一天的便宜。

天坛公园是北京开放最早的坛庙公园。1913年1月1日至10日曾对游人免费开放过10天。之后实行发放游览卷的形式开放。1918年1月1日始收售门票,每张银圆三角,仆从、人力车证,每张银圆1角,外国学生团、教育团及地方特定团体凭外交部核发的执照,购半价票入园。

中山公园(原名中央公园)游览票证比较复杂,据《中央公园售票简章》记载:公园售票时间每日自上午六点起至下午十点止,夏季至十二点止。游览证分八种:普通游览证(黄色纸)一人一次收大洋五分。此证为每日供游客随时购用。定期游览证(绿色纸)一人四个月期,每证收费大洋六元。一人一年期游览证(青色纸)每证收费大洋十二元。此证供旅京人士使用。家族用一年游览证(杏黄色纸)以十人为限每证收费大洋二十四元。优字游览证(绿色纸)甲种每本二十张,收费大洋一元;乙种每本十二张,收费大洋五角。此证只用于官员绅士相互赠送。董事特别证(颜色每年更换):凡捐款大洋五十元以上的,即为公园董事,其家属可以使用,但是需要缴常年捐二十四元。团体游览证(红色纸)每本一百张收费大洋二元五角。军人优待证(红色纸)一人一次用每证大洋二分五厘。怪不得陈先生的朋友有微词,一个公园的门票竟如此繁杂!

2. 北京免费公园知多少

什么是公园?有许多说法。作为公园必须具备三个必要条件:一是要具有良好的园林环境,这一条排除了它不是绿地环境、绿化环境、森林环境和农业环境等,这里强调的是"园林"二字;二是具有较完整的设施；三是向公众开放。三个条件缺一条也不能成为公园。公园包括综合性公园、专类公园、社区公园、带状公园等。公园具有改善生态、美化城市、参观游览、休憩娱乐和防灾避险等功能。

北京的公园数量多、规模大、类型全、文化底蕴深厚，在全国乃至全世界堪称奇观。北京的公园中，列入世界文化遗产名录有两座，全国重点公园5座，历史名园21座，被评选为精品公园的60座。近年来，北京市的公园，乘着奥运的东风，数量和质量一路飙升，历史名园青春再现，现代公园亮点纷呈。特别是奥林匹克公园的建成，为北京的公园画卷添上了浓重的一笔。奥林匹克公园占地1135hm^2，包括奥运村、新闻中心和17个奥运竞赛场馆，北区——森林公园，中心区——龙型水系和鸟巢、水立方，南区——奥体中心等。是北京中轴线的延伸和终点。近几年，北京市的公园以每年数十个的数量增长，到2008年，北京的公园达到1000多座，其中注册公园178座，免费开放的公园，按注册公园总数计算，由2005年的64.6%上升为72.5%，按全市公园总数计算，免费公园由2005年的94.9%上升到95.1%。

今天，可以告慰陈老先生在天之灵，北京市的公园已九成半以上免费了。

3. "靠边站"的围栏

围栏和围墙曾是收票公园的一个标志，是管理和防范的设施。公园免票了，这种防范的作用退化了，辛苦多年的公园围墙（围栏）下岗了。

过去，为了堵住逃票翻越围栏（墙）者，管理者曾想过不少招。比如紫竹院公园南面的铁栅栏，尽管已两米高以上，但仍有不少人为逃避两元钱的门票翻栏而过。为了堵住这个漏洞，前些年他们在栏杆上又加了50厘米带尖刺的栅栏，虽然不雅，但却有效。公园免票之后，昔日遭攀爬的栅栏已是锈迹斑斑，踏秃了的绿地也长出了绿草。长辛店公园工作人员樊蓉说：过去翻栏杆的多为民工和周围的学生，公园免票给人们带来了平等享受公园的快乐，同时也消除了安全隐患。

公园免票后，人们已很少注意到围栏的存在了。但围栏是一个时代的产物，是公园的景观，是公园管理的重要条件，仍然有存在的价值。北京公园免票之后，公园坚持做到"五个不变、五个不降低"。

"五个不变"即(1)公园坚决贯彻执行《北京市公园条例》不变,按照"三优一满意"的服务规范,作好服务接待工作;(2)公园门区管理职能不变,继续加强公园门区管理,维持公园门区秩序,保证游览环境井然有序;(3)园容卫生管理标准不变,继续加强公园社会化管理力度,提升管理水平,确保公园清新整洁;(4)公园开放时间和静园时间不变;(5)坚持以人为本,走文化建园的方针不变。"五个不降低"即管理水平不降低;服务接待能力不降低;绿化养护质量不降低;职工服务热情不降低;职工岗位工作标准不降低。保证了公园免票开放各项工作的顺利进行,受到游人的一致赞扬。

公园免票后游人激增一倍以上,仅紫竹院公园两年来接待1352万人次。游人虽增多了,但由于"围栏"和制度依旧,因此公园的管理水平基本上没有降低!

4. 免票不免责

紫竹院公园是2006年免票的唯一一座市属公园。市区政府和上级主管单位给予了极大的关注。王岐山副总理(时任北京市市长)和市委常委牛有成(时任北京市副市长),先后四次到该公园考察工作,对公园工作及免票作了重要指示。王岐山指出:"北京的园林建设在首都现代化建设中具有重要地位,要以科学发展观为指导,全面提升包括公园景观、设施、服务、环境在内的各项工作水平。要以人为本,注重细节,把"绿色奥运、科技奥运、人文奥运"三大理念落实到每一个工作环节,每一个公园都要形成独特的特色,成为展示首都形象的园林精品。公园日常工作的每一个细节都要坚持以人为本的理念,走一条结构、质量、效益相结合的内涵式发展道路。充分考虑到不同层次游客的多样性要求,服务到家、管理到位,寓管理于服务之中。要充分借鉴国内外园林服务管理经验,扎扎实实、经年累月地在点滴细节上下功夫,注重日常维护,挖掘文化内涵,强化创意开发。使北京的园林成为具有国际影响力的公园行业典范。"

牛有成在视察紫竹院公园时说:"通过你们的积极努力和尝试,市民的配合,经受住了三个方面的考验,一是对公园管理者的考验,管理者的管理能力如何,管理水平怎样得到了检验;二是对市民素质的考验,公共场所的意识,公共规范的遵守,文明道德的修养;三是对市政府的考验,对游人负责,也要对公园负责,免票不能废管,不能弃管,服务更要到位,更要提高水平,不能脏乱差。安全工作很重要，安全即是工作的最低标准也是最高标准，两千至三千人要保证安全，两万至三万人同样也要保证安全。对游人的不文明行为要管理，要规范，关键是要让游人在公园内舒适、舒畅、彰显个性，这是幸福指数的体现，也是和谐社会在公园的体现。公园免票对市民素质既是一个检验，也是一个提高的过程，特别是北京市民，发动大家要共同参与共同维护。对政府来说，要管要支持，市财政要支持，既然作出了免票的决定，政府就要付出成本，要有疏有堵。关于设施不足的问题，要在总体规划的指导下，考虑到变化了的新情况，适当调整增加。出现的新情况新问题，一定要实事求是地去对待去分析，成功也是对其他公园的示范，但不是说现在所有公园都免票，是有阶段性的，也有很多其他因素，政府财力、国民素质，都要具备一定的条件，要慎重，但从现在看是一种趋势。现在也可以说市政府的决策是对的，是正确的，是为市民办了一件有意义的事。"

紫竹院公园免票之后，北京市公园管理中心给予极大关注，提出免票不免责，要让游客享受收票公园一样的管理和服务。公园虽然免票了，仍然和其他市属公园一样，免费提供手纸、洗手液，仅此一项，一年多支出10多万元。丰台区南苑公园免票后，区园林局投资300多万元翻新改造，加固了围墙，促进了公园的发展。

5. "这是我们的地盘"

"你们干什么！这是我们的地盘。"

"你们的地盘？这是国家的，怎么成你们的了？"

"我们都在这儿跳舞跳了半年多了，你们新来说占就占呀！"

"你能跳我们就不能跳呀，我们就喜欢在这儿跳。再说地儿又不是你们家的，你管得着吗？"

"你给我让开！"

"我就不让，有本事你打我……"

"我，我……"

这是在一个公园发生的游人因争活动场地而发生的纠纷。类似这样的事，在免票公园尤为突出。团结湖公园，占地 12.3hm^2，且水面占 50%，道路和活动场地严重不足，环路 1200m，高峰时段 5000～6000 游人，游人逛公园如同排着队游行，只能单行。人定湖公园只有 9.2hm^2，晚 19～21 时，游人达 5000～7000 人。他们形容，"甩个胳膊都能碰着别人"。南苑公园游人练功、跳舞地儿不够用，游人提出来自己掏钱铺块场地练功。经调查，仅 12 个免费公园，到 2008 年为满足游人的需求，增铺道路、广场 30000 多 m²，仍然供不应求，各公园都在超负荷运转。不少游人反映公园"不适游"了，建议公园重新收票。

游人的激增给公园带来了许多新的问题。一是游人成分复杂，不文明现象增加。特别是农民工涌入公园，袒胸露背、光脚、拾荒、躺卧，甚至卖狗皮膏药、在公园留宿过夜。南馆公园为了整治公园赤背现象，专门制作了一批 T 恤衫，免费赠送给赤背者。二是管理难度见大，垃圾量增加，遛狗、骑车、偷钓、兜售等现象增多，设施损毁严重。红领巾公园新安的牌子，第二天就给踢倒了 10 多块。紫竹院公园厕所配备的卫生纸洗手液，有的人成卷拿走，自带小瓶把洗手液灌走，一游人挖了 23 棵竹笋，准备回家炒菜吃。有的游人骑车穿行公园，工作人员一管就说："公园都免票了，你们干吗还这么多事！"三是治安案件增多，公园时有偷、抢、骗等案件发生。

6. 园长的企盼

公园免费开放，虽然给公园管理带来了这样和那样的问题，但是总的来说这是社会的一个进步，是给老百姓造福的一件好事。作为公园的管理者是积极拥护和赞成的。紫竹院公园园长毕颐和同志说："公园从售票到免票是个新生事物，老百姓是真正得到了好处和实惠，但是文明肯定要付出代价，公园和政府都应积极面对。"

2006 年 7 月 1 日北京市一批公园免费之后，政府和上级单位都给了资金补偿。一般按公园前三年门票收入的年平均值补齐。有的公园还得到更多的优惠政策。比如紫竹院公园，上级单位北京市公园管理中心提出来"倾全中心之力办好紫竹院公园免票之事"，除了给公园门票补偿外，还安排专项资金，扩展道路、增铺广场、更换牌示、增建厕所等，使公园面貌大为提高。比如北京市西城区政府非常重视公园免票工作，该区人定湖公园免费后，除补足其门票收入外，还投资 1000 多万元，改造环境，整治水体，建起了一片城市湿地，使公园面貌焕然一新。同时从政策上给予保障，按事业单位定编人员拨付经费，按 13.5 元/m² 的标准拨付绿地养护经费，按 15 元/m² 的标准拨付公园保洁经费，每年拨付经费大约 300 万元，使公园有了正常的资金渠道，公园园长再也不用为钱发愁了！老百姓亲历了公园免票后的变化，感慨地说："公园免票了，公园倒建得更好了！"

但是对于大多数免费公园来说，并不都那么幸运。有的公园有门票补偿的钱，没有逐年增长的钱，没有正常的养护经费；有的则靠公园自己挣钱补贴公园的正常维护。随着公园设施的改造更新以及物价的上涨，资金不足成为公园发展的重要瓶颈。因此大多数免费公园园长呼吁，应建立公园发展资金的保障机制，建议有关部门拿出政策、标准和办法来，为政府决策提供依据。在没有资金保障的地方，不可轻言免票，否则，免票就可能成为公园脏乱差的代名词，就可能好心办坏事。

公园免票开放之后，带来新的管理问题，但由于公园没有执法权，很多问题无法解决。而公安管不了，综合执法管不到，成为一个执法盲点。建议免票公园纳入"主要公园"范围，设立专门的执法队伍和人员，加大执法力度，保证公园有一个良好的"适游"环境。

公园是精神文明、物质文明和社会文明的助推因素，建议政府把公园的建设提到更高的位置，把公园这块蛋糕做大，扩大公园的数量，增加公园的面积，减少收费公园的比例，平时为市民提供相对适游的环境，灾时为市民提供安全避险的场所。这是造福当代，荫及子孙的大事善事。

二、公园管理的规定性

(一) 公园管理的阶段性

公园管理是指公园的管理者（机构）在一定的范围内协调人与人、人与自然、人与社会之间的关系，创造和谐的适宜人类活动的理想境域的过程。公园管理是随着社会的进步不断提高和发展的，其每个时期的发展都和当时的经济文化水平相适应。同时，呈现出阶段性的特点。

新中国建国初期，我国的经济处在恢复时期，国家没有力量用大量资金投资于公园的建设，靠公园自给自足和公园之间的以盈补亏的方式解决，于是从1950年开始出现了"以园养园"方针的提法。1963年1月4日在第三次全国城市建设工作会议的总结中又重申了"以园养园"的方针，指出"以园养园，这是由人民公园的性质所决定的"。1978年北京市园林局在工作计划中提出各公园风景区要力争1980年前实现"以园养园"。1979年国家城市建设总局在济南召开的全国城市园林绿化工作会议上提出："有条件的城市，要争取逐步实现以园养园。""以园养园"方针的提出，在当时的历史条件下是客观形势所迫，确实对于公园的重点恢复和建设管理都起到了积极的作用，但是它带来的负面影响也很大，导致一些公园忽视社会效益和环境效益，办了许多不适合公园性质和功能的事情，如出租房屋"吃瓦片"、办商店、开旅馆，办交易会、展销会，搞"飞车走壁"、"马戏"、"蛇展"、"尸展"等。一句话，为了赚钱不择手段。1981年以后不再提"以园养园"的口号了。

1957年9、10月间召开的党的八届三中全会，揭开了农业"大跃进"的序幕，10月25日发表了《农业发展纲要》，在全国范围内掀起了农业"大跃进"的运动。正是在这样的气候下，园林绿化被当成了一项生产事业。1958年提出"绿化结合生产"的方针，公园成了农庄、果园，给公园的发展带来了严重的影响。1958年在北京的中山公园内种植了 600 多株苹果和桃树，形成了大片果园；天坛栽果树一万多株，建成封闭果园。1958 年 9 月北京市园林局发《简报》表扬龙潭公园大搞丰产试验田，力争秋后白菜亩产 15 万 kg，翌年小麦亩产 5 万 kg，西红柿亩产 2.5 万 kg。1959 年 12 月建筑工程部在无锡召开第二次全国园林绿化工作会议，表彰了南京等城市园林结合生产（种茶、竹、果、木、香料、药材，养鱼、鸭等）的经验。到 1960 年，北京已有 45 个公园等栽果树 45 万株。当时各公园的花带花池种茄子、玉米，颐和园饲养了大量的鸡鸭，以致妨碍了正常的游览。

"文化大革命"中提出园林工作"以阶级斗争为纲"、"以党的基本路线为纲"的方针，给园林事业带来了极大的灾难，文物古迹遭到大量破坏，公园绿地被大量侵占，树木花卉被大量砍伐，有些地方的园林局被撤销，绿化美化、种树养花被当作修正主义批判，给园林事业造成极大的损害。

党的十一届三中全会后，随着党的工作重点的转移，园林事业迎来了欣欣向荣的局面，不断满足群众的物质和文化生活的需要成为公园发展的方向。1978 年 12 月国家城建总局召开了第三次全国城市园林工作会议，会议指出："我们现在的公园、动物园、植物园、风景区要进行整顿，提高科学和艺术水平。要真正能够发挥它的功能。那些搞得不像公园，像茶地、瓜地的要改变，让他们到其他地方去大量种菜，为城市提供副食品，恢复公园、风景区的本来面目，在恢复的基础上要搞得更美丽。"《关于加强城市园林绿化工作的意见》明确指出："要努力把公园办成群众喜爱的游憩场所。公园必须保持花木繁茂、整洁美观、设施完好。内容过于简陋，园林艺术水平较低的公园，要适当调整布局，充实花木种类，增设必要的服务设施，逐步改善园容。"

从实践中人们认识到，公园管理是一个过程，按照时空发展序列和管理水平的高低大致可分为 3 个阶段：

粗放型阶段：在一定时期内，公园的管理受社会经济和文化素质等条件的制约，重建轻管，以生存为目标。为了维持简单的生存活动，往往以牺牲环境和社会功能为代价。粗放型管理实质上是小农经济的一种表现。环境脏、乱、差，杂草丛生，管理粗放是这个阶段的表现。在我国经济困难时期，许多公园成了庄稼地，花坛种了茄子，公园成了果园、稻田，有的成了养鸡场等。在"文化大革命"中，园林绿化等当作"封资修"被批判,公园遭到很大的破坏,公园管理被削弱。

经验型阶段:公园管理中人的管理意识增强,管理的手段也相应产生,摸索出许多宝贵的经验,建立了必要的规章制度,管理水平得到很大提高;比较好地处理了继承和发展的关系,既继承优秀的历史文化,古为今用,又在此基础上发展具有时代精神和现代风范的园林文化。特别是历史文化名园,从提高文化创造的高度来认识,提升公园的文化内涵。园林规划设计沿袭我们优秀的传统,把园林当成一种艺术品来创造,而且融入时代精神,重视现代人的兴趣变化和需要层次的提高,引导人们生活方式的转变和生活结构的改进。比较好地处理建设与管理的关系。建设是公园发展的物质基础,建出水平和特色,建成艺术品,创造一种艺术境界;注重管理,管理是建设的延续,将管理贯穿于公园发展的全过程中,经常抓,抓经常,反复抓,抓反复。比较好地处理好环境效益、社会效益与经济效益的关系。管理工作选准三个效益的最佳结合点,不因谋求一时小利,上一些破坏环境、损害形象的项目。好的环境、高档次的文化项目,其经济效益会随着社会经济文化水平的提高和时间的推移日益显现出来,形成三个效益的良性循环。比如北京植物园桃花节,第一届共有游客12.8万人,到2000年第12届,游人达45.9万人次,门票收入也由第一届的9.6万元增加到2000年的182万元(门票价格从3元调到5元)。每逢桃花节,人们扶老携幼来这里欣赏艳丽多姿的桃花。现在桃花节已成为北京市优秀的传统文化活动项目之一。香山公园红叶节已成为著名品牌,2007年第19届红叶文化节,接待游人达88.62万人次,同比去年增加12.47万人次,增幅16.4%,比较好地处理了生态环境与开发利用的关系。加强生物多样性的保护,加强树木花草的养护管理,创造条件,将昆虫和鸟类引入城市,创造新世纪更加适合人们居住的环境。坚持可持续发展和生态保护的原则,坚持治理一切环境污染,防止环境恶化,创造更加优美的公园环境。但是,在这个时期,公园管理的好坏,往往依长官的品质优劣、经验丰欠和个人的好恶决定。公园管理往往形成"一个将军一个令,一个和尚一本经",缺乏长远的目标和规划,"你栽了树我刨,我盖了房他拆"的弊端,给公园发展带来了很大的损害。

科学型阶段:是公园发展的良性发展阶段,是在经验管理的基础上发展起来。主要表现是：有一条正确方针，确立公园建设和发展的方向，保证公园健康有序地发展；有科学的长远的发展规划，公园的建设和管理依规划办事，而不依人事的更迭而更改，不以眼前利益驱动而损害公园的长远利益；以游人满意为关注焦点，提高公园的建设和管理水平，不断满足游人的不同需求，提高游客的幸福指数；有完善健全的规章制度和服务管理规范，注重付诸实践和落实，并根据社会的发展和公园的实际，不断充实和提高；不断增强管理的科技含量，运用先进科学技术手段，更新管理观念，提高管理的效率，降低管理的成本，解决管理中的难点和重点问题，进行 ISO 质量、安全和环境的认证。从实践中认识到，科学管理应当坚持以下一些原则：

1. 公益性原则

目前在我国出现了多种体制建公园建绿地的状况。有的是私营企业家以房地产开发为前提建设公园，有的是各种经济成分共同投资建公园，也有的是农村乡镇在集体土地上建设公园。但是就全国来看，主流仍然是以政府投资建设公园，因此从主体上讲，公园的性质不会改变。正如 2004 年 8 月 12 日国务院《关于加强城市绿化建设的通知》所指出的，"城市绿化是城市的重要基础设施，是城市现代化建设的重要内容，是改善生态环境和提高人民生活质量的公益事业"。

2. 以人为本的原则

公园的建设管理应当体现以人为本。所谓公园一是具有良好的园林环境，公园不同于一般的绿化工程，它是以（自然因素＋人文因素）×创造，营造的人类宜居的生活境域，其目的就是为了人；二是要具有较完善的设施，这也是从以人为本的理念出发的，公园要满足人们休憩娱乐的需要，就要有一定的设施保证，必要的广场、园椅、园路、厕所等，近年许多地方为了方便残疾人士修建了专用坡道、盲道、升降梯、扶手便位等，都是体现了以人为本的理念；三是向公众开放，许多庭园、庄园环境很好，但不向公众开放就不是公园。

3. "三个效益"原则

在公园建设管理中必须以环境效益为前提，社会效益为目的，经济效益为基础，形成良性循环的发展态势。所谓经济效益，不应当狭隘地理解为"以园养园"，作为公益性的公园，无论收票公园还是免票公园，都不可能真正做到"以园养园"。公园的经济效益主要应当体现在三方面：一是园林绿化植物加工制造的氧气、调节气候、减少污染等为城市间接创造的特殊的价值，虽然它没有纳入财政收入，但是它是确实存在的，是城市现代化建设发展不可缺少的；二是公园良好的环境对经济的拉动效益，近几年凡是有公园的地方，环境优越的地方，地段房价猛增，周边的商业就发达，经济就繁荣；三是公园内部经营的经济效益，但只是前两项的有益补充。因此公园的经济效益应当形成大的循环模式，它所产生的价值给予了社会，社会（政府）应当对其作出补偿，在其建设和管理费用上给予保障，促进公园事业的发展。

4. 生态景观文化统一的原则

注重生态建设是公园的基本任务，特别是在城市化极其发达的地方，公园必须为生态的平衡、生态安全和生态的改善作出最大的努力，提高市民的居住环境和生活质量。一些地方提出生态园林的理念，有的地方提出生态公园的标准和评定，应当说是应运而生的，它不仅体现了公园的基本功能，而且反映了时代的要求，与日本提出"将鸟类昆虫引入城市"的理念是相通的。景观是公园的表象，是提供人们审美的对象，是区别于农业、林业和绿化的重要特征。公园的建设和管理必须十分讲求景观的规划、设计和创造，通过生境的营造、环境的改造和意境的创造，融入历史的、现代的、健康的文化元素，提供给人们以美的享受和境界文化的信息。生态景观文化三方是辩证统一的一个整体，忽视任何一方面都是不正确的。

5. 科技兴园的原则

科技是第一生产力，在公园建设和管理过程中依然是这样。动植物的养育、新优品种的培养、病虫害的防治、环境保护、质量监测、生态安全等，任何建设和管理中的重点难点问题的解决都离不开科技的保证。因此应当加强科技队伍的建设，增加科技资金投入的力度，发挥科学技术第一生产力的作用。

6. 依法治园的原则

公园是一个小社会，涉及社会生活方方面面，因此，必须做到有法可依、有法必依。依法治园是公园科学管理的重要标志，公园管理必须做到有法可依。关于公园法规，国外公园发展较早，法规也较健全。我国是发展中国家，公园发展历史较晚，是 20 世纪初叶逐步兴建起来的，法令法规尚在建设中，尚无国家的公园法，有待完善。国家有一部《城市绿化条例》，1992年作为国务院令100号发布。北京、上海、广州、重庆、贵州等全国许多省市相继出台了公园（管理）条例，应当说是一个良好的开端，做了有益的探索。

7. 精品原则

努力把公园建设管理成精品，不仅是公园行业应当具备的行业标准，而且也是公园行业的道德标准。精品原则应当从三方面来把握：一是规划设计应当体现高水平。要把中国园林的优秀传统和时代精神很好结合起来，根据不同地域不同条件，因地制宜，把生态景观文化有机地统一起来，建设如颐和园那样的时代精品。二是建设要体现高质量。一草一木、一砖一瓦、一景一物都要根据规划设计进行再创造，把纸上的规划设计变成鲜活的景观。三是管理要体现高标准。管理是规划设计及建设施工的延续，也是一个永无止境的再创造的过程，要以构建和谐公园为指导，注重细节，追求完美。在管理中特别提倡进行ISO的认证，把管理和各个环节标准化、程序化。

8. 节约原则

精品不一定是豪华、气派。在公园建设中管理力求节约，建设节约型的公园。首先是植物的配置要贯彻节约的原则，提倡多种树、少种草；多栽培宿根花卉，少养盆花；多保留些自然草地，少植些冷季型草坪。这样不仅有利于生态健全，而且节约管理成本。第二是公园的各项设施力求实用、经济、美观和统一，不可过分强调"高档"，公园的道路广场，适当保留土地或机砖地面，不仅经济，而且环保，使地面可呼吸。有些地方厕所都安上了沙发、电视，笔者认为实在是一种不必要的浪费。第三是改善公园的节水集水系统，提倡滴灌、喷灌等现代技术，节约资源，尽量地把雨水收集起来用于灌溉和消防等。

9. 创新原则

创新是一个民族兴旺发达的源泉，同样也是公园建设和管理的动力。公园的建设管理要不断地创新，才能保证公园不断发展，不停留在一个水平上。创新分为机制创新和理念创新。公园的建设管理要适应时代的要求和市场经济的发展，逐步走社会化的道路，用较少的投入创造较大的效益。

10. 网络和系统的原则

应从本地区本城市的实际出发，依据总体规划，编制公园发展计划，从生态环境、生态安全的大局出发，建设一批公园绿地，逐步形成大、中、小公园构成的体系和网络布局。解决城市及社会矛盾，优化城市结构，使城市达到可持续发展的目标。

管理的阶段性不仅受到经济和社会条件的制约，也受人们的文化素养和管理素养所制约。总结和了解公园管理的阶段性的特点，是为了使公园尽快纳入科学管理的轨道，减少粗放管理和经验管理给公园带来的影响和损失，建设和谐公园，落实科学发展观，构建和谐社会。

（二）公园管理的层次性

公园管理是一项综合性的工作，是系统工程，关系到方方面面，既有纵向的管理工作，又有横向的管理工作。其主要任务是解决公园的生存发展和服务社会的问题。按照纵向管理分析，公园管理具有层次性的特点，即分为宏观管理、中观管理和微观管理3个层次（图 2-1）。

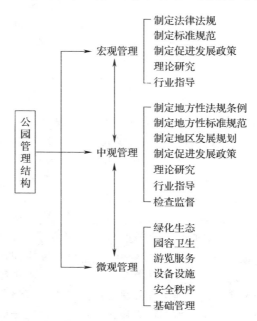

图 2-1　公园管理结构示意

宏观管理方面，主要是国家最高级的层面。主要从方向性、政策性方面，发挥政府职能作用。主要任务是制定法律法规、标准规范，制定促进公园事业发展的政策、理论研究和行业指导。按照先进国家的经验，国家应当成立国家公园局，负责公园的管理工作。我国的公园管理职责在建设部，建设部先后制定了一系列政策和法规，促进了公园事业的发展，主要表现在坚持公园事业的方向、性质和任务。提出公园是社会公益性事业单位，将公园事业的发展列入国民经济和社会发展规划，制定"绿地系统规划"，推行"绿线"制度，1992年制定了《城市绿化条例》，加强城市公园生物多样保护工作，建设了第一批湿地公园。开展园林城市创建、生态园林城市和人居奖创建等活动，"以加强城市生态环境建设，创造良好的人居环境，促进城市可持续发展为中心；坚持政府组织、群众参与、统一规划、因地制宜、讲求实效的原则，努力建成总量适宜、分布合理、植物多样、景观优美的城市绿地系统"。提出加大大型公园绿地建设的投入，坚持以政府投入为主的方针，特别要增加管理维护资金。尤其是园林城市、生态园林城市和人居奖的创建活动成为一项系统工程，有标准、有措施、有检查监督、有科学评比、有管理机构和法规保障。

到2007年，全国已命名了国家园林城市83个、园林城区4个。从2001年至今，共有12个城市获得了"中国人居环境奖"，30个省（区、市）108个城市的153个项目获得了"中国人居环境范例奖"。这些城市已成为城市环境生态化、基础设施现代化的集中体现。建设园林城市是提高城市生态环境质量，改善城市投资环境的最有效手段。2004年，国家园林城市的平均建成区绿化覆盖率38.12%，绿地率33.92%，人均公共绿地9.54m^2，分别比全国平均水平高6.46个百分点、6.2个百分点和2.15m^2。长三角、珠三角和环渤海湾是我国园林城市创建工作开展得最好的3个地区，同时也成为我国经济最发达、经济活力最强的地区。苏南地区通过园林城市创建，建成了国内较完整的园林城市群，形成了良好的生态环境、人文环境，也成为外商投资吸引力最大的地区之一。园林绿化已成为新时期构筑城市竞争力的重要基础。建设园林城市是提升城市功能，改善市民生活居住环境的主要措施。各地在大规模进行城市绿化建设的同时，坚持以人为本的理念，充分发挥园林生态功能和景观功能，注重绿地规划的合理性、布局的均匀性、植物的多样性，园林绿化水平不断提高。例如，北京市以"绿色奥运"为契机,从 2000 年开始启动了城市绿化隔离带建设工程,当年就完成绿化 2667hm^2。深圳市五年投入 1.5 亿元用于风景林地建设,新增风景林地和防护绿地 6810hm^2。此外,各地更加注重公园的便民性,加强中心区公园、游园绿地建设,方便了群众生活,增强了城市避灾功能。新疆的石河子市和库尔勒市,所处的自然环境和气候条件都十分恶劣,近年来这两个城市以改善生态环境、建设园林城市为目标,开展了大规模的城市绿化活动,已成为我国西北地区人心向往的绿色明珠。建设园林城市是现代文明的重要标志,是加强城市精神文明建设的重要组成部分。正如著名的城市规划学家沙里宁所说的那样,城市就像一本敞开的书,从中可以读出这个城市市民的情操。创建园林城市工作体现了从党委、政府到普通市民,从专业部门到全社会良好的精神面貌,激发了爱家乡、爱城市的高尚情操。正是有了这种精神,一些城市克服了物质条件还不富裕的困难,实现了建设园林城市的理想。新疆石河子市克服自然条件困难,形成了"军民团结奋斗,共建绿色家园"的革命情怀;宁夏贺兰县在创建活动中"万人大签名,共建园林城",体现了市民"爱自然、爱生活、向往美好未来"的理想信念;河北唐山市较好地将"自力更生,奋发图强,自强不息,化腐朽为神奇"的抗震精神融合到创建工作之中。通过开展园林城市创建活动,经过艰苦努力,使精神得到了升华,困扰老百姓多年的环境问题得到了解决,政府的凝聚力、市民的向心力得到增强,促进了城市精神文明建设。

  我国是一个具有 5000 多年历史的国家,园林历史悠久,博大精深,被誉为"世界园林之母"。中华民族历来具有植树种花的习俗,崇尚绿色,师法自然,讲究"天人合一",形成了中国独特的园林风格,塑造了东方特色的园林文化。园林城市创建中,各地保护和传承了历史文化,保护遗产和历史风貌,建设新的优秀园林,弘扬了历史悠久的中国古老的园林文化和园林艺术。例如扬州在园林城市创建中,疏浚了瘦西湖,开通了古代先贤水上游览线,再现了"两堤花柳全依水,一路楼台直到山"的意境。杭州实施了西湖西进南扩工程,使西湖的生态景观、西湖的历史文化得到了充分挖掘和发展。

  园林城市是实现城市可持续发展的必然要求,是实现人与自然和谐共处的主要途径。良好的城市生态环境是维系任何一个国家和民族可持续发展的基础。近些年我国北方地区频繁发生的大范围沙尘暴以及"非典"事件等，都危害到一些城市的生产建设和人民生活，已经向我们敲响了警钟。城市公园、游园和绿地在群众健身、防治"非典"等公共突发事件方面也发挥着越来越重要的作用。在园林城市建设过程中，各地普遍注重城市生态与景观敏感区域的保护，注重人与自然和谐统一，注重城市生态的改善与恢复，为落实科学发展观，构建资源节约型、环境友好型社会作出了贡献。（仇保兴在《国务院关于加强城市绿化建设的通知》颁布实施五周年纪念暨城市园林绿化先进表彰会上的讲话。）

中观管理方面，主要是省（市）自治区级的层面。保证国家法律法规的执行和贯彻，制定地方性法律法规、标准规范，制定促进发展的政策，抓规划这个龙头，抓公园的宏观控制，抓基础建设，抓公园行业的监督检查工作，负责本行政区域内的公园行业工作。比如，北京市根据建设部的要求，制定了《北京市城市绿地系统规划》，制定了《北京市公园条例》，为园林绿化的发展确定了目标、方向和任务。《北京市城市绿地系统规划》所确定的市域绿地系统结构和布局是："青山环抱——山地绿化占市域面积62%，三环环绕——五、六环路之间的绿色生态环，隔离地区的公园环，二环路绿色景观环带——绿色城墙，十字绿轴——长安街和南北中轴及其延长线，七条楔形绿地——从不同方向沟通市区和郊区，由绿色通道串联公园绿地成点、线、面相结合的绿地系统。市区以外宜林山地全部绿化，建设自然保护区和风景名胜区，构成名副其实的生态屏障，平原植树造林，治理五大风沙危害区，加强湿地保护和绿色通道的绿化建设，开辟第二道绿化隔离地区，将市区与郊区绿地有机结合。中心区绿地布局是以滨水绿地为纽带，结合文物古迹保护、旧城改造及新的开发建设等开辟公园绿地、完善二环路绿色景观环带——'绿色城墙'和城市的'十字景观轴线'。四环路景观防护林带：两侧各划定100m宽绿化带，注重植物造景，丰富沿路城市景观。城市绿网：由市区范围内的道路、铁路、滨河绿带和防护绿带组成。这种带状、环状和放射状绿带，将中心区内的各种绿地与外围的绿地联系起来。楔形绿地：结合河道、道路放射线和绿化隔离地区绿化带，建设小月河、六郎庄、北苑、来广营、机场路、左安门、菜户营七条楔形绿地，形成楔入市区的绿色通道。隔离地区公园环：125km^2 隔离地区绿化带，由奥林匹克公园等各类公园、生产绿地、防护绿地组成。五环路防护林带：两侧各划定100m宽绿化带，使之将10个边缘集团、近郊区的绿色通道和楔形绿地等联系起来。边缘集团绿地系统：结合10个边缘集团的规划，完善其绿地系统，按服务半径、城市景观及功能要求，规划配置各类公园绿地。环市区外缘郊野公园环：由沿规划市区边缘的小西山风景区及一系列郊野公园组成，是市区外围绿色生态环。"《北京市公园条例》从北京的实际出发，确定了发展的目标和政策保障，规定了社会、政府、公园管理者和游人的权利和义务，使公园管理走上了有法可依的轨道。

又如广州市的生态公园的评选活动，上海市、深圳市开展的星级公园评定等，对公园的建设和发展都产生了积极的影响，加强了公园管理，提高管理服务水平，促进公园的发展。

深圳市开展的星级公园评定有评定办法、有标准、有评分细则，比较规范和完善。其办法规定深圳市人民政府城市管理办公室负责组织深圳市公园星级的评定和复核工作。市公园协会负责具体的评定工作。凡在本市范围内基本建成，并正式开业、开放两年以上不同类型的公园，包括植物园、动物园、儿童公园、风景区内公园、郊野公园、主题公园及其他专类公园，均可申请参加星级评定。公园星级的评定，按市政公园、主题公园两类分别组织评定，由市公园协会根据所评定公园的星级、规模、特点等因素组成评定小组具体执行，评定结果报市城管办审批确认。星级公园的评定（包括由低星级向高星级晋升）按照逐级申报的原则进行。申请星级的公园根据标准及各项评定细则进行。自评认为达到三星级（含三星级）以上要求的，市属公园直接向市公园协会提出申请，并填写公园星级申请报告。申请星级公园评定的非市属公园，可向所在区城管办（市政园林局）提出申请，并填写公园星级申请报告。区城管办（市政园林局）对申报公园初审后，对符合条件的公园提出推荐意见，报市公园协会。市公园协会根据申报情况，每两年组织专家对被评审公园进行现场检查、核对资料等评审工作，评定结果经市城管办审批后向社会公布。星级的公园必须是"园林式、花园式"达标单位。申请评定四星级和五星级的公园，必须按公园总体规划实施建成。绿化管养、卫生管理和建设三个项目单项得分需占单项总分的85%以上。申请评定星级的公园领导应具有大专（含大专）文化程度，并经过专业培训合格。对已经评定星级的公园，每两年进行一次全面的复核，通过公园自查，市公园协会采取部分复核与重点抽查相结合、明察与暗访相结合的方式，进行复核。经复核达不到要求的，市城管办将根据具体情况，通过签发警告通知书、通报批评、降低或取消星级等处理。公园须认真整改，并在规定期限内将整改情况报市城管办。凡被降低或取消星级的公园，自降低或取消星级之日起，一年后，方可申请重新评定星级。凡公园发生重大事故或极其恶劣的情况者，一次性直接取消星级。市城管办负责将已评星级的公园及时进行公告。公园星级标准标志由市城管办统一制作、核发。任何单位或个人未经市城管办授权或认可，不得擅用。公园星级标志须置于公园主要入口最明显位置，并应在其宣传资料中标明其星级。

微观管理方面，是指公园的一级管理，包括绿化生态、园容卫生、游览服务、设施设备、安全秩序和基础管理等方面。公园微观管理是一切管理的基础，必须抓好6个方面的工作，即绿化生态、园容卫生、经营服务、设施设备、安全秩序和基础管理（图2-2）。

公园的绿化生态管理，应当按照高水平、高质量的要求。根据《北京市城市园林绿化养护管理养护标准》，公园主要游览区应当达到特级养护标准。其他地区应当达到一级养护标准（特级养护标准、一级养护标准见本书《北京市城市园林绿化养护管理标准》）。公园的绿化生态建设应当注重自然生态元素的保全，注重生物多样性的保护。

公园的园容卫生管理是公园管理的重要方面。它是公园面貌形象的展现，是公园服务的重要窗口岗位，从事园容卫生的员工是和游客接触最广泛的岗位。因此要更新观念，健全制度和规范，把各项工作做细做好。公园应当切实搞好游览服务工作，主要是完善讲解系统、开展文化活动、建立游客中心和游客投诉处理机制。

公园的经营服务管理应当逐步规范。公园经营服务项目的分布、设置应符合公园总体规划，变更或增设项目应经园林主管部门批准，严禁设置与公园性质、功能不相适应的经营服务项目。公园内经营的项目、商品等的价格，按国家及当地物价部门的规定执行。公园内凡出售票据的项目，应设置售票房（亭）。售票房（亭）应保持内外环境整洁，不乱放（杂物）。售票房（亭）应在适当位置设置售票价目表、票箱或验票设施。各种票据应按有关部门核定的价格出售。票据应在指定的工厂印刷，并打印顺序号码。所有票据应由固定人员保管，领票、交款应办理手续。

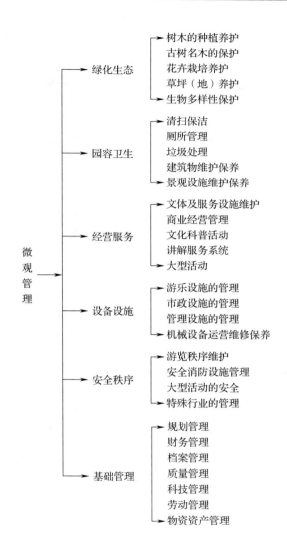

图 2-2 微观管理示意图

展览场馆应定期保养及更新设施、设备,保证其功能的发挥。提高场馆的利用率,定期举办各种展览和演出项目。举办大型项目时,应有具体的计划和实施方案,并报有关部门批准。利用室外场地举办短期项目，其围蔽材料应美观，噪声排放应符合有关规定的标准。展演出场馆的设施和设备应符合安全使用标准，备有合格的消防器材，遇紧急情况应有应急措施。举办大型活动，应经园林主管部门同意，事先与有关部门联系，制定妥善的安全措施，控制人流量，维持秩序，疏导游人。凡开展球类活动的场所，应设施齐备、定期保养，保证使用功能和安全。应在适当位置设置本项目的规则及注意事项等牌示，规范运动人员的行为。健身项目应有符合要求的固定场馆，并经有关部门批准方能经营。健身器材应符合有关的技术标准，按安全规范设置。健身场馆内应设置更衣室、淋浴、衣物保管等配套服务设施。棋类比赛场馆内应设赛台、展示比赛的棋局、观众席等设施及比赛规则牌示，场馆外合适位置应设比赛日程安排牌示。棋类出租场馆内应设竞赛守则牌示、租棋处和配套的下棋区等设施。

游泳池、戏水池等应保持水质清洁，符合卫生标准。游泳池、戏水池在不使用时，应保持池内清洁卫生。游泳场应设置更衣室，衣物保管处等设施。水上项目应设置救生员和救生设备，应标示水深尺度。划船竞赛项目应有组织进行。天然真冰场应经有关部门批准方能开场，开场后应定时检查冰层厚度、水位高低，作好记录，以便查核。冰层厚度不符合安全标准不能开场。天然真冰场和人造真冰场在必要的位置应设置防滑设施。滚轴溜冰场、人造真冰场应设置坚固的栏杆，场地应平整光滑。溜冰场应视场地面积控制进场人数，设置专职人员维持秩序。溜冰场场内应设专人负责消防、安全工作，并配备相应的合格消防器材。溜冰场场内应设置医疗室、广播室、衣物保管处、租鞋处等设施。垂钓活动应在规划区域内进行，垂钓区域的岸线地形应平整，便于游人垂钓。在垂钓区内应设专人经常巡视，以防意外事故发生。有条件的公园可设置配套的服务设施。

营运的游船必须符合安全技术标准，经检查合格后方可投入营业。营运应有定期安全检查制度，发现问题及时维修或停止使用。游船应定期维护，保持容貌美观。暂时不使用的游船应妥善保养。营运的游船必须配备救护人员和水上救生器材，以应急需。码头是游人上下船的唯一合法通道，凡开展游船业务的公园，必须设置符合安全实用要求的游船专用码头，码头上应设置租乘船须知牌示，维持好码头秩序，防止挤伤或其他事故发生。游船在出租前和使用后应进行检查，发现问题及时维修，严禁带故障营运。各种游船，严禁超员乘坐。酗酒者、精神病患者严禁乘坐。儿童应有成年人陪同。在水深超过1.5m的地方应建立水深警示标志。遇大风雨时应停止租船，并出动巡湖艇引导游船返回码头或就近靠岸。较大的水面公园应配备巡逻船只，用于维持水上治安秩序和及时处理安全事故。游船项目应为游客投安全保险。

骑马项目应经有关部门批准，并在具有安全护栏的场地中设置。马匹必须经训练，符合游人安全骑坐的要求。有病或性情不稳定的马匹严禁投入营业中。骑马场内应设置安全须知牌示，并有完善的安全管理制度和应急措施，确保游人安全。射击项目应经有关部门批准，并在具有安全防范屏障的场馆中设置。场馆内应设置安全须知牌示，并有完善的安全管理制度，配备必要的救护药物和设施。

游乐项目应有完善的设施定期检修保养制度，发现安全隐患及时处理，并应将检修保养内容及处理结果记录入档，以备查核。每个游乐项目应在适当位置设置安全须知牌示，指导游人游玩。游乐设施应具备生产厂名、厂址、生产日期、出厂合格证。新设备必须经有关部门认可或符合国家有关规定的技术标准，方可投入使用。必要的项目，可为游客投安全保险。游乐设施安全管理参照国家技术监督局有关游艺机和游乐设施安全监督管理的规定执行。

餐饮项目是公园的配套服务内容，应以游人为主要服务对象，提高饮食服务质量，体现园林饮食文化特色。西餐、酒吧、冰室、茶室等餐饮店，应保持其经营特色，为游人提供多种形式的餐饮服务。快餐店、小食店应使用一次性无污染餐具，为游人提供方便快捷的服务。园内的饭店、快餐店、小食店、冰室、茶室等，必须严格执行《中华人民共和国食品安全法》，具备有关管理部门核发的卫生许可证方能经营。餐饮应做好除"四害"（蚊、蝇、蟑螂、老鼠）、防疫和饮食卫生工作，防止病从口入。食具应执行"一洗二过三消毒四保管"的操作规程，实行食具消毒后密封保管的制度。食品存放实行"四隔离"（生熟隔离、成品与半成品隔离、食品与杂物药物隔离、食品与天然冰隔离），杜绝食物中毒事故。凡采购米、面制品、糖、酒类、乳肉制品、蛋、豆制品、罐头、饮料、调味品等，应具备生产日期和保质有效期，并应索取该产品的卫生检验合格证。饭店、餐厅等餐饮服务店档应按规定根据各自的排水量，设置容量相适应的隔油隔渣池，并应坚持每天清废油和定期清渣，使污水符合国家规定的排放标准。饭店、餐厅等餐饮服务店档设置的发电机房、凉水塔等应安装隔音设施,使噪声排放量符合国家规定的排放标准。饭店、餐厅等餐饮服务店应定点设置收集废弃物、垃圾和加盖容器,并及时清运。必须保持良好的室内外卫生环境,落实"门前三包",为游客提供良好的就餐场所。

小卖部必须具备工商行政管理部门核发的营业执照,出售食品的小卖部还必须具备有关管理部门核发的卫生许可证方能经营。不得超出经营范围。小卖部出售的商品应有商检部门核发的合格证,具有生产厂家、地址、生产日期及用料构成表,杜绝销售伪劣商品。发现过期应及时处理,不得出售过期和变质的商品。无包装食品应加设防尘、防蝇设备,服务人员不得用手直接接触无包装食品。商品应明码标价,做到一货一价,价目牌应使用国家规定的统一标签。小卖部应以店内经营为主,不得超出营业场地经营。保持经营范围的环境清洁,实行门前"三包"。出售食品的小卖部应设置专用垃圾桶,并每天清倒和清洗。

摄影店(档)设置位置应适当,方便服务游人。不得在公园景点中圈围场地用于收费拍摄经营。园内设置的电影场、录像投影室、歌舞厅等娱乐场所,必须具备有关部门核发的营业许可证方可经营。播放内容必须按照规定经有关部门审查批准。招待所、宾馆应按旅游业相应等级的酒店(饭店)的服务标准及操作规程,做好客房布置、开水服务、话务服务、安全保卫及餐饮服务等工作。招待所、宾馆应制订严格的卫生管理和消毒制度,经常保持所、馆内外环境及客房、卫生间等清洁卫生。大型公园可设置观光游览车,引导和方便游人参观。观光车应选择安全性能好、污染较少的电动车。

公园应在外围合适位置设置机动车及非机动车的停车场,以方便游人,停车场必须具备有关部门审批的经营许可证,不得擅自经营。停车场应设专人负责保管车辆,以防遗失。

经营场所必须符合安全标准,配备合格的消防器材。

公园的规划管理、科技管理、工程管理、劳动管理、质量管理、物资资产管理、财务管理、档案管理等是公园的基础管理工作,都必须按照相关的法规和规范做好,使公园这部机器能够安全高效地运转。

宏观管理、中观管理和微观管理三个层次的管理构成一个完整的系统，是有机结合的一个整体。管理即是服务，宏观管理、中观管理和微观管理都应当树立大服务的观念，建立以游客为中心（或关注焦点）的运行机制，即"三圆同心理论"（图2-3）。宏观管理应做到把得住、放得开，用法规规范，用政策引导，扩大公园数量，提高公园的质量，把根基打牢，把事业做大做强。中观管理要发挥桥梁和中坚作用，根据本地区的实际情况，创造性地工作，同时发挥基层的积极性。微观管理是公园管理的基础，是艰苦细致的工作，要做过细工作，要学会自律自强和自我发展，工作精益求精，达到无可挑剔的程度。

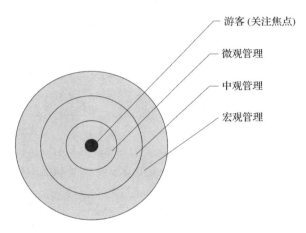

图 2-3　层次管理图

注：

三不外露：垃圾不外露，卫生工具不外露，服务人员个人用具卫生用品不外露。

六不见：不见果皮核，不见各种包装纸、废弃物，不见乱扔烟头，不见随地吐痰及痰迹，不见水面漂浮废弃物，不见室内残破痕迹（包括破设施、破门脸、破棚轩亭阁、破牌示）。

八不乱：不乱搭建，不乱设摊点，不乱堆放杂物，不乱放生产工具、卫生用品、生活用品，不乱设牌示，不乱张贴通知广告，不乱拉绳挂物，不乱设各种不规格的设施。

厕所十无：设备完好无损，地面无积水污物，无痰迹、烟头，尿池无碱疤，墙壁无刻画，坑边无粪便，厕所无臭味，厕所无蛆，室内无蛛网、塔灰，粪池无粪便外溢。

三有四无一同时：厕所内应有手纸、有洗手冲厕水、有夜间照明，无蝇蛆、无恶味、无地面积水、无乱写乱画，与公园同时开放。

(三) 文化建园的必然性

文化建园，就是深刻理解园林的文化属性，掌握各种园林的文化内涵，从弘扬祖国优秀传统文化和展现时代文明风范的结合上，赋予园林城市建设和管理浓厚的精神文化色彩，创造出新时代中国特色的园林文化，以建设一流的园林城市，为社会主义精神文明建设作出贡献。这条方针的提出，是园林事业指导思想的一个飞跃，且具有客观性和实践性的特征，是符合园林事业发展规律的，它对园林事业，特别是公园行业的发展将产生重要的作用。

1. 文化建园方针的客观性

文化建园方针的提出具有客观必然性。它不仅是园林的性质决定的，而且也是我国社会经济发展规律在园林事业中的反映，同时已经被实践证明是正确的。

（1）园林是一种文化现象。"文化"一词的定义据有些专家考证有几百种说法，我们不一一赘述。概括起来，从广义来说，指人类社会历史实践过程中所创造的物质财富和精神财富的总和；从狭义来说，指社会的意识形态，以及与之相适应的制度和组织机构。文化也可以理解为创造力的凝聚。

中国的园林发于商周成于汉，跃于宋而峰于明清。早期初级形成的园林，实际上是农耕稼穑和渔猎畜牧生产发展的产物，形成培育果蔬粮秫的"圃"和"园"，以及豢养珍禽异兽的"囿"和"苑"。它们既是生产的基地，又是巡幸狩猎游赏娱乐的场所。作为后一个方面，它能予人观赏"物有天然之趣"，获得赏心悦目的娱乐享受，在这个层次上园林作为艺术创造，是属于文化的范畴。后来汉时的宫苑，以建筑结合自然山水，或结合人工山水建造，具有规模宏大、空间辽阔，风格雄浑的特点，注入了更多的精神文化因素，比如效尤秦始皇的做法，堆瀛洲、蓬莱、方丈等三山，模拟海上仙山神屿的境界。至宋代，园林艺术在隋唐基础上更有飞跃发展，更加自觉地将诗词、绘画中的诗情画意的境界再现于园林之中。到明清时代，无论在造园艺术和技术方面都达到了炉火纯青、出神入化的境界。

由此可以看出，这种园林文化是人类在一定的物质生活条件满足之后的精神生活的高层次的追求。这种追求（或需求），不仅推动了园林的发展,不断创造出"虽由人作,宛自天开"的一座座具有丰富文化内涵的灿若星空的园林精品,而且人们在营造园林、欣赏园林、感悟园林的过程中提高了自身的素质。园林在于造,园林是物化了的精神,或精神的物化,园林文化是一种"境界文化信息",它是通过生境的营造、环境的改造、意境的创造和幻境的构造架起物质转化为精神的桥梁。人们到公园去,不是为了获取某种物质,而是为了获取一种精神的信息,物质的文化。人们到公园去,无论是欣赏、参与、求知、休憩、社交甚至朝圣、祈祷,都是为了接受一种信息的传递。这种信息有的是人类文明历史发展的信息,有的是生物的信息,有的是山水秀美的信息等。"公园可以使你回到自然,使你能体验原始环境,而精神一振。"《联合国教科文组织关于国家保护文化和自然遗产的建议》(1972年,巴黎)的文件中明确阐述,"文化和自然遗产是人类遗产的精华,也是当前和将来文化的丰富和和谐发展的一个源泉。""文化和自然遗产是一种财富。""保护、保存文化和自然遗产的最终目的在于人的发展。"颐和园、天坛以及苏州园林已被列入世界文化遗产名录。因此可以说,文化建园方针是园林的属性所决定的。

(2) 文化建园的方针是与现阶段我国社会发展水平相适应的。历史证明,盛世兴文、兴园林,园林的兴衰与社会的进步发展程度是分不开的。改革开放以来,我国的各项事业取得了巨大的成就,也为园林的发展带来了机遇,这些年园林发展充分证明这一点。这种发展不仅是量的扩大,而且是质的提高,其中包括文化建园方针的理论和实践,如果说"以园养园"和"绿化结合生产"等园林方针是和当时的政治经济形势分不开的,那么"文化建园"方针也是改革开放和社会发展的必然结果。特别是在人民生活方面,我们已经从温饱型迈向小康的水平。"不断满足人们日益增长的物质生活和文化生活的需要"不仅写进了我们国家的发展纲领,而且已成为全国人民生活的目标和追求。文明的人类总是"食必常饱,然后求美;衣必常暖,然后求丽;居必常安,然后求乐",人们在满足了基本衣食住行之后,文化的、精神的、享受的需求欲望日益成为"优势需求",人们需要的层次在逐步提高(马斯洛的需要层次理论)。"综观我国公园发展的历史,可以看出,凡是公园建设水平高的城市,当地的文化水平一般都比较高,如北京、上海、广州、南京、杭州、武汉、成都、大连、哈尔滨等，因为公园主要是为丰富市民的文化游憩生活服务的，社会的平均文化水平愈高，对游憩生活的要求也愈高，从而对公园绿地的价值认识更深，对于公园建设更支持。"〔《中国现代公园》（李敏）〕园林文化的出发点是"人民需要文化，人民需要园林"，"文化建园"的方针正是在这样的社会背景下产生出来的。

（3）实践证明，文化建园的方针是正确的。新中国成立以来，特别是改革开放以来，园林特别是公园的发展和实践，充分证明"文化建园"方针是完全符合园林发展实际的。北京天坛、颐和园这些年重视文化的发掘和利用，促进了公园的发展和变化就充分说明了这一点。在全国还有许多这样的公园，从创建特色到管理水平的提高都是遵循"文化建园"的方针，取得了很好的效果和经验。

2. 文化建园的基本要素

从理论的角度分析，作为一个方针，其构成应具备三个方面的要素，即目标、动力和实现目标的途径。

（1）文化建园的目标或落脚点、归宿，就是"园"。我们在新的历史时期要建一个什么样的"园"，是这条方针所关注的重点。园林是一种艺术，是人化的自然或叫自然的人化，是科学的艺术，或艺术的科学。就其规模和范围而论可分为园林盆景（景物）、景点（线）、景区（庭院、园中园）、公园（风景区）、城市大园林和大地园林化六个层次（图2-4）。文化建园的"园"在这里是一种特指，即指现代化的城市园林（或城市大园林）。现代化的城市园林是城市重要的基础设施，是城市现代化的重要内容，是改善生态、塑造城市形象和提高广大人民群众生活质量的公益事业，是城市可持续发展的重要保证。空间上它涵盖整个市域，时间上它包括古典园林、现代园林、风景名胜区和城市绿化。现代化的城市大园林是城市的主体，是有机地融入城市骨架中的绿色生命，它不仅起到改善环境、美化城市的作用，而且制约着城市的发展和关乎城市的生死存亡。历史上许多著名的都市如楼兰古城等灰飞烟灭，大多因维持其生存的绿色生命枯竭，而导致了整个城市的消亡。当今世界上许多大城市特别是首都城市都把园林当做城市生存的基础来对待。莫斯科城在规划中园林绿化带面积即占了三分之一。国外许多大城市规划的人均绿化面积大大超过人均居住面积。联合国生物圈生态与环境组织提出首都城市人均公园面积为 $60m^2$ 为最佳环境，美、德提出城市要为居民规划 $40m^2$ 以上公园面积,以保持城市居民有一个良好的生存空间。文化建园方针的提出就是要努力建设一流的国家园林城市。通过园林绿化,使城市绿地达到一定比例的量,主要绿化指标符合国家规定的水平,使整个城市坐落在园林之中,无处不园林,举目皆绿色;使园林艺术与城市建设完美结合,逐步达到世界先进水平。

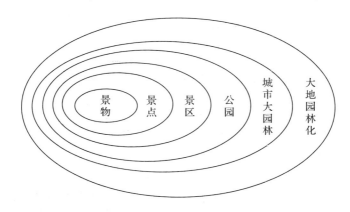

图 2-4　园林的层次结构图

从某种意义上说,文化建园更特别强调公园在城市园林中的地位。公园是园林的集中体现,是城市大园林的核心和大地园林化的模板,是城市绿地的主要类型,是由政府、公共团体或者市民建设,由公园管理人负责管理,有一定的规模和设施,对公众开放的园林绿地。公园包括综合公园、专类公园、带状公园、街旁游园、风景名胜公园等。公园的建设和发展要按照不同的类型和特色注入更多的文化色彩,建设高水平的公园。

(2)"文化"一词是文化建园方针的核心,是实现文化建园的重要途径或方向,这是园林的根本属性所决定的,这是园林的优秀传统所决定的,这是精神文明建设的要求所决定的,这是"三个代表"重要思想、科学发展观和构建和谐社会理念在园林事业发展中的重要地位所决定的。文化是园林的灵魂,没有文化内涵的"园林"是没有生命力的。文化建园所说的文化,不是指一般的教育、科学和理论研究,而是凝集在"园林之树"各个层面上的理念、理论、文学、艺术精华和具有文化意义的实践活动。

它包括 6 个层次（图 2-5）。

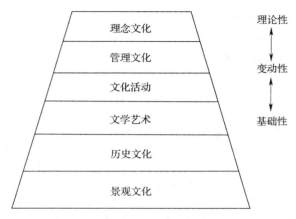

图 2-5　园林文化的层次结构图

① 景观文化。以山水、植物、构筑物、文物古迹、景观设施等所构成的各种境界文化信息，提供给人们感知和审美的科学化、艺术化对象，是"文化"的物质基础，是其他文化所赖以存在和发展的基础。景观文化包含规划设计、建筑施工和形成的自然景观和人文景观。

② 文学艺术。是附着在景观文化之上的富有文学艺术色彩的题名、对联、诗歌、绘画、石刻、碑文、雕塑以及赏析、杂文等，是提升景观文化不可缺少的，体现中国园林传统的重要方面。

③ 历史文化。是蕴藏在景观文化、文学艺术等深处的那种反映历史的道德观、价值观、哲学思想和理念的文化等。比如天坛的历史文化，反映的是古代人们对天的认识和祭天过程中礼仪、音乐的历史价值、科学价值以及著名的声学现象，这些都是天坛十分宝贵的遗产。

④ 管理文化。是适应社会的发展，满足人们的各种需求而延续景观文化和文学艺术的综合性手段。管理文化中特别强调"以人为本"的宗旨和生态环境的营造在管理文化中的突出地位。

其中，企业文化，是在新的历史时期形成的具有鲜明群体意识的精神文化，一般包括企业的目标、方向、任务和内在运转机制，是凝聚员工的重要形式，是管理文化的重要组成部分。

⑤ 文化活动。是适应时代的发展、人们对文化生活的需要而产生

的各种文化活动形式，如科普展览、文物展览、节日游园、文艺演出、赏花观景等，充分体现了人们丰富的精神生活与园林的有机结合。

⑥ 理念文化。主要是指人们对文化的认知和园林理论的建立。这是最高境界的文化，是一切文化不断提升的条件。园林事业的发展有没有后劲，在某种意义上说，一是人才的积蓄，二是理论的发展。如果没有理论的支持，园林事业很难在城市现代化的进程中立于不败之地。

园林文化具有三个特点，即基础性、变动性和理论性。基础是必要条件，一切风景师、规划设计师要赋予园林丰富的文化内涵，要力求高品位、高标准，要创造既有历史传统又有时代风范的精品。对于一个管理者来说，就要把握其文化内涵。变动性就是发展性，园林文化要适应不断变化的新形势，要有新的目标，要善于创新，营造时代气息，不断满足人们求知、求乐、求美、求奇、求健的需求。理论性带有方向性和前瞻性，要有一批园林的专家、学者致力于研究园林的理论，促进园林事业的发展。

(3) 文化建园的关键在于"建"。"建"强调了4个方面的意义。① 园林绿化事业的发展要靠人的积极性的发挥，没有广大群众的积极参与，任何美好的愿望、正确的方针都是一句空话。从这个意义上说"建"是园林行业乃至整个社会智慧和力量的凝聚和释放，是文化建园的动力。② 文化建园是一个过程，不单指建造的过程，包括从营造到管理的全过程，在这个过程中要赋予它文化的内涵。③ "建"的过程就是不断探索、不断创新的过程，既不能墨守成规，也不能吃祖宗饭。要继承前人的成果，也要给后人留下自己的东西。④ 强调"规划建绿"，是"文化建园"的应有之意。如果没有规划，或者不严格按规划去办就会产生主观随意性，园林发展的空间就可能受到挤压，绿化的成果就可能受到损失，前进的道路就可能出现挫折，给园林带来极大的危害。天坛公园在20世纪50~60年代绿化结合生产，种了上千亩的果园，从1985年起，不得已用了近16年的时间将上万株果树改植为松柏常青树，恢复历史风貌，付出了很大的代价。这种深刻的教训实在值得记取。

"文化建园"，虽然只有四个字，但有丰富的内涵，是一条完整的方针。只有全面理解和掌握其内涵和外延，坚持理论联系实际，才能不断前进和发展,这是 21 世纪城市园林发展的必然要求。

3. 文化建园应坚持的原则

(1) 文化定位是文化建园的基石。在市场经济条件下,许多人跳不出传统的思维圈子,扮演着追随者的角色,搞千篇一律,随波逐流。比如这些年来在全国范围内刮起的"西游记宫"风、"主题公园"风、"水族馆"风、"游乐场"风、"广场草坪"风等,曾几何时在这阵阵热风中多数经营者翻船落水,葬身海底。从这里人们不难看出,找不到自己的定位,趋利追风给人留下多么深刻的教训。而许多历史名园,却因其内涵鲜明的文化系统,而具有持久的魅力,赢得环境效益、社会效益和经济效益的全面提高。它说明市场经济往往通过分配财富的方式证明文化系统的重要性。

一座园林(或公园)的诞生是规划师、设计师、风景园林师等智慧的结晶,它包含着历史的传统、时代的气息、民族的风格和地域的特点,决定了它有自己恰当的文化定位。这是它存在和发展的物质基础,是其生命力的源泉。公园管理者的任务,就是要始终把握其文化定位和特色。创造要符合文化定位,发展要保持风格和特色。

文化定位是与其服务对象的优势需要相联系的。所谓"优势需要",是指游客主体和主流游览动机的综合指数。满足这种优势需要的文化定位是正确的,就会取得成功。而忽视文化定位,乱上一些有损风格和特色的项目,不仅不会带来预期的效益,还会对公园的发展带来不利的影响。

文化定位就是要把握继承和创新的辩证关系。继承而不泥古,创新而不离宗,让传统的躯体里流动着时代的血液。园林的优秀传统在北京表现得很突出,我们必须认真地继承和发展,比如皇家气派,它不仅是一种风格,也是一种标准。这是与北京历史上几百年来一直是首都的这种地位分不开的,皇家气派不仅是气势恢宏,而且包容性很强,形成了古今相袭、中西合璧、南北兼蓄的多样性风格,比如圆明园、北海、颐和园等,是北京皇家园林的代表,融佛、道、儒各家的思想文化于一体,达到多样性的高度和谐统一,成为中国园林之典范。传统的东西,我们应该很好地了解、熟悉和掌握。但同时又要认识,任何传统都带有历史的局限性,要不断赋予其新的精神,使其永葆活力,这就需要创新,以适应时代的需要。任何停滞不前的"传统",都会被历史所淘汰。

一个公园的文化定位,应该贯穿于设计、施工、建设、管理的全过程之中,要千变万化不离其宗。北京市朝阳区红领巾公园的发展就是一个很好的典型,他们在依靠社会力量,利用"外脑"进行公园雕塑过程中,始终坚持红领巾这个主题,以儿童为服务对象的文化定位,创造出了当代少年儿童喜闻乐见的艺术形式,创造了一个别有特色的公园精品,受到了社会的充分肯定。前些年北京的历史名园大上游艺项目,破坏了历史名园应有的静谧、典雅的环境氛围,在社会上产生了很大的负面影响,而后不得不逐步拆除,造成了许多不应有的损失,这从另外一个侧面说明把握好文化定位的重要性。

(2)把握特色是文化建园的生命。马克思主义的哲学告诉我们,共性寓于个性之中。没有个性就没有共性,就没有世界万物。所谓特色就是指事物的个性及其发展规律。要取得工作的成功、事业的发展,都必须研究、把握事物的个性及其规律,也就是说要有自己的特色。千篇一律的东西或照抄照搬的东西是没有生命力的,终究要被淘汰,只有个性的东西、有特色的东西才有生命力。

北京市的公园在注重特色方面做了许多有益的探索:历史名园注意保持古典园林的风貌和神韵。历史名园,近10年来,斥资数亿元,按照修旧如旧的原则,整修了大批的文物古建,从而保持了历史名园的风貌和神韵。新建改建了一批各具特色的新公园和景区。如以竹子为特色的紫竹院公园,以"百亭"为特色的陶然亭公园,以民俗、名著、世界博览为特色的中华民族园、大观园、世界公园和一批游乐园、老人公园、儿童公园等各具特色,使北京市的公园形成了多样的和谐统一,树立了首都的良好形象。创造了一批各具特色的文化活动,比如以植物景观为特色的香山"红叶节"、北京植物园"桃花节"、玉渊潭的"樱花游园会"、中山公园的"郁金香游园会"和"兰花展览"以及紫竹院的"竹文化节"、龙潭湖公园和地坛公园的"庙会"、天坛公园的"祭天乐舞展"、北京植物园的"曹雪芹故居陈列",都充分体现出了本公园的特色,是有品位有内涵的精品项目。

(3)坚持创新是文化建园不断发展的动力。要用文化之眼去观察,要用文化之脑去思考,要用文化之心去感悟,要用文化之手去创造。要求人们以文化为前提,更新观念,解放思想,认真钻研,勇于实践,大胆创新,创造出一个崭新的园林天地。从这个意义上,它的基点是"创新"。离开了"创新",一切文化都将是暗淡无光的。比如在古典园林中，我们要批判地继承历史文化，导演出历史剧的新版本，这本身就需要创造。比如在城市公园绿地系统中有意保留一定数量的自然林地和野生草面积，减少人工干预，将鸟类和昆虫引入城市。这些创造无论其项目大小、价值高低，都体现了一种精神。它不仅是园林事业兴旺发达的标志，也是文化建园的宗旨所在。创新应该贯穿于园林事业的各个层面和全部过程，使园林的发展保持旺盛的生命力。

（4）追求完美是文化建园的最高境界。文化建园是人们依据园林的属性和社会的进步所提出的要求，不断探索、不断前进的过程，在这个过程中，文化建园有高下之分、优劣之别，这种区别不仅取决于外部的因素，比如经济的发展等，更有赖于人们的认识水平、文化素养和敬业精神。正如大学问家王国维所说："古今之成大事业、大学问者，必经过三种之境界：'昨夜西风凋碧树，独上高楼，望尽天涯路'，此第一境界也。'衣带渐宽终不悔，为伊消得人憔悴'，此第二境界也。'众里寻他千百度，蓦然回首，那人却在灯火阑珊处'，此第三境界也。"文化建园是一个不断追求完美的过程，只有那些勇于探索、不甘寂寞，具有坚韧的态度和牺牲精神的人，才有可能达到完美的境界。

一座园林的构建要追求完美，就应"相地合宜，构图得体"，要规划设计好，要"景以境出，取势为主，巧于因借，精在体宜"，实现"起结开合，多样统一"。比如颐和园，乾隆皇帝吸取江南园林之精华，然后煞费苦心选择万寿山、昆明湖这方风水宝地，精心规划设计，赋予其深厚的文化内涵，将佛、道、儒家的哲学思考和理念融进了中国的优秀造园传统，成就了一个山水相依、楼阁相济、园中有园、景外有景、优美和谐、出神入化的神话般的园林，堪称世界一绝，是中国园林之最高典范，也是古人追求完美的最好范例。完美是以事物的自然属性作为物质基础的客观现象，不同的时代，不同的人，会有不同的标准和尺度，它要不断地完善和发展。追求完美是文化建园的最高境界，要求有较高文化素养的人才去实践和努力，是园林工作者应有的品格。

公园管理是公园建设的延续，一个公园的景观特色能否贯彻始终，园林文化能否得到提升，管理有着十分重要的作用，要赋予管理强烈的文化色彩，不仅要从大处着眼，而且要从小处着手，"莫因善小而不为"，小是大的组成部分，不可因小失大，以小毁大，要画龙点睛，把许多小事情办好，使每一事业办出完美的结局。

"文化建园"是个理论问题，也是个实践问题。只有坚持理论联系实践，不断总结，不断实践，园林的发展才能不断升华。

（四）公园管理的法律法规体系

《国务院关于加强城市绿化建设的通知》指出："加快城市绿化法制建设。要认真贯彻执行《中华人民共和国森林法》和《城市绿化条例》，并根据当前情况抓紧组织修改《城市绿化条例》，增加对违法行为的处罚条款；制定和完善城市绿化技术标准和规范，逐步建立和完善城市绿化法规体系。各地要结合本地实际情况，制定和完善城市绿化法规。城市绿化行政主管部门要依法行政，加强城市绿化行业管理与执法工作，坚决查处侵占绿地、乱伐树木和破坏绿化成果的行为，对违法砍伐树木、侵占绿地的要严厉处罚。建设部和省级城市绿化行政主管部门要加大城市绿化管理工作的力度，加强执法检查和监督管理。"

依法行政，依法管理，是公园和公园行业的基本要求。从发达国家的经验看，自公园产生以来，就相继建立了公园的法规。欧美日本等国家和地区政府重视公园的发展和建设，在很大程度上是法规的健全。例如英国，1872年就制定了《公园管理法》，设立了公园警察，给予公园管理官员与警察同样的权限。1926年对该法进行了修改，直到今天仍根据该法来管理公园。又例如美国，根据联邦法律，一般公园一经成立就要建立相应的管理组织"公园委员会"，这种形式至今仍保留着，从公园管理到公园建设都由法律规定，同时规定每个州都要在调查研究的基础上编制公园规划。再例如日本，日本的城市公园产生于19世纪，1873年就建立了城市公园行政管理机构，1933年制定了公园规划标准，1956年颁布了《城市公园法》（由国会通过）、《城市公园法施行令》（由内阁会议制定）和《城市公园实施细则》（由建设省制定颁发）。

我国是发展中国家，公园产生于20世纪初叶，但在旧中国，政府不可能给予高度的重视。新中国成立后，公园事业有了长足的发展，有关园林绿化的法规相继出台。

1992年6月22日国务院发布了《城市绿化条例》，共分5章35条，包括总则、规划和建设、保护和管理、罚则及附则。主要规定了以下内容：城市人民政府应当把城市绿化建设纳入国民经济和社会发展计划。国家鼓励和加强城市绿化的科学研究，推广先进技术，提高城市绿化的科学技术和艺术水平。城市中的单位和有劳动能力的公民，应当依照国家有关规定履行植树或者其他绿化义务。对在城市绿化工作中成绩显著的单位和个人，由人民政府给予表彰和奖励。国务院设立全国绿化委员会，统一组织领导全国城乡绿化工作，其办公室设在国务院林业行政主管部门。国务院城市建设行政主管部门和国务院林业行政主管部门等，按照国务院规定的职权划分，负责全国城市绿化工作。地方绿化管理体制，由省、自治区、直辖市人民政府根据本地实际情况规定。城市人民政府城市绿化行政主管部门主管本行政区域内城市规划区的城市绿化工作。在城市规划区内，有关法律、法规规定由林业行政主管部门等管理的绿化工作，依照有关法律、法规执行。城市人民政府应当组织城市规划行政主管部门和城市绿化行政主管部门等共同编制城市绿化规划，并纳入城市总体规划。城市绿化规划应当从实际出发，根据城市发展需要，合理安排同城市人口和城市面积相适应的城市绿化用地面积。任何单位和个人都不得擅自改变城市绿化规划用地性质或者破坏绿化规划用地的地形、地貌、水体和植被。任何单位和个人都不得擅自占用城市绿化用地；占用的城市绿化用地，应当限期归还。因建设或者其他特殊需要临时占用城市绿化用地，须经城市人民政府城市绿化行政主管部门同意，并按照有关规定办理临时用地手续。任何单位和个人都不得损坏城市树木花草和绿化设施。城市的绿地管理单位，应当建立健全管理制度，保持树木花草繁茂及绿化设施完好。百年以上树龄的树木，稀有、珍贵树木，具有历史价值或者重要纪念意义的树木，均属古树名木。对城市古树名木实行统一管理，分别养护。城市人民政府城市绿化行政主管部门，应当建立古树名木的档案和标志，划定保护范围，加强养护管理。在单位管界内或者私人庭院内的古树名木，由该单位或者居民负责养护，城市人民政府城市绿化行政主管部门负责监督和技术指导。严禁砍伐或者迁移古树名木。因特殊需要迁移古树名木，必须经城市人民政府城市绿化行政主管部门审查同意，并报同级或者上级人民政府批准。同时，设定了相应的罚则。《城市绿化条例》是我国城市园林绿化的第一个法律文件，在我国尚未建立公园法的时期，它成为公园工作的基本依据。

20世纪90年代之后各省市在没有上位法的前提下，为了发展和管理的需要，先后出台了地方的公园（管理）条例，不仅是对《城市绿化条例》的有益补充，而且作了许多有益的探索。比如，《北京市公园条例》有5个突出的特点：

一是给公园下了一个定义："本条例所称公园，是指具有良好的园林环境、较完善的设施，具备改善生态、美化城市、游览观赏、休憩娱乐和防灾避险等功能，并向公众开放的场所，包括综合公园、专类公园（儿童公园、历史名园、植物园等）、社区公园等。"良好的园林环境、较完善的设施和向公众开放，是公园的3个必要条件，特别强调"良好的园林环境"。

二是将公园事业发展专门列为一章，规定：市园林行政管理部门应当会同市人民政府有关行政管理部门依据北京城市总体规划和绿地系统规划编制公园事业发展规划及实施计划，报市人民政府批准后实施。应当积极保护、利用历史名园，发展建设大、中型公园，并注重建设小型公园。新建居住区必须按照规定标准建设居住区公园。旧城区改造、新区开发应当规划建设公园。城市道路两侧、河道两侧，有条件的应当结合周边环境建设公园。强调任何单位和个人不得擅自改变公园的功能，不得侵占公园用地，不得擅自改变公园用地性质。规划确定的公园用地不得擅自改作他用，确需调整时，应当制定调整方案，调整方案需经规划、园林等部门论证提出意见，报市人民政府审批。已经占用公园土地、房屋的单位和个人，应当迁出。新建公园应当尽可能选择历史、文化等遗址、遗迹及其他具有纪念意义的区域地点。鼓励利用荒滩、荒地、废弃地、垃圾填埋场等建造公园。公益性公园应当以政府组织建设为主导。鼓励自然人、法人和其他组织投资建设公益性公园或者以捐赠、认养等方式参与公园建设。各级人民政府应当制定积极的政策和措施，促进公园事业的发展。各级人民政府应当支持公园事业的科学技术研究工作，鼓励科学技术和先进管理经验的推广运用，并按照保护生物多样性的原则和保护文化、自然遗产的要求，加强对公园文化、自然资源的有效保护和科学利用。

三是突出了对历史名园的保护。规定：历史名园保护区应当以保护原有风貌和格局为原则。禁止损毁、改建、拆除原有文物建筑及其附属物,禁止建设影响原有风貌和格局的建筑物、构筑物。历史名园周边建设控制地带内的建筑高度、形式、体量、色彩必须与公园景观相协调。具体的控制标准由市园林、规划、文物等行政管理部门共同制定,报市人民政府批准。对已经列入世界文化和自然遗产名录的历史名园,市人民政府应当依照规定要求制定有效措施,严格保护。对无法以人力再造和无法再生的自然景观或者具有特殊历史文化价值的人文景观,禁止改变原有风貌和格局。对历史名园的利用必须在坚持原有风貌、风格、布局和反映历史文化真实性原则的基础上,按照经批准的规划和谐进行。恢复历史文化遗址、遗迹必须经过专家论证,并按照有关文物保护的规定进行。历史名园内文物建筑的维护、修缮等工作应当按照国家和本市有关文物保护的法律、法规进行。对历史名园保护的经费各级人民政府应当给予财政保障。

四是规定了园林主管部门的三项审核和审批权:本市公园实行分级、分类管理。本市公园的等级、类别由市园林行政管理部门按照有关规定确定并公布。任何单位和个人不得擅自改变公园的功能,不得侵占公园用地,不得擅自改变公园用地性质。规划确定的公园用地不得擅自改作他用,确需调整时,应当制定调整方案,调整方案需经规划、园林等部门论证提出意见,报市人民政府审批。新建、改建、扩建公园竣工后,应当由园林、规划、建设、公安等有关行政管理部门验收合格后方可投入使用。

五是融入了新的管理理念,针对公园存在的问题有针对性地作了相应的规定,如在公园出入口、主要园路、建筑物出入口及公共厕所等处应当设置无障碍设施。本市对公园周边可能影响公园景观的建设项目,实行严格控制。具体的控制范围和要求由市规划、园林等行政管理部门共同制定。公园周边建设工程应当与公园景观相协调。在公园内禁止追逐游客强行兜售物品,影响游览秩序。对发生地震等重大灾害需要进入公园避灾避险的,公园管理机构应当及时开放已经划定的避难场所。对主要公园内的上述违法行为的行政处罚,由市园林行政管理部门实施;对其他公园内的上述违法行为的行政处罚,由城市管理综合执法组织实施。主要公园的范围由市人民政府确定。

《上海市公园管理条例》则对园林管理部门职责、公园的环境管理、公园的安全管理等作了明确的规定。《杭州市公园管理条例》对公园工作人员和游客的行为作了详细的规定。《广州公园条例》规定：公园内的亭、廊、榭、阁等非营业性的单体式园林建筑小品的建设，由市园林部门审批，报市规划部门备案；其他建设项目，经市园林部门提出意见后，报市规划部门审批。已建成公园的绿化用地比例未达到规划要求的，按管理权限由园林部门或者本市、区属公园的主管部门组织调整达到，其费用由该公园管理机构承担。除不占用公园用地会严重影响城市功能发挥的城市道路基础设施外，其他建设项目不得征用公园用地。征用公园用地或规划确定的公园建设用地的，市规划部门应当征得市园林部门同意后，报市人民政府批准。征用公园用地的，应当就近或异地补偿相应的用地及补偿经济损失；征用规划公园用地，应当补偿相应的规划公园建设用地。对园容管理、安全管理、游园管理都作了分章规定。洛阳市专为洛浦公园制定了管理条例，提出了绝对控制区和相对控制区概念，规定在公园绝对控制区内禁止建设与公园功能无关的各种设施。在公园相对控制区内进行建设应当严格控制，确需进行建设的，应当与公园景观相协调。城市规划行政管理部门在审批时，应当征求市园林行政主管部门的意见。在公园控制区内已建成的与公园景观不相协调的建筑物，应当按照公园发展规划的要求逐步改造或者拆除。

在法律法规的指导下，国家和各地方政府还制定了许多行业的政策，是指导公园建设管理的重要依据。

1. 公园是社会公益事业

国务院《关于加强城市绿化的通知》指出："城市绿化是城市重要基础设施，是城市现代化建设的重要内容，是改善生态环境和提高广大人民群众的生活质量的公益事业。"在1985年《全国城市公园工作会议纪要》中，明确指出："公园是城市园林绿化系统中的重要组成部分，它既是供群众进行游览、休息的场所，也是向群众进行精神文明教育、科学知识教育的园地，对于改善城市的生态条件、美化市容面貌、加强两个文明建设，以及对外开放、发展旅游等方面，都起着重要作用。因此，公园是社会公益事业单位。"《北京市公园条例》第十三条规定："公益性公园应当以政府组织建设为主导。"《上海市公园管理条例》、《重庆市公园管理条例》、《广州公园条例》规定："公园是公益性的城市基础设施。"目前，全国公园的数量、基础都发生了很大的改变，出现了多渠道建公园的大好局面，但是从整体上说，公园的公益性质是不能改变的。

2. 公园的服务性质

公园是园林绿化的一部分。园林绿化业的性质属于第三产业，是为其他产业和人民生活服务的，因此，公园是属于服务性质的行业。建设部于1992年5月27日颁布《城市园林绿化当前产业政策实施办法》指出，城市园林绿化在国民经济中形成了独立的产业体系，同时又与城市规划和市政公用设施建设以及园艺、育种、植保、林业、气象、水利、环境、环卫、文化、文物、旅游业、服务等项事业密切相关或相包容，又具有一定的综合性，要同城市各项建设密切结合，协调发展，从总体上看，城市园林绿化具有为其他产业和人民生活服务的性质，是城市社会保障和社会服务系统中的组成部分，属于第三产业。

3. 纳入国民经济和社会发展计划，保障公园建设和管理所需的资金

《城市绿化条例》规定"城市人民政府应当把城市绿化建设纳入国民经济和社会发展计划"。《全国城市公园工作会议纪要》指出："公园建设，应列入城市的国民经济与社会发展计划，在资金上保证建设的顺利进行。"《北京市公园条例》第四条规定："本市各级人民政府应当将公园事业纳入国民经济和社会发展计划，保证公益性公园建设和管理所必需的经费，保障公园事业发展的需要。"《上海市公园管理条例》第七条规定："市或者区、县人民政府应当将公园建设纳入国民经济和社会发展计划，并单列专项经费保证公园的养护和管理。"《重庆市公园管理条例》规定："市、区、县人民政府应当将公园建设纳入国民经济和社会发展计划，加大对公园建设的投入，并逐步增加一些不收费的公园。"《广州公园条例》第四条规定："市、区、镇人民政府应当将公园建设纳入国民经济和社会发展计划，并在经费上保障公园的建设、维护和管理。"

4. 编制绿化和公园发展规划

《国务院关于加强城市绿化建设的通知》指出："加强和改进城市绿化规划编制工作。各级人民政府在组织编制城市总体规划和详细规划时，要高度重视城市绿化工作。城市规划行政主管部门和城市绿化行政主管部门等要密切合作，共同编制好《城市绿地系统规划》。规

划中要按规定标准划定绿化用地面积,力求公共绿地分层次合理布局。"《北京市公园条例》第二章第五条规定:"市园林行政管理部门应当同市人民政府有关行政管理部门依据北京城市总体规划和绿地系统规划编制公园事业发展规划及实施计划,报市人民批准后实施。"《上海市公园管理条例》第五条:"市园林管理部门主要职责:(一)编制本市公园发展规划、建设计划,审批新建公园的总体规划和建成公园的调整规划……"

5. 土地政策

《城市绿化条例》第九条规定:"城市绿化规划应当从实际出发,根据城市发展需要,合理安排同城市人口和城市面积相适应的城市绿化用地面积。城市人均公共绿地面积和绿化覆盖率等规划指标,由国务院城市建设行政主管部门根据不同城市的性质、规模和自然条件等实际情况规定。"《国务院关于加强城市绿化建设的通知》指出:"规划中要按规定标准划定绿化用地面积,力求公共绿地分层次合理布局;要根据当地情况,分别采取点、线、面、环等多种形式,切实提高城市绿化水平。要建立并严格实行城市绿化'绿线'管制制度,明确划定各类绿地范围控制线。""保证城市绿化用地。要在继续从严控制城市建设用地的同时,采取多种方式增加绿化用地。在城市国有土地上建设公共绿地,土地由当地城市人民政府采取划拨方式提供。国家征用农用地建设公共绿地的,按《中华人民共和国土地管理法》规定的补偿标准给予补偿。各类工程建设项目的配套绿化用地,要一次提供,统一征用,同步建设。对城市规划建成区周围按城市总体规划设有绿化隔离带的,其用地涉及的耕地,可以视作农业生产结构调整用地,不作为耕地减少进行考核。为加快城郊绿化,应鼓励和支持农民调整农业结构,也可采取地方政府补助的办法建设苗圃、公园、运动绿地、经济林和生态林等。"《北京市公园条例》第十一条规定:"任何单位和个人不得擅自改变公园的功能,不得侵占公园用地,不得擅自改变公园用地性质。规划确定的公园用地不得擅自改作他用,确需调整时,应当制定调整方案,调整方案需经规划、园林等部门论证提出意见,报市人民政府审批。已经占用公园土地、房屋的单位和个人,应当迁出。"第十二条规定:"新建公园应当尽可能选择历史、文化等遗址、遗迹及其他具有纪念意义的区域地点。鼓励利用荒滩、荒地、废弃地、垃圾填埋场等建造公园。"

6. 经济政策

作为国家重点扶植的产业，在税收、财政、物价等方面给予优惠政策。对城市园林公共使用的土地和园林绿地免征土地使用税和投资方向调节税。有条件的公园实行售票管理是国家对公园事业的一项优惠政策，同时也是控制游人量、保证游人安全、保护重要文化和自然资源的需要，是保证社会持续发展的需要。门票收入不足以补偿公园的建设和管理的成本，国家免征营业税。国家鼓励社会上的企事业单位积极赞助和投资公园绿地建设。

7. 环境优先的政策

《建设部关于创建生态园林城市》的文件中提出，要坚持环境优先的原则："要按照环境保护的要求，深化城市总体规划的内涵，做好城市绿地系统规划，使城市市区与郊区甚至更大区域形成统一的市域生态体系。确定以环境建设为重点的城市发展战略，优化城市市域发展布局，形成与生态环境协调发展的综合考核指标体系。在城市工程建设、环境综合整治中，从规划、设计、建设到管理，从技术方案选择到材料使用等都要贯彻'生态'的理念，要开发新技术，大力倡导节约能源、提高资源利用效率。城市是一个区域中的一部分，城市生态系统也是一个开放的系统，与城市外部其他生态系统必然进行物质、能量、信息的交换。必须用系统的观点从区域环境和区域生态系统的角度考虑城市生态环境问题，制定完整的城市生态发展战略、措施和行动计划。在以城市绿地系统建设为基础的情况下，坚持保护和治理城市水环境、城市市容卫生、城市污染物控制等方面的协调统一。"公园的建设不仅有绿地率的限制，而且有树草种植比例的要求。北京市规定在绿地建设中，把树木种植面积不低于70%作为指导性指标。

8. 保护文化和自然遗产的政策

我国已加入世界保护文化和自然遗产的公约，建立了保护文化和自然遗产的机制，出台了多部有关保护文化和自然遗产的法规。建设部《关于加强公园管理工作的意见》指出："严格保护历史名园。要加强历史名园保护管理工作，加大对古典园林的保护管理力度。对列入《世界遗产名录》的历史名园，要遵照《保护世界文化自然遗产公约》的要求，严格保护。要加强对古典园林的保护管理和造园艺术的研究，制定保护规划和实施计划，切实落实管理措施。历史名园应保持原有风貌和布局，凡对原有风貌和布局产生影响的建设方案，必须经过专家论证等规定程序审批。历史名园要实行严格的景观控制，在其保护范围和建设控制地带内严格控制各类建筑物、构筑物的建设。对有较高价值、较大影响的公园，建设部将列为国家重点公园，严格保护管理。"

古树名木是活的文物，承载着众多的历史、文化信息，具有生态、景观、文化、社会等多重价值，是不可多得的人类文化和自然遗产的重要组成部分。《城市绿化条例》中对古树名木保护有明确的界定和规定，规定："百年以上树龄的树木，稀有、珍贵树木，具有历史价值或者重要纪念意义的树木，均属古树名木。对城市古树名木实行统一管理，分别养护。城市人民政府城市绿化行政主管部门，应当建立古树名木的档案和标志，划定保护范围，加强养护管理。在单位管界内或者私人庭院内的古树名木，由该单位或者居民负责养护，城市人民政府城市绿化行政主管部门负责监督和技术指导。严禁砍伐或者迁移古树名木。因特殊需要迁移古树名木，必须经城市人民政府城市绿化行政主管部门审查同意，并报同级或者上级人民政府批准。"各省市的园林或公园条例也都有类似的规定。《北京市古树名木保护管理条例》已颁布近10年，在古树名木保护管理中发挥了重要作用。2007年《北京市古树名木评价标准》颁布实施，首次提出了对古树名木生存环境的评价标准。

9. 生物多样性保护政策

生物多样性是人类赖以生存和发展的基础，加强城市生物多样性保护工作，对于维护生态安全和生态平衡，改善人居环境具有重要意义。1993年我国政府正式批准加入《生物多样性公约》，国务院批准了《中国生物多样性保护行动计划》、《中国生物多样性保护国家报告》。2002年建设部发出《关于加强城市生物多样性保护工作通知》，针对目前存在的问题，提出各级城乡建设（园林）部门急需加强生物多样性保护工作作为一项重点和紧迫的任务，开展生物资源调查，制定和实施生物多样性保护计划，突出重点，加强领导，做好管理工作。提出："加快动物园、植物园等建设，充分发挥公园在生物多样性研究和保护中的重要作用。到2005年每个市辖区、县都要有公园。2010年争取在建成区的主要街区建有一座公园，注重发挥公园在生物多样性方面的科普教育阵地的作用,不断提高公众的生物多样性保护的意识"。

10. 依靠科学技术的政策

在全国城市绿化工作会议文件中指出:"依靠科学技术推进城市绿化建设。城市绿化涉及园艺、林业、建筑、规划以及文化艺术等多项学科内容。提高城市绿化水平,必须重视和依靠科学技术。无论是规划设计、工程施工,还是选种育苗、栽培保护,都要加强科学研究,提高城市绿化的科技含量。要加强城市绿化科学的基础研究和应用研究。重视城市绿地系统生物多样性的研究,特别要注重区域性物种保护与开发,强化园林植物育种及引进培育实验。同时,要加强植物病虫害防治研究,提高城市绿化科技服务推广体系建设,搞好技术培训和技术指导工作,促进科技成果的推广与应用……要建立健全园林绿化科研机构,增加研究资金。要加强城市绿地系统生物多样的研究,特别要加强区域性物种保护与开发的研究,注重植物新品种的开发,开展园林植物育种及新品种引进培育的试验。要加强植物病虫害的防治研究和节水技术的研究。加大新成果、新技术的推广力度,大力促进科技成果的转化与应用。"公园是一个综合性的科学和艺术,在建设和管理中遇到的难点和重点问题,都应通过依靠科学技术加以解决。

综观我国关于公园的法律法规和政策,是在实践的基础上不断发展和完善的,在指导实践方面发挥了重要作用,成为公园法律法规体系的重要组成部分。但是,由于公园具有综合的性质,公园的建设和管理涉及社会的方方面面,因此,公园的法律法规体系应当是立体的、全方位的。2001年,一位负责外事工作的同志向北京市园林局公园处咨询:一位多年来为动物园里的大熊猫捐款捐物的日本朋友,对中国有深厚的感情,提出来死后能否将骨灰埋在动物园。当时公园处就回答说不行,那位同志问为什么不行,有什么规定吗。公园处拿出国务院颁布的《殡葬管理条例》告诉她:国家规定禁止在"城市公园、风景名胜区和文物保护区"等地区建造坟墓。事实给人们一个重要的启示。它告诉公园的建设管理者,不仅要有公园条例等专业法规,还要建立一个公园的法规体系,融汇各种法律法规为一体,为公园的发展建设和管理服务(图2-6)。

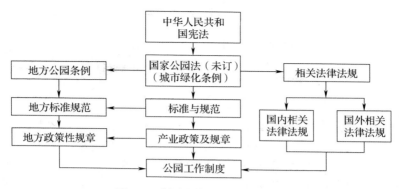

图 2-6　公园法律法规体系示意图

三、公园管理的理论

（一）生态园林理论

近些年来，随着全球化和城市化进程的不断加快，环境污染、生态破坏正在威胁着人类的生存和发展，温室效应、空气污染，沙尘暴和自然灾害接连不断地发生，它向人们敲响了警钟。因此，改善生态环境、提高人们的居住质量日益成为人们关注的重点和谈论的焦点问题。生态理论、生态环境、生态建设、生态平衡、生态系统、生态城市、生态园林、生态设计等，"生态"一词已成为21世纪的主导词语。"生态城市"是在联合国教科文组织发起的"人与生物圈"计划研究过程中提出的一个概念。生态城市化，就是要实现城市社会、经济、自然复合生态系统的整体协调，从而达到一种稳定有序状态的演进过程。生态城市是城市生态化发展的结果，是社会和谐、经济高效、生态良好循环的人类居住形式，是人类住区发展的高级阶段。在国际上，现代文明城市的重要标志是保持城市的生物多样性和维护其自然风貌。2002年第五届国际生态城市会议在深圳召开，通过了《生态城市建设的深圳宣言》，提出建设适宜于人类生活的生态城市的标准和内容，包括生态安全、生态卫生、生态产业代谢、生态景观整合、生态意识培养等。

生态园林的理论是适应社会的进步和需要产生的。生态园林的建设也正在逐步推进，这是一个认识和实践不断深化的过程。"生态园林"概念的提出是在1986年的中国园林学会召开的"城市绿地系统植物造景与生态学术讨论会"上。会后上海园林局程绪珂先生积极倡导并连续发表专文论述生态园林，提出了生态园林的定义，论述了生态园林任务、目标、标准、原则和规划设计的指导思想等，逐步形成理论体系。

生态园林是继承和发展传统园林的经验，遵循生态学原理，建设多层次、多结构、多功能、科学的植物群落，建立人类、动物、植物相联系的新秩序，达到生态美、科学美、文化美和艺术美。以经济学为指导，强调直接经济效益、间接经济效益并重，应用系统工程发展园林，使生态、社会和经济效益同步发展，实现良性循环，为人类创造清洁、优美、文明的生态环境。

生态园林的基本任务是：生态园林的建设必须把环境保护事业和园林绿化事业同执行党所确定的建设目标联系起来；生态园林的建设不是自然的复制，而是要结合社会经济条件，使之在保护环境方面发挥更大的物质作用；以美学特征与植物联系起来，使之在环境中满足人民在心理、生理和精神方面的需要。生态园林是根据生态学原理，不仅仅是模拟自然、再现自然，而是改造自然生态系统，将其转化为人工的、超自然水平并高于自然的新系统。运用丰富的植物建立人工植物群落。通过太阳辐射的能量由绿色植物进行光合作用，消耗二氧化碳，制造氧气而进入生态系统，使植物与环境之间能量、物质与信息的交换、转换，形成有一定结构、功能和自我调节能力的生态系统，生态园林将为城市提供一个更加接近自然的风景景观，并为提高环境质量、发挥生态效益起作用。

生态园林的核心是：建设生态园林为了全世界各国人民的健康和幸福，使人类与赖以生存的环境和谐相处，保护未来文明所依靠的生态平衡。建设各类生态园林的核心是为了提高人类健康水平和文化素质。例如，上海市园林局和上海师范大学地理系对 2 个街道作了调查，一个街道有污染的工业，绿化很差，绿化覆盖率只有 3%；另一个街道绿化好，绿化覆盖率 25%～30%，两街道相比，前者绿化制造氧气量仅为后者的 1/10，而耗氧量要多 20 倍，后者居民的平均寿命要长 10 年以上，万人死亡率低 50% 以上。由此可见，人们在绿化环境中活动，呼吸新鲜空气，可保持心里的宁静和情绪的稳定；在绿化环境中坚持锻炼，促进自身新陈代谢，可以健康长寿。

生态园林的类型包括生产型、观赏型、保健型、知识型和文化型。根据生态原理，模拟自然，再现自然，创造超自然水平并高于自然的新系统。建设生态园林的原则是，用尽可能少的投入，生产更多的生物产品和为社会公益服务。

建设生态园林的原理是：

(1) 竞争原理。竞争是生物的相互关系的表现形式之一。

(2) 共生原理。共生是自然生态系统中不同种的有机体或系统合作共存，互惠互利。共生的结果，使所有共生者都大大节约物质、能量，使系统获得多种效益。

(3) 循环的原理，如生态园林，可通过充分发挥生物固氮能力、养分富集回归能力、养分转化活化能力等，以提高土壤肥力。

(4) 生态位原理。生态位是指自然生态系统中一种生物群所要求的生活条件。一个生态位只能容纳一个特定规模的生物种群。

(5) 植物他感作用的原理。他感现象在生物界普遍存在。他感作用对自然的、人工生态系统的结构、功能和发展均有重大的影响，是一个不可忽视的重要因子。植物通过向外分泌出某些化学物质，从而对邻近植物发生有害或有益的影响。这种化学作用就是"他感作用"。他感作用在高等植物界、微生物界及其相互之间均有发生，影响着植物群落的形成、发展和演变。

(6) 植物种群生态学的理论。

建设生态园林的标准是：

(1) 提高绿地率和绿视率。1985年国家科委发布了《中国技术政策》的蓝皮书，规定1990年全国城市的绿化覆盖率达到30%；每人平均公共绿地面积达到$3m^2 \sim 5m^2$。2000年，城市凡是可以绿化的地方都要绿化，力争市区没有裸露的地面，每人平均公共绿地面积达到$7m^2 \sim 10m^2$。因此，要大力提高各类绿地的绿化水平，尽量在绿地中少建小品、堆假山、少造喷水池、雕塑像、铺硬地坪、土地用植物材料覆盖，要求绿化能够覆盖所有可覆盖的黄土面，以提高绿地率。绿色植物能够吸收太阳光中对眼睛有害的紫外线，反射出适合于视网膜的绿光，所以绿色对人类的眼睛有益。据日本专家研究指出，当人的视野里绿色占25%时感到最舒服。日本要求工厂或机关的环境中保持20%~25%的绿地。据苏联的报道，绿化好的城市，眼病的发病率约为1.08%，而绿化差的城市发病率达22.9%。

(2) 提高单位面积的叶面积系数。对绿色植物来说，太阳辐射能是生命的重要源泉。植物吸收太阳能，把无机物合成有机物。因此，必须加大叶面积系数以提高光合作用率。叶片密度用叶面积系数来表示，它表明一棵树的叶片面积比它占地面积要大多少倍。几十年或上百年的生长繁茂的高大乔木，其叶面总和可比其占地面积大20~75倍。而大灌木和高的草本植物，其叶面积总和可比其占地面积大5~10倍。植物的叶面积总和比其占地面积的倍数称为叶面积系数。高大乔木的叶面积系数比灌木、草本大得多。尽量扩大叶面积系数，从而得出绿地内树木增加一倍，它的利用率按几何级数增加3～4倍的结论。按照生态学的原理规划设计多层结构，物种丰富的乔木下加栽耐阴的灌木和地被植物，构成复层次混交的人工植物群落，以得到最大的叶面积总和。绿地的光能利用率高、生物产量大，一般亚热带阔叶林和热带雨林的生物产量每公顷可达400t～650t。植物的环境保护作用是和其叶面积成正比的。例如植物生产氧气的多少，吸收有毒气体的多少，吸附灰尘、杀菌、降低气温、促进气流交换等作用的大小，都是与叶面多少成正比的。因次，选育和选择植物时，除重视叶面宽阔、叶面积大、摄取太阳能的能力高的植物外，还应注意选择叶形多样、形态各异的植物。叶子还有吸收、传递和反射等性能，通过光合作用从而提高保护和改善环境的作用。

（3）提高景观质量。建设生态园林，以万紫千红的植物为主体，用"大手法"创造多功能的人工植物群落。组成群落的材料是具有美丽的形态、灿烂的色彩、浓郁的香气、神妙的风韵的植物，创造不同的意境，使园林意境的自然美和文学艺术有机统一，并反映现实社会生活，使游人产生更多的联想、启迪、回味和探求。在空间处理技巧和手法中，仍然要强调形与神、景与情、意与境、虚与实、动与静、因与借、真与假、有限与无限的辩证关系，创造景色各异的优美景观，让人们能去感受和领略源于自然又高于自然的景观，使人们在情景之中，景融于生活之中，人与自然的关系更富于自然情趣，以提高景观价值。

（4）利用植物的分解和合成作用提高循环能力。植物生命过程中，具有自我调节、自我控制的性质。它的能量输入输出保持动态平衡状态。只要它正常运转，所有输入系统的物质都在循环中运动转化，在一种有机利用之后，转变为另一种有机体可以再利用的形式，几乎所有的物质都在循环中被利用。这是一个无废料生产过程，或者说，是废物还原、废物利用的过程。实际上，地球上的生命过程——植物是生产者，动物是消费者，微生物是分解者，正是通过废物还原维持的。有的植物根系分布在土壤中，无孔化细菌即好气性细菌比没有根系分布的土壤中多几百倍乃至几千倍。土壤中的好气性细菌，能使土壤中残留的有机物迅速无机化，使土壤净化和增加肥力。

地球上全部生命的源泉主要是碳循环和氧循环，其次是氮、硫、磷、钙、铁等元素循环。在生态系统的物质循环中，碳循环有如下一些过程：一是二氧化碳经过植物光合作用同化为各种各样的有机化合物，这是有机物的生产过程。地球上的植物一年生产总量约等于 1.5×10^{11} t 碳的有机物；二是消费过程，动物把一部分植物吃掉，变植物有机体为动物有机体，同时吸收氧（而氧是植物呼出的废气），呼出二氧化碳，回到大气中；三是动植物尸体，包括枯枝落叶和动物排泄物，经微生物分解转化为二氧化碳等简单化合物回到环境中去。所有生命元素都不断地在大气、土壤、水及生物之间循环。生态系统中物质循环和能量转化是不断地进行的。物质循环和能量转化是无限发展的过程。表层土壤中由于枯枝落叶的分解和蚯蚓等动物的活动以及大量微生物的存在，促进了土壤团粒结构的形成，给植物生长创造了有利条件。这层枯枝落叶层，还能调节水分状况、温度状况以及植物的营养，它是土壤和植物间营养物质交换的主要途径之一。冬季在绿地里的枯枝落叶，是很好的有机肥料。施肥可以提高土壤质量，把枯枝落叶层除去则会降低土壤的质量，实质上就是降低土壤肥沃性，因为枯枝落叶中所包含的养分从此退出了养分循环。德国学者的研究表明，由于移走枯枝落叶而产生的土壤缺氮现象是土壤贫瘠化的重要原因。经常把落叶层扫得干干净净，不但扫除了肥料，而且造成了土壤裸露，这种做法是极不科学的。氮素在生物元素中也占重要因素。正如物质生产取决于氮的供应量一样，氮素效益同碳素效益及其能量的分配有密切关系。尽管氮素的主要来源是空气中的气态氮，但植物主要从自存的和共生的细菌固态氮素的土地中吸收粒子态氮素。多数学者认为菌根可以促进树木在贫瘠土地中生存。真菌可额外提供一些无机盐类，特别是增加可给氧的氮素来改善营养，并提高某些促进生长的物质来增强树木的代谢作用。在规划设计人工植物群落过程中，应尽可能将固氮植物组装。尤其在选择地被植物时，最好种植能固氮的草本植物，以提高土壤肥力。

　　生态园林理论的提出，丰富和发展了园林的理论，对园林的发展产生了积极而主要的影响，并逐步扩大为人们所接受。2004年为进一步推动城市生态环境建设，实施可持续发展战略，落实党的十六大提出的"全面建设小康社会"的任务，努力为广大人民群众创造优美、舒适、健康、方便的生活环境，建设部决定在创建"园林城市"的基础上，开展创建"生态园林城市"活动。作为建设生态城市的阶段性目标，就是要利用环境生态学原理，规划、建设和管理城市，进一步完善城市绿地系统，有效防治和减少城市大气污染、水污染、土壤污染、噪声污染和各种废弃物，实施清洁生产、绿色交通、绿色建筑，促进城市中人与自然的和谐，使环境更加清洁、安全、优美、舒适。该决定指出：要认真贯彻十六届三中全会精神，坚持以人为本，树立全面、协调、可持续的发展观，高度重视城市生态环境建设；加强城市生态环境建设，努力为广大人民群众创造一个优美、舒适、健康、方便的生活居住环境，是坚持"三个代表"重要思想在城市建设工作的具体体现。创建"生态园林城市"，不仅是满足人民生活水平不断提高的需要，也是落实十六大提出的全面建设小康社会宏伟目标的重要措施。

创建生态园林城市的原则是：坚持以人为本的原则。城市是人群高度集中的地方，城市建设必须代表最广大人民群众的根本利益，注重城市经济和社会的协调发展，注重城市的可持续发展，满足人们对生活、工作、休闲的要求，建设良好的人居环境。坚持环境优先的原则。要按照环境保护的要求，深化城市总体规划的内涵，做好城市绿地系统规划，使城市市区与郊区甚至更大区域形成统一的市域生态体系。确定以环境建设为重点的城市发展战略，优化城市市域发展布局，形成与生态环境协调发展的综合考核指标体系。在城市工程建设、环境综合整治中，从规划、设计、建设到管理，从技术方案选择到材料使用等都要贯彻"生态"的理念，坚持"环境优先"的原则，要开发新技术，大力倡导节约能源、提高资源利用效率。坚持系统性原则。城市是一个区域中的一部分，城市生态系统也是一个开放的系统，与城市外部其他生态系统必然进行物质、能量、信息的交换。必须用系统的观点从区域环境和区域生态系统的角度考虑城市生态环境问题，制定完整的城市生态发展战略、措施和行动计划。在以城市绿地系统建设为基础的情况下，坚持保护和治理城市水环境、城市市容卫生、城市污染物控制等方面的协调统一。坚持工程带动的原则。要认真研究和制定工程行动计划，通过切实可行的工程措施，保护、恢复和再造城市的自然环境，要将城市市域范围内的自然植被、河湖海湿地等生态敏感地带的保护和恢复，旧城改造、新区和住宅小区建设，城市河道等水系治理，城市污水、垃圾等污染物治理，水、风、地热等可再生性能源的利用等措施，列入工程实施。充分扩大城市绿地总量和减少污染物排放，不断改善城市生态环境。坚持因地制宜的原则。我国幅员辽阔，区域经济发展与生态环境状况等有所不同，创建"生态园林城市"必须从实际出发，因地制宜地进行。建设"生态园林城市"不能急功近利，要根据城市社会经济发展水平的不同阶段，制定切实可行的目标，促进城市经济、社会、环境协调发展。

创建生态园林城市的一般性要求是：应用生态学与系统学原理来规划建设城市，城市性质、功能、发展目标定位准确，编制了科学的城市绿地系统规划并纳入了城市总体规划，制定了完整的城市生态发展战略、措施和行动计划。城市功能协调，符合生态平衡要求；城市发展与布局结构合理，形成了与区域生态系统相协调的城市发展形态和城乡一体化的城镇发展体系。城市与区域协调发展，有良好的市域生态环境，形成了完整的城市绿地系统。自然地貌、植被、水系、湿地等生态敏感区域得到了有效保护，绿地分布合理，生物多样性趋于丰富。大气环境、水系环境良好，并具有良好的气流循环，热岛效应较低。城市人文景观和自然景观和谐融通，继承城市传统文化，保持城市原有的历史风貌，保护历史文化和自然遗产，保持地形地貌、河流水系的自然形态，具有独特的城市人文、自然景观。城市各项基础设施完善。城市供水、燃气、供热、供电、通信、交通等设施完备、高效、稳定，市民生活工作环境清洁安全，生产、生活污染物得到有效处理。城市交通系统运行高效，开展创建绿色交通示范城市活动，落实优先发展公交政策。城市建筑（包括住宅建设）广泛采用了建筑节能、节水技术，普遍应用了低能耗环保建筑材料。具有良好的城市生活环境。城市公共卫生设施完善，达到了较高污染控制水平，建立了相应的危机处理机制。市民能够普遍享受健康服务。城市具有完备的公园、文化、体育等各种娱乐和休闲场所。住宅小区、社区的功能俱全、环境优良。居民对本市的生态环境有较高的满意度。社会各界和普通市民能够积极参与涉及公共利益政策和措施的制定和实施。对城市生态建设、环保措施具有较高的参与度。模范执行国家和地方有关城市规划、生态环境保护法律法规，持续改善生态环境和生活环境。三年内无重大环境污染和生态破坏事件，无重大破坏绿化成果行为，无重大基础设施事故。

住房和城乡建设部为创建生态园林城市提出了科学的指标和具体的说明，是全国建设生态园林城市基本的依据。

广州市为了推进广州公园生态建设活动,提高公园生态效益,充分发挥公园在实现广州最适宜创业发展和生活居住的城市建设目标中的作用。依据"生态园林"的理论和相关的研究成果,结合广州公园的现况和发展趋势,确定了公园生态建设的目标、内容、实施计划和生态环境质量评定标准,标准如下:

一、公园生态环境质量评定方法

本标准采用分项设分、测定计算单项得分、汇合总分、综合评价的方法来评定每个公园生态环境质量的水平。

评定总分为100分,其中绿化质量项目占50分,空气质量项目占25分,水体质量项目占10分,其他质量项目占15分。

汇合总分达到90分以上(含90分)为优秀等级,80～89分为良好等级,70～79分为达标等级,60～69分为合格等级,60分以下为不合格等级。合格等级以上的公园除总分必须达到相应分值外,其绿化、空气、水体和其他质量等分项指标还必须同时超过其相应分值的60%。

质量指标的测定由广州市市政园林局指定具备相应资质的单位测定或组织专家现场考评。

二、公园生态环境质量分项指标及计算方法

(一)公园绿化质量指标及计分方法(50分)

1. 绿地率(10分)

$$\frac{公园绿地面积（m^2）}{公园总面积（m^2）} \times 10 = 该项得分（取小数点后1位，下同）$$

2. 绿化覆盖率(8分)

$$\frac{公园绿化覆盖面积（m^2）}{公园总面积（m^2）} \times 8 = 该项得分$$

3. 生物多样性(7分)

(1) 植物多样性(4分)

$$\frac{公园植物种类数}{公园绿地面积（m^2）} \times 4 = 得数大于20为4分，每下降5种扣1分$$

(2) 公园内有蜻蜓出现,得0.5分;蜻蜓种类达3种以上(含3种)得1分,没有蜻蜓出现为0分。

(3) 公园内鸟类达10种以上得1分,每下降1种扣0.1分。

(4) 公园采取生物防治措施的得0.5分,而成果显著的得1分,没有采取或生物防治措施不力的为 0 分。

上述 4 项得分相加为生物多样性指标的得分。

4. 多层（3 层或 3 层以上）植物种植率（5 分）

$$\frac{公园多层植物种植面积（m^2）}{公园绿地总面积（m^2）} \times 5 = 该项得分$$

5. 乡土植物覆盖率（5 分）

乡土植物在本项中特指原产岭南的乔木、灌木和地被植物，草种不计算。覆盖面积不能重叠计算。

$$\frac{公园乡土植物覆盖面积（m^2）}{公园绿化覆盖面积（m^2）} \times 5 = 该项得分$$

6. 铺装地可呼吸率（5 分）

$$\frac{公园绿地中铺装地通气透水面积（m^2）}{公园绿地中铺装地总面积（m^2）} \times 5 = 该项得分$$

7. 绿化景观美学质量综合评价（10 分）

（1）公园景观综合水平（3 分）

（2）园林空间组织设计水平（2 分）

（3）植物区系天际线设计水平（1 分）

（4）植物区系色彩配置水平（1 分）

（5）植物区系季相设计水平（1 分）

（6）植物景观意境表现水平（1 分）

（7）古树名木保护管理水平（1 分）

以上项目组织专家进行考察评分。

（二）公园空气质量指标及测定计分方法（25 分）

1. 公园环境空气质量测定（10 分）

根据国家《环境空气质量标准》（GB 3095—1996），按国标方法测定悬浮微粒、二氧化硫、氮氧化物（NO）、一氧化碳（CO）、臭氧、铅等指标。

（1）测点选择：

按大、中、小公园分别选取 7、5、3 个（面积为 $50m^2$ 以上的铺装地）游人聚集点分别测定日平均值，再计算平均值。每季度测定一次，全年取 4 次平均（或全年仅测定夏季）。

（2）计分方法

符合国家一级标准 10 分；符合国家二级标准 8 分；符合国家三级

标准 6 分；国家三级标准以下 3 分。

2. 大气中含菌量测定（10 分）

根据 1991 年 12 月颁布的国家标准确定的公共场所每立方米空气微生物总数的测定方法和计算公式。

（1）测点选择

按大、中、小公园分别选取 7、5、3 个（面积为 $50m^2$ 以上的铺装地）游人聚集点分别测定，再计算平均值。每季度测定一次，全年取 4 次平均（或全年仅测定夏季）。

（2）计分方法

总菌数 <1000 个$/m^3$，计 10 分；总菌数 >51000 个$/m^3$，计 0 分。以 1000 个$/m^3$ 为起点，每增加 5000 个$/m^3$ 扣 1 分。

3. 大气中负离子浓度测定（5 分）

（1）测点选择：（同上）

（2）计分方法：负离子浓度 >3000 个$/cm^3$ 为 5 分，$1000<$ 负离子浓度 <3000 为 4 分，$600<$ 负离子浓度 <1000 为 3 分，$200<$ 负离子浓度 <600 为 2 分，$30<$ 负离子浓度 <200 为 1 分，负离子浓度 <30 个$/cm^3$ 为 0 分。

（三）公园水体率质量指标及测定计分方法（10 分）

1. 水体率（4 分）

$$\frac{公园水体面积（m^2）}{公园总面积（m^2）} \times 100\% = 得数$$，等于或大于 10% 为 4 分，每下降 1% 扣 0.4 分。

2. 水体质量测定（6 分）

根据国家《地表水环境质量标准》（GB 3838—2002），选定色、嗅、漂浮物、透明度、pH 值、化学需氧量（CODcr）、生化需氧量（BOD_5）、总氮、总磷等指标测定。

（1）测点选择

按大、中、小水体分别选取 7、5、3 个点分别测定，再计算平均值。每季度测定一次，全年取 4 次平均（或全年仅测定夏季）。

（2）计分方法：一级：6 分，二级：5 分，三级：4 分，四级：3 分，五级：2 分，六级：0 分。

（没有水体的公园，该项计 2 分）

（四）公园其他质量指标测定计分方法（15 分）

1. 噪声测定（5分）

（1）测点选择：仅计白天［参照第（二）类各项的做法］。

（2）计分方法：噪声＜35dB为5分；35＜噪声＜45dB为4分；45＜噪声＜50dB为3分；50＜噪声＜65dB为2分；65＜噪声＜70dB为0分。

2. 废弃物处理生态化水平（5分）

（1）垃圾分类回收设施配置率（3分）

$$\frac{公园垃圾分类回收点数}{公园垃圾回收点总数} \times 3 = 该项得分$$

（2）固体垃圾非焚烧处理得1分，不按规定处理为0分。

（3）垃圾和枯枝落叶及时清扫外运得1分，不按规定处理为0分。

上述3项得分相加为废弃物处理生态化水平指标的得分。

3. 公厕自然通风采光达标率（5分）

$$\frac{公园公厕自然通风采光达标座数}{公园公厕总座数} \times 5 = 该项得分$$

三、特别项

公园在生态环境保护与改善方面获得市级以上评优、嘉奖荣誉水平，或者在某些方面有突出的特色，经验证或专家评议同意可加2分。公园由于砍伐树木或各种因生态环境问题受到上级处分或负面效应极大时，扣2分。

从生态的理论到付诸实践，各地都创造了许多宝贵的经验。这些将推动生态园林向更深层次发展，它必将开辟出一条资源节约型、环境友好型的园林科学发展之路。

（二）城市大园林理论

1985年12月份召开的北京市第二次园林工作会议，总结第一次工作会议所取得的成就和经验，研究解决现存的问题。这次会议取得了两项重大突破。第一个突破是作出了一系列改革决定，扫除了制约发展的各项不利因素；第二个突破是诞生了大园林理念，使园林绿化事业走上更宽广的康庄大道。这两项重大突破为后来的北京园林绿化事业的发展奠定了极良好的基础，使北京的园林绿化事业出现了更加欣欣向荣的大好局面。既然是以首都行政辖区大地加以园林化，当时定名为首都大园林（后改称城市大园林）。之后，经过长期担任首都绿化委副主任的陈向远同志总结提炼和发展，逐步形成理论体系，其要点如下。

何谓大园林？它是以北京市政辖区 1.64 万 km^2 为载体，运用造园理论和技艺去实现绿地建设，其总和就是首都大园林。

大园林包括哪些形态？应包括由皇家御苑和坛庙转化的古典公园、现代公园、风景名胜区、节日广场、道路摆花和一切实现了绿化美化的道路、河道、庭院绿地，还包括规模不等的各类生态性林地以及其他功能形态的绿地。

如何做才能实现大园林？唯一的办法就是尽心竭力地去搞建设，只有大力搞好建设才能求得较为理想的发展。建设的内容和方法应该因园而异，基本上可分为两大类。

一类是业已建成的公园，主要是由皇家园林和坛庙转化的公园，这类公园有深厚的文化内涵和精湛的造园技艺，亟待挖掘整理弘扬，这类公园已成为游览重点，亟须建立一整套管理制度，亟待建设好一支为游人服务的队伍，所有这些建设都属于精神文明建设，主攻精神文明建设是这类公园的首要建设任务。与此同时，这类公园也肩负着古建维修翻修的繁重任务。另一类是等待绿化美化的绿地，要不失时机地将其绿化好美化好。总之大园林中不管什么类型什么功能的绿地，都毫无例外地要通过建设才能求得发展，只有不断发展才能适应人民群众日益增长的需要。

建设大园林既要坚持继承传统风格，又要力求突出各自的特色。北京由于是辽金元明清五代的帝都，已形成了以皇家园林为代表的北京园林风格，这样的传统风格应当继承，当然在继承的同时还要赋予时代气息。新建的现代公园及各类绿地，除了要继承传统风格外，还要努力使之富有时代气息。只有这样做才能更好地适合现实的需要。

陈向远先生明确提出城市大园林应具有六大功能：

1. 改善城市生态环境和保护生物多样性作为首要功能

城市大园林是由各类形态各类功能的公园、绿地构成的总体，不管什么形态什么功能的公园、绿地，都应把改善城市生态环境状况和保护生物多样性作为自己的首要功能。城市大园林在一个城市中应该拥有很高的园林绿地率，其标准应以能够保持城市生态平衡为准。要加快园林绿地的建设步伐，以适应改善城市生态环境的需要。不仅要在人口密集的城市中心区发展公园、绿地，同时更要大力发展郊区的公园、绿地、风景区和生态林地，因为环境是一个整体，是不分区界的。北京是个风沙严重危害区，为了防止风沙侵袭，需要建植足够数量的防风林带作为绿色屏障。北京市中心区的污染程度大于远郊区，在远郊特别是在山区，空气还是很清新的，为此要十分重视搞好道路和河道的绿化，使之形成通风廊道，把郊区的清新空气引入市中心。在建造各类公园、绿地时，都应坚持以使用植物材料为主，以种植高大乔木为主，以复层种植结构为主，少搞硬质铺装，少搞大面积的纯草坪，以利于发挥最大的生态效益。各类公园、绿地都要特别注意保护生物多样性，特别是大型公园、绿地，尤其是风景名胜区的林地更应做好生物多样性工作，以有利于形成良性循环。在植被方面要严格禁用有污染的药物，大力推广无污染的综合防治办法。

2. 美化人居环境美化市容作为一项重大功能

城市里高楼林立，车行如梭，烟尘弥漫，工作节奏很快，缺乏自然美，易使人产生压抑感、疲劳感，缺乏宁静感，因而城里人渴望回归自然，返璞归真已是城里人的一项重要追求。把大量具有自然气息的花草树木引进城市，按照园林手法加以组合栽植，就能形成美好的自然景色，就能美化人居环境、美化市容，在很大程度上决定着城市的风貌。中国园林的一大特点就是师法自然，源于自然，高于自然，其指导思想是天人合一，最适合人群需要。美好的园林景色，不仅能满足人们的观赏需求，由于它能产生负氧离子，因而还能在一定程度上满足人们的生理需求，有益于身心健康。人们到了美好的园林景色中，不仅感到赏心悦目，而且感到心旷神怡、神清气爽，就是这个道理。正是由于园林有此作用，所以都盼望把自己的居住场所和学习工作场所绿化美化得更好。道路立交桥的绿化搞好了，会使人感到市容很美好，美好的市容风貌，是带给所有来到这个城市的人的心中的第一印象，而且会长记在心，影响很大。美好的市容风貌，有利于吸引人才和资金，有利于经济、文化和科技事业的发展。

为了能创造美好的人居环境和美好的市容，仅仅依靠有限的公园是很不够的，必须把居住区绿地、单位庭院绿地、道路河道绿地以及隔离防护绿地等处都加以园林化。长时期以来，很多人认为上述绿地只要简单地加以绿化就行了，很少按照造园标准那样去要求。这些绿地的用地面积、地块形态和功能作用确实与公园不尽相同，特别是其形态与公园很不同,加之又受到投资条件等限制,不少地方往往只是种些树、铺些草就算了,这是一种低标准的绿化。事实上,一批道路和居住小区按照因地制宜的原则实现了园林化,和公园一样起到了美化作用、改善生态环境的作用和其他方面的作用。尤其是上述绿地占了城市绿地面积的极大比重,如果不将其加以高标准的园林化,就根本无法达到美化人居环境、美化市容的要求。

3. 把适应人民群众日益增长的精神生活需求作为一项独特功能

园林从根本属性上看,它是属于文化艺术范畴的,但具有自身特色。它的特色不仅在于融许多文化艺术门类于一体,而且是让群众进入其中进行赏用,拥有群众之多是任何文化艺术门类都难于比拟的。随着生活水平的提高,人们除了要求满足其物质上的需求外,还要求满足其精神生活需求,当整个社会处于温饱型阶段时,精神生活需求还不那么强烈,到了小康阶段后就变得日益强烈起来,这是个规律。以到公园、绿地从事晨练为例就可以看出群众如何喜爱在公园、绿地进行康乐活动。目前,每天清晨都有大量市民涌入公园、绿地,有的爬山,有的打拳、舞剑,有的跑步,有的歌咏。不少公园仅进园晨练的就数以万计。在其他时间里进园赏景、观花,从事露天跳舞和开展拉琴、唱戏、打扑克、下棋等自娱自乐活动的人也是络绎不绝。特别是很多老人和康复中的人都把公园视为每天必到之处,成了生活中不可或缺的一处场地。

中国传统园林历来都十分重视文化艺术内涵,都很讲求诗情画意,进入现代园林后,在继承的基础上,又增加了不少现代性的文化娱乐内容,更加受到人们的喜爱。公园文化活动之所以能受到群众喜爱,在于活动的多样性,老少咸宜,可以各取所爱,自由度大;更在于公园绿地环境优美、空气清新、自然气息浓厚,这是绝无仅有的。科学技术的发展日新月异,我国要依靠科技、教育兴国,园林文化活动应体现这一方针,积极探索适于在公园、绿地中开展的科教活动内容,以跟上时代发展的步伐。群众迫切需要园林能满足其精神生活需求,而文化艺术又正是园林的灵魂,每个公园、每处绿地文化内涵的多寡高低,将决定其格调和档次。

4. 在郊区发展大园林具有引导农民调整农业结构,走脱贫致富之路,逐步缩小城乡差别的功能

仅仅在城市中心地区发展园林,不能很好地解决城市生态问题,

也满足不了人们对旅游的需求,因此园林的建设势必要扩展到郊区。郊区的农田和山地是归农民所有的,是农民赖以为生的,简单地让农民改种粮为种树种草以获取生态效益是行不通的,唯一可行之法就是调整农业结构,发展绿色产业,使之既有生态效益又有经济效益。在发展绿色产业活动中,建设既有生态效益又有观赏游览活动功能的风景旅游点就是一种最可取的做法,也是人民群众的一项迫切需求。如按照生态需要和旅游需要将其建设成为具有双重功能的风景点,由于其地理位置靠近城市中心区,会取得生态、经济双重效益。北京有62%的山地,有很多风景名胜资源,如按双重效益的要求建为风景旅游林地,随着人民群众经济收入的增长和交通事业的发展,肯定在不久的将来也会成为休闲旅游度假的好去处。北京是首都,旅游事业大有发展前途。郊区的园林建设一定要着眼于能够带动郊区经济的繁荣,着眼于能使农民致富,逐步缩小城乡差别。

5. 具有防灾避灾场所的功能

城市里楼房林立,人烟密集,一旦出现大地震、大火灾之类的灾害,必须有就近可疏散的防灾场所,不然想躲都无处躲,这是对人民群众负责的城市建设者必须设法解决的一个大问题。城市中的公园和绿地就是防灾避灾的场所,平常时期公园和绿地供人游憩,非常时期就是绝好的避灾场所。1976年,唐山大地震波及北京时,约有260万市民跑到公园和绿地中避灾,对此很多人记忆犹新。为了使公园绿地能起到防灾避灾的作用,应根据需要恰当地规划好公园绿地的选址和规模。

6. 要发挥保持城市可持续利用功能

城市是用大量物化劳动建成的载体,一个城市能否永续利用,环境的好坏是个很重要的因素,而园林绿化的数量和质量又是环境好坏的决定性因素。一个城市如果能拥有足够的公园和绿地,创造出优美的景观,不仅能起到净化美化环境的作用,而且能在一定程度上起到提高市民素质的作用,起到激发群众热爱家园、共建美好家园的作用,还能使城市房地产增值,提高城市的品位和档次,这些有形和无形的作用,是使城市永葆青春、永续利用所必不可缺的。

从以上所述城市大园林的六大功能,可以清晰看到大园林观是符合时代需要的。要不要发展大园林是个关乎城市兴衰、关乎城市人民生存质量、关乎城市风貌、关乎能否建成高标准的国家园林城市的大问题，也是个关乎园林事业能否兴旺发展的大问题。六大功能也是检验大园林建设的 6 条标准，是缺一不可的。

城市大园林是在传统园林和现代园林的基础上，适应社会的发展而诞生的一种新型园林理念，其根本造园理论仍然是师法自然和天人合一学说，它追求的目标是实现大地园林化，以期运用人造的办法创造出适应于人类生存的第二自然环境。在实际工作中需要遵循以下几项原则。

1. 要遵循因需而建的原则

建设城市大园林的目的就是为了适应广大群众的需要和城市的需要，如果不能适应城市的需要和群众的需要，则根本无建设的必要，但是城市和群众的需要是多种多样的，是有急有缓的，故此需要分析加以区别对待；更重要的是城市是个复杂的综合体，城市大园林建设是受诸多客观条件制约的，故此既需积极主动参与城市总体规划的制定，为绿化争得理应争得的土地，更需要自身用科学的方法充分地利用好每块绿地，力求使有限的绿地能够发挥更多更大的效益。为此必须加强调查研究，要了解有哪些客观需要，根据客观需要对每块绿地恰当地加以定性定位，要力避主观随意性，只有这样做才有可能较好地适应城市和群众的需要。

坚持因需而建有两层含义，一是用以约束自己，勿以个人喜爱为标准犯主观随意性；另一层含义是要以理服人，说服领导和有关方面要重视和支持城市大园林的建设。一个国家在和平时期搞好经济建设是中心任务，但建设的内容不仅仅是经济建设，还有城市建设、人才队伍建设、道德意识建设等，环境建设就是极为重要的一项建设，对此，有些人尚没有足够认识，必须用需要的紧迫性和理论上的必要性去说服他们，以求得重视和支持。

2. 要遵循因地制宜的原则

在广袤的大地上，有山地、有河谷、有平原、有道路、有庭院、有城区、有郊区、有平房四合院、有林立的楼群，情况是多种多样的，立地条件也是千差万别的，因此，必须因地制宜地加以园林化，不要拘泥于一种模式。比如在主干道两侧较宽的地方就可栽种丰花型多季型的月季，能形成绚丽的街景，又如在高楼脚下栽上地锦，既增加了绿景，又可起到降温增湿的作用。城市大园林所包含的 10 种类型园林绿地，其模式和功能都是不尽相同的，但正是由于有了这么多园林化了的绿地，才起到了改善生态环境和美化城市等作用。只要开动脑筋，充分发挥主观能动性，就能因势利导变不利为有利，就能创造出郁郁葱葱、繁花似锦的环境。

3. 要遵循循序渐进的原则

任何事物的发展都是有其序列的，人类社会不可能由原始社会一下子就进入社会主义社会，所有的树木都是经过由种子发芽长出幼苗，然后逐步长成大树、开花结果三个阶段，都是这个道理。建设城市大园林和建设一小块绿地也都有其序列，循序渐进这个规律是不可违背的，是必须遵守的，重要的是既要认识遵守其规律，又要善于利用其规律，比如苗木是建园的物质基础，是必不可少的元素，而且品种越优越好，规模越大越好。如要能得到好品种，就要充分发挥科技的作用，搞好引选育，想要有大规模苗木，就要有预见地搞好大苗储备工作。有些路树初栽时有意识将株行距定得密些，好处之一是苗经栽下就有郁郁葱葱的效果；好处之二是待小树长大后隔一株起一株，隔一行起一行，既保持了合理的株行距，又有了可供别处新建绿地所需的大苗。道路绿地是道路的附属绿地，一般地说城市干道往往都是几经拓展才达到道路规划红线的，因此在其未达到红线前，路旁最好栽种些速生快长的树种或易于移植成活的树种，这样即便道路拓展时绿化损失也不过大。花草树木都是有生命的，栽植后还会不断生长，因此设计师就要有初期种植要求，在植物生长的三个阶段对株行距应有所不同，对树木品种也应有所不同。一个公园一块绿地建成之初，大抵都是只有必要的框架，还有待进一步充实提高，很少能有一气呵成的，这也是序，认识这个序，就可防止一经建起就认为万事大吉了，就无需完善提高的趋向出现。

4. 要继承京城传统园林风格并赋予时代气息

北京园林的传统风格是"气势宏伟，端庄凝重，内涵丰富"。这样的风格是因北京曾是辽金元明清五代皇朝的帝都，是南北文化交流、多民族融合和北京的地理气候条件等因素形成的。新中国成立后，北京成了对外交往的枢纽，无疑仍将继承业已形成的传统园林风格。天安门广场的改造和人民大会堂及历史博物馆的建设，就是继承了北京传统建设风格，受到了好评。反之不少地区拆了平房，建起林立的高楼，被人评为是"克隆的香港"，很少受到称赞。外国游客到北京喜欢到什刹海胡同游览。正反两方面说明好的风格是应继承而不该丢弃的。在北京建设城市大园林是要在1.64万km^2的大地上实现园林化，其建设范围比过去大多了，其所属的类别也比过去多多了，在此情况下更应讲求继承京城传统的园林风格。不然的话会出现杂乱无章的局面，将有损首都形象。

"气势宏伟，端庄凝重，内涵丰富"这一传统园林风格，是千百年来北京造园文化积淀形成的。现在的城市大园林较之传统园林，在数量、性质等方面都有了很大变化，因此如何加以继承和发展都是个新课题，在艺术手法上需要大胆创新。比如过去的传统园林中，一般来说建筑物都比较多，特别是皇家御苑和祭坛都有不少巍峨高大的殿堂，突显宏伟气势，现在则是要求以植物造景为主，在加大乔木种植量的同时，也要加大开花灌木和宿根花卉的种植量，要成片成行地加以配植，只要种植规模较大，配置有章法，再辅之必要的亭台等设施，就自会成景又颇具气势。园林化了的道路河流绿地是城市大园林的重点组成部分，通行其间的车流人流日以万计，其景观极为惹人注目，必须大力搞好，经多年努力营建，已有不少道路取得很好的效果。如三里河路路旁绿地的布局是前有油松，后有厚重高大的银杏林，深秋季节其壮丽的景观使游人争相拍摄。长安街新华门两侧，间种玉兰和白皮松林，早春时节玉兰在青松映衬下缤纷开放，也引来众人拍摄留念。南北长街是城市次干道，绿带较窄，只沿路边栽了一行国槐，由于得到精心养护，两行国槐枝枝梢梢连接成一条幽长的绿色廊道，人们行经其间倍感清凉雅静，加以两旁都是老式宅院，更加重了古城文化韵味。

在继承传统风格方面，不少立交桥都配置了大型花坛，或以植物材料制作了龙的立体雕像。有些街旁公园如皇城根遗址公园，既将挖出的东安门城墙基础一直用玻璃罩起加以展示，又树立了过去学者与现代学者的雕像以显示时代的变迁。这些都是在用新的艺术手法继承传统的园林风格。一个地区的园林风格是由一个地区相同的园林特色形成的，表现特色的手法从来就是多种多样的，随着时代的发展更会有所发展。一个人在少年、中年、晚年三个阶段中，其表象会有所不同，但其个体和气质却不会有根本性的改变，园林风格亦大体如是。

总的说在坚持继承北京园林风格这一问题上，大家在认识上容易一致，但如何将原则变为现实是很不容易的，因为我们今天的城市大园林较之传统园林有了很大变化，这就为继承带来不小的难度，特别是所谓继承传统风格，是指要继承其本质，要继承其神韵，而绝非仅仅貌似，要达到这一要求，很费力气，需要不断探索，需要创造性的实践，需要整体文化艺术素质的提高，绝非一蹴而就。能否继承好传统园林风格是关乎首都形象的一件大事，也是关乎通过首都这个窗口向世界展示中国造园艺术特色的大事，需要很多人在深刻领悟传统园林风格精髓的基础上，结合实际加以继承，要求继承绝不仅仅是要求形似，更重要的是要求达到神似，这就很需要发挥好创造性，只有通过大量的不断的创新，才可能达到继承传统园林风格的要求。

城市大园林是在中国传统园林的基础上，为适应群众和城市需要而出现的一种新型园林理念。大胆改革不合时宜的体制，大胆革新不合时宜的观念是建设城市大园林的前提，千方百计地克服困难，大力搞好各种类型绿地建设，谋求园林事业的大发展，是贯穿建设城市大园林始终的一条红线。城市大园林的理念是北京园林绿化建设多年实践的结晶，城市大园林理念的提出是园林绿化事业发展的必然逻辑。多年来绿化美化等系列工程的检验进一步证明，将园林绿化建设纳入我国现有的行政管理体制的轨道，以城市为单元实行统一领导，统一规划，协调管理，统一组织实施，是实现城市大园林的重要组织保证，它赋予城市大园林建设以充分的可操作性，城市大园林是符合我国国情的一项行业建设。

陈俊愉院士在2002年《城市大园林论文集》出版座谈会上的发言《重提大地园林化和城市园林化》一文中指出："城市大园林与大地园林化一脉相承，是应时而生的产物。""城市大园林是大地园林化在城镇辖区的落实。"可以明确地说，城市大园林就是实现大地园林化这一宏伟理想必须经历的一个极为重要的阶段，也是在现阶段对以城镇为主要依托的人居环境的优化所必须努力实现的建设目标。

（三）价值评价理论

游览参观点是指具有自然因素、人文因素和社会因素等构成的，可供人们游览参观的空间体系。游览参观点包括公园、风景名胜区、博物馆、展览馆、纪念地等形态。

游览参观点的价值是根据游览参观点对人类生存与发展实用性的大小确定的。而这种实用性又是根据人类对游览参观点的认识深浅而确定的。游览参观点的价值，应是根据其在特定时代中所起的作用和在特定时代所发挥的影响来判断。游览参观点的本身价值在一定时段内是一种绝对价值，而其市场价值则是相对的价值。游览参观点的价格（即门票）是在特定的时段对游览参观点价值的一种反映。判断游览参观点的价值是一个比较复杂的问题，应当在动态中作出判断，既要充分尊重游览参观点的自身价值的客观肯定，又要充分尊重旅游市场对游览参观点价值的客观肯定。

首先让我们弄清一个理论问题——价值是指用途和重要性，物的有用性就是物的使用价值。物的多方面效用的发现，是人类的生产经验和科学技术发展的结果。使用价值构成社会财富的物质内容。而用来交换的劳动产品是商品，商品的价值是由社会必要劳动时间决定的，一切商品都是劳动产品，都有商品生产者的劳动凝结在里面。游览参观点是供人们游览参观的场所，它的价值在于它的"效用"，在于"使用"价值，在于它提供给人们"求知、求乐、求美、求奇、求健"的物质的或精神的介质。人们的"游览参观"所获得的不是商品，而是属于精神的、愉悦性质的"境界文化信息"。因此，对游览参观点的价值评价不能用劳动价值理论评价，而只能用"效用价值"理论来评价。

保罗·萨缪尔森在《经济学》中说："可将效用理解为一个人从消费一种物品或服务中得到的主观上的享受或有用性。"（Samuelson，1998）亚当·斯密在《国富论》中说："'价值'一词具有两个不同的意义，有时是指某些特殊物品的效用，有时是指购买其他货物并取得所有权的权利。前者可以称为'使用价值'，后者可以称为'交换价值'。"（Smith，1776）可见，亚当·斯密所谓的"使用价值"或"效用"，显然是指事物客观意义上的"有用性"。新古典经济学创始人阿尔弗里德·马歇尔在《经济学原理》中说："效用被当作与愿望或欲望有关的名词，能够通过它们所引起的外部现象加以间接的衡量，这种衡量是以一个人为了实现或满足他的愿望而愿付出的价格来表现的。"（Marshall，1890）"可以计算数量和比较大小的效用是马歇尔需求理论的基石。因为大多数经济理论最终都是以一个使其偏好或效用最大化的消费者为基础的，所以，对于发展和检验理论，显然这个问题是至关重要的。"（Richter，1966）

游览参观点的价值是一个很难确定的变数。多年来，许多专家学者作了大量的探索,企图找出一个比较恰当的方法衡量其价值的高低不同。以北京为例,一是对游览参观点市场需求分级评价,以游人量作为分级的依据,如表3-1。

游览参观点市场需求分级　　　　　　　表3-1

一级	二级	三级	四级	五级
600万人以上	400万人～600万人	200万人～400万人	100万人～200万人	100万人以下
故宫博物院	颐和园 八达岭 天坛公园	北京动物园 北海公园 景山公园 香山公园 定陵博物馆 天安门城楼	北京植物园 雍和宫 陶然亭公园 玉渊潭公园 中山公园 紫竹院公园	长陵 昭陵 神路 劳动人民文化宫 双秀公园

二是对游览参观点的价值运用专家评判的方法给予赋值量化评价,如表3-2。

游览参观点的价值评判分类　　　　　　　表3-2

评价 名称	历史文化 价值	审美 价值	科研 价值	生态 价值	舒适满意 度价值	市场 价值	总体 印象	合计
颐和园	14.8	14.8	13.8	14.8	14.8	14.7	9.8	97.5
故宫	15	15	15	11.8	14.6	15	9.9	96.3
天坛	14.8	14.6	14	14.6	14.2	13.7	9.6	95.5
北海	12.6	14.4	14	14.6	14.5	12.6	9.5	92.2
八达岭	14.8	13.8	13	13.4	13.5	14	9.0	91.5
香山	11.8	14.6	13.6	15	14.3	11.6	9.4	90.3
北京 植物园	10	15	14.9	15	14	11	8.8	88.7
十三陵	13.8	12.8	13.4	13.8	12.6	12.2	9.7	88.3
天安门	14.7	13.9	13.8	11.6	13	12	9.4	88.0
动物园	10	12.7	15	14	13	12.9	8.6	86.2
中山公园	12.2	13.7	11.6	13.8	12.5	12.1	9.8	84.7

续表

评价\名称	历史文化价值	审美价值	科研价值	生态价值	舒适满意度价值	市场价值	总体印象	合计
雍和宫	13.6	13.4	14.2	9.8	12.2	11.8	9.5	84.5
景山	12.2	13.2	11.2	14.9	13.9	9.8	8.6	83.8
陶然亭	10.2	12.7	10	14.7	13.7	9.2	8.7	79.2
劳动人民文化宫	12.4	11.8	12.4	11.6	12.4	8.6	8.6	77.8
紫竹院	8.6	12.4	11	14.4	13.2	3.4	7.8	75.8
玉渊潭	9	11	10	14	13.4	8.4	7.6	73.3
双秀	6.8	9.4	8.6	11.7	12	7.1	7.1	62.7

三是依据国际、国家及地方权威机构认证确定其价值，如表 3-3。

游览参观点权威机构认定等级 表 3-3

世界级	国家级		市级	区（县）级
A	B、C、E、H、I、J、K		D、F、G	——
故宫博物院 八达岭长城 颐和园 天坛公园	天安门城楼 劳动人民文化宫 北京植物园 北京动物园 景山公园 北海公园 香山公园	中山公园 雍和宫 陶然亭公园 定陵博物馆 十三陵（神路、长陵、昭陵、定陵）	玉渊潭公园 紫竹院公园	双秀公园

注：以上字母代表意义如下：A：世界自然和文化遗产单位；B：国家重点风景名胜区；C：国家重点文物保护单位；D：市级文物保护单位；E：国家 AAAA 级景区；F：国家 AAA 级景区；G：市级精品公园；H：全国文明风景名胜区示范单位；I：ISO 9000质量管理认证；J：ISO 14000环境管理认证；K：ISO 18000安全管理认证。

四是将游览参观点分为文物遗产类、风景名胜类、现代公园类、动物园类、植物园类、主题公园与人造景观类及博物馆、纪念馆类等 6 类。运用价格比较的方法，分析价值和价格的关系，如表 3-4～3-9。

文物遗产类价格比较　　　　　　　　　　　　表 3-4

游览参观点名称	旺季（元）	淡季（元）	游览参观点名称	旺季（元）	淡季（元）
甘肃敦煌莫高窟	100		苏州拙政园	30	
重庆大足石刻	120		苏州怡园	15	
陕西秦始皇兵马俑	90		苏州耦园	25	
四川乐山大佛	70		北京八达岭长城	45	40
四川都江堰	60		颐和园	30	20
江苏周庄	100	40	天坛公园	15	10
江苏苏州虎丘	60		北海公园	10	
山东曲阜孔村、孔庙、孔府	105		香山公园	10	
山西大同云冈石窟	60		中山公园	3	
沈阳故宫	50		景山公园	2	
山西恒山悬空寺	60		北京劳动人民文化宫（太庙）	2	

风景名胜类　　　　　　　　　　　　表 3-5

游览参观点名称	旺季（元）	淡季（元）	游览参观点名称	旺季（元）	淡季（元）
四川九寨沟	145		山东蓬莱阁	70	
陕西华山	70		湖北武当山	71	
广西漓江	210		湖南黄龙洞	65	
安徽黄山	130	100	山东崂山	50	
云南石林（路南）	80		杭州西湖		
浙江普陀山	130	110	三潭印月	45	
四川黄龙（松蟠）	110		灵隐飞来峰	35	
湖南天子山（黄石寨）	248（通票）		黄龙洞	15	
辽宁本溪水洞	87		虎跑	15	
四川峨眉山	120		玉皇山	10	
山西五台山	90	75	九溪瀑布	2	
重庆巫山小三峡（大宁河）	150		六和塔	15	
山东泰山	80	60、45	花港双鱼		
新疆天山天池	60		曲院风荷		
福建月光岩（厦门）	60		郭庄	10	
			孤山		
			柳浪闻莺		
北京东灵山（门头沟）	60		云松书舍	5	

现代公园类 表3-6

国内游览参观点名称	人民币（元）	北京游览参观点名称	人民币（元）
武汉黄鹤楼公园	50（年票60）	北京陶然亭公园	2
杭州太子湾公园	10	北京紫竹院公园	2
哈尔滨太阳岛公园	10	北京玉渊潭公园	2
杭州少儿公园	3	北京双秀公园	0.2

动物园类 表3-7

国内浏览参观点名称	人民币（元）	国外游览参观点名称	外汇	人民币（元）
广州香江野生动物园	110	英国 KRUSIVAS 动物园	8.49 英镑	129.04
深圳野生动物园	100	英国本海姆动物园	7.5 英镑	118.56
北京野生动物园	80	英国伦敦动物园	12.0 英镑	182.4
上海野生动物园	80	德国法兰克福动物园	7 欧元	73.29
济南野生动物园	80	德国柏林动物园	5.5 欧元	57.58
大连森林野生动物园	80/60	法国巴黎动物园	11 欧元	115.17
北京八达岭野生动物园	50	法国非洲野生动物园	30 欧元	314.1
沈阳森林野生动物园	50	西班牙马德里动物园	12.75 欧元	133.49
南京江山森林动物园	25	美国圣地亚哥动物园	19.5 美元	204.16
上海动物园	20	美国孟菲斯动物园	10 美元	82.77
合肥动物园	20	美国纽约布朗克斯动物园	11 美元	90.97
广州动物园	20			
济南动物园，杭州动物园	15	英镑：人民币＝1：15.20 欧元：人民币＝1：10.47 美元：人民币＝1：8.2765		
北京动物园	15/10			

植物园类　　　　　　　　　　　　　　　　　　　　　表 3-8

国内浏览参观点名称	人民币（元）	国外游览参观点名称	外汇	人民币（元）
西双版纳植物园	60	美国长木植物园	15 美元	124.2
中科院广州华南植物园	20	美国密苏里植物园	7 美元	57.96
沈阳植物园	10	美国纽约植物园	13 美元	107.64
福建厦门万石植物园	20	美国亚特兰大植物园	10 美元	82.77
上海植物园	20	英国丘园	6.5 英镑	98.8
杭州植物园	10	加拿大蒙特利尔植物园	8.75 美元	72.45
中科院南京中山植物园	10	澳大利亚墨尔本植物园	免费	
中科院庐山植物园	10	美元：人民币＝1：8.2765		
中科院昆明植物园	10	英镑：人民币＝1：15.20		
北京植物园	5	澳元：人民币＝1：6.28		
中科院北京植物园	5			

主题公园与人造景观类及博物馆、纪念馆类　　　　表 3-9

国内浏览参观点名称	人民币（元）	国外游览参观点名称	外汇	人民币（元）
深圳世界之窗	120	法国埃菲尔铁塔	80 法郎	542.4
深圳锦绣中华	120	美国迪士尼乐园	60 美元	372.15
大连极地馆	100			
明斯克航母	120			
辽宁鞍山玉佛苑	50			
上海东方明珠塔	50			
沈阳夏宫	48			
辽宁电视塔	35			
沈阳科学堂	20			
沈阳9·18历史博物馆	20			
沈阳张学良纪念馆	28			
杭州茶博物馆	10			
杭州章太炎馆	13			
杭州碑林	2	法郎：人民币＝1：6.78		
苏东坡馆	2	美元：人民币＝1：8.2765		
北京中华民族园	90			
北京世界公园	65			
北京大观园	15			

注：表 3-1～3-9 引自 2003～2008 年北京市游览参观点价格定位论证资料。

以上这些方法从不同侧面阐述了游览参观点的价值，都是有益的尝试，对于进一步研究游览参观点的价值是非常重要的资料。但是，由于各个游览参观点的性质、功能、类型、规模及内涵各不相同，极为复杂，用以上这些理论和方法，很难准确地反映每个游览参观点的价值，即使使用量化体系给游览参观点赋值，由于参与人的局限性和主观性，难免产生片面性，难以显示公平。比如规模和丰度，公园和风景名胜区就无法比较，一般来说公园是以公顷为计算单位，而风景名胜区则以平方千米为计算单位；颐和园和天安门城楼均为游览参观点，由于不是一个层面的东西，也难以作比较。八达岭长城和宋庆龄故居怎样比较？在这些问题面前，上述办法和标准显得无能为力。

那么，我们究竟能否找到一个恰当的方式，对游览参观点的价值作出一个较为公正的判断呢？答案是肯定的。

判断游览参观点的价值是一个比较复杂的问题。应当在动态中作出判断，既要充分尊重游览参观点自身价值的客观肯定，又要充分尊重旅游市场对游览参观点价值的客观肯定。参照以上的方法，建立以"游人量"为中心的三维评价体系，可较全面反映游览参观点的价值。

在市场经济条件下，随着游览参观点的数量不断扩大，质量不断提高，竞争日益激烈，游人选择游览参观点的机会越来越充分，因此游览参观点的市场占有率或游人量是游览参观点景气与否的重要标志，是游览参观点的自身价值的客观肯定，是衡量游览参观点价值的重要参数。

游览参观点的价值是通过社会承认表现出来的。一个游览参观点的价值的高低，主要看其是否被社会承认、认可。一般来说被社会广泛认可的程度越高，其实际价值越高。游览参观点的价值被社会认可的一个重要依据，是权威机构的认可和认证。它是游览参观点的自身价值的客观肯定。

业内专家是游览参观点直接或间接的参与者，具有独特的社会角色优势，有资格从理论和实践、宏观和微观上把握和评判游览参观点的价值。

以上3项内容——市场占有率或游人量、权威机构的认可和认证、业内专家的评判，构成评价游览参观点价值的有机整体，形成三维评价体系。

对以上 3 项内容分别赋值，并确定一个恰当的加权系数，建立数学模型，经过计算，得出的数值即可代表游览参观点的价值指数。

将游览参观点的价值指数（价值，value）用 V 表示；

将权威机构认证作为认可度（认可，approve）用 A 表示，$A=a_1+a_2+a_3+a_4+a_5$；

将游人量（以前 3 年游人平均值）作为景气度（景气，prosperity）用 P 表示；

将业内专家的评判作为评判度（评判，decided）用 D 表示。

3 项比重：A——0.3；P——0.5；D——0.2

权威机构认可认证（A）赋值：

世界自然和文化遗产单位（a_1）——40；

国家（指国务院）级认可（a_2）——30（如国家重点风景名胜区、国家重点文物保护单位）；

省（市）、部级认可（a_3）——20（如全国文明风景名胜区示范单位、市级文物保护单位、市级风景名胜区、国家 AAAAA 级景区）；

次省（市）级（a_4）——7（如市精品公园、AAA 景区）；

ISO 9000 质量管理认证、ISO 14000 环境认证、ISO 18000 安全管理认证（a_5）——3。

（以上 A 项只可取一个 a 值）

游人量赋值：60000 人——1（以游人量最高的故宫为基准。100 分以上按 100 分计算）。

游览参观点价值三维评价公式为：

$$V=(a_1+a_2+a_3+a_4+a_5)\times 0.3+P\times 0.5+D\times 0.2$$

例：设某游览参观点

权威机构认可：A. 具有 a_1——40、a_2——30、a_3——20、a_4——7、a_5——3。

游人量 P. 6000000 人/年

专家评判 D. 专家评判值 96

$$V=(a_1+a_2+a_3+a_4+a_5)\times 0.3+P\times 0.5+D\times 0.2$$
$$=(40+30+20+7+3)\times 0.3+6000000/60000\times 0.5+96\times 0.2$$

= 100×0.3+100×0.5+96×0.2
= 30+50+19.2
= 99.2

游览参观点价值按评定的分数划分等级。原则上分为 4 个级次：一级 100～80；二级 79～60；三级 59～50；四级 49 以下。

北京市故宫等 20 个游览参观点模拟评价（图 3-1）：

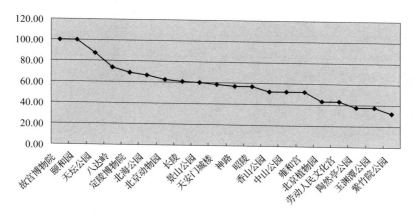

图 3-1　北京市故宫等 20 个游览参观点模拟评价

注：1. 各游览参观点游人数均为 2002—2004 年的平均数；昭陵只是 2002 年和 2004 年的平均数。
　　2. 业内专家评判度借用表 3-2 数据。

北京市 20 个游览参观点模拟价值度及分级，如表 3-10。

北京市 20 个游览参观点模拟价值度及分级　　表 3-10

游览参观点	价值度	等级
故宫博物院	100.00	一级
颐和园	100.00	
天坛公园	87.14	
八达岭	73.82	二级
定陵博物院	69.01	
北海公园	66.03	
北京动物园	62.35	
长陵	61.09	

续表

景山公园	59.96	
天安门城楼	58.08	
神路	56.99	
昭陵	56.51	三级
香山公园	52.40	
中山公园	52.21	
雍和宫	51.87	
北京植物园	43.19	
劳动人民文化宫	42.97	
陶然亭公园	37.35	四级
玉渊潭公园	37.26	
紫竹院公园	32.21	

游览参观点三维评价法的特点：

相关性："三维评价"法由游人数、权威机构、专家等多个因子构成，由多项的权重所决定，每一方都有参与权，而每一方都无最后决定权，体现了客观公平的原则。

动态性：突出了游人量的比重。因为游人量是可变的因素，因此由游人量所赋的值是个变数。此公式以600万游人量为基准，是取故宫游人量的水平。

一致性：由于"三维评价法"模糊了游览参观点的显象区别，用一个尺度去衡量其价值，就使本来性质、规模、内涵等不相同的参观游览点有了共同的价值评价标准。

导向性：如果"三维评价法"给游览参观点所赋的价值和价格挂钩，价值和价格应成正比，对游览参观点有导向作用，价格过高游人量下降而影响价值评定，可以起到价格调节的作用。当价格和价值背离时，"三维评价法"会起到调节作用，从而鼓励游览参观点注重保护资源和价值，把关注焦点放在使其保值增值上，放在服务游客和游客满意上，从而形成良性循环机制。

附：游览参观点价值评价表（专家用）

参观点名称 \ 评价因子 \ 分值	历史价值 (15)	艺术价值 (15)	环境价值 (15)	科学价值 (15)	文化价值 (10)	游览价值 (10)	社会价值 (10)	推广价值 (10)	合计

注：历史价值：历史悠久，代表一定时代的优秀作品，具有较高的历史价值；

艺术价值：利用自然条件和人文条件，因地制宜建造，展现中国的设计建造艺术，具有较高的艺术价值；

环境价值：注重生态环境和生物多样性保护，具有较高的环境价值；

科学价值：与一学科或多学科相联系，具有科研或科普价值；

文化价值：人文景观与中国的历史文化、重大历史事件、重要历史人物相联系，具有重要的文化价值；

游览价值：对广大游客能够具有较强的吸引力；

社会价值：具有一定的典型意义或地域特色，成为社会所公认的艺术精品，具有较高的社会价值；

推广价值：在设计建造理念和实践的结合上，有创新和发展，具有典范性的推广价值。

（四）游客需求动力理论

不断满足人们日益增长的物质和文化生活的需要，是我们国家经济社会发展的目标。作为广大群众休息娱乐和参观游览场所的公园，是满足这种需要必不可少的组成部分。现代城市公园的奠基人奥姆斯特德先生（Frederick Law Olmsted）早在1854年设计世界上第一个城市公园——纽约中央公园时，提出的首要原则就是："满足人们的需要：为人们提供周末、节假日休息所需要的优美环境，满足全社会各阶级人们的娱乐要求。"事实证明，游客的需要是随着时代的进步、社会的发展以及生活的提高不断变化的。同时，游人的需求也反作用于公园，是推动公园建设、管理和服务发展的动力。游客的需求产生的力量促（驱）使公园不断前进和发展。随着游客需求的不断变化，公园的各项工作也随之提高，需求长一分，工作进一步，正所谓水涨船高。

了解游客的需要,首先要了解人的需要。美国心理学家亚伯拉罕·马斯洛(A. H. Maclow 1908~1970)在1943年出版的《调动人的积极性的理论》一书中,提出了人类需要层次理论。这一理论影响较大,日益被广泛应用。这一理论认为人类的需要有5个层次构成:生理需要,人的基本需要,包括食物、氧气、水、睡眠、活动力;安全需要,包括安全感、稳定性、秩序、在社会环境中的人身安全;归属和爱的需要,包括与别人交际的社会需要,如情感、与他人建立友谊、被团体所接纳等;尊重的需要,包括自尊、自重、受人尊重、威信和成功;自我实现的需要,自我实现是最高级的需要,包括实现自己的潜能,充分发挥自己的能力。

人的需要具有3个方面的特点:对象性,需要总是对一定事物的需求或追求。比如,长期的紧张感就会产生轻松的需要,其需要的对象是室外活动或外出旅游。渴了会产生喝水的需要,需要的对象是饮料,它表现出人们对于某一事物或某一活动的指向或定势。紧张性,一种需要的出现会使人感到某种欠缺,有求满足之感。当力求满足而未达到目的时,人们常会体验到一种特有的紧张感、不适感。繁重的劳动,紧张的工作,渴望轻松而产生的烦躁、苦闷等,都是这种紧张感的表现。驱动性,按照心理学揭示的规律,当人们产生某种需要时,心理上就会产生不安或紧张,这种不安与紧张情绪就构成一种内在的驱动力量,推动人们从事某种活动以求获得心理平衡。

随着社会的发展和人民生活水平的提高,到公园去游览参观、休息娱乐、放松身心已经成为一种时尚,成为人们生活中不可缺少的一部分。那么游客的需求是什么?应当通过公众参与,以多渠道、多层次、多角度的方式去探求信息。经过大量的事实和调查显示,游客的需要可分为多种类型:显性需要和隐性需要、优势需要和普通需要、群体需要和个体需要、一般需要和特殊需要、合理需要和非合理需要等。

显性需要和隐性需要。显性需要是指游客共同的一致的基本需要。公园里要有清新整洁的环境是游客对公园最基本的要求。一个有良好的园林环境、卫生搞得好的公园,会给游客带来好的心情。颐和园是全国闻名的公园,从20世纪50年代起就是行业中卫生的先进,受到游客的高度赞扬。特别是随着人们生活水平和文化素质的提高,对卫生和环境特别关注。前些年,北京的公园曾出现过不少投诉"逐客土"（指使用大扫把扫地扬尘现象）、厕所脏的问题。因此从20世纪80年代起，北京市公园行业加大卫生管理的力度，制定了一套卫生考核标准，以提高公园的管理和服务水平，适应游客的需求，从而相继出现了星级厕所、卫生达标单位、文明公园等评比活动。

公园是放松身心的地方，游客需要一个非常安全安静的环境，以达到休养身心的愿望。许多游客希望在公园里能听到风声、水声、鸟声，反对公园内车辆乱行、喊叫喧闹等现象。他们认为公园不应当像城市中的马路，应当使游人有安全感、安静感。在公园的设计和管理中，他们希望营造一些相对封闭的空间，留下一些安静的区域，满足游人修身养性的需要。

方便实用。游客在公园中活动，要求提供方便周到的服务，特别对公园的各项服务设施，比如牌示、园椅、厕所、园路、广场等，要求这些设施更人性化，使用方便。近几年，游客反映最多的是公园的园椅少、厕所少。在这方面，公园管理者采取了一系列的改进措施，推广了文明牌示，增添了园椅、果皮箱等设施，修建了残疾人通道，改建了厕所，增加了广场，更适合游客的活动。天坛公园在一些活动场地增设了挂衣架，青年湖公园在厕所为老年人安装了急救铃，景山公园为抖空竹的游客整修了一片沙地，紫竹院公园将门区地面铺装的抛光大理石烧毛防滑，都体现了人本管理的理念，受到游人的欢迎。

尊重体谅并礼貌对待游客，是公园服务的基本方针。据调查，在公园的服务投诉中，有很大的比例是游客认为公园的服务不好，伤害了他们的自尊心。一年冬季，某公园门口收票员看游人少，便在岗位上走圈活动身体，当一游客进门，她要验票，游客不但不掏票，反而吵了起来，说："你在这儿扭呀扭的，还收我的票！"据香山公园一位服务员介绍，在门口收票过程中，主动说声"您好"，特别是过新年时对游客说声新年好，游客表示特别满意，90%以上的游客配合检票，并露出满意的微笑。陶然亭公园湖上的一艘工作快艇在桥边行驶中不慎将水溅到一家六口人在水上过生日的两条船上，双方立刻发生矛盾，这时公园管理人员主动赔礼道歉，并换了两只好船，送上了鲜花，临走送到公园门口，结果化干戈为玉帛。事后，这家游客送来了感谢信。这些事例充分说明游客需要尊重。公园提倡文明用语、文明服务，正是从游客心理的需求出发的，往往一点小事就能折射出服务水平的高低。据北海船队负责人介绍，他们在工作中总结出"多说一句话"的服务方法,比如游客上船时,说一句"小心您的东西别掉水里";游客购完票后,说一句"请您点好钱票",并伴以温暖的微笑,减少了许多不必要的口角,特别是他们改用毛巾抹布代替过去用墩布擦船的办法,体现了对游客的尊重,得到了游客的赞许。

游客的隐性需求,归纳起来大致有5个方面。

求知:公园说到底是属于文化艺术的范畴,属于上层建筑。人们到公园参观游览,无论是团体还是个体,在很大程度上是为了文化方面的原因,称为教育性游览。他们到公园为的是要享受一种文化熏陶,增长见识。他们渴望了解悠久的历史文化,欣赏名山大川的壮丽奇景,观看四时景色和园林风光,从而陶冶情操,增长知识。特别是我国发布《爱国主义教育纲要》之后,一些学校把公园当作教育基地,大批青少年和中小学生到公园参观学习,他们渴望在这里受到教育。近年来,美国、日本一些大学与我国某些院校签订协议,利用暑期到中国来开办汉语学习班,这也是学生为求知而旅游的典型例证。这部分人的数量,随着社会的进步和经济文化水平的提高,有日益增长的趋势,是公园服务应该特别给予重视的部分。

求乐:随着现代社会生活节奏的加快,人们备感城市的喧闹,工作的紧张、机械和家务的繁重、单调与压力,力求解脱,正如一些心理学家所说"是躲避现实,避开压力,解除紧张,追求适应气候、消除疲劳的需要"。我国古代柳宗元曾说:"邑之有观游,或者以为非政,是大不然。夫气烦则虑乱,视壅则志滞。君子必有游息之物,高明之具,使之清宁平夷,恒若有余,然后理达而事成。"人们到风景优美的森林、公园去享受大自然的新鲜空气,通过改变一成不变的生活方式求得身心的愉悦,追求马斯洛所称的"高峰体验"。求乐的人群大多集中于青少年游客,他们喜欢追求好玩和刺激,参与心理强烈。

求美:是以追求公园欣赏价值为主要目的。他们选择公园时,特别注重选择知名度高,具有自然美、造型美、色彩美、形式美等较高观赏价值的景点,反映了人们文化生活水平的提高。他们把欣赏美的事物当成一种享受,以求得对精神生活的陶冶和心理上的满足。此类人大多数是文化层次较高的人群,如艺术家、知识阶层和社会上层人物等。

求奇:没有去过的地方和没有见过的东西,特别经过传媒渲染的东西，都可能成为游客猎奇的对象。黄山的奇松、奇云、奇泉；峨眉山的猴子；九寨沟的山水；三峡的风光；北京香山的红叶；植物园的桃花节；八大处的富斯特滑道都因其"奇"而吸引了众多游客。近年来一些新兴的景点如世界公园、中华民族园、大观园等都创造了良好的经济效益，都与人们的猎奇心理有关。据有关部门对美国一个旅游团进行的调查表明：这个团 68 个人中，50%的人对中国感兴趣，想了解中国人的生活方式、爱好和兴趣。在他们看来到中国旅游，就是猎奇，因为在他们那里听到的各种宣传，给他们了解中国蒙上了一层神秘的面纱。

求健：为了身体健康方面的原因去游园。根据联合国的规定，65岁以上老年人占人口总数7%以上或60岁以上老年人占总人口的10%以上的国家和地区，称为老年型国家和地区。我国已成为老年型国家，老年人达一亿多，老年人成为公园主要的服务对象之一，这就给公园带来新的课题。他们到公园的主要目的是交往和健身。据观察，公园中的老年游客的行为方式有跑步、快走、遛弯、聊天、跳舞、打拳、练功、做操、唱歌、踏石、蹭腿、吊臂、磨背、打羽毛球、打健身球、静坐、踢毽子、跳绳、滑冰、划船、喂动物、读书、看报、画画、习乐、垂钓等，不一而足。

不同的年龄、不同的阶层有不同的游览需求，其中，地域群体的差别是显著的。外籍华人、华侨、港澳台胞回归旅游，多是以交际为主要动机的。他们都是利用旅行之机寻觅祖先的足迹，寻找自己的"根"。这些人到公园参观游览，特别钟爱祖国悠久的历史文化，特别看重国人对他们的尊重和理解，如果遭到冷遇，则认为是莫大的耻辱。

外国旅游者，他们很想亲眼看看社会主义的东方大国——中国的情景，包括人民的生活、工作情况、风土人情，参观了解中国的悠久历史文化，因此外国游客的主导动机是文化方面的动机，属于求知、求美、求奇的方面。这些人对中国的一切都感到新奇和陌生，在他们的头脑中每时每刻都用比较的心理看待中国的一切事物，用来判断是非曲直。

外埠游客，他们出游的动机主要来自求知、求乐、求奇，他们要开阔自己的视野，享受旅游的乐趣，增长见识，扩大社会交往。目前国内游客的主要特点是团体性，除节假日学生与家长或同学结伴等形式的个别旅游散客外，绝大多数为单位组织的度假、疗养、参观、会议团体。由于社会的广泛性所决定，各个团体的层次差别较大，对文化的需求度也相差很大。

本地游客，是公园的主要对象之一，约占游客量的2/3。本市游客在主要节假日去公园休息、放松一下，以排解工作的紧张和疲劳，多是偕妻携子，或情侣相伴，或约友同游。但是更大量的游客是老年人晨练晚游，这些人是属于求健的那一部分人。他们不要求多高的文化设施，只要有合适的锻炼场地就可以了。

游客的需要是一种动力，可分为前驱动力和后驱动力。前驱动力促使人们产生游园的动机；而后驱动力成为公园建设管理和服务工作的动力。满足游客的需求是公园建设和管理的目的。公园管理者应当不断研究游客的需要变化，不断关注游客各种合理的需求，满足游客的优势需要，特别应当跟上时代的发展步伐，树立世界眼光和一流标准。

游客的优势需要是和公园的性质和文化定位相联系的。创造良好的园林环境是满足游客需求的最基本的条件。园林不同于绿化，更不同于林业和农业，它是园林工作者以艺术与科学为指导，创造的适宜于人类生活的美好环境。公园的规划设计和建设管理应当讲求艺术，把自然因素和人文因素有机结合起来，因地制宜，追求完美，创造出具有园林境界文化信息的优秀作品。境自景出，此所谓境界是指园林韵味的深长和意境的高远。汪菊渊先生在《中国古代园林史》中有这样一段话："探园起亭，览胜筑台，茂林蔽天，繁花覆地，小桥流水，曲径通幽，往往给人与自然处于亲切愉悦幽静的关系之中为意境。……在表现自然美的技巧上，无论是叠石掇山理水，还是植物造景，亭堂廊榭造景的运用，以及整个布局手法上，能够根据造园者对山水的艺术认识和生活需求，因地制宜地表现山水真情和诗情画意的境界。"

园林的境界有三种：第一种境界为佳境，我们常说：渐入佳境。计成在《园冶》一书中说："夫编篱斯胜花屏，似多野致，深得山林趣味。如内，花端、水次、夹径、环山之垣，或宜石宜砖，宜漏宜磨，各有所制，从雅尊时，令人欣赏，园林之佳境也。"造园要通过植物的配置、山水道路及建筑的营造，使环境静谧、幽深，富于情趣，"曲径通幽处，禅房花木深"，"庭院深深深几许"，"古木无人径，深山何处钟","山重水复疑无路，柳暗花明又一村"。明代诗人张潮说："山之光，水之声，月之色，花之香……真足以摄召魂梦，颠倒情思。"以苏州为代表的江南园林，"一峰则太华千寻，一勺则江湖万里"，是园林精品，也是绝妙佳境。留园占地仅 $2hm^2$，然而以建筑空间艺术处理精湛著称，以厅院、廊道、粉墙、洞门等划分空间，与山水花木组合成一个错落有致、联络贯通、层次丰富的庭院，在园中休息游赏即可体味幽深静谧的情趣，又可陶冶情操，净化灵魂。

第二种境界为胜境：柳宗元《永州崔中丞万石亭记》有"见怪石特出，度其下必有殊胜"。江总《修心赋》有"突豫素之旧圃，成黄金之胜地"。杜甫诗云："晨钟云外湿，胜地石堂烟。"孟浩然诗云："江山留胜迹，我辈复登临。"胜境乃胜地给人们的一种精神境界。《园冶》多有论述，"园地唯山林最胜"，"池上理山，园中第一胜也。若大若小，更有妙境"，"凡结林园，天分村廓，地偏为胜，开林择剪蓬蒿，景到随机在之间共修冬芷"。凡胜境或以宏伟的气势、宽广的视野、深厚的文化内涵、而盛名，或以精湛的园林景观而著称。成为湖中有岛、岛中有湖、山中有山、园中有园、景外有景、画中有画的景观，成为立体画、无声诗，达到出神入化的境界，令人心旷神怡。

第三种境界为仙境："亭台突池沼而参差，楼阁碍云霞而出没"，超尘脱俗，寄情山水，憧憬仙山琼阁，"片山有致，寸石生情"，"境仿瀛壶，天然图画"。以神话或理想王国为蓝本，模山范水，创造一种人间天堂，这在各地的园林中都很常见。比如颐和园将"一水三山"的神话传说移植在园林景观艺术的营造之中，在 200 多公顷的昆明湖中，建有"蓬莱岛"、"方丈岛"和"瀛洲岛"，创造了一个人间的仙境。又如天坛将古代人的宇宙观融入祭天建筑之中，建造了人间的天宫——祈年殿和与"天神沟通"的祭天台——圜丘，这些建筑给人以启迪和想象，仿佛把人带入天堂。园林的境界是满足人们各种不同的需求并不断深化的过程，也是因地制宜不断创新和不断发展创造完美的结果。园林的境界是时代的政治、经济、文化发展的标志，同时也是园林的设计者、建设者、管理者综合素质的体现。

优质服务是公园管理的基本功，也是满足游客需求的重要介质。优质服务一是硬件的保证，公园要不断完善和提高各项服务设施，比如休息设施、景观设施、讲解设施、无障碍设施、文化体育设施、游乐设施、安全设施等，满足游客在游览中的基本需求。二是软件即服务，实践证明硬件往往容易做到，而软件做好则比较难。据2007年对北京市46个精品公园的5017名游客的调查显示，游客对公园的管理基本是满意的，平均满意率为88.20%。其中对公园的绿化生态环境评价最高，为90.13%，而服务质量则排在最后，为86.56%。公园要做好服务工作需要下真功夫。公园的各项工作要以游客为中心或关注焦点，制定服务规范（Normal，N），这是基础工作。要建立良好的运行及制约机制（Cultivate，C），要有保障的措施。要对员工进行有效的业务技能培训（Training，T）。更重要的是要选用具有服务潜质的员工从事服务工作，所谓具有服务潜质是指具有较高情商（EQ）的人。情商是人的一种生存能力，也是人取得成功的主要因素。据科学家分析，一个人要想获得成功，80%靠情商，而20%靠智商。情商在服务工作中至关重要，有了情商，才能有激情、有热情、有活力，才能实现规范。这样才能达到优质服务的目标，即服务的升华（Sublimation）。优质服务实现的工作公式为：$(N+C+T) \times EQ = S$。

良好的园林环境和优质的服务，恰如一个车之两轮，公园好比一辆车，在游客需求为动力的推动下，不断改进，不断发展，从而达到理想的彼岸。这个彼岸，就是游客的满意率和满足度，就是老百姓的幸福指数。

四、公园的行业管理

（一）公园行业管理的发展

公园是从园林中脱胎出来的。无论从性质、功能，还是从国家关于行业的划分，都属于园林的一部分，是从属的关系。1992年建设部颁布的《城市园林绿化当前产业政策实施办法》指出：我国的城市园林绿化在国民经济中已经形成了独立的产业体系，是城市的基础设施，是城市社会保障和社会服务系统中的组成部分，属于第三产业。按照我国《国民经济行业分类与代码》（GB/T 4754—94）的规定，园林绿化业属大类——"k 社会服务业"，中类——"75 公共设施服务业"，小类——"752 园林绿化业"。

公园是园林绿化的重要组成部分，随着社会的进步和时代的发展，公园的发展日新月异，无论是公园的数量，还是公园的质量，都在发生着根本性的改变。公园业已成为园林的核心和重点，在行业内部和社会上扮演着越来越重要的角色，形成了一个相对独立的行业，逐步被社会所承认。1995年成立了中国公园协会，并加入了国际公园与康乐协会。之后，在北京、上海、广州等地都相继成立了地方的公园协会。这是行业形成的重要标志之一。

在改革开放的形势下，公园的发展迅猛，其数量和质量都有了显著的增长，为公园行业的形成创造了条件。同时，公园的发展也改变了过去计划经济时"一刀切"的体制，逐步发展成为以国有为主体，多种经济成分建设公园的百花齐放的局面，有集体的、个体的，还有股份合资兴建的等。据统计，园林专业部门以外的社会单位、团体兴建的公园面积占相当比例，全国1997年为25.07%，1998年为24.98%；上海1997年为3.7%，1998年为4.43%；所占个数比例1997年为29.8%，1998年为30.5%（表4-1）。

同时，公园的种类也呈现出多样化的特点，有历史名园、古迹保护公园、文化主题公园、游乐园、城镇广场，也有社区公园、带状公园等等，大大丰富了公园的内涵和外延。

城市公园社会结构 表 4-1

年份	地区	公园面积/hm²	社会公园面积/hm²	%	公园数/个	社会公园数/个	%
1997 年	全国	68933	17284	25.07	3818	1139	29.80
1998 年	全国	73198	18292	24.98	3990	1220	30.50

公园的行业管理是随着公园事业的大发展而逐步开展起来的，大致可以分为 3 个阶段：1992 年之前，公园的行业管理主要以行政的手段和建立自律机制对公园行业进行软性的干预。以北京为例，一是抓规划设计这个龙头工作，对每个公园的规划设计都认真组织论证，严格把关；二是抓公园的宏观控制，通过备案登记制度，对全市公园实行分级分类管理，对每一级的公园都制定了管理标准和规范；三是抓基础建设，运用国债近 2 亿元，拉动全市近 10 亿元的资金，对全市近百个公园进行建设、改造，治理黄土裸露问题，建造精品公园，目前北京市有精品公园近 60 个，促进了全市公园上水平、上档次。北京市先后制定了《全市公园行业目标管理规定》、《北京市公园行业目标管理标准》、《北京市公园行业目标管理检查评比标准细则》等文件，《十四个岗位的服务规范》、《公园管理人手册》等一系列行业内部的标准，规范公园的管理行为，提高了管理水平。特别是近几年，通过办班培训、典型引路、推广先进经验等方式，将 ISO 9000 和 ISO 14000 质量和环境认证体系引入公园管理，使公园管理逐步走上科学化，同国际接轨。组织公园行业的检查，建立激励机制。通过自上而下和横向的明察暗访、联查、互查、自查等方式，并形成一种制度，长期坚持，使各项规范和要求落到了实处。在行业管理初期阶段，为解决园容卫生和服务两大难点问题，人们总结了"反复查，查反复"，"用检查覆盖管理"等经验，不仅提高了公园管理的水平，同时也培养了一批队伍，提高了全行业职工队伍的素质。各地在公园行业的管理中普遍建立了评优创先活动，调动各公园的积极性。比如上海、深圳、厦门等地开展的星级公园评定活动（附：深圳市星级公园评定办法），广州开展的"红棉杯"及生态公园评定活动，北京市先后开展的"公园杯"、"文明公园"、"精品公园"创建活动，都产生了良好的激励作用。有些地方在开展"公园杯"和"文明公园"等创建活动中，还会同市人事局联合举办，被评选的先进个人同工资晋级等

挂钩,发挥了重要的导向作用。

1992年之后步入以法管理阶段。1992年国务院颁布《城市绿化条例》以及各地先后出台的公园(管理)条例,是公园行业管理的依据。它们有力地推动了公园管理的法治化和制度化。比如《北京市公园条例》,对政府、社会和公园各方面以及公园发展的规划、土地、资金、建设和管理都作了明确的规定,特别是为园林行政部门设定了3项审批(核)的权力:一是对全市公园实行分级分类的注册管理;二是对新建、改建、扩建公园实行验收制度;三是实行对占用公园土地的审核制度。《城市绿化条例》以及各地先后出台的公园(管理)条例的实施,使公园行业的管理走上了依法管理的轨道。

第三阶段,随着我国改革开放的深化和发展,政府转变职能,注重充分发挥公园协会的作用。公园协会是公园行业的群众性组织,是政府和公园之间的桥梁和纽带。公园协会自成立以来,认真贯彻党和国家的方针政策,实行行业自律,反映会员的诉求,维护会员的权益,为会员服务,为政府服务等,在众多方面发挥了重要作用。北京市公园协会多年以来参与行业的检查评比工作,创建文明公园行业,接受政府委托进行精品公园复查等,为会员引入"解说"理论和"公园之友"的理念,开展"景观论坛",出版《景观》杂志,评选"景观之星",进行中水利用和水污染处理研讨活动,组织经验交流考察等各项活动,发挥了积极作用,被评为"先进社团组织"。上海市和贵州省的公园协会还担负起行业有关资质认定和公园管理经费的运作等行政职能。这些都是行业协会在新的历史时期作用的体现。

随着我国改革开放的发展,公园行业的管理面临着重大的机遇和挑战,一方面要逐步同国际接轨,用世界一流的眼光去审视我们的工作,不断满足游客的需求;另一方面要用改革创新的思想,从机制和体制等方面不断探索,不断把公园行业的建设和管理推向一个新的阶段。行业协会参与行业管理是时代的需要和市场经济的需求。十七大报告中指出,要"完善发展行业协会和中介组织"。2007年国务院办公厅《关于加快推进行业协会商会改革和发展的若干意见》(国办发〔2007〕36号)指出:积极拓展行业协会的职能,充分发挥桥梁和纽带作用。各级人民政府及其部门要进一步转变职能,把适宜于行业协会行使的职能委托或转移给行业协会。在出台涉及行业发展的重大政策措施前,应主动听取和征求有关行业协会的意见和建议。行业协会要努力适应新形势的要求,改进工作方式,深入开展行业调查研究,积极向政府及相关部门反映行业、会员诉求,提出行业发展和立法等方面的意见和建议,积极参与相关法律法规、宏观调控和产业政策的研究、制定,参与制定行业标准和行业发展规划、行业准入条件,完善行业管理,促进行业发展。《意见》同时指出行业协会要加强自律,切实履行好服务企业的宗旨,积极帮助企业开拓国际市场等。中央的指示和决策,标志着行业管理的一个新的历史阶段即将开始。

附:深圳市星级公园评定办法

第一章 总 则

第一条 为了全面推行公园星级评定工作,加强我市公园管理,提高管理服务水平,促进公园的发展,根据有关法律法规,结合我市实际,制定本办法。

第二条 深圳市公园星级评定,依据《深圳市公园星级的划分与评定标准》(试行)(以下简称"标准")进行。

第三条 深圳市人民政府城市管理办公室负责组织深圳市公园星级的评定和复核工作。市公园协会负责具体的评定工作。

第二章 适用范围

第四条 凡在本市范围内基本建成,并正式营业、开放2年以上不同类型的公园,包括植物园、动物园、儿童公园、风景区内公园、郊野公园、主题公园及其他专类公园,均可申请参加星级评定。

第三章 评定办法和程序

第五条 公园星级的评定,按市政公园、主题公园两类分别组织评定,由市公园协会根据所评定公园的星级、规模、特点等因素组成评定小组具体执行,评定结果报市城管办审批确认。

星级公园评定小组原则上由7~11人组成,由有关领导、从事公园管理的专业人员以及相关的其他专家组成。

评定小组要正确行使职权，做到公平、公开、公正。公园要为评定工作提供便利。

第六条 星级公园的评定（包括由低星级向高星级晋升）按照逐级申报的原则进行。

第七条 申请星级的公园根据标准及各项评定细则进行自评，认为达到三星级（含三星级）以上要求的，

（一）市属公园直接向市公园协会提出申请，并填写公园星级申请报告。

（二）申请星级公园评定的非市属公园，可向所在区城管办（市政园林局）提出申请，并填写公园星级申请报告。区城管办（市政园林局）对申报公园初审后，对符合条件的公园提出推荐意见，报市公园协会。

（三）市公园协会根据申报情况，每两年组织专家对被评审公园进行现场检查、核对资料等评审工作，评定结果经市城管办审批后向社会公布。

第四章 必备条件

第八条 申请星级的公园必须是"园林式、花园式"达标单位。

第九条 申请评定四星级和五星级的公园，必须按公园总体规划实施建成。绿化管养、卫生管理和建设3个项目单项得分须占单项总分的85％以上。

第十条 申请评定星级的公园领导应具有大专（含大专）文化程度，并经过专业培训合格。

第五章 复核及处理

第十一条 对已经评定星级的公园，每2年进行一次全面的复核，通过公园自查，市公园协会采取部分复核与重点抽查相结合、明察与暗访相结合的方式，进行复核。

第十二条 经复核达不到要求的，按以下方法作出处理：

（一）公园达不到标准规定要求的，市城管办将根据具体情况，通过签发警告通知书、通报批评、降低或取消星级等处理。公园须认

真整改，并在规定期限内将整改情况报市城管办。

（二）凡被降低或取消星级的公园，自降低或取消星级之日起一年后，方可申请重新评定星级。

第十三条 凡公园发生重大事故或极其恶劣的情况者，一次性直接取消星级。

第六章 附 则

第十四条 市城管办负责将已评星级的公园及时进行公告。

第十五条 公园星级标准标志由市城管办统一制作、核发。任何单位或个人未经市城管办授权或认可，不得擅用。

第十六条 公园星级标志须置于公园主要入口最明显位置，并应在其宣传资料中标明其星级。

第十七条 本办法由市城管办负责解释。

第十八条 本办法自公布之日起施行。

（二）公园的分级分类管理

新中国成立后，尤其是改革开放以来，公园建设有了突飞猛进的发展，形成了市、区、县、乡、村、企业、个人等多渠道办公园的局面，呈现出公园数量多、隶属关系复杂、规模不等、功能不一的状况。如何加强公园行业管理，巩固公园建设的成果，提高公园的建设和管理水平，更好地发挥公园在精神文明建设中的功能，是各地面临的一个重要问题。

北京市公园分级分类管理始于1997年，是在开展公园行业目标管理和"公园杯"竞赛的基础上进行的，是行业发展的结果，也是逐步使公园行业管理科学化的重要手段之一。北京市的公园分级分类管理大致以《北京市公园条例》为界线，划分为前后2个阶段。

改革开放以来，公园行业管理逐步得到加强。各公园先后制订了一整套公园管理的标准、制度和办法，这些办法是根据本园情况，结合上级的要求制订的。市园林行政管理部门在总结归纳各公园实践经验的基础上，又制定了全市公园管理的若干规定。总之，基本覆盖了管理的范围和内容。市园林行政管理部门对公园行业管理的政府职能逐步加强。建立了管理网络，加强了管理力量，开展了"公园杯"竞赛评比活动和"创建文明公园行业"的精神文明建设活动，取得了明显效果，积累了一定的管理经验，为今后加强公园管理奠定了基础。

但是，随着公园数量的增加和首都政治、文化中心的地位对公园管理要求的提高，公园行业管理不能适应形势的发展，主要是不同时期建设的公园情况不同，各公园之间差异加大。首先是面积大小不一。既有圆明园、颐和园等上百公顷、数百公顷的大公园，又有几公顷的小公园，如东单公园、南馆公园等。其次是游人量多少不同。天坛、动物园的年游人量上千万人次，而一些社区公园的游人相对较少。第三是功能和服务对象不同。既有颐和园、北海这样的古典皇家园林，这类公园知名度高、历史文化内涵丰富，外国、外地游人比重大，具有博物馆性质和科普功能；而新建公园则以植物造型为主，主要是休息、娱乐、锻炼身体必要的场地，游人成分大多为附近居民。第四是设施状况，有的非常完善，有的差距很大。第五是服务半径不同，如颐和园、天坛、十三陵、八达岭等公园世界闻名，游人大多为海外或外省市的，而有的公园的服务半径以附近地区居民为主。第六是管理系统的完善程度和管理人员的综合素质不同。总之，北京市的公园已呈现出多类别、多层次、多功能、规模不等的局面。客观上要求行业的管理必须区别对待、分类指导，相应完善原来的管理办法。

分级分类管理是在分析全市公园状况的基础上，根据每个公园的不同性质，对公园进行定量排队，按照"分级指导、量化检查、以分定类、有升有降"的原则，将其分为不同种级次。北京市对全市公园分为三级九类。

分级的具体标准是：符合以下①～③条标准和④～⑥三条标准其中2条的，可定为一级公园：① 严格按《公园设计规范》进行设计、施工和管理，具有良好的园林艺术特色；具有完善的指导游览、游人休息、环境卫生、商业服务等设施，布局合理。② 有完整的管理系统和完善的规章制度，公园绿化美化、园容卫生、经营服务、安全秩序工作职责明确，档案完整。③ 主要负责人具有大专以上文化程度；定期举行职工岗位培训，保证所有在岗人员持证上岗；有专业绿化管理队伍，并配有高级技术职称的专业人员；各专业中级以上技术职称的人员占职工总人数的5%以上。④ 年游人量150万人次以上。服务半径：面向市内外。外地游人占总游人数的20%以上。⑤ 面积30hm^{2}以上。⑥ 具有园林性质的全国重点文物保护单位；具有重要的历史、科学和艺术价值的名园；具有造园历史、艺术典范性的园林，影响深远、国内外知名的园林；以及具有相当规模的独立动物园、植物园。

二级公园的具体标准是：① 基本按照《公园设计规范》进行设计、施工和管理，具有一定的园林艺术特色，具有较完善的指导游览、游人休息、环境卫生、商业服务等设施。② 有较完整的管理系统和较完善的规章制度。③ 主要负责人具有中专以上文化程度；公园服务人员应经过一定的岗位培训；有绿化专业管理队伍；各专业中级以上技术职称的人员占职工总人数的3%以上。④ 年游人量50万人次以上。服务半径：面向全市。⑤ 面积10hm^{2}以上。⑥ 具有园林性质的市级重点文物保护单位。

三级公园的具体标准是：① 有完整的公园设计，并按设计施工。有一定的休息、服务、安全设施。② 有专人负责公园的日常管理，并有管理档案。③ 有专人负责园内植物的种植、养护和管理。④ 服务半径：面向本地区。充分考虑为老人、儿童、残疾人服务功能。⑤ 面积10hm^{2}以下。

对不同级别的公园应有不同的管理标准。因此，按照分级分类管理的原则重新修订完善公园管理的标准（附1：北京市公园分级及管理标准）。

分类是一个动态的过程，每年依据公园行业分级管理年度检查分数，将每一级公园分一、二、三类，形成三级九类的管理模式。

实行分级分类管理规范了公园的行业管理，明确了公园的地位和作用，各公园严格按分级标准自我约束、自我激励，提高了建设和管理的水平。定级之后，市园林行政管理部门为全市各公园颁发了标示牌，在社会上产生了积极的影响。实行分级分类管理完善了管理标准，使标准更加系统，有力地促进了公园的各项管理工作，起到了引导和规范的作用。实行分级分类管理加强了公园行业管理的力度，市园林行政管理部门依据管理标准，加大了检查和监督，采取普查、抽查、分组分片互查和暗查等形式，总结经验、发现问题、评定打分、确定分类、及时反馈，形成上下互动的良好局面。

2003年《北京市公园条例》出台，标志着北京市的公园行业管理迈上了一个新的台阶，《北京市公园条例》中第一章第六条规定："本市公园实行分级分类管理，本市公园的等级、类别由市园林行政主管部门按照有关规定确定并公布。"这一规定，实际上是对以往北京市公园分级分类管理经验的总结，也是将公园分级分类管理的经验上升到了法规的高度。北京市园林局根据《北京市公园条例》的规定，制定了《关于本市公园分级分类管理办法》（附2），重新明确了公园分级分类的标准和原则，将定级的标准"粗化"，概括为："公园按其价值高低、景观效果、规模大小、管理水平等分为三级。规模较大，历史、文化、科学价值高，景观环境优美，设施完备，有健全管理机构的定为一级。有一定规模和历史、文化、科学价值，景观环境较好，设施较完备，有相应管理机构的定为二级。规模较小，有一定景观环境和设施，机构具有管理能力的定为三级。小区游园、带状公园以及街旁绿地可不纳入分级范围。"同时，将公园的分类标准改为以《城市绿地分类标准》（CJJ/T 85—2002）为准，分为五类（见本书《城市绿地分类标准》），并按着《北京市公园条例》的规定确定了公园登记的制度及管理办法。已建成的公园绿地按三级五类原则进行登记。新建、改建、扩建公园竣工后，由园林、规划、建设、公安等有关行政管理部门验收合格后，方可投入使用。投入后须在60天内办理公园注册登记。凡申请注册登记的公园，须填写《北京市公园注册登记申请书》，由本辖区的园林主管部门同意后，报市园林行政主管部门确定，给予登记并发给公园登记证书。改变登记证书主要内容的公园，应在30日内到市园林行政主管部门办理变更登记手续。经核准登记确定的公园，可享受公园的各项优惠政策。经核准登记确定的公园，不得擅自改变公园的功能及用地性质，否则按《北京市公园条例》有关条款进行处罚。对违反本办法，有下列行为之一的，由市园林局视情节轻重分别给予通报批评、撤销登记或按《北京市公园条例》的规定给予处罚：登记中隐瞒真实情况的；未经登记，以公园名义进行活动的；领取登记证书后，满半年未对社会开放的；主要登记内容变更，满1个月未办理变更的。凡在本办法公布前开办的公园，未进行登记，须在本办法公布之日起1个月内到北京市园林局补办登记手续。

北京市公园分类如表4-2。

北京市公园分级分类表（2002年） 表 4-2

类别	公园级别及名称			合计
	一级公园	二级公园	三级公园	
综合公园	紫竹院公园 玉渊潭公园 陶然亭公园 龙潭公园 顺景园休闲公园 朝阳公园 莲花池公园	青年湖公园 官园公园 团结湖公园 朝来都市森林公园 半壁店森林公园 云岗森林公园 首钢松林公园 窑洼湖公园 鹰山森林公园 燕山公园 兴隆公园 丰台花园 万芳亭公园 益泽公园 西海子公园 顺义公园	双秀公园 东单公园 柳荫公园 南馆公园 龙潭西湖公园 宣武艺园 万寿公园 镇海公园 立水桥公园 清洋湖公园 碧玉公园 银杏园 黄寺公园 北花公园 北湖公园 望京公园 姚家园公园 桑梓公园 四德公园 北焦公园 南湖公园 丽都公园 个园 会成门公园 西山公园 万东公园 古城公园 八角公园 南苑公园 长辛店公园 花乡公园 万泉寺公园 南宫苑 福海公园 槐房钓鱼公园 宾阳公园 丰台园区公园 齐天乐园 天竺公园 木林镇公园 农民公园 昌平公园 金粟公园 南口公园 冗山公园 香水苑公园 黑山公园 房山迎宾公园 燕华园 韩村河公园 青年公园 双泉河公园 白水寺公园 昊天公园 东高地桃园公园	
	7	16	55	78

续表

类别		公园级别及名称			合计
		一级公园	二级公园	三级公园	
	历史名园	颐和园 天坛公园 北海公园 景山公园 中山公园 圆明园 劳动人民文化宫 日坛公园 地坛公园 9	月坛公园 恭王府花园 2		11
专类公园	动物园	北京动物园 1			1
	植物园	北京植物园 1	科学院植物园 1		2
	游乐公园	石景山游乐园 1	北京游乐园 雁栖湖乐园 2	四海水上公园 怀柔体育公园 菁龙湖水上乐园 3	6
	儿童公园		中国少儿活动中心 红领巾公园 2	大兴黄村儿童游乐园 石景山希望公园 2	4
	风景名胜区公园	八大处公园 香山公园 什刹海公园 3	法海寺森林公园 团河行宫公园 2	白河郊野公园 1	6
					43

续表

类别		公园级别及名称			合计
		一级公园	二级公园	三级公园	
专类公园	主题公园	世界公园 中华民族园 北京大观园	宋庆龄故居 人民公园 大兴康庄公园 北普陀影视城 抗战雕塑公园	朝阳牌坊体育公园 方庄体育公园 人定湖公园 昌平赛场公园 雕塑公园	13
		3	5	5	
	带状公园	元大都公园	北滨河公园	朝曦公园 石榴庄公园 怡园	5
		1	1	3	
	街旁公园		夏都公园	南礼士路公园 玲珑公园 漫春园 四季青公园 张镇公园 卧龙公园 大兴街心公园 云岗街心公园 怀柔迎宾环岛公园 怀柔水上公园 城南公园 新世纪绿岛公园	13
			1	12	
累计		26	32	81	139

实践证明，对公园进行分级分类管理，将竞争机制注入公园行业，调动了公园管理者的积极性。对公园进行分级分类管理，使管理进一步趋向科学化、规范化，使公园管理水平进一步提高。全市公园行业目标管理从一开始就是以调动公园管理者的积极性为目的，但随着公园数量的增加和公园的多样化，分级分类管理就成了进一步推动公园管理走向深入的必由之路。对公园进行分级分类管理，可使公园增加精神文明建设的投入，有利于把公园建设成社会主义精神文明的阵地。公园分级后，根据不同标准进行管理，通过检查督促公园加强软件建设，有利于各级各类公园把精神文明建设放在重要的议事日程抓紧抓好。对公园进行分级分类管理，充分发挥了市、区（县）园林局的政府职能作用，规范了各级公园管理行为，逐步科学地完善管理，提高公园建设和管理水平。

附1：《北京市公园分级及管理标准》

一级公园管理标准

一级公园是全市公园中服务半径较大、知名度较高、游人量较多、功能设施较齐全的一批公园。这批公园是全市公园行业的骨干，是全市公共绿地的重要组成部分，因此，在建设上要严格按规划实施，景区改、扩建时要由上级主管部门审定设计，按审批后的图纸施工，竣工后要经验收并留有竣工图；要严格执行《文物保护法》、《文物保护管理条例》、《环境卫生管理条例》、《食品卫生法》、《治安管理处罚条例》、《野生动物保护法》、《文化市场管理条例》及相关法律法规，在全市公园管理中起表率作用。

1. 绿化美化及养护管理

（1）公园要有明确的绿化总体规划和依总体规划制定的实施细则。

（2）公园绿化美化管理要严格执行《北京市城市绿化管理条例》、《北京市古树名木保护管理暂行办法》及有关行政法规。

（3）公园的绿化美化要突出各自特点，古典园林要保持历史风貌，新建园林提倡因地制宜安排树种，达到植物造景有特色。

（4）公园的绿化工程施工要严格按照正确的技术操作规程规范进

行，成活率要达到98%。

(5) 公园的绿化养护必须达到一级标准，公园要根据其性质、风格、特点制定切实可行的养管计划，树木花草的各项养护措施如打药、施肥、修剪、浇水等工作必须严格按规程规范进行操作。

(6) 公园的绿化要保持青枝绿叶，满目青翠，不断增加绿化面积，必须达到"黄土不露天"、"黄土不外溢"。

(7) 公园要将古树和有特色的景观树分株建档、挂牌，列为养护管理的重点。

(8) 施工现场的树木，必须采取保护措施，对需移伐的树木必须严格执行（91）园绿字第22号文，不得擅自伐除。

(9) 园内不得发生集中5%以上的树木花卉病虫危害。

(10) 主要游览区及有特色的植物要有中、拉丁文对照标牌，标牌要完整，语言文字要规范。

2. 园容、卫生及设施管理

(1) 公园内公共卫生工作实行分工、分区、分片、定责管理，公园有专职卫生管理人员和专业队伍。

(2) 公园要做到门前"三包"、责任落实；主要游览区需在开门前完成清扫工作。

(3) 园容卫生工作必须做到全日、立体保洁，保证全园环境清洁、卫生、整齐、优美。

(4) 游览区建筑物及各类设施要与景观协调，要做到无尘土、无损坏、无涂字、无刻画。

(5) 主要游览区要做到"六不见"、"八不乱"、"三不外露"，推广垃圾袋装化，垃圾做到日产日清，园区内无蚊蝇滋生地，无焚烧垃圾树叶污染环境现象。

(6) 施工现场做到文明施工，堆物堆料整齐，施工标志规范，有围栏遮挡，渣土不外露，并定期清运，古建施工要有保护措施，施工结束后做到场光地净，植被景观全面恢复。

(7) 公园游览区公厕必须达标（市公厕设计标准二类以上），特殊地区要做到粪便无害化处理。

(8) 公园内厕所要做到专人管理，全日保洁，达到"十无"。

(9) 公园应做到各类设施、牌示齐全规范，设置地点科学、方便、醒目，语言文字规范，要实现国标化（图示或中、英文）。

（10）公园内殿堂、展室、文化娱乐场馆，室内外整洁，无灰尘、无蚊蝇，有禁止吸烟标志，符合行业卫生标准要求。

（11）餐饮、商业网点在公园内设点，要遵守公园各项规定，各项管理工作必须符合《食品卫生法》及其他有关规定，不得经营出售过期、变质、腐烂、无生产厂家、无生产日期等不合格食品，不得有食物中毒事件发生，室内要做到无蝇、无蟑、无鼠，公园管理部门要认真实施管理、检查、监督。

3. 服务及票务管理

（1）服务人员必须坚持"三齐上岗"。要语言文明，服务规范，遵守纪律，并做到"五不讲"。开放活动点及各服务项目应设岗位责任制、服务规范。

（2）上岗前进行培训，考核合格后发证，奖励处罚记录在册，主管部门盖章有效。

（3）各售票门口必须明示"游园须知"、"游园示意图"、"公园简介"以及军人、老年人、残疾人、儿童、学生的优惠政策条文，各殿堂、展室、主要动物展馆必须明示简要介绍、开闭时间，以方便游客。

（4）各公园必须指定专职票务管理人员，设立票券专库，并具备三铁（铁门、铁窗、铁柜）、三防（防火、防潮、防腐）条件。

（5）各种票券要按明细类别建立总账、分类账，严格各种报领手续，售票差错率应控制在千分之一以内，长款上交，短款自补，严禁出售"回笼票"。

（6）公园对已经核实的各种收费标准，不得擅自变动，如有调整或增添售票项目时，必须按程序报批。

（7）公园设计门票票面必须标明：票名、编号、金额、副券，其票样应送上级主管部门备案。

（8）公园经营服务要做到文明礼貌、热情周到和"十不准"。

4. 安全及秩序管理

（1）公园开放时间游览区不得有车辆通行或停放，经允许入园的机动车和生产用车必须按规定的时间、路线、速度行驶，在指定地点停放，未经允许的非机动车不得在园内通行或停放。

（2）公园举办大型活动期间，售票窗口、售货现场、拍摄现场不得发生乱无秩序、无人疏导现象，公园门区要落实"三包管理"，重点维护好门区秩序，维护景观和交通的畅通。

（3）公园内禁止燃放鞭炮、烧荒、烧树叶以及在禁烟区内吸烟。园内要经常广播游园须知和注意事项。

（4）要合理设置性能完好的消防设备，保证消防通道畅通。施工现场要围挡，并采取必要的安全和消防措施。

（5）公园内的运动器械、山石栏杆、湖岸要经常维护检查，施工现场、堆物堆料场所须设立安全标志。

（6）公园禁止无照商贩进园经商、强行兜售；不许赌博或变相赌博；未获批准不准聚众讲演、集会。

（7）公园的各种供电线路，各种井口、井盖必须符合规范，不得影响景观和游人安全。

（8）公园游船及其他水上游乐项目未经验收不得营业，运行中严禁超载。

（9）公园机动船驾驶员必须持证操作。每年游船下水营业前必须完成职工上岗培训工作，并按期年审。

（10）机动船要在规定区域行驶，要有限速规定，要绝对避免与非机动船相撞。巡逻快艇必须有明显标志。不得无故在水面快速穿行。

（11）要随时对使用船只进行维护保养。

（12）游乐场、水上娱乐项目、码头及巡逻救护船上，必须具备救生用品和若干名市级体育运动管理部门培训合格的救护人员，要悬挂安全规定。非游泳区应设禁止游泳的警示牌示。

（13）游艺项目必须设有参与者适应范围的规定，凡惊险的项目须设有禁止冠心病、高血压等病人乘坐的警示牌，建立运营、检查、维修档案。游艺机械的运营管理按照《游艺机管理试行办法》执行。

（14）园林建筑、高大游乐设备、制高点等须装备防雷设施并定期检测。

（15）护园执行人员必须衣帽整洁，佩戴标志，注意礼貌。要负责起公园的绿化执法、卫生执法、动物保护执法、文物保护执法等，要维护公园秩序。执法人员要知法懂法。要经过培训，做到既是执法员又是宣传员。

（16）公园禁止游客携猫、犬等宠物及枪械、管制刀具等危险品入园，动物园内不准游客私自携带任何动物入园。

5. 文化活动管理

（1）公园举办各项文化活动（节），须事先向上级有关部门请示报告，未经批准不得实施和宣传报道。

（2）文化活动（节）内容要健康，要宣传社会主义精神文明，并须将主体方案和活动期间的安全保卫、园容卫生、经营服务、绿地维护等综合管理方案报主管部门，并主动与有关部门协调。

（3）对活动期间的经济运作，要进行可行性分析研究，避免因分析失误造成经济损失。

（4）需同外单位共同举办或承办活动时，要向上级主管部门呈交合作单位资信及主管情况说明，经批准后方可与其签订合同。

（5）活动结束后，须经上级有关部门验收后方可结算。

（6）活动期间的票价需提前20天报批，活动期间不得擅自改变票价。

（7）活动须善始善终，布展内容应与票价相符，不得造成群众投诉。

（8）活动过程中应健全组织机构，应严格落实安全、卫生、服务、绿化管理等责任。

（9）活动期间（含筹备、撤展期间）要严格执行有关规定，不得损害园林景观、公园设施和绿化成果。

（10）必须提取活动收入的5%～10%作为绿化补偿费，用于恢复绿化，此款不得挪作他用。

（11）活动期间应妥善处理好年、月票持有者入园问题。

（12）活动结束后一周内，须将一切有关活动内容的宣传标语、活动场地清理干净，及时恢复景观、绿地、设施，不得乱堆杂物、垃圾及活动所废弃展具。

（13）活动期间有关游人量、收入、秩序等情况，知名人士及群众意见要记录在案，存档并上报。

6. 基础管理

（1）要加强公园规划的管理，所有改建、新建的景区、景点以及建筑物必须以公园总体规划为依据，不得随意行事。在上级主管部门已正式下达的新建计划外进行建设的项目必须履行报批手续。

（2）应有专人负责房地产业务，应熟知本公园房地产历史与现状。要做到房地产资料档案齐全，专存专管，包括土地证、房产证、林权证等。房地产情况发生变更、纠纷应及时上报。

（3）要建立健全各项规章制度并形成文字汇编，需游人监督的制度、规章要按要求出示。

（4）要坚持每周检查制度，用检查覆盖管理全过程。

（5）要及时上报计划、总结、报表和公园管理方面的信息。

二级公园管理标准（略）

三级公园管理标准（略）

附2：《关于本市公园分级分类管理方法》（暂行）

第一条 根据《北京市公园条例》第一章第六条"本市公园实行分级分类管理，本市公园的等级、类别由市园林行政主管部门按照有关规定确定并公布"制定本办法。

第二条 凡符合标准的公园可以申请登记，由市园林行政主管部门给予确定公布。

第三条 公园按其价值高低、景观效果、规模大小、管理水平等原则分为三级。

规模较大，历史、文化、科学价值较高，景观环境优美，设施完备，有健全管理机构的定为一级公园。

有一定规模和历史、文化、科学价值，景观环境较好，设施较完备，有相应管理机构的定为二级公园。

规模较小，有一定的景观环境和设施，机构具有管理能力的定为三级公园。

小区游园、带状公园以及街旁绿地可不纳入分级范围。

第四条 依据《城市绿地分类标准》（CJJ/T 85—2002），本市公园绿地分为五类。

1. 综合公园代码G11：指内容丰富、有相应设施，适合于公众开展各类户外活动的规模较大的绿地。

2. 社区公园代码G12：指为一定居住用地范围内的居民服务，具有一定活动内容和设施的集中绿地（不包括居住组团绿地）。

3. 专类公园代码G13：指具有特定内容或形式，有一定的休憩设施的绿地

4. 带状公园代码G14：指沿城市道路、城墙、水滨等，有一定休

憩设施的狭长绿地。

5. 街旁绿地代码 G15：指位于城市道路用地之外，相对独立成片的绿地，包括街道广场绿地、小型沿街绿化用地等（绿化占地比例应大于 65%）。

第五条 已建成的公园绿地按三级五类原则进行登记。

第六条 新建、改建、扩建公园竣工后，由园林、规划、建设、公安等有关行政管理部门验收合格后，方可投入使用。投入后须在 60 日内办理公园注册登记。

第七条 凡申请注册登记的公园，须填写《北京市公园注册登记申请书》，由本辖区的园林主管部门同意后，报市园林行政主管部门确定，给予登记并发给公园登记证书。

第八条 改变登记证书主要内容的公园，应在 30 日内到市园林行政主管部门办理变更登记手续。

第九条 经核准登记确定的公园，可享受公园的各项优惠政策。

第十条 经核准登记确定的公园，不得擅自改变公园的功能及用地性质。否则按《北京市公园条例》有关条款进行处罚。

第十一条 对违反本办法，有下列行为之一的，由市园林局视情节轻重分别给予通报批评、撤销登记或按《北京市公园条例》的规定给予处罚：

1. 登记中隐瞒真实情况的；
2. 未经登记，以公园名义进行活动的；
3. 领取登记证书后，满半年未对社会开放的；
4. 主要登记内容变更，满 1 个月未办理变更的。

第十二条 凡在本办法公布前开办的公园，未进行登记，须在本办法公布之日起 1 个月内到北京市园林局补办登记手续。

第十三条 本办法具体应用中的问题，由北京市园林局负责解释。

第十四条 本办法自发布之日起执行。

（三）创建文明公园行业的实践

马克思主义哲学告诉我们：物质和精神，经济基础和上层建筑是辩证统一的。物质决定精神，经济基础决定上层建筑；但是精神、上层建筑是能动的，在一定条件下，反作用于物质和经济基础。根据马克思主义的这条基本原理，我们在建设有中国特色社会主义的过程中，必须坚持两手抓的方针，物质文明建设和精神文明建设是相辅相成的，物质文明建设抓好了，国家强大了，人民生活逐步改善了，对社会主义就会更加充满信心。精神文明建设抓好了，凝聚力增加了，就会更有力地推动物质文明建设。

做思想政治工作，重视社会意识的作用，是我们党的政治优势。提出社会主义精神文明建设，是新的历史时期马克思主义、毛泽东思想的发展。1996年党的十四届六中全会做出了《关于加强社会主义精神文明建设若干问题的决议》，对社会主义精神文明建设的方向、目标、任务、工作方针和重大措施作了全面部署，既有很强的战略性、思想性、指导性，又有很强的现实性、针对性和可操作性，是我国社会主义精神文明建设的纲领性文件。之后，经过党的"十五大"、"十六大"、"十七大"，社会主义精神文明建设的理论不断深化和提高，实践不断丰富，特别是科学发展观重要思想的提出使之进入了一个新的阶段。

公园是社会公益事业，它以其优美的园林环境，吸引成千上万的人来休憩娱乐、参观旅游、畅情赏景，具有社会性、广泛性和群众性的特点。从某种意义上说，它既是服务行业，又是文化产业，既是服务的"窗口"，又是建设社会主义精神文明的重要阵地。在实践、传播社会主义精神文明方面发挥着晕轮效应，成为人们关注的亮点。

1996年10月，在党的十四届六中全会精神的指引下，北京市结合公园行业管理的实际情况，作出了《向李素丽、颐和园学习创建文明公园行业的决定》，借宣传香山文明牌示之机，召开了全市公园行业动员大会，从此拉开了创建文明公园行业活动的帷幕。

按照首都精神文明建设委员会和城建工委的部署，从1996年开始率先在市属十大公园开展了"一心为游客，满意在园林"的规范化服务创优达标活动，同时把1996年定为"规范化服务年"，建立了规范化服务的组织保障体系、服务标准体系、管理考核体系和监督评论体系，形成了党委统一领导、各部门协调配合、党政工团齐抓共管的工作格局。各单位自下而上地制定行为规范，实行岗位培训，层层组织检查落实，按"三率"即培训率、知晓率、执行合格率进行验收，成熟一个验收一个，不走过场，注重实效。当年就有4个公园、9个科队、15个班组实现了达标,颐和园被评为城建系统规范化服务示范单位。

在开展规范化服务达标活动的过程中,我们坚持以点带线、以线带面的工作方式,抓住颐和园规范化服务达标示范的经验进行推广。从市属公园首先抓起,然后在紫竹院公园召开了由各区(县)园林主管部门参加的现场会,逐步在全行业推开。到1998年底,全行业已有54个公园基本实现达标,约占当时公园总数的45%。1999年通过了首都精神文明办组织的行业规范化服务的达标验收,2003年3月被首都文明办授予规范化服务达标行业的称号。

创建文明公园行业,从发出创建的第一个决定开始,就是以先进典型李素丽、颐和园为榜样搞起来的。先进典型引路,不仅是科学的工作方法,而且也是创建文明公园行业的有效途径。我们在创建过程中,结合社会大的环境和中心任务,提倡什么、号召什么,就抓什么样的典型。先后介绍和宣传了城建系统规范化服务达标示范单位颐和园、香山的文明牌示,动物园的ISO 9001质量认证和ISO 14001环境认证、景山公园的雨水收集工程、红领巾公园加强管理、密云县加强公园建设改善投资环境等各方面的经验,使创建文明公园行业的工作学有目标,做有榜样。市园林局连续10年开展"园林新风奖"的评选活动和评选文明公园活动,累计评选出新风奖集体35个,个人59名,文明公园300多个次。这些先进单位和先进个人起到了榜样的作用,有力地推动了创建活动的开展。

作为具有文化性质和服务性质的公园,物质文明建设和精神文明建设是分不开的,建造园林景观、打造精品公园既是物质文明建设的一部分,又是精神文明建设的重要方面,近几年北京市的公园建设形成了以政府投资为主体,多渠道参与公园建设的良好态势,先后建起了莲花池公园、皇城根遗址公园、玉泉公园、朝阳公园、中华文化园、奥林匹克文化健身园、法制公园、妫河公园等一大批园林环境优美、设施完善、功能齐备、质量上乘的公园。一些历史名园和主要公园在保护历史原貌的基础上,按照规划新建了一批新景区景点,比如市园林局斥资近亿元搬迁了长期占据天坛内土地的花木公司、中山花圃等,恢复绿地近20hm^2;颐和园将管理处迁出公园,拆除管理用房,建起占地6000m^2的文昌院,成为展示园藏文物的重要场所;北京植物园为了节水集水,建起了10hm^2的水网系统,改善了公园的环境;

北滨河公园建起了高水平的奇石馆；龙潭公园将公园内历史遗存的17户居民迁出，还绿 0.45hm^2，并投资 4500 万元，彻底改造了龙潭公园；圆明园内的 600 多户居民，于 2001 年彻底搬出；地坛公园投资 8000 多万元，拆除了 2 个市场，搬出 61 户居民，还绿 1.2hm^2；颐和园、天坛在 1998 年拆迁走了 6 家驻园单位，拆除影响环境的建筑 7600m^2，净化了公园环境，提高了文物保护和景观环境水平，被联合国教科文组织列入世界遗产名录。

随着社会的进步和人民生活水平的提高，人们对公园的要求不断提高。因此，近几年北京市兴起了建精品工程、创精品公园的热潮。自 2002 年起，开展了评选精品公园的活动。通过自荐、互查、考评等程序，评出了颐和园、天坛公园、北京植物园、香山公园、中山公园、皇城根遗址公园、玉泉公园、龙潭公园、世界公园、日坛公园等精品公园 60 个，这是北京市公园行业文明成果的一次展示，在社会上产生了广泛而积极的影响。

精神文明建设是公园建设和管理的出发点和归宿，把精神文明融入公园日常管理并有机结合起来，使创建工作有形式有内容，长盛不衰，同时使管理工作不断提高水平。结合的基本形式就是开展创建文明公园的活动，从 1997 年起在公园行业目标管理的基础上开展创文明公园的活动，围绕公园管理的要求制定创建文明公园条件和评比办法（见附），每年经过检查评出全行业的先进——文明公园，两年评为文明公园的为文明公园标兵，两次被评为标兵的单位为文明公园示范单位，调动全市公园行业职工的积极性。结合的基本内容就是根据公园行业每个阶段出现的问题，抓住主要矛盾，有的放矢地做好工作。比如解决牌示的规范化问题，黄土不露天问题，车辆管理问题，生态环境问题，历史名园拆除游乐设施问题，净化公园环境、整顿商业网点、撤除广告伞等问题。每开展一项活动就使公园的精神文明建设和公园管理上一个台阶，不断开创出新的局面。结合的基本方法就是坚持各种形式的检查活动。每年市园林局以及各单位都组织定期或不定期的综合检查、互查、暗查、抽查等，以检查促创建，用检查覆盖管理。这在全行业已经形成制度，坚持了多年，是行之有效的方法，起到了发现问题、交流经验、促进工作的目的。

建立和完善不断改进的机制，是保证创建活动和公园管理不断改进和提高的重要途径。主要采取以下方式：聘请社会义务监督员参与公园管理。近年来一些主要公园都分别聘请了一批社会监督员，通过定期召开座谈会、监督员反映情况等形式，发现问题和改进工作。据11个直属公园统计已聘社会监督员100多名；市园林局为全系统的离休老同志核发了监督证300多个，并明确规定每个监督证每年至少反馈2条意见或建议，否则不予年审。重视人大代表、政协委员提案或建议，做到件件有回音，事事有着落。为了落实一个提案或建议，上上下下反复协调，想方设法落实，有时付出巨大经济利益。比如有位政协委员提出颐和园北宫门对持离退休年月票的人员的开放问题，经过一年多的协商探讨，颐和园牺牲了苏州街园中园门票1000多万元的收入，满足了政协委员的意见，使问题得到圆满解决。自1996—2003年，有效处理解决人大代表、政协委员提案或建议494件，促进了创建活动和公园管理水平的提高。

坚持游客满意度的调查。近几年以来各主要公园相继开展了游人满意度的调查工作，通过调查，收集了大量的信息，不断充实和改进工作。市园林局从2001年起，每年都有针对性地开展规模较大的游客满意度的调查工作，每年处理各种数据20多万个，通过分析，不仅把握了公园跳动的脉搏，而且为树立先进、改进工作提供了科学依据。

建立信息反馈制度。监督员的意见，人大代表、政协委员的提案或建议，人民群众的来信来电，明察暗访发现的问题以及游客满意度调查发现的带倾向性的问题，都必须反馈给有关单位去解决，才能实现信息的闭路系统。我们通常采取电话、发通报等方式进行反馈。同时建立了"整改建议书"制度，对突出的信息，经过处理，正式反馈给有关单位，以引起重视和改进工作。

为游客提供优美的环境、优质的服务、优良的秩序和优秀的文化是公园管理者的责任，也是创建文明公园行业的基本要求。在创建文明公园行业的过程中，重点做了以下几个方面的工作：

一是把公园这块蛋糕做大，降低全市收费公园所占的比重。这些年，面对公园收费引起的不少议论，北京市加大了公园建设的力度，用发展的成果不断满足人们对公园日益增长的需求。各级政府和园林主管部门非常重视这方面的工作，同时结出了丰硕的成果。1996年全市有公园120个（包括部分风景名胜区），经过7年多的时间，到2003年公园的数量增加到近200个，每年以10%以上的速度增长。按照国家新的城市绿地分类标准，北京市已建成综合公园、社区公园、专类公园、带状公园和街旁绿地485处，初步形成了覆盖全市域的公园网络系统，在首都现代化国际大都市的发展进程中发挥着越来越重要的作用，不断满足人们的需求。到目前为止，全市收费公园69处，占公园总数的16.4%，缓解了供求之间的矛盾，平衡了人们的心理，发挥了公园多样性的功能。

二是建立文明的信息服务系统。公园是以景观取胜的境界文化信息场，它提供给人们的不是具象的商品，而是丰富的信息资源，使人们从中领略文化、畅心赏景、怡情益智。因此我们注重信息服务系统的建立和完善。比如公园内的游览牌、说明牌、指示牌、警示牌等，做到文字、图形规范，语言文明，双语标准，力求形式完美与环境谐调，使游人得到周到、方便、细致的服务。有条件的公园还建立了游客活动中心，出版了游览图册、介绍性书刊，满足不同层次游人的需要。

三是完善公园的各项服务设施。全市公园每年都投资数百万元增添或更新园椅、垃圾箱、路灯、厕所等服务性设施。近两年改建和新建厕所321座，其中达到星级标准的28座，同时从2002年起对公园内所有厕所取消了收费。特别是为特殊人群提供特殊服务。为残疾人建设无障碍设施200多处，增置手推轮椅车300辆；自2001年起为离休人员提供免票待遇；为退休人员办理优惠年票，仅2003年，市园林局就为76万名老人办理了优惠年票，受到广大市民的欢迎。

四是坚持"文化建园"的方针。在文化建园方针的指导下，深入开展了文化建园理论的探讨和实践的探索。2001年召开了首届文化建园研讨会，就园林的文化属性、文化内涵、时代特点和发展方向等方面进行了深入探讨，作为理论成果，出版了《文化建园》论文集。在文化建园方针的指导下，颐和园、天坛申报世界文化遗产的工作获得圆满成功；确定了北京市21个历史名园名录，并在《北京市公园条例》中给予了法律和政策的保障；按照历史名园的文化定位，开展了净化各历史名园内环境，拆除了历史遗留下来的大型游乐设施；拆除了许多与历史名园不相称的商业摊点和影响景观的建筑等。北京市各公园开展了丰富多彩的文化活动。传统的庙会、游园会、红叶节、桃花节、樱花节等不断提升文化的含量，越办越好；新的创新项目，如天坛的祭天仪仗展演活动、颐和园的颐和秋韵桂花展、大观园的水上红楼、莲花池的莲花展等既有传统的文化内涵,又有时代的韵味。全年公园的文化活动,初步形成了竖成串、横成网的态势,极大地丰富了人民群众的公园文化生活。

五是以绿色奥运、科技奥运、人文奥运精神,迎接2008年奥运会为契机,2002年提出绿树、绿水、绿色管理3G(green)计划,即运用科技的手段,解决公园内河湖水系的污染问题,达到观赏水体的标准,还给人民一个清洁美丽的水体;把公园的绿地建成集水、节水的绿地。要逐步改造现有绿地、广场、路牙等设施,把雨水留住。同时建造一批雨水收集储藏网络,巧用天水,不让其白白流走。改变直灌、漫灌浇水方式,建成节水高效的灌溉系统;提高中水利用水平,节约自来水的使用量;调整绿化结构,保古树、保大树,种大苗,提倡乔灌草花复层结构、人工草坪和自然草地相结合的绿化系统,将鸟类和昆虫引入城市,形成良好的生态小环境;普及和推广生物防治技术,在公园内禁止使用残留化学农药;实施垃圾分类收集和处理。公园产的树枝树叶做到"落叶归根,秸秆还田";优化公园的保洁机制,提倡丢掉大扫帚,推行机械化作业,防止清扫扬尘,加大保洁的力度,必要的清扫要先洒水后扫;严格公园内施工的管理,土方工程要严加管理,防止扬尘;公园内推广使用无污染的燃料;全面推行ISO 14000环境认证体系和ISO 9000质量管理认证体系。3G(green)计划的实施,不仅为创建活动注入了新的内涵,而且使公园科学化管理水平有一个新的提高。

六是不断把创建活动引向深入。2003年3月11日,首都精神文明办组织召开了北京市公园行业规范化服务考评工作会。考评组对考评报告进行综合评议,经过审议,投票表决,北京市公园行业规范化服务达标工作以全票通过考评验收,并经首都精神文明建设委员会批准,成为首都规范化服务达标行业,标志着我市创建文明公园行业向前迈出了新的一步,并达到一个新的水平。2003年是全面贯彻落实党的"十六大"精神的第一年,是北京向着率先基本实现现代化目标的关键一年。为了贯彻落实北京市委、市政府关于"实践'三个代表',优化发展环境"主题教育活动,结合公园行业实际情况,提出了创建文明公园行业的新目标,新的要求:以"优美环境、优良秩序、优质服务、优秀文化"为标准,认识要有新高度,创建要有新思路,工作要有新举措,扎扎实实搞创建,一心一意谋发展。继续深入开展规范化服务达标活动，实现优质服务的目标。贯彻《北京市公园条例》，实现优良秩序的目标。实施"3G（green）计划"，实现优美环境的目标，实践文化建园的方针，实现优秀文化的目标。

附：文明公园评比标准及评比办法

公园行业在分类分级管理的基础上开展文明公园评比活动，是为了调动全市公园的积极性，全面提高公园管理水平，促进公园行业的发展。为中外游客提供优质的服务、优美的环境和优良的秩序，是创建文明公园行业的主要目标。

评比活动总的要求是：组织领导有力，设施完善配套，环境清洁优美，治安秩序良好，服务热情规范。

一、评比标准

1. 党政领导坚持"讲学习、讲政治、讲正气"和"两个文明"一起抓的方针，解放思想，实事求是，团结协作，在精神文明建设中真抓实干；坚持正确的政治方向，倡导积极向上的社会风尚，自觉抵制封建迷信等不健康的活动；坚持"三个效益"统一的方针，决不以牺牲社会效益和环境效益谋求一时的经济利益；坚持开展丰富多彩、健康有益的文化活动，抓好干部、职工的政治、业务素质的提高；自觉贯彻执行党和国家的法律、法规和制度，树正气，对好人好事或违法乱纪的做到奖惩兑现。

2. 绿化美化工作根据公园总体规划，绿化设计与施工在高质量、高水平、新手法、新技术、新优品种上有突破。提高成活率、保存率。坚持公园绿化以及管理标准。严格执行《城市绿化条例》、《古树名木保护管理暂行办法》，做到满目青翠，绿茵铺地；节日花团锦簇，赏心悦目。

3. 园容卫生工作要贯穿于公园开放的全过程，保持全方位、全天候清新整洁。园容设施保持经常性的完好无损，达到整体协调美观。牌示要规范化，文字图案要国标化，定位合理，语言文明。商业网点布局合理，殿（店）貌美观整洁。卫生上要开展立体保洁，做到"六不见"、"八不乱"、"三不外露"。灭鼠灭蚊蝇要达标，使园容卫生达到新水平。

4. 服务工作上坚持"主动、热情、方便、周到"的八字方针。做到"三齐"上岗,使用文明用语,认真执行"五不讲"的规定。完善服务设施,坚持规范服务。树立礼貌待客之风、遵守纪律之风、全心全意为人民之风。

5. 做好安全秩序工作。主动疏导游客,加强综合执法,杜绝事故。游艺器械、山石栏杆落实检查维修制度,建立日检记录,配合有关部门做好防火、防盗工作。举办各类活动或逢节假日期间,制定综合管理方案和具体疏导方案,确保优良游览秩序。

6. 基础管理有完善的规章制度、岗位规范。全力抓好信息工作,设立信息员,形成网络,按时反馈各种信息、报表,规章制度修订成册。

二、评比办法

市园林局公园处负责日常协调工作。根据分类分级管理标准对全市公园进行检查评比,评定出每年度的各级公园的一、二、三类公园。

市园林局会同市精神文明办、市爱委会等组成评比小组。评比小组对连续两年被评为各级一类的公园,依照文明公园评比标准,评定出文明公园,由评比小组授予"文明公园"称号并予挂牌。

一九九七年一月十三日

(四) 北京市公园条例解读

《北京市公园条例》已于2002年10月17日经北京市第十一届人民代表大会常务委员会第三十七次会议通过,10月22日公布,2003年1月1日起施行。《北京市公园条例》的出台,是北京市公园发展历史上具有里程碑意义的大事,它对于北京市公园事业的发展必将产生重大的影响。

《北京市公园条例》是在"依法治国"方略的大背景下出台的。法制是一切法律的总称,凡是有人群、有政府的地方都是法制的。中国几千年都有法律,也可以说是法治国家,但不是法治国家,法治和法制不同,法治的对立面就是人治。"在人治的国家里,国王就是法律;在法治的国家里,法律就是国王"(潘恩)。随着我国改革开放的不断深入,我国确定了依法治国的正确方向,法制建设的程度和水平不断提高，各项法律法规不断健全，人们的法律意识不断增强，全社会初步形成了法治的良好环境，这是《北京市公园条例》出台的重要社会背景。

盛世兴园，北京市公园出现了蓬勃发展的新局面，客观上需要法律的支持，促进公园事业的发展，加强其规划和建设、保护和管理。改革开放以来，特别是近几年，随着经济的发展和人民生活水平的提高，随着北京建设国际化大都市的步伐，北京市的公园发展很快，公园数量以每年10%以上的速度增长，有的区（县）每年投在公园建设上的资金数以亿计。公园的质量也有了很大提高，出现了一大批精品公园和精品工程。公园的迅猛发展对于提升首都形象，改善人民生活质量，发展经济，甚至改变人们的观念，都产生了深远的影响。但是也带来了一些不容忽视的问题。比如，缺乏公园发展规划和实施计划，公园建设的土地、资金得不到保障，社会上侵占公园绿地或规划公园用地的现象时有出现，公园管理无法可依，许多棘手问题多年得不到解决等等。正反两方面的情况说明了一个共同的道理：人民需要公园，公园需要发展，发展需要立法。

国内外公园立法的实践，给我市公园立法提供了丰富的经验。公园是现代文明的一个标志，它是随着城市现代化进程发展起来的。最早的城市公园产生于欧、美、日等发展较早的国家和地区，它们很早就有了公园方面的法规。比如英国，1872年就制定了《公园管理法》，设立了公园警察，给予公园管理官员与警察同样的权限。比如美国是世界上建立国家公园和城市公园最早的国家，1916年制定法律，在内务部设立了国家公园局，根据联邦法律，一般公园一经成立就要建立相应的管理组织，"公园委员会"这种形式至今仍保留。从公园管理到公园建设都由法律规定。比如日本，1933年制定了公园规划标准，1956年颁布了《城市公园法》（由国会通过）、《城市公园法施行令》（由内阁会议制定）和《城市公园实施细则》（由建设省制定颁发）。国内许多省市也出台了公园法规，如上海、广州、杭州、福州、深圳、厦门、台湾、香港、澳门等10多个省市。国内外公园法规为我市制定公园条例提供了丰富的理论和实践经验。

北京市公园在建设和管理中积累了丰富的经验，为制定公园条例打下了良好的基础。比如在公园行业管理中，我们有分级分类管理的经验；在"检查评比标准"的基础上制定了"公园行业管理规定"；

开展了行业目标管理、规范化服务、创建文明行业等一系列活动；制定了 14 个主要岗位的行业规范等。全市各公园在建设管理中，也积累了许多经验，基本上做到了有规划，有规章制度，有规范标准。这些制度、规范标准和要求等，极大地丰富了公园的建设和管理的理论和实践，提高了公园建设管理水平，同时也为制定公园条例打下了良好的基础。

《北京市公园条例》共六章六十一条，5656 个字，分总则、公园事业发展、建设与保护、管理与服务、法律责任等几大部分。其基本内容概括起来可以用一、二、三、四、五、六几个字来说明：即一个核心，两个基本点，三个目的，四个层次，五个焦点，六个特点。

《北京市公园条例》的核心问题是执法主体问题。这个问题贯穿于《北京市公园条例》制定的整个过程。公园是公共场所，是一个小社会，涉及社会的方方面面，尤其是公园条例出台滞后，和现行的几十个法规有交叉，这给公园立法带来非常大的困难；特别是全国正在实行体制改革，正在贯彻国务院《关于进一步推进相对集中行政处罚工作的决定》（国发〔2000〕17 号），公园执法究竟由谁来实施，成为这次立法的关键问题。

在这个问题上有几个关键环节：一是在 2002 年市政府讨论《北京市公园条例》时明确指出，城管执法不进公园。二是在 9 月 18 日市委在讨论组建北京市城市管理综合行政执法局时，明确提出了主要公园的概念，提出主要公园的执法问题由市园林局负责，非主要公园的城市绿化执法问题由城管负责。之后北京市人民政府做出了《关于进一步推进城市管理领域相对集中处罚权工作的决定》（京政办发〔2002〕24 号），成立综合执法局，明确规定："市园林局在城市绿化方面除主要公园以外的全部行政处罚权正式移交城管监察队伍行使。"三是在人大一审时，城建委员会提出，第四十六条规定了游人游览公园时的禁止行为，但没有规定相应的法律责任，建议增加相应的法律责任，由市园林局行使行政处罚权。在一审后，市人大法制委员会在审议中认为有必要在公园立法中明确对公园内违法行为进行处罚和执法主体问题，9 月 17 日正式向市政府发文，征求政府意见。市政府 9 月 22 日正式回复，基本同意人大法工委的意见，但公园行政执法的权力范围有待市政府最后确定。几经周折，《北京市公园条例》法律责任一章共设 11 条，其中责令改正 7 处，警告 1 处，没收 1 处，赔偿

8处,刑责3处,限期改正4处,罚款7条8档10项内容,通过具体规定确定了园林局的执法主体地位。第五十六条明确规定:"对主要公园内的上述违法行为的行政处罚,由市园林行政管理部门实施;对其他公园内的上述违法行为的行政处罚,由城市管理综合执法组织实施。主要公园的范围由市人民政府确定。"

《北京市公园条例》是从发展和管理两个侧面构建起来的。考虑到北京的首都地位、建设国际化大都市的形势、迎接2008年奥运会和当前公园事业发展的现实情况,将发展提到了非常重要的位置,不仅在总则中有突出的体现,比如第三条提出:"本市应当按照保护历史文化名城和建设现代化国际大都市的要求,规划、建设、管理公园,发展公园事业。"第四条规定:"本市各级人民政府应当将公园事业纳入国民经济和社会发展计划,保证公益性公园建设和管理所必需的经费,保障公园事业发展的需要。"同时构架了发展这一章,从制定本市公园事业发展规划和实施计划、公园土地资源的保护、资金的渠道和促进公园事业发展的政策和措施,都给予了充分而具体的规定,具有前瞻性和可操作性。关于公园的管理在《北京市公园条例》中作了详尽、具体的规定,包括规划设计、建设施工、行业管理、园容景观、安全秩序、公园设施都有非常明确的规定。发展和管理是这个条例的两个基本点。

制定《北京市公园条例》的3个目的,即《北京市公园条例》第一条的3句话,加强本市公园的规划、建设、管理和保护,促进公园事业发展,创造良好的人居环境。

《北京市公园条例》明确地规范了社会、政府、公园管理机构、游人4个层面的权利和义务。其中,规范社会的条款有17条,规范政府的条款有22条,规范公园管理机构的24条,规范游人的7条。其间,用"需"、"应当"、"不得"、"必须"、"禁止"等严格程度不同的法律用语,界定各自的权利和义务。其中"应当"有82处,"不得"有18处,"必须"有12处,"禁止"有13处,责令限期6处,赔偿10处,罚款10处,没收1处。

五个难点或焦点问题:关于《北京市公园条例》的调整范围。《北京市公园条例》第二条第一款规定:"本市行政区域内的公园、公园周边景观以及规划确定的公园用地管理适用本条例。"这里包含三层意思:《北京市公园条例》适用于北京$16800km^2$范围,不仅包括城区，而且包括郊区（县），不仅包括现有的建成公园，而且包括公园周边环境，还包括规划确定的公园用地。关于公园建设和管理的资金问题，是制约公园发展的重要因素，在制定《北京市公园条例》的过程中我们给予了极大的关注，通过提供背景资料、现场汇报、组织考察等方式，争取政府和人大的理解和支持。落实在《北京市公园条例》中有5个条款：第四条明确规定："本市各级人民政府应当将公园事业纳入国民经济和社会发展计划，保证公益性公园建设和管理所必需的经费，保障公园事业发展的需要。"将中间这句话写入条例来之不易，是经过艰苦工作，得到人大和政府领导的理解，在最后时刻加上去的。第十三条规定："本市公益性公园应当以政府组织建设为主导。本市鼓励自然人、法人和其他组织投资建设公益性公园或者以捐赠、认养等方式参与公园建设。"第十四条规定："各级人民政府应当制定积极的政策和措施，促进公园事业的发展。"第三十三条规定："对历史名园保护的经费各级人民政府应当给予财政保障。"关于编制公园发展规划问题，《北京市公园条例》第九条规定："市园林行政管理部门应当会同市人民政府有关行政管理部门依据北京城市总体规划和绿地系统规划编制公园事业发展规划及实施计划，报市人民政府批准后实施。"写入这一条，主要基于两个方面的理由，一是根据历史的经验，在以往的城市规划中公园绿地有明确的指标，但是由于没有实施计划，所以没有得到落实。二是要迎接2008年奥运会，搞绿色奥运，制定切实可行的发展规划是落实北京城市总体规划和绿地系统规划的保证，也是公园事业发展的必要条件。关于车辆管理问题。这是近几年来群众反映最强烈的问题之一。公园本应是一个安静、安全、环境优雅的场所，群众到公园里去就是为了放松身心、陶冶情操，如果车辆呼呼穿行，会给游人带来极大的危害。因此，在《北京市公园条例》讨论过程中，很多代表提出强烈要求，要严禁车辆进入。所以《北京市公园条例》第四十三条规定："除老年人、残疾人、儿童等使用的手摇、手推轮椅车和儿童车外，其他车辆未经允许不得进入公园。"这里考虑到公园的现实情况，还没有完全禁死，这也是现阶段的实际情况所决定的。关于游人的行为，也是这次《北京市公园条例》制定过程中的重点。几经反复，《北京市公园条例》第四十六条、第四十七条作了明确规定，开列了游人的29种禁例，并在第五十六条、第五十七条中作了对应的罚则，这就为维护公园的环境、秩序提供了法律保障。特别是在公园内非法兜售的问题是长期困扰几个主要公园的顽疾，多次受到领导、媒体、游客的批评，损害了公园的声誉和首都的形象，亟须立法来解决，但是由于涉及执法主体问题，这个问题经过反复的磨合和探索，直到最后一天晚上立法机关才找到了解决的途径，第四十七条明确规定："在公园内禁止追逐游客强行兜售物品，影响游览秩序。"第五十七条相应规定："在公园内追逐游客强行兜售物品，影响游览秩序的，责令改正，没收违法所得，并处50元以上500元以下罚款。"《北京市公园条例》规定的一些禁例，充分体现了"三个代表"的重要思想，代表着最广大群众的根本利益。有些条款不仅是维护公园良好秩序，也是为了广大群众的生命安全，比如禁止在非游泳区游泳一项，这是血的教训的总结。仅据玉渊潭公园统计，1999～2001年游泳溺亡32人，平均每年溺亡近11人。

《北京市公园条例》有6个突出的特点：《北京市公园条例》的名称与全国大多的公园方面的条例相比，少了"管理"二字，不要小看少这两个字，它的内涵和外延就有了很大的区别。从一开始，写成一个什么样的条例就是一个讨论焦点，有两种意见：一是认为全国各地都是公园管理条例，北京也应如此；另一种认为，北京公园立法应该立足当前，面向未来，站在全市公园发展的角度出一个《北京市公园条例》，建设和管理只是其中的组成部分。这两种意见，经过近两年的磋商和磨合，终于达成共识。应该说《北京市公园条例》不是从本部门考虑制定的，是站在全市的高度，为全市公园的长远发展，作出了明确的规定。这是《北京市公园条例》一个鲜明的特点。

明确了公园的概念。《北京市公园条例》第二条关于公园的概念，可以说是现阶段社会各界对公园认识水平的高度概括，解决了多年来争论不休的一个问题。《北京市公园条例》给公园下了一个定义，即第二条第二款："本条例所称公园，是指具有良好的园林环境、较完善的设施，具备改善生态、美化城市、游览观赏、休憩娱乐和防灾避险等功能，并向公众开放的场所，包括综合公园、专类公园（儿童公园、历史名园、植物园等）、社区公园等。"这里包括3个必要条件、五项主要功能和公园的分类：即良好的园林环境、较完善的设施、向公众开放。园林是运用自然因素（特别是生态因素）、社会因素创建的优美的、生态平衡的人类生活境域；在定义中强调园林环境，是经过再三斟酌的，主要区别于林业和绿化的概念，有利于公园建设、管理水平的提高。五项主要功能：改善环境、美化城市、游览观赏、休憩娱乐、防灾避险。关于公园的分类是按照建设部颁布的《城市绿地分类标准》制定的。

确定了园林主管部门的法律地位。《北京市公园条例》第五条第一款规定："市园林行政管理部门主管本市公园工作，负责本条例的组织实施。"第二款规定："区、县人民政府园林主管部门按照职责分工负责本行政区域内的公园管理监督工作。"第六条："本市公园实行分级、分类管理。本市公园的等级、类别由市园林行政主管部门按照有关规定确定并公布。"第十一条第二款规定："规划确定的公园用地不得擅自改作他用，确需调整的，应当制定调整方案，需经规划、园林等部门提出意见，报市人民政府审批。"第十八条第二款规定："新建、改建、扩建公园竣工后，应当由园林、规划、建设、公安等有关行政管理部门验收合格后方可投入使用。"第二十五条规定："市政公用工程涉及公园用地的，应当采取避让措施。确须穿越公园或者临时占用公园内土地的，建设单位应当征得公园管理机构和园林行政管理部门的同意，报有关部门批准后方可进行。"第五十八条第一款规定："本条例第五十一条第（一）项、第五十二条、第五十四条、第五十五条、第五十七条规定的行政处罚，由市园林行政管理部门实施；第五十一条第（二）项、第五十三条规定的行政处罚，由市园林行政管理部门会同有关行政管理部门实施。"《北京市公园条例》第五十六条提出了"主要公园"的概念："对主要公园的上述违法行为的行政处罚，由市园林行政管理部门实施。"这次赋予市园林行政部门的行政执法处罚权有 5 项、8 个档次，还有两项会同其他行政部门实施的。这些条款明确了市园林局的法律地位，为依法行政提供了法律保障。

突出了历史名园的保护。将历史名园保护提高到法律保障的高度，这是北京历史名城保护的实际需要，也是这次立法的一个重要特点。先后有 7 条 10 款。突出的有 5 点：禁止设大型游乐设施（第二十六条第三款）。依法划定保护范围和建设控制地带（第二十八条）。制定周边建设控制地带内建筑的高度、形式、体量、色彩的标准（第二十九条）。对已列入"世界文化遗产"名录的历史名园，应当制定有效保护措施（第三十条）。保护的经费应当给予财政保障（第三十三条）。《北京市公园条例》在总结我市公园事业多年来建设管理工作经验的基础上，对许多行之有效的管理经验，用法规的条文给予了确认。比如分级、分类管理的经验，我们从1997年就开始执行，是行之有效的方式，这次《北京市公园条例》在第六条给予了规定；比如对园容的管理，我们过去提出的管理理念和管理标准、要求都在《北京市公园条例》中得到了充分的体现，同时提出了更高的要求；比如新建公园验收问题既是我们的经验教训，也是《北京市公园条例》给予园林行政管理部门的一项权力，未经验收交付使用的公园要责令整改，并可以处1~10万元罚款，这样做有利于我市公园的规范管理。《北京市公园条例》的颁布是市委和市政府、市人大以及各级领导重视的结果。《北京市公园条例》从2000年12月26日立项前的草案拟定到市人大常委会正式通过，历时3年多的时间，做了大量的前期工作，请专家53人次，召开了5次座谈会，先后修改52稿，集中了各级领导和各界群众的智慧，与此同时，得到有关委办局的理解和支持。市政府法制办，市人大城建环保委、法工委从一开始就参与指导思想的确立、框架的设立、条款的斟酌，一直到最后交稿付梓，每一个字都有他们的心血。在这些条款文字中既有公园干部职工的意见，也有市长、人大常委会主任的建议。人大常委会两次审议都非常热烈。条例既是有关工作人员辛勤劳动的结果，更是集体智慧的结晶。

通过以上的初步解析，可以看出《北京市公园条例》内容全面、章节合理、条款清晰、文字准确，具有权威性、前瞻性和可操作性，具有重要意义。《北京市公园条例》是北京市公园建设步伐和发展水平的展示。公园事业的发展应当是全面的、立体的发展，包括物质方面、精神方面和法的建设方面。改革开放以来，公园进入了一个大发展时期，可以说，在公园发展的画卷中，是迄今色彩最耀眼的篇章。无论公园的数量还是质量都有了一个很大的提高，公园出现蓬勃发展的新局面。到2002年底，北京公园数量达到近500个，面积达7000多hm^2，包括综合公园、社区公园、专类公园、带状公园和街旁绿地等，构成了大中小结合、种类多样化的格局，形成了比较完善的公园体系，在首都现代化大城市中占据了重要的地位，发挥了改善城市生态环境，美化城市形象，丰富和提高居民生活质量等重要作用。在精神方面我们进行了公园发展理论的探讨，并取得了一些成果；在全行业开展了创建公园文明行业的活动，给公园事业发展带来了生机和活力。《北京市公园条例》的颁布,填补了北京市公园法规方面的缺失,所以,《北京市公园条例》的颁布成为北京市公园发展的重要标志,是北京市公园事业发展水平的展示。《北京市公园条例》是公园走上科学化管理的标志。北京市的公园大致走过了3个发展阶段,即粗放管理、经验管理和科学管理阶段。科学管理,讲规矩,靠法制,对组织忠诚。北京市公园事业已经确定了"文化建园"的方针,开展了 ISO 9001 和 ISO 14001 的认证工作,注重了科技成果的运用,《北京市公园条例》的出台,是公园发展进入科学管理阶段的重要标志。《北京市公园条例》的颁布实施,使北京市的公园工作做到有法可依。《北京市公园条例》用两章34条条款,从建设与保护、管理与服务等各方面明确规定了建设管理的标准和程序、管理机构的职责、园容的标准、设施的规范、车辆管理及安全的规定等,比如第三十四条规定了公园管理机构应当履行的职责有7项,这就明确了当园长干什么、怎样当园长的问题。在《北京市公园条例》中对公园管理机构的权利义务有了明确的界定,对公园管理机构的责任,《北京市公园条例》中有了全面的表述;同时对于公园土地被侵占,公园性质改变,历史名园风貌遭破坏,管理工作未到位的行为在法律责任中都设立了罚则。可见对公园管理者提出了很高的要求。依法行政有了尚方宝剑,公园行业管理有了规矩可循。可以说市园林局在全市公园行业管理方面进入了一个新阶段,不仅是行政方式的变化,而且会带来观念的更新。

　　《北京市公园条例》将促进公园事业的发展。土地和资金是制约公园发展的重要因素,《北京市公园条例》从第一章总则到第二章公园发展,明确了公园的法律地位,从用地到资金都有明确的法律条款。比如第二条适用范围:"本市行政区域内的公园、公园周边景观以及规划确定的公园用地管理适用本条例。"将规划用地列入重要条款。第三条提出:"本市应当按照保护历史文化名城和建设现代化国际大都市的要求,规划、建设、管理公园,发展公园事业。"第十条规定:"本市应当积极保护、利用历史名园,发展建设大、中型公园,并注重建设小型公园。""新建居住区必须按照规定标准建设居住区公园。""旧城区改造、新区开发应当规划建设公园。""城市道路两侧、河道两侧,有条件的应当结合周边环境建设公园。"第十一条规定:"任何单位和个人不得擅自改变公园的功能,不得侵占公园用地,不得擅自改变公园用地性质。""规划确定的公园用地不得擅自改作他用,确需调整时,应当制定调整方案,调整方案需经规划、园林等部门论证提出意见,报市人民政府审批。""已经占用公园土地、房屋的单位和个人,应当迁出。"第十二条规定:"新建公园应当尽可能选择历史、文化等遗址、遗迹及其他具有纪念意义的区域地点。""鼓励利用荒滩、荒地、废弃地、垃圾填埋场等建造公园。"对于侵占公园用地和改变公园用地性质的行为,《北京市公园条例》规定了严厉的处罚,第五十一条规定:"擅自改变公园功能的,责令限期改正,恢复原功能,并可处1万元以上10万元以下罚款;侵占公园用地的,责令立即腾退,恢复原状,并可以按照侵占面积每平方米处300元罚款;造成损失的,依法承担赔偿责任。"这些规定将有力地保障公园事业的发展。

《北京市公园条例》的出台,是万里长征走完了第一步,更长更艰巨的任务还在后面,因此既要立足当前,又要策划未来,抓住几个根本性的问题,充分发挥《北京市公园条例》在北京市公园事业发展和管理中的重要作用。要深入宣传《北京市公园条例》,要全面、准确、完整地理解掌握《北京市公园条例》的实质,实现权利和义务的平等。任何法规都是"双刃剑",没有只有权利没有义务的权利,也没有只有义务没有权利的义务,应当是权利和义务的平衡。特别是园林行政管理部门和公园管理机构,必须摆正同游人的关系,要认真履行法定职责,不可滥用职权。《北京市公园条例》第六十条规定:"负责管理、监督、保护公园的行政机关及其工作人员违反本条例规定,不履行法定职责或者滥用职权的,由上级行政机关或者有关部门责令改正,对直接负责的主管人员和其他直接责任人员依法给予行政处分;构成犯罪的,依法追究刑事责任。"

要逐项落实《北京市公园条例》中规定的应当延续的工作,明确分工,建立目标责任制,保证各项工作件件有着落。要抓紧研究制定公园事业发展规划和实施计划,研究制定公园事业发展政策和措施,落实公益性公园建设和管理所需经费和历史名园保护经费的相关政策,制定新、改、扩建公园验收标准并实施,制定公园景观控制标准,做好分级分类工作等。

要认真做好执法工作。公园执法问题是个摆在我们面前的新课题,我们必须严肃认真地把这件事办好,向政府、向人民交一份合格的答卷。要严密组织、严格执法、严肃纪律。公园条例的执法涉及多个层面，要按照"界定清晰、责任明确、逐项落实、相互衔接"的原则做好工作。公园执法要严格按法定程序办事，要本着"有法必依、执法必严、违法必究、纠而必果，教育为主、惩罚为辅"的原则，不能定指标，下任务，防止激化矛盾。执法人员必须按照规定"三齐上岗"文明执法。要为公园树立良好的形象。

附：北京市公园条例

（2002年10月17日北京市第十一届人民代表大会常务委员会第三十七次会议通过）

第一章 总 则

第一条 为了加强本市公园的规划、建设、管理和保护，促进公园事业的发展，创造良好的人居环境，根据本市实际情况，制定本条例。

第二条 本市行政区域内的公园、公园周边景观以及规划确定的公园用地管理适用本条例。

本条例所称公园，是指具有良好的园林环境、较完善的设施，具备改善生态、美化城市、游览观赏、休憩娱乐和防灾避险等功能，并向公众开放的场所，包括综合公园、专类公园（儿童公园、历史名园、植物园等）、社区公园等。

本市森林公园的建立、管理和保护，按照国家有关规定执行。

第三条 本市应当按照保护历史文化名城和建设现代化国际大都市的要求，规划、建设、管理公园，发展公园事业。

第四条 本市各级人民政府应当将公园事业纳入国民经济和社会发展计划，保证公益性公园建设和管理所必需的经费，保障公园事业发展的需要。

第五条 市园林行政管理部门主管本市公园工作，负责本条例的组织实施。

区、县人民政府园林主管部门按照职责分工负责本行政区域内的公园管理监督工作。

本市各级人民政府有关行政管理部门应当按照各自的职责,依法对公园工作进行管理。

第六条 本市公园实行分级、分类管理。

本市公园的等级、类别由市园林行政管理部门按照有关规定确定并公布。

第七条 本市对在公园建设、管理和保护工作中成绩显著的单位和个人给予表彰和奖励。

第八条 任何单位和个人都有保护公园的义务,对违反本条例的行为有权劝阻、举报和控告。

第二章 公园事业发展

第九条 市园林行政管理部门应当会同市人民政府有关行政管理部门依据北京城市总体规划和绿地系统规划编制公园事业发展规划及实施计划,报市人民政府批准后实施。

第十条 本市应当积极保护、利用历史名园,发展建设大、中型公园,并注重建设小型公园。

新建居住区必须按照规定标准建设居住区公园。

旧城区改造、新区开发应当规划建设公园。

城市道路两侧、河道两侧,有条件的应当结合周边环境建设公园。

第十一条 任何单位和个人不得擅自改变公园的功能,不得侵占公园用地,不得擅自改变公园用地性质。

规划确定的公园用地不得擅自改作他用,确需调整时,应当制定调整方案,调整方案需经规划、园林等部门论证提出意见,报市人民政府审批。

已经占用公园土地、房屋的单位和个人,应当迁出。

第十二条 新建公园应当尽可能选择历史、文化等遗址、遗迹及其他具有纪念意义的区域地点。

鼓励利用荒滩、荒地、废弃地、垃圾填埋场等建造公园。

第十三条 本市公益性公园应当以政府组织建设为主导。

本市鼓励自然人、法人和其他组织投资建设公益性公园或者以捐赠、认养等方式参与公园建设。

第十四条 各级人民政府应当制定积极的政策和措施，促进公园事业的发展。

第十五条 各级人民政府应当支持公园事业的科学技术研究工作，鼓励科学技术和先进管理经验的推广运用，并按照保护生物多样性的原则和保护文化、自然遗产的要求，加强对公园文化、自然资源的有效保护和科学利用。

第三章 建设与保护

第十六条 新建、改建、扩建公园应当符合本市公园事业发展规划。

新建公园应当对公园地点、资金等方面，进行综合分析论证，提出可行性报告、计划报告书等。

新建动物园、植物园除应当遵守前款规定外，还应当在动物、植物资源和技术条件、专业管理人员的配备等方面符合有关规定。

第十七条 公园的设计应当由具有相应园林规划设计资质的单位承担，设计方案应当符合公园设计规范，并按照国家和本市有关规定申报批准。

经批准的公园设计方案确需调整的，应当报原审批机关批准。

第十八条 公园建设施工必须按照批准的公园设计方案进行。建设施工应当由具有相应等级资质的单位承担。

新建、改建、扩建公园竣工后，应当由园林、规划、建设、公安等有关行政管理部门验收合格后方可投入使用。

第十九条 建造公园应当以创造优美的绿色环境为基本任务。公园绿化应当科学合理地配置植物群落，注重生态和景观效应。公园的绿化用地比例应当不少于陆地面积的 65%。

已建成公园的绿化用地比例未达到规定标准的，不得新建、扩建各类建筑物、构筑物。

第二十条 公园设计必须确定公园的游人容量，游人人均占有公园的陆地面积不得低于 $15m^2$。

公园主要出入口的位置必须与城市交通和游人走向、流量相适应。公园主要出入口外应当根据规划和交通的需要设置游人集散广场、停车场、自行车存放处。收费公园主要出入口外集散场地的面积不得低于每万人 500m²。

大、中型公园出入口周围 50m 范围内禁止设置商业、服务业摊点。

第二十一条 公园内水、电、燃气、热力等市政管线和其他市政设施应当隐蔽布置，不得破坏公园景观，不得设在主要景点和游人密集活动区，不得影响树木的生长，不得危及游人人身及财产安全。不符合规定设置的，应当改建。

第二十二条 公园内的各类设施应当与公园功能相适应，与公园景观相协调。

花坛、草坪、喷水池、假山、雕塑、亭榭、回廊等设施，应当突出文化内涵，讲求文化品位，注重艺术效果，配合环境增进景色。

公共厕所、果皮箱、园灯、园椅等设施的数量应当按照公园设计规范设置。公共厕所的建设不得低于本市规定的二类建设标准。

餐厅、茶座、咖啡厅、小卖部、照相服务部等商业服务设施应当统一规划，控制规模，并应当按照批准的公园设计方案设置。

禁止在公园内新建旅馆、饭店、办公楼以及其他不符合要求的建筑。对已建的，应当逐步拆除。

第二十三条 在公园出入口、主要园路、建筑物出入口及公共厕所等处应当设置无障碍设施。

第二十四条 在公园内进行工程施工的，建设单位应当征得公园管理机构同意，报有关部门批准后方可进行。

在公园内进行工程施工的，不得破坏公园景观及各类设施，不得影响游人游览安全。施工现场用地范围的周边应当进行围挡，围挡设置高度不低于 1.8m。对可能影响游人游览安全的，应当设置安全警示标志，并在工程险要处采取有效的安全保障措施。施工结束后，应当恢复原貌。

第二十五条 市政公用工程涉及公园用地的，应当采取避让措施。确需穿越公园或者临时占用公园内土地的，建设单位应当征得公园管理机构和园林行政管理部门同意，报有关部门批准后方可进行。市政公用工程确需穿越历史名园的，建设单位应当经市园林行政管理部门同意，报市人民政府批准后方可进行。

第二十六条 公园内新设大型游乐设施，应当进行论证。其中必须对公园景观、环境的影响进行分析预测；对安全技术条件进行评估。

设置游乐设施必须符合国家和本市有关技术、安全标准和规定。

历史名园内禁止设置大型游乐设施,已设置的应当限期拆除。

第二十七条 本市对公园周边可能影响公园景观的建设项目,实行严格控制。具体的控制范围和要求由市规划、园林等行政管理部门共同制定。

公园周边建设工程应当与公园景观相协调。

第二十八条 市园林行政管理部门应当会同市规划、文物行政管理部门依法对历史名园划定保护范围和建设控制地带,并报市人民政府批准。

第二十九条 历史名园保护区应当以保护原有风貌和格局为原则。禁止损毁、改建、拆除原有文物建筑及其附属物,禁止建设影响原有风貌和格局的建筑物、构筑物。

历史名园周边建设控制地带内的建筑高度、形式、体量、色彩必须与公园景观相协调。具体的控制标准由市园林、规划、文物等行政管理部门共同制定,报市人民政府批准。

第三十条 对已经列入世界文化和自然遗产名录的历史名园,市人民政府应当依照规定要求制定有效措施,严格保护。

对无法以人力再造和无法再生的自然景观或者具有特殊历史文化价值的人文景观,禁止改变原有风貌和格局。

第三十一条 对历史名园的利用必须在坚持原有风貌、风格、布局和反映历史文化真实性原则的基础上,按照经批准的规划和谐进行。

恢复历史文化遗址、遗迹必须经过专家论证,并按照有关文物保护的规定进行。

第三十二条 历史名园内文物建筑的维护、修缮等工作应当按照国家和本市有关文物保护的法律、法规进行。

第三十三条 对历史名园保护的经费各级人民政府应当给予财政保障。

第四章 管理与服务

第三十四条 公园管理机构应当履行下列职责:

（一）依据规划进行建设；
（二）建立健全公园管理的各项制度；
（三）根据需要可以依法制定游园须知；
（四）保持园内设备、设施完好，加强安全管理，维护公园的正常游览秩序；
（五）依法管理、保护公园的财产和景观，对破坏公园财产及景观的行为有权制止，并要求赔偿或者补偿；
（六）按照价格主管部门批准的项目、标准收费；
（七）园林行政管理部门规定的其他职责。

第三十五条 公园应当每日开放。因故不能开放的，应当提前公示。

公园的开放时间、收费标准及对老年人、残疾人、军人、儿童、学生等的优惠办法应当公示。

游人进入收费公园应当按照规定购买门票。

第三十六条 公园园容应当符合下列要求：
（一）清新、整洁、美观；
（二）绿化植被长势良好；
（三）建筑物、构筑物外观完好；
（四）设施完好；
（五）水体清洁，符合观赏标准，并保持一定水位；
（六）无外露垃圾，无积水、无污物、无痰迹及烟头。

第三十七条 在公园内禁止焚烧树枝树叶、垃圾和其他杂物；禁止搭建棚舍；禁止擅自摆摊设点；禁止随意堆放物料、拉绳挂物。

第三十八条 公园的各类牌示应当保持整洁完备，牌示上的文字图形应当规范，牌示内容中的文字应当中外文对照。损坏、丢失的，应当及时更换或者补设。

公园入口处明显位置应当设置游园示意图、公园简介、游园须知；殿堂、展室入口处应当设置简介；主要路口应当设置指示标牌。

第三十九条 公园的服务人员必须经过培训，并且佩戴标志，遵守服务规范。

在公园内从事导游活动的人员必须具有导游资格。

第四十条 公园可以为婴幼儿、老年人、残疾人提供儿童车、轮椅车等游览代步工具。

第四十一条 公园建筑物、高大游乐设施、公园制高点等应当安装防雷设备。

公园内应当合理设置消防水源、消防设施，保证消防通道畅通。

公园内的各类设备、设施应当定期维护检查，保持完好、安全、有效。

公园内的游乐项目未经有关部门检验合格不得运营。各类游乐项目必须公示安全须知。

第四十二条 非游泳区、非滑冰区、防火区、禁烟区应当设置明显的禁止标志。

第四十三条 除老年人、残疾人、儿童等使用的手摇、手推轮椅车和儿童车外，其他车辆未经允许不得进入公园。

第四十四条 经批准在公园内举办大型活动，搭建舞台、展台等临时设施的，不得影响公园景观。举办活动期间，活动举办单位应当及时清除垃圾等各类废弃物；活动结束后，应当及时清理场地，拆除临时设施，恢复公园景观、绿地、设施原状。对公园树木、草坪、设施造成损坏的，应当赔偿。

在公园内拍摄电影、电视应当经公园管理机构同意，报有关部门批准，保证公园财产安全和游人的人身安全。涉及文物的，应当经文物行政管理部门批准。

第四十五条 游人应当文明游园、爱护公物、保护环境，不得影响和妨碍他人游览、休憩。

第四十六条 游人游览公园禁止下列行为：

（一）翻越围墙、栏杆、绿篱，在禁烟区吸烟，在非游泳区游泳，在非滑冰区滑冰，在非钓鱼区钓鱼，在非体育运动场所踢球、滑旱冰，随地吐痰、便溺，乱丢果皮（核）、烟头、口香糖等废弃物；

（二）营火、烧烤、捕捞、捕捉动物，采挖植物，恐吓、投打、伤害动物或者在非投喂区投喂动物；

（三）在建筑物、构筑物、设施、树木上涂写、刻划，攀折花木，损坏草坪、树木；

（四）其他影响园容和游览秩序的行为。

第四十七条 在公园内禁止追逐游客强行兜售物品，影响游览秩序。

第四十八条 公园管理机构应当按照公园设计规定的游人容量接

待游人。在公园开放时，遇有紧急情况或者突发事件，应当按照应急预案采取临时关闭公园、景区、展馆，疏散游人等措施，并及时向园林行政主管部门和有关部门报告。

第四十九条 对发生地震等重大灾害需要进入公园避灾避险的，公园管理机构应当及时开放已经划定的避难场所。公园内避灾的居民应当服从公园管理机构的管理。灾害消除后，在公园避灾的居民应当及时撤出，公园管理机构应当恢复公园原貌。

第五章 法律责任

第五十条 违反本条例的行为，法律、法规已经规定法律责任的，依照其规定追究法律责任。

第五十一条 违反本条例第十一条第一款规定，有下列行为的，按下列规定处罚：

（一）擅自改变公园功能的，责令限期改正，恢复原功能，并可以处1万元以上10万元以下罚款；

（二）侵占公园用地的，责令立即腾退，恢复原状，并可以按照侵占面积每平方米处300元罚款；造成损失的，依法承担赔偿责任。

第五十二条 违反本条例第十八条第二款规定，公园未经验收交付使用的，责令改正，并可以处1万元以上10万元以下罚款。

第五十三条 违反本条例第二十九条第一款规定，在历史名园保护区内建设影响原有风貌和格局的建筑物、构筑物的，责令限期拆除，恢复原貌；对违法建设建筑物、构筑物的，并可以按照违法建筑物、构筑物的面积每平方米处300元以上3000元以下罚款。对原有文物建筑及其附属物损毁、改建、拆除的，按照文物保护的法律、法规规定予以处罚和赔偿。

违反本条例第二十九条第二款规定，在历史名园周边建设控制地带内的建筑不符合建设控制标准的，责令限期整治、改建或者拆除。

第五十四条 违反本条例第三十条第二款规定，擅自改变无法以人力再造和无法再生的自然景观或者具有特殊历史文化价值的人文景观原有风貌和格局的，责令停止违法行为，并处1万元以上10万元以下罚款；造成损失的，依法承担赔偿责任；构成犯罪的，依法追究刑事责任。

第五十五条 公园管理机构有下列行为之一的,责令改正,并可以处 100 元以上 1000 元以下罚款:

(一) 未按照标准做好清扫保洁的;

(二) 搭建棚舍、擅自摆摊设点的;

(三) 随意堆放物料、拉绳挂物的;

(四) 牌示污损、丢失不及时更换或者补设的。

第五十六条 违反本条例第四十六条规定,有下列行为的,按下列规定处罚:

(一) 翻越围墙、栏杆、绿篱,在禁烟区吸烟,在非游泳区游泳,在非滑冰区滑冰,在非钓鱼区钓鱼,在非体育运动场所踢球、滑旱冰,随地吐痰、便溺,乱丢果皮(核)、烟头、口香糖等废弃物的,责令改正,并可以处 20 元以上 50 元以下罚款;造成损失的,依法承担赔偿责任。

(二) 营火、烧烤、捕捞、捕捉动物,采挖植物,恐吓、投打、伤害动物或者在非投喂区投喂动物的,责令改正,并可以处 50 元以上 100 元以下罚款;造成损失的,依法承担赔偿责任;构成犯罪的,依法追究刑事责任。

(三) 在建筑物、构筑物、设施、树木上涂写、刻划,攀折花木,损坏草坪、树木的,给予警告,并处 5 元以上 50 元以下罚款;造成损失的,依法承担赔偿责任。

对其他影响园容和游览秩序的行为,责令改正。

对主要公园内的上述违法行为的行政处罚,由市园林行政管理部门实施;对其他公园内的上述违法行为的行政处罚,由城市管理综合执法组织实施。主要公园的范围由市人民政府确定。

第五十七条 违反本条例第四十七条规定,在公园内追逐游客强行兜售物品,影响游览秩序的,责令改正,没收违法所得,并处 50 元以上 500 元以下罚款。

第五十八条 本条例第五十一条第(一)项、第五十二条、第五十四条、第五十五条、第五十七条规定的行政处罚,由市园林行政管理部门实施;第五十一条第(二)项、第五十三条规定的行政处罚,由园林行政管理部门会同有关行政管理部门实施。

城市管理综合执法组织按照市人民政府授权的范围,依法对本条例规定的违法行为实施行政处罚。

第五十九条 对游人在公园内因意外事故造成人身伤害和财产损失的,应当分清责任,依法处理。

第六十条 负责管理、监督、保护公园的行政机关及其工作人员违反本条例规定,不履行法定职责或者滥用职权的,由上级行政机关或者有关部门责令改正,对直接负责的主管人员和其他直接责任人员依法给予行政处分;构成犯罪的,依法追究刑事责任。

第六章 附　　则

第六十一条 本条例自2003年1月1日起施行。

五、公园服务规范

(一) 公园服务管理规范

北京市公园管理中心于 2006 年 3 月 1 日组建成立为市政府直属正局级事业单位，负责市属公园及其他所属单位人、财、物的管理。承担着为中央、国家机关，为市委、市政府，为市民，为中外游客服务的神圣使命，承担着国家和市大型游园活动大型纪念性活动以及国际主要会议，外交接待等光荣任务。辖属颐和园、天坛公园、北海公园、中山公园、香山公园、北京动物园、北京植物园、紫竹院公园、陶然亭公园、玉渊潭公园、景山公园等 11 家历史名园。这些公园每年接待中外游客 1.2 亿人次，完成重大内外事接待任务 300 多次，举办大型文化活动数十次，在北京的国际交往、社会生活和资源保护等方面发挥着重要作用。

北京市公园管理中心坚持"世界眼光、一流标准"，不断营造优美的公园景观，优良的安全秩序，优质的文明服务，优秀的文化环境，努力把公园建成"面向世界是展示中华文明的窗口，面向全国是展示首都形象的精品，面向市民是展示北京变化的舞台"。为进一步提高市属公园管理和服务水平，规范各公园服务管理机构的服务行为，加强对市属公园服务管理工作的监督检查，依据有关法规和政策规定，北京市公园管理中心（以下简称中心）特制定了《公园服务管理规范》。规范如下：

北京市公园管理中心公园服务管理规范

第一章　总　　则

第一条　为进一步提高市属公园服务和管理水平，规范市属公园服务管理机构的服务行为，加强对市属公园服务管理工作的监督检查，依据有关法规和政策规定，制定本规范。

第二条　本规范适用于市属公园及中国园林博物馆（以下统称为

公园)。公园内所有为游客服务的岗位均应按此规范执行;其他各工种也应树立服务意识,参照本规范执行。

第三条 公园服务管理工作应做到以人为本、与时俱进,体现首都公园的文明风貌。

1. 公园服务管理应以世界眼光、一流标准为目标,服务和管理水平应当与实现中国梦、构建社会主义和谐社会首善之区的要求相适应。

2. 公园服务管理工作要站在以为中央工作服务,为日益扩大的国际交往服务,为全国的教、科、文、卫服务,为首都市民服务的高度上,通过优质服务,使公园面向国际,成为展示中华文明的窗口;面向全国,成为展示首都形象的精品;面向市民,成为展示北京发展的舞台。

3. 公园服务工作的指导思想是"以游客为中心,以服务为宗旨"。总体要求是"主动、热情、方便、周到",对服务岗位的要求是一微笑、二问好、三按其所在岗位的规范进行服务。

4. 公园服务管理应维护游客利益,保障游客和公园安全,对服务岗位加强安全管理教育,提高安全意识,贯彻执行《公园安全管理手册》。

5. 公园服务管理工作应重视对残障人士等特殊群体的接待与服务,不断更新完善硬件设施,体现公园的人文关爱。

第四条 各公园应按以下要求设置服务管理机构,明确机构职能范围,建立详细的机构管理体系。

1. 应明确主管领导一名,明确相应的服务管理机构和各服务岗位的负责人。

2. 应根据服务项目的内容与性质,建立健全服务管理制度。

3. 应完善各项服务工作的监督与检查机制,做到每天岗位自查,每周公园总查。

4. 应加强职工服务技能培训,建立培训档案,每人每年培训不少于20学时。

第五条 公园各岗位服务人员应着规定服装,持规定证件上岗,做到仪表整洁、语言文明、待人礼貌。驻园单位服务人员及社会化用工应由公园监管,遵守公园的各项管理规定。

第六条 各公园可根据本单位实际自行选拔招募志愿者。对选拔招募的志愿者要进行系统培训,考查合格后上岗。对上岗的志愿者应提供相应的服务保障,加强日常管理,建立服务档案,做好活动记录,量化任务,责任到人。

第七条 各公园应依据本规范制定并细化岗位服务标准,督促员工执行。

第二章 门区服务管理

第八条 公园应每日开放。因故不能开放的,应报请主管部门,经批准后,提前一周向游客公示。

第九条 公园出售的票种、票价应在售票处明示。

第十条 门区应提供免费轮椅、小药箱、针线包等,及时因需增加新型服务方式,如电子导游、电子门票、手机导览、触摸导览系统等。

第十一条 公园所属停车场应按以下要求管理:

1. 公园机动车停车场应设专人管理,依停车场规模,合理配备安保人员数量,建立有序的管理体系。

2. 机动车停车场管理人员负责引导车辆行驶和停放,对停车场的停放车辆进行巡视查看,保证车辆安全。

3. 建立交接班制度,按时交接班,接班人员应认真填写交接记录。执勤人员不得做与值班职责无关事宜。

4. 收费停车场应明示收费标准,执勤人员应严格按规定和标准收费并主动开具发票。

5. 对外承包的停车场,公园应做好监管工作,签订合同时应明确责任。

6. 配合属地政府管理部门配备非机动车停车场,加强非机动车管理。

第三章 游客服务中心管理

第十二条 应为游客提供游览信息咨询、游程安排、讲解、教育、休息、电信、投诉接待等旅游设施并具备相应服务功能。

第十三条 应设专人管理,依规模大小,合理配备服务人员数量，建立有序的管理体系。

第十四条 应每天开放，有条件的可与公园开放时间同步，开放时间不得少于 8 小时。

第十五条 应配备电子触摸屏、影视介绍系统，为游客提供公共信息服务。（包括本园游览信息、天气预报、旅游交通、景区客流量信息、本市其他景点介绍及交通路线图、城市介绍等。）

第十六条 应摆放座椅等休息设施，提供旅游纪念品、导游图、宣传资料等商业服务。免费提供咨询、饮水、服务指南和不少于一种的宣传品。

第十七条 应提供咨询投诉服务，帮助游客解决游览过程中的困难和问题。

第十八条 应提供导游与讲解服务，导游人员数量应满足景区日常需求，讲解应以普通话为讲解用语，外国游客应提供 1~2 种外国语的讲解服务。

第十九条 应公示导游人员情况，包括照片、编号、语种、服务时间等。

第二十条 每日闭园前应对游客服务中心进行清洁保洁，保证内部环境干净整洁。

第二十一条 其他要求按照《北京市 A 级旅游景区游客服务中心建设和管理规范（试行）》执行。

第四章　殿堂和讲解服务管理

第二十二条 殿堂展室服务应按以下要求管理：

1. 殿堂展室的设立应与公园整体文化内涵相协调。按历史原貌恢复的，须经专家论证。

2. 服务人员应对殿堂展室进行每日保洁，保证环境清新整洁，空气流通，陈设和展品整齐完好。

3. 建立维护档案和每日交接班登记制度。殿堂展室看管人员应熟知本展室陈列展品数量、品种、年代、用途、摆放位置及完好状况，做好日常防火、防盗、防尘、防损坏等工作，发现有文物展品损坏或丢失的，应当保护好现场，并及时报告。

4. 殿堂展室内应当保持良好参观秩序。在出现人流骤增时，管理人员应当采取引导、疏散、分批参观等措施，以减少游客滞留带来的拥堵压力和安全隐患，情况严重时应及时启动应急预案。

5. 公园内安排讲解的殿堂展室应明示讲解时间并严格按照讲解时间进行讲解。

第二十三条 导游讲解应按以下要求服务管理：

1. 公园从事导游讲解服务的人员应经培训合格，方可上岗。

2. 导游讲解服务人员应当服饰整洁、举止文明、语言生动、发音标准、吐字清晰，熟悉掌握公园有关情况，耐心解答游客询问，严格遵守外事纪律。

3. 导游讲解人员在讲解时应做到自然从容，目光温顺平和，让人感到真诚可信、和蔼可亲。

4. 导游讲解人员讲解时须将手机调至震动或关机，讲解过程中不得接打手机。

5. 有偿导游讲解服务应在门区或游客服务中心明显位置对导游讲解人员服务时间和价格进行公示。

第五章 园容卫生管理

第二十四条 环境卫生管理应按以下要求进行：

1. 公园应于每日开放之前对主要干道、主要游览区和各个开放庭院进行清扫，开园后不得进行大范围扬尘的清扫作业。非主干道和非主要游览区应经常清扫，做到无卫生死角。

2. 应保持路面美观、完好无损。保洁人员到岗到位，保持路面清洁，做到垃圾无存留。

3. 雨雪后应及时清扫园路，白天降雪时应做到随降随除，来不及清扫的要设立提示标志。公园内禁止使用化学除雪剂。

4. 植被修剪、打药等绿化施工养护工作应避开游客游览高峰时段，公园保洁以不影响游客游览为原则。相关的安全管理要求参照《北京市市属公园安全管理规范》第二十五条执行。

5. 草坪、地被保持整洁，绿地内垃圾应及时清理，做到无石块、陈旧纸屑、果壳、砖块及其他垃圾。

6. 应对树挂、电杆及墙上标语广告及时清理，加强日常保洁。做到游览区无废弃物，水面无废弃漂浮物，路面无痕迹，室内无残破痕迹，全园无违规停放车辆。

7. 路椅、果皮箱、健身器材、游船等设施应当每日清洁，定期消毒，做到整洁美观。

8. 各种引导标识（导游全景图、标识牌、指示牌、景物介绍牌、公共信息图形符号）、游客公共休息设施、建筑门窗、室内外环境全天候保持干净完好。

9. 公园内严禁乱搭、乱设摊点，严禁乱堆放杂物、乱设牌示、乱张贴通知广告、乱拉绳拦路、乱设各种不合理设施、乱放工具用品等。

10. 禁止在公园内焚烧树叶、荒草、废弃物等生产垃圾和生活垃圾。生产垃圾和生活垃圾应及时清运到指定地点并分类设置，按规定进行喷药处理，以防蚊蝇滋生。保洁箱、垃圾桶的垃圾不能外溢，不得过夜，做到无异味，日产日清。

11. 殿堂展室、票房、木屋等设施做到无蛛网、落灰，做到墙上不乱绑、地上不乱丢、桌上不乱放、边角无漏洞。

12. 商业网点应设专人负责清理垃圾，保持店容店貌整洁美观，不得影响园容环境。

13. 应加强对园内垃圾转运站的管理，随时观察垃圾储存量，及时清运，防止积存，定期对垃圾转运站进行消毒。

14. 在游览开放时间内，保洁工作不得间断，包括室内外地面、水面、树下，视觉可见的范围内。

15. 入园作业保洁车辆时速不得超过 5 公里/小时，保洁车辆外观应干净整洁，无异味，并定期消毒，作业过程不得遗漏遗洒。

第二十五条 水体卫生管理应按以下要求进行：

1. 公园应当加强与水务、环保等部门的协调与沟通，保证水体的正常水位，维护水体的景观效果。

2. 公园应加强水面保洁，并积极配合水务、环保等部门对水质进行定期监测，水质应达到《地表水环境质量标准》（GB 3838-2002）要求，无异味，无废弃漂浮物。

3. 公园内产生的所有废弃物均不得进入公园水体。如水体出现污染、水华等现象，公园应积极协同环保、水务等部门采取有效措施进行治理。对于出现比较严重的水体污染现象应及时向上级主管和当地环保部门报告。

4. 应每天检查水面卫生，打捞废弃物。及时打捞清运水草，清理干枯的水生植物。

5. 应在河湖水面的重点地区安装警示牌。

第二十六条 厕所管理应按以下要求进行：

1. 厕所开放时间应与公园开放时间同步。

2. 厕所保洁应设专人负责，加强管理，保洁人员应照片、工牌上墙公示。应设专人不定期对意见本进行检查，及时向上级反馈意见并提出整改措施。

3. 应选用环保卫生药剂对厕所进行定期喷洒，做到无蝇、无蛆、无粪便外溢，做到地面干净，室内无异味、无污垢。

4. 保洁人员每晚闭园前应对厕所进行全面冲洗，并检查设备设施是否完好，其他时间只能清扫不得冲洗，特殊情况需要冲洗时，冲洗完后立即将地板拖干，不得留有积水。

5. 每个厕所应配备温馨提示牌，免费提供手纸、洗手液，及时对厕所公共设施进行检查和维护。

6. 厕所门窗、灯具、大小便器、扶手等公共设施应齐备完好。厕所内严禁堆放杂物和垃圾，清洁工具和用品不得外露。

7. 应建立厕所维修维护档案管理制度，对厕所维修维护的时间、人员、维护内容应进行记录。

8. 公园遇重大节假日或大型活动时，应根据入园游客预测，提前做好临时厕所的设置工作。

9. 公园厕所的维护管理标准应达到北京市人民政府令第208号《北京市公共厕所管理办法》的要求。

第六章　票务管理

第二十七条　各公园应指定专职票务管理人员，负责组织票券的设计与印制，票券的保管与发放，票券使用中的检查与监督。

第二十八条　各公园应根据具体情况，分别配备相应的售票员与验票员。

第二十九条　票券设计与印制按以下要求进行：

1. 票券的式样应由发票联和游览券两部分组成。

2. 发票联的内容应遵照发票管理的有关规定，游览券的设计图案应与公园景观和活动内容相协调，票面应标明票名、编号、金额、人数、使用期限、副券等。月票背面要注明使用和购买注意事项。字体、颜色应讲究艺术效果，以利游客留存纪念。

3. 凡使用"卡"或"月票"方式替代门票的，"卡"或"月票"应单独申请税务部门批复备案，视同发票管理。

4. 公园门票应交付指定承印企业印制。印制各种票券必须与印刷厂家签订合同，并经公园管理机构负责人批准。

5. 各公园不得擅自变动已经市发改委批准的各项收费标准。需调整或新添售票项目时，应按程序报批。

第三十条 票券的保管与发放应按以下要求进行：

1. 各公园均应设立票券专库，库房应具备防盗、防火、防腐、防潮等条件。各种票券在库内应分类上架，码放整齐。

2. 各种票券应按明细类别建立总账、分类账，并按领票人员分别建立明细账。使用入、出库单据及交款结账单，做到账实相符，手续健全。

3. 各种票券的启用、停用必须登记造册，并经公园管理机构有关负责人批准。

4. 各公园对废旧票进行销毁、重新启用或改做赠票以及他用的，必须登记造册，并经公园管理机构有关负责人同意并签名后方可进行。有税务监制章的，销毁前须经税务部门同意。销毁票证应由两个部门监销签名。

5. 票券发放应当由票券管理人员逐级下发，严格登记制度。售票员根据需要填写领票单，领票单至少一式三联：票务管理人员、财务人员、售票员各一联。票务管理人员及财务人员应根据领票单定期核查。

6. 售票员应按售票量填写售票交款单（三联）到财务部门交款，财务部门收款后在售票交款单上加盖名章及收款公章，并留一联入账，售票员留存根一联备查，另一联交票务管理人员作为销票依据。

7. 每日各售票处（点）的售票人员除按规定留存找零现金外，其余均应送交财务部门。留存找零现金以及尚未出售的各种票券，均应存放于指定存放点，并设专职人员值守。

第三十一条 票券使用应按以下要求管理：

1. 公园各类票种应在各售票窗口明码标价，说明各票种适用范围，售票人员应耐心解答游客询问。

2. 售票员应唱收唱付，票款当面点清。

3. 售票出现差错时，长短款要据实登记，长款上交，短款自补。大额错款，应立即报告公园管理处。

4. 严禁出售回笼票及其他违反财经纪律的行为。

5. 验票员应在验票的同时撕碎副券，不得保留全票。

6. 收费公园一律凭有效票证入园，杜绝偷漏票。特殊人群（如儿童、老人、军人、残疾人等）入园，门票应按照相关文件的减免优惠政策办理。无票证入园，一律凭介绍信、工作证或公园制发的入门证入园。车辆入园需经园内相关管理部门认可。

第三十二条 公园管理部门、财务、审计部门应定期或不定期对票务工作进行检查或抽查。

第七章 服务设施管理

第三十三条 公园入口处明显位置应设置游园示意图、公园简介、游园须知；殿堂、展室入口处应设置简介；主要路口应设置指示标牌；危险地带应设置警示标牌；非游泳区、防火区、禁烟区应设置明显的禁止标志。

第三十四条 栏杆、园路、桌椅、路灯、井盖等园林附属设施应当完整、安全，及时维护。公园设施的样式、风格应当与公园自身景观、历史、文化特点相协调。

第三十五条 公园的各类导览标识应保持整洁完备，标牌上的文字图形应规范，标牌内容中的文字应中外文对照。损坏、丢失的，应及时更换或者补设。

第三十六条 公园内进行的施工工程，不得破坏公园景观及各类设施，不得影响游客游览安全。对可能影响游客游览安全的地方应设置安全警示标志，并在工程险要处采取有效的安全保障措施。施工结束后，应尽快恢复原貌。

第三十七条 公园应根据实际制定公园服务设施的规划和年度计划，合理安排服务设施的维护和更新，保证游客游园使用。

第三十八条 应建立服务设施维修维护记录，内容包括维修时间、维修更换部位、零配件使用数量等，做到条目清晰，记录准确。

第八章　游乐设施管理

第三十九条　公园内游乐设施的使用管理应符合国家标准《游乐设施安全规范》(GB 8408-2008)的要求。游乐设施的安全和服务要求参照国家标准《游乐园（场）安全和服务质量》(GB/T 16767-2010)执行。

第四十条　游乐设施操作人员应经培训，合格后持证上岗，认真履行岗位职责。

第四十一条　服务人员应向游客详细介绍游戏规则、操作方法及注意事项，引导游客正确使用，维持游客上下设施秩序。

第四十二条　应明示各类游乐设施使用说明及收费标准。应注明适宜人群，儿童游乐设施应在成人看护下使用。服务人员有责任对游乐设施使用人群进行提醒和核对。

第四十三条　每天运营前应做好安全检查，试运转无问题后方能正式运营。保持设备干净整洁，及时清扫游乐场地。

第四十四条　遇恶劣天气、设备发生故障或停电等情况，公园应及时采取应急措施或停止运营。

第四十五条　公园应加强冰面管理，在非开放冰面设置安全提示牌，安排专人管理。开放的冰（雪）场管理参照《北京市市属公园安全管理规范》第二十四条执行。

第四十六条　公园对外承包游乐设施的服务管理应按照本规范要求执行。

第四十七条　电瓶车应按以下要求进行管理：

1. 电瓶车驾驶员应认真执行车辆驾驶有关规定，出车前认真检查车辆是否完好，禁止无证无关人员驾驶，严禁超速、超载。

2. 公园内行驶的电瓶车应礼让游客，电瓶车行驶速度不得高于15公里/小时。所有电瓶车都要安装音响提示装置，控制音量，尽量不惊扰游客。

3. 电瓶车应在规定停放点停放，无特殊情况不得开出园区。运营车辆应在指定区域内行驶。

4. 电瓶车应实行专人保养责任制，驾驶员发现故障，应及时向上级报告，不得带故障出车。

5. 各公园应安排人员对电瓶车及时进行检查和维修，确保外观整洁、车况良好。

6. 电瓶车在园区日常行驶时发生事故，驾驶员、乘车人员应保护事故现场，及时报告，做好善后工作。

第四十八条 游船按以下要求进行管理：

1. 公园内所用船只每年春季下水运营前应完备地方交通等主管部门验收批准手续。使用前后应进行检查，发现问题及时维修或停止使用，严禁带故障运营。

2. 凡开展游船业务的水域，应设置游船专用码头，游船严禁在非码头停靠上下游客。

3. 在水深超过1.5m的地方应建立水深尺度及安全警示标志。

4. 应设立巡逻艇、救生艇，配备救护人员和水上救生器材，船只运营开放期间应进行巡逻。

5. 救生船（艇）驾驶员应持证上岗，穿救生衣，遇有突发情况及时救助。

6. 水上项目应为游客投安全保险。

7. 应加强对现有汽油船管理，严禁明火，汽油船按规定应逐年淘汰。电动船要加强充电和蓄电池的管理，充电要有专人值守。

8. 维修人员要熟悉船只情况，遵守操作规程，严守检修制度，确保船况良好。

第四十九条 索道应按以下要求进行管理：

1. 索道客车上下车站看护人员必须坚守岗位，不得脱岗。主要职责是加强宣传疏导，观察设备运行情况，指导游客按程序安全乘坐。

2. 在上下站游客高峰期，索道客车看护人员要在站口维持秩序，避免人员拥挤，保证乘车间距，检查乘坐人员是否携带违禁及超重物品。

3. 当索道客车有计划停运时，要在站口明示停运时间。上下站看护人员要相互联系，保证索道客车空车停运。

4. 对索道客车内装备、运营人员的具体要求参照《客运架空索道安全规范》（GB 12352-90）执行。

第九章 文物保护与展出

第五十条 公园应按照《中华人民共和国文物保护法》、《北京市文物保护管理条例》的要求，开展文物管理和保护工作，建立健全公园文物管理规章制度。

第五十一条 公园应按法律、法规相关要求进行文物普查、清点、照相、登记造册、建立文物档案等工作。

第五十二条 应设专人负责管理文物藏品库房和文物藏品账册，严格管理文物藏品库、柜钥匙。

第五十三条 库管人员入库应履行入库登记手续。非库管人员入库，需经公园管理机构领导批准，由库管人员陪同入库。

第五十四条 文物库内严禁吸烟。应保持库内整洁、通风。文物安放做到有序，防止虫蛀、鼠咬、霉潮、变形开裂。库内及库周围严禁存放易燃易爆物品，应经常检查库内消防器材，不得轻易改变放置位置。

第五十五条 殿堂服务人员应熟悉各自服务殿堂或展室展陈文物数量、品种、摆放位置及完整情况。开闭馆前仔细检查，实行分片管理、责任到人。做好防火防盗防尘工作，时刻注意殿内游客动态，及时疏导，防止因拥挤造成文物损坏。

第五十六条 陈列文物的殿堂应设夜间值班人员，严格遵守交接班制度。值班人员应认真巡视殿堂，全面检查门、窗、锁、封条，早晚检查无问题后方可开闭殿堂。

第五十七条 文物展室的工作人员应了解展出文物的历史，以便向游客解说和介绍。

第五十八条 陈列文物只供参观，禁止非工作需要触摸、移动、照相，以保证文物完整无损。

第五十九条 文物拍摄应严格执行国家文物局发布的《文物拍摄管理暂行办法》，未经批准，任何单位和个人严禁拍摄公园文物。

第六十条 文物修复应以最大限度延长文物寿命和保留其历史信息为目的，修复前要对修复文物进行专家论证，报有关部门审批，修复后要做好影像、文字等记录。

第十章　文化活动管理

第六十一条　公园举办文化活动应以中小型为主。

第六十二条　公园举办大型文化活动，应严格按照《北京市大型社会活动安全管理条例》规定执行，并做好如下准备工作：

1. 应对活动的全部内容进行调研、论证和评估。

2. 活动前30日应将拟办大型文化活动请示、活动方案、安全保卫方案、应急突发预案等相关材料报北京市公园管理中心，经同意后到市、区公安、文物、文化、消防等有关行政管理部门办理相关手续，待相关手续齐备后方可举办。必要时报市政府审批。

3. 应提前做好各项扩容准备，门区增加售票窗口、进出通道等，在游客集中的重点区域设置单行线，增设疏导人员，设置临时厕所，增加设施便民服务点。

第六十三条　公园举办文化活动应成立活动管理机构，负责整个活动的安全和组织管理。管理机构要分工明确，责任到人，确保活动有效开展。

第六十四条　公园应确定最大游客容量，狭窄或易堵地段要设立单行线或派专人疏导，一旦超出最大游客容量，要立即采取有效措施，确保维持安全正常的游览秩序。

第六十五条　应明确主办方。公园以出租场地、联合举办或协办等形式参与举办大型文化活动的，应在协议书中明确合作各方的责任和义务。实行"谁承办、谁负责"的安全管理原则。

第六十六条　公园文化活动应坚持高档次、高水平、高品位，活动内容要健康、文明，并富有知识性、趣味性和艺术性。活动主题要鲜明，突出特色，要弘扬主旋律，体现时代风貌。

第六十七条　公园文化活动应制定服务接待方案，落实岗位责任，规范工作人员行为，确保服务质量。明确游客投诉接待部门和负责人，遇有游客投诉应在公园内及时妥善解决。

第六十八条　公园文化活动期间，应根据游客消费特点，组织充足的货源，保证商品及餐饮供应，加强食品卫生安全管理，确保游客在公园内饮食安全。

第六十九条　公园文化活动期间，各单位要加强值班工作，严格信息报送和请示报告制度，值班人员要熟悉突发事件的处置预案，遇有紧急突发事件，应立即报主管部门，及时妥善处理，不得延误。

第七十条　公园文化活动期间，应维护好绿色景观环境，加强卫生保洁工作，垃圾随时清理，活动结束后应及时恢复园容景观。

第七十一条　北京市公园管理中心有关处室应加强对公园文化活动的监督检查和指导。

第十一章　商业服务管理

第七十二条　公园内商业服务设施的布局应符合公园总体规划。商业服务设施的形式、规模、体量、位置应与公园景观相协调。不得随意增设临时商业网点。

第七十三条　新建、改扩建商业经营用房应按照相关程序报有关部门批准，建成后需经有关部门验收合格后方可营业。

第七十四条　各商业经营点应建立和落实各项管理制度，明确各岗位的责任人员、责任内容，实行安全责任制。

第七十五条　各商业经营点应严格按照工商部门核准的经营范围经营，经营许可证、卫生许可证等要在显著位置明示。

第七十六条　各商业经营点应严格按照公示的时间营业，如遇特殊情况改变营业时间，应提前上报公园经营管理部门。

第七十七条　商业摊点必须进店经营，禁止在门窗外、门窗上悬挂商品招徕游客，禁止悬挂、张贴、摆放商业广告。确需在店外经营的，应由公园经营管理部门审批，规范经营者行为，不得影响游客游览。

第七十八条　各商业经营点应严格落实进货验收制度和索证索票制度，严把商品进货渠道和质量关。严格执行国家物价政策，所售商品必须全部明码标价，一货一签。

第七十九条　公园内食品销售及餐饮经营应严格执行《中华人民共和国食品安全法》，严格落实食品经营中的操作规范，定期检查，严格消毒制度，不得超越经营范围。

第八十条 室外不得销售裸露散装食品，不得现场炸、烤肉食类食品，严禁销售过期食品。园内食品加工应严格按照食品加工程序的有关规定执行，严把食品进货、加工、运输、贮藏以及销售的各环节，坚决杜绝销售过期食品、变质食品、伪劣食品和食物中毒事故的发生，要落实责任制和责任追究制。

第八十一条 从事与食品直接接触工作的商业服务人员应持有健康证。

第八十二条 商业服务人员应进行岗前培训，未经业务培训和安全培训、考试不合格的人员不得上岗。特殊岗位要依法取得执业资格，持证上岗。

第八十三条 商业服务人员应着工作服，佩戴证章和上岗合格证，做到文明经商、礼貌待客、站立服务，主动介绍商品，唱收唱付。食品销售人员上岗要求着装干净整洁，佩戴发帽，不留过长指甲，注意个人卫生，定期检查身体。

第八十四条 各商业经营点要加强对招用员工的管理，负责核准其真实身份，对辞退人员要及时撤销相关信息。

第八十五条 各公园要设立质量监督员，定期对本单位所售商品的质量进行检查。

第八十六条 大宗商品的销售应由公园经营主管部门组织招投标，统一定价、统一进货。

第八十七条 公园应与合作、联营单位签订合同及责任书，并定期加强对合作、联营单位的经营情况进行检查指导。

第十二章　投诉受理

第八十八条 应明确受理投诉的主管部门和人员，统一协调本园的投诉处理工作。

第八十九条 投诉受理应体现公开、公正的原则，实行首问负责制。

第九十条 应建立投诉受理的工作机制，明确本单位各部门的工作职责，对有效的游客投诉，应在规定的时间内交由主管部门处理，并及时将结果反馈给游客。

第九十一条 受理投诉的部门应明确标识。各服务网点应公布投诉电话，有条件的要设立意见本、投诉信箱。

　　第九十二条　投诉记录应齐全完整，内容应包括：投诉人、投诉方式、投诉内容、受理人、受理时间、处理结果、回复时间等。

　　第九十三条　应建立健全监管制度，上一级管理机构负责监督、抽查、复核下一级的投诉处理情况。应加强对意见本、投诉信箱的管理。

　　第九十四条　游客投诉的受理情况列为各单位工作考核内容。

　　第九十五条　各公园应开展每年不少于二次的统一组织的游客意见征询活动，征询的意见和建议应及时整理汇总、予以解决。需上级支持方能解决的，及时上报，游客意见征询和处理情况，应向游客进行公示。

二〇一四年四月

（二）公园服务人员行为规范

　　规范是一种法式，是人们经验的总结。《公园服务人员行为规范》是公园服务人员多年实践的结晶，是公园服务人员在岗位上行动的依据和准则。2001年，北京市公园行业研究制定了公园的绿化工、售票员等16个岗位的行为规范，有力地推动了公园服务质量的提高。规范如下：

一、绿化工

（一）植保工作

1. 准备阶段

（1）调查病、虫情，确定施用农药的类别和浓度。

（2）穿戴好防护用品，领取农药。

（3）在主要游览区打药，提前一天通知有关部门。

2. 操作阶段

（1）操作过程中，严格按照专业技术程序进行。

（2）游览区打药，避开游人高峰，在9：00以前、16：00以后进行，并设立牌示提醒游客注意。

（3）打药时，积极疏导游客，防止药液喷到建筑物及游客身上。

3. 收尾阶段

(1) 适时观察打药效果,并做记录。
(2) 将空瓶及剩余农药及时带回,剩余农药退回药库,空瓶交专人妥善处理。
(3) 喷药后要检修机械,清洗药机和药箱。

(二) 修剪工作

1. 准备阶段

(1) 检查防护设备(梯子、安全绳、安全带等),穿工作服和防滑鞋。
(2) 根据不同修剪对象准备好相应的工具、车辆、材料,并做好安全方案。

2. 操作阶段

(1) 操作过程中,严格按照专业技术程序进行。
(2) 游览区修剪,避开游览高峰。
(3) 在主要游览区对大树进行修剪,必要时设安全防护绳和牌示进行隔拦。
(4) 修剪时设专人疏导游客。

3. 收尾阶段

(1) 及时清理修剪下来的枝、杈、草末等弃物,运至指定地点,做到场光地净。
(2) 对于修剪下来的病虫枝及时处理,防止进一步扩散侵染。
(3) 机械用后,擦拭干净并进行常规保养,保证机械的完好无损。

(三) 浇水工作

1. 准备阶段

(1) 古树浇水时,有重点地进行土壤含水量的测量。
(2) 检查机械设备,理顺水龙带,更换添加机油。
(3) 检查微喷设备是否完好。

2. 操作阶段

(1) 搞好绿化专用设备的卫生。
(2) 浇水皮管使用时,沿路边顺直。
(3) 浇水时设专人看管,以防跑水、溅水,影响游览。
(4) 井盖打开时,应设安全标志。
(5) 微喷必须有巡视,保证设施完好。

3. 收尾阶段

(1) 主要游览区水管使用完毕，立即盘入井坑内或盘在指定地点。

(2) 检查井、坑盖是否盖好，保证安全。

(3) 将水泵、水龙带及时收好，带回。

(四) 施肥工作

1. 准备阶段

(1) 施用有机肥，先进行腐熟，使用无机肥撒施均匀。

(2) 对使用对象进行调查，确定施肥数量、类别及方法。

2. 操作阶段

(1) 施肥过程中，严格按照专业技术程序进行。

(2) 施用有机肥时，进行土埋，不低于30cm。

(3) 主要游览区施肥，避开游览高峰，严禁运输中遗撒。

3. 收尾阶段

(1) 清理现场，恢复路面卫生，做到场光地净。

(2) 古树名木施肥后，及时记入档案。

(五) 绿化施工工作

1. 准备阶段

(1) 确定风向，地面喷水，避免扬尘。

(2) 检查水管是否破漏。

2. 操作阶段

(1) 绿化施工有专人疏导游客。

(2) 移植大树过程中要有临时围栏，避免游人接近。

(3) 主要游览区植物施肥要避开游览高峰。

3. 收尾阶段

清理现场，收好工具。

二、售票员

(一) 准备阶段

1. 提前到岗，换工作服，戴服务证章，做交接班。

2. 打扫室内外卫生，做到"三不外露"。

3. 准备好票、零钱等工作必需品，挂好各种牌示，明示各种优惠办法。

(二) 售票阶段

1. 准时售票和止票。
2. 售票时做到语言文明,耐心解答游人询问。
3. 售票过程先收款,后付票,收款找零迅速准确,唱收唱付,撕票快准。
4. 不拒收游客的破、旧零钱(残缺除外)。
5. 及时补充领取各种票证,不得因为个人疏忽造成脱销。
6. 根据游客的需要,耐心、如实地介绍景观、展览内容及各类票种。
7. 领票、借票要签收登账,人离票收,锁好抽屉。
8. 售票差错率控制在1‰以内,短款要据实登记,短款自负,长款上交。
9. 严格执行票务标准,旅游团队签单,规范无漏签。
10. 做好售、换月票工作,对长期购买月票的游人因故不能按时更换的提供留卡服务。
11. 售票时间内不得出现脱岗现象。
12. 严格管理票款,账目清楚,日清月结。每日下班前如实填写各种报表,按规定管理好账后款,每日交款必须两人同行。

(三) 收尾阶段
1. 将票、款按指定地点锁好。
2. 关窗锁门,钥匙交专人保管。
3. 做好交接工作。

三、验票员

(一) 准备阶段
1. 提前到岗,搞好区域内卫生,检查出入口标牌。
2. 准备好验票工具。
3. 按规定穿工作服,戴服务证章。
4. 管理好留言黑板,提供用具,阻止乱写现象。

(二) 验票阶段
1. 按规定时间准时开门。
2. 验票员必须站在票箱后面,站姿端正,不趴不靠。
3. 实行岗位"四定"(定岗、定位、定时、定人),精力集中,做到主动、热情、文明。
4. 认真检票不错不漏,不抢收,撕票时保证正券完整性。

5. 严格执行票务纪律，做到票箱内无整票。

6. 使用规范用语，耐心解答游客询问。

7. 加强宣传，积极疏导，不造成截堵、拥挤的现象。照顾残疾人、老年人优先入园。

8. 严格执行保密纪律，协助有关部门做好安全保卫工作。

9. 严格执行车辆、人员、物资出入园的管理规定。

10. 及时妥善地处理好现场发生的各种问题，并及时汇报。

（三）收尾阶段

1. 关门后及时清理票箱。

2. 收好检票工具，清扫周围卫生。

3. 下班前锁好各大门。

4. 做好交接班工作。

四、展堂服务员

（一）准备阶段

1. 提前上岗，查看窗、锁是否完好，进行日班、夜班的交接班登记。

2. 查看室内展品、设施有无丢失和损坏，端正各种牌示。

3. 打扫室内外及展品的卫生，做到"三不外露"，做好开展前的准备工作。

4. 着装整齐，佩戴服务证章，女士可化淡妆。

5. 做好征求游客意见工作，准备好意见本和笔及意见箱。

（二）服务阶段

1. 按规定的时间准时开、关门。

2. 站立服务、站姿端正、定岗定位。

3. 使用文明规范的语言文字，耐心解答游客的提问。

4. 按规定讲解时间及游人数量准时或随时讲解，讲解时层次分明，内容准确，吐字清晰，语言生动，速度适中，满足不同游客的需要，繁简得当，端庄大方，不卑不亢。

5. 游人多时，主动疏导，及时、耐心、妥善地处理各类问题。

6. 坚持岗位交接登记制度，提高警惕，确保展堂和文物安全，并作好应付突发事件的准备。

7. 认真完成各种重大内、外事接待任务，做好登记工作。

（三）收尾阶段

1. 检查展堂内的一切设施和存放的展品，消除隐患，确保安全。

2. 经检查确认殿内无人时锁好门，钥匙交由专人妥善保管，并登记签字。

五、讲解员

（一）准备阶段

1. 讲解员必须掌握一门以上外语，并能做到全程外语讲解。

2. 讲解员提前领取任务单，了解来宾的国籍、身份及游览路线、时间等。

3. 根据来宾的身份、国籍，查阅相关资料，了解来宾的个人情况、国情、地理位置及风俗习惯等。

4. 根据游览路线、时间准备讲解内容。

5. 遇有重大任务，预先考察游览路线。

6. 服饰、仪表符合任务要求，不食用大葱、大蒜等有异味的食品。

7. 对随时来访的客人做好相应的准备工作。

（二）迎宾阶段

1. 提前到位等候。

2. 主动找联系人接洽关系并介绍自己。

3. 迎宾时选择好自己的位置，安排好陪同领导的位置。

4. 与来宾见面时，首先介绍本园陪同领导，再介绍自己。

5. 诚挚友好地致欢迎词，表达欢迎之意，并预祝游览愉快。

（三）讲解阶段

1. 讲解内容：介绍本园的历史沿革，园林艺术，各景点的功能、特色、地位、价值及名人评论等。

2. 语言技巧和艺术

（1）语言准确、清楚、生动，语调委婉，节奏适中。

（2）站姿得体，微笑服务，热情、诚恳、自信。

（四）外事接待工作必须以保守国家秘密为重，严格执行预定接待方案。

（五）送宾阶段

1. 了解客人的反映和要求，征求客人对讲解导游的意见。

2. 致欢送词，感谢合作，表达惜别和期待相逢之意。

3. 讲解员在客人的车离开之后，方可离开，并挥手告别。

（六）总结阶段

及时写工作小结，包括以下内容：

(1) 游客的基本情况、背景及游园时的感受。

(2) 涉及外宾的意见和反映，尽量引用原文，外宾的姓名和身份。

(3) 记录游客对游览和接待工作的意见和建议。

(4) 如实向领导汇报导游中所发生的情况。

(5) 总结分析自己的体会及建议，完善导游讲解工作。

六、小船服务员

（一）准备阶段

1. 提前上岗，换工作服，戴好服务证章。

2. 检查船体设备，保证完好，搞好区域环境卫生，按时发船。

3. 售票人员作好岗前准备。

4. 营业前清除船内积水、污物，擦净坐凳。

（二）服务阶段

1. 将船勾稳后，再请乘客上下船。对老弱病残乘客主动搀扶，保证安全。

2. 耐心指教游客正确操作、行驶。

3. 乘客下船时，及时提醒带好随身物品，捡到物品及时登记上交。

4. 计时员认真使用专用计时器，准确进行报、计时。

5. 接待好最后一只船的乘客。

6. 自觉运用文明语言，妥善处理现场问题。

7. 工作用品码放整齐、规范。

8. 营业中及时清除船内积水、污物，保持座凳干净，随时保洁码头及水面卫生。

9. 遇到大风等情况，全力以赴及时抢险，保护游客及国家财产的安全。

（三）收尾阶段

1. 下班前清点船只数目，并拴锁牢固。

2. 搞好船内及码头卫生。

3. 工具归位。

4. 票款日清日结。

七、大船服务员

（一）准备阶段

1. 提前到岗，换工作服，戴服务证章。
2. 打扫票房、船只和码头卫生。
3. 票务人员作好岗前准备。
4. 查检船体、油、水、电是否正常，按时发船。

（二）服务阶段

1. 严格执行运营时间准时营业，高峰期适当增加运营船次。
2. 运营船只按规定的时间和路线行驶，准确报站、文明用语。
3. 认真检票无差错，严格执行检票规定。
4. 行驶途中，安全礼让其他船只，离靠码头要慢、稳。
5. 乘客下船时应提醒带好随身物品，捡到遗失物品，及时登记上交。
6. 乘客下船后对船内卫生及时清扫，做到"三不外露"。
7. 保持船上座椅及工作用品整洁无污渍。
8. 乘客上下船时站立在船头搀扶老人、小孩，行船途中提醒乘客扶好、坐好、注意安全。
9. 按时解说或播放录音。

（三）收尾阶段

1. 检查设备情况，发现问题及时修理。
2. 清扫船内及票房码头的卫生。
3. 拴锁牢固。
4. 票款日清日结。

八、游艺服务员

（一）准备阶段

1. 提前到岗，办理交接班手续，搞好责任区内卫生。
2. 检查各项设备及各系统是否正常，并做试运行，由安全员签字批准后方可运营，认真填写运行记录并签字。
3. 穿好工作服，戴好服务证章。
4. 备好票据、零款，挂好各种牌示，按时营业。

（二）服务阶段

1. 按时售票和止票，唱收唱付，迅速准确。
2. 认真验票做到不错、不漏。

3. 严格执行并耐心介绍各项规定。

4. 随时检查设备运行情况,精力集中,注意观察,发现异常及时采取措施。

5. 维持好游艺场所秩序,自觉使用文明用语,不使用高音刺耳的扩音设备,妥善处理好各种问题,重大问题及时上报。

6. 主动扶老携幼,不冷落、不顶撞游客。

7. 严禁无关人员进入运营场地。

(三)收尾阶段

1. 细心检查设备状况,切断电源,填写记录,关好操作室门窗。

2. 票款日清日结。

3. 搞好区域卫生,办理交接手续。

九、清洁工

(一)准备阶段

1. 提前上岗,换工作服,戴服务证章。

2. 准备好清扫工具。

(二)清扫保洁阶段

1. 按片承包,准时清扫,及时清除。

2. 清扫到位,不留死角。

3. 清洗果皮箱,保证整洁无污、无尘、无痰。及时清掏、清运、处理。

4. 清掸路椅、什锦窗、建筑物门窗、栏杆、坐板和牌示,做到无蛛网、无浮土。

5. 全天候、全方位立体保洁,保洁不断线。

6. 检查果皮箱、路椅、牌示有无损坏,损坏及时通知维修工修理更新。

7. 清扫和保洁时注意避让游客。

8. 为游客分忧解难,捡拾物品登记上交。

9. 耐心回答游客提问,耐心做好卫生宣传工作。

(三)收尾阶段

1. 对责任区重点保洁一遍,清掏果皮箱,做到箱内垃圾不过夜。

2. 将垃圾分类倒在指定地点。

3. 准备好次日的清扫工具。

4. 休息室门窗关好,检查电器设备、炉火,确保安全后锁门。

十、厕所保洁员

（一）准备阶段

1. 提前上岗，换工作服，戴服务证章。
2. 挂好各种牌示。
3. 打扫责任区卫生、厕所卫生，开窗通风透气，定期喷洒杀虫剂、除臭剂。
4. 检查厕所设施，保证完好，准备好使用工具、手纸、香皂等用品。
5. 检查无障碍通道及残疾人专用设施，确保设备完好，使用方便。

（二）服务阶段

1. 按时开放。
2. 文明用语，热情服务。
3. 随时清扫巡视厕所卫生、检查设施，及时添补肥皂等用品，清除厕所臭味。

（三）收尾阶段

1. 清扫厕所坑位卫生，打扫室内卫生，夏季打药、灭蚊蝇，冬季检查炉火。
2. 检查厕所设施，关闭电源，关好水管截门等，各种工具规范放置。
3. 收好各种牌示，关好门窗，检查每个坑位，确保无人后锁好门。

十一、售货员

（一）准备阶段

1. 提前上岗，与夜班交接。
2. 换工作服，戴发帽、服务证章；打扫卫生，做到"三不外露"。
3. 上足商品，搞好陈列，把握进货渠道，保证商品质量。
4. 检查、核对物价标签、衡器。
5. 准备好用品、工具、包装用品。

（二）服务阶段

1. 售货时面向顾客，排开站立，随客移动。
2. 语言文明，态度和蔼，主动介绍商品，有问必答，有要必递，百问不厌。

3. 包装商品整齐、美观、牢固，商标朝外。递送商品，动作敏捷，轻拿轻放。

4. 收款找零，唱收唱付，请顾客复核。

5. 对柜台周围及店内随时保洁。

6. 顾客退换货物时，如无损、无伤、无脏，能退换的予以退换。属入口、感光商品按规定不能退换的，向顾客解释清楚。

7. 接待好最后一位顾客，到点关门，关门后再清点结账。

（三）收尾阶段

1. 清点货款，封好备用金、票券。售货款要经二人复核后，填交款单，并同去交款。

2. 整理好货位，封盖好直接入口的食品，必要时进行冷藏。

3. 离店前，封好炉火，清除易燃物，检查电器设备，消除安全隐患，关好门窗。

4. 履行交接班手续。

十二、餐厅服务员

（一）零散客人服务规范

1. 准备阶段

（1）检查餐厅设备：餐厅用品整齐，环境卫生符合要求，各类设备完好无缺，餐桌上必备物品齐全。

（2）熟悉当日供应菜肴的种类及时令菜、特供菜的特色。

（3）整理工作台，备好所需餐具及常用调料、配料。

2. 接待阶段

（1）主动向客人打招呼，并拉椅让座。

（2）礼貌递上菜单，并主动介绍菜点风格，请客人点菜。

（3）询问客人需要什么酒水、饮料，并主动端送。

（4）上菜时，主动报菜名。

（5）客人进餐中提出加退菜时，服务员立即与收款员联系，尽量满足要求，达不到要求的耐心解释。如遇到菜肴没能及时上桌，拖延时间较长，及时与配菜员联系，并向客人礼貌表示歉意。

（6）用餐结束时，看客人情况是否需要添菜或加酒水。

（7）客人餐毕示意结账时，将账单递给客人。对付款人唱收唱付，最后把凭证交给客人。

（8）客人离座后，有礼貌地道别。

（9）及时清理餐厅卫生。

3. 收尾阶段

（1）客人走后，迅速清理台面，检查有无客人遗失的物品，如果发现，立即交还客人，无法追送时，上交领导妥善处理。

（2）收拾餐具、酒具，撤换台布。

（3）检查有无明火，关闭空调、灯及其他电器和门窗。

（二）宴会服务规范

1. 准备阶段

（1）检查餐厅设备、空调运行情况，餐桌椅摆放整齐，殿堂卫生符合要求，各种设施整洁完好。

（2）依照宴会布台，通过口布花形示意主、宾席位，调节室温。

（3）按照客人需要备好酒、饮料、调料。

（4）了解客情，详知客人宗教信仰、风俗习惯、生活习惯和禁忌等情况。

2. 接待阶段

（1）迎宾员引导客人入席，为客人接帽和衣物。服务员为客人送小毛巾，根据季节调节毛巾温度。

（2）按客人习惯选择茶叶品种，为客人斟茶。

（3）依据宴会菜单顺序上菜点。上菜时，主动报菜名，向客人介绍这道菜的风味、典故以活跃气氛，提高兴致。

（4）服务员注意桌面情况随时斟酒、送饮料，随时与厨房联系，控制上菜速度。最后一道菜上桌后，向主人询问是否添菜、加菜。

（5）客人有分餐要求时，按规矩分餐。

（6）就餐过程中，注意随时给客人更换布碟，撤掉不用的餐具。

（7）在宴会结束后，如发现桌上所剩饭菜较多，主动征询客人是否带走，并做好服务。

（8）旅游团队用餐时，遇客人有特殊要求，如发生病号、个别客人过生日，服务员应及时与经理、厨师长联系，尽量满足客人的要求。

（9）客人离开后，检查有无客人遗失的物品，如果发现，立即交还客人，无法追送时，交送领导妥善处理。

3. 收尾阶段

（1）清理台面，收拾餐具、酒具，撤换台布。

（2）摆放席次牌、菜单、调料架。

（3）检查有无明火，关闭空调、灯以及门窗。

十三、客房服务员

（一）准备阶段

1. 提前到岗，换工作服，戴服务证章，化淡妆。

2. 在客人到达之前，检查客房的设备，保证安全和完好，卫生达到住宿标准，应备物品齐全。

3. 详细了解和掌握宾客的风俗习惯、宗教信仰、健康状况、生活特点、接待规格等情况。清除一切对宾客风俗习惯和宗教信仰有禁忌的用品。

（二）迎宾阶段

1. 当客人到达时，服务员站立微笑迎客，主动问好，及时接拿行李。

2. 向客人介绍服务台方位。

3. 按照规定为客人办理住宿登记手续，热情解答客人询问。

4. 当客人在服务台办好手续后，主动引导客人进住房间。

5. 服务人员礼貌地向客人介绍房间的有关设施、设备、使用方法及注意事项。

（三）服务阶段

1. 主动与客人打招呼。满足客人的合理要求，不能办的事情应明确答复。

2. 客人用餐或外出时主动为客人指路，并提示游客保存好贵重物品。

3. 客人外出后，服务员及时整理房间，关窗锁门。

4. 搞好房间内外卫生，做到地面干净无杂物，墙面清洁无挂土，玻璃镜面无污渍。

5. 遇客人生病、设施故障等特殊情况，及时向领导报告，妥善处理。

6. 严格执行安全保卫制度，发现问题及时上报。

（四）欢送阶段

1. 客人退房时，清理交办手续，服务员迅速检查房间内的一切隐患，确保安全。查看房间内是否有客人遗忘的物品。发现后，及时送交给客人。一时不能送交的，在值班日记上详细登记，并上交统一保存，以备客人查找。客人离开时，征求宾客意见，帮助客人提送行李至大门，以示欢送。

2. 客人离开后，按服务规定撤换用品，做好下一次接待准备工作。

十四、照相员

（一）准备阶段

1. 提前上岗，换工作服，戴服务证章，清扫环境卫生。
2. 检查照相器材是否完好，胶卷是否准备齐全，明示各类收费标准。
3. 二人清点备用金并签字。

（二）服务阶段

1. 认真详细开具工作单，收款时唱收唱付。
2. 认真检查书写的邮封是否规范。
3. 主动为顾客摆好照相姿势。着古装照相，为顾客穿戴好服饰，指导调整情绪，拍出最佳效果。
4. 保证照相质量，出现质量问题，给予补片或退款。
5. 慢相7天寄出，按时邮寄并登记备案。出现未收到或退件，认真给予答复，快件一小时取相，出现误点，未按时交件，按慢件收款。
6. 扩印机日常重视保养，因停电、机器运转事故、操作事故等造成损失，给予退款，赔偿胶卷或其他赔款。

（三）收尾工作

1. 收好照相器材，关闭扩印机，切断电源。
2. 清理场地卫生。
3. 二人清点账后款，并签字。
4. 下班前关窗锁门。

十五、护园巡逻员

（一）准备阶段

1. 提前上岗，按规定着执法服装，佩戴标志，做到衣帽整洁。
2. 带班人携带好对讲机，以备有情况呼叫。
3. 检查巡逻艇和消防车，确保完好有效。

(二)巡逻阶段

1. 按时接岗,工作中严格遵守执法中的"三要素",即:正规执法、文明执法、严格执法。严禁执法违法。

2. 执法中说好第一句话"请您",用好文明用语,态度和蔼,执法人员加强责任心,做到眼勤、嘴勤、腿勤,严肃认真,有理有节,照章办事,以理服人。

3. 固定哨位,站姿端正,发现问题及时处理并反馈信息,做到岗上换岗。

4. 流动哨位,按巡视路线定时巡视,发现问题及时解决,发现重大嫌疑人员和物品及时送交公园派出所。

5. 夜巡人员按规定时间、路线、次数巡视,注意清理静园后滞留人员,加强重点区域的检查。防火防盗,防公园设施损坏,对异常情况及时报告给管理处值班人员,特殊情况(如火灾、泄露、坏人破坏等)可当即处理,同时报告上级。

6. 保持园内游览秩序,对一切违章及非法行为,发现后立即制止。对不服从管理的人,及时向上级反映或送交公园派出所处理。协助公安机关打击犯罪,保护游人的利益和人身安全,维护公园的一草一木。

7. 协助公安部门完成治安工作。

8. 遇有重大外事接待任务,协助有关部门做好首长外宾的安全保卫工作,处理好突发事件。

(三)收尾阶段

1. 工作完成后,详细记录,做好交接班登记。

2. 给对讲机充电,保持正常工作状态。

3. 做好车辆保养。

十六、门卫员

(一)准备阶段

1. 提前上岗,按规定着装,佩戴服务证章。

2. 清扫室内外及门前三包地段。

3. 备齐上岗所需物品。

4. 认真阅读上一班记录。

(二)工作阶段

1. 按规定的时间准时开、关门,有特殊情况或外事任务按通知执行。

2. 检查入园车辆、人员的证件，注意语言文明。
3. 对游人做好解释工作，并为其指明进园入口。
4. 遇有重大情况妥善处理，并及时反馈信息。
5. 遇有重要活动，注意礼节、礼貌，协助有关部门疏导车辆及人员。
6. 认真执行货物物品进出园管理规定，无出门证者不放行，严防公园财物丢失。

（三）收尾阶段

工作完成后，写好交接班记录，按时交接班。

(三) 数字公园

"数字化"这个词，现在几乎已成为一种时尚语言。什么数字城市、数字北京、数字奥运、数字交通、数字经济、数字地球等。从某种程度上说，数字化就意味着信息化、科学化与现代化。这是社会的一种进步和发展。数字地球的概念最早由美国副总统戈尔于1998年提出，其实质是以地球为对象，以地理坐标为依据，具有多分辨率、海量和多种数据的融合，具有空间化、数字化、网络化、智能化和可视化特征的虚拟地球，是由计算机、数据库和通信应用网络进行管理的应用系统。2007年北京市精品公园复查工作，借用数字化这样一个概念，将复查的项目量化，或曰数字化，取得了良好的效果。

北京市精品公园的评选是从2002年在全市公园中开展起来的。精品公园的"精品"二字，取其品质精华之意，制定评定标准，在全市公园中优中选优，好中选好，树立典型和样板，以促进公园的建设和管理不断上档次上水平。评选之初，我们从规划设计、建设施工、管理服务、安全秩序等诸多方面，提出高标准的规划设计、高质量的建设施工、高水平的管理理念。多注重定性的指标，当然也有个别的量化指标，比如游人满意率和安全事故率指标。经过连续五届的评选，已评选出精品公园52个。连年的评选标准不断有所改进，但大的框架仍是以定性为导向的。

2007年的精品公园的复查是五年来的第一次，是在前五年基础上的一个总结，也可以说具有里程碑的意义。北京市园林绿化局和北京市公园管理中心委托北京市公园绿地协会组织承办复查工作。按照科学发展观的要求，在精品公园复查的标准中，将原来的标准拆卸开来，重新组装，融入和谐的理念和量化的标准，为精品公园提出了"六和"的主题目标，即人与自然的和谐、人与动物的和谐、人与景观的和谐、人与人的和谐、人与社会的和谐、人与文化的和谐。

在量化标准的规定中，一是将定性指标数量化，共设计30项定性指标，每项指标用赋分的方式给予量化。给出一个标准分，按不同的要求可以上下浮动20%。二是规定了15项定量指标，分别是绿地率、绿化覆盖率、生物物种总量增长率、收入增长率、设施完好率、牌示完好率、厕所达标率、空气质量指标、观赏水指标、铺装地可呼吸率、游人增长率、游人满意率、游人需求满足率、游人投诉率、安全事故率等。比如绿地率，按最低限度不能低于65%，低于这个标准就应扣适当的分，起到一个导向作用。将指标量化，有利于管理者思考正确的发展方向。又比如，为贯彻落实《北京市迎奥运窗口行业员工读本》中"公园风景区行业服务规范"的要求，将其中的部分内容列入定量指标，根据难易程度，作出增分或减分的规定，以促进各项工作的落实。其中一个是厕所要求达到"三有四无一同"，即厕所应当"有洗手水、夜间照明有灯、厕内有手纸；无蝇蛆、地面无积水、无恶味、无乱写乱画，与公园同步开放"。考虑到这一要求中有手纸一条最难，我们在扣分上加大力度，即少一项减3分。非常可喜的是，许多公园通过精品公园复查活动，千方百计地解决了这一个老大难问题。仅北京市公园管理中心所属公园已全部达标，预计光增加手纸一年的开支在100万元以上。这一举措虽事小，但是和国际接轨的，是迎奥运的具体行动，确实受到广大游人的欢迎。

在精品公园复查中，进行了游人满意率调查。为了取得较为科学可靠的数据，采取集中运作的方法，聘请了8位在校大学生，用了大约10天的时间，对全市46个公园的5017名游客进行了问卷调查，共回收4917份有效问卷，获得了一大批有用的数据。调查显示：

按性别分组统计（图5-1）。从总体上来看，在被调查的游人中，男性有2430人，占游人比重的49.47%，女性有2482人，占游人比重的 50.53%。在 46 家公园中，世界花卉大观园的游人性别比重相差最大，分别为：男性比重为 28.00%，女性比重为 72.00%，夏都公园游人比重为：男性 64.58%，女性 35.42%，其他公园男女比例相对平衡。

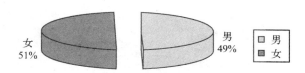

图 5-1　2007 年游人调查按性别分组

按游人职业分组统计（图 5-2）。在被调查的游人中，不同职业游人数量及所占比重分别为：工人 1114 人，占总数的 22.69%；农民 410 人，占总数的 8.35%；军人 237 人，占总数的 4.83%；学生 1196 人，占总数的 24.36%；干部 831 人，占总数的 16.92%；职员 967 人，占总数的 19.69%；老板 155 人，占总数的 3.16%。其中，在游人职业中，学生占有最大的比重。

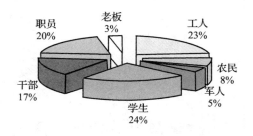

图 5-2　2007 年游人调查按职业分组

按年龄统计（图 5-3）。25 岁以下的游人有 1419 人，25～45 岁的游人有 1575 人，45～60 岁的游人有 1089 人，60 岁以上的游人有 824 人，分别占被调查游人总数的 28.92%、32.10%、22.19%、16.79%，以 25～45 岁游人居多。具体说来，国际雕塑公园、万寿公园、北滨河公园、玉蜓公园、东四奥林匹克公园、日坛公园等公园以 60 岁以上的老年人居多，这些公园多分布在居民区或社区之间，服务对象多为附近居民,大部分年龄在 60 岁以上,来公园的需求主要是求健、求美等。而北京植物园、颐和园、滨河世纪广场、菖蒲河公园、世界公园、陶然亭公园等公园多以 25 岁以下的游人居多,表明这些公园的知识性、教育性、趣味性、娱乐性更强,为年轻人所喜爱。

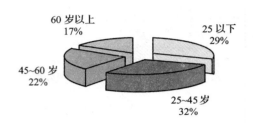

图 5-3 2007 年游人调查按年龄分组

按距离统计(图 5-4)。游人中相距 1~5km 的居民较多,有 1199 人,占被调查总数的 24.51%;其次是 500m 至 1km 的游人,有 1146 人,占被调查总数的 23.43%;外省游客也占游人的很大比重,为 20.11%,共有 984 人;500m 以内、5km 以上的游人相对而言较少。具体而言,颐和园、大观园、香山公园、菖蒲河公园、世界公园、天坛公园等公园的外省游客占很高的比重,这跟这些公园的知名度及地理位置等有关。

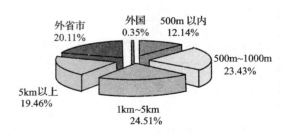

图 5-4 2007 年游人调查按距离分组

按游人需求分组(图 5-5)。游人中有 2180 人以求乐为目的,占总数的 44.34%,次之是以求美、求健为目的,分别有 1802 人和 1795 人,占总数的 36.65%、36.51%,其次是以求知、求奇为目的的游人,分别有 723 人、437 人,分别占总数的 14.70% 和 8.89%,最后为以交往为目的的游客,共 341 人,占总数的 6.94%。(说明:游人需求最后统计总票数为 7278 票,比例为 148.03%,因为此项为多选,故总比例超出 100%。)

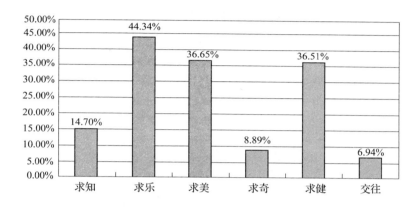

图 5-5 2007 年游人调查需求分析

游人满意率调查(图 5-6)。游人满意率为 83.93%,基本满意为 14.47%,不满意率为 1.60%。游客为精品公园的景观设施、园容卫生、绿化生态、服务质量、安全秩序等方面分别打分,总平均分为 88.45,分项调查的结果为:景观设施 87.32、园容卫生 88.84、绿化生态 90.34、服务质量 86.92、安全秩序 88.85,其中游人对于公园的绿化生态比较满意,但对于公园的服务质量的满意程度相对较低。

本次调查了公园给游人带来的愉悦程度等级选项,分一至五级,五级为最高级,主要为了了解公园为游人带来的愉悦程度,调查数据表明(图 5-7):一级有 88 票,占总数的 1.79%;二级共 252 票,占总数的 5.13%;三级有 1201 票,占总数 24.44%;四级为 2092 票,占总数的 42.57%;五级共 1281 票,占总数的 26.07%。调查结果表明,几乎有半数左右的人认为公园能给自己带来四级以上的愉悦程度。

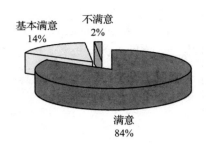

图 5-6　2007 年游人调查总满意率

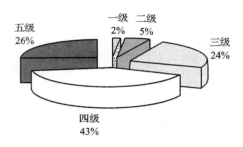

图 5-7　2007 年游人调查愉悦程度分组

在精品公园复查中,对全市 35 个公园的景观水质的 13 项指标进行了测定:由北京市公园绿地协会统一收集水样,送至北京市水环境检测中心,依照景观娱乐用水水质标准(GB 12941—91)进行检测(水环境检测中心室温 5.0℃～40.0℃湿度 20.0%～80.0%),北京市绿地协会对检测全过程实施监督。(颐和园、香山公园、万寿公园三家单位提供了当月由所在区县环保部门出示的检测报告。)检测结果显示,挥发酚和总铁 2 项指标合格率为 100%;高锰酸盐指数、生化需氧量 2 项指标均超标严重,其余 9 项也有超标现象。35 家单位在 13 项检测中,仅有 2 项指标全部合格,在全部检测项目中合格率仅有 13.38%。

在精品公园复查中,北京市公园绿地协会专门购买了 4 台室外噪声测量仪器,分别对抽查的 29 家精品公园内的噪声进行检测,分别选择中心区、安静区和任意区 3 个点进行检测,求出三个点的平均值作为该公园的噪声结果。检测结果：平均分贝值均在 50 至 70dB 之间。噪声超标（50dB）率达 100%。被检测的 29 家精品公园安静区的噪声分贝普遍较低，最高值 63dB，其中 11 家单位噪声低于等于 50dB，合格率为 39%；中心区的噪声分贝普遍较高，最高值 91.7dB，仅有 1 家单位为 50dB；任意区噪声分贝相对低于中心区噪声分贝，最高值为 73.3dB，有 3 家单位噪声低于小于 50dB。由于有的精品公园所处地理位置紧靠交通干道，有的精品公园中心区有游乐及喷泉等噪声相对较高的设施，在不同时间段和设施开放时，噪声超标现象相对严重。

精品公园复查，市民还可通过网络和报纸投票的方式参与评选"我心中的精品公园"的活动，大约有 52 万多人参与了网络和报纸投票，扩大了精品公园的影响力。

本次精品公园复查各项统计数字在数十万个之多，使各级管理者做到了"心中有数"。通过复查普遍提高了精品公园的建设和管理水平，提高了社会对精品公园的认知度，评选出了精品公园 20 佳，这 20 佳不是说出来的，而是用数字"数"出来的。

附：北京市精品公园评选标准

1 范围

本标准规定了精品公园评定内容和评定标准。
本标准适用于北京市行政区域内注册的公园。

2 规范性引用文件

下列文件对于本文件的应用是必不可少的。凡是注日期的引用文件，仅注日期的版本适用于本文件。凡是不注日期的引用文件，其最新版本（包括所有的修改单）适用于本文件。

GB 3096—2008　声环境质量标准
GB 3838—2002　地表水环境质量标准
GB/T 10001（所有部分）标志用公共信息图形符号
GB 20815　视频安防监控数字录像设备
CJJ 48　公园设计规范
DB11/T 190—2003　公共厕所建设标准
DB11/T 213—2003　城市园林绿化养护管理标准

3 术语和定义

下列术语和定义适用于本文件。

3.1

精品公园　high-quality park

具有完整、科学合理的规划和设计，无土地权属争议；园林环境清新、整洁，景观优美，按照 DB11/T 213-2003 中的特级养护质量标准进行养护；各类设备设施齐全、完好；管理机构健全，规章制度完善，管理精细；服务热情规范；游览秩序良好，应急措施有效，游客满意度高的公园。

4 评定内容

4.1 精品公园评定按规划设计与施工、绿化管理、卫生管理、设施管理、服务管理、安全管理、档案及资料管理七个方面进行评定。

4.2 精品公园评定和复查按照附录 A 的要求进行评分，按照附录 B 的程序组织实施。

5 评定标准

5.1 规划设计与施工

5.1.1 公园具有经行政主管部门确认的公园总体规划，公园绿化用地比例按照 CJJ 48 执行。

5.1.2 公园有完整的规划图纸，审批手续齐全；没有规划图纸的或图纸不完善的，应有重新测绘的现状图。

5.1.3 公园规模、设置内容、分区布局适宜公园功能需要。景区、景点富有特色。原地形、地貌得到充分利用。公园的规模应在 1 公顷以上。

5.1.4 种植设计符合园内各功能分区的要求，植物配置科学合理，景观优美，重视乡土植物的应用。

5.1.5 园路及铺装场地设计合理，符合功能要求，且与总体风格协调。园路的路网密度应符合 CJJ 48 的要求，园路铺装系统中宜采用透水、透气铺砌形式。

5.1.6 建筑及其他设施的设计符合景观和使用功能要求。

5.1.7 公园按照设计建设施工，有各项工程竣工图和验收报告，施工质量良好。

5.1.8 公园调整、改造、更新项目，符合公园总体规划和 CJJ 48

的规定，用地变动符合《北京市公园条例》的有关规定。

5.1.9 依据规划进行公园的保护建设，并编制公园的保护利用规划，已建成景区、景点保护良好，无随意更改，无乱搭乱建。

5.1.10 按照国家和地方有关法律、法规对园内文物予以保护，保护措施明确、有效。

5.2 绿化管理

5.2.1 公园内绿地养护执行 DB11/T 213-2003 中的特级养护质量标准，达到特级养护水平，由有相应资质的园林绿化企业或公园的专业绿化队伍负责绿地管养，绿化养护责任落实。

5.2.2 有全年绿地养护管理工作计划及落实情况报告。

5.2.3 园内植物栽植、养护、调整应保持最佳景观状态，无随意砍伐、移植园内植物现象，树木保存率达到98%以上。各类植物生长良好，修剪及时、规范，无枯枝败叶、无缺株现象，绿地清洁，无明显裸露痕迹。植物牌示内容规范。

5.2.4 园内植物基本无病虫害。病虫害防治以生物防治方法为主，达到园林植物病虫害的可持续控制。

5.2.5 古树名木保护符合《北京市古树名木保护管理条例》各项规定，采取科学、有效保护和复壮措施，设立有效保护范围，古树保护牌示设置规范，古树名木保护率100%。

5.3 卫生管理

5.3.1 建立卫生管理组织机构及制度，有相对固定的卫生管理人员。

5.3.2 公园游览区内园容、园貌清新、整洁、美观。卫生工具不外露，无垃圾及杂物堆放，地面整洁干净，无痰迹污物。园容清扫在闭园时间段或夜间进行。

5.3.3 园内各类建筑物、构筑物外观完好，墙面无污迹，无乱张贴。各类设施定期清洗，整洁美观。

5.3.4 园内厕所室内明亮，无污迹，无破损；便池洁净、无污垢、无堵塞，无异味。

5.3.5 果皮箱（垃圾箱）应分类设置，定时清理，箱体内外干净无污迹，无污物外露，垃圾日产日清。

5.3.6 园内水体清洁、无异味、无蚊蝇滋生，水面无飘浮杂物，水质达到 GB 3838-2002 中 IV 类用水要求，无污水排放到公园湖、池等水体内的现象。

5.3.7 公园内设立的无烟区域内无吸烟现象。

5.3.8 园内噪声水平达到 GB 3096—2008 中规定的Ⅰ类声环境功能区的标准，即昼间噪声排放平均值≤55dB（A），无噪声扰民的投诉。

5.4 设施管理

5.4.1 园内设施设置符合 CJJ 48 的要求，与公园景观相协调，合理布局，在数量和功能上满足游客的需求。

5.4.2 园林建筑、园椅、园灯、果皮箱（垃圾箱）、宣传栏和室内装饰物等设施外观完好，功能齐全，构件完整无损。

5.4.3 公共厕所的建设达 DB11/T 190—2003 规定的Ⅱ类以上标准，造型、色彩与环境协调，引导标识醒目；厕所设施完好，有使用良好的无障碍厕位。

5.4.4 园内导览系统完备。牌示齐全、美观，位置合理，与周围景观协调，用语及文字书写规范，并有中外文对照；公共信息图形符号符合 GB/T 10001 规定。

5.4.5 各级园路平整，路面、路沿、台阶、护栏等无缺损。

5.4.6 水电设施、管线铺设符合相关行业的规范与要求。布线不影响园容景观，上下水保持通畅，供电、照明正常运转。重视并适时采用节能减排技术。

5.4.7 无障碍设施完善，且管理、使用良好，无障碍游览路线可达园内主要景点。

5.4.8 园内监控系统的设置应符合 GB 20815 及北京市相关要求。

5.4.9 小卖部、餐饮设施、游乐设施等有序定位，运行正常，色彩常新。无随意设置的广告牌、广告伞等有碍景观的设施。

5.5 服务管理

5.5.1 园内服务活动服从公园功能的需要，遵守国家的有关法律、法规及北京市有关规定，遵守职业道德，以为游客提供优质服务为宗旨。园内上岗人员培训合格率达 100%。

5.5.2 园内游览秩序良好，公园出入口外 50m 范围内及园内无影响正常游园的摆摊设点，无违反规定车辆入园及违章停车，无以盈利为目的的展销活动。

5.5.3　园内无游客携带宠物游园，无占卦、算命等封建迷信活动，无发放小广告及擅自兜售物品，无游人损害公共环境秩序及公共财产等不文明行为。

5.5.4　园内经营者证照齐全，从业人员按照规定着装、佩证，无强买强卖；商品明码标价，无假冒伪劣商品。各类食具及时消毒，不出售过期、变质食品，食品进货要有台账制度。

5.5.5　公园设有咨询点，有提供咨询服务、受理投诉的人员，沟通渠道畅通，咨询、投诉处理及时，记录完善，处理率100%。

5.5.6　综合性公园应设立游客服务中心和讲解服务机构，并备有导览指南、电子自动导游机等，讲解人员服务规范。

5.5.7　公园每年开展文明、健康、丰富多彩的文化活动；活动组织有序、措施到位，活动期间确保正常的游览秩序，活动结束后1周内恢复原貌。

5.5.8　执行政府相关优惠政策。收费公园出售的票种、票价及相关优惠政策应在售票处明示。

5.5.9　公园服务人员着装整齐、挂牌上岗、微笑服务、文明用语，能够妥善解决游客投诉，服务周到。

5.5.10　游客满意率达90%以上。

5.6　安全管理

5.6.1　公园安全管理组织机构健全，制度完善，安全工作符合《北京市公园风景名胜区安全管理规范（试行）》的要求。

5.6.2　认真执行安保制度。安保人员应通过专业培训并持证上岗。

5.6.3　园内各种设施、设备运行良好，无安全隐患，操作人员经过培训，持证上岗。消防器材按规定配置，消防设施完好率100%，消防通道畅通。水上救护人员及设施按规定配置，设施完好率100%。

5.6.4　应急预案完善，可操作性强，事故处理及时、妥当，记录准确，档案齐全。

5.6.5　园内安全警示标志规范、齐全、完备。

5.6.6　公园全年不发生重大安全事故。

5.7　档案及资料管理

5.7.1　公园档案及资料实行分类管理，有专人负责。

5.7.2　各类档案文件齐全，归档规范，按信息化管理要求建立电子档案。

5.7.3　公园内具有一定保护价值的文物（含古建筑）应登记、造册、存档。

5.7.4　公园的图纸档案应包含以下内容：

1）公园总平面现状图；

2）公园功能分区图；

3）绿化种植现状图；

4）地上地下管线现状图（包括上水、下水、电缆、燃气、热力等）；

5）公园建筑图（包括建筑平、立面图、结构图、建筑位置图）；

6）公园主要景点各类图纸（包括位置、绿化种植现状图、公园测绘图、建筑小品图及照片等）。

5.7.5　公园的文字档案应包含以下内容：

1）公园规划设计指导思想；

2）公园特色说明（包括园艺特色，建筑风格特色，经营项目活动特色等）；

3）公园园史及有关资料和照片；

4）公园变更情况记载（包括土地占借，绿地改造，建筑新增、拆除及修缮，地下管线敷设等）；

5）公园上报各类原始台账汇编；

6）园内所有乔木和大型灌木均有分类普查登记资料；

7）公园大事记。

5.7.6　资料应包括以下内容：

1）园内管理制度和记录；

2）安全管理制度和记录；

3）投诉处理意见记录；

4）文化活动组织、实施记录。

附　录　A
（规范性附录）
精品公园评分表

A.1　评分说明

共计100分，各大项分值分别为：规划设计与施工10分；绿化管理20分;卫生管理15分;设施管理15分;服务管理15分;安全管理15分;档案及资料管理10分。总分达到80分以上,且每单项分数不低于该项所设分数的70%,评为精品公园。

对于本标准的要求中被评定公园不涉及的内容,其相应的分值按该项的满分计。

A.2 分项评分表

分项评分表见表A.1。

分项评分表   表 A.1

分类项目	分项分值	得分	扣分事项
规划设计与施工（10分）	有总体规划,绿化用地比例符合要求。规划图纸完整,审批手续齐全。(3分)		
	公园功能与其规模相适应,设计内容符合相关要求。(2分)		
	按照设计施工,工程质量良好。(2分)		
	依规划对公园进行保护。(3分)		
绿化管理（20分）	执行绿地特级养护质量标准。(4分)		
	有绿地养护管理工作计划及落实情况报告。(4分)		
	园内植物保持最佳景观状态,无随意伐移现象。(4分)		
	以生物防治方法为主,园内基本无病虫害。(4分)		
	古树名木保护符合相关法规要求,保护率100%。(4分)		
卫生管理（15分）	卫生管理组织机构及制度健全。(3分)		
	园容、园貌清新。各类设施整洁美观。厕所干净、无异味。垃圾分类管理,日产日清。(8分)		
	园内水体清洁、达标。无烟区域内无吸烟现象。园内噪声水平符合要求。(4分)		

续表

分类项目	分项分值	得分	扣分事项
设施管理 (15分)	园内设施设置符合要求。功能齐全,外观完好。(3分)		
	水电设施、管线铺设符合要求。采用节能减排技术。(3分)		
	厕所达标,管理到位。园路平整无缺损。无障碍设施完善,使用良好。(3分)		
	园内导览系统完备。园内监控系统设置符合要求。(3分)		
	小卖部、餐饮、游乐等设施按要求设置。(3分)		
服务管理 (15分)	服务活动服从公园功能需要,服务人员培训合格率达100%,服务规范。(3分)		
	园内游览秩序良好。游客文明游园。园内经营合法规范。(3分)		
	咨询投诉机制健全,有效运行。综合性公园导游服务到位、规范。(3分)		
	票种、票价明示。优惠政策执行到位。文化活动有序安全。(3分)		
	游客满意率达90%以上。(3分)		
安全管理 (15分)	管理组织机构健全,制度完善,安全工作符合要求。(3分)		
	认真执行安保制度。安保人员经过专业培训并持证上岗。(3分)		
	园内各种设施、设备运行良好,无安全隐患。园内安全警示标志规范、齐全、完备。(3分)		
	应急预案完善,可操作,事故处理及时、妥当,记录准确,档案齐全。(3分)		
	公园全年不发生重大安全事故。(3分)		

续表

分类项目	分项分值	得分	扣分事项
档案及资料管理（10分）	档案及资料分类管理，专人负责。（2分）		
	归档规范，建立电子档案。（2分）		
	文物登记、造册、存档。（2分）		
	公园图纸档案、文字档案及相关资料齐全。（4分）		
总分			

附　录　B
（规范性附录）
精品公园评定和复查程序

B.1　精品公园的评定程序

B.1.1　评定办法

精品公园评定根据"公开、公平、公正"的原则，实行日常考核和集中检查相结合，专家评审和群众评议等相结合的办法。

B.1.2　申报程序

精品公园的评定按照辖区层次逐级申报的原则进行。

1）公园申报精品公园时，需填写精品公园评定申报表（见表B.1），提交给所在区、县园林绿化行政主管部门。

2）区、县园林绿化行政主管部门根据本标准对申报公园进行初审后，对符合条件的公园提出推荐意见，上报市园林绿化行政主管部门。

3）市园林绿化行政主管部门组织人员对申报公园进行内业评审和现场考核。统计评审意见，得出评定结果，进行公示，公示无异议的，对社会进行公布，并统一授牌。

B.2　精品公园复查

B.2.1　市园林绿化行政主管部门对已被命名的精品公园进行复查。

B.2.2　精品公园的复查采用全面复查、重点抽查、定期明察和不定期暗访相结合的办法。

B.2.3　复查不合格、管理水平下降或出现严重问题的，市园林绿化行政主管部门将视情节轻重分别予以限期整改、通报批评、撤销精品公园资格的处理。

精品公园申报表　　　　　　　　　　表 B.1

申报单位＿＿＿＿＿＿＿＿＿　　申报时间＿＿＿＿＿＿＿＿＿

公园名称			所在区县		
管理机构名称		隶属关系		负责人	
开放日期			年游人量(万人次)		
公园总面积（公顷）		绿地面积(公顷)		绿地率（%）	
联系人		联系电话		电子邮箱	

公园基本情况及自查意见：

（盖章）
年　月　日

区、县园林绿化行政主管部门意见	（盖章） 年　月　日

参 考 文 献

[1] 北京市公园条例 2002
[2] 北京市园林绿化局.北京市公园管理工作规范 2008
[3] 北京市园林绿化局.北京市公园风景名胜区安全管理规范 2009
[4] 北京市园林绿化局公园风景区处编.公园管理手册 2009

(四) 创建和谐公园

和者,和顺,谐和也,《易乾》曰"保合大和",《礼》中庸"发而皆中节谓之和"。谐者,和合协调之意。《书》舜典曰"八音克谐,无相夺伦",《左传》曰"如乐之和,无所不谐"。"和谐"二字原指音乐的和谐,后来人们把它广泛运用于艺术和社会领域。包括形式的和谐,人,物,艺术,外在因素的大小、比例及组合的匀衡、和谐(形式美);内容的和谐,即主观与客观、心与物、情感与理智的和谐(内容美);形式和内容的和谐统一,讲求内容的和谐以及塑造完美的全面发展的人。

2004年,在中国共产党召开的一次重要会议上,首次完整地提出了"构建社会主义和谐社会"的概念。事实证明,构建和谐社会不仅是广大民众的共同愿望,同时也是实现中国长远发展目标的重要保证。党的十七大进一步提出:深入贯彻落实科学发展观,要求我们积极构建社会主义和谐社会。社会和谐是中国特色社会主义的本质属性。科学发展和社会和谐是内在统一的。没有科学发展就没有社会和谐,没有社会和谐也难以实现科学发展。构建社会主义和谐社会是贯穿中国特色社会主义事业全过程的长期历史任务,是在发展的基础上正确处理各种社会矛盾的历史过程和社会结果。建设生态文明,基本形成节约能源资源和保护生态环境的产业结构、增长方式、消费模式。循环经济形成较大规模,可再生能源比重显著上升。主要污染物排放得到有效控制,生态环境质量明显改善。生态文明观念在全社会牢固树立。建设和谐文化,培育文明风尚。和谐文化是全体人民团结进步的重要精神支撑,引导人民自觉履行法定义务、社会责任、家庭责任。加强和改进思想政治工作,注重人文关怀和心理疏导,用正确方式处理人际关系。深入开展群众性精神文明创建活动。弘扬科学精神,普及科学知识。

公园是社会的一个细胞,在构建和谐社会的进程中扮演着重要的角色,有不可替代的作用。因此,公园行业要结合实际,以人为本,开展创建和谐公园的活动。创建和谐公园主题是:创造人与自然、人与动物、人与景观、人与文化、人与人、人与社会和谐的环境。

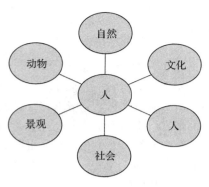

图 5-8　创建和谐公园示意

　　落实科学发展观，创建和谐公园，必须有一支坚强的队伍，这支队伍应当具备"世界眼光，一流标准，追求完美，创造和谐"的行业素养，坚持"规划立园，文化建园，科技兴园，依法管园"的行业理念，实践"注重生态，营造景观，传承文化，打造精品"的行业道德，树立"游客至上，热情周到，顾全大局，注意细节"的行业作风，按照"优美环境，优良秩序，优质服务，优秀文化"的行业精神和标准，创建和谐公园。

　　公园的环境建设应当实践"注重生态，营造景观，传承文化，打造精品"的行业道德。建造和管理公园、风景区应当以保护生态景观元素、创造优美的绿色环境为基本任务，为游客为奥运会营造清新、整洁、美观的环境。植物配置应当符合生态景观的要求，提倡适地适树和复层结构，有条件的地方要实行自然地被和草坪相结合，建设收集利用天水系统和节能型绿地结构，为鸟类提供觅食植物和饮水器具等，创造鸟类和昆虫繁衍生息的环境。花坛、花带应当精心设计、栽培，提倡多种宿根花卉。主要游览区应当执行特级绿地养护质量标准，其他地区应不低于一级绿地养护质量标准。应采用生物防治技术，喷药施肥应当避让游客。除造成安全隐患的落叶堆积需清除外，应当保留秋景，提倡落叶归根；除主要道路、桥梁、坡道、险段需扫雪外，应当给游客留下观赏拍照雪景的机会，必要处设立警示牌，提示游客注意安全。公园风景区内禁止使用化学除雪剂。古树名木是活文物，也是古都北京的一张名片，应当重点保护，科学养护管理。对有景观价值的枯枝死树要采取保全措施。应当保持水体景观的生态性、观赏性和功能性,保持水面清洁,水质应当符合《景观娱乐用水水质标准》,并保持一定水位。景观建筑和设施,应当按照规划和规范设置,讲求艺术性和实用性的统一。要精心设计,精心施工,讲求品位,注重特色,外观应当保持完好美观,达到整体的和谐。不得张挂广告、标语。施工现场设立的围挡应当注意美观,精品公园的施工现场应当采用景观围挡。道路广场的铺装、改造,在注重景观的同时,应当充分考虑其集水、透水、透气功能,讲求景观效果和生态效果的统一,不应追求豪华气派。商业网点的设置应当能够按照批准的公园风景区规划进行,形式、规模、体量、位置要与公园风景区景观相协调,不得在主要景观区设置。不得随意增设临时网点。大、中型公园风景区出入口50m范围内严格控制设置商业、服务业摊点。应当加强卫生和保洁工作,提倡丢掉大扫帚,必要的清扫应当做到不扬尘、不影响游客活动,要杜绝"逐客土"(指扫地扬尘)现象。厕所应当达到二类以上标准,做到"三有四无一同"。在公园风景区内禁止焚烧树枝树叶、荒草、垃圾和其他杂物;生产垃圾和生活垃圾应及时清运,垃圾楼、垃圾站应保持清洁,防止蚊蝇滋生。公园风景区的环境建设管理应当注意细节,细节体现素质,细节决定成败。在申奥期间,奥申委工作者为了把工作做得完美,连在大会上发言的官员的眼镜如何戴法都考虑得很周到,以树立我国官员的良好形象,申奥的成功就是由千千万万个细节的完美所造就的。天坛公园的保洁员手中有六件宝:背桶、扫把、抹布、刷子、夹子、镊子等。镊子是干什么用?是用来捡火柴棍的。他们的理念是,在游览区范围内不能见到火柴棍。试想,一个公园风景区连一根火柴棍都看不见,还会有果皮、纸屑吗?这就叫过细工作。据一位去过韩国的教授观察,那里的公园风景区员工手中有一个类似牙刷似的小工具,是用来刷墙根、墙角的。试想连墙根、墙角、椅角旮旯都刷得清洁如初,还担心大面上不干净吗?

公园应当为游客创造良好的安全秩序。游客到公园风景区内参观游览,一个重要的动机就是去放松身心,远离紧张的工作和城市喧嚣的环境。为游客创造一个安全、安静、秩序良好的环境,是公园风景区行业员工义不容辞的责任。水、电、气、热等市政设施应当隐蔽设置,不得危及游客人身及财产安全。建筑、小品、山石、驳岸、道路、广场、桥梁、码头、栏杆、植物、花坛、雕塑等景观设施应当牢固可靠，危险处应有警示标志，隐患应当及时排除。游客中心、休息场所、饮水台、园椅、园灯、厕所、果皮箱等服务设施，应符合规范要求，舒适美观、安全和谐，并应为残疾人游园提供便利。温室、水族馆、图书馆、陈列室、影剧院、纪念馆、游泳池、田径场、球场、舞场、健身场等文化体育设施，应当符合安全卫生和技术标准，有安全保障措施，便于游客集散。游乐设施应当符合国家技术标准，经有关部门验收、年检合格方可运营，游乐项目应当有安全须知，历史名园内禁止设置大型游乐设施。公园风景区应当配备安全消防设施，并保持其良好状态。重要的公园风景区应当建立电视监控系统。餐厅、小卖部、旅馆、饭店、野餐场等商业设施应当按特殊行业要求经营管理，保证公园环境和景观以及游客食宿安全。商业摊点应当进店经营，禁止在门窗外悬挂商品或商业广告。管理处、仓库、车库、料场、垃圾楼（站）、井盖等管理设施应当隐蔽设置，其作业运行不得影响游客的正常游览活动。公园应当创造安全安静的环境，音响、广播等音量不得超过50dB。及时排除易折落伤人的树木及枝杈。车辆应当严格控制，除老年人、残疾人、儿童使用的手摇、手推轮椅车和儿童车辆外，其他车辆未经允许不得入园。经允许在公园风景区内行驶的车辆应当限时、限线、限速，公园风景区应当有安全方案和应急预案。举办大型活动时，要建立健全制度，落实责任，排除隐患，杜绝事故；加强集中路段、出入口、狭窄通道等重要节点游客的疏导，必要时采取单行、封闭等措施。护园执法人员应当依法制止追逐游客兜售物品、乞讨、算命、赌博、玩火、放爆竹等影响游览秩序的行为，并应当文明执法，采取恰当的方式妥善处理一般游客的违章行为，防止矛盾激化。公园的各项设施都应当体现以人为本的思想。北京的青年湖等公园在厕所内安装了应急电铃按钮，一旦游客突发疾病，一按电铃，就会有工作人员立即赶去。香山公园针对山路台阶上下界限不分明，登山易发生意外的问题，在香炉峰至玉华岫主干道的主要台阶上画黄线500余处，提示游客安全登山，还在打药前张贴打药路线图，提醒游客绕行避让，下雪后及时清扫山路，张贴登山路线图，标明清扫后的山道，引导游客安全登山。这些做法充分体现了游客至上的理念。

  公园的服务是构建和谐公园的关键。服务人员的品质和行为举止是关键之关键。服务人员的服务往往能给游客留下深刻的印象，因此公园应当坚持实施"进园第一印象工程",一线职工应做到持证上岗、统一着装、挂牌服务、微笑迎客、举止端庄、主动热情、语言文明、耐心答询,以良好形象做好工作。服务人员应熟悉、掌握公园风景区有关情况,严格执行岗位规范,严格遵守服务纪律。殿堂及展室服务人员应当熟知本展室内陈列品的数量、品种、摆放位置及完好状况,做好日常防火、防盗、防尘及维护秩序的工作。应当根据需要或定时讲解服务,定时讲解服务应明示讲解时间。公园风景区出售的票种、票价、特殊人群入园的减免优惠政策应当在售票处明示。对物价部门批准的各项收费标准应严格执行,需调整或新添售票项目时须按程序报批。公园风景区应当对开闭园时间、园内活动、改变开放时间等特殊事件提前公示,不得损害游客利益。商业网点服务应当按照工商部门核准的经营范围经营,经营许可证、卫生许可证等应在显著位置明示。食品点及饭店应按照食品卫生的有关法律法规要求定期检查,严格消毒制度,不得出售假冒伪劣商品及腐烂变质的食品和饮料,不得销售裸露散装食品和炸烤肉食类食品。公园应当设立投诉机制,发挥游客中心的作用。在及时妥善地解决游客问题的同时,解决公园风景区自身存在的问题,不断提高公园风景区的服务水平。

服务要有规范,没有规矩,不成方圆,各个岗位都应有工作标准和服务规范,这是塑造优质服务的基础。优质服务不仅需要工作标准和服务规范,而且需要训练。在老师指导下,千百次的训练,通过考试达到合格上岗。同时也要靠良好的机制作为保障。比如上海的出租车是服务很好的,他们的规范要求车内座椅套和头靠套必须每日一换,保持洁净卫生。车内不准吸烟,不得让客人听不爱听的音乐,如果没有良好的机制,这些可能就会落空。他们采取了两项措施:一是将规范要求张贴在车内明显处让顾客监督,二是座椅套和头靠套都由公司统一印上了"星期几"的字样,这种机制逼着你不得不按照规范去做。另外,司机都经过培训,有一套统一的宣传上海建设成就的解说词,客人一上车,司机一开口,必定说的是对上海的赞美话,如果瞎侃或出现不规范的行为,乘客提出投诉,司机就可能面临下岗的危机。这就是机制的作用。情商在服务中也至关重要,情商是实现规范的自觉动力。情商是和智商(IQ)相对应的一个概念,它是美国哈佛大学教授丹尼尔·格尔提出来的。他认为情商是人的一种重要生存能力,是挖掘人的情感潜能、运用情感能力影响人们生活、工作和人生未来的关键因素。一个人的成功是80%的情商＋20%的智商。服务人员应当具有高度的事业心、责任感和情商,珍惜所在岗位,把工作视为与世界交流的平台,把自己视为世界认知北京的窗口,把自身素质当作中国北京的形象展示。一上岗就要进入状态,用热情和笑脸、用激情去工作,使服务达到最高境界,即游客需求的满足和对服务的满意。优质服务的实现,是规范(Normal)、机制(Cultivate)、训练(Training)和情商(EQ)共同作用的结果,通过上下的共同努力达到服务的最佳状态——升华(Sublimation)。用公式表示为:$(N+C+T) \times EQ = S$。

要树立大服务的观念,公园风景区的一切工作,要从管理型向服务型转变,不断研究满足游客求知、求乐、求美、求奇、求健的要求的途径和措施。作为公园风景区的员工,无论是什么工种,"进了公园风景区门都是服务人",即使你是饭店的厨师、办公室的打字员,都是间接或直接的服务人员,每个人都有可能接触到游客,都有可能遇到游客问路,都有可能有游客向你询问公园风景区情况,这时,每个人都成了一线的服务人员。

文化是公园风景区建设管理的灵魂,文化建园是一流标准的重要体现,公园风景区应当注重提高职工的文化素养,深入挖掘自身的文化内涵,提升建设和管理的文化品位,提高陈设、展览、文化活动的水平。英国前首相撒切尔夫人说过:英国可以没有首相,但是不能没有设计师。公园内的一切设施和活动要经过精心构思和设计,精心建设和营造,追求完美,创造和谐。公园风景区的规划设计应当传承中国优秀的园林文化,借鉴、吸收国外园林有益的理念和形式,"古为今用,洋为中用",以生态学原理为依据,按照适用、美观、经济的原则,创造时代精品;建设施工应当按照高水平、高标准的要求,交由具有规划设计资质的单位承担。文物景观的修缮、改造等活动应当经过专家科学论证,遵循保持原状、恢复原貌的原则,延伸文化,精心设计,精心施工,防止建设性破坏。公园风景区的建设和管理应当符合本单位的文化定位,继承优秀文化,不断发展和创新。加强科研和科普工作,引进先进技术和管理经验,推广科学的管理方法。公园风景区内的展览展出活动应当讲求特色和文化品位,向游客展示和宣传文物文化及科学知识。举办文化活动应坚持高档次、高水平、高品位，内容要健康文明，与公园风景区的历史文化相结合，与群众的需求相结合，主题鲜明、特色突出，有艺术性、趣味性和知识性。公园风景区应当根据需要设立示意图牌、简介牌、游客须知牌、游览指示牌、标志牌、说明牌、禁例牌和警示牌等，做到中英（外）文对照，文字图形规范，整洁完备，注重品位，讲求文明，注重特色与和谐，不宜过多过乱。公园风景区的票券设计应当与景观和文化内容相协调，讲究艺术效果，利于游客留存纪念。广告图案文字不得有宣传封建迷信、烟、酒、黄色以及其他国家法令法规禁止的内容。公园风景区旅游纪念品应当针对不同文化与消费层次的中外游客需求，精心设计并制作出具有本园文化特色的旅游产品。不得经营与公园风景区特色无关、与游客基本需求无关、低品位、低档次的旅游商品。公园风景区内的宾馆、饭店客房，应配有介绍当地情况和介绍本公园风景区的书籍和导览图册。公园行业应当编写员工文化素质培训书刊读物，举办多种形式的学习培训活动，培养员工高雅的审美情趣，不断提高员工的文化素养。

建设和创造"优美环境，优良秩序，优质服务，优秀文化"是公园多年形成的一种行业精神，这种精神将激励我们不懈追求，这是一个不断深化的过程，我们要用世界眼光，通过不断地揭示发展过程中存在的缺陷和不足，谋求改进与提高工作水平，实现一流标准，达到完美和谐的最高的境界。

（五）小事变大事

世界上许多事情看起来是小事，但实际上是大事。小事中孕育着大事，小事在一定条件下可以转化成大事。

比如公园里的厕所问题，记得20世纪80年代，旅游事业刚刚发展起来，北京市的公园厕所管理跟不上，有的厕所甚至脏的不堪入目，不能下脚，外国旅游者望而却步，登在报上，成了大事。之后，这个问题引起各方面的重视，投资改造，评选星级厕所，终于使问题得以解决，一些重要公园的厕所建造的各具特色，成了公园中一道亮丽的风景线。

2007年，北京的11个市属公园在公园中心的领导下，制定了《厕所管理规范》（附1），对厕所进行了改造升级，加强了公园厕所的管理，提高了服务的档次和水平。比如，在紫竹院公园厕所门厅的墙上非常规矩的公示着《厕所管理规定》、《厕所服务规范》、《厕所保洁标准》、《厕所保洁流程》（附 2）和意见本，工作之细致令人惊讶。特别值得一提的是，11 个公园的 100 多座厕所全部配上了卫生纸和洗手液，这件事在社会上引起强烈的反响，受到广大游人的欢迎和赞扬。因此，在北京市评选年度园林绿化十件大事（这是自 2004 年开始的第四届）的评选活动中，在数十件候选条目当中，"北京市属公园的厕所首次提供免费卫生纸"一条被评选为十件大事之一。这不仅反映了北京市属公园迎奥运卓越的工作，而且反映了人们对公园厕所的关注。

2008 年之初，在北京市公园管理中心年度工作会议上，北京市领导发表了一篇重要讲话，其中讲到两件事具体给予表扬，一是公园管理中心开展了游人满意率调查，调查结果表明，游人满意率达到 94%，另一件就是公园厕所管理和免费提供卫生纸、洗手液。他说："去年公园管理中心出台的厕所管理规范专门开了两次会，看着是小事，其实是大事。那是体现以人为本、体现公园管理水平的环节、空间，是公园管理的重要组成部分。厕所管理服务到位了，说明管理水平到一定程度了，特别是还实行了免费洗手液、卫生纸，这件事我表示坚决的支持和赞成，我希望你们继续坚持住。刚开始纸是一卷一卷的丢，现在少丢了，这是以人为本、是文明、是迈向文明，提高文明所需要付出的成本和代价。我们花点钱，但是买回了文明，提升了文明，值！"

这段讲话中提出了小事和大事的概念，同时讲了"两个体现"、"一个说明"、"四个是"："体现了以人为本，体现公园管理水平的环节，是公园管理的重要组成部分，说明管理水平到一定程度了，是以人为本、是文明、是迈向文明"。这段讲话是对公园这项工作的最高评价，是值得我们咀嚼和回味的。

一个公园，有规划、设计、建设和管理四门功课，门门都需要领导者花心思谋划、花气力运作。特别是管理工作有始无终，日复一日，年复一年，有许多事都是平凡的小事。"看着是小事，其实是大事"。从这些小事做起，把它做好、做细，"体现公园管理水平的环节"就会得到不断提高，这是体现"以人为本"的大事！

附1：北京市属公园厕所建设管理规范（试行）

为进一步提高市属公园厕所建设管理和服务水平，规范各公园厕所建设管理服务行为，加强对市属公园厕所服务管理工作的监督检查，北京市公园管理中心（以下简称中心）特制定本规范。本规范适用于市属公园。公园内负责厕所相关工作的人员均应按此规范执行。公园应不断提高对此项工作重要性的认识，动员人、财、物等各方资源搞好厕所的建设和管理，为中外游客提供规范化、人性化的服务。

公园厕所服务的总体要求是空气清新、环境整洁、设施完好、全日开放，让游客满意。各公园要依照规范及北京市其他相关要求做好此项工作，并可依据此规范制定和细化岗位服务规范及标准，督促员工执行。

第一条 设计与建设

（一）公园厕所设计和建设应按照《中华人民共和国行业标准公园设计规范（CJJ 48—92）》规定执行。公园内厕所的建设等级标准应按照《旅游区（点）厕所质量等级的划分与评定》中规定的二星级（含二星级）以上标准执行。未达标的要落实资金，进行改造，培训人员，尽快达到标准。

（二）世界文化遗产单位、国家重点文物保护单位内厕所的设计和建设应符合文物部门的管理规定，做到与周围景观协调一致。

（三）厕所内外各类无障碍设施的设计和安放应符合《旅游区（点）厕所质量等级的划分与评定》中规定的二星级（含二星级）以上标准。

第二条 维护与修理

（一）设立厕所专项费用，用于厕所设施的更新、维修和管理。

（二）建立厕所管护档案，对厕所的运行、维护、管理等项工作做详细记录，要一厕一档，内容准确真实，保存完好。

（三）厕所内设施齐备、完好，对各类设施设备进行定期维护，保证上下水、电路、空气交换等畅通，保证厕所的正常使用。

（四）厕所内停水、停电、漏水、便器堵塞、抽风机损坏等故障应在2小时内报修，同时向游人公示，公示内容包括维修内容、重新开放时间。如有在6小时内不能修复的，应及时向管理部门报告，如修复时间较长，应适当增加临时性厕所供游人使用。

（五）维修记录录入管护档案，详细登记损坏时间、维修人员、维修内容等，内容准确真实。

（六）用于特殊人群的服务设施，应随坏随修，并及时公示。

第三条 保洁与服务

（一）开关门时间应与公园开放时间一致，各种中英文牌示、说明齐全有效。

（二）厕所保洁应有专职人员，需经过岗位培训，熟悉设施、设备的正确使用方法和保洁程序，考核合格后方可上岗。

（三）保洁人员应佩戴胸牌，统一着装，准时上岗，文明作业，礼貌待人，照顾老、弱、病、残、孕等游客。

（四）厕所在开放期间，保洁人员不得从事与保洁服务无关的工作。

（五）建立保洁人员当日工作记录，记录内容包括：保洁人员姓名、各项设施完好情况、有无损坏、交接班时间等，内容准确真实。

（六）厕所应在开放前打扫完毕，开放过程中随时清扫，保证空气清新、环境整洁、干净明亮。

（七）厕所内手纸、洗手液等物品用完应及时更换。

（八）厕所内的顶棚、墙壁、门窗、地面、蹲台、便器、隔断门板、镜面、洗手盆、墩布池、干手器、挂衣钩、标牌、灯具等应做到干净整洁。

（九）厕所内应定期喷洒卫生药剂，做到无蝇、无蛆、无粪便外溢，地面干净无积水，保持室内无异味、无污垢。

（十）厕所内严禁堆放杂物和垃圾，清洁工具和用品，摆放有序，不能外露。

（十一）保洁人员进行清扫保洁时应设置提示标志，文字清晰。

（十二）雨、雪等特殊天气应及时放置防滑垫、公示牌。

（十三）厕所内应在明显位置设置意见本、意见箱，定期收集游客意见。

（十四）如游人较多，厕所内便池、坑位已满时，应在明显位置放置提示标志，保洁人员应引导游人自觉排队，在门外等候，顺序如厕。

（十五）公园厕所大面积维修、节假日或举办大型活动时，应根据实际情况增加临时性厕所。临时性厕所的安置应不影响公园景观,方便游人使用。做到随时清扫,保证空气清新、环境整洁,保持厕所外部环境干净整洁。

第四条 检查与管理

(一)各公园的厕所建设、管理应明确主管领导和责任科室,对管护单位进行督促检查。

(二)厕所主管部门应制定岗位责任制、厕所保洁作业流程、安全管理制度、设备管理制度,并定期检查。

(三)应制定应急预案,包括停水、停电、紧急保修、发生治安事件等方面的应急措施。

(四)厕所内设施应符合《旅游区(点)厕所质量等级的划分与评定》中二星级(含二星级)以上标准。

(五)厕所内应在明显位置悬挂公示栏,公示内容包括该厕所开放时间、保洁人员及管理部门人员照片、监督电话、服务规范等。

(六)公园管理中心将组织对厕所状况的检查,结合领导提出的要求和游客意见,对公园厕所的情况进行评价,以此作为总结评比的一项重要内容。

第五条 本规范自2007年8月1日起正式实施。

北京市公园管理中心
二零零七年七月二十日

附2:北京紫竹院公园《厕所管理规定》、《厕所岗位服务规范》、《厕所保洁标准》、《厕所保洁作业流程》

紫竹院公园厕所管理规定

为进一步提高公园厕所管理和服务水平,为中外游客提供规范化、人性化的服务,依据《市属公园厕所建设管理规范》要求,特制定本规定。

一、厕所管理服务的总体要求是空气清新、环境整洁、设施完好、全日开放,让游客满意。

二、厕所卫生保洁实行社会化管理,由具有保洁服务资质的公司承包。按公园要求和标准实施全日保洁服务。

三、保洁范围：厕所内的顶棚、墙壁、门窗、地面、蹲台、便器、隔断门板、镜面、洗手盆、墩布池、干手器、洗液盒、卫生纸盒、挂衣钩、座椅、标牌、灯具等设施，以及厕所门前3米内区域卫生。

四、社会化保洁公司须安排足够的人员专门负责对保洁员及厕所的日常管理。每日在开放时间前、中、后进行巡视、检查、发现问题，及时解决。特别要加强对早、晚厕所的检查和管理。

五、保洁人员要认真执行《公园厕所岗位服务规范》，做到室内、设施干净整洁，无蚊蝇、无异味，无污垢，门前卫生洁净。

六、保洁人员对厕所内的设施负有擦拭维护保养的责任，坚持日常检查、擦拭，做到勤修勤管，保证设备完好，水源充足，使用正常。

七、管理队对社会化保洁公司负有直接领导管理责任，设专人管理，坚持日常管理和检查，督促保洁单位落实各项规章制度。

八、厕所内停水、停电、漏水、便器堵塞、抽风机损坏等故障应在2小时内报修，同时向游人公示，如在6小时内不能修复的，应及时向管理经营科报告。

九、工程队负责厕所维修，在接到维修报告后，应及时赶到现场维修，维修记录录入管护档案，详细登记损坏时间、维修人员、维修内容等，内容准确真实。

十、扣罚标准

（一）厕所不按规定时间开放和关闭，扣0.5~1分。

（二）厕所内设施不完好的，扣0.2~1分。

（三）厕所内不按规定提供服务项目，扣0.5~1分

（四）厕所保洁人员未穿工作服，未戴工作证，脱岗，各扣0.5分。

（五）厕所内有臭味、便坑不洁（有尿碱、粪便）、烟头、积水、纸屑、废弃物，门窗、房顶有塔灰、蛛网和积尘，每项扣0.5~1分。

（六）厕所内卫生脏、乱和生活用品外露，扣0.5~1分。

（七）厕所内有刻、画，扣0.5~1分。

（八）厕所内有蚊、蝇（2只以上），扣0.5分。

（九）厕所门前三米内卫生不洁，扣0.5分。

（十）出现服务投诉及恶性服务投诉，扣1～5分。

（十一）保洁单位管理人员未按要求进行检查，扣2～5分。

（十二）未按要求填写保洁记录、维修记录，扣1～5分。

注：以上扣分标准为基础分，如有重复违犯的现象将加重处罚。如超出本规定评分范围，由管理处其他规定给予处罚。扣分标准中的每0.1分为5元。

紫竹院公园厕所岗位服务规范

一、岗位职业道德

敬业爱岗　　尽职尽责　　提高标准　　优质服务

不怕脏累　　乐于奉献　　文明礼貌　　宾客至上

二、岗位服务规范

（一）准备阶段

1. 提前上岗，换好工作服，戴好工作牌。
2. 打扫责任区卫生（厕所周边三米以内的范围为责任区）、厕所卫生，开窗通风换气，有换气扇的厕所擦拭换气扇然后打开通风。
3. 检查厕所设施，保证完好，准备好使用工具、卫生纸、洗手液等。
4. 检查无障碍通道及残疾人专用设施，确保设备完好，使用方便。

（二）服务阶段

1. 按时开放厕所。
2. 文明用语，热情服务，清扫前张挂告示牌。
3. 随时清扫、巡视厕所卫生，检查设施状况，及时添补手纸、洗手液等用品，清除厕所臭味。

（三）收尾阶段

1. 下班前，清扫厕所坑位卫生，打扫室内卫生。
2. 检查厕所设施，关闭电源，关好水截门等，各种工具规范放置，关好门窗，检查每个坑位，确保无人后锁好门。

紫竹院公园厕所保洁标准

一、便池及恭桶：采用专用清洁剂冲刷、清洗，定期消毒，保持无脏物、无污迹。

二、纸篓：及时倾倒，更换垃圾袋。

三、地面：日常拖擦、不断保洁，保持地面无水迹、无尿迹。

四、台面、洗手池、镜面：日常擦拭、定期消毒，保持光亮、无污迹。

五、墙面、隔断板：日常擦拭，每日一次，保持干净、无污迹无锈迹。

六、玻璃门窗、窗台：门窗、窗台日常擦拭、每日一次，玻璃定期刮洗，保持光亮、无污迹。

七、不锈钢设施：日常擦拭，定期保养，达到光亮、无污迹。

八、天花板附属设施的清洁：定期除尘。

九、定期消毒、除臭：保持室内空气清新、流通、无异味。

十、员工休息工作间干净整洁，生活用品不外露。

紫竹院公园厕所保洁作业流程

一、上岗前检查个人卫生是否符合个人卫生要求。

二、保持通风。打扫卫生间各部位卫生，清出纸篓的卫生纸；擦洗门窗、墙壁、装饰物、标牌、厕位隔挡。

三、定期擦拭天花板、灯具等。

四、冲刷大、小便器，放入除味香球。擦拭地面，检查卫生设施是否完好有效。

五、用专用工具擦洗洗手池（盆）、梳妆镜、洗手液盒等；清洗纸篓、垃圾桶。

六、装好卫生纸、洗手液、空气清新剂。

七、开放时间内随时冲刷便池，做好一客一清扫，保持卫生间无异味，地面无水渍。卫生用具定位存放。

二〇〇七年八月十六日

六、公园发展趋势

(一) 迎接公园城市时代

当人们走进坐落在中山公园西南隅的"北京公园"展览,常常被北展厅迎门一串红色灯笼所吸引,上面醒目地写着 10 个字:迎接公园城市时代到来。这是这个展览的点睛之笔,也是北京在建设世界城市的进程中发人深省的一个重要课题。

回顾历史,可以发现,自从公园出现,人们就在思考一个问题,即如何在城市无限扩张的情况下,使人们在高楼大厦的环境下保持一种"自然的感觉"。

早在 19 世纪中叶,奥姆斯特德原则的出现和美国纽约中央公园的建造,就孕育了"公园城市"的理念。在奥姆斯特德看来,城市规模的发展,必然导致高层建筑的扩张,最终,城市将会演变成一座大规模的人造墙体。为了在城市规模扩大以后,还能有足够的面积使市民在公园中欣赏自然式的风景,奥姆斯特德设计了纽约市中央公园。公园面积高达 843hm^2,南北跨越第 5 大道到第 8 大道,东西跨越 59 街到 106 街。巨大的公园规模,保证了纽约把可能出现的城市水泥森林远隔在公园之外。

1920 年,建筑大师勒·柯布西耶(Le Corbusier)认为,理想中的未来城市应该是:"坐落于绿色之中的城市,有秩序疏松的楼座,辅以大量的高速道,建在公园之中。"

1958 年,毛泽东以诗人的理想主义大胆地提出"大地园林化"的号召。从某种角度上讲,这一口号是毛泽东对未来"公园时代"的一种朦胧想象。

1933 年,《雅典宪章》规定,城市的居住、工作、游憩、交通等四大功能应该协调和平衡。新建居住区要预留出空地建造公园、运动场和儿童游戏场;人口稠密区,清除旧建筑后的地段应作为游憩用地。

1995 年,《世界公园大会宣言》指出:"都市在大自然中。21 世纪的城市内容，应把更多的公园汇集在一起，创造新的公园化城市……21世纪的公园必须动员社区参与，即动员公众和专业人员共同参与才能实现。"

1977年，《马丘比丘宪章》规定："现代建筑不是着眼孤立的建筑，而是追求建成后环境的连续性，即建筑、城市、公园化的统一。"

综上所述，公园化城市（以下简称公园城市）是公园高度发展的形态，是公园形成网络和规模效应，将城市融入在公园体系之中。这是城市的一种全新发展模式，是社会发展的必然趋势，它不仅是人类建设宜居城市的追求，更是衡量一个城市发展水平的标志。公园城市这个目标不仅考虑到园林的自然属性，而且也考虑到公园的人文意义和社会属性，是公园发展的最终目标。正如英国哲学家培根所说："文明的起点，开始于城堡的兴起，但高级的文明，必然伴随着优美的园林。"

公园城市一般应当具有如下特点：

1. 为社会的共同价值观。随着社会的进步，人们的生活质量不断提高，对幸福和幸福指数的理解也相应发生改变，人们的生活诉求从解决温饱向全面提高生活质量发展。政府决策机关和市民的理念基本成熟，文化建园的理念深入人心。公园的发展和建设得到全社会的普遍关注，不仅是政府关注的重点，也成为社会团体和公众共同关注的焦点。人们逐渐认识到了公园在提高人们生活质量中发挥的作用，在选择居住环境时，更加重视周边是否有公园和绿化配套。不仅如此，越来越多的集体和个人也参与到公园的建设中，企业参与公园建设、明星认养公共绿地，这些行为反映出了"公园城市时代"的显著特征。

2. 公园的规模和数量是基础。拥有一定规模和数量的公园，是城市进入公园城市时代的特点，也是衡量该区域是否进入公园时代的标志。在城市的发展规划中，首先要确立公园的布局和数量，留足和拓展公园发展的空间，特别是注重城市中心区公园的规划和建设，通过旧城区的改造和产业结构的调整，凡是能够建设公园的地方，都应当建造适合城市发展的大、中、小规模不等的各类公园；对一些具有园林性质的寺庙、故居、王府等逐步改造提升为公园；新建居住区和小区建设一批有相当规模的社区公园；现有的绿地、林地、隔离带等逐步实施提升工程，改造成为公园。《北京市公园条例》第十条规定：

"本市应当积极保护、利用历史名园,发展建设大、中型公园,并注重建设小型公园。"在城市公园的规划与建设中要考虑大、中、小型公园合理分布,使其形成互相联系的公园网络,充分发挥各自的功能。

3. 公园成为人们的第三度生活空间。公园是创造的结晶,是规划者、建造者、管理者共同创造的艺术品,是祖国大好河山的缩影,是爱国教育的良好场所。它所创造的和谐生活空间,奉献给人们的健康系数和幸福指数是其他事物所无法比拟的。由于公园景观优美、空气新鲜,文化氛围浓厚,人们在公园中休憩娱乐、健体强身、参观游览成为生活的重要组成部分,人们花在公园中活动的时间越来越多,使公园形成人流、气流、景观流的汇聚。公园不仅是人们健身休闲的场所,更是社会交际的重要空间,人们在公园里交流信息,增进感情,增强了人们的社会归属感,拓展了精神生活的空间。特别是随着人们休闲时间的增多和老龄化社会的到来,公园在创建和谐社会的进程中,发挥着重要的作用。据统计,北京市公园一年大约接待2.5亿游客,2007年仅北京市部分重要公园售出的公园年票就达150多万张,可见公园已经成为人们除居住、工作之外的又一个重要空间。

4. 公园成为地域中心。公园不仅是人们休闲健身的场所,一些名园和重要公园更发展成为地域中心,具有相当的辐射力和影响力,其良好的生态环境引来了客商投资,带动了周边房地产业的快速发展,拉动房地产增值,同时也提供了更多的就业岗位,带动了就业率提升等一系列变化,对于促进城乡发展、加快城乡一体化、带动经济繁荣起到了积极作用。公园的作用和综合影响力日益凸显,如北京东城区提出"天坛文化圈"的新理念,围绕天坛这座聚宝盆做发展经济和提升文化的文章;北京地坛庙会、龙潭湖庙会、大观园庙会、莲花池庙会、八大处公园的茶文化节、香山红叶节、北京植物园桃花节、朝阳公园风情节等也都极大地聚集了人气,成为知名的文化活动品牌,创造了良好的经济效益和社会效益,带动了周边相关产业的发展,促进了区域经济的发展。

5. 公园是城市尊严的象征。公园是城市形象的重要标志,代表了城市的历史和文化,是展示城市发展、城市性格的窗口,是国际交往的舞台。作为城市尊严的象征,北京公园拥有较高的知名度和美誉度,彰显着城市气质和文化底蕴,从而成为举办重大国际、国内活动的场所。天坛、颐和园、北海等是北京公园的代表，尤其是天坛已经成为北京的符号，成为北京市民精神世界的象征。第29届北京奥运会会徽从天坛祈年殿走向世界，残奥会火炬在祈年殿点燃以及奥运会马拉松赛跑穿越天坛，展现了北京作为文明古都的深厚底蕴；奥林匹克公园的建设，向世人展示了中国的新形象，举世瞩目，成为北京的一张新的靓丽名片。

6. 健全完善的管理机构是公园城市的基本条件。没有健全的公园管理机构，就无法统筹公园发展建设和管理的全局。在欧美国家，公园由专门设立的部门——公园局进行管理，自成系统。北京市委、市政府高度重视公园事业的发展，早在建国之初，就成立了专门机构负责公园管理：1949年2月，北平市人民政府公用局设公园管理科；1950年5月，北京市人民政府公园管理委员会成立，（北京市人民政府公园管理委员会直属人民政府，是北京市最早的独立公园管理机构）统一全市公园的管理工作；1953年6月，北京市人民政府将公园管理委员会与建设局园林事务所合并，成立北京市人民政府园林处。1955年2月，经北京市人民委员会第一次会议批准，北京市园林局正式成立。2006年，作为北京调整园林绿化管理体制改革的重要内容，北京市公园管理中心正式成立。

在市委、市政府的领导下，北京市公园管理中心负责全市重要公园的建设和管理，积极在建设"国家首都、国际城市、文化名城、宜居城市"中发挥作用。北京市公园管理中心自成立以来，根据市委、市政府的要求，凭借资源优势、人才优势、科技优势、管理优势、理论优势等五大优势，在公园的宏观管理和微观方面进行了深入的探索，摸索出一套合乎北京公园发展的管理模式，在北京乃至全国公园行业中发挥了不可替代的典范作用。

随着公园事业的不断发展，公园行业面临市场化的挑战，暴露出一些公园管理中的问题，因此，应当进一步发挥公园管理中心的优势，扩大职能，转变角色，确保公园的一切活动所产生的影响被控制在环境可承受和国家政策所允许的范围内。因此其行政的性质应当被强调，为公园城市的发展理顺组织关系。

在经济发展水平较低的情况下，解决人民温饱问题是社会发展的主要议题，城市公园的规划、建设力度亦受制于经济发展水平，公园管理处于维持的状态。从世界发达国家建设公园城市的发展道路来看，人均GDP达到10000美元之后才能成为可能。随着改革开放的深入，我国经济进入快车道，经济规模不断扩大，为我国部分城市进入公园城市时代提供了坚实的物质基础。在这种形势下，一些城市先后提出了建设"公园城市"的目标，深圳成为建设公园城市的先行者。2008年，深圳市人均GDP12932美元，先后建成公园575座，全市公园绿地达到13870公顷，城市与公园完美地融合在一起。作为国际大都市的北京，2009年，人均GDP达10000美元。目前已有1000多个公园，形成了城市坐落于公园体系之中的基本格局，为"公园城市"的建设和发展奠定了良好的基础，同时也为世界城市的建设提供了良好的条件。

进入21世纪，中国的综合国力日渐强盛，国际地位日益提升。在经济、社会高速发展的大背景下，公众对公园的关注度不断提高，北京的城市建设和发展促进了公园的发展，政府主导建公园，各行各业造公园，人居环境盼公园，建筑空间仿公园，"公园热情"在京城各处涌动。北京公园事业迎来了飞速发展的时期，历史名园在保护中得以发展，建立了以历史名园为核心的公园体系，各类公园包括现代城市公园、文化主题公园、区域公园、社区公园、小游园、道路滨河公园、风景名胜区等如雨后春笋层出不穷，标志着一个公园城市时代正向人们走来。

2010年北京市提出了建设"世界城市"的发展目标，北京公园在传承和发展优秀文化，在创造宜居的和谐环境，在世界城市的建设过程中势必显现出独特的功能和价值。公园城市时代理应是北京建设世界城市的重要标志之一。人们期待着，按照《绿色北京行动计划》的要求，建设公园城市，为老百姓创造更加宜居的生活环境，为北京建设具有中国特色的世界城市创造条件。

（二）境界文化信息——园林文化漫谈

现在在园林界存在3种不太好的倾向。其一，文化淡化倾向。有人认为园林的灵魂是生态。特别是在全球气候变暖，环境变坏的情况下，这种论调更是甚嚣尘上，以生态概括了园林的全部。把园林混同于绿化绿地，只认绿地率、绿化覆盖率，不提文化。历史上曾出现过"绿化结合生产"的方针，公园内种麦子，栽果树，生产蔬菜，这是与当时的社会经济有关,同时也与人们对园林的认识有关。现在仍然有人提出"森林进城",把公园内的土地分给社区种蔬菜等谬论。如果认为园林就是生态,那么这种论调无疑是正确的,建森林、种蔬菜、甚至种庄稼,都有生态效应。甚至生态效应高于一般园林。如果任这种理论发展,园林就可以变成林业,变成种树,甚至变成种庄稼了。因此这种倾向必须予以纠正,把园林生态摆到一个合理的地位,而不是以生态统帅园林,更不能以生态代替园林。

其二,文化泛化倾向。许多人认为园林文化具有综合性。只要在园林里存在的,都是园林文化。他们认为园林文化包罗万象,包括历史、哲学、宗教、艺术、建筑、园林、诗画楹联等等,甚至连餐饮、厕所都是园林文化。似乎园林文化是"万宝囊",是个大筐,什么都可以往里装。这种认识不仅理论上偏颇,而且在实践上带来很大危害,什么体育文化要进公园,演艺文化要进公园,宗教文化要进公园等,特别是体育和餐饮大有侵吞公园之势,公园好像唐僧肉,各个部门都打着文化的旗帜,想在公园中分一杯羹。我认为体育文化应在体育场所去体现,不能体育馆办展销,而到公园来搞体育,这同公园中游人健身娱乐完全是两码事。在泛化论的影响下,各种所谓的公园也不时出现,甚至有的地方"性文化公园"也出现了。这不能不说这是园林文化的一种悲哀。

其三,文化俗化倾向。把园林文化庸俗化,是和泛化论有关,同时又有其突出的特点。泛化论还是个认识问题,俗化则往往是公园的管理者为了不得不获取的经济利益而牺牲公园自身价值的一种倾向。比如有的地方公园内游乐设施的泛滥,经营项目的泛滥,所谓文化活动的泛滥,其背后的原因都是为了钱。有的地方政府不仅不能保证公园运营发展的资金,而且还要公园自己"以园养园",要公园免票,甚至有的还有经济指标,有上交任务。在这种情况下,公园管理者不得不千方百计去想挣钱的门路。有的不大的一个公园有5个对外经营的饭店,有的盖房出租,上所谓的文化项目。许多人把这种现象叫做"逼良为娼"。这是园林发展的一大悲剧,极大地损害了公众的利益。这应当引起各级政府部门的高度重视。

什么是园林文化呢?我们需要从历史的、辩证的、本质的、发展的观点去探讨。

中国的古典园林发于商周,成于秦汉,跃于唐宋,峰于明清。在远古时代遍地森林，人们并不缺少氧气，出于享乐的需要，建"囿"于都，或筑宫于山。园林从一诞生就是精神享受的物质载体。山西闻喜县出土的周代"刖人守囿车"，充分证实了当时的社会生活情景和"囿"的历史。"文王囿，广百里。纣鹿台，千尺高"。囿中有灵沼、灵台，其功能是"观天象，猎虎豹"；"莳花木，看鱼跃"。

秦汉时期园林的规模宏大，"上林广，阿房高"；"昆明池，鲸鱼噱"；"神仙界，人间造"。园林中的"一池三山"的造园艺术和雕刻艺术，已有了大的发展，达到了相当高的程度，营造了一种"仙境"的境界。魏晋南北朝时期，文人雅士、门阀世族、地主大建私家园林，山水园林与诗画融通，深入人们的文化生活领域。唐朝盛世，出现了大量的帝王园苑和众多的私家园林以及自然山水园。兴庆宫、九成宫、华清池、辋川别业为主要代表作。宋朝是园林的高潮期，仅汴梁都城中就有名园数十个，不出名的百十个。著名的《洛阳名园记》和《枫窗小牍》均有记载。著名的华阳宫（艮岳）、独乐园、沧浪亭、杭州西湖等园林名胜，以太湖石叠山，其造山艺术达到了一个高峰。明清时代以北京"三山五园"的营造和《园冶》问世为标志，中国园林达到登峰造极的高度，其艺术达到了出神入化的境界。

中国近代的公园，继承和发展了中国古典园林的优良传统（有相当一部分是从皇家园林、私家园林中转化来的历史名园，其传统自不必提。顺便说一下，今天"皇家"早已驾鹤西去了，昔日的皇家园林成了公园，只可叫历史名园），创造了一批堪称优秀的作品。主要标志是一批主题文化公园、现代城市公园、区域性公园和社区（乡镇）公园以及小游园、风景名胜公园（风景区）的兴起。这些新时代的公园，适应广大市民和游客的需求，注重文化的品位，关注群众的广泛参与性，营造了各具特色的文化景观，创造了美的、适宜于现代人生活娱乐的境域。

无论是中国的古典园林，还是近现代的公园，均是以模拟自然造景营境为主旨，以山水植物为素材，用艺术和科学的方法融入人文因素，创造出的适宜人们生活的美的境域。人们营造园林，无论古代还是今天，它不同于植树造林，不同于绿化，说到底是为了创造美，创造境界文化信息。过去在古代这种美的环境是供帝王将相、达官贵人、门阀世族、文人雅士所独享，杜甫的诗《丽人行》曰："三月三日天气新，长安水边多丽人。态浓意远淑且真，肌理细腻骨肉匀。"

或许就是这种情形的写照。只有到了公园时代,园林才是成为社会公共的资源,供广大人民群众共同享受。

美的环境称境域或境界,人们享受美的环境,美的境界,用现代语言表述,就是获取境界文化信息。

在《园冶》一书中,没有用"美"的词汇,文中用"妙"字共21处,"境"字12处,"胜"字6处,"佳"字5处。特别提出了**"境界"**的概念。在"房廊基"一节中写到:"廊基未立,地局先留,或余屋之前后,或通林许。蹉山腰,落水面,任高低曲折,自然断续蜿蜒,园林中不可少斯一断**境界**。"在"傍宅地"一节中写到:"宅傍与后有隙地可葺园,不第便于乐闲,斯谓护宅之**佳境**也。"在"厅堂基"一节写到:"深奥曲折,通前达后,全在斯半间中,生出**幻境**也。"在"门窗"一节中写到:"伟石迎人,别有一壶天地;修篁弄影,疑来隔水笙簧。宜收,俗尘安到。"在"墙垣"一节写到:"从雅遵时,令人欣赏,园林之**佳境**也。"在"掇山"一节中写到:"岩、峦、洞、穴之莫穷,涧、壑、坡、矶之俨是。信足疑无**别境**,举头自有深情。""罅堪窥管中之豹,路类张孩戏之猫。小藉金鱼之缸,大若**丰都之境**。"在"园山"一节中写到:"缘世无合志,不尽欣赏,而就厅前三峰,楼面一壁而已。是以散漫理之,可得**佳境**也。"在"厅山"一节中写到:"或有嘉树,稍点玲珑石块;不然,墙中嵌理壁岩,或顶植卉木垂萝,似有**深境**也。"在"池山"一节中写到:"池上理水,园中第一胜也。若大若小,更有**妙境**。"在"借景"一章中写到:"林阴初出莺歌,山曲忽闻樵唱,风生林樾,**境**入羲皇。"

境界,在辞书中解释为:①疆界:《荀子·强国》:"入境观其风俗。"②地域:陶潜《饮酒》诗:"结庐在人境,而无车马喧。"③境地;景象:耶律楚材《再和呈景贤》诗:"我爱北天真境界,乾坤一色雪花霏。"④佛教名词:(1)指公识所辨别的各自对象,如眼识色尘为其境界。(2)犹言造诣。《无量寿经》:"斯义弘深,非我境界。"⑤指诗文、图画的意境。如境界高超。

国学大师王国维在《人间问话》中把诗词,分为有我之境和无我之境,认为"有我之境以我观物,故物皆着我之色彩;无我之境,以物观物,故不知何者为我,何者为物……,无我之境,人唯于静中得之;有我之境,于由动之静时得之,故一优美,一宏壮也。"同时,王国维把志士仁人的奋斗历程分为三个境界用诗的语言描绘出来:

"昨夜西风凋碧树。独上高楼，望尽天涯路。"此第一种境界；"衣带渐宽终不悔，为伊消得人憔悴"，此第二种境界；"众里寻他千百度，蓦然回首，那人却在灯火阑珊处"，此第三种境界。

园林是艺术，艺术是中国园林的美学主题。钱学森在《文艺工作的内涵》中列举了文艺工作的十一个方面，其中将"园林"（包括盆景、庭园、小园林、风景区等）列为第4项，与小说杂文、诗词歌赋、建筑、美术、音乐、技术美术、烹饪、服饰、书法、综合艺术（戏剧、电影等）艺术门类并列。

康熙大帝认为："造园的最高境界应该是：高度平远近之差，开自然峰岚之势。依松为斋则窍崖润色，引水在亭则臻烟出谷。皆非人力之所能，借芳甸为之助。"

周维权先生认为中国园林的特点是"本于自然，高于自然；建筑美与自然美的融糅；诗画的情趣和意境的涵蕴"。余树勋先生解释意境，即：内在的含蓄与外在的表现之间的桥梁。

孙筱祥先生著有《艺术是中国文人园林的美学主题》，指出："'意境'即心灵美与理想美的境界。"他指出，在文人园林艺术作品的创作过程中，必须经过三个递进的美学序列境界：第一为"生境"，即自然美和生活美的境界；第二为"画境"，即视觉与听觉美的意境；第三为"意境"，即心灵美与理想美的境界。还指出："中国古典文人园林，是一种艺术作品，她是一个通过光信息、声信息、符号信息、储存了艺术家对人生对自然的'爱心'与'情感'的宝库。"

由此可以看出，园林是一种文化现象，是人们追求精神生活的高层次需求，是造景营景的艺术，是一种创造力的凝聚。它所提供给人们的是"境界文化信息"的享受。它是通过生境的建造、画境的营造和意境的创造，创造出真境、妙境（佳境）、仙境（幻境）。这种"境界文化信息"是园林文化的基本内核，它是通过鉴赏者，游览者的"视觉"、"听觉"、"嗅觉"、"感觉"来接受和感受的。所谓"真境"，即《园冶》中所描述的，"虽为人作，宛自天开"，是一种天然图画，人们进入到这种境界如同溶入在无限美好的自然环境中，步移景异，山水清音，正如颐和园澄爽斋联曰："芝砌春光，尘池夏气；菊含秋馥，桂映冬荣。"人们在自然的美景中赏"梨花院落溶溶月"，沐"柳絮池塘淡淡风"，听"蝉噪林逾静，鸟鸣山更幽"。所谓"妙境"，指比真境更高一层的境界，正如计成所云："能妙于得体合宜"；"先乎取景，妙在朝南"；"长廊一带回旋，在竖柱之初，妙于变幻"；"观之不知其所。或嵌楼于上，斯巧妙处不能尽式"；"相间得宜，错综为妙"；"池上现山，园中第一胜也，若大若小，更有妙境"；"假山依水为妙"；有最大巧妙透漏如太湖峰，等等。"妙"体现"道"的无限性特点，"妙"出于自然，又归于自然，故"妙"必然要超越有限的物象，是"像外之妙"；像外像，景外景。"情景相生而且相契合无间，情恰能称景，景也恰能传情，这便是诗的境界"。（朱光潜《美学文集》）恰如中国人常说的话："妙不可言。"第三种境界为仙境或幻境。从秦始皇造"一池三山"，中国园林营造仙境便成为一种传统，契合人们理想的天堂仙界，将许多神话故事具象化，形成独特的优美的园林环境。清华园工字厅后面的匾额为"水木清华"，其联曰："槛外山光历春夏秋冬万千变幻都非凡境，窗中云影任东西南北去来澹荡洵是仙居。""水木清华"典出自晋代谢叔源的《游西池》诗："景昃鸣禽集，水木湛清华。"模拟仙山琼阁、梵天乐土，在有限的空间中产生出无限的幻觉来，给人们以精神上"畅"的享受。正如英国前首相希思站在颐和园的治镜阁上赏万寿山佛香阁及波光粼粼的昆明湖水，不尽感慨万分，他说："颐和园是真正的人间天堂。"杰克逊也发出类似的感慨："难道这就是我理想的世界吗？"

  境界文化信息是中国园林和中国园林艺术本质。从某种意义上说中国园林和中国园林艺术是一个词，没有无艺术的园林。而那些将园林庸俗化为绿地、绿化的提法是十分不恰当的。我们今天所说的园林主要指公园。"公园"从属性说叫园林。但是从公园一词一出现，"园林"就发生了质的变化。服务对象已由为少数帝王将相、达官贵人服务，改变为"众众"的广大老百姓服务；而在城市中的地位和重要性越来越显现出来。据统计显示：全国城市中绿地率均在30%左右，而公园则占绿地率的50%左右。公园是城市绿地系统五种类型中最具影响力、凝聚力和发展力的核心部分，是最能体现园林文化的部分。把今日的园林称公园是符合我国实际。

  园林（主要指公园）三种境界是以园林景观的形式表现出来，是园林艺术家创造的结果，是园林文化的核心，是基础，是园林的灵魂所在。但是，它不是园林文化的全部。园林文化围绕这个核心展开。文化建园所说的文化，不是指一般的教育、科学和理论研究，而是凝集在"园林之树"各个层面上的理念、理论、文学、艺术精华和具有文化意义的实践活动。

它包括六个层次，详见本书 P70 的内容。

（三）《关于进一步加强公园建设管理的意见》解读

2013 年 5 月 3 日，中华人民共和国住房和城乡建设部以建城 [2013] 73 号文的形式，发布了《关于进一步加强公园建设管理的意见》（下称意见）。这是继 1986 年《全国城市公园工作会议纪要》（衡阳会议）和 2005 年《关于加强公园管理工作的意见》之后，发布的又一个重要文件。其目的在《意见》开头就开宗明义，"为适应城镇化快速发展的需要，切实满足人民群众休闲、娱乐、健身等生活需要，切实改善人居环境"而提出《意见》。

《意见》共分为六部分，即：一、正确认识公园建设管理工作的重要性和紧迫性；二、强化公园体系规划的编制实施；三、加强公园设计的科学引导；四、严格公园建设过程的监管；五、深化公园运营维护管理；六、加强组织领导。《意见》在分析了公园建设管理面临的形势后，提出了一系列带有前瞻性、政策性、准法规性和可操作行的意见。为了便于记忆，就个人学习的体会，我用 1、2、3、4、5、6 形象形式，分 6 个题目解读，即一个高度，两个角度，三个深度，四门功课、五级力度、六种难度等，谈几个我认为重要的问题与业内同行交流。

1. 把握一个高度

高度决定长度、宽度和力度。只有站得高，才能看得远，高瞻远瞩。

公园建设管理应当站在什么样的高度呢？《意见》指出："要站在建设生态文明、精神文明和安定和谐社会的高度，充分认识加强新时期公园建设管理的重要性和紧迫性，树立生态、低碳、人文、和谐的理念，始终坚持公园的公益性发展方向，切实抓好公园建设管理工作。"这个问题的提出，在《意见》中给出了 4 条理由：一是人们对公园需求的不断提高，二是公园建设管理的压力加大，三是城乡统筹发展提出新的要求，四是社会各方面对公园造成的威胁因素增加。

高度的思想贯彻于《意见》的始终。在"深化公园运营维护管理"一节中，进一步指出："始终坚持公园的公益性发展方向，确保公园公共服务属性。公园是公共资源,要确保公园姓"公",严禁任何与公园公益性及服务游人宗旨相违背的经营行为。"

《意见》明确了公园的性质和定位:"公园是与群众日常生活息息相关的公共服务产品,是供民众公平享受的绿色福利,是公众游览、休憩、娱乐、健身、交友、学习以及举办相关文化教育活动的公共场所,是城市绿地系统的核心组成部分。"

《意见》强调指出,"牢固树立以人为本、尊重科学、顺应自然、低碳环保的公园设计理念";"严禁任何与公园公益性及服务游人宗旨相违背的经营行为,公园是公共资源,要确保公园姓'公'"。

2. 领会两个角度

如果把公园比作一辆车,那么建设和管理就是它的两个轮子。《意见》从公益性和完整性两个方面提出了很高的要求。公益性在《意见》中占有非常突出的位置。指出:本着"生态、便民、求实、发展"的原则,编制城市公园建设与保护专项规划;牢固树立以人为本、尊重科学、顺应自然、低碳环保的公园设计理念;严禁任何与公园公益性及服务游人宗旨相违背的经营行为,公园是公共资源,要确保公园姓"公"。指出:公园是与群众日常生活息息相关的公共服务产品,是供民众公平享受的绿色福利,是公众游览、休憩、娱乐、健身、交友、学习以及举办相关文化教育活动的公共场所,要始终坚持公园的公益性发展方向,确保公园公共服务属性。公园是公共资源,要确保公园姓"公",严禁任何与公园公益性及服务游人宗旨相违背的经营行为。一是严禁在公园内设立为少数人服务的会所、高档餐馆、茶楼等;严禁利用"园中园"等变相经营。二是禁止将政府投资建设的公园资产转由企业经营、将公园作为旅游景点进行经营开发。三是严禁违规增添游乐康体设施设备以及将公园内亭、台、楼、阁等园林建筑以租赁、承包、买断等形式转交营利性组织或个人经营。

"公益"一词意指"公共利益",有如下特点:①外在性。属于公益事业的部门和企业及其活动一般处在直接生产过程、个别经营活动和居民的日常生活之外,独立存在、并行运转,并构成相对独立的系统。②社会性。大部分公益事业主要依靠社会投资和建设,资金依靠国家财政解决,投资主要表现为社会效益和环境效益。③共享性。公益事业的服务是为许多单位和居民共享的。④无形性。公益事业所提供的产品大多是无形的服务,而不是有形的物质产品。⑤福利性。公益事业所提供的产品带有很大成分的社会服务和社会福利性质。绿地不一定是园林，园林不一定是公园，公园必定是园林。公园是社会公益事业，是城市的基础设施。成为公园必须具备三个必要条件：一是要具有良好的园林环境，二是要具有较完善的设施，三是向公众开放。三条缺一也不能称其为公园。当年，上海的外滩公园从开放时起就不准中国人入内，甚至在公园门口挂出过牌子，规定华人与狗不得入内，因而激起了中国人民的极大愤慨。经过60余年的坚持不懈的斗争，工部局终于宣布从1928年6月1日起公园对中国人开放。在此之前只是外国人的私人花园。

《意见》提出了一个多数人与少数人的概念，很重要。公园一定要为多数人服务，要满足多数游人符合公园文化定位的优势需求。早在10几年前。一位老部长就给政府写信，痛斥公园里汽车横行、会所出现，呼吁莫让公园成为少数人的私人场所。

关于保持公园的完整性，可以从内涵和外延两方面理解。内涵的部分主要是内部的约束。因此《意见》提出：严格运营管理，确保公园公共服务属性。公园是公共资源，要确保公园姓"公"，严禁任何与公园公益性及服务游人宗旨相违背的经营行为。严格控制公园内建筑物、构筑物等配套设施设备建设，保证绿地面积不得少于公园陆地总面积的65%；严格控制游乐设施的设置，防止将公园变成游乐场；严格控制大广场、大草坪、大水面等，杜绝盲目建造雕塑、小品、灯具造景、过度硬化等高价设计和不切实际的"洋"设计。

同时要求各城市园林绿化主管部门每年至少组织一次全面清理检查，对存在违规行为的公园提出处理意见，责令限期整改，并将检查清理情况及时报送城市人民政府及省级住房城乡建设（园林绿化）主管部门。各省级住房城乡建设（园林绿化）主管部门应及时将有关情况报送住房城乡建设部，并督促整改。

如果把内涵的完整性比作攻坚战，那么外延的完整性可称之为保卫战。《意见》指出：强化绿线管制，保障公园绿地性质。公园绿地是城市绿地系统最核心的组成部分，任何单位和个人不得侵占。一是禁止以开发、市政建设等名义侵占公园绿地。二是禁止出租公园用地，不得以合作、合资或者其他方式，将公园用地改作他用。三是严禁借改造、搬迁等名义将公园迁移到偏远位置。经过公示、论证并经审核同意搬迁的公园，其原址的公园绿地性质和服务功能不得改变。四是严格控制公园周边可能影响其景观和功能的建设项目及公园地下空间的商业性开发。市政工程建设涉及已建成公园的必须采取合理避让措施；确需临时占用的，必须征得城市园林绿化主管部门同意，并按园林绿化主管部门的意见实施。

3. 体察三个深度

《意见》的提出，不仅具有实践的意义，而且带有理论的色彩。比如关于公园体系的提法，关于公园是城市绿地系统最核心的组成部分的提法，公园设计要突出人文内涵和地域风貌的提法等。这些提法不仅符合我国公园事业发展的实际，而且具有理论先导和引领的作用。

从全国情况看，大多城市的绿地率已达到30%以上，其中的公园不仅质量高、功能全、作用大，公园具有生态作用、美化作用、吸引作用、拉动作用、改善作用、渗透作用、辐射作用、促进作用、引导作用、记忆作用、保护作用、展示作用等等，而且占到绿地的50%左右，把公园称之为"核心"是恰如其分的科学评估。

把城市公园逐步建成公园体系，是社会的需求，也是公园发展的趋势。公园城市时代既是新时代公园发展的新现象也是城市公园发展的必然结果。1843年，英国利物浦市动用税收建造了公众可免费使用的伯肯海德公园（Birkinhead Park），面积达125英亩，标志着世界上第一个城市公园的正式诞生。1880年，在城市急速扩张时期，美国设计师奥姆斯特德和埃利奥特等人设计的波士顿公园体系，突破了美国城市方格网格局的限制。该公园体系以河流、泥滩、荒草地所限定的自然空间为定界依据，利用200ft～1500ft宽的带状绿化，将数个公园连成一体，在波士顿中心地区形成了景观优美、环境宜人的城市公园体系（park system）——"翡翠项链"。奥姆斯特德原则的出现和美国纽约中央公园的建造，孕育了"公园城市"的理念。在奥姆斯特德看来，城市规模的发展，必然导致高层建筑的扩张，最终，城市将会演变成一座大规模的人造墙体。为了在城市规模扩大以后，还能有足够的面积使市民在公园中欣赏自然式的风景，奥姆斯特德设计的纽约市中央公园面积高达843hm^2。1920年，建筑大师勒·柯布西耶认为，他理想中的未来城市应该是："坐落于绿色之中的城市，有秩序疏松的楼座，辅以大量的高速道，建在公园之中。"1977年，《马丘比丘宪章》指出："现代建筑不是着眼孤立的建筑，而是追求建成后环境的连续性,即建筑、城市、园林绿化的统一。"1995年《世界公园大会宣言》指出:"都市在大自然中。21世纪的城市内容,应把更多的公园汇集在一起,创造新的公园化城市……21世纪的公园必须动员社区参与,即动员公众和专业人员共同参与才能实现。"

2008年11月26日,河源市委书记陈建华撰写了《公园城市构想》一文,提出"在中心城区建设公园城市的构想",《公园城市构想》系统论述了"公园城市建设应遵循'理念先行、合理规划、组合资源、健康功能、持之以恒'二十字方针",提出:公园城市是生态名城建设的基础,理念是公园城市建设的灵魂,规划是公园城市建设的纲领,资源是公园城市建设的内涵,功能是公园城市建设的根本,恒心是公园城市建设的关键。

深圳提出建设"公园之城":以"深圳速度"营造"公园之城"。有关资料显示,2001年,深圳公园数为130多个,面积为13240.4万m^2。至2006年9月,全市已建公园442个,总面积达37194.8万m^2。短短5年,深圳公园数量和面积取得了惊人的进步。在寸土寸金的情况下,深圳全方位、多层次营造"公园之城市",体现"深圳速度"。这些大小不一的公园,如一幅幅丰富多彩的"城市插图",成为深圳这座动感绿都一张绚丽的"名片"。连成网络,形成体系。深圳"公园之城"已初具轮廓。

就北京而言,基本上形成了以历史名园为核心的公园体系,包括狭义公园和广义公园。狭义公园:历史名园、遗址保护公园、现代城市公园、文化主题公园、区域公园、社区公园、道路及滨河公园、小游园和风景名胜区等9类;广义公园:是指狭义公园以外、具有某些公园特征的各类公园,主要包括自然保护区、森林公园、郊野公园、湿地公园、农业观光园、地质公园等。

突出文化内涵和地域风貌,是《意见》的重要观点。文化是公园的灵魂,一个没有文化的公园称不上是公园。《意见》指出:"要有机融合历史、文化、艺术、时代特征、民族特色、传统工艺等,突出公园文化艺术内涵和地域特色,避免'千园一面'"。所谓有机融合,实际上是创造的过程。公园是园林,园林的文化不是一般意义上的文化。园林文化是景观文化,是美的文化,是境界文化。境界文化信息是园林或曰公园文化的核心与精髓。公园文化既不能淡化,也不能泛化,更不能庸俗化。大力倡导文化建园是针对当前公园建设管理存在的问题提出来的。具有很强的时代意义。2012年住房和城乡建设部《关于促进城市园林绿化事业健康发展的指导意见》就第一次提出了大力倡导文化建园的理念。提出要加大对地域、历史、文化元素的挖掘,提高公园文化品位和内涵,打造精品公园。这种理念符合《世界公园大会宣言》指出的"一个公园必须继承该地域的地方景观和文化。公园在整体上作为一种文明财富存在,必须保持它所在地方的自然、文化和历史方面的特色"。

4. 练好四门功课

规划、设计、建设、管理是公园管理者的四门功课。

规划是公园的龙头,必须有正确的理念和科学的精神。《意见》提出要强化公园体系规划的编制实施,提出要本着"生态、便民、求实、发展"的原则,编制城市公园建设与保护专项规划,构建数量达标、分布均匀、功能完备、品质优良的公园体系。提出了合理规划、统筹发展、加大规划建设力度和将公园保护发展规划纳入城市绿线和蓝线管理等四项要求。

加强公园设计提出了"要牢固树立以人为本、尊重科学、顺应自然、低碳环保"的理念:一是严把设计方案审查关,防止过度设计。二是以人为本,不断完善综合功能。三是突出人文内涵和地域风貌。四是生态优先、保护优先。五是以植物造景为主。提出公园设计要严格遵照相关法规标准,严格控制公园内建筑物、构筑物等配套设施设备建设,保证绿地面积不得少于公园陆地总面积的65%等具体要求。

关于公园建设提出加强监管的问题。一是切实加强对新建、改建、扩建公园项目从招投标到竣工验收全过程的专业化监督管理,确保严格遵照规划设计方案和工艺要求,安全、规范施工建设。二是以栽植本地区苗圃培育的健康、全冠、适龄的苗木为主,坚决制止移植古树名木,严格控制移植树龄超过50年的大树;严格控制未经试验大量引进外来植物;严禁违背自然规律和生物特性反季节种植施工、过度密植、过度修剪等。三是加强对新建、改建、扩建公园项目的竣工验收和审计。四是切实加强对公园建设项目竣工验收后养护管理的指导服务和监督检查。

公园管理是《意见》的重头剧。《意见》主体四个部分,其中规划部分用了479字,设计522字,建设504字,而管理部分用了1535字,可见其重要。管理部分共有四大条17小条:严格运营管理确保公园公共服务属性;强化化绿线管制保障公园绿地性质;加强日常管理确保公园运营安全有序;加大管养投入保障健康永续发展。严禁在公园内设立为少数人服务的会所、高档餐馆、茶楼等;严禁利用"园中园"等变相经营。禁止将政府投资建设的公园资产转由企业经营、将公园作为旅游景点进行经营开发。严禁违规增添游乐康体设施设备以及将公园内亭、台、楼、阁等园林建筑以租赁、承包、买断等形式转交营利性组织或个人经营。禁止以开发、市政建设等名义侵占公园绿地。禁止出租公园用地,不得以合作、合资或者其他方式,将公园用地改作他用。严禁借改造、搬迁等名义将公园迁移到偏远位置。经过公示、论证并经审核同意搬迁的公园,其原址的公园绿地性质和服务功能不得改变。严格控制公园周边可能影响其景观和功能的建设项目及公园地下空间的商业性开发等规定,可以说切中时弊,有很强的针对性,在社会上引起强烈反响和震动,显示了《意见》的效力。

规划、设计、建设、管理是公园的基本工作内涵,是公园宏观管理、中观管理和微观管理的管理者的基本功,必须认真研究和实践。四项内容如同四轮驱动的汽车,按照《意见》的精神,平衡、协调、全面发展,公园就会走向良性快速发展的轨道。

5. 设定五级力度

《意见》虽然不是法规条例,但是它采用了一些法规的用语,比如禁止、严禁等。这是之前关于公园的两个文件所没有的(2005年《关于加强公园管理工作的意见》仅有25个"要")。这样就使此《意见》不仅具有很强的实践意义,而且可为未来我国出台公园法创造了条件。《意见》的约束性条款可分为五个力度量级:一要、二保、三强、四严、五禁。

《意见》中有31个"要"[1],有18个"确保(障)"[2],有11+3+3个"加强"与"强化"[3],有12个"严格"[4],有10+3个"严禁"与"禁止"[5]。条目清晰,规定明确,要求严格,可操作性强。

6. 抓住机遇乘势前进

《意见》的出台对于公园的建设和发展具有重要的现实意义和深远的历史意义。尽管《意见》并非十全十美,但它强调了公园绿地的重要性,将引起政府、社会的重视;强调了政府责任,呼吁政府加大土地、规划、资金、政策的支持。

《意见》全面具体,即强调管理者的责任,又强调政府责任,既有原则理念的要求,又有政策和规定的约束。

《意见》力度大、可操作性。强调公园的性质,地位和作用,对于堵住侵占危害公园绿地的行为等影响公园发展的问题具有较强的抑制力。从一年来北京、上海、杭州等全国各个城市加大清理整顿公园里的会所、高档餐馆等力度来看,已初显了《意见》的效力。

《意见》全面具体,有一定的强制力,不仅会进一步加强公园的建设管理,同时将成为未来公园立法的基础。现在,世界许多国家都有公园法。相信在不远的将来,具有中国特色的《中国公园法》,也会在这个《意见》的基础上诞生出来。

目前《意见》的贯彻执行的形势很好。但是,我们应当看到,由于公园的建设和管理受到观念制约、资金短缺、政策软弱、法律迟滞、理论匮乏、手段失衡等难点因素的制约,《意见》的贯彻执行不会是一帆风顺的。特别是一些地方公园实施免费开放之后,出现了心理学上称之为"合成谬误"的现象,"以园养园"、"重建轻管"的思想作祟,公园的建设和管理还会遇到不少困难。公园管理者应当担负起宣传社会、宣传政府、宣传领导、改进工作的责任,把《意见》的每一项规定和要求落到实处,开创公园事业美好的未来。

注释:1) 31个"要":1要本着对人民高度负责的精神,充分认识加强公园管理工作的重要意义;2要在《城市绿地系统规划》的指导下;3要做出规划,逐步拆除;4要以植物造景为主;5要加快植物园、湿地公园、儿童公园的各类公园的建设;6要弘扬我国传统园林艺术,突出地方特色;7要协调当地财政部门;8要落实专项资金;9要在统一规划的提前下,调动各方面的积极性,加快公园建设步伐;10要加强历史名园保护管理工作;11要加强对古典园林的保护管理和造园艺术的研究;12要实行严格的景观控制;13要确保公园姓"公";14要建立健全安全管理制度;15要切实加强日常管理,制订公园管理细则;16要保障公园内所有餐饮、展示、娱乐等服务性设备设施都面向公众开放;17要按功能分区合理设置游览休闲等项目;18要加强卫生保洁;19要加强游园巡查;20要加强对旅游团队的管理,讲解人员须持证上岗;21要实行专业化讲解;22要严格限制宠物入园;23要本着"三分建设七分管养"的原则,在切实加大养护;24要贯彻落实《国务院关于加强城市绿化建设的通知》;25要在理念引导、规划控制、资源协调、资金投入、政策保障、监督管理等方面强化主导作用；26 要组织制订完善公园建设管理的法规政策、制度以及技术标准、操作规程；27 要建立健全公园建设管理全过程监管体系；28 要及时面向社会公示公园四至范围及坐标位置，加强社会监督；29 要建立自律自治和举报监督机制，及时受理群众举报，接受公众、媒体监督；30 要在每年 12 月 31 日前将本地区公园建设管理及跟踪督查情况上报；31 要建立公园登记注册、普查清理、督查整改等。

2）确保（证）障 18 个：保证绿地面积不得少于公园陆地总面积的 65%；保障新建公园要切实其文化娱乐、科普教育、健身交友、调蓄防涝、防灾避险等综合功能；保障公园内各项设施设备安全运营；保障公园内所有餐饮、展示、娱乐等服务性设备设施都面向公众开放；保障公园管养经费足额到位、保证专业化管养水准；保障公园绿地性质；保障健康永续发展；保障公园内交通微循环与城市绿道绿廊等慢行交通系统有效衔接；确保公园用地性质及其完整性；确保公园项目严格遵照规划设计方案和工艺要求；确保出现灾情时及时开放、功能完好；确保公园水质清新、设施干净、环境优美；确保设区城市至少有一个综合性公园；确保城区人均公园绿地面积不低于 5 平方米、公园绿地服务半径覆盖率不低于 60%；确保严格遵照规划设计方案和工艺要求；确保公园公共服务属性；确保公园运营安全有序；确保公园水质清新、设施干净、环境优美。

3）11+3+3 个加强与强化：加强公园设计的科学引导；加强对新建、改建、扩建公园项目从招投标到竣工验收全过程的专业化监督管理；加强对新建、改建、扩建公园项目的竣工验收和审计；加强对公园建设项目竣工验收后养护管理的指导服务和监督检查；加强卫生保洁以及公园内山体、水体、树木花草等保护管理；加强日常管理；加强游园巡查；加强对旅游团队的管理；加强专业人才队伍建设；加强组织领导；加强社会监督；加大管养投入；加大科研投入；加大社区公园、街头游园、郊野公园、绿道绿廊等规划建设力度；强化公园体系规划的编制实施；强化绿线管制，保障公园绿地性质；强化政府的主导作用。

4）12 个严格：严格公园建设过程的监督；严格控制移植树龄超过 50 年的大树；严格运营管理，确保公园公共服务属性；严格控制公园周边可能影响其景观和功能的建设项目及公园地下空间的商业性开发；严格遵照规划设计方案和工艺要求，安全、规范施工建设；严格控制公园周边的开发建设;严格遵照公园设计相关法规标准;严格控制游乐设施的设置,防止将公园变成游乐场;严格控制大广场、大草坪、大水面等;严格审查和公示管理;严格限制宠物入园(宠物专类公园除外);严格限制机动车辆入园。

5) 10+3个"严禁"与"禁止"

严禁在公园内设立为少数人服务的会所、高档餐馆、茶楼等;严禁利用"园中园"等变相经营;禁止将政府投资建设的公园资产转由企业经营;严禁违规增添游乐康体设施设备以及将公园内亭、台、楼、阁等园林建筑以租赁、承包、买断等形式转交营利性组织或个人经营;禁止以开发、市政建设等名义侵占公园绿地;禁止出租公园用地,不得以合作、合资或者其他方式,将公园用地改作他用;严禁借改造、搬迁等名义将公园迁移到偏远位置;严禁建造偏离资源保护、雨洪调蓄等宗旨的人工湿地;严禁盲目挖湖堆山、裁弯取直、筑坝截流、硬质驳岸等;严禁违背自然规律和生物特性反季节种植施工、过度密植、过度修剪等;严禁任何与公园公益性及服务游人宗旨相违背的经营行为;严禁低级庸俗的活动进园;严禁动物表演。

(根据2014年5月21日在阳江市住建部召开的全国城市园林绿化技术与管理培训交流会上的 ppt 讲稿整理)

(四)中国历史名园保护与发展北京宣言

2009年10月16至17日,中国公园协会、北京市公园管理中心、北京市公园绿地协会,在北京举办首届"中国历史名园保护与发展论坛",来自北京、上海、天津、重庆、四川、江苏、山东、河南、湖北、陕西、宁夏、云南、贵州、广东、福建、吉林等省、市、自治区22个城市的专家、学者和业内人士,就"中国历史名园保护与发展"这一重要论题展开讨论,切磋切磨,达成系列共识,特发表此宣言。

在自古代至近现代数千年的历史演进中,中华民族以自己的聪明才智创作了无数的园林佳构,形成了独树一帜的中国古代园林造园体系,给世界文明以重大贡献和影响,在世界造园史和人类文明史上闪耀着璀璨的光焰。中国古代园林是我国传统造园思想、观念和知识的物质载体,体现着古代中国人对理想的人居环境的认识和追求,蕴含着丰富的古代哲学、美学、文学、环境学、景观学、工程学、历史学等内涵；近现代园林则反映了中外文化碰撞交流和嬗变创新在造园学领域的时代印迹。

历史名园是有一定的造园历史和突出的本体价值，在一定区域范围内拥有较高知名度的公园。它反映历史发展特定阶段的社会、政治、经济、文化、艺术、科学等发展状况，是以往社会发展、城乡变迁以及人类思维形态的直观物证，代表城市或地域的历史和尊严，是宝贵的文化遗产。

今天的历史名园，作为中国珍贵的历史遗存，具有突出、普遍的历史价值、艺术价值和科学价值，在当代公园序列中具有无可比拟的地位。历史名园传承城市历史风貌与人文景观，满足公众感知了解历史文化、欣赏享受美的生活的需求，为人居环境设计提供理念和方法，为中国传统文化研究提供丰富的实物，为园林营造提供丰厚的理论依据，是不可多得的宝贵财富和文化资源。保护和继承好历史名园这一园林文化标本，对继承和发展园林事业，繁荣新时代的园林文化具有重要意义。

历史名园具有稀缺、脆弱、不可复制、不可再生的特点和属性，因此，保护是历史名园的第一要务。我们必须按照和遵循历史名园保护的相关法律法规和《世界遗产公约》的精神，制定相应的政策、法规和管理制度，培养人才队伍，落实保护经费，科学地、有效地保护历史名园。

历史名园保护的核心是本体价值的保护。本体价值是指代表历史名园本质属性的基本要素体系，即一切具有历史文化价值的物质存在。应维护历史名园本体价值的历史真实性和完整性，实行最小干预原则，最大限度地避免建设性破坏和维护性损毁（灭失），最大程度地传承历史名园的物质遗存、人文信息和可辨认的历史时序信息。

历史文化精神是历史名园之灵魂，应注重保护历史名园的精神和魂魄。挖掘和弘扬历史名园自身特有的历史文化内涵，加强历史名园学术交流和研究，开展符合历史名园自身文化定位的特色文化活动和展览展示项目，发展特色文化商业经营，提高导览讲解服务水平，传播历史名园的文化和保护历史名园的知识，最大程度地延续和传递历史名园的历史文化内涵和精神气质。

历史名园是丰富多彩的传统无形文化遗产的载体，蕴含或创造着丰富的传统民俗、节庆、技艺和口头传说等无形文化遗产形态。应当重视无形文化遗产的挖掘、保护和展示,成为延续城市文化精神的重要阵地。

历史环境是历史名园本体价值的重要组成部分。对历史环境的保护,应纳入城乡发展建设规划和精神文明建设规划,积极预防在城市化、现代化进程中,对历史名园历史环境的人为损害。

历史名园要积极吸纳历史经典和当代社会科技管理的先进成果,重视教育和科研,重视借鉴文化、服务、经营等行业的先进模式和经验。树立规划立园、文化建园、科教管园、人才兴园的理念,创新发展,发挥历史名园的地域中心作用,提高历史名园在现代社会生活中的影响力和在经济发展中的推动力。

在新的历史时期,中国历史名园的工作者,与全国园林行业的同行们携手共进,深化管理制度改革,开拓创新,努力实践历史名园的科学发展,为和谐社会的建设做出新的更大的贡献!

2009 年 10 月 17 日 于北京

第二部分 相关法律法规

一、国内相关法律法规

(一) 中华人民共和国城乡规划法（节录）

2007年10月28日第十届全国人民代表大会常务委员会第三十次会议通过 2008年1月1日起施行

第一条 为了加强城乡规划管理，协调城乡空间布局，改善人居环境，促进城乡经济社会全面协调可持续发展，制定本法。

第二条 制定和实施城乡规划，在规划区内进行建设活动，必须遵守本法。

本法所称城乡规划，包括城镇体系规划、城市规划、镇规划、乡规划和村庄规划。城市规划、镇规划分为总体规划和详细规划。详细规划分为控制性详细规划和修建性详细规划。

本法所称规划区，是指城市、镇和村庄的建成区以及因城乡建设和发展需要，必须实行规划控制的区域。规划区的具体范围由有关人民政府在组织编制的城市总体规划、镇总体规划、乡规划和村庄规划中，根据城乡经济社会发展水平和统筹城乡发展的需要划定。

第三条 城市和镇应当依照本法制定城市规划和镇规划。城市、镇规划区内的建设活动应当符合规划要求。

县级以上地方人民政府根据本地农村经济社会发展水平，按照因地制宜、切实可行的原则，确定应当制定乡规划、村庄规划的区域。在确定区域内的乡、村庄，应当依照本法制定规划，规划区内的乡、村庄建设应当符合规划要求。

县级以上地方人民政府鼓励、指导前款规定以外的区域的乡、村庄制定和实施乡规划、村庄规划。

第四条 制定和实施城乡规划，应当遵循城乡统筹、合理布局、节约土地、集约发展和先规划后建设的原则，改善生态环境，促进资源、能源节约和综合利用，保护耕地等自然资源和历史文化遗产，保持地方特色、民族特色和传统风貌，防止污染和其他公害，并符合区域人口发展、国防建设、防灾减灾和公共卫生、公共安全的需要。

在规划区内进行建设活动，应当遵守土地管理、自然资源和环境保护等法律、法规的规定。

县级以上地方人民政府应当根据当地经济社会发展的实际，在城市总体规划、镇总体规划中合理确定城市、镇的发展规模、步骤和建设标准。

第五条 城市总体规划、镇总体规划以及乡规划和村庄规划的编制，应当依据国民经济和社会发展规划，并与土地利用总体规划相衔接。

第九条 任何单位和个人都应当遵守经依法批准并公布的城乡规划，服从规划管理，并有权就涉及其利害关系的建设活动是否符合规划的要求向城乡规划主管部门查询。

第十七条 城市总体规划、镇总体规划的内容应当包括：城市、镇的发展布局，功能分区，用地布局，综合交通体系，禁止、限制和适宜建设的地域范围，各类专项规划等。

规划区范围、规划区内建设用地规模、基础设施和公共服务设施用地、水源地和水系、基本农田和绿化用地、环境保护、自然与历史文化遗产保护以及防灾减灾等内容，应当作为城市总体规划、镇总体规划的强制性内容。

城市总体规划、镇总体规划的规划期限一般为二十年。城市总体规划还应当对城市更长远的发展作出预测性安排。

第十八条 乡规划、村庄规划应当从农村实际出发，尊重村民意愿，体现地方和农村特色。

乡规划、村庄规划的内容应当包括：规划区范围，住宅、道路、供水、排水、供电、垃圾收集、畜禽养殖场所等农村生产、生活服务设施、公益事业等各项建设的用地布局、建设要求，以及对耕地等自然资源和历史文化遗产保护、防灾减灾等的具体安排。乡规划还应当包括本行政区域内的村庄发展布局。

第二十九条 城市的建设和发展，应当优先安排基础设施以及公共服务设施的建设，妥善处理新区开发与旧区改建的关系，统筹兼顾进城务工人员生活和周边农村经济社会发展、村民生产与生活的需要。

镇的建设和发展，应当结合农村经济社会发展和产业结构调整，优先安排供水、排水、供电、供气、道路、通信、广播电视等基础设施和学校、卫生院、文化站、幼儿园、福利院等公共服务设施的建设，为周边农村提供服务。

乡、村庄的建设和发展，应当因地制宜、节约用地，发挥村民自治组织的作用，引导村民合理进行建设，改善农村生产、生活条件。

第三十条 城市新区的开发和建设，应当合理确定建设规模和时序，充分利用现有市政基础设施和公共服务设施，严格保护自然资源和生态环境，体现地方特色。

在城市总体规划、镇总体规划确定的建设用地范围以外，不得设立各类开发区和城市新区。

第三十一条 旧城区的改建，应当保护历史文化遗产和传统风貌，合理确定拆迁和建设规模，有计划地对危房集中、基础设施落后等地段进行改建。

历史文化名城、名镇、名村的保护以及受保护建筑物的维护和使用，应当遵守有关法律、行政法规和国务院的规定。

第三十二条 城乡建设和发展，应当依法保护和合理利用风景名胜资源，统筹安排风景名胜区及周边乡、镇、村庄的建设。

风景名胜区的规划、建设和管理，应当遵守有关法律、行政法规和国务院的规定。

第三十五条 城乡规划确定的铁路、公路、港口、机场、道路、绿地、输配电设施及输电线路走廊、通信设施、广播电视设施、管道设施、河道、水库、水源地、自然保护区、防汛通道、消防通道、核电站、垃圾填埋场及焚烧厂、污水处理厂和公共服务设施的用地以及其他需要依法保护的用地，禁止擅自改变用途。

第三十七条 在城市、镇规划区内以划拨方式提供国有土地使用权的建设项目，经有关部门批准、核准、备案后，建设单位应当向城市、县人民政府城乡规划主管部门提出建设用地规划许可申请，由城市、县人民政府城乡规划主管部门依据控制性详细规划核定建设用地的位置、面积、允许建设的范围，核发建设用地规划许可证。

建设单位在取得建设用地规划许可证后，方可向县级以上地方人民政府土地主管部门申请用地，经县级以上人民政府审批后，由土地主管部门划拨土地。

第三十八条 在城市、镇规划区内以出让方式提供国有土地使用权的，在国有土地使用权出让前，城市、县人民政府城乡规划主管部门应当依据控制性详细规划，提出出让地块的位置、使用性质、开发强度等规划条件，作为国有土地使用权出让合同的组成部分。未确定规划条件的地块，不得出让国有土地使用权。

以出让方式取得国有土地使用权的建设项目，在签订国有土地使用权出让合同后，建设单位应当持建设项目的批准、核准、备案文件和国有土地使用权出让合同，向城市、县人民政府城乡规划主管部门领取建设用地规划许可证。

城市、县人民政府城乡规划主管部门不得在建设用地规划许可证中，擅自改变作为国有土地使用权出让合同组成部分的规划条件。

第四十条 在城市、镇规划区内进行建筑物、构筑物、道路、管线和其他工程建设的，建设单位或者个人应当向城市、县人民政府城乡规划主管部门或者省、自治区、直辖市人民政府确定的镇人民政府申请办理建设工程规划许可证。

申请办理建设工程规划许可证，应当提交使用土地的有关证明文件、建设工程设计方案等材料。需要建设单位编制修建性详细规划的建设项目，还应当提交修建性详细规划。对符合控制性详细规划和规划条件的，由城市、县人民政府城乡规划主管部门或者省、自治区、直辖市人民政府确定的镇人民政府核发建设工程规划许可证。

城市、县人民政府城乡规划主管部门或者省、自治区、直辖市人民政府确定的镇人民政府应当依法将经审定的修建性详细规划、建设工程设计方案的总平面图予以公布。

第四十一条 在乡、村庄规划区内进行乡镇企业、乡村公共设施和公益事业建设的，建设单位或者个人应当向乡、镇人民政府提出申请，由乡、镇人民政府报城市、县人民政府城乡规划主管部门核发乡村建设规划许可证。

在乡、村庄规划区内使用原有宅基地进行农村村民住宅建设的规划管理办法，由省、自治区、直辖市制定。

在乡、村庄规划区内进行乡镇企业、乡村公共设施和公益事业建设以及农村村民住宅建设，不得占用农用地；确需占用农用地的，应当依照《中华人民共和国土地管理法》有关规定办理农用地转用审批手续后，由城市、县人民政府城乡规划主管部门核发乡村建设规划许可证。

建设单位或者个人在取得乡村建设规划许可证后，方可办理用地审批手续。

第四十三条 建设单位应当按照规划条件进行建设；确需变更的，必须向城市、县人民政府城乡规划主管部门提出申请。变更内容不符合控制性详细规划的，城乡规划主管部门不得批准。城市、县人民政府城乡规划主管部门应当及时将依法变更后的规划条件通报同级土地主管部门并公示。

建设单位应当及时将依法变更后的规划条件报有关人民政府土地主管部门备案。

第四十四条 在城市、镇规划区内进行临时建设的，应当经城市、县人民政府城乡规划主管部门批准。临时建设影响近期建设规划或者控制性详细规划的实施以及交通、市容、安全等的，不得批准。

临时建设应当在批准的使用期限内自行拆除。

临时建设和临时用地规划管理的具体办法，由省、自治区、直辖市人民政府制定。

第四十五条 县级以上地方人民政府城乡规划主管部门按照国务院规定对建设工程是否符合规划条件予以核实。未经核实或者经核实不符合规划条件的，建设单位不得组织竣工验收。

建设单位应当在竣工验收后六个月内向城乡规划主管部门报送有关竣工验收资料。

第四章　城乡规划的修改

第四十六条 省域城镇体系规划、城市总体规划、镇总体规划的组织编制机关，应当组织有关部门和专家定期对规划实施情况进行评估，并采取论证会、听证会或者其他方式征求公众意见。组织编制机关应当向本级人民代表大会常务委员会、镇人民代表大会和原审批机关提出评估报告并附具征求意见的情况。

第四十七条 有下列情形之一的，组织编制机关方可按照规定的权限和程序修改省域城镇体系规划、城市总体规划、镇总体规划：

（一）上级人民政府制定的城乡规划发生变更，提出修改规划要求的；
（二）行政区划调整确需修改规划的；
（三）因国务院批准重大建设工程确需修改规划的；
（四）经评估确需修改规划的；
（五）城乡规划的审批机关认为应当修改规划的其他情形。

修改省域城镇体系规划、城市总体规划、镇总体规划前，组织编制机关应当对原规划的实施情况进行总结，并向原审批机关报告；修改涉及城市总体规划、镇总体规划强制性内容的，应当先向原审批机关提出专题报告，经同意后，方可编制修改方案。

修改后的省域城镇体系规划、城市总体规划、镇总体规划，应当依照本法第十三条、第十四条、第十五条和第十六条规定的审批程序报批。

第四十八条 修改控制性详细规划的，组织编制机关应当对修改的必要性进行论证，征求规划地段内利害关系人的意见，并向原审批机关提出专题报告，经原审批机关同意后，方可编制修改方案。修改后的控制性详细规划，应当依照本法第十九条、第二十条规定的审批程序报批。控制性详细规划修改涉及城市总体规划、镇总体规划的强制性内容的，应当先修改总体规划。

修改乡规划、村庄规划的，应当依照本法第二十二条规定的审批程序报批。

第四十九条 城市、县、镇人民政府修改近期建设规划的，应当将修改后的近期建设规划报总体规划审批机关备案。

第五十条 在选址意见书、建设用地规划许可证、建设工程规划许可证或者乡村建设规划许可证发放后，因依法修改城乡规划给被许可人合法权益造成损失的，应当依法给予补偿。

经依法审定的修建性详细规划、建设工程设计方案的总平面图不得随意修改；确需修改的，城乡规划主管部门应当采取听证会等形式，听取利害关系人的意见；因修改给利害关系人合法权益造成损失的，应当依法给予补偿。

第六十四条 未取得建设工程规划许可证或者未按照建设工程规划许可证的规定进行建设的，由县级以上地方人民政府城乡规划主管部门责令停止建设；尚可采取改正措施消除对规划实施的影响的，限期改正，处建设工程造价百分之五以上百分之十以下的罚款；无法采取改正措施消除影响的，限期拆除，不能拆除的，没收实物或者违法收入，可以并处建设工程造价百分之十以下的罚款。

第六十五条 在乡、村庄规划区内未依法取得乡村建设规划许可证或者未按照乡村建设规划许可证的规定进行建设的，由乡、镇人民政府责令停止建设、限期改正；逾期不改正的，可以拆除。

第六十六条 建设单位或者个人有下列行为之一的，由所在地城市、县人民政府城乡规划主管部门责令限期拆除，可以并处临时建设工程造价一倍以下的罚款：

（一）未经批准进行临时建设的；
（二）未按照批准内容进行临时建设的；
（三）临时建筑物、构筑物超过批准期限不拆除的。

第六十七条 建设单位未在建设工程竣工验收后六个月内向城乡规划主管部门报送有关竣工验收资料的，由所在地城市、县人民政府城乡规划主管部门责令限期补报；逾期不补报的，处一万元以上五万元以下的罚款。

第六十八条 城乡规划主管部门作出责令停止建设或者限期拆除的决定后，当事人不停止建设或者逾期不拆除的，建设工程所在地县级以上地方人民政府可以责成有关部门采取查封施工现场、强制拆除等措施。

第六十九条 违反本法规定，构成犯罪的，依法追究刑事责任。

（二）中华人民共和国文物保护法（节录）

（2002年10月28日第九届全国人民代表大会常务委员会第三十次会议通过）

第一章 总 则

第一条 为了加强对文物的保护，继承中华民族优秀的历史文化遗产，促进科学研究工作，进行爱国主义和革命传统教育，建设社会主义精神文明和物质文明，根据宪法，制定本法。

第二条 在中华人民共和国境内，下列文物受国家保护：

（一）具有历史、艺术、科学价值的古文化遗址、古墓葬、古建筑、石窟寺和石刻、壁画；

（二）与重大历史事件、革命运动或者著名人物有关的以及具有重要纪念意义、教育意义或者史料价值的近代现代重要史迹、实物、代表性建筑；

（三）历史上各时代珍贵的艺术品、工艺美术品；

（四）历史上各时代重要的文献资料以及具有历史、艺术、科学价值的手稿和图书资料等；

（五）反映历史上各时代、各民族社会制度、社会生产、社会生活的代表性实物。

文物认定的标准和办法由国务院文物行政部门制定，并报国务院批准。

具有科学价值的古脊椎动物化石和古人类化石同文物一样受国家保护。

第三条　古文化遗址、古墓葬、古建筑、石窟寺、石刻、壁画、近代现代重要史迹和代表性建筑等不可移动文物，根据它们的历史、艺术、科学价值，可以分别确定为全国重点文物保护单位，省级文物保护单位，市、县级文物保护单位。

历史上各时代重要实物、艺术品、文献、手稿、图书资料、代表性实物等可移动文物，分为珍贵文物和一般文物；珍贵文物分为一级文物、二级文物、三级文物。

第四条　文物工作贯彻保护为主、抢救第一、合理利用、加强管理的方针。

第五条　中华人民共和国境内地下、内水和领海中遗存的一切文物，属于国家所有。

古文化遗址、古墓葬、石窟寺属于国家所有。国家指定保护的纪念建筑物、古建筑、石刻、壁画、近代现代代表性建筑等不可移动文物，除国家另有规定的以外，属于国家所有。

国有不可移动文物的所有权不因其所依附的土地所有权或者使用权的改变而改变。

下列可移动文物，属于国家所有：

（一）中国境内出土的文物，国家另有规定的除外；

（二）国有文物收藏单位以及其他国家机关、部队和国有企业、

事业组织等收藏、保管的文物;
　　(三)国家征集、购买的文物;
　　(四)公民、法人和其他组织捐赠给国家的文物;
　　(五)法律规定属于国家所有的其他文物。
　　属于国家所有的可移动文物的所有权不因其保管、收藏单位的终止或者变更而改变。
　　国有文物所有权受法律保护,不容侵犯。
　　第六条　属于集体所有和私人所有的纪念建筑物、古建筑和祖传文物以及依法取得的其他文物,其所有权受法律保护。文物的所有者必须遵守国家有关文物保护的法律、法规的规定。
　　第七条　一切机关、组织和个人都有依法保护文物的义务。
　　第八条　国务院文物行政部门主管全国文物保护工作。
　　地方各级人民政府负责本行政区域内的文物保护工作。县级以上地方人民政府承担文物保护工作的部门对本行政区域内的文物保护实施监督管理。
　　县级以上人民政府有关行政部门在各自的职责范围内,负责有关的文物保护工作。
　　第九条　各级人民政府应当重视文物保护,正确处理经济建设、社会发展与文物保护的关系,确保文物安全。
　　基本建设、旅游发展必须遵守文物保护工作的方针,其活动不得对文物造成损害。
　　公安机关、工商行政管理部门、海关、城乡建设规划部门和其他有关国家机关,应当依法认真履行所承担的保护文物的职责,维护文物管理秩序。
　　第十条　国家发展文物保护事业。县级以上人民政府应当将文物保护事业纳入本级国民经济和社会发展规划,所需经费列入本级财政预算。
　　国家用于文物保护的财政拨款随着财政收入增长而增加。
　　国有博物馆、纪念馆、文物保护单位等的事业性收入,专门用于文物保护,任何单位或者个人不得侵占、挪用。
　　国家鼓励通过捐赠等方式设立文物保护社会基金,专门用于文物保护,任何单位或者个人不得侵占、挪用。
　　第十一条　文物是不可再生的文化资源。国家加强文物保护的宣传教育，增强全民文物保护的意识，鼓励文物保护的科学研究，提高文物保护的科学技术水平。

第十二条 有下列事迹的单位或者个人，由国家给予精神鼓励或者物质奖励：

（一）认真执行文物保护法律、法规，保护文物成绩显著的；

（二）为保护文物与违法犯罪行为作坚决斗争的；

（三）将个人收藏的重要文物捐献给国家或者为文物保护事业作出捐赠的；

（四）发现文物及时上报或者上交，使文物得到保护的；

（五）在考古发掘工作中作出重大贡献的；

（六）在文物保护科学技术方面有重要发明创造或者其他重要贡献的；

（七）在文物面临破坏危险时，抢救文物有功的；

（八）长期从事文物工作，作出显著成绩的。

第二章 不可移动文物

第十三条 国务院文物行政部门在省级、市、县级文物保护单位中，选择具有重大历史、艺术、科学价值的确定为全国重点文物保护单位，或者直接确定为全国重点文物保护单位，报国务院核定公布。

省级文物保护单位，由省、自治区、直辖市人民政府核定公布，并报国务院备案。

市级和县级文物保护单位，分别由设区的市、自治州和县级人民政府核定公布，并报省、自治区、直辖市人民政府备案。

尚未核定公布为文物保护单位的不可移动文物，由县级人民政府文物行政部门予以登记并公布。

第十四条 保存文物特别丰富并且具有重大历史价值或者革命纪念意义的城市，由国务院核定公布为历史文化名城。

保存文物特别丰富并且具有重大历史价值或者革命纪念意义的城镇、街道、村庄，由省、自治区、直辖市人民政府核定公布为历史文化街区、村镇，并报国务院备案。

历史文化名城和历史文化街区、村镇所在地的县级以上地方人民政府应当组织编制专门的历史文化名城和历史文化街区、村镇保护规划，并纳入城市总体规划。

历史文化名城和历史文化街区、村镇的保护办法，由国务院制定。

第十五条 各级文物保护单位，分别由省、自治区、直辖市人民政府和市、县级人民政府划定必要的保护范围，作出标志说明，建立记录档案，并区别情况分别设置专门机构或者专人负责管理。全国重点文物保护单位的保护范围和记录档案，由省、自治区、直辖市人民政府文物行政部门报国务院文物行政部门备案。

县级以上地方人民政府文物行政部门应当根据不同文物的保护需要，制定文物保护单位和未核定为文物保护单位的不可移动文物的具体保护措施，并公告施行。

第十六条 各级人民政府制定城乡建设规划，应当根据文物保护的需要，事先由城乡建设规划部门会同文物行政部门商定对本行政区域内各级文物保护单位的保护措施，并纳入规划。

第十七条 文物保护单位的保护范围内不得进行其他建设工程或者爆破、钻探、挖掘等作业。但是，因特殊情况需要在文物保护单位的保护范围内进行其他建设工程或者爆破、钻探、挖掘等作业的，必须保证文物保护单位的安全，并经核定公布该文物保护单位的人民政府批准，在批准前应当征得上一级人民政府文物行政部门同意；在全国重点文物保护单位的保护范围内进行其他建设工程或者爆破、钻探、挖掘等作业的，必须经省、自治区、直辖市人民政府批准，在批准前应当征得国务院文物行政部门同意。

第十八条 根据保护文物的实际需要，经省、自治区、直辖市人民政府批准，可以在文物保护单位的周围划出一定的建设控制地带，并予以公布。

在文物保护单位的建设控制地带内进行建设工程，不得破坏文物保护单位的历史风貌；工程设计方案应当根据文物保护单位的级别，经相应的文物行政部门同意后，报城乡建设规划部门批准。

第十九条 在文物保护单位的保护范围和建设控制地带内，不得建设污染文物保护单位及其环境的设施，不得进行可能影响文物保护单位安全及其环境的活动。对已有的污染文物保护单位及其环境的设施，应当限期治理。

第二十条 建设工程选址，应当尽可能避开不可移动文物；因特殊情况不能避开的，对文物保护单位应当尽可能实施原址保护。

实施原址保护的，建设单位应当事先确定保护措施，根据文物保护单位的级别报相应的文物行政部门批准，并将保护措施列入可行性研究报告或者设计任务书。

无法实施原址保护，必须迁移异地保护或者拆除的，应当报省、自治区、直辖市人民政府批准；迁移或者拆除省级文物保护单位的，批准前须征得国务院文物行政部门同意。全国重点文物保护单位不得拆除；需要迁移的，须由省、自治区、直辖市人民政府报国务院批准。

依照前款规定拆除的国有不可移动文物中具有收藏价值的壁画、雕塑、建筑构件等，由文物行政部门指定的文物收藏单位收藏。

本条规定的原址保护、迁移、拆除所需费用，由建设单位列入建设工程预算。

第二十一条 国有不可移动文物由使用人负责修缮、保养；非国有不可移动文物由所有人负责修缮、保养。非国有不可移动文物有损毁危险，所有人不具备修缮能力的，当地人民政府应当给予帮助；所有人具备修缮能力而拒不依法履行修缮义务的，县级以上人民政府可以给予抢救修缮，所需费用由所有人负担。

对文物保护单位进行修缮，应当根据文物保护单位的级别报相应的文物行政部门批准；对未核定为文物保护单位的不可移动文物进行修缮，应当报登记的县级人民政府文物行政部门批准。

文物保护单位的修缮、迁移、重建，由取得文物保护工程资质证书的单位承担。

对不可移动文物进行修缮、保养、迁移，必须遵守不改变文物原状的原则。

第二十二条 不可移动文物已经全部毁坏的，应当实施遗址保护，不得在原址重建。但是，因特殊情况需要在原址重建的，由省、自治区、直辖市人民政府文物行政部门征得国务院文物行政部门同意后，报省、自治区、直辖市人民政府批准；全国重点文物保护单位需要在原址重建的，由省、自治区、直辖市人民政府报国务院批准。

第二十三条 核定为文物保护单位的属于国家所有的纪念建筑物或者古建筑，除可以建立博物馆、保管所或者辟为参观游览场所外，如果必须作其他用途的，应当经核定公布该文物保护单位的人民政府文物行政部门征得上一级文物行政部门同意后,报核定公布该文物保护单位的人民政府批准;全国重点文物保护单位作其他用途的,应当由省、自治区、直辖市人民政府报国务院批准。国有未核定为文物保护单位的不可移动文物作其他用途的,应当报告县级人民政府文物行政部门。

第二十四条　国有不可移动文物不得转让、抵押。建立博物馆、保管所或者辟为参观游览场所的国有文物保护单位,不得作为企业资产经营。

第二十五条　非国有不可移动文物不得转让、抵押给外国人。

非国有不可移动文物转让、抵押或者改变用途的,应当根据其级别报相应的文物行政部门备案;由当地人民政府出资帮助修缮的,应当报相应的文物行政部门批准。

第二十六条　使用不可移动文物,必须遵守不改变文物原状的原则,负责保护建筑物及其附属文物的安全,不得损毁、改建、添建或者拆除不可移动文物。

对危害文物保护单位安全、破坏文物保护单位历史风貌的建筑物、构筑物,当地人民政府应当及时调查处理,必要时,对该建筑物、构筑物予以拆迁。

第三章　考 古 发 掘

第二十七条　一切考古发掘工作,必须履行报批手续;从事考古发掘的单位,应当经国务院文物行政部门批准。

地下埋藏的文物,任何单位或者个人都不得私自发掘。

第二十八条　从事考古发掘的单位,为了科学研究进行考古发掘,应当提出发掘计划,报国务院文物行政部门批准;对全国重点文物保护单位的考古发掘计划,应当经国务院文物行政部门审核后报国务院批准。国务院文物行政部门在批准或者审核前,应当征求社会科学研究机构及其他科研机构和有关专家的意见。

第二十九条　进行大型基本建设工程,建设单位应当事先报请省、自治区、直辖市人民政府文物行政部门组织从事考古发掘的单位在工程范围内有可能埋藏文物的地方进行考古调查、勘探。

考古调查、勘探中发现文物的,由省、自治区、直辖市人民政府文物行政部门根据文物保护的要求会同建设单位共同商定保护措施；遇有重要发现的，由省、自治区、直辖市人民政府文物行政部门及时报国务院文物行政部门处理。

第三十条 需要配合建设工程进行的考古发掘工作，应当由省、自治区、直辖市文物行政部门在勘探工作的基础上提出发掘计划，报国务院文物行政部门批准。国务院文物行政部门在批准前，应当征求社会科学研究机构及其他科研机构和有关专家的意见。

确因建设工期紧迫或者有自然破坏危险，对古文化遗址、古墓葬急需进行抢救发掘的，由省、自治区、直辖市人民政府文物行政部门组织发掘，并同时补办审批手续。

第三十一条 凡因进行基本建设和生产建设需要的考古调查、勘探、发掘，所需费用由建设单位列入建设工程预算。

第三十二条 在进行建设工程或者在农业生产中，任何单位或者个人发现文物，应当保护现场，立即报告当地文物行政部门，文物行政部门接到报告后，如无特殊情况，应当在二十四小时内赶赴现场，并在七日内提出处理意见。文物行政部门可以报请当地人民政府通知公安机关协助保护现场；发现重要文物的，应当立即上报国务院文物行政部门，国务院文物行政部门应当在接到报告后十五日内提出处理意见。

依照前款规定发现的文物属于国家所有，任何单位或者个人不得哄抢、私分、藏匿。

第三十三条 非经国务院文物行政部门报国务院特别许可，任何外国人或者外国团体不得在中华人民共和国境内进行考古调查、勘探、发掘。

第三十四条 考古调查、勘探、发掘的结果，应当报告国务院文物行政部门和省、自治区、直辖市人民政府文物行政部门。

考古发掘的文物，应当登记造册，妥善保管，按照国家有关规定移交给由省、自治区、直辖市人民政府文物行政部门或者国务院文物行政部门指定的国有博物馆、图书馆或者其他国有收藏文物的单位收藏。经省、自治区、直辖市人民政府文物行政部门或者国务院文物行政部门批准，从事考古发掘的单位可以保留少量出土文物作为科研标本。

考古发掘的文物，任何单位或者个人不得侵占。

第三十五条　根据保证文物安全、进行科学研究和充分发挥文物作用的需要，省、自治区、直辖市人民政府文物行政部门经本级人民政府批准，可以调用本行政区域内的出土文物；国务院文物行政部门经国务院批准，可以调用全国的重要出土文物。

第四章　馆藏文物

第三十六条　博物馆、图书馆和其他文物收藏单位对收藏的文物，必须区分文物等级，设置藏品档案，建立严格的管理制度，并报主管的文物行政部门备案。

县级以上地方人民政府文物行政部门应当分别建立本行政区域内的馆藏文物档案；国务院文物行政部门应当建立国家一级文物藏品档案和其主管的国有文物收藏单位馆藏文物档案。

第三十七条　文物收藏单位可以通过下列方式取得文物：
（一）购买；
（二）接受捐赠；
（三）依法交换；
（四）法律、行政法规规定的其他方式。

国有文物收藏单位还可以通过文物行政部门指定保管或者调拨方式取得文物。

第三十八条　文物收藏单位应当根据馆藏文物的保护需要，按照国家有关规定建立、健全管理制度，并报主管的文物行政部门备案。未经批准，任何单位或者个人不得调取馆藏文物。

文物收藏单位的法定代表人对馆藏文物的安全负责。国有文物收藏单位的法定代表人离任时，应当按照馆藏文物档案办理馆藏文物移交手续。

第三十九条　国务院文物行政部门可以调拨全国的国有馆藏文物。省、自治区、直辖市人民政府文物行政部门可以调拨本行政区域内其主管的国有文物收藏单位馆藏文物；调拨国有馆藏一级文物，应当报国务院文物行政部门备案。

国有文物收藏单位可以申请调拨国有馆藏文物。

第四十条　文物收藏单位应当充分发挥馆藏文物的作用，通过举办展览、科学研究等活动，加强对中华民族优秀的历史文化和革命传统的宣传教育。

国有文物收藏单位之间因举办展览、科学研究等需借用馆藏文物的，应当报主管的文物行政部门备案；借用馆藏一级文物，应当经国务院文物行政部门批准。

非国有文物收藏单位和其他单位举办展览需借用国有馆藏文物的，应当报主管的文物行政部门批准；借用国有馆藏一级文物，应当经国务院文物行政部门批准。

文物收藏单位之间借用文物的最长期限不得超过三年。

第四十一条 已经建立馆藏文物档案的国有文物收藏单位，经省、自治区、直辖市人民政府文物行政部门批准，并报国务院文物行政部门备案，其馆藏文物可以在国有文物收藏单位之间交换；交换馆藏一级文物的，必须经国务院文物行政部门批准。

第四十二条 未建立馆藏文物档案的国有文物收藏单位，不得依照本法第四十条、第四十一条的规定处置其馆藏文物。

第四十三条 依法调拨、交换、借用国有馆藏文物，取得文物的文物收藏单位可以对提供文物的文物收藏单位给予合理补偿，具体管理办法由国务院文物行政部门制定。

国有文物收藏单位调拨、交换、出借文物所得的补偿费用，必须用于改善文物的收藏条件和收集新的文物，不得挪作他用；任何单位或者个人不得侵占。

调拨、交换、借用的文物必须严格保管，不得丢失、损毁。

第四十四条 禁止国有文物收藏单位将馆藏文物赠予、出租或者出售给其他单位、个人。

第四十五条 国有文物收藏单位不再收藏的文物的处置办法，由国务院另行制定。

第四十六条 修复馆藏文物，不得改变馆藏文物的原状；复制、拍摄、拓印馆藏文物，不得对馆藏文物造成损害。具体管理办法由国务院制定。

不可移动文物的单体文物的修复、复制、拍摄、拓印，适用前款规定。

第四十七条 博物馆、图书馆和其他收藏文物的单位应当按照国家有关规定配备防火、防盗、防自然损坏的设施，确保馆藏文物的安全。

第四十八条　馆藏一级文物损毁的，应当报国务院文物行政部门核查处理。其他馆藏文物损毁的，应当报省、自治区、直辖市人民政府文物行政部门核查处理；省、自治区、直辖市人民政府文物行政部门应当将核查处理结果报国务院文物行政部门备案。

馆藏文物被盗、被抢或者丢失的，文物收藏单位应当立即向公安机关报案，并同时向主管的文物行政部门报告。

第四十九条　文物行政部门和国有文物收藏单位的工作人员不得借用国有文物，不得非法侵占国有文物。

第五章　民间收藏文物

第五十条　文物收藏单位以外的公民、法人和其他组织可以收藏通过下列方式取得的文物：

（一）依法继承或者接受赠予；

（二）从文物商店购买；

（三）从经营文物拍卖的拍卖企业购买；

（四）公民个人合法所有的文物相互交换或者依法转让；

（五）国家规定的其他合法方式。

文物收藏单位以外的公民、法人和其他组织收藏的前款文物可以依法流通。

第五十一条　公民、法人和其他组织不得买卖下列文物：

（一）国有文物，但是国家允许的除外；

（二）非国有馆藏珍贵文物；

（三）国有不可移动文物中的壁画、雕塑、建筑构件等，但是依法拆除的国有不可移动文物中的壁画、雕塑、建筑构件等不属于本法第二十条第四款规定的应由文物收藏单位收藏的除外；

（四）来源不符合本法第五十条规定的文物。

第五十二条　国家鼓励文物收藏单位以外的公民、法人和其他组织将其收藏的文物捐赠给国有文物收藏单位或者出借给文物收藏单位展览和研究。

国有文物收藏单位应当尊重并按照捐赠人的意愿，对捐赠的文物妥善收藏、保管和展示。

国家禁止出境的文物，不得转让、出租、质押给外国人。

第五十三条 文物商店应当由国务院文物行政部门或者省、自治区、直辖市人民政府文物行政部门批准设立,依法进行管理。

文物商店不得从事文物拍卖经营活动,不得设立经营文物拍卖的拍卖企业。

第五十四条 依法设立的拍卖企业经营文物拍卖的,应当取得国务院文物行政部门颁发的文物拍卖许可证。

经营文物拍卖的拍卖企业不得从事文物购销经营活动,不得设立文物商店。

第五十五条 文物行政部门的工作人员不得举办或者参与举办文物商店或者经营文物拍卖的拍卖企业。

文物收藏单位不得举办或者参与举办文物商店或者经营文物拍卖的拍卖企业。

禁止设立中外合资、中外合作和外商独资的文物商店或者经营文物拍卖的拍卖企业。

除经批准的文物商店、经营文物拍卖的拍卖企业外,其他单位或者个人不得从事文物的商业经营活动。

第五十六条 文物商店销售的文物,在销售前应当经省、自治区、直辖市人民政府文物行政部门审核;对允许销售的,省、自治区、直辖市人民政府文物行政部门应当作出标识。

拍卖企业拍卖的文物,在拍卖前应当经省、自治区、直辖市人民政府文物行政部门审核,并报国务院文物行政部门备案;省、自治区、直辖市人民政府文物行政部门不能确定是否可以拍卖的,应当报国务院文物行政部门审核。

第五十七条 文物商店购买、销售文物,拍卖企业拍卖文物,应当按照国家有关规定作出记录,并报原审核的文物行政部门备案。

拍卖文物时,委托人、买受人要求对其身份保密的,文物行政部门应当为其保密;但是,法律、行政法规另有规定的除外。

第五十八条 文物行政部门在审核拟拍卖的文物时,可以指定国有文物收藏单位优先购买其中的珍贵文物。购买价格由文物收藏单位的代表与文物的委托人协商确定。

第五十九条 银行、冶炼厂、造纸厂以及废旧物资回收单位,应当与当地文物行政部门共同负责拣选掺杂在金银器和废旧物资中的文物。拣选文物除供银行研究所必需的历史货币可以由人民银行留用外,应当移交当地文物行政部门。移交拣选文物，应当给予合理补偿。

第六章　文物出境进境

第六十条　国有文物、非国有文物中的珍贵文物和国家规定禁止出境的其他文物，不得出境；但是依照本法规定出境展览或者因特殊需要经国务院批准出境的除外。

第六十一条　文物出境，应当经国务院文物行政部门指定的文物进出境审核机构审核。经审核允许出境的文物，由国务院文物行政部门发给文物出境许可证，从国务院文物行政部门指定的口岸出境。

任何单位或者个人运送、邮寄、携带文物出境，应当向海关申报；海关凭文物出境许可证放行。

第六十二条　文物出境展览，应当报国务院文物行政部门批准；一级文物超过国务院规定数量的，应当报国务院批准。

一级文物中的孤品和易损品，禁止出境展览。

出境展览的文物出境，由文物进出境审核机构审核、登记。海关凭国务院文物行政部门或者国务院的批准文件放行。出境展览的文物复进境，由原文物进出境审核机构审核查验。

第六十三条　文物临时进境，应当向海关申报，并报文物进出境审核机构审核、登记。

临时进境的文物复出境，必须经原审核、登记的文物进出境审核机构审核查验；经审核查验无误的，由国务院文物行政部门发给文物出境许可证，海关凭文物出境许可证放行。

第七章　法　律　责　任

第六十四条　违反本法规定，有下列行为之一，构成犯罪的，依法追究刑事责任：

（一）盗掘古文化遗址、古墓葬的；

（二）故意或者过失损毁国家保护的珍贵文物的；

（三）擅自将国有馆藏文物出售或者私自送给非国有单位或者个人的；

（四）将国家禁止出境的珍贵文物私自出售或者送给外国人的；

（五）以牟利为目的倒卖国家禁止经营的文物的；
（六）走私文物的；
（七）盗窃、哄抢、私分或者非法侵占国有文物的；
（八）应当追究刑事责任的其他妨害文物管理行为。

第六十五条 违反本法规定，造成文物灭失、损毁的，依法承担民事责任。

违反本法规定，构成违反治安管理行为的，由公安机关依法给予治安管理处罚。

违反本法规定，构成走私行为，尚不构成犯罪的，由海关依照有关法律、行政法规的规定给予处罚。

第六十六条 有下列行为之一，尚不构成犯罪的，由县级以上人民政府文物主管部门责令改正，造成严重后果的，处五万元以上五十万元以下的罚款；情节严重的，由原发证机关吊销资质证书：

（一）擅自在文物保护单位的保护范围内进行建设工程或者爆破、钻探、挖掘等作业的；

（二）在文物保护单位的建设控制地带内进行建设工程，其工程设计方案未经文物行政部门同意、报城乡建设规划部门批准，对文物保护单位的历史风貌造成破坏的；

（三）擅自迁移、拆除不可移动文物的；

（四）擅自修缮不可移动文物，明显改变文物原状的；

（五）擅自在原址重建已全部毁坏的不可移动文物，造成文物破坏的；

（六）施工单位未取得文物保护工程资质证书，擅自从事文物修缮、迁移、重建的。

刻划、涂污或者损坏文物尚不严重的，或者损毁依照本法第十五条第一款规定设立的文物保护单位标志的，由公安机关或者文物所在单位给予警告，可以并处罚款。

第六十七条 在文物保护单位的保护范围内或者建设控制地带内建设污染文物保护单位及其环境的设施的，或者对已有的污染文物保护单位及其环境的设施未在规定的期限内完成治理的，由环境保护行政部门依照有关法律、法规的规定给予处罚。

第六十八条 有下列行为之一的，由县级以上人民政府文物主管部门责令改正，没收违法所得，违法所得一万元以上的，并处违法所得二倍以上五倍以下的罚款；违法所得不足一万元的，并处五千元以上二万元以下的罚款：

（一）转让或者抵押国有不可移动文物，或者将国有不可移动文物作为企业资产经营的；

（二）将非国有不可移动文物转让或者抵押给外国人的；

（三）擅自改变国有文物保护单位的用途的。

第六十九条 历史文化名城的布局、环境、历史风貌等遭到严重破坏的，由国务院撤销其历史文化名城称号；历史文化城镇、街道、村庄的布局、环境、历史风貌等遭到严重破坏的，由省、自治区、直辖市人民政府撤销其历史文化街区、村镇称号；对负有责任的主管人员和其他直接责任人员依法给予行政处分。

第七十条 有下列行为之一，尚不构成犯罪的，由县级以上人民政府文物主管部门责令改正，可以并处二万元以下的罚款，有违法所得的，没收违法所得：

（一）文物收藏单位未按照国家有关规定配备防火、防盗、防自然损坏的设施的；

（二）国有文物收藏单位法定代表人离任时未按照馆藏文物档案移交馆藏文物，或者所移交的馆藏文物与馆藏文物档案不符的；

（三）将国有馆藏文物赠予、出租或者出售给其他单位、个人的；

（四）违反本法第四十条、第四十一条、第四十五条规定处置国有馆藏文物的；

（五）违反本法第四十三条规定挪用或者侵占依法调拨、交换、出借文物所得补偿费用的。

第七十一条 买卖国家禁止买卖的文物或者将禁止出境的文物转让、出租、质押给外国人，尚不构成犯罪的，由县级以上人民政府文物主管部门责令改正，没收违法所得，违法经营额一万元以上的，并处违法经营额二倍以上五倍以下的罚款；违法经营额不足一万元的，并处五千元以上二万元以下的罚款。

第七十二条 未经许可，擅自设立文物商店、经营文物拍卖的拍卖企业，或者擅自从事文物的商业经营活动，尚不构成犯罪的，由工商行政管理部门依法予以制止，没收违法所得、非法经营的文物，违法经营额五万元以上的，并处违法经营额二倍以上五倍以下的罚款；违法经营额不足五万元的，并处二万元以上十万元以下的罚款。

第七十三条　有下列情形之一的，由工商行政管理部门没收违法所得、非法经营的文物，违法经营额五万元以上的，并处违法经营额一倍以上三倍以下的罚款；违法经营额不足五万元的，并处五千元以上五万元以下的罚款；情节严重的，由原发证机关吊销许可证书：

（一）文物商店从事文物拍卖经营活动的；

（二）经营文物拍卖的拍卖企业从事文物购销经营活动的；

（三）文物商店销售的文物、拍卖企业拍卖的文物，未经审核的；

（四）文物收藏单位从事文物的商业经营活动的。

第七十四条　有下列行为之一，尚不构成犯罪的，由县级以上人民政府文物主管部门会同公安机关追缴文物；情节严重的，处五千元以上五万元以下的罚款：

（一）发现文物隐匿不报或者拒不上交的；

（二）未按照规定移交拣选文物的。

第七十五条　有下列行为之一的，由县级以上人民政府文物主管部门责令改正：

（一）改变国有未核定为文物保护单位的不可移动文物的用途，未依照本法规定报告的；

（二）转让、抵押非国有不可移动文物或者改变其用途，未依照本法规定备案的；

（三）国有不可移动文物的使用人拒不依法履行修缮义务的；

（四）考古发掘单位未经批准擅自进行考古发掘，或者不如实报告考古发掘结果的；

（五）文物收藏单位未按照国家有关规定建立馆藏文物档案、管理制度，或者未将馆藏文物档案、管理制度备案的；

（六）违反本法第三十八条规定，未经批准擅自调取馆藏文物的；

（七）馆藏文物损毁未报文物行政部门核查处理，或者馆藏文物被盗、被抢或者丢失，文物收藏单位未及时向公安机关或者文物行政部门报告的；

（八）文物商店销售文物或者拍卖企业拍卖文物，未按照国家有关规定作出记录或者未将所作记录报文物行政部门备案的。

第七十六条　文物行政部门、文物收藏单位、文物商店、经营文物拍卖的拍卖企业的工作人员，有下列行为之一的，依法给予行政处分，情节严重的，依法开除公职或者吊销其从业资格；构成犯罪的，依法追究刑事责任：

（一）文物行政部门的工作人员违反本法规定，滥用审批权限、不履行职责或者发现违法行为不予查处，造成严重后果的；

（二）文物行政部门和国有文物收藏单位的工作人员借用或者非法侵占国有文物的；

（三）文物行政部门的工作人员举办或者参与举办文物商店或者经营文物拍卖的拍卖企业的；

（四）因不负责任造成文物保护单位、珍贵文物损毁或者流失的；

（五）贪污、挪用文物保护经费的。

前款被开除公职或者被吊销从业资格的人员，自被开除公职或者被吊销从业资格之日起十年内不得担任文物管理人员或者从事文物经营活动。

第七十七条　有本法第六十六条、第六十八条、第七十条、第七十一条、第七十四条、第七十五条规定所列行为之一的，负有责任的主管人员和其他直接责任人员是国家工作人员的，依法给予行政处分。

第七十八条　公安机关、工商行政管理部门、海关、城乡建设规划部门和其他国家机关，违反本法规定滥用职权、玩忽职守、徇私舞弊，造成国家保护的珍贵文物损毁或者流失的，对负有责任的主管人员和其他直接责任人员依法给予行政处分；构成犯罪的，依法追究刑事责任。

第七十九条　人民法院、人民检察院、公安机关、海关和工商行政管理部门依法没收的文物应当登记造册，妥善保管，结案后无偿移交文物行政部门，由文物行政部门指定的国有文物收藏单位收藏。

（三）中华人民共和国环境噪声污染防治法（节录）

第四十五条　禁止任何单位、个人在城市市噪声敏感建筑物集中区域内使用高音广播喇叭。

在城市市区街道、广场、公园等公共场所组织娱乐、集会等活动，使用音响器材可能产生干扰周围生活环境的过大音量的，必须遵守当地公安机关的规定。

第五十八条　违反本法规定，有下列行为之一的，由公安机关给

予警告,可以并处罚款:

(一)在城市市区噪声敏感建筑物集中区域内使用高音广播喇叭;

(二)违反当地公安机关的规定,在城市市区街道、广场、公园等公共场所组织娱乐、集会等活动,使用音响器材,产生干扰周围生活环境的过大音量的;

(三)未按本法第四十六条和第四十七条规定采取措施,从家庭室内发出干扰周围居民生活的环境噪声的。

(四)中华人民共和国安全生产法(节录)

[发布日期] 2002年6月29日　　[实施日期] 2002年11月01日
[文号] 主席令第70号

第一章　总　　则

第一条　为了加强安全生产监督管理,防止和减少生产安全事故,保障人民群众生命和财产安全,促进经济发展,制定本法。

第二条　在中华人民共和国领域内从事生产经营活动的单位(以下统称生产经营单位)的安全生产,适用本法;有关法律、行政法规对消防安全和道路交通安全、铁路交通安全、水上交通安全、民用航空安全另有规定的,适用其规定。

第三条　安全生产管理,坚持安全第一、预防为主的方针。

第四条　生产经营单位必须遵守本法和其他有关安全生产的法律、法规,加强安全生产管理,建立、健全安全生产责任制度,完善安全生产条件,确保安全生产。

第五条　生产经营单位的主要负责人对本单位的安全生产工作全面负责。

第六条　生产经营单位的从业人员有依法获得安全生产保障的权利,并应当依法履行安全生产方面的义务。

第七条　工会依法组织职工参加本单位安全生产工作的民主管理和民主监督,维护职工在安全生产方面的合法权益。

第十条　国务院有关部门应当按照保障安全生产的要求,依法及时制定有关的国家标准或者行业标准,并根据科技进步和经济发展适时修订。

生产经营单位必须执行依法制定的保障安全生产的国家标准或者行业标准。

第十三条 国家实行生产安全事故责任追究制度，依照本法和有关法律、法规的规定，追究生产安全事故责任人员的法律责任。

第十四条 国家鼓励和支持安全生产科学技术研究和安全生产先进技术的推广应用，提高安全生产水平。

第十五条 国家对在改善安全生产条件、防止生产安全事故、参加抢险救护等方面取得显著成绩的单位和个人，给予奖励。

(五) 中华人民共和国环境保护法（节录）

（1989年12月26日中华人民共和国主席令第22号发布）

第一条 为保护和改善生活环境与生态环境，防治污染和其他公害，保障人体健康，促进社会主义现代化建设的发展，制定本法。

第二条 本法所称环境，是指影响人类社会生存和发展的各种天然的和经过人工改造的自然因素总体，包括大气、水、海洋、土地、矿藏、森林、草原、野生动物、自然古迹、人文遗迹、自然保护区、风景名胜区、城市和乡村等。

第五条 国家鼓励环境保护科学教育事业的发展，加强环境保护科学技术的研究和开发，提高保护科学技术水平，普及环境保护的科学知识。

第六条 一切单位和个人都有保护环境的义务，并有权对污染和破坏环境单位和个人进行检举和控告。

县级以上地方人民政府环境保护行政主管部门，对本辖区的环境保护工作实施统一管理。

第十三条 建设污染环境项目，必须遵守国家有关建设项目环境保护管理的规定。

建设项目的环境影响报告书，必须对建设项目产生的污染和对环境的影响作出评价，规定防治措施，经项目主管部门预审并依照规定的程序报环境保护行政主管部门批准。环境影响报告书经批准后，计划部门方可批准建设项目设计书。

第十六条 地方各级人民政府，应当对本辖区的环境质量负责，采取措施改善环境质量。

第十七条 各级人民政府对具有代表性的各种类型的自然生态系统区域，珍稀、濒危的野生动物自然分布区域，重要的水源涵养区域，具有重大科学文化价值的地质构造、著名的溶洞和化石分布区、冰川、火山、温泉等自然遗迹，以及人文遗迹、古树名木，应当采取措施加以保护，严禁破坏。

第十八条 在国务院、国务院有关部门和省、自治区、直辖市人民政府规定的风景名胜区、自然保护区和其他需要特别保护的区域内，不得建设污染环境的工业生产设施；建设其他设施，其污染物排放不得超过规定的排放标准。已经建成的设施，其污染物排放超过规定排放标准的，限期治理。

第十九条 开发利用自然资源，必须采取措施保护生态环境。

第二十条 各级人民政府应当加强对农业环境的保护，防治土壤污染、土地沙化、盐渍化、贫瘠化、沼泽化、地面沉降和防治植被破坏、水土流失、水源枯竭、种源灭绝以及其他生态失调现象的发生和发展，推广植物病虫害的综合防治，合理利用化肥、农药及植物生长激素。

第二十二条 制定城市规划，应当确定保护和改善环境的目标和任务。

第二十三条 城乡建设应当结合当地自然环境的特点，保护植被、水域和自然景观，加强城市园林、绿地和风景名胜区的建设。

第二十六条 建设项目中防治污染的措施，必须与主体工程同时设计、同时施工、同时投产使用。防治污染的设施必须经原审批环境影响报告书的环境保护行政主管部门验收合格后，该建设项目方可投入生产或者使用。

防治污染的设施不得擅自拆除或者闲置，确有必要拆除或者闲置的，必须征得所在地的环境保护行政主管部门的同意。

第三十条 禁止引进不符合我国环境保护规定要求的技术和设备。

第三十三条 生产、储存、运输、销售、使用有毒化学物品和含有放射性物质的物品，必须遵守国家有关规定，防止污染环境。

（六）中华人民共和国森林法（节录）

第一条 为了保护、培育和合理利用森林资源，加快国土绿化，发挥森林蓄水保土、调节气候、改善环境和提供林产品的作用，适应社会主义建设和人民生活的需要，特制定本法。

第三条 森林资源属于国家所有，由法律规定属于集体所有的除外。

国家所有的和集体所有的森林、林木和林地，个人所有的林木和使用的林地，由县级以上地方人民政府登记造册，发放证书，确认所有权或者使用权。国务院可以授权国务院林业主管部门，对国务院确定的国家所有的重点林区的森林、林木和林地登记造册，发放证书，并通知有关地方人民政府。

森林、林木、林地的所有者和使用者的合法权益，受法律保护，任何单位和个人不得侵犯。

第四条 森林分为以下五类：

（一）防护林：以防护为主要目的的森林、林木和灌木丛，包括水源涵养林，水土保持林，防风固沙林，农田、牧场防护林，护岸林，护路林；

（二）用材林：以生产木材为主要目的的森林和林木，包括以生产竹材为主要目的的竹林；

（三）经济林：以生产果品，食用油料、饮料、调料，工业原料和药材等为主要目的的林木；

（四）薪炭林：以生产燃料为主要目的的林木；

（五）特种用途林：以国防、环境保护、科学实验等为主要目的的森林和林木，包括国防林、实验林、母树林、环境保护林、风景林、名胜古迹和革命纪念地的林木，自然保护区的森林。

第五条 林业建设实行以营林为基础，普遍护林，大力造林，采育结合，永续利用的方针。

第六条 国家鼓励林业科学研究，推广林业先进技术，提高林业科学技术水平。

第七条 国家保护林农的合法权益，依法减轻林农的负担，禁止向林农违法收费、罚款，禁止向林农进行摊派和强制集资。

国家保护承包造林的集体和个人的合法权益，任何单位和个人不得侵犯承包造林的集体和个人依法享有的林木所有权和其他合法权益。

第八条 国家对森林资源实行以下保护性措施：

（一）对森林实行限额采伐，鼓励植树造林、封山育林，扩大森林覆盖面积；

（二）根据国家和地方人民政府有关规定，对集体和个人造林、育林给予经济扶持或者长期贷款；

（三）提倡木材综合利用和节约使用木材，鼓励开发、利用木材代用品；

（四）征收育林费，专门用于造林育林；

（五）煤炭、造纸等部门，按照煤炭和木浆纸张等产品的产量提取一定数额的资金，专门用于营造坑木、造纸等用材林；

（六）建立林业基金制度。

国家设立森林生态效益补偿基金，用于提供生态效益的防护林和特种用途林的森林资源、林木的营造、抚育、保护和管理。森林生态效益补偿基金必须专款专用，不得挪作他用。具体办法曰国务院规定。

第十一条 植树造林、保护森林，是公民应尽的义务。各级人民政府应当组织全民义务植树，开展植树造林活动。

第十二条 在植树造林、保护森林、森林管理以及林业科学研究等方面成绩显著的单位或者个人，由各级人民政府给予奖励。

第十五条 下列森林、林木、林地使用权可以依法转让，也可以依法作价入股或者作为合资、合作造林、经营林木的出资、合作条件，但不得将林地改为非林地：

（一）用材林、经济林、薪炭林；

（二）用材林、经济林、薪炭林的林地使用权；

（三）用材林、经济林、薪炭林的采伐迹地、火烧迹地的林地使用权；

（四）国务院规定的其他森林、林木和其他林地使用权。

依照前款规定转让、作价入股或者作为合资、合作造林、经营林木的出资、合作条件的，已经取得的林木采伐许可证可以同时转让，同时转让双方都必须遵守本法关于森林、林木采伐和更新造林的规定。

除本条第一款规定的情形外，其他森林、林木和其他林地使用权不得转让。

具体办法由国务院规定。

第十八条　进行勘查、开采矿藏和各项建设工程，应当不占或者少占林地；必须占用或者征用林地的，经县级以上人民政府林业主管部门审核同意后，依照有关土地管理的法律、行政法规办理建设用地审批手续，并由用地单位依照国务院有关规定缴纳森林植被恢复费。森林植被恢复费专款专用，由林业主管部门依照有关规定统一安排植树造林，恢复森林植被，植树造林面积不得少于因占用、征用林地而减少的森林植被面积。上级林业主管部门应当定期督促、检查下级林业主管部门组织植树造林、恢复森林植被的情况。

　　第二十三条　禁止毁林开垦和毁林采石、采砂、采土以及其他毁林行为。

　　禁止在幼林地和特种用途林内砍柴、放牧。

　　进入森林和森林边缘地区的人员，不得擅自移动或者损坏为林业服务的标志。

　　第三十八条　国家禁止、限制出口珍贵树木及其制品、衍生物。禁止、限制出口的珍贵树木及其制品、衍生物的名录和年度限制出口总量，由国务院林业主管部门会同国务院有关部门制定，报国务院批准。

　　出口前款规定限制出口的珍贵树木或者其制品、衍生物的，必须经出口人所在地省、自治区、直辖市人民政府林业主管部门审核，报国务院林业主管部门批准，海关凭国务院林业主管部门的批准文件放行。进出口的树木或者其制品、衍生物属于中国参加的国际公约限制进出口的濒危物种的，并必须向国家濒危物种进出口管理机构申请办理允许进出口证明书，海关凭允许进出口证明书放行。

（七）中华人民共和国旅游法

　　（2013年4月25日第十二届全国人民代表大会常务委员会第2次会议通过）

第一章　总　　则

　　第一条　为保障旅游者和旅游经营者的合法权益，规范旅游市场秩序，保护和合理利用旅游资源，促进旅游业持续健康发展，制定本法。

第二条 在中华人民共和国境内的和在中华人民共和国境内组织到境外的游览、度假、休闲等形式的旅游活动以及为旅游活动提供相关服务的经营活动，适用本法。

第三条 国家发展旅游事业，完善旅游公共服务，依法保护旅游者在旅游活动中的权利。

第四条 旅游业发展应当遵循社会效益、经济效益和生态效益相统一的原则。国家鼓励各类市场主体在有效保护旅游资源的前提下，依法合理利用旅游资源。利用公共资源建设的游览场所应当体现公益性质。

第五条 国家倡导健康、文明、环保的旅游方式，支持和鼓励各类社会机构开展旅游公益宣传，对促进旅游业发展做出突出贡献的单位和个人给予奖励。

第六条 国家建立健全旅游服务标准和市场规则，禁止行业垄断和地区垄断。旅游经营者应当诚信经营，公平竞争，承担社会责任，为旅游者提供安全、健康、卫生、方便的旅游服务。

第七条 国务院建立健全旅游综合协调机制，对旅游业发展进行综合协调。

县级以上地方人民政府应当加强对旅游工作的组织和领导，明确相关部门或者机构，对本行政区域的旅游业发展和监督管理进行统筹协调。

第八条 依法成立的旅游行业组织，实行自律管理。

第二章 旅　游　者

第九条 旅游者有权自主选择旅游产品和服务，有权拒绝旅游经营者的强制交易行为。

旅游者有权知悉其购买的旅游产品和服务的真实情况。

旅游者有权要求旅游经营者按照约定提供产品和服务。

第十条 旅游者的人格尊严、民族风俗习惯和宗教信仰应当得到尊重。

第十一条 残疾人、老年人、未成年人等旅游者在旅游活动中依照法律、法规和有关规定享受便利和优惠。

第十二条 旅游者在人身、财产安全遇有危险时，有请求救助和保护的权利。

旅游者人身、财产受到侵害的，有依法获得赔偿的权利。

第十三条 旅游者在旅游活动中应当遵守社会公共秩序和社会公德，尊重当地的风俗习惯、文化传统和宗教信仰，爱护旅游资源，保护生态环境，遵守旅游文明行为规范。

第十四条 旅游者在旅游活动中或者在解决纠纷时，不得损害当地居民的合法权益，不得干扰他人的旅游活动，不得损害旅游经营者和旅游从业人员的合法权益。

第十五条 旅游者购买、接受旅游服务时，应当向旅游经营者如实告知与旅游活动相关的个人健康信息，遵守旅游活动中的安全警示规定。

旅游者对国家应对重大突发事件暂时限制旅游活动的措施以及有关部门、机构或者旅游经营者采取的安全防范和应急处置措施，应当予以配合。

旅游者违反安全警示规定，或者对国家应对重大突发事件暂时限制旅游活动的措施、安全防范和应急处置措施不予配合的，依法承担相应责任。

第十六条 出境旅游者不得在境外非法滞留，随团出境的旅游者不得擅自分团、脱团。

入境旅游者不得在境内非法滞留，随团入境的旅游者不得擅自分团、脱团。

第三章 旅游规划和促进

第十七条 国务院和县级以上地方人民政府应当将旅游业发展纳入国民经济和社会发展规划。

国务院和省、自治区、直辖市人民政府以及旅游资源丰富的设区的市和县级人民政府，应当按照国民经济和社会发展规划的要求，组织编制旅游发展规划。对跨行政区域且适宜进行整体利用的旅游资源进行利用时，应当由上级人民政府组织编制或者由相关地方人民政府协商编制统一的旅游发展规划。

第十八条 旅游发展规划应当包括旅游业发展的总体要求和发展

目标、旅游资源保护和利用的要求和措施，以及旅游产品开发、旅游服务质量提升、旅游文化建设、旅游形象推广、旅游基础设施和公共服务设施建设的要求和促进措施等内容。

根据旅游发展规划，县级以上地方人民政府可以编制重点旅游资源开发利用的专项规划，对特定区域内的旅游项目、设施和服务功能配套提出专门要求。

第十九条 旅游发展规划应当与土地利用总体规划、城乡规划、环境保护规划以及其他自然资源和文物等人文资源的保护和利用规划相衔接。

第二十条 各级人民政府编制土地利用总体规划、城乡规划，应当充分考虑相关旅游项目、设施的空间布局和建设用地要求。规划和建设交通、通信、供水、供电、环保等基础设施和公共服务设施，应当兼顾旅游业发展的需要。

第二十一条 对自然资源和文物等人文资源进行旅游利用，必须严格遵守有关法律、法规的规定，符合资源、生态保护和文物安全的要求，尊重和维护当地传统文化和习俗，维护资源的区域整体性、文化代表性和地域特殊性，并考虑军事设施保护的需要。有关主管部门应当加强对资源保护和旅游利用状况的监督检查。

第二十二条 各级人民政府应当组织对本级政府编制的旅游发展规划的执行情况进行评估，并向社会公布。

第二十三条 国务院和县级以上地方人民政府应当制定并组织实施有利于旅游业持续健康发展的产业政策，推进旅游休闲体系建设，采取措施推动区域旅游合作，鼓励跨区域旅游线路和产品开发，促进旅游与工业、农业、商业、文化、卫生、体育、科教等领域的融合，扶持少数民族地区、革命老区、边远地区和贫困地区旅游业发展。

第二十四条 国务院和县级以上地方人民政府应当根据实际情况安排资金，加强旅游基础设施建设、旅游公共服务和旅游形象推广。

第二十五条 国家制定并实施旅游形象推广战略。国务院旅游主管部门统筹组织国家旅游形象的境外推广工作，建立旅游形象推广机构和网络，开展旅游国际合作与交流。

县级以上地方人民政府统筹组织本地的旅游形象推广工作。

第二十六条 国务院旅游主管部门和县级以上地方人民政府应当根据需要建立旅游公共信息和咨询平台，无偿向旅游者提供旅游景区、线路、交通、气象、住宿、安全、医疗急救等必要信息和咨询服务。设区的市和县级人民政府有关部门应当根据需要在交通枢纽、商业中心和旅游者集中场所设置旅游咨询中心,在景区和通往主要景区的道路设置旅游指示标识。

旅游资源丰富的设区的市和县级人民政府可以根据本地的实际情况,建立旅游客运专线或者游客中转站,为旅游者在城市及周边旅游提供服务。

第二十七条 国家鼓励和支持发展旅游职业教育和培训,提高旅游从业人员素质。

第四章 旅游经营

第二十八条 设立旅行社,招徕、组织、接待旅游者,为其提供旅游服务,应当具备下列条件,取得旅游主管部门的许可,依法办理工商登记:

(一)有固定的经营场所;
(二)有必要的营业设施;
(三)有符合规定的注册资本;
(四)有必要的经营管理人员和导游;
(五)法律、行政法规规定的其他条件。

第二十九条 旅行社可以经营下列业务:

(一)境内旅游;
(二)出境旅游;
(三)边境旅游;
(四)入境旅游;
(五)其他旅游业务。

旅行社经营前款第二项和第三项业务,应当取得相应的业务经营许可,具体条件由国务院规定。

第三十条 旅行社不得出租、出借旅行社业务经营许可证,或者以其他形式非法转让旅行社业务经营许可。

第三十一条 旅行社应当按照规定交纳旅游服务质量保证金,用于旅游者权益损害赔偿和垫付旅游者人身安全遇有危险时紧急救助的费用。

第三十二条 旅行社为招徕、组织旅游者发布信息，必须真实、准确，不得进行虚假宣传，误导旅游者。

第三十三条 旅行社及其从业人员组织、接待旅游者，不得安排参观或者参与违反我国法律、法规和社会公德的项目或者活动。

第三十四条 旅行社组织旅游活动应当向合格的供应商订购产品和服务。

第三十五条 旅行社不得以不合理的低价组织旅游活动，诱骗旅游者，并通过安排购物或者另行付费旅游项目获取回扣等不正当利益。

旅行社组织、接待旅游者，不得指定具体购物场所，不得安排另行付费旅游项目。但是，经双方协商一致或者旅游者要求，且不影响其他旅游者行程安排的除外。

发生违反前两款规定情形的，旅游者有权在旅游行程结束后三十日内，要求旅行社为其办理退货并先行垫付退货货款，或者退还另行付费旅游项目的费用。

第三十六条 旅行社组织团队出境旅游或者组织、接待团队入境旅游，应当按照规定安排领队或者导游全程陪同。

第三十七条 参加导游资格考试成绩合格，与旅行社订立劳动合同或者在相关旅游行业组织注册的人员，可以申请取得导游证。

第三十八条 旅行社应当与其聘用的导游依法订立劳动合同、支付劳动报酬、缴纳社会保险费用。

旅行社临时聘用导游为旅游者提供服务的，应当全额向导游支付本法第六十条第三款规定的导游服务费用。

旅行社安排导游为团队旅游提供服务的，不得要求导游垫付或者向导游收取任何费用。

第三十九条 取得导游证，具有相应的学历、语言能力和旅游从业经历，并与旅行社订立劳动合同的人员，可以申请取得领队证。

第四十条 导游和领队为旅游者提供服务必须接受旅行社委派，不得私自承揽导游和领队业务。

第四十一条 导游和领队从事业务活动，应当佩戴导游证、领队证，遵守职业道德，尊重旅游者的风俗习惯和宗教信仰，应当向旅游者告知和解释旅游文明行为规范，引导旅游者健康、文明旅游，劝阻旅游者违反社会公德的行为。

导游和领队应当严格执行旅游行程安排，不得擅自变更旅游行程或者中止服务活动，不得向旅游者索取小费，不得诱导、欺骗、强迫或者变相强迫旅游者购物或者参加另行付费旅游项目。

第四十二条　景区开放应当具备下列条件，并听取旅游主管部门的意见：

（一）有必要的旅游配套服务和辅助设施；

（二）有必要的安全设施及制度，经过安全风险评估，满足安全条件；

（三）有必要的环境保护设施和生态保护措施；

（四）法律、行政法规规定的其他条件。

第四十三条　利用公共资源建设的景区的门票以及景区内的游览场所、交通工具等另行收费项目，实行政府定价或者政府指导价，严格控制价格上涨。拟收费或者提高价格的，应当举行听证会，征求旅游者、经营者和有关方面的意见，论证其必要性、可行性。

利用公共资源建设的景区，不得通过增加另行收费项目等方式变相涨价；另行收费项目已收回投资成本的，应当相应降低价格或者取消收费。

公益性的城市公园、博物馆、纪念馆等，除重点文物保护单位和珍贵文物收藏单位外，应当逐步免费开放。

第四十四条　景区应当在醒目位置公示门票价格、另行收费项目的价格及团体收费价格。景区提高门票价格应当提前六个月公布。

将不同景区的门票或者同一景区内不同游览场所的门票合并出售的，合并后的价格不得高于各单项门票的价格之和，且旅游者有权选择购买其中的单项票。

景区内的核心游览项目因故暂停向旅游者开放或者停止提供服务的，应当公示并相应减少收费。

第四十五条　景区接待旅游者不得超过景区主管部门核定的最大承载量。景区应当公布景区主管部门核定的最大承载量，制定和实施旅游者流量控制方案，并可以采取门票预约等方式，对景区接待旅游者的数量进行控制。

旅游者数量可能达到最大承载量时，景区应当提前公告并同时向当地人民政府报告，景区和当地人民政府应当及时采取疏导、分流等措施。

第四十六条　城镇和乡村居民利用自有住宅或者其他条件依法从事旅游经营，其管理办法由省、自治区、直辖市制定。

第四十七条　经营高空、高速、水上、潜水、探险等高风险旅游项目，应当按照国家有关规定取得经营许可。

第四十八条　通过网络经营旅行社业务的，应当依法取得旅行社业务经营许可，并在其网站主页的显著位置标明其业务经营许可证信息。

发布旅游经营信息的网站，应当保证其信息真实、准确。

第四十九条　为旅游者提供交通、住宿、餐饮、娱乐等服务的经营者，应当符合法律、法规规定的要求，按照合同约定履行义务。

第五十条　旅游经营者应当保证其提供的商品和服务符合保障人身、财产安全的要求。

旅游经营者取得相关质量标准等级的，其设施和服务不得低于相应标准；未取得质量标准等级的，不得使用相关质量等级的称谓和标识。

第五十一条　旅游经营者销售、购买商品或者服务，不得给予或者收受贿赂。

第五十二条　旅游经营者对其在经营活动中知悉的旅游者个人信息，应当予以保密。

第五十三条　从事道路旅游客运的经营者应当遵守道路客运安全管理的各项制度，并在车辆显著位置明示道路旅游客运专用标识，在车厢内显著位置公示经营者和驾驶人信息、道路运输管理机构监督电话等事项。

第五十四条　景区、住宿经营者将其部分经营项目或者场地交由他人从事住宿、餐饮、购物、游览、娱乐、旅游交通等经营的，应当对实际经营者的经营行为给旅游者造成的损害承担连带责任。

第五十五条　旅游经营者组织、接待出入境旅游，发现旅游者从事违法活动或者有违反本法第十六条规定情形的，应当及时向公安机关、旅游主管部门或者我国驻外机构报告。

第五十六条　国家根据旅游活动的风险程度，对旅行社、住宿、旅游交通以及本法第四十七条规定的高风险旅游项目等经营者实施责任保险制度。

第五章　旅游服务合同

第五十七条　旅行社组织和安排旅游活动，应当与旅游者订立合同。

第五十八条　包价旅游合同应当采用书面形式，包括下列内容：

（一）旅行社、旅游者的基本信息；

（二）旅游行程安排；

（三）旅游团成团的最低人数；

（四）交通、住宿、餐饮等旅游服务安排和标准；

（五）游览、娱乐等项目的具体内容和时间；

（六）自由活动时间安排；

（七）旅游费用及其交纳的期限和方式；

（八）违约责任和解决纠纷的方式；

（九）法律、法规规定和双方约定的其他事项。

订立包价旅游合同时，旅行社应当向旅游者详细说明前款第二项至第八项所载内容。

第五十九条　旅行社应当在旅游行程开始前向旅游者提供旅游行程单。旅游行程单是包价旅游合同的组成部分。

第六十条　旅行社委托其他旅行社代理销售包价旅游产品并与旅游者订立包价旅游合同的，应当在包价旅游合同中载明委托社和代理社的基本信息。

旅行社依照本法规定将包价旅游合同中的接待业务委托给地接社履行的，应当在包价旅游合同中载明地接社的基本信息。

安排导游为旅游者提供服务的，应当在包价旅游合同中载明导游服务费用。

第六十一条　旅行社应当提示参加团队旅游的旅游者按照规定投保人身意外伤害保险。

第六十二条　订立包价旅游合同时，旅行社应当向旅游者告知下列事项：

（一）旅游者不适合参加旅游活动的情形；

（二）旅游活动中的安全注意事项；

（三）旅行社依法可以减免责任的信息；

（四）旅游者应当注意的旅游目的地相关法律、法规和风俗习惯、宗教禁忌，依照中国法律不宜参加的活动等；

（五）法律、法规规定的其他应当告知的事项。

在包价旅游合同履行中，遇有前款规定事项的，旅行社也应当告知旅游者。

第六十三条 旅行社招徕旅游者组团旅游，因未达到约定人数不能出团的，组团社可以解除合同。但是，境内旅游应当至少提前七日通知旅游者，出境旅游应当至少提前三十日通知旅游者。

因未达到约定人数不能出团的，组团社经征得旅游者书面同意，可以委托其他旅行社履行合同。组团社对旅游者承担责任，受委托的旅行社对组团社承担责任。旅游者不同意的，可以解除合同。

因未达到约定的成团人数解除合同的，组团社应当向旅游者退还已收取的全部费用。

第六十四条 旅游行程开始前，旅游者可以将包价旅游合同中自身的权利义务转让给第三人，旅行社没有正当理由的不得拒绝，因此增加的费用由旅游者和第三人承担。

第六十五条 旅游行程结束前，旅游者解除合同的，组团社应当在扣除必要的费用后，将余款退还旅游者。

第六十六条 旅游者有下列情形之一的，旅行社可以解除合同：

（一）患有传染病等疾病，可能危害其他旅游者健康和安全的；

（二）携带危害公共安全的物品且不同意交有关部门处理的；

（三）从事违法或者违反社会公德的活动的；

（四）从事严重影响其他旅游者权益的活动，且不听劝阻、不能制止的；

（五）法律规定的其他情形。

因前款规定情形解除合同的，组团社应当在扣除必要的费用后，将余款退还旅游者；给旅行社造成损失的，旅游者应当依法承担赔偿责任。

第六十七条 因不可抗力或者旅行社、履行辅助人已尽合理注意义务仍不能避免的事件，影响旅游行程的，按照下列情形处理：

（一）合同不能继续履行的，旅行社和旅游者均可以解除合同。合同不能完全履行的，旅行社经向旅游者作出说明，可以在合理范围内变更合同；旅游者不同意变更的，可以解除合同。

（二）合同解除的，组团社应当在扣除已向地接社或者履行辅助人支付且不可退还的费用后，将余款退还旅游者；合同变更的，因此增加的费用由旅游者承担，减少的费用退还旅游者。

（三）危及旅游者人身、财产安全的，旅行社应当采取相应的安全措施，因此支出的费用，由旅行社与旅游者分担。

（四）造成旅游者滞留的，旅行社应当采取相应的安置措施。因此增加的食宿费用，由旅游者承担；增加的返程费用，由旅行社与旅游者分担。

第六十八条 旅游行程中解除合同的，旅行社应当协助旅游者返回出发地或者旅游者指定的合理地点。由于旅行社或者履行辅助人的原因导致合同解除的，返程费用由旅行社承担。

第六十九条 旅行社应当按照包价旅游合同的约定履行义务，不得擅自变更旅游行程安排。

经旅游者同意，旅行社将包价旅游合同中的接待业务委托给其他具有相应资质的地接社履行的，应当与地接社订立书面委托合同，约定双方的权利和义务，向地接社提供与旅游者订立的包价旅游合同的副本，并向地接社支付不低于接待和服务成本的费用。地接社应当按照包价旅游合同和委托合同提供服务。

第七十条 旅行社不履行包价旅游合同义务或者履行合同义务不符合约定的，应当依法承担继续履行、采取补救措施或者赔偿损失等违约责任；造成旅游者人身损害、财产损失的，应当依法承担赔偿责任。旅行社具备履行条件，经旅游者要求仍拒绝履行合同，造成旅游者人身损害、滞留等严重后果的，旅游者还可以要求旅行社支付旅游费用1倍以上3倍以下的赔偿金。

由于旅游者自身原因导致包价旅游合同不能履行或者不能按照约定履行，或者造成旅游者人身损害、财产损失的，旅行社不承担责任。

在旅游者自行安排活动期间，旅行社未尽到安全提示、救助义务的，应当对旅游者的人身损害、财产损失承担相应责任。

第七十一条 由于地接社、履行辅助人的原因导致违约的，由组团社承担责任；组团社承担责任后可以向地接社、履行辅助人追偿。

由于地接社、履行辅助人的原因造成旅游者人身损害、财产损失的，旅游者可以要求地接社、履行辅助人承担赔偿责任，也可以要求组团社承担赔偿责任；组团社承担责任后可以向地接社、履行辅助人追偿。但是，由于公共交通经营者的原因造成旅游者人身损害、财产损失的，由公共交通经营者依法承担赔偿责任，旅行社应当协助旅游者向公共交通经营者索赔。

第七十二条 旅游者在旅游活动中或者在解决纠纷时，损害旅行社、履行辅助人、旅游从业人员或者其他旅游者的合法权益的，依法承担赔偿责任。

第七十三条 旅行社根据旅游者的具体要求安排旅游行程，与旅游者订立包价旅游合同的，旅游者请求变更旅游行程安排，因此增加的费用由旅游者承担，减少的费用退还旅游者。

第七十四条 旅行社接受旅游者的委托，为其代订交通、住宿、餐饮、游览、娱乐等旅游服务，收取代办费用的，应当亲自处理委托事务。因旅行社的过错给旅游者造成损失的，旅行社应当承担赔偿责任。

旅行社接受旅游者的委托，为其提供旅游行程设计、旅游信息咨询等服务的，应当保证设计合理、可行，信息及时、准确。

第七十五条 住宿经营者应当按照旅游服务合同的约定为团队旅游者提供住宿服务。住宿经营者未能按照旅游服务合同提供服务的，应当为旅游者提供不低于原定标准的住宿服务，因此增加的费用由住宿经营者承担；但由于不可抗力、政府因公共利益需要采取措施造成不能提供服务的，住宿经营者应当协助安排旅游者住宿。

第六章　旅游安全

第七十六条 县级以上人民政府统一负责旅游安全工作。县级以上人民政府有关部门依照法律、法规履行旅游安全监管职责。

第七十七条 国家建立旅游目的地安全风险提示制度。旅游目的地安全风险提示的级别划分和实施程序，由国务院旅游主管部门会同有关部门制定。

县级以上人民政府及其有关部门应当将旅游安全作为突发事件监测和评估的重要内容。

第七十八条 县级以上人民政府应当依法将旅游应急管理纳入政

府应急管理体系,制定应急预案,建立旅游突发事件应对机制。

突发事件发生后,当地人民政府及其有关部门和机构应当采取措施开展救援,并协助旅游者返回出发地或者旅游者指定的合理地点。

第七十九条 旅游经营者应当严格执行安全生产管理和消防安全管理的法律、法规和国家标准、行业标准,具备相应的安全生产条件,制定旅游者安全保护制度和应急预案。

旅游经营者应当对直接为旅游者提供服务的从业人员开展经常性应急救助技能培训,对提供的产品和服务进行安全检验、监测和评估,采取必要措施防止危害发生。

旅游经营者组织、接待老年人、未成年人、残疾人等旅游者,应当采取相应的安全保障措施。

第八十条 旅游经营者应当就旅游活动中的下列事项,以明示的方式事先向旅游者作出说明或者警示:

(一)正确使用相关设施、设备的方法;

(二)必要的安全防范和应急措施;

(三)未向旅游者开放的经营、服务场所和设施、设备;

(四)不适宜参加相关活动的群体;

(五)可能危及旅游者人身、财产安全的其他情形。

第八十一条 突发事件或者旅游安全事故发生后,旅游经营者应当立即采取必要的救助和处置措施,依法履行报告义务,并对旅游者作出妥善安排。

第八十二条 旅游者在人身、财产安全遇有危险时,有权请求旅游经营者、当地政府和相关机构进行及时救助。

中国出境旅游者在境外陷于困境时,有权请求我国驻当地机构在其职责范围内给予协助和保护。

旅游者接受相关组织或者机构的救助后,应当支付应由个人承担的费用。

第七章 旅游监督管理

第八十三条 县级以上人民政府旅游主管部门和有关部门依照本法和有关法律、法规的规定,在各自职责范围内对旅游市场实施监督管理。

县级以上人民政府应当组织旅游主管部门、有关主管部门和工商行政管理、产品质量监督、交通等执法部门对相关旅游经营行为实施监督检查。

第八十四条 旅游主管部门履行监督管理职责，不得违反法律、行政法规的规定向监督管理对象收取费用。

旅游主管部门及其工作人员不得参与任何形式的旅游经营活动。

第八十五条 县级以上人民政府旅游主管部门有权对下列事项实施监督检查：

（一）经营旅行社业务以及从事导游、领队服务是否取得经营、执业许可；

（二）旅行社的经营行为；

（三）导游和领队等旅游从业人员的服务行为；

（四）法律、法规规定的其他事项。

旅游主管部门依照前款规定实施监督检查，可以对涉嫌违法的合同、票据、账簿以及其他资料进行查阅、复制。

第八十六条 旅游主管部门和有关部门依法实施监督检查，其监督检查人员不得少于二人，并应当出示合法证件。监督检查人员少于二人或者未出示合法证件的，被检查单位和个人有权拒绝。

监督检查人员对在监督检查中知悉的被检查单位的商业秘密和个人信息应当依法保密。

第八十七条 对依法实施的监督检查，有关单位和个人应当配合，如实说明情况并提供文件、资料，不得拒绝、阻碍和隐瞒。

第八十八条 县级以上人民政府旅游主管部门和有关部门，在履行监督检查职责中或者在处理举报、投诉时，发现违反本法规定行为的，应当依法及时作出处理；对不属于本部门职责范围的事项，应当及时书面通知并移交有关部门查处。

第八十九条 县级以上地方人民政府建立旅游违法行为查处信息的共享机制，对需要跨部门、跨地区联合查处的违法行为，应当进行督办。

旅游主管部门和有关部门应当按照各自职责，及时向社会公布监督检查的情况。

第九十条 依法成立的旅游行业组织依照法律、行政法规和章程的规定，制定行业经营规范和服务标准，对其会员的经营行为和服务质量进行自律管理,组织开展职业道德教育和业务培训,提高从业人员素质。

第八章　旅游纠纷处理

第九十一条　县级以上人民政府应当指定或者设立统一的旅游投诉受理机构。受理机构接到投诉,应当及时进行处理或者移交有关部门处理,并告知投诉者。

第九十二条　旅游者与旅游经营者发生纠纷,可以通过下列途径解决:

(一)双方协商;

(二)向消费者协会、旅游投诉受理机构或者有关调解组织申请调解;

(三)根据与旅游经营者达成的仲裁协议提请仲裁机构仲裁;

(四)向人民法院提起诉讼。

第九十三条　消费者协会、旅游投诉受理机构和有关调解组织在双方自愿的基础上,依法对旅游者与旅游经营者之间的纠纷进行调解。

第九十四条　旅游者与旅游经营者发生纠纷,旅游者一方人数众多并有共同请求的,可以推选代表人参加协商、调解、仲裁、诉讼活动。

第九章　法 律 责 任

第九十五条　违反本法规定,未经许可经营旅行社业务的,由旅游主管部门或者工商行政管理部门责令改正,没收违法所得,并处 1 万元以上 10 万元以下罚款;违法所得 10 万元以上的,并处违法所得 1 倍以上 5 倍以下罚款;对有关责任人员,处 2 千元以上 2 万元以下罚款。

旅行社违反本法规定,未经许可经营本法第二十九条第一款第二项、第三项业务,或者出租、出借旅行社业务经营许可证,或者以其他方式非法转让旅行社业务经营许可的,除依照前款规定处罚外,并责令停业整顿;情节严重的,吊销旅行社业务经营许可证;对直接负责的主管人员,处2千元以上2万元以下罚款。

第九十六条　旅行社违反本法规定,有下列行为之一的,由旅游主管部门责令改正,没收违法所得,并处5千元以上5万元以下罚款;情节严重的,责令停业整顿或者吊销旅行社业务经营许可证;对直接负责的主管人员和其他直接责任人员,处2千元以上2万元以下罚款:

（一）未按照规定为出境或者入境团队旅游安排领队或者导游全程陪同的;

（二）安排未取得导游证或者领队证的人员提供导游或者领队服务的;

（三）未向临时聘用的导游支付导游服务费用的;

（四）要求导游垫付或者向导游收取费用的。

第九十七条　旅行社违反本法规定,有下列行为之一的,由旅游主管部门或者有关部门责令改正,没收违法所得,并处5千元以上5万元以下罚款;违法所得5万元以上的,并处违法所得1倍以上5倍以下罚款;情节严重的,责令停业整顿或者吊销旅行社业务经营许可证;对直接负责的主管人员和其他直接责任人员,处2千元以上2万元以下罚款:

（一）进行虚假宣传,误导旅游者的;

（二）向不合格的供应商订购产品和服务的;

（三）未按照规定投保旅行社责任保险的。

第九十八条　旅行社违反本法第三十五条规定的,由旅游主管部门责令改正,没收违法所得,责令停业整顿,并处3万元以上30万元以下罚款;违法所得30万元以上的,并处违法所得1倍以上5倍以下罚款;情节严重的,吊销旅行社业务经营许可证;对直接负责的主管人员和其他直接责任人员,没收违法所得,处2千元以上2万元以下罚款,并暂扣或者吊销导游证、领队证。

第九十九条　旅行社未履行本法第五十五条规定的报告义务的,由旅游主管部门处5千元以上5万元以下罚款;情节严重的,责令停业整顿或者吊销旅行社业务经营许可证;对直接负责的主管人员和其他直接责任人员,处2千元以上2万元以下罚款,并暂扣或者吊销导游证、领队证。

第一百条　旅行社违反本法规定,有下列行为之一的,由旅游主管部门责令改正,处3万元以上30万元以下罚款,并责令停业整顿;

造成旅游者滞留等严重后果的，吊销旅行社业务经营许可证；对直接负责的主管人员和其他直接责任人员，处2千元以上2万元以下罚款，并暂扣或者吊销导游证、领队证：

（一）在旅游行程中擅自变更旅游行程安排，严重损害旅游者权益的；

（二）拒绝履行合同的；

（三）未征得旅游者书面同意，委托其他旅行社履行包价旅游合同的。

第一百零一条 旅行社违反本法规定，安排旅游者参观或者参与违反我国法律、法规和社会公德的项目或者活动的，由旅游主管部门责令改正，没收违法所得，责令停业整顿，并处2万元以上20万元以下罚款；情节严重的，吊销旅行社业务经营许可证；对直接负责的主管人员和其他直接责任人员，处2千元以上2万元以下罚款，并暂扣或者吊销导游证、领队证。

第一百零二条 违反本法规定，未取得导游证或者领队证从事导游、领队活动的，由旅游主管部门责令改正，没收违法所得，并处1千元以上1万元以下罚款，予以公告。

导游、领队违反本法规定，私自承揽业务的，由旅游主管部门责令改正，没收违法所得，处1千元以上1万元以下罚款，并暂扣或者吊销导游证、领队证。

导游、领队违反本法规定，向旅游者索取小费的，由旅游主管部门责令退还，处1千元以上1万元以下罚款；情节严重的，并暂扣或者吊销导游证、领队证。

第一百零三条 违反本法规定被吊销导游证、领队证的导游、领队和受到吊销旅行社业务经营许可证处罚的旅行社的有关管理人员，自处罚之日起未逾3年的，不得重新申请导游证、领队证或者从事旅行社业务。

第一百零四条 旅游经营者违反本法规定，给予或者收受贿赂的，由工商行政管理部门依照有关法律、法规的规定处罚；情节严重的，并由旅游主管部门吊销旅行社业务经营许可证。

第一百零五条 景区不符合本法规定的开放条件而接待旅游者的，由景区主管部门责令停业整顿直至符合开放条件，并处2万元以上20万元以下罚款。

景区在旅游者数量可能达到最大承载量时，未依照本法规定公告或者未向当地人民政府报告，未及时采取疏导、分流等措施，或者超过最大承载量接待旅游者的，由景区主管部门责令改正，情节严重的，责令停业整顿1个月至6个月。

第一百零六条　景区违反本法规定，擅自提高门票或者另行收费项目的价格，或者有其他价格违法行为的，由有关主管部门依照有关法律、法规的规定处罚。

第一百零七条　旅游经营者违反有关安全生产管理和消防安全管理的法律、法规或者国家标准、行业标准的，由有关主管部门依照有关法律、法规的规定处罚。

第一百零八条　对违反本法规定的旅游经营者及其从业人员，旅游主管部门和有关部门应当记入信用档案，向社会公布。

第一百零九条　旅游主管部门和有关部门的工作人员在履行监督管理职责中滥用职权、玩忽职守、徇私舞弊，尚不构成犯罪的，依法给予处分。

第一百一十条　违反本法规定，构成犯罪的，依法追究刑事责任。

附则

第一百一十一条　本法下列用语的含义：

（一）旅游经营者，是指旅行社、景区以及为旅游者提供交通、住宿、餐饮、购物、娱乐等服务的经营者。

（二）景区，是指为旅游者提供游览服务、有明确的管理界限的场所或者区域。

（三）包价旅游合同，是指旅行社预先安排行程，提供或者通过履行辅助人提供交通、住宿、餐饮、游览、导游或者领队等两项以上旅游服务，旅游者以总价支付旅游费用的合同。

（四）组团社，是指与旅游者订立包价旅游合同的旅行社。

（五）地接社，是指接受组团社委托，在目的地接待旅游者的旅行社。

（六）履行辅助人，是指与旅行社存在合同关系，协助其履行包价旅游合同义务，实际提供相关服务的法人或者自然人。

第一百一十二条 本法自 2013 年 10 月 1 日起施行。

(八) 中华人民共和国进出境动植物检疫法（节录）

（1991 年 10 月 30 日第七届全国人民代表大会常务委员会第二十二次会议通过。1991 年 10 月 30 日中华人民共和国主席令第 53 号公布。自 1992 年 4 月 1 日起施行。）

第一章 总 则

第五条 国家禁止下列各物进境：

（一）动植物病原体（包括菌种、毒种等）、害虫及其他有害生物；

（二）动植物疫情流行的国家和地区的有关动植物、动植物产品和其他检疫物；

（三）动物尸体；

（四）土壤。

口岸动植物检疫机关发现有前款规定的禁止进境的，作退回或者销毁处理。

因科学研究特殊需要引进本条第一款规定的禁止进境物的，必须事先提出申请，经国家动植物检疫机关批准。

本条第一款第二项规定的禁止进境物的名目，由国务院农业行政管理部门制定并公布。

第二章 进境检疫

第十条 输入动物、动物产品、植物种子、种苗及其他繁殖材料的，必须事先提出申请，办理检疫审批手续。

第十一条 通过贸易、科技合作、交换、赠送、援助等方式输入动植物、动植物产品和其他检疫物的，应当在合同或者协议中订明中国法定的检疫要求，并订明必须附有输出国家或者地区政府动植物检疫机关出具的检疫证书。

第十二条 货主或者其代理人应当在动植物、动植物产品和其他检疫物进境前或者进境时持输出国家或者地区的检疫证书、贸易合同等单证，向进境口岸动植物检疫机关报检。

第十六条 输入动物，经检疫不合格的，由口岸动植物检疫机关签发《检疫处理通知单》，通知货主或者其代理人作如下处理：

（一）检出一类传染病、寄生虫病的动物，连同其同群动物全群退回或者全群扑杀并销毁尸体；

（二）检出二类传染病、寄生虫病的动物，退回或者扑杀同群其他动物在隔离场或者其他指定地点各类观察。

输入动物产品和其他检疫物经检疫不合格的由口岸动植物检疫机关签发《检疫处理通知单》，通知货主或者其代理人作除害、退回或者销毁处理。经除害处理合格的，准予进境。

第十七条 输入植物、植物产品和其他检疫物，经检疫发现有植物危险性病、虫、杂草等的，由口岸动植物检疫机关签发《检疫处理通知单》，通知货主或者其代理人作除害、退回或者销毁处理。经除害处理合格的，准予进境。

第十九条 输入动植物、动植物产品和其他检疫物，经检疫发现有本法第十八条规定的名录之外，对农、林、牧、渔业有严重危害的其他病虫害的，由口岸动植物检疫机关依照国务院农业行政主管部门的规定，通知货主或者其代理人作除害、退回或者销毁处理。经除害处理合格的，准予进境。

第三章　出境检疫

第二十条 货主或者其代理人在动植物、动植物产品和其他检疫物出境前，向口岸动植物检疫机关报检。

出境前需要经隔离检疫的动物，在口岸动植物检疫机关指定的隔离所检疫。

第二十一条 输出动植物、动植物产品和其他检疫物，由口岸动植物检疫机关实施检疫，经检疫合格或者经除害处理合格的，准予出境；海关凭口岸动植物检疫机关签发的检疫证书或者报关单上加盖的印章验放。检疫不合格又无有效方法作除害处理的，不准出境。

第二十二条 经检疫合格的动植物、动植物产品和其他检疫物，有下列情形之一的，货主或者其代理人应当重新报检：

（一）更改输入国家或者地区，更改后的输入国家或者地区又有不同检疫要求的；
（二）改换包装或者原未拼装后来拼装的；
（三）超过检疫规定有效期限的。

第五章 携带、邮寄物检疫

第二十八条 携带、邮寄植物种子、种苗及其他繁殖材料进境的，必须事先提出申请，办理检疫审批手续。

第八章 附 则

第四十六条 本法下列用语的含义是：
（一）"动物"是指饲养、野生的活动物，如畜、禽、兽、蛇、龟、鱼、虾、蟹、贝、蚕、蜂等；
（二）"动物产品"是指来源于动物未经加工或者虽经加工但仍有可能传播疫病的产品，如生皮张、肉类、脏器、油脂、动物水产品、奶制品、蛋类、血液、精液、胚胎、骨、蹄、角等；
（三）"植物"是指栽培植物、野生植物及其种子、种苗及其他繁殖材料等；
（四）"植物产品"是指来源于植物未加工或者虽经加工但仍有可能传播疫病的产品，如粮食、豆、棉花、油、麻、烟草、籽仁、干果、鲜果、蔬菜、生药材、木材、饲料等；
（五）"其他检疫物"是指动物疫苗、血清、诊断液、动植物性废弃物等。

（九）中华人民共和国野生植物保护条例（节录）

［发布日期］1996年09月30日 ［实施日期］1997年01月01日
［文号］国务院令第204号

第二条 在中华人民共和国境内从事野生植物的保护、发展和利用活动，必须遵守本条例。

本条例所保护的野生植物,是指原生地天然生长的珍贵植物和原生地天然生长并具有重要经济、科学研究、文化价值的濒危、稀有植物。

药用野生植物和城市园林、自然保护区、风景名胜区的野生植物的保护,同时适用有关法律、行政法规。

第八条 国务院林业行政主管部门主管全国林区内野生植物和林区外珍贵野生树木的监督管理工作。国务院农业行政主管部门主管全国其他野生植物的监督管理工作。

国务院建设行政部门负责城市园林、风景名胜区内野生植物的监督管理工作。国务院环境保护部门负责对全国野生植物环境保护工作的协调和监督。国务院其他有关部门依照职务分工负责有关的野生植物保护工作。

县级以上地方人民政府负责野生植物管理工作的部门及其职责,由省、自治区、直辖市人民政府根据当地具体情况规定。

(十)《大型群众性活动安全管理条例》(国务院令第505号)(节录)

2007年8月29日国务院第190次常务会议通过,自2007年10月1日起施行。

第一章 总 则

第一条 为了加强对大型群众性活动的安全管理,保护公民生命和财产安全,维护社会治安秩序和公共安全,制定本条例。

第二条 本条例所称大型群众性活动,是指法人或者其他组织面向社会公众举办的每场次预计参加人数达到1000人以上的下列活动:

(一)体育比赛活动;
(二)演唱会、音乐会等文艺演出活动;
(三)展览、展销等活动;
(四)游园、灯会、庙会、花会、焰火晚会等活动;
(五)人才招聘会、现场开奖的彩票销售等活动。

影剧院、音乐厅、公园、娱乐场所等在其日常业务范围内举办的活动，不适用本条例的规定。

第三条 大型群众性活动的安全管理应当遵循安全第一、预防为主的方针，坚持承办者负责、政府监管的原则。

第四条 县级以上人民政府公安机关负责大型群众性活动的安全管理工作。

县级以上人民政府其他有关主管部门按照各自的职责，负责大型群众性活动的有关安全工作。

第二章 安全责任

第五条 大型群众性活动的承办者（以下简称承办者）对其承办活动的安全负责，承办者的主要负责人为大型群众性活动的安全责任人。

第六条 举办大型群众性活动，承办者应当制订大型群众性活动安全工作方案。

大型群众性活动安全工作方案包括下列内容：

（一）活动的时间、地点、内容及组织方式；

（二）安全工作人员的数量、任务分配和识别标志；

（三）活动场所消防安全措施；

（四）活动场所可容纳的人员数量以及活动预计参加人数；

（五）治安缓冲区域的设定及其标识；

（六）入场人员的票证查验和安全检查措施；

（七）车辆停放、疏导措施；

（八）现场秩序维护、人员疏导措施；

（九）应急救援预案。

第七条 承办者具体负责下列安全事项：

（一）落实大型群众性活动安全工作方案和安全责任制度，明确安全措施、安全工作人员岗位职责，开展大型群众性活动安全宣传教育；

（二）保障临时搭建的设施、建筑物的安全，消除安全隐患；

（三）按照负责许可的公安机关的要求，配备必要的安全检查设备，对参加大型群众性活动的人员进行安全检查，对拒不接受安全检查的，承办者有权拒绝其进入；

（四）按照核准的活动场所容纳人员数量、划定的区域发放或者出售门票；

（五）落实医疗救护、灭火、应急疏散等应急救援措施并组织演练；

（六）对妨碍大型群众性活动安全的行为及时予以制止，发现违法犯罪行为及时向公安机关报告；

（七）配备与大型群众性活动安全工作需要相适应的专业保安人员以及其他安全工作人员；

（八）为大型群众性活动的安全工作提供必要的保障。

第八条 大型群众性活动的场所管理者具体负责下列安全事项：

（一）保障活动场所、设施符合国家安全标准和安全规定；

（二）保障疏散通道、安全出口、消防车通道、应急广播、应急照明、疏散指示标志符合法律、法规、技术标准的规定；

（三）保障监控设备和消防设施、器材配置齐全、完好有效；

（四）提供必要的停车场地，并维护安全秩序。

第九条 参加大型群众性活动的人员应当遵守下列规定：

（一）遵守法律、法规和社会公德，不得妨碍社会治安、影响社会秩序；

（二）遵守大型群众性活动场所治安、消防等管理制度，接受安全检查，不得携带爆炸性、易燃性、放射性、毒害性、腐蚀性等危险物质或者非法携带枪支、弹药、管制器具；

（三）服从安全管理，不得展示侮辱性标语、条幅等物品，不得围攻裁判员、运动员或者其他工作人员，不得投掷杂物。

第十条 公安机关应当履行下列职责：

（一）审核承办者提交的大型群众性活动申请材料，实施安全许可；

（二）制订大型群众性活动安全监督方案和突发事件处置预案；

（三）指导对安全工作人员的教育培训；

（四）在大型群众性活动举办前，对活动场所组织安全检查，发现安全隐患及时责令改正；

（五）在大型群众性活动举办过程中，对安全工作的落实情况实施监督检查，发现安全隐患及时责令改正；

（六）依法查处大型群众性活动中的违法犯罪行为，处置危害公共安全的突发事件。

第三章　安全管理

第十一条　公安机关对大型群众性活动实行安全许可制度。《营业性演出管理条例》对演出活动的安全管理另有规定的，从其规定。

举办大型群众性活动应当符合下列条件：

（一）承办者是依照法定程序成立的法人或者其他组织；

（二）大型群众性活动的内容不得违反宪法、法律、法规的规定，不得违反社会公德；

（三）具有符合本条例规定的安全工作方案，安全责任明确、措施有效；

（四）活动场所、设施符合安全要求。

第十二条　大型群众性活动的预计参加人数在 1000 人以上 5000 人以下的，由活动所在地县级人民政府公安机关实施安全许可；预计参加人数在 5000 人以上的，由活动所在地设区的市级人民政府公安机关或者直辖市人民政府公安机关实施安全许可；跨省、自治区、直辖市举办大型群众性活动的，由国务院公安部门实施安全许可。

第十三条　承办者应当在活动举办日的 20 日前提出安全许可申请，申请时，应当提交下列材料：

（一）承办者合法成立的证明以及安全责任人的身份证明；

（二）大型群众性活动方案及其说明，2 个或者 2 个以上承办者共同承办大型群众性活动的，还应当提交联合承办的协议；

（三）大型群众性活动安全工作方案；

（四）活动场所管理者同意提供活动场所的证明。

依照法律、行政法规的规定，有关主管部门对大型群众性活动的承办者有资质、资格要求的，还应当提交有关资质、资格证明。

第十四条　公安机关收到申请材料应当依法做出受理或者不予受理的决定。对受理的申请，应当自受理之日起 7 日内进行审查，对活动场所进行查验，对符合安全条件的，做出许可的决定；对不符合安全条件的，做出不予许可的决定，并书面说明理由。

第十五条　对经安全许可的大型群众性活动，承办者不得擅自变更活动的时间、地点、内容或者扩大大型群众性活动的举办规模。

承办者变更大型群众性活动时间的,应当在原定举办活动时间之前向做出许可决定的公安机关申请变更,经公安机关同意方可变更。

承办者变更大型群众性活动地点、内容以及扩大大型群众性活动举办规模的,应当依照本条例的规定重新申请安全许可。

承办者取消举办大型群众性活动的,应当在原定举办活动时间之前书面告知做出安全许可决定的公安机关,并交回公安机关颁发的准予举办大型群众性活动的安全许可证件。

第十六条 对经安全许可的大型群众性活动,公安机关根据安全需要组织相应警力,维持活动现场周边的治安、交通秩序,预防和处置突发治安事件,查处违法犯罪活动。

第十七条 在大型群众性活动现场负责执行安全管理任务的公安机关工作人员,凭值勤证件进入大型群众性活动现场,依法履行安全管理职责。

公安机关和其他有关主管部门及其工作人员不得向承办者索取门票。

第十八条 承办者发现进入活动场所的人员达到核准数量时,应当立即停止验票;发现持有划定区域以外的门票或者持假票的人员,应当拒绝其入场并向活动现场的公安机关工作人员报告。

第十九条 在大型群众性活动举办过程中发生公共安全事故、治安案件的,安全责任人应当立即启动应急救援预案,并立即报告公安机关。

第四章 法 律 责 任

第二十条 承办者擅自变更大型群众性活动的时间、地点、内容或者擅自扩大大型群众性活动的举办规模的,由公安机关处1万元以上5万元以下罚款;有违法所得的,没收违法所得。

未经公安机关安全许可的大型群众性活动由公安机关予以取缔,对承办者处10万元以上30万元以下罚款。

第二十一条 承办者或者大型群众性活动场所管理者违反本条例规定致使发生重大伤亡事故、治安案件或者造成其他严重后果构成犯罪的,依法追究刑事责任;尚不构成犯罪的,对安全责任人和其他直接责任人员依法给予处分、治安管理处罚,对单位处1万元以上5万元以下罚款。

第二十二条 在大型群众性活动举办过程中发生公共安全事故,安全责任人不立即启动应急救援预案或者不立即向公安机关报告的,由公安机关对安全责任人和其他直接责任人员处5000元以上5万元以下罚款。

第二十三条 参加大型群众性活动的人员有违反本条例第九条规定行为的,由公安机关给予批评教育;有危害社会治安秩序、威胁公共安全行为的,公安机关可以将其强行带离现场,依法给予治安管理处罚;构成犯罪的,依法追究刑事责任。

第二十四条 有关主管部门的工作人员和直接负责的主管人员在履行大型群众性活动安全管理职责中,有滥用职权、玩忽职守、徇私舞弊行为的,依法给予处分;构成犯罪的,依法追究刑事责任。

第五章 附 则

第二十五条 县级以上各级人民政府、国务院部门直接举办的大型群众性活动的安全保卫工作,由举办活动的人民政府、国务院部门负责,不实行安全许可制度,但应当按照本条例的有关规定,责成或者会同有关公安机关制订更加严格的安全保卫工作方案,并组织实施。

第二十六条 本条例自2007年10月1日起施行。

(十一)殡葬管理条例(节录)

[发布日期]1997年7月11日 [实施日期]1997年7月11日
[文号]国务院令第225号

第十条 禁止在下列地区建造坟墓:
(一)耕地、林地;
(二)城市公园、风景名胜区和文物保护区;
(三)水库及河流堤坝附近和水源保护区;
(四)铁路、公路主干线两侧。

前款规定区域内现有的坟墓,除受国家保护的具有历史、艺术、科学价值的墓地予以保留外,应当限期迁移或者深埋,不留坟头。

（十二）营业性演出管理条例（节录）

第三十二条 占用公园、广场、街道、宾馆、饭店、体育场（馆）或者其他非营业性演出场所举办营业性演出活动的，应当报经当地县级以上人民政府文化行政部门、公安机关和其他有关部门批准。

（十三）城市绿化条例

［发布日期］1992 年 6 月 22 日　　［实施日期］1992 年 8 月 1 日
［文　号］国务院令第 100 号

第一章　总　　则

第一条 为了促进城市绿化事业的发展，改善生态环境，美化生活环境，增进人民身心健康，制定本条例。

第二条 本条例适用于在城市规划区内种植和养护树木花草等城市绿化的规划、建设、保护和管理。

第三条 城市人民政府应当把城市绿化建设纳入国民经济和社会发展计划。

第四条 国家鼓励和加强城市绿化的科学研究，推广先进技术，提高城市绿化的科学技术和艺术水平。

第五条 城市中的单位和有劳动能力的公民，应当依照国家有关规定履行植树或者其他绿化义务。

第六条 对在城市绿化工作中成绩显著的单位和个人，由人民政府给予表彰和奖励。

第七条 国务院设立全国绿化委员会，统一组织领导全国城乡绿化工作，其办公室设在国务院林业行政主管部门。

国务院城市建设行政主管部门和国务院林业行政主管部门等，按照国务院规定的职权划分，负责全国城市绿化工作。

地方绿化管理体制，由省、自治区、直辖市人民政府根据本地实际情况规定。

城市人民政府城市绿化行政主管部门主管本行政区域内城市规划区的城市绿化工作。

在城市规划区内，有关法律、法规规定由林业行政主管部门等管理的绿化工作，依照有关法律、法规执行。

第二章 规划和建设

第八条 城市人民政府应当组织城市规划行政主管部门和城市绿化行政主管部门等共同编制城市绿化规划，并纳入城市总体规划。

第九条 城市绿化规划应当从实际出发，根据城市发展需要，合理安排同城市人口和城市面积相适应的城市绿化用地面积。

城市人均公共绿地面积和绿化覆盖率等规划指标，由国务院城市建设行政主管部门根据不同城市的性质、规模和自然条件等实际情况规定。

第十条 城市绿化规划应当根据当地的特点，利用原有的地形、地貌、水体、植被和历史文化遗址等自然、人文条件，以方便群众为原则，合理设置公共绿地、居住区绿地、防护绿地、生产绿地和风景林地等。

第十一条 城市绿化工程的设计，应当委托持有相应资格证书的设计单位承担。

工程建设项目的附属绿化工程设计方案，按照基本建设程序审批时，必须有城市人民政府城市绿化行政主管部门参加审查。

城市的公共绿地、居住区绿地、风景林地和干道绿化带等绿化工程的设计方案，必须按照规定报城市人民政府城市绿化行政主管部门或者其上级行政主管部门审批。

建设单位必须按照批准的设计方案进行施工。设计方案确需改变时，须经原批准机关审批。

第十二条 城市绿化工程的设计，应当借鉴国内外先进经验，体现民族风格和地方特色。城市公共绿地和居住区绿地的建设，应当以植物造景为主，选用适合当地自然条件的树木花草，并适当配置泉、石、雕塑等景物。

第十三条 城市绿化规划应当因地制宜地规划不同类型的防护绿地。各有关单位应当依照国家有关规定，负责本单位管界内防护绿地的绿化建设。

第十四条 单位附属绿地的绿化规划和建设,由该单位自行负责,城市人民政府城市绿化行政主管部门应当监督检查,并给予技术指导。

第十五条 城市苗圃、草圃、花圃等生产绿地的建设,应当适应城市绿化建设的需要。

第十六条 城市绿化工程的施工,应当委托持有相应资格证书的单位承担。绿化工程竣工后,应当经城市人民政府城市绿化行政主管部门或者该工程的主管部门验收合格后,方可交付使用。

第十七条 城市新建、扩建、改建工程项目和开发住宅区项目,需要绿化的,其基本建设投资中应当包括配套的绿化建设投资,并统一安排绿化工程施工,在规定的期限内完成绿化任务。

第三章 保护和管理

第十八条 城市的公共绿地、风景林地、防护绿地、行道树及干道绿化带的绿化,由城市人民政府城市绿化行政主管部门管理;各单位管界内的防护绿地的绿化,由该单位按照国家有关规定管理;单位自建的公园和单位附属绿地的绿化,由该单位管理;居住区绿地的绿化,由城市人民政府城市绿化行政主管部门根据实际情况确定的单位管理;城市苗圃、草圃和花圃等,由其经营单位管理。

第十九条 任何单位和个人都不得擅自改变城市绿化规划用地性质或者破坏绿化规划用地的地形、地貌、水体和植被。

第二十条 任何单位和个人都不得擅自占用城市绿化用地;占用的城市绿化用地,应当限期归还。

因建设或者其他特殊需要临时占用城市绿化用地,须经城市人民政府城市绿化行政主管部门同意,并按照有关规定办理临时用地手续。

第二十一条 任何单位和个人都不得损坏城市树木花草和绿化设施。

砍伐城市树木,必须经城市人民政府城市绿化行政主管部门批准,并按照国家有关规定补植树木或者采取其他补救措施。

第二十二条 在城市的公共绿地内开设商业、服务摊点的,必须向公共绿地管理单位提出申请，经城市人民政府城市绿化行政主管部门或者其授权的单位同意后，持工商行政管理部门批准的营业执照，在公共绿地管理单位指定的地点从事经营活动，并遵守公共绿地和工商行政管理的规定。

第二十三条　城市的绿地管理单位，应当建立、健全管理制度，保持树木花草繁茂及绿化设施完好。

第二十四条　为保证管线的安全使用需要修剪树木时，必须经城市人民政府城市绿化行政主管部门批准，按照兼顾管线安全使用和树木正常生长的原则进行修剪。承担修剪费用的办法，由城市人民政府规定。

因不可抗力致使树木倾斜危及管线安全时，管线管理单位可以先行修剪、扶正或者砍伐树木，但是，应当及时报告城市人民政府城市绿化行政主管部门和绿地管理单位。

第二十五条　百年以上树龄的树木，稀有、珍贵树木，具有历史价值或者重要纪念意义的树木，均属古树名木。

对城市古树名木实行统一管理，分别养护。城市人民政府城市绿化行政主管部门，应当建立古树名木的档案和标志，划定保护范围，加强养护管理。在单位管界内或者私人庭院内的古树名木，由该单位或者居民负责养护，城市人民政府城市绿化行政主管部门负责监督和技术指导。

严禁砍伐或者迁移古树名木。因特殊需要迁移古树名木，必须经城市人民政府城市绿化行政主管部门审查同意，并报同级或者上级人民政府批准。

第四章　罚　　则

第二十六条　工程建设项目的附属绿化工程设计方案或者城市的公共绿地、居住区绿地、风景林地和干道绿化带等绿化工程的设计方案，未经批准或者未按照批准的设计方案施工的，由城市人民政府城市绿化行政主管部门责令停止施工、限期改正或者采取其他补救措施。

第二十七条　违反本条例规定，有下列行为之一的，由城市人民政府城市绿化行政主管部门或者其授权的单位责令停止侵害，可以并处罚款；造成损失的，应当负赔偿责任；应当给予治安管理处罚的，依照《中华人民共和国治安管理处罚条例》的有关规定处罚；构成犯罪的，依法追究刑事责任：

（一）损坏城市树木花草的；

（二）擅自修剪或者砍伐城市树木的；

（三）砍伐、擅自迁移古树名木或者因养护不善致使古树名木受到损伤或者死亡的；

（四）损坏城市绿化设施的。

第二十八条 未经同意擅自占用城市绿化用地的，由城市人民政府城市绿化行政主管部门责令限期退还、恢复原状，可以并处罚款；造成损失的，应当负赔偿责任。

第二十九条 未经同意擅自在城市公共绿地内开设商业、服务摊点的，由城市人民政府城市绿化行政主管部门或者其授权的单位责令限期迁出或者拆除，可以并处罚款；造成损失的，应当负赔偿责任。

对不服从公共绿地管理单位管理的商业、服务摊点，由城市人民政府城市绿化行政主管部门或者其授权的单位给予警告，可以并处罚款；情节严重的，由城市人民政府城市绿化行政主管部门取消其设点申请批准文件，并可以提请工商行政管理部门吊销营业执照。

第三十条 对违反本条例的直接责任人员或者单位负责人，可以由其所在单位或者上级主管机关给予行政处分；构成犯罪的，依法追究刑事责任。

第三十一条 城市人民政府城市绿化行政主管部门和城市绿地管理单位的工作人员玩忽职守、滥用职权、徇私舞弊的，由其所在单位或者上级主管机关给予行政处分；构成犯罪的，依法追究刑事责任。

第三十二条 当事人对行政处罚不服的，可以自接到处罚决定通知之日起十五日内，向作出处罚决定机关的上一级机关申请复议；对复议决定不服的，可以自接到复议决定之日起十五日内向人民法院起诉。当事人也可以直接向人民法院起诉。逾期不申请复议或者不向人民法院起诉又不履行处罚决定的，由作出处罚决定的机关申请人民法院强制执行。

对治安管理处罚不服的，依照《中华人民共和国治安管理处罚条例》的规定执行。

第五章 附 则

第三十三条 省、自治区、直辖市人民政府可以依照本条例制定实施办法。

第三十四条 本条例自一九九二年八月一日起施行。

(十四) 风景名胜区条例

第一章 总 则

第一条 为了加强对风景名胜区的管理,有效保护和合理利用风景名胜资源,制定本条例。

第二条 风景名胜区的设立、规划、保护、利用和管理,适用本条例。

本条例所称风景名胜区,是指具有观赏、文化或者科学价值,自然景观、人文景观比较集中,环境优美,可供人们游览或者进行科学、文化活动的区域。

第三条 国家对风景名胜区实行科学规划、统一管理、严格保护、永续利用的原则。

第四条 风景名胜区所在地县级以上地方人民政府设置的风景名胜区管理机构,负责风景名胜区的保护、利用和统一管理工作。

第五条 国务院建设主管部门负责全国风景名胜区的监督管理工作。国务院其他有关部门按照国务院规定的职责分工,负责风景名胜区的有关监督管理工作。

省、自治区人民政府建设主管部门和直辖市人民政府风景名胜区主管部门,负责本行政区域内风景名胜区的监督管理工作。省、自治区、直辖市人民政府其他有关部门按照规定的职责分工,负责风景名胜区的有关监督管理工作。

第六条 任何单位和个人都有保护风景名胜资源的义务,并有权制止、检举破坏风景名胜资源的行为。

第二章 设　　立

第七条 设立风景名胜区，应当有利于保护和合理利用风景名胜资源。

新设立的风景名胜区与自然保护区不得重合或者交叉；已设立的风景名胜区与自然保护区重合或者交叉的，风景名胜区规划与自然保护区规划应当相协调。

第八条 风景名胜区划分为国家级风景名胜区和省级风景名胜区。

自然景观和人文景观能够反映重要自然变化过程和重大历史文化发展过程，基本处于自然状态或者保持历史原貌，具有国家代表性的，可以申请设立国家级风景名胜区；具有区域代表性的，可以申请设立省级风景名胜区。

第九条 申请设立风景名胜区应当提交包含下列内容的有关材料：

（一）风景名胜资源的基本状况；

（二）拟设立风景名胜区的范围以及核心景区的范围；

（三）拟设立风景名胜区的性质和保护目标；

（四）拟设立风景名胜区的游览条件；

（五）与拟设立风景名胜区内的土地、森林等自然资源和房屋等财产的所有权人、使用权人协商的内容和结果。

第十条 设立国家级风景名胜区，由省、自治区、直辖市人民政府提出申请，国务院建设主管部门会同国务院环境保护主管部门、林业主管部门、文物主管部门等有关部门组织论证，提出审查意见，报国务院批准公布。

设立省级风景名胜区，由县级人民政府提出申请，省、自治区人民政府建设主管部门或者直辖市人民政府风景名胜区主管部门，会同其他有关部门组织论证，提出审查意见，报省、自治区、直辖市人民政府批准公布。

第十一条 风景名胜区内的土地、森林等自然资源和房屋等财产的所有权人、使用权人的合法权益受法律保护。

申请设立风景名胜区的人民政府应当在报请审批前，与风景名胜区内的土地、森林等自然资源和房屋等财产的所有权人、使用权人充分协商。

因设立风景名胜区对风景名胜区内的土地、森林等自然资源和房屋等财产的所有权人、使用权人造成损失的,应当依法给予补偿。

第三章 规 划

第十二条 风景名胜区规划分为总体规划和详细规划。

第十三条 风景名胜区总体规划的编制,应当体现人与自然和谐相处、区域协调发展和经济社会全面进步的要求,坚持保护优先、开发服从保护的原则,突出风景名胜资源的自然特性、文化内涵和地方特色。

风景名胜区总体规划应当包括下列内容:

(一)风景资源评价;

(二)生态资源保护措施、重大建设项目布局、开发利用强度;

(三)风景名胜区的功能结构和空间布局;

(四)禁止开发和限制开发的范围;

(五)风景名胜区的游客容量;

(六)有关专项规划。

第十四条 风景名胜区应当自设立之日起2年内编制完成总体规划。总体规划的规划期一般为20年。

第十五条 风景名胜区详细规划应当根据核心景区和其他景区的不同要求编制,确定基础设施、旅游设施、文化设施等建设项目的选址、布局与规模,并明确建设用地范围和规划设计条件。

风景名胜区详细规划,应当符合风景名胜区总体规划。

第十六条 国家级风景名胜区规划由省、自治区人民政府建设主管部门或者直辖市人民政府风景名胜区主管部门组织编制。

省级风景名胜区规划由县级人民政府组织编制。

第十七条 编制风景名胜区规划,应当采用招标等公平竞争的方式选择具有相应资质等级的单位承担。

风景名胜区规划应当按照经审定的风景名胜区范围、性质和保护目标,依照国家有关法律、法规和技术规范编制。

第十八条 编制风景名胜区规划,应当广泛征求有关部门、公众和专家的意见；必要时，应当进行听证。

风景名胜区规划报送审批的材料应当包括社会各界的意见以及意见采纳的情况和未予采纳的理由。

第十九条 国家级风景名胜区的总体规划，由省、自治区、直辖市人民政府审查后，报国务院审批。

国家级风景名胜区的详细规划，由省、自治区人民政府建设主管部门或者直辖市人民政府风景名胜区主管部门报国务院建设主管部门审批。

第二十条 省级风景名胜区的总体规划，由省、自治区、直辖市人民政府审批，报国务院建设主管部门备案。

省级风景名胜区的详细规划，由省、自治区人民政府建设主管部门或者直辖市人民政府风景名胜区主管部门审批。

第二十一条 风景名胜区规划经批准后，应当向社会公布，任何组织和个人有权查阅。

风景名胜区内的单位和个人应当遵守经批准的风景名胜区规划，服从规划管理。

风景名胜区规划未经批准的，不得在风景名胜区内进行各类建设活动。

第二十二条 经批准的风景名胜区规划不得擅自修改。确需对风景名胜区总体规划中的风景名胜区范围、性质、保护目标、生态资源保护措施、重大建设项目布局、开发利用强度以及风景名胜区的功能结构、空间布局、游客容量进行修改的，应当报原审批机关批准；对其他内容进行修改的，应当报原审批机关备案。

风景名胜区详细规划确需修改的，应当报原审批机关批准。

政府或者政府部门修改风景名胜区规划对公民、法人或者其他组织造成财产损失的，应当依法给予补偿。

第二十三条 风景名胜区总体规划的规划期届满前2年，规划的组织编制机关应当组织专家对规划进行评估，作出是否重新编制规划的决定。在新规划批准前，原规划继续有效。

第四章 保　　护

第二十四条 风景名胜区内的景观和自然环境，应当根据可持续发展的原则，严格保护，不得破坏或者随意改变。

风景名胜区管理机构应当建立健全风景名胜资源保护的各项管理制度。

风景名胜区内的居民和游览者应当保护风景名胜区的景物、水体、林草植被、野生动物和各项设施。

第二十五条 风景名胜区管理机构应当对风景名胜区内的重要景观进行调查、鉴定，并制定相应的保护措施。

第二十六条 在风景名胜区内禁止进行下列活动：

（一）开山、采石、开矿、开荒、修坟立碑等破坏景观、植被和地形地貌的活动；

（二）修建储存爆炸性、易燃性、放射性、毒害性、腐蚀性物品的设施；

（三）在景物或者设施上刻划、涂污；

（四）乱扔垃圾。

第二十七条 禁止违反风景名胜区规划，在风景名胜区内设立各类开发区和在核心景区内建设宾馆、招待所、培训中心、疗养院以及与风景名胜资源保护无关的其他建筑物；已经建设的，应当按照风景名胜区规划，逐步迁出。

第二十八条 在风景名胜区内从事本条例第二十六条、第二十七条禁止范围以外的建设活动，应当经风景名胜区管理机构审核后，依照有关法律、法规的规定办理审批手续。

在国家级风景名胜区内修建缆车、索道等重大建设工程，项目的选址方案应当报国务院建设主管部门核准。

第二十九条 在风景名胜区内进行下列活动，应当经风景名胜区管理机构审核后，依照有关法律、法规的规定报有关主管部门批准：

（一）设置、张贴商业广告；

（二）举办大型游乐等活动；

（三）改变水资源、水环境自然状态的活动；

（四）其他影响生态和景观的活动。

第三十条 风景名胜区内的建设项目应当符合风景名胜区规划，并与景观相协调，不得破坏景观、污染环境、妨碍游览。

在风景名胜区内进行建设活动的，建设单位、施工单位应当制定污染防治和水土保持方案，并采取有效措施，保护好周围景物、水体、林草植被、野生动物资源和地形地貌。

第三十一条 国家建立风景名胜区管理信息系统,对风景名胜区规划实施和资源保护情况进行动态监测。

国家级风景名胜区所在地的风景名胜区管理机构应当每年向国务院建设主管部门报送风景名胜区规划实施和土地、森林等自然资源保护的情况;国务院建设主管部门应当将土地、森林等自然资源保护的情况,及时抄送国务院有关部门。

第五章 利用和管理

第三十二条 风景名胜区管理机构应当根据风景名胜区的特点,保护民族民间传统文化,开展健康有益的游览观光和文化娱乐活动,普及历史文化和科学知识。

第三十三条 风景名胜区管理机构应当根据风景名胜区规划,合理利用风景名胜资源,改善交通、服务设施和游览条件。

风景名胜区管理机构应当在风景名胜区内设置风景名胜区标志和路标、安全警示等标牌。

第三十四条 风景名胜区内宗教活动场所的管理,依照国家有关宗教活动场所管理的规定执行。

风景名胜区内涉及自然资源保护、利用、管理和文物保护以及自然保护区管理的,还应当执行国家有关法律、法规的规定。

第三十五条 国务院建设主管部门应当对国家级风景名胜区的规划实施情况、资源保护状况进行监督检查和评估。对发现的问题,应当及时纠正、处理。

第三十六条 风景名胜区管理机构应当建立健全安全保障制度,加强安全管理,保障游览安全,并督促风景名胜区内的经营单位接受有关部门依据法律、法规进行的监督检查。

禁止超过允许容量接纳游客和在没有安全保障的区域开展游览活动。

第三十七条 进入风景名胜区的门票,由风景名胜区管理机构负责出售。门票价格依照有关价格的法律、法规的规定执行。

风景名胜区内的交通、服务等项目,应当由风景名胜区管理机构依照有关法律、法规和风景名胜区规划,采用招标等公平竞争的方式确定经营者。

风景名胜区管理机构应当与经营者签订合同，依法确定各自的权利义务。经营者应当缴纳风景名胜资源有偿使用费。

第三十八条 风景名胜区的门票收入和风景名胜资源有偿使用费，实行收支两条线管理。

风景名胜区的门票收入和风景名胜资源有偿使用费应当专门用于风景名胜资源的保护和管理以及风景名胜区内财产的所有权人、使用权人损失的补偿。具体管理办法，由国务院财政部门、价格主管部门会同国务院建设主管部门等有关部门制定。

第三十九条 风景名胜区管理机构不得从事以营利为目的的经营活动，不得将规划、管理和监督等行政管理职能委托给企业或者个人行使。

风景名胜区管理机构的工作人员，不得在风景名胜区内的企业兼职。

第六章 法律责任

第四十条 违反本条例的规定，有下列行为之一的，由风景名胜区管理机构责令停止违法行为、恢复原状或者限期拆除，没收违法所得，并处 50 万元以上 100 万元以下的罚款：

（一）在风景名胜区内进行开山、采石、开矿等破坏景观、植被、地形地貌的活动的；

（二）在风景名胜区内修建储存爆炸性、易燃性、放射性、毒害性、腐蚀性物品的设施的；

（三）在核心景区内建设宾馆、招待所、培训中心、疗养院以及与风景名胜资源保护无关的其他建筑物的。

县级以上地方人民政府及其有关主管部门批准实施本条第一款规定的行为的，对直接负责的主管人员和其他直接责任人员依法给予降级或者撤职的处分；构成犯罪的，依法追究刑事责任。

第四十一条 违反本条例的规定，在风景名胜区内从事禁止范围以外的建设活动，未经风景名胜区管理机构审核的，由风景名胜区管理机构责令停止建设、限期拆除，对个人处 2 万元以上 5 万元以下的罚款，对单位处 20 万元以上 50 万元以下的罚款。

第四十二条 违反本条例的规定,在国家级风景名胜区内修建缆车、索道等重大建设工程,项目的选址方案未经国务院建设主管部门核准,县级以上地方人民政府有关部门核发选址意见书的,对直接负责的主管人员和其他直接责任人员依法给予处分;构成犯罪的,依法追究刑事责任。

第四十三条 违反本条例的规定,个人在风景名胜区内进行开荒、修坟立碑等破坏景观、植被、地形地貌的活动的,由风景名胜区管理机构责令停止违法行为、限期恢复原状或者采取其他补救措施,没收违法所得,并处1000元以上1万元以下的罚款。

第四十四条 违反本条例的规定,在景物、设施上刻划、涂污或者在风景名胜区内乱扔垃圾的,由风景名胜区管理机构责令恢复原状或者采取其他补救措施,处50元的罚款;刻划、涂污或者以其他方式故意损坏国家保护的文物、名胜古迹的,按照治安管理处罚法的有关规定予以处罚;构成犯罪的,依法追究刑事责任。

第四十五条 违反本条例的规定,未经风景名胜区管理机构审核,在风景名胜区内进行下列活动的,由风景名胜区管理机构责令停止违法行为、限期恢复原状或者采取其他补救措施,没收违法所得,并处5万元以上10万元以下的罚款;情节严重的,并处10万元以上20万元以下的罚款:

(一)设置、张贴商业广告的;
(二)举办大型游乐等活动的;
(三)改变水资源、水环境自然状态的活动的;
(四)其他影响生态和景观的活动。

第四十六条 违反本条例的规定,施工单位在施工过程中,对周围景物、水体、林草植被、野生动物资源和地形地貌造成破坏的,由风景名胜区管理机构责令停止违法行为、限期恢复原状或者采取其他补救措施,并处2万元以上10万元以下的罚款;逾期未恢复原状或者采取有效措施的,由风景名胜区管理机构责令停止施工。

第四十七条 违反本条例的规定,国务院建设主管部门、县级以上地方人民政府及其有关主管部门有下列行为之一的,对直接负责的主管人员和其他直接责任人员依法给予处分;构成犯罪的,依法追究刑事责任:

(一)违反风景名胜区规划在风景名胜区内设立各类开发区的;

(二)风景名胜区自设立之日起未在2年内编制完成风景名胜区总体规划的;

(三)选择不具有相应资质等级的单位编制风景名胜区规划的;

(四)风景名胜区规划批准前批准在风景名胜区内进行建设活动的;

(五)擅自修改风景名胜区规划的;

(六)不依法履行监督管理职责的其他行为。

第四十八条 违反本条例的规定,风景名胜区管理机构有下列行为之一的,由设立该风景名胜区管理机构的县级以上地方人民政府责令改正;情节严重的,对直接负责的主管人员和其他直接责任人员给予降级或者撤职的处分;构成犯罪的,依法追究刑事责任:

(一)超过允许容量接纳游客或者在没有安全保障的区域开展游览活动的;

(二)未设置风景名胜区标志和路标、安全警示等标牌的;

(三)从事以营利为目的的经营活动的;

(四)将规划、管理和监督等行政管理职能委托给企业或者个人行使的;

(五)允许风景名胜区管理机构的工作人员在风景名胜区内的企业兼职的;

(六)审核同意在风景名胜区内进行不符合风景名胜区规划的建设活动的;

(七)发现违法行为不予查处的。

第四十九条 本条例第四十条第一款、第四十一条、第四十三条、第四十四条、第四十五条、第四十六条规定的违法行为,依照有关法律、行政法规的规定,有关部门已经予以处罚的,风景名胜区管理机构不再处罚。

第五十条 本条例第四十条第一款、第四十一条、第四十三条、第四十四条、第四十五条、第四十六条规定的违法行为,侵害国家、集体或者个人的财产的,有关单位或者个人应当依法承担民事责任。

第五十一条 依照本条例的规定,责令限期拆除在风景名胜区内违法建设的建筑物、构筑物或者其他设施的,有关单位或者个人必须立即停止建设活动,自行拆除;对继续进行建设的,作出责令限期拆除决定的机关有权制止。有关单位或者个人对责令限期拆除决定不服的，可以在接到责令限期拆除决定之日起 15 日内，向人民法院起诉；期满不起诉又不自行拆除的，由作出责令限期拆除决定的机关依法申请人民法院强制执行，费用由违法者承担。

第七章　附　　则

第五十二条　本条例自 2006 年 12 月 1 日起施行。

1985 年 6 月 7 日国务院发布的《风景名胜区管理暂行条例》同时废止。

（十五）城市绿线管理办法

［发布日期］2002 年 9 月 13 日　　［实施日期］2002 年 11 月 1 日
［文号］建设部　第 63 次常务会议通过

第一条　为建立并严格实行城市绿线管理制度，加强城市生态环境建设，创造良好的人居环境，促进城市可持续发展，根据《城市规划法》、《城市绿化条例》等法律法规，制定本办法。

第二条　本办法所称城市绿线，是指城市各类绿地范围的控制线。

本办法所称城市，是指国家按行政建制设立的直辖市、市、镇。

第三条　城市绿线的划定和监督管理，适用本办法。

第四条　国务院建设行政主管部门负责全国城市绿线管理工作。

省、自治区人民政府建设行政主管部门负责本行政区域内的城市绿线管理工作。

城市人民政府规划、园林绿化行政主管部门，按照职责分工负责城市绿线的监督和管理工作。

第五条　城市规划、园林绿化等行政主管部门应当密切合作，组织编制城市绿地系统规划。

城市绿地系统规划是城市总体规划的组成部分，应当确定城市绿化目标和布局，规定城市各类绿地的控制原则，按照规定标准确定绿化用地面积，分层次合理布局公共绿地，确定防护绿地、大型公共绿地等的绿线。

第六条 控制性详细规划应当提出不同类型用地的界线、规定绿化率控制指标和绿化用地界线的具体坐标。

第七条 修建性详细规划应当根据控制性详细规划，明确绿地布局，提出绿化配置的原则或者方案，划定绿地界线。

第八条 城市绿线的审批、调整，按照《城市规划法》、《城市绿化条例》的规定进行。

第九条 批准的城市绿线要向社会公布，接受公众监督。

任何单位和个人都有保护城市绿地、服从城市绿线管理的义务，有监督城市绿线管理、对违反城市绿线管理行为进行检举的权利。

第十条 城市绿线范围内的公共绿地、防护绿地、生产绿地、居住区绿地、单位附属绿地、道路绿地、风景林地等，必须按照《城市用地分类与规划建设用地标准》、《公园设计规范》等标准，进行绿地建设。

第十一条 城市绿线内的用地，不得改作他用，不得违反法律法规、强制性标准以及批准的规划进行开发建设。

有关部门不得违反规定，批准在城市绿线范围内进行建设。

因建设或者其他特殊情况，需要临时占用城市绿线内用地的，必须依法办理相关审批手续。

在城市绿线范围内，不符合规划要求的建筑物、构筑物及其他设施应当限期迁出。

第十二条 任何单位和个人不得在城市绿地范围内进行拦河截溪、取土采石、设置垃圾堆场、排放污水以及其他对生态环境构成破坏的活动。

近期不进行绿化建设的规划绿地范围内的建设活动，应当进行生态环境影响分析，并按照《城市规划法》的规定，予以严格控制。

第十三条 居住区绿化、单位绿化及各类建设项目的配套绿化都要达到《城市绿化规划建设指标的规定》的标准。

各类建设工程要与其配套的绿化工程同步设计，同步施工，同步验收。达不到规定标准的，不得投入使用。

第十四条 城市人民政府规划、园林绿化行政主管部门按照职责分工，对城市绿线的控制和实施情况进行检查，并向同级人民政府和上级行政主管部门报告。

第十五条 省、自治区人民政府建设行政主管部门应当定期对本行政区域内城市绿线的管理情况进行监督检查，对违法行为，及时纠正。

第十六条 违反本办法规定，擅自改变城市绿线内土地用途、占用或者破坏城市绿地的，由城市规划、园林绿化行政主管部门，按照《城市规划法》、《城市绿化条例》的有关规定处罚。

第十七条 违反本办法规定，在城市绿地范围内进行拦河截溪、取土采石、设置垃圾堆场、排放污水以及其他对城市生态环境造成破坏活动的，由城市园林绿化行政主管部门责令改正，并处一万元以上三万元以下的罚款。

第十八条 违反本办法规定，在已经划定的城市绿线范围内违反规定审批建设项目的，对有关责任人员由有关机关给予行政处分；构成犯罪的，依法追究刑事责任。

第十九条 城镇体系规划所确定的，城市规划区外防护绿地、绿化隔离带等的绿线划定、监督和管理，参照本办法执行。

第二十条 本办法自二〇〇二年十一月一日起施行。

（十六）国家重点公园管理办法（试行）

［发布日期］2006年3月31日　［实施日期］2006年3月31日
［文　号］建城［2006］67号

第一条 为加强公园管理，不断提高公园的规划建设和保护管理水平，根据《城市绿化条例》和国家有关规定，制定本办法。

第二条 本办法所称国家重点公园，是指具有重要影响和较高价值，且在全国有典型性、示范性或代表性的公园。

第三条 具备下列条件的公园，可以申报国家重点公园。

（一）符合城市人民政府公园建设与发展规划；

（二）权属清楚，无权属争议；

（三）机构健全、制度完善、管理规范良好；

（四）符合下列标准之一：

1. 园林历史悠久，代表一定时代的优秀园林作品，具有较高的历史价值；

2. 利用自然条件和人文条件，因地制宜建造公园，展现中国风景园林的设计艺术，具有较高的艺术价值；

3. 公园的人文景观与中国的历史文化、重大历史事件、重要历史人物等相联系，具有重要的文化价值；

4. 在濒危动植物研究和保护、科普教育、生物多样性宣传等方面，具有重要的研究和保护价值；

5. 公园内历史遗存、动植物资源丰富，自然地质独特，具有重要的保护价值。

第四条 国家重点公园的申报，由城市人民政府提出，经省、自治区建设厅审查同意后，报建设部。直辖市由市园林绿化局组织进行审查，经市政府同意后，报建设部。

第五条 申报国家重点公园需提交下列材料：

（一）省、自治区建设行政主管部门或直辖市人民政府申请列为国家重点公园的请示；

（二）公园的评价报告；

（三）国家重点公园的申报书；

（四）公园的位置图、现状图、规划图；

（五）公园现状以及重要资源的图纸、照片、影像和其他有关建设档案材料。

第六条 建设部负责国家重点公园的评审工作。

对申报的国家重点公园，建设部组织专家进行实地考察和评审。

第七条 对已经列入国家重点公园的，城市人民政府应当依照有关规定和要求制定有效措施严格保护。

对具有独特的自然景观或具有特殊历史文化价值的人文景观，禁止改变其风貌和格局。

第八条 对已经列入国家重点公园的，应当依法设立管理机构。管理机构应当履行下列职责：

（一）依据规划进行保护建设；

（二）建立健全公园管理的各项制度；

（三）保持园内设施设备完好，加强安全管理，维护公园的正常游览秩序；

（四）依法管理、保护公园的财产和景观，杜绝破坏公园财产和景观的行为；

（五）按照价格主管部门批准的项目、标准收费；

（六）园林绿化主管部门规定的其他职责。

第九条 国家重点公园应当编制保护利用规划，并纳入城市绿线管制范围。保护利用规划由具有规划设计资格的单位负责编制，经建设部组织专家评审通过后，按规定程序报批，并报建设部备案。

第十条 任何单位和个人不得擅自改变国家重点公园的功能，不得侵占国家重点公园的用地，不得擅自改变国家重点公园的用地性质，不得出让、变相买卖国家重点公园的资源，不得进行经营性开发和上市。

已经占用国家重点公园土地、房屋的单位和个人应当迁出。

第十一条 国家重点公园的建设和施工必须按照国家有关部门批准的公园设计方案进行，建设施工应当由具有相应等级的单位承担。

第十二条 国家重点公园内除必要的保护和重点设施外，不得建设其他工程项目和设施。

国家重点公园内的各项设施应当和公园功能相适应，与公园景观相协调。

第十三条 城市园林绿化行政主管部门应当会同有关部门对国家重点公园划定保护范围和建设控制地带，对国家重点公园周边可能影响景观的建设项目实行严格控制。

第十四条 国家重点公园管理机构应当按照公园设计规定的游人容量接待游人。在公园开放时遇有紧急情况或者突发事件，应当按照应急预案采取临时关闭公园、景区、展馆，疏散游人等措施，并及时向城市园林绿化行政主管部门和有关部门报告。

第十五条 国家重点公园应当每年向建设部报告资源保护、规划编制以及实施管理等有关情况。

第十六条 对保护和管理不当，已不具备国家重点公园条件的，由建设部予以通报批评，限期整改，直至撤销其国家重点公园称号，并追究有关责任人责任。

第十七条 本办法自颁布之日起执行。

（十七）城市古树名木保护管理办法

中华人民共和国建设部　　建城［2000］192　　二〇〇〇年九月一日

第一条　为切实加强城市古树名木的保护管理工作，制定本办法。

第二条　本办法适用于城市规划区内和风景名胜区的古树名木保护管理。

第三条　本办法所称的古树，是指树龄在一百年以上的树木。

本办法所称的名木，是指国内外稀有的以及具有历史价值和纪念意义及重要科研价值的树木。

第四条　古树名木分为一级和二级。

凡树龄在300年以上，或者特别珍贵稀有，具有重要历史价值和纪念意义，重要科研价值的古树名木，为一级古树名木；其余为二级古树名木。

第五条　国务院建设行政主管部门负责全国城市古树名木保护管理工作。

省、自治区人民政府建设行政主管部门负责本行政区域内的城市古树名木保护管理工作。

城市人民政府城市园林绿化行政主管部门负责本行政区域内城市古树名木保护管理工作。

第六条　城市人民政府城市园林绿化行政主管部门应当对本行政区域内的古树名木进行调查、鉴定、定级、登记、编号，并建立档案，设立标志。

一级古树名木由省、自治区、直辖市人民政府确认，报国务院建设行政主管部门备案；二级古树名木由城市人民政府确认，直辖市以外的城市报省、自治区建设行政主管部门备案。

城市人民政府园林绿化行政主管部门应当对城市古树名木，按实际情况分株制定养护、管理方案，落实养护责任单位、责任人，并进行检查指导。

第七条　古树名木保护管理工作实行专业养护部门保护管理和单位、个人保护管理相结合的原则。

生长在城市园林绿化专业养护管理部门管理的绿地、公园等的古树名木，由城市园林绿化专业养护管理部门保护管理。

生长在铁路、公路、河道用地范围内的古树名木，由铁路、公路、河道管理部门保护管理。

生长在风景名胜区内的古树名木，由风景名胜区管理部门保护管理。

散生在各单位管界内及个人庭院中的古树名木，由所在单位和个人保护管理。

变更古树名木养护单位或者个人，应当到城市园林绿化行政主管部门办理养护责任转移手续。

第八条 城市园林绿化行政主管部门应当加强对城市古树名木的监督管理和技术指导，积极组织开展对古树名木的科学研究，推广应用科研成果，普及保护知识，提高保护和管理水平。

第九条 古树名木的养护管理费用由古树名木责任单位或者责任人承担。

抢救、复壮古树名木的费用，城市园林绿化行政主管部门可适当给予补贴。

城市人民政府应当每年从城市维护管理经费、城市园林绿化专项资金中划出一定比例的资金用于城市古树名木的保护管理。

第十条 古树名木养护责任单位或者责任人应按照城市园林绿化行政主管部门规定的养护管理措施实施保护管理。古树名木受到损害或者长势衰弱，养护单位和个人应当立即报告城市园林绿化行政主管部门，由城市园林绿化行政主管部门组织治理复壮。

对已死亡的古树名木，应当经城市园林绿化行政主管部门确认，查明原因，明确责任并予以注销登记后，方可进行处理。处理结果应及时上报省、自治区建设行政主管部门或者直辖市园林绿化行政主管部门。

第十一条 集体和个人所有的古树名木，未经城市园林绿化行政主管部门审核，并报城市人民政府批准的，不得买卖、转让。捐献给国家的，应给予适当奖励。

第十二条 任何单位和个人不得以任何理由、任何方式砍伐和擅自移植古树名木。

因特殊需要，确需移植二级古树名木的，应当经城市园林绿化行政主管部门和建设行政主管部门审查同意后，报省、自治区建设行政主管部门批准；移植一级古树名木的，应经省、自治区建设行政主管部门审核，报省、自治区人民政府批准。

直辖市确需移植一、二级古树名木的，由城市园林绿化行政主管部门审核，报城市人民政府批准。

移植所需费用，由移植单位承担。

第十三条 严禁下列损害城市古树名木的行为：

（一）在树上刻划、张贴或者悬挂物品；

（二）在施工等作业时借树木作为支撑物或者固定物；

（三）攀树、折枝、挖根、摘采果实种子或者剥损树枝、树干、树皮；

（四）距树冠垂直投影5m的范围内堆放物料、挖坑取土、兴建临时设施建筑、倾倒有害污水、污物垃圾，动用明火或者排放烟气；

（五）擅自移植、砍伐、转让买卖。

第十四条 新建、改建、扩建的建设工程影响古树名木生长的，建设单位必须提出避让和保护措施。城市规划行政部门在办理有关手续时，要征得城市园林绿化行政部门的同意，并报城市人民政府批准。

第十五条 生产、生活设施等产生的废水、废气、废渣等危害古树名木生长的，有关单位和个人必须按照城市绿化行政主管部门和环境保护部门的要求，在限期内采取措施，清除危害。

第十六条 不按照规定的管理养护方案实施保护管理，影响古树名木正常生长，或者古树名木已受损害或者衰弱，其养护管理责任单位和责任人未报告，并未采取补救措施导致古树名木死亡的，由城市园林绿化行政主管部门按照《城市绿化条例》第二十七条规定予以处理。

第十七条 对违反本办法第十一条、十二条、十三条、十四条规定的，由城市园林绿化行政主管部门按照《城市绿化条例》第二十七条规定，视情节轻重予以处理。

第十八条 破坏古树名木及其标志与保护设施，违反《中华人民共和国治安管理处罚条例》的，由公安机关给予处罚，构成犯罪的，由司法机关依法追究刑事责任。

第十九条 城市园林绿化行政主管部门因保护、整治措施不力，或者工作人员玩忽职守,致使古树名木损伤或者死亡的,由上级主管部门对该管理部门领导给予处分;情节严重、构成犯罪的,由司法机关依法追究刑事责任。

第二十条 本办法由国务院建设行政主管部门负责解释。

第二十一条 本办法自发布之日起施行。

(十八) 国家城市湿地公园管理办法 (试行) (节录)

[发布日期] 2005 年 2 月 2 日　　　[实施日期] 2005 年 2 月 2 日
[文号] 建城 [2005] 16 号

第一条 为加强城市湿地公园的保护管理,维护生态平衡,营造优美舒适的人居环境,推动城市可持续发展,根据国家有关的法律法规规定,制定本办法。

第二条 本办法所称的湿地,是指天然或人工、长期或暂时之沼泽地、泥炭地,带有静止或流动的淡水、半咸水或咸水的水域地带,包括低潮位不超过 6m 的滨岸海域。

本办法所称的城市湿地公园,是指利用纳入城市绿地系统规划的适宜作为公园的天然湿地类型,通过合理的保护利用,形成保护、科普、休闲等功能于一体的公园。

第三条 具备下列条件的湿地,可以申请设立国家城市湿地公园:

(一) 能供人们观赏、游览,开展科普教育和进行科学文化活动,并具有较高保护、观赏、文化和科学价值的;

(二) 纳入城市绿地系统规划范围的;

(三) 占地 500 亩以上能够作为公园的;

(四) 具有天然湿地类型的,或具有一定的影响及代表性的。

第四条 国家城市湿地公园的申报,由城市人民政府提出,经省、自治区建设厅审查同意后,报建设部。

直辖市由市园林局组织进行审查,经市政府同意后,报建设部。

第五条 对于跨市、县的国家城市湿地公园的申报,由所在地人民政府协商一致后,由上一级人民政府提出申请。

第六条 申报国家城市湿地公园需提交下列材料:

（一）省、自治区建设行政主管部门或直辖市人民政府关于申报列为国家城市湿地公园的请示；

（二）城市湿地公园的资源调查评价报告；

（三）国家城市湿地公园申报书；

（四）城市湿地公园的位置图、地形图、资源分布图、土地利用现状图等资料；

（五）湿地现状以及重要资源的图纸、照片、影像和其他有关材料。

第七条 建设部接到申请后，组织专家进行实地考察评估；对符合标准的，由建设部批准设立为国家城市湿地公园。

第八条 已批准设立的国家城市湿地公园所在地县级以上人民政府应当组织园林、规划、国土资源等管理部门标明界区，设立界碑、标牌，搞好资源监测。

第九条 已批准设立的国家城市湿地公园所在地县级以上人民政府应当设立专门的管理机构，统一负责国家城市湿地公园的保护、利用和管理工作。

第十条 已批准设立的国家城市湿地公园需在一年内编制完成国家城市湿地公园规划，并划定绿线，严格保护。

国家城市湿地公园规划必须委托有相应资质等级的规划设计企业承担。

国家城市湿地公园规划必须纳入城市总体规划、城市绿地系统规划和城市控制性详细规划，并纳入强制性内容严格管理，任何单位和个人不得擅自变更。

第十一条 国家城市湿地公园应定期向建设部报告湿地资源保护、规划编制及实施等有关情况。

第十二条 国家城市湿地公园保护、利用应以维护湿地系统生态平衡，保护湿地功能和生物多样性，实现人居环境与自然环境的协调发展为目标，坚持"重在保护、生态优先、合理利用、良性发展"的方针，充分发挥城市湿地在改善生态环境、休闲和科普教育等方面的作用。

第十三条 国家城市湿地公园保护、利用应遵循下列原则：

（一）严格遵守国家与湿地有关法律、法规，认真执行国家有关政策；遵守《关于特别是作为水禽栖息地的国际重要湿地公约》的有关规定。

（二）坚持生态效益为主，维护生态平衡，保护湿地区域内生物多样性及湿地生态系统结构与功能的完整性与自然性。

（三）在全面保护的基础上，进行合理开发利用，充分发挥湿地的社会效益。湿地公园的建设以不破坏湿地的自然良性演替为前提。

第十四条　国家城市湿地公园以及保护地带的重要地段，不得设立开发区、度假区，不得出让土地，严禁出租转让湿地资源；禁止建设污染环境、破坏生态的项目和设施。

第十五条　城市湿地公园管理机构和有关部门应采取有力措施，严禁破坏水体，切实保护好动植物的生长条件和生存环境。

第十六条　禁止任何单位和个人在国家城市湿地公园内从事挖湖采沙、围护造田、开荒取土等改变地貌和破坏环境、景观的活动。

第十七条　对管理和保护不利，造成资源破坏，已不具备国家城市湿地公园条件的，由省、自治区建设厅或直辖市园林局报请建设部撤销其命名，并依法追究有关负责人的责任。

第十八条　本办法自颁布之日起执行。

（十九）城市节约用水管理规定（节录）

［发布日期］1988年12月20日　［实施日期］1989年1月1日
［文号］建设部令第1号

第一条　为加强城市节约用水管理，保护和合理利用水资源，促进国民经济和社会发展，制定本规定。

第二条　本规定适用于城市规划区内节约用水的管理工作。

在城市规划区内使用公共供水和自建设施供水的单位和个人，必须遵守本规定。

第三条　城市实行计划用水和节约用水。

第四条　国家鼓励城市节约用水科学技术研究，推广先进技术，提高城市节约用水科学技术水平。

在城市节约用水工作中做出显著成绩的单位和个人，由人民政府给予奖励。

第六条　城市人民政府应当在制定城市供水发展规划的同时，制定节约用水发展规划,并根据节约用水发展规划制定节约用水年度计划。

各有关行业行政主管部门应当制定本行业的节约用水发展规划和节约用水年度计划。

第八条 单位自建供水设施取用地下水,必须经城市建设行政主管部门核准后,依照国家规定申请取水许可。

第九条 城市的新建、扩建和改建工程项目,应当配套建设节约用水设施。城市建设行政主管部门应当参加节约用水设施的竣工验收。

第十条 城市建设行政主管部门应当会同有关行业行政主管部门制定行业综合用水定额和单项用水定额。

第十一条 城市用水计划由城市建设行政主管部门根据水资源统筹规划和水长期供求计划制定,并下达执行。

超计划用水必须缴纳超计划用水加价水费。超计划用水加价水费,应当从税后留利或者预算包干经费中支出,不得纳入成本或者从当年预算中支出。

超计划用水加价水费的具体征收办法由省、自治区、直辖市人民政府制定。

第十七条 城市的新建、扩建和改建工程项目未按规定配套建设节约用水设施或者节约用水设施经验收不合格的,由城市建设行政主管部门限制其用水量,并责令其限期完善节约用水设施,可以并处罚款。

第十八条 超计划用水加价水费必须按规定的期限缴纳。逾期不缴纳的,城市建设行政主管部门除限期缴纳外,并按日加收超计划用水加价水费5‰的滞纳金。

(二十) 城市动物园管理规定

(1994年8月16日建设部令第37号发布,根据2001年9月7日《建设部关于修改〈城市动物园管理规定〉的决定》、2004年7月23日《建设部关于修改〈城市动物园管理规定〉的决定》修正)

第一章 总　　则

第一条 为加强城市动物园管理，充分发挥动物园的作用，满足人民物质和文化生活提高的需要，制定本规定。

第二条 本规定适用于综合性动物园（水族馆）、专类性动物园、野生动物园、城市公园的动物展区、珍稀濒危动物饲养繁殖研究场所。

从事城市动物园（以下简称动物园）的规划、建设、管理和动物保护必须遵守本规定。

第三条 国务院建设行政主管部门负责全国动物园管理工作。

省、自治区人民政府建设行政主管部门负责本行政区域内的动物园管理工作。

城市人民政府园林行政主管部门负责本城市的动物园管理工作。

动物园管理机构负责动物园的日常管理及动物保护工作。

第四条 国家鼓励动物园积极开展珍稀濒危野生动物的科学研究和移地保护工作。

第二章　动物园的规划和建设

第五条 动物园的规划和建设必须符合城市总体规划及城市园林和绿化规划，并进行统筹安排，协调发展。

第六条 需要新建动物园的，应当对建设地点、资金、动物资源和技术条件、管理人员配备等，进行综合分析论证，提出可行性报告和计划任务书，并向城市人民政府规划行政主管部门提出申请。

城市人民政府规划行政主管部门审批前，应当征得城市人民政府园林行政主管部门同意。

城市人民政府园林行政主管部门应当对新建动物园组织论证，广泛征求社会各界意见，论证结果应当公示。

第七条 动物园的规划设计应当坚持环境优美，适于动物栖息、生长和展出，保证安全，方便游人的原则，遵照城市园林绿化规划设计的有关标准规范。

第八条 动物园的设计单位应当具有国家规定的设计资质，并在资质证书许可的范围内承接业务。

第九条 动物园规划设计应当包括下列内容：

（一）全园总体布局规划；

（二）饲养动物种类、数量，展览分区方案，分期引进计划；

（三）展览方式、路线规划，动物笼舍和展馆设计，游览区及设施规划设计；

（四）动物医疗、隔离和动物园管理设施；

（五）绿化规划设计，绿地和水面面积不应低于国家规定的标准；

（六）基础设施规划设计；

（七）商业、服务设施规划设计；

（八）人员配制规划，建设资金概算及建设进度计划等；

（九）建成后维护管理资金估算。

第十条 城市人民政府规划行政主管部门在动物园规划、审批时，应当将动物园设计方案征求城市人民政府园林行政主管部门的意见。

（一）符合动物生活习性要求；

（二）方便游览观赏；

（三）保证动物、游人和饲养人员的安全；

（四）饲养人员管理操作方便；

（五）规定的设施齐全。

第十一条 城市人民政府规划行政主管部门在动物园规划审批时，应当将动物园规划设计方案征求城市人民政府园林行政主管部门的意见。

动物园规划设计方案，应当由城市人民政府园林行政主管部门组织论证，广泛征求社会各界意见，论证结果应当公示。

动物园应当按照批准的规划设计方案进行建设。规划设计方案确需改变的，应当报经原审批部门批准。

第十二条 动物园的建设必须严格按照批准的规划设计进行。动物园的施工应当由具有相应资质等级的单位承担，严格执行国家有关标准、规范，竣工后按规定验收合格方可投入使用。

第十三条 任何单位和个人都不得擅自侵占动物园及其规划用地，已被占用的应当限期归还。

第十四条 动物园扩大规模、增加动物种类，必须在动物资源、动物笼舍、饲料、医疗等物质条件和技术、管理人员都具备的情况下稳步进行。

第三章　动物园的管理

第十五条　动物园管理机构应当加强动物园的科学化管理，建立健全必要的职能部门，配备相应的人员，建立和完善各项规章制度。科技人员应达到规定的比例。

第十六条　动物园管理机构应当严格执行建设部颁发的《动物园动物管理技术规程》标准。

第十七条　动物园管理机构应当备有卫生防疫、医疗救护、麻醉保护设施，定时进行防疫和消毒。有条件的动物园要设有动物疾病检疫隔离场。

第十八条　动物园管理机构应当对饲养动物加强档案管理，建立、健全饲养动物谱系。

动物园都应当设立谱系登记员，负责整理全园饲养动物的谱系资料。

第十九条　动物园管理机构每年应当从事业经费中提取一定比例的资金作为科研经费，用于饲养野生动物的科学研究。

第二十条　动物园管理机构应当制定野生动物科学普及教育计划，要设专人负责科普工作，利用各种方式向群众，特别是向青少年，进行宣传教育。

第二十一条　动物园管理机构应当完善各项安全设施，加强安全管理，确保游人、管理人员和动物的安全。

动物园管理机构应当加强对游人的管理，严禁游人在动物展区内惊扰动物和大声喧哗，闭园后禁止在动物展区进行干扰动物的各种活动。

第二十二条　动物园管理机构应当加强园容和环境卫生的管理，完善环卫设施，妥善处理垃圾、排泄物和废弃物，防止污染环境。

第二十三条　动物园管理机构应当加强绿地的美化和管理，搞好绿地和园林植物的维护。

第二十四条　动物园内的服务设施的设置应当符合动物园规划设计方案。

任何单位和个人不得擅自在动物园内摆摊设点。

第四章 动物的保护

第二十五条 动物园管理机构应当制定野生动物种群发展计划。动物园间应当密切配合和协作，共同做好濒危物种的保护繁育研究工作。有条件的动物园应当建立繁育研究基地。

第二十六条 国家重点保护的野生动物因自然或人为灾害受到威胁时，动物园管理机构有责任进行保护和拯救。

第二十七条 动物园与国外进行"濒危野生动植物物种进出口国际贸易公约"附录Ⅰ、Ⅱ中的野生动物的交换、展览、赠送等，涉及进出口边境口岸的，经国务院建设行政主管部门审核同意后，报国务院野生动物行政主管部门批准，并取得国家濒危物种进出口管理机构核发的允许进出口证明书。大熊猫的进出口需报国务院批准。

第五章 奖励和处罚

第二十八条 对在动物园建设、管理和野生动物特别是珍稀濒危野生动物的保护和科学普及教育中作出显著成绩的单位和个人，应当给予表彰或奖励。

第二十九条 有下列行为之一的，按照有关规定处罚：

（一）未取得设计、施工资质证书或者超越资质证书许可的范围承担动物园设计或施工的；

（二）违反批准的规划设计方案进行动物园建设的；

（三）未经批准擅自改变动物园规划设计方案的；

（四）擅自侵占动物园及其规划用地的。

第三十条 擅自在动物园内摆摊设点的，由城市人民政府园林行政主管部门责令限期改正，可以并处 1000 元以下的罚款；造成损失的，应当承担赔偿责任。

第三十一条 违反本规定同时违反《中华人民共和国治安管理处罚条例》的，由公安机关予以处罚；构成犯罪的，由司法机关依法追究刑事责任。

第三十二条 城市园林行政主管部门或动物园管理机构的工作人员玩忽职守、滥用职权、徇私舞弊的，由其所在单位或上级主管部门给予行政处分；构成犯罪的，由司法机关依法追究刑事责任。

第六章 附 则

第三十三条 省、自治区、直辖市人民政府建设行政主管部门可以依照本规定制定实施细则。

第三十四条 本规定由建设部负责解释。

第三十五条 本规定自 1994 年 9 月 1 日起施行。

附：建设部关于修改《城市动物园管理规定》的决定

［发布日期］2004 年 7 月 23 日　［实施日期］2004 年 7 月 23 日
［文号］建设部令第 133 号

建设部决定对《城市动物园管理规定》（建设部令第 105 号）作如下修改：

一、第六条修改为："需要新建动物园的，应当对建设地点、资金、动物资源和技术条件、管理人员配备等，进行综合分析论证，提出可行性报告和计划任务书，并向城市人民政府规划行政主管部门提出申请。

城市人民政府规划行政主管部门审批前，应当征得城市人民政府园林行政主管部门同意。

城市人民政府园林行政主管部门应当对新建动物园组织论证，广泛征求社会各界意见，论证结果应当公示。"

二、第八条修改为："动物园的设计单位应当具有国家规定的设计资质，并在资质证书许可的范围内承接业务。"

三、第十一条修改为："城市人民政府规划行政主管部门在动物园规划审批时，应当将动物园规划设计方案征求城市人民政府园林行政主管部门的意见。

动物园规划设计方案，应当由城市人民政府园林行政主管部门组织论证，广泛征求社会各界意见，论证结果应当公示。

动物园应当按照批准的规划设计方案进行建设。规划设计方案确需改变的，应当报经原审批部门批准。"

四、第二十四条修改为："动物园内服务设施的设置应当符合动物园规划设计方案。任何单位和个人不得擅自在动物园内摆摊设点。"

五、删去第二十七条。

六、删去第三十条第（一）项中的"规划"；第（二）项修改为："违反批准的规划设计方案进行动物园建设的。"

七、第三十一条修改为："擅自在动物园内摆摊设点的，由城市人民政府园林行政主管部门责令限期改正，可以并处 1000 元以下的罚款；造成损失的，应当承担赔偿责任。"

此外，对部分条文的顺序作相应的调整。

本决定自发布之日起施行。《城市动物园管理规定》根据本决定作相应的修正，重新发布。

（二十一）游乐园管理规定

［发布日期］2001 年 02 月 23 日　［实施日期］2001 年 04 月 01 日
［文号］建设部令　国家质量技术监督局　第 85 号

《游乐园管理规定》已经 2000 年 12 月 14 日建设部第 35 次部常务会议、2001 年 1 月 3 日国家质量技术监督局局务会议审议通过，现予发布，自 2001 年 4 月 1 日起施行。

建设部部长：俞正声
国家质量技术监督局局长：李传卿
二〇〇一年二月二十三日

游乐园管理规定

第一章　总则
第二章　规划与建设
第三章　登记
第四章　安全管理
第五章　法律责任
第六章　附则

第一章　总　　则

第一条　为了加强游乐园管理，保障游乐园安全运营，制定本规定。

第二条 游乐园的规划、建设、运营和管理适用本规定。

第三条 本规定所称游乐园包括：

（一）在独立地段专以游艺机、游乐设施开展游乐活动的经营性场所；

（二）在公园内设有游艺机、游乐设施的场所。

本规定所称的游艺机和游乐设施是指采用沿轨道运动、回转运动、吊挂回转、场地上（水上）运动、室内定置式运动等方式，承载游人游乐的机械设施组合。

第四条 国务院建设行政主管部门负责全国游乐园的规划、建设和管理工作；国务院质量技术监督行政部门负责全国游艺机和游乐设施的质量监督和安全监察工作。

县级以上地方人民政府园林、质量技术监督行政部门，负责本行政区域内相应的工作。

第二章 规划与建设

第五条 游乐园的规划、建设应当符合城市规划，统筹安排。

第六条 游乐园筹建单位对游乐园的建设地点、资金、游艺机和游乐设施、管理技术条件、人员配备等方面，进行综合分析论证，经所在地城市人民政府园林行政主管部门审查同意后，方可办理规划、建设等审批手续。

第七条 游乐园的规划、设计、施工应当执行国家有关标准和规范。

第八条 以室外游艺机、游乐设施为主的游乐园，绿地（水面）面积应当达到全园总面积的60%以上。

游乐园经营单位应当加强园内绿地的美化和管理，搞好绿地和园林植物的维护。

第九条 在游乐园内设置商业服务网点，应当经城市人民政府园林行政主管部门批准。任何单位和个人不得擅自在游乐园内设置商业服务网点。

第十条 改变游乐园规划设计的，应当报原审批机关批准。

第三章 登 记

第十一条 城市人民政府园林行政主管部门负责本行政区域内游乐园的登记工作；地、市级以上质量技术监督行政部门负责本行政区域内游艺机和游乐设施的登记工作。

第十二条 游艺机、游乐设施投入使用前应当向地、市级以上质量技术监督行政部门登记，登记时应当提供以下材料：

（一）产品生产许可证复印件；

（二）监督检验机构出具的验收检验报告和《安全检验合格》标志；

（三）操作、维修、保养人员证书；

（四）游艺机、游乐设施使用和运营安全管理制度。

第十三条 游乐园筹建单位应当在质量技术监督行政部门对其游艺机、游乐设施登记后，到城市人民政府园林行政主管部门进行游乐园登记。

本规定发布前已建游乐园应当在本规定发布一年内到所在地城市人民政府园林行政主管部门登记。

第十四条 游乐园登记的内容应当包括游乐园基本情况和游乐园内游乐项目基本情况。

第十五条 到城市人民政府园林行政主管部门申请游乐园登记或者申请游乐项目增补登记，应当提供以下材料：

（一）质量技术监督行政部门核准的《特种设备注册登记表》；

（二）游艺机和游乐设施操作人员配备情况；

（三）游乐园管理制度。

第十六条 增加游艺机、游乐设施，游乐园经营单位应当经地、市级以上质量技术监督行政部门登记后，到城市人民政府园林行政主管部门增补登记，方可运营。

第四章 安全管理

第十七条 游乐园经营单位应当加强管理，健全安全责任制度等各项规章制度，配备相应的操作、维修、管理人员，保证安全运营。

第十八条 游乐园经营单位应当设置游乐引导标志，保持游览路线和出入口的畅通，及时做好游览疏导工作。

第十九条 游乐园经营单位应当建立游艺机和游乐设施的技术档案和运行状况档案。

第二十条 游艺机和游乐设施应当符合《游艺机和游乐设施安全标准》和质量技术监督行政部门有关特种设备质量监督与安全监察规定。

第二十一条 游乐园经营单位应当建立紧急救护制度。

发生人身伤亡事故，游乐园经营单位应当立即停止设施运行，积极抢救，保护现场，并立即按照有关规定报告所在地城市人民政府园林、质量技术监督、公安等有关部门。

第二十二条 游乐园经营单位对各种游艺机、游乐设施要分别制定操作规程，运行管理人员守则。操作、管理、维修人员应当经过培训，操作维修人员应当按照国家质量技术监督局的有关规定，进行考核，持证上岗。

第二十三条 游乐园经营单位应当在每项游艺机和游乐设施的入口处向游人作出安全保护说明和警示，每次运行前应当对乘坐游人的安全防护加以检查确认，设施运行时应当注意游客动态，及时制止游客的不安全行为。

第二十四条 游乐园经营单位应当对游艺机和游乐设施，按照特种设备质量监督和安全监察的有关规定，进行安全运行检查。

第二十五条 游乐园经营单位应当按照特种设备质量监督和安全监察的有关规定，申报游艺机和游乐设施检验计划。

游艺机和游乐设施的定期检验由国家质量技术监督局认可的检验机构进行。

第二十六条 严禁使用检修或者检验不合格及超过使用期限的游艺机和游乐设施。

第五章 法 律 责 任

第二十七条 城市人民政府园林行政主管部门对未按照规定进行游乐园登记或者增补登记的游乐园经营单位，应当给予警告，责令其在 30 日内补办登记手续，逾期不办的，处以 5000 元以下的罚款。

第二十八条 违反本规定有下列行为之一的,由城市人民政府园林行政主管部门给予警告、责令改正,并可处以 5000 元以上 3 万元以下的罚款:

(一)擅自侵占游乐园绿地的;

(二)未对游客进行安全保护说明或者警示的;

(三)未建立安全管理制度和紧急救护措施的。

第二十九条 游艺机和游乐设施安装、使用、检验、维修保养和改造违反有关质量监督与安全监察规定的,由质量技术监督行政部门按照有关规定处罚。

第三十条 由于游乐园经营单位的责任造成安全事故的,游乐园经营单位应当承担赔偿责任;构成犯罪的,依法追究刑事责任。

第三十一条 园林行政主管部门、质量技术监督行政部门以及游艺机、游乐设施检验机构或者游乐园的工作人员玩忽职守、滥用职权、徇私舞弊、弄虚作假的,由其所在单位或者上级主管部门给予行政处分;构成犯罪的,依法追究刑事责任。

第六章 附 则

第三十二条 国务院建设行政主管部门和国务院质量技术监督行政部门按照各自职责对本规定负责解释。

第三十三条 本规定自 2001 年 4 月 1 日起施行。

二、国外相关法律法规

(一) 世界文化和自然遗产保护公约

(联合国教育、科学及文化组织大会第十七届会议于1972年11月16日在巴黎通过)

联合国教育、科学及文化组织大会于1972年10月17日至11月21日在巴黎举行的第十七届会议。

注意到文化遗产和自然遗产越来越受到破坏的威胁,一方面因年久腐变所致,同时变化中的社会和经济条件使情况恶化,造成更加难以对付的损害和破坏现象;

考虑到任何文化或自然遗产的坏变或丢失都有使全世界遗产枯竭的有害影响;

考虑到国家一级保护这类遗产的工作往往不很完善,原因在于这项工作需要大量手段而列为保护对象的财产的所在国却不具备充足的经济、科学和技术力量;

回顾本组织《组织法》规定,本组织将通过保存和维护世界遗产和建议有关国家订立必要的国际公约来维护、增进和传播知识;

考虑到现有关于文化和自然遗产的国际公约;建议和决议表明,保护不论属于哪国人民的这类罕见且无法替代的财产,对全世界人民都很重要;

考虑到部分文化或自然遗产具有突出的重要性,因而需作为全人类世界遗产的一部分加以保护;

考虑到鉴于威胁这类遗产的新危险的规模和严重性,整个国际社会有责任通过提供集体性援助来参与保护具有突出的普遍价值的文化和自然遗产;这种援助尽管不能代替有关国家采取的行动,但将成为它的有效补充;

考虑到为此有必要通过采用公约形式的新规定,以便为集体保护具有突出的普遍价值的文化和自然遗产建立一个根据现代科学方法制定的永久性的有效制度;

在大会第十六届会议上,曾决定应就此问题制订一项国际公约。于 1972 年 11 月 16 日通过本公约。

一、文化和自然遗产的定义

第一条 在本公约中,以下各项为"文化遗产":

文物:从历史、艺术或科学角度看具有突出的普遍价值的建筑物、碑雕和碑画、具有考古性质成分或结构、铭文、窟洞以及联合体;

建筑群:从历史、艺术或科学角度看,在建筑式样、分布均匀或与环境景色结合方面,具有突出的普遍价值的单立或连接的建筑群;

遗址:从历史、审美、人种学或人类学角度看具有突出普遍价值的人类工程或自然与人工联合工程以及考古地址等地方。

第二条 在本公约中,以下各项为"自然遗产":

从审美或科学角度看具有突出的普遍价值的由物质和生物结构或这类结构群组成的自然面貌;

从科学或保护角度看具有突出的普遍价值的地质和自然地理结构以及明确划为受威胁的动物和植物生境区;

从科学、保护或自然美角度看具有突出的普遍价值的天然名胜或明确划分的自然区域。

第三条 本公约缔约国均可自行确定和划分上面第一条和第二条中提及的、本国领土内的文化和自然财产。

二、文化和自然遗产的国家保护和国际保护

第四条 本公约缔约国均承认,保证第一条和第二条中提及的、本国领土内的文化和自然遗产的确定、保护、保存、展出和遗传后代,主要是有关国家的责任。该国将为此目的竭尽全力,最大限度地利用本国资源,必要时利用所能获得的国际援助和合作,特别是财政、艺术、科学及技术方面的援助和合作。

第五条 为保证、保护、保存和展出本国领土内的文化和自然遗产采取积极有效的措施,本公约各缔约国应视本国具体情况尽力做到以下几点:

1. 通过一项旨在使文化和自然遗产在社会生活中起一定作用并把遗产保护工作纳入全面规划计划的总政策;

2. 如本国内尚未建立负责文化和自然遗产的保护、保存和展出的机构,则建立一个或几个此类机构,配备适当的工作人员和为履行其

职能所需的手段；

3. 发展科学和技术研究，并制订出能够抵抗威胁本国文化或自然遗产的危险的实际方法；

4. 采取为确定、保护、保存、展出和恢复这类遗产所需的适当的法律、科学、技术、行政和财政措施；

5. 促进建立或发展有关保护、保存和展出文化和自然遗产的国家或地区培训中心，并鼓励这方面的科学研究。

第六条

1. 本公约缔约国，在充分尊重第一条和第二条中提及的文化和自然遗产的所在国的主权，并不使国家立法规定的财产权受到损害的同时，承认这类遗产是世界遗产的一部分，因此，整个国际社会有责任合作予以保护。

2. 缔约国根据本公约的规定，应有关国家的要求，帮助该国确定、保护、保存和展出第十一条第 2 和 4 段中提及的文化和自然遗产。

3. 本公约各缔约国不得故意采取任何可能直接或间接损害本公约其他缔约国领土内的、第一条和第二条中提及的文化和自然遗产的措施。

第七条　在本公约中，世界文化和自然遗产的国际保护应被理解为建立一个旨在支持本公约缔约国保存和确定这类遗产的努力的国际合作和援助系统。

三、保护世界文化和自然遗产政府间委员会

第八条

1. 在联合国教育、科学及文化组织内，要建立一个保护具有突出的普遍价值的文化和自然遗产政府间委员会，称为"世界遗产委员会"。委员会由联合国教育、科学及文化组织大会常会期间召集的本公约缔约国大会选出的 15 个缔约国组成。委员会成员国的数目将在至少 40 个缔约国实施本公约之后的大会常会之日起增至 21 个。

2. 委员会委员的选举须保证均衡地代表世界的不同地区和不同文化。

3. 国际文物保护与修复研究中心（罗马中心）的一名代表、国际古迹遗址理事会的一名代表以及国际自然及资源保护联盟的一名代表可以咨询者身份出席委员会的会议，此外，应联合国教育、科学及文化组织大会常会期间举行大会的本公约缔约国提出的要求，其他具有

类似目标的政府间或非政府组织的代表亦可以咨询者身份出席委员会的会议。

第九条

1. 世界遗产委员会成员国的任期，自当选之应届大会常会结束时起，至应届大会后第三次常会闭幕时止。

2. 但是，第一次选举时指定的委员中，有三分之一的委员的任期应于当选应届大会后第一次常会闭幕时截止；同时指定的委员中，另有三分之一的委员的任期应于当选之应届大会后第二次常会闭幕时截止。这些委员由联合国教育、科学及文化组织大会主席在第一次选举后抽签决定。

3. 委员会成员因应选派在文化或自然遗产方面有资历的人员担任代表。

第十条

1. 世界遗产委员会应通过其议事规则。

2. 委员会可随时邀请公共或私立组织或个人参加其会议，以就具体问题进行磋商。

3. 委员会可设立它认为履行其职能所需的咨询机构。

第十一条

1. 本公约各缔约国应尽力向世界遗产委员会递交一份关于本国领土内适于列入本条第2段所述《世界遗产目录》的、组成文化和自然遗产的财产清单。这份清单不应看作是齐全的，它应包括有关财产的所在地及其意义的文献资料。

2. 根据缔约国按照第1段规定递交的清单，委员会应制订、更新和出版一份《世界遗产目录》，其中所列的均为本公约第一条和第二条确定的文化遗产和自然遗产的组成部分，也是委员会按照自己制订的标准认为是具有突出的普遍价值的财产。一份最新目录应至少每两年分发一次。

3. 把一项财产列入《世界遗产目录》需征得有关国家同意。当几个国家对某一领土的主权或管辖权均提出要求时，将该领土内的一项财产列入《目录》不得损害争端各方的权利。

4. 委员会应在必要时制订、更新和出版一份《处于危险的世界遗产目录》，其中所列财产均为载于《世界遗产目录》之中、需要采取重大活动加以保护并为根据本公约要求给予援助的财产。《处于危险的世界遗产目录》应载有这类活动的费用概算，并只可包括文化和自然遗产中受到下述严重的特殊危险威胁的财产，这些危险是：蜕变加剧、大规模公共或私人工程、城市或旅游业迅速发展计划造成的消失威胁；土地的使用变动或易主造成的破坏；未知原因造成的重大变化；随意摈弃；武装冲突的爆发或威胁；灾害和灾变；严重火灾、地震、山崩；火山爆发；水位变动；洪水和海啸等。委员会在紧急需要时可随时在《处于危险的世界遗产目录》中增列新的条目并立即予以发表。

5. 委员会应确定属于文化或自然遗产的财产可被列入本条第2和4段中提及的目录所依据的标准。

6. 委员会在拒绝一项要求列入本条第2和4段中提及的目录之一的申请之前，应与有关文化或自然财产所在缔约国磋商。

7. 委员会经与有关国家商定，应协调和鼓励为拟订本条第2和4段中提及的目录所需进行的研究。

第十二条 未被列入第十一条第2和4段提及的两个目录的属于文化或自然遗产的财产，决非意味着在列入这些目录的目的之外的其他领域不具有突出的普遍价值。

第十三条

1. 世界遗产委员会应接受并研究本公约缔约国就已经列入或可能适于列入第十一条第2和4段中提及的目录的本国领土内成为文化或自然遗产的财产要求国际援助而递交的申请。这种申请的目的可能是保证这类财产得到保护、保存、展出或恢复。

2. 本条第1段中提及的国际援助申请还可能涉及鉴定哪些财产属于第一和二条所确定的文化或自然遗产，当初步调查表明此项调查值得进行下去。

3. 委员会应就对这些申请所需采取的行动作出决定，必要时应确定其援助的性质和程度，并授权以它的名义与有关政府作出必要的安排。

4. 委员会应制订其活动的优先顺序并在进行这项工作时应考虑到需予保护的财产对世界文化和自然遗产各具的重要性、对最能代表一种自然环境或世界各国人民的才华和历史的财产给予国际援助的必要性、所需开展工作的迫切性、拥有受到威胁的财产的国家现有的资源，特别是这些国家利用本国资源保护这类财产的能力大小。

5. 委员会应制订、更新和发表已给予国际援助的财产目录。

6. 委员会应就本公约第十五条下设立的基金的资金使用问题作出决定。委员会应设法增加这类资金，并为此目的采取一切有益的措施。

7. 委员会应与拥有与本公约目标相似的目标的国际和国家级政府组织和非政府组织合作。委员会为实施其计划和项目，可约请这类组织；特别是国际文物保护与修复研究中心（罗马中心）、国际古迹遗址理事会和国际自然及自然资源保护联盟并可约请公共和私立机构与个人。

8. 委员会的决定应经出席及参加表决的委员的三分之二多数通过。委员会委员的多数构成法定人数。

第十四条

1. 世界遗产委员会应由联合国教育、科学及文化组织总干事任命组成的一个秘书处协助工作。

2. 联合国教育、科学及文化组织总干事应尽可能充分利用国际文物保护与修复研究中心（罗马中心）、国际古迹遗址理事会和国际自然及自然资源保护联盟在各自职权范围内提供的服务，为委员会准备文件资料，制订委员会会议议程，并负责执行委员会的决定。

四、世界文化和自然遗产保护基金

第十五条

1. 现设立一项保护具有突出的普遍价值的世界文化和自然遗产基金，称为"世界遗产基金"。

2. 根据联合国教育、科学及文化组织《财务条例》的规定，此项基金应构成一项信托基金。

3. 基金的资金来源应包括：

（1）本公约缔约国义务捐款和自愿捐款；

（2）下列方面可能提供的捐款、赠款和遗赠：

（i）其他国家；

（ii）联合国教育、科学及文化组织、联合国系统的其他组织（特别是联合国开发计划署）或其他政府间组织；

（iii）公共或私立机构或个人。

（3）基金款项所得利息；

（4）募捐的资金和为本基金组织的活动的所得收入；

(5) 世界遗产委员会拟订的基金条例所认可的所有其他资金。

4. 对基金的捐款和向委员会提供的其他形式的援助只能用于委员会限定的目的。委员会可接受仅用于某个计划或项目的捐款,但以委员会业已决定实施该计划或项目为条件,对基金的捐款不得带有政治条件。

第十六条

1. 在不影响任何自愿补充捐款的情况下,本公约缔约国每两年定期向世界遗产基金纳款,本公约缔约国大会应在联合国教育、科学及文化组织大会届会期间开会确定适用于所有缔约国的一个统一的纳款额百分比,缔约国大会关于此问题的决定,需由未作本条第 2 段中所述声明的、出席及参加表决的缔约国的多数通过。本公约缔约国的义务纳款在任何情况下都不得超过对联合国教育、科学及文化组织正常预算纳款的百分之一。

2. 然而,本公约第三十一条或第三十二条中提及的国家均可在交存批准书、接受书或加入书时声明不受本条第 1 段的约束。

3. 已作本条第 2 段中所述声明的本公约缔约国可随时通过通知联合国教育、科学及文化组织总干事收回所作声明,然而,收回声明之举在紧接的一届本公约缔约国大会之日以前不得影响该国的义务纳款。

4. 为使委员会得以有效地规划其活动,已作本条第 2 段中所述声明的本公约缔约国应至少每两年定期纳款,纳款不得少于它们如受本条第 1 段规定约束所须交纳的款额。

5. 凡拖延交付当年和前一日历年的义务纳款或自愿捐款的本公约缔约国不能当选为世界遗产委员会成员,但此项规定不适用于第一次选举。属于上述情况但已当选委员会成员的缔约国的任期应在本公约第八条第 1 段规定的选举之时截止。

第十七条 本公约缔约国应考虑或鼓励设立旨在为保护本公约第一条和第二条中所确定的文化和自然遗产募捐的国家、公共及私立基金会或协会。

第十八条 本公约缔约国应对在联合国教育、科学及文化组织赞助下为世界遗产基金所组织的国际募款运动给予援助。它们应为第十五条第 3 段中提及的机构为此目的所进行的募款活动提供便利。

五、国际援助的条件和安排

第十九条 凡本公约缔约国均可要求对本国领土内组成具有突出的普遍价值的文化或自然遗产之财产给予国际援助。它在递交申请时还应按照第二十一条规定所拥有的有助于委员会作出决定的文件资料。

第二十条 除第十三条第 2 段、第二十二条第 3 段和第二十三条所述情况外,本公约规定提供的国际援助仅限于世界遗产委员会业已决定或可能决定列入第十一条第 2 和 4 段中所述目录的文化和自然遗产的财产。

第二十一条

1. 世界遗产委员会应制订对向它提交的国际援助申请的审议程序,并应确定申请应包括的内容,即打算开展的活动、必要的工程、工程的预计费用和紧急程度以及申请国的资源不能满足所有开支的原因所在。这类申请须尽可能附有专家报告。

2. 对因遭受灾难或自然灾害而提出的申请,由于可能需要开展紧急工作,委员会应立即给予优先审议,委员会应掌握一笔应急储备金。

3. 委员会在作出决定之前,应进行它认为必要的研究和磋商。

第二十二条 世界遗产委员会提供的援助可采取下述形式:

1. 研究在保护、保存、展出和恢复本公约第十一条第 2 和 4 段所确定的文化和自然遗产方面所产生的艺术、科学和技术性问题;

2. 提供专家、技术人员和熟练工人,以保证正确地进行已批准的工作;

3. 在各级培训文化和自然遗产的鉴定、保护、保存、展出和恢复方面的工作人员和专家;

4. 提供有关国家不具备或无法获得的设备;

5. 提供可长期偿还的低息或无息贷款;

6. 在例外和特殊情况下提供无偿补助金。

第二十三条 世界遗产委员会还可向培训文化和自然遗产的鉴定、保护、保存、展出和恢复方面的各级工作人员和专家的国家或地区中心提供国际援助。

第二十四条 在提供大规模的国际援助之前,应先进行周密的科学、经济和技术研究。这些研究应考虑采用保护、保存、展出和恢复自然和文化遗产方面最先进的技术,并应与本公约的目标相一致。这些研究还应探讨合理利用有关国家现有资源的手段。

第二十五条 原则上，国际社会只担负必要工程的部分费用。除非本国资源不许可，受益于国际援助的国家承担的费用应构成用于各项计划或项目的资金的主要份额。

第二十六条 世界遗产委员会和受援国应在他们签订的协定中确定享有根据本公约规定提供的国际援助的计划或项目的实施条件。应由接受这类国际援助的国家负责按照协定制订的条件对如此卫护的财产继续加以保护、保存和展出。

六、教育计划

第二十七条

1. 本公约缔约国应通过一切适当手段，特别是教育和宣传计划，努力增强本国人民对本公约第一和二条中确定的文化和自然遗产的赞赏和尊重。

2. 缔约国应使公众广泛了解对这类遗产造成威胁的危险和根据本公约进行的活动。

第二十八条 接受根据本公约提供的国际援助的缔约国应采取适当措施，使人们了解接受援助的财产的重要性和国际援助所发挥的作用。

七、报告

第二十九条

1. 本公约缔约国在按照联合国教育、科学及文化组织大会确定的日期和方式向该组织大会递交的报告中，应提供有关它们为实行本公约所通过的法律和行政规定和采取的其他行动的情况，并详述在这方面获得的经验。

2. 应提请世界遗产委员会注意这些报告。

3. 委员会应在联合国教育、科学及文化组织大会的每届常会上递交一份关于其活动的报告。

八、最后条款

第三十条 本公约以阿拉伯文、英文、法文、俄文和西班牙文拟订。五种文本同一作准。

第三十一条

1. 本公约应由联合国教育、科学及文化组织会员国根据各自的宪法程序予以批准或接受。

2. 批准书或接受书应交存联合国教育、科学及文化组织总干事。

第三十二条

1. 所有非联合国教育、科学及文化组织会员的国家，经该组织大会邀请均可加入本公约。

2. 向联合国教育、科学及文化组织总干事交存一份加入书后，加入方才有效。

第三十三条　本公约须在第二十份批准书、接受书或加入书交存之日的三个月之后生效，但这仅涉及在该日或之前交存各自批准书、接受书或加入书的国家。就任何其他国家而言，本公约应在这些国家交存其批准书、接受书或加入书的三个月之后生效。

第三十四条　下述规定须应用于拥有联邦制或非单一立宪制的本公约缔约国：

1. 关于在联邦或中央立法机构的法律管辖下实施的本公约规定，联邦或中央政府的义务应与非联邦国家的缔约国的义务相同；

2. 关于在无须按照联邦立宪制采取立法措施的联邦各个国家、地区、省或州法律管辖下实施的本公约规定，联邦政府应将这些规定连同其关于予以通过的建议一并通告各个国家、地区、省或州的主管当局。

第三十五条

1. 本公约缔约国均可通告废除本公约。

2. 废约通告应以一份书面文件交存联合国教育、科学及文化组织的总干事。

3. 公约的废除应在接到废约通告书一年后生效，废约在生效日之前不得影响退约国承担的财政义务。

第三十六条　联合国教育、科学及文化组织总干事应将第三十一条和第三十二条规定交存的所有批准书、接受书和加入书和第三十五条规定的废约等事通告本组织会员国、第三十二条中提及的非本组织会员的国家以及联合国。

第三十七条

1. 本公约可由联合国教育、科学及文化组织的大会修订。但任何修订只将成为修订的公约缔约国具有约束力。

2. 如大会通过一项全部或部分修订本公约的新公约，除非新公约另有规定，本公约应从新的修订公约生效之日起停止批准、接受或加入。

第三十八条 按照《联合国宪章》第 102 条，本公约须应联合国教育、科学及文化组织总干事的要求在联合国秘书处登记。

1972 年 11 月 23 日订于巴黎，两个正式文本均有大会第十七届会议主席和联合国教育、科学及文化组织总干事的签字，由联合国教育、科学及文化组织存档，并将验明无误之副本发送第三十一条和第三十二条述之所有国家以及联合国。

前文系联合国教育、科学及文化组织大会在巴黎举行的，于 1972 年 11 月 21 日宣布闭幕的第十七届会议通过的《公约》正式文本。

1972 年 11 月 23 日签字，以昭信守
大会主席总干事
萩原彻勒内・马厄

（二）国际古迹保护与修复宪章

（第二届历史古迹建筑师及技师国际会议于 1964 年 5 月 25 日～31 日在威尼斯通过）

世世代代人民的历史古迹，饱含着过去岁月的信息留存至今，成为人们古老的活的见证。人们越来越意识到人类价值的统一性，并把古代遗迹看作共同的遗产，认识到为后代保护这些古迹的共同责任。将它们真实地、完整地传下去是我们的职责。

古代建筑的保护与修复指导原则应在国际上得到公认并作出规定，这一点至关重要。各国在各自的文化和传统范畴内负责实施这一规划。

1931 年的雅典宪章第一次规定了这些基本原则，为一个国际运动的广泛发展作出了贡献，这一运动所采取的具体形式体现在各国的文件之中，体现在国际博物馆协会和联合国教育、科学及文化组织的工作之中，以及在由后者建立的国际文化财产保护与修复研究中心之中。一些已经并在继续变得更为复杂和多样化的问题已越来越受到注意，并展开了紧急研究。现在，重新审阅宪章的时候已经来临，以便对其所含原则进行彻底研究，并在一份新文件中扩大其范围。

为此，1964 年 5 月 25 日—31 日在威尼斯召开了第二届历史古迹建筑师及技师国际会议，通过以下文本：

定 义

第一条 历史古迹的概念不仅包括单个建筑物，而且包括能从中找出一种独特的文明、一种有意义的发展或一个历史事件见证的城市或乡村环境。这不仅适用于伟大的艺术作品，而且亦适用于随时光流逝而获得文化意义的过去一些较为朴实的艺术品。

第二条 古迹的保护与修复必须求助于对研究和保护考古遗产有利的一切科学技术。

宗 旨

第三条 保护与修复古迹的目的旨在把它们既作为历史见证，又作为艺术品予以保护。

保 护

第四条 古迹的保护至关重要的一点在于日常的维护。

第五条 为社会公用目的使用古迹永远有利于古迹的保护。因此，这种使用合乎需要，但决不能改变该建筑的布局或装饰。只有在此限度内才可考虑或允许因功能改变而需做的改动。

第六条 古迹的保护包含着对一定规模环境的保护。凡传统环境存在的地方必须予以保存。决不允许任何导致改变主体和颜色关系的新建、拆除或改动。

第七条 古迹不能与其所见证的历史和其产生的环境分离。除非出于保护古迹之需要，或因国家或国际之极为重要利益而证明有其必要，否则不得全部或局部搬迁该古迹。

第八条 作为构成古迹整体一部分的雕塑、绘画或装饰品，只有在非移动而不能确保其保存的唯一办法时方可进行移动。

修 复

第九条 修复过程是一个高度专业性的工作，其目的旨在保存和展示古迹的美学与历史价值，并以尊重原始材料和确凿文献为依据。一旦出现臆测，必须立即予以停止。此外，即使如此，任何不可避免的添加都必须与该建筑的构成有所区别，并且必须要有现代标记。无论在什么情况下，修复之前及之后必须对古迹进行考古及历史研究。

第十条　当传统技术被证明为不适用时，可采用任何经科学数据和经验证明为有效的现代建筑及保护技术来加固古迹。

第十一条　各个时代为一古迹之建筑物所做的正当贡献必须予以尊重，因为修复的目的不是追求风格的统一。当一座建筑物含有不同时期的重叠作品时，揭示底层只有在特殊情况下，在被去掉的东西价值甚微，而被显示的东西具有很高的历史、考古或美学价值，并且保存完好，足以说明这么做的理由时才能证明其具有正当理由。评估由此涉及的各部分的重要性以及决定毁掉什么内容不能仅仅依赖于负责此项工作的个人。

第十二条　缺失部分的修补必须与整体保持和谐，但同时须区别于原作，以使修复不歪曲其艺术或历史见证。

第十三条　任何添加均不允许，除非它们不致贬低该建筑物的有趣部分、传统环境、布局平衡及其与周围环境的关系。

第十四条　古迹遗址必须成为专门照管对象，以保护其完整性，并确保用恰当的方式进行清理和开放。在这类地点开展的保护与修复工作应得到上述条款所规定之原则的鼓励。

发　掘

第十五条　发掘应按照科学标准和联合国教育、科学及文化组织1956年通过的适用于考古发掘国际原则的建议予以进行。

遗址必须予以保存，并且必须采取必要措施，永久地保存和保护建筑风貌及其所发现的物品。此外，必须采取一切方法促进对古迹的了解，使它得以再现而不曲解其意。

然而对任何重建都应事先予以制止，只允许重修，也就是说，把现存但已解体的部分重新组合。所用粘结材料应永远可以辨别，并应尽量少用，只需确保古迹的保护和其形状的恢复之用便可。

出　版

第十六条　一切保护、修复或发掘工作永远应有配以插图和照片的分析及评论报告这一形式所做的准确的记录。

清理、加固、重新整理与组合的每一阶段，以及工作过程中所确认的技术及形态特征均应包括在内。这一记录应存放于一公共机构的档案馆内，使研究人员都能查到。该记录应建议出版。

（三）佛罗伦萨宪章

（国际古迹遗址理事会于1982年12月15日登记）

国际古迹遗址理事会与国际历史园林委员会于1981年5月21日在佛罗伦萨召开会议，决定起草一份将以该城市命名的历史园林保护宪章。本宪章即由该委员会起草，并由国际古迹遗址理事会于1982年12月15日登记作为涉及有关具体领域的"威尼斯宪章"的附件。

定义与目标

第一条 "历史园林指从历史或艺术角度而言民众所感兴趣的建筑和园艺制造"。鉴此，它应被看作是古迹。

第二条 "历史园林是一主要由植物组成的建筑构造，因此它是具有生命力的，即指有死有生。"因此，其面貌反映着季节循环、自然生死与园林艺人希望将其保持永恒不变的愿望之间的永久平衡。

第三条 作为古迹，历史园林必须根据威尼斯宪章的精神予以保存。然而，既然它是一个活的古迹，其保存必须根据特定的规则进行，此乃本宪章之议题。

第四条 历史园林的建筑构造包括：
——其平面和地形；
——其植物，包括品种、面积、配色、间隔以及各自高度；
——其结构和装饰特征；
——其映照天空的水面，死水或活水。

第五条 这种园林作为文明与自然直接关系的表现，作为适合于思考和休息的娱乐场所，因而具有理想世界的巨大意义，用词源学的术语来表达就是"天堂"，并且也是一种文化、一种风格、一个时代的见证，而且常常还是具有创造力的独创性的见证。

第六条 "历史园林"这一术语同样适用于不论是正规的，还是风景的小园林和大公园。

第七条 历史园林不论是否与某一建筑物相联系——在此情况下它是其不可分割的一部分——它不能隔绝于其本身的特定环境,不论是城市的还是农村的,亦不论是自然的还是人工的。

第八条 一个历史遗址是与一桩值得纪念的历史事件相联系的特定风景区,例如,一桩主要历史事件、一个著名神话、一场具有历史意义的战斗或一幅名画的背景。

第九条 历史园林的保存取决于对其鉴别和编目的情况。对它们需要采取几种行动,即维护、保护和修复。

维护、保护、修复、重建

第十条 在对历史园林或其中任何一部分的维护、保护、修复和重建工作中,必须同时处理其所有的构成特征。把各种处理孤立开来将会损坏其整体性。

维护与保护

第十一条 对历史园林不断进行维护至为重要。既然主要物质是植物,在没有变化的情况下,保存园林既要求根据需要予以及时更换,也要求有一个长远的定期更换计划(彻底地砍伐并重播成熟品种)。

第十二条 定期更换的树木、灌木、植物和花草的种类必须根据各个植物和园艺地区所确定和确认的实践经验加以选择,目的在于确定那些已长成雏形的品种并将它们保存下来。

第十三条 构成历史园林整体组成部分的永久性的或可移动的建筑、雕塑或装饰特征,只有在其保护或修复之必要范围内方可予以移动或替代。任何具有这种危险性质的替代和修复必须根据威尼斯宪章的原则予以实施,并且必须说明任何全部替代的日期。

第十四条 历史园林必须保存在适当的环境之中,任何危及生态平衡的自然环境变化必须加以禁止。所有这些适用于基础设施的任何方面(排水系统、灌溉系统、道路、停车场、栅栏、看守设施以及游客舒畅的环境等)。

修复与重建

第十五条 在未经彻底研究,以确保此项工作能科学地实施,并对该园林以及类似园林进行相关的发掘和资料收集等所有一切事宜之前,不得对某一历史园林进行修复,特别是不得进行重建。在任何实际工作开展之前,任何项目必须根据上述研究进行准备,并须将其提交一专家组予以联合审查和批准。

第十六条 修复必须尊重有关园林发展演变的各个相继阶段。原则上说,对任何时期均不应厚此薄彼,除非在例外情况下,由于损坏或破坏的程度影响到园林的某些部分,以致决定根据尚存的遗迹或根据确凿的文献证据对其进行重建。为了在设计中体现其重要意义,这种重建工作尤其可在园林内最靠近该建筑物的某些部分进行。

第十七条 在一座园林彻底消失或至多只存在其相继阶段的推测证据的情况下,重建物不能被认为是一座历史园林。

利 用

第十八条 虽然任何历史园林都是为观光或散步而设计的,但是其接待量必须限制在其容量所能承受的范围,以便其自然构造物和文化信息得以保存。

第十九条 由于历史园林的性质和目的,历史园林是一个有助于人类的交往、宁静和了解自然的安宁之地。它的日常利用概念必须与它在节日时偶尔所起的作用形成反差。因此,为了能使任何这种节日本身用来提高该园林的视觉影响,而不是对其进行滥用或损坏,这种偶尔利用某一历史园林的情况必须予以明确规定。

第二十条 虽然历史园林适合于一些娴静的日常游戏,但也应毗连历史园林划出适合于生动活泼的游戏和运动的单独地区,以便可以满足民众在这方面的需要,不损害园林和风景的保护。

第二十一条 根据季节而确定时间的维护和保护工作,以及为了恢复该园林真实性的主要工作应优先于民众利用的需要。对参观历史园林的所有安排必须加以规定,以确保该地区的精神能得以保存。

第二十二条 如果某一历史园林修有围墙,在对可能导致其气氛变化和影响其保存的各种可能后果进行检查之前,其围墙不得予以拆除。

法律和行政保护

第二十三条 根据具有资格的专家的建议，采取适当的法律和行政措施对历史园林进行鉴别、编目和保护是有关负责当局的任务。这类园林的保护必须规定在土地利用计划的基本框架之中，并且这类规定必须在有关地区性的或当地规划的文件中正式指出。根据具有资格的专家的建议，采取有助于维护、保护和修复以及在必要情况下重建历史园林的财政措施，亦是有关负责当局的任务。

第二十四条 历史园林是遗产特征之一，鉴于其性质，它的生存需要受过培训的专家长期不断的精心护理。因此，应该为这种人才，不论是历史学家、建筑学家、环境美化专家、园艺学家还是植物学家提供适当的培训课程。

还应注意确保维护或恢复所需之各种植物的定期培植。

第二十五条 应通过各种活动激发对历史园林的兴趣。这种活动能够强调历史园林作为遗产一部分的真正价值．并且能够有助于提高对它们的了解和欣赏，即促进科学研究、信息资料的国际交流和传播、出版（包括为一般民众设计的作品）、鼓励民众在适当控制下接近园林以及利用宣传媒介树立对自然和历史遗产需要给予应有的尊重之意识。应建议将最杰出的历史园林列入世界遗产清单。

注释

以上建议适用于世界上所有历史园林。

适用于特定类型的园林的附加条款可以附于本宪章之后，并对所述类型加以简要描述。

（四）生物多样性公约

缔约国：

意识到生物多样性的内在价值和生物多样性及其组成部分的生态、遗传、社会、经济、科学、教育、文化、娱乐和美学价值；

还意识到生物多样性对进化和保护生物圈的生命维持系统的重要性；

确认生物多样性的保护是全人类的共同关切事项，重申各国对其他自己的生物多样性并以可耻的方式使用它自己的生物资源；

关切一些正使生物多样性严重减少的人类活动；

意识到普遍缺乏关于生物多样性的资源和知识,亟需开发科学、技术和机构能力理解,据以策划与之适当的措施;

注意到预测、预防和从根源上消除导致生物多样性严重减少或丧失的原因,并注意到生物多样性的基本要求,是就地保护生态系统和自然环境,维持恢复物种在其自然环境中的群体。并注意到异地措施,最好在原产国内实行,也可发挥重要作用;

认识到许多体现传统生活方式的土著和地方社区同生物资源有着密切和传统的依存关系,应公平分享利用与保护生物资源及持久使用其组成部分有关的传统知识、创新和做法而产生的惠益,并认识到妇女在保护和持久使用生物多样性中发挥的极其重要作用,并确认妇女必须充分参与保护生物多样性的各级政策的制定和执行;

强调为了生物多样性的保护及其组成部分的持久使用,促进国家、政府间组织和非政府部门之间的国际、区域和全球合作的重要性和必要性;

承认提供新的额外的资金和适当区的有关的技术,可对全世界处理生物多样性丧失问题产生重大影响;

进一步承认有必要订立特别规定,以满足发展中国家的需要,包括提供新的和额外的资金和适当区的有关的技术;

注意到最不发达国家和小岛屿国家这方面的特殊情况;

承认有必要大量投资以保护生物多样性,而且这些投资可望产生广泛的环境、经济和社会惠益;

认识到经济和社会发展以及根除贫困是压倒一切的优先事务;

意识到保护和持久使用生物多样性对满足世界日益增加的人口粮食、健康和其他需求职位的重要性,而为此目的取得分享遗传资源和遗传技术是必不可少的;

注意到保护和持久使用生物多样性终必增强国家间的友好关系,并有助于实现人类和平;期望加强和补充现有保护生物多样性和持久使用其组成部分的各项国际安排;并决心为今世后代的利益,保护和持久使用生物多样性。

兹协议如下:

第1条 目标

本公约的目标是按照本公约有关条款从事保护生物多样性、持久使用其组成部分以及公平合理分享利用遗传资源而产生的惠益;实现手段包括遗传资源的适当取得及有关技术的适当转让,但需顾及对这些资源和技术的一切权力,以及提供适当资金。

第2条 用语

"生物多样性"是指所有来源的形形色色生物体,这些来源除其他外,包括陆地、海洋和其他水生生态系统及其所构成的生态综合体;这包括物种内部、物种之间和生态系统的多样性。

"生物资源"是指对人类具有实际或潜在用途或价值的遗传资源、生物体或其部分、生物群体、或生态系统中任何其他生物组成部分。

"生物技术"是指使用生物系统、生物体或其衍生物的任何技术应用,以制作或改变产品或形成一种特定用途。

"遗传资源的原产国"是指拥有处于原产地境地的遗传资源的国家。

"提供遗传资源的国家"是指供应遗传资源的国家,此种遗传资源可能是取自原地来源,包括野生物种和驯化物种的群体,或取自移地保护来源,不论是否原产于该国。

"驯化或培植物种"是指人类为满足需要而影响了其演化进程的物种。

"生态系统"是植物、动物和微生物群落和它们的无生命环境作为一个生态单位交互作用形成的一个动态复合体。

"移地保护"是指将生物多样性的组成部分移到它们的自然环境之外进行保护。

"遗传材料"是指来自植物、动物、微生物或其他来源的任何含有遗传功能单位的材料。

"遗传资源"是指具有实际或潜在价值的遗传材料。

"生境"是指物体或生物群体自然分布的地方或地点。

"原地条件"是指遗传资源生存与生态系统和自然生境之内的条件;对于驯化或培植的物种而言,其环境是指它们在其中发展出明显特性的环境。

"就地保护"是指保护生态系统和自然生境以及维持和恢复物种在其自然环境中有生存力的群体;对于驯化和培植物种而言,其环境是指它们在其中发展出其明显特性的环境。

"保护区"是指已划定地理界限、为达到特定保护目标而指定或实行管制和管理的地区。

"区域经济一体化组织"是指由某一区域的一些主权国家组成的组织,其成员国已将处理本公约范围内特定的事务的权力付托并以按照其内部程序获得正式授权,可以签署、批准、接收、核准或加入本公约。

"持久使用"是指使用生物多样性组成部分的方式和速度不会导致生物多样性的长期衰落,从而保持其满足今世后代的需要和期望的潜力。

"技术"包括生物技术。

第 3 条 原则

依照联合国宪章和国际法原则,各国具有按照其环境政策开发其资源的主权权利,同时亦负有责任,确保在它管辖或控制范围内的活动,不只对其他国家的环境或国家管辖范围内外地区的环境造成损害。

第 4 条 管辖范围

以不妨碍其他国家权力为限,除非本公约另有明文规定,本公约规定应按下列情形对每一缔约国适用:

(a) 生物多样性组成部分位于该国管辖范围的地区内;

(b) 在该国管辖或控制下开展的过程和活动,不论其影响发生在何处,此种过程和活动可位于该国管辖区内也可在国家管辖区外。

第 5 条 合作

第一缔约国应尽可能并酌情直接与其他缔约国或酌情通过有关国际组织为保护和持久使用生物多样性在国家管辖范围以外地区并就共同关心的其他事项进行合作。

第 6 条 保护和持久使用方面的一般措施

每一缔约国应按照其特殊情况和能力:

(a) 为保护和持久使用生物多样制订国家战略、计划或方案,或为此目的变通其现有战略、计划或方案;这些战略、计划或方案除其他外应体现本公约内载明与该缔约国有关的措施;

(b) 尽可能并酌情将生物多样性的保护和持久使用措施落实到有关的部门或制订跨部门计划、方案和政策。

第 7 条 查明与监测

每一缔约国应尽可能并酌情,特别是为了第 8 条至第 10 条的目的:

(a) 查明对保护和持久使用生物多样性至关重要的生物多样性组

成部分,要顾及附件一所载指示性种类清单;

(b) 通过抽样调查和其他技术,检查依照以上(a)项查明的生物多样性组成部分,要特别注意哪些需要采取紧急保护措施以及那些具有最大持久使用潜力的组成部分;

(c) 查明对保护和持久使用生物多样性产生或可能产生重大不利影响的过程和活动种类,并通过抽样调查和其他技术,监测其影响;

(d) 以各种方式维持并整理依照以上(a)、(b)和(c)项从事查明和监测活动所获得的数据。

第 8 条　就地保护

每一缔约国应尽可能并酌情:

(a) 建立保护区系统或需要采取特殊措施以保护生物多样性的地区;

(b) 与必要时,制定准则据以选定、建立和管理保护区域或需要采取特殊措施以保护生物多样性的地区;

(c) 管制或管理保护区内外保护生物多样性至关重要的生物资源,以确保这些资源得到保护和持久使用;

(d) 促进保护生态系统、自然生境和维护自然环境中有生存力的物种群体;

(e) 在保护区域的邻接地区促进无害环境的持久发展以谋增进这些地区的保护;

(f) 除其他外,通过制定和实施各项计划或其他管理战略,重建和恢复已退化的生态系统,促进受威胁物种的复原;

(g) 制定或采取办法以酌情管制、管理或控制由生物技术改变的或生物体在使用和释放时可能对环境产生不利影响,从而影响到生物多样性的保护和持久使用,也要考虑到对人类健康的危险;

(h) 防止引进、控制或消除那些威胁到生态系统、生境或物种的外来物种;

(i) 设法提供现时的使用生物多样性的保护及其组成部分的持久使用彼此相辅相成所需要的条件;

(j) 依照国家立法,尊重、保存和维持土著地方社区,体现传统生活方式及与生物多样性的保护和持久使用相关的知识、创新和做法并促进其广泛应用,由此类知识、创新和做法而获得的惠益;

(k) 制定或维持必要立法和/或其他规范性规章,以保护受威胁物种和群体;

（l）在依照第 7 条确定某些过程或活动类别以对生物多样性造成重大不利影响时，对有关过程和活动类别进行管制和管理；

（m）进行合作，就以上（a）至（l）所概括的就地保护措施，特别向发展中国家提供财务和其他支助。

第 9 条　移地保护

每一缔约国应尽可能并酌情，主要辅助就地保护措施为目的：

（a）最好在生物多样性组成部分的原产国采取措施移地保护这些组成部分；

（b）最好在遗传资源原产国建立和维持移地保护及研究植物、动物和微生物的设施；

（c）采取措施已恢复和复兴受到威胁物种并在适当情况下将这些物种重新引进其自然生境中；

（d）对于为移地保护目的在自然环境中收集生物资源实施管制和管理，以免威胁到生态系统和当地的物种群体，除非根据以上（c）项必须采取的临时特别异地措施；

（e）进行合作，为以上（a）至（d）项所概括的移地保护措施以及在发展中国家建立和维持移地保护设施提供财务和其他援助。

第 10 条　生物多样性组成部分的持久使用

每一缔约国应尽可能并酌情：

（a）在国家决策过程中考虑到生物资源的保护和持久使用；

（b）采取关于使用生物资源的措施，以避免或尽量减少对生物多样性的不利影响；

（c）保障及鼓励那些按照传统文化惯例而且符合保护或持久使用要求的生物资源习惯使用方式；

（d）在生物多样性已减少、退化地区，支助地方居民规划和实施补救行动；

（e）鼓励其政府当局和私营部门合作制定生物资源持久使用的方法。

第 11 条　鼓励措施

每一缔约国应尽可能并酌情采取对保护和持久使用生物多样性组成起鼓励作用的经济和社会措施。

第 12 条　研究和培训

缔约国考虑到发展中国家的特殊需要，应：

（a）在查明、保护和持久使用生物多样性及其组成部分的措施方面

建立和维持科技教育和培训方案,并为此种教育和培训提供支助以满足发展中国家的特殊需要;

(b) 特别在发展中国家,除其他外,按照缔约国会议根据科学、技术和工艺咨询事务附属机构的建议作出的决定,促进和鼓励有助于保护和持久使用生物多样性的研究;

(c) 按照第 16、18 和 20 条的规定,提倡利用生物多样性科研进展,制定生物资源的保护和持久使用方法,并在这方面进行合作。

第 13 条 公众教育和认识

缔约国应:

(a) 促进和鼓励对保护生物多样性的重要性及所需要的措施的理解,并通过大众传播工具和将这些题目列入教育课程;

(b) 酌情与其他国家和国际组织合作制定关于保护和持久使用生物多样性的教育和公众认识方案。

第 14 条 影响评估和尽量减少不利影响

1. 每一缔约国应尽可能并酌情:

(a) 采取适当程序,要求就其可能对生物多样性产生严重不利影响的某一项目进行环境影响,并酌情允许公众参与此种程序;

(b) 采取适当安排,以确保其可能对生物多样性产生严重不利影响的方案和政策的环境后果得到适当考虑;

(c) 在互惠基础上,就其管辖或控制范围内对其他国家或国家管辖范围以外地区生物多样性可能产生严重不利影响的活动促进通报、信息交流和磋商,其办法是鼓励酌情订立双边、区域或多边安排;

(d) 如遇其管辖或控制下起源的危险即将或严重危及或损害其他国家管辖的地区内或国家管辖地区范围以外的生物多样性的情况,应立即将此种危险或损害通知可能受影响的国家,并采取行动预防或尽量减轻危险损害;

(e) 促进作出国家紧急应变安全,以处理大自然或其他原因引起即将严重危及生物多样性的活动或事件,鼓励旨在补充这种国家努力的国际合作,并酌情在有关国家区域经济一体化组织统一的情况下制订联合应急计划。

2. 缔约国会议应根据所作的研究,审查生物多样性所受损害的责任和补救问题,包括恢复和赔偿,除非这种责任纯属内部事务。

第 15 条 遗传资源的取得

1. 确认各国对其他自然资源拥有的主权权利，因而可否取得遗传资源的决定权属于国家政府，并依照国家法律行使。

2. 每一缔约国应致力创造条件，便于其他缔约国去的遗传资源用于无害环境的用途，不对这种取得施加违背公约目标的限制。

3. 为本公约的目的，本条以及第 16 和 19 条所指缔约国提供的遗传资源仅限于这种资源原产国的缔约国或按照本公约取得该资源的缔约国所提供的遗传资源。

4. 取得经批准后，应按照共同商定的条件并遵照本条的规定进行。

5. 遗传资源的取得须经提供这种资源缔约国事先知情同意，除非该缔约国另有决定。

6. 每一缔约国使用其他缔约国提供的遗传资源从事开发和进行科学研究时，应力求这些缔约国充分参与，并尽可能是在这些缔约国境内进行。

7. 每一缔约国应按照第 16 和第 19 条，并于必要时利用第 20 条和 21 条设立的财务机制，酌情采取立法、行政或政策性措施，以期与提供遗传资源的缔约国公平分享研究和开发此种资源的成果以及商业和其他方面利用此种资源所获的利益。这种分享应按照共同商定的条件。

第 16 条 技术的取得和转让

1. 每一缔约国认识到生物技术，且缔约国之间技术的取得和转让均为实现本公约目标必不可少的要素，因此承诺遵照本条例规定向其他缔约国提供和/或便于其取得并向转让有关生物多样性保护和持久使用技术或利用遗传资源而不会对环境造成重大损害的技术。

2. 以上第 1 条所指技术的取得和向发展中国家转让，应按公平和最有条件提供或给予便利，包括共同商定时，按减让和优惠条件提供或给予便利，并于必要时按照第 20 和 21 条设立财务机制。此种技术属于专利和其他知识产权范围时，这种取得转让所根据的条件应承认且符和知识产权的充分有效保护，本款的应用符合以下第 3、4 和 5 款的规定。

3. 每一缔约国应酌情采取立法、行政和政策措施，以期根据共同商定的条件向提供遗产资源的缔约国，特别是其中的发展中国家，提供利用这些遗传资源的技术和转让此种技术，其中包括受到专利和其他知识产权保护的技术，必要时通过第 20 条和第 21 条的规定，遵照国际法，以符合以下第 4 款、第 5 款规定的方式进行。

4. 每一缔约国应酌情采取立法、行政或政策措施，以期私营部门为第 1 款所指技术的取得、共同开发和转让提供便利,以惠益于发展中国家的政府机构和私营部门,并在这方面遵守以上第 1、2 和 3 款规定的义务。

5. 缔约国认识到专利和其他知识产权可能影响到本公约的实施,因而在这方面遵照国家立法进行合作,以确保此种权力有助于而不违反本公约的目标。

第 17 条 信息交流

1. 缔约国应便于有关生物多样性保护和持久使用的一切公众可得信息的交流,要顾及发展中国家的特殊需要。

2. 此种信息交流包括交流技术、科学和社会经济研究成果,以及培训和调查方案的信息、专门知识、当地和传统知识本身及连同第 16 条第 1 款中所指的技术,也包括信息的归还。

第 18 条 技术和科学合作

1. 缔约国应促进生物多样性保护和持久使用领域的国际科技合作,必要时可通过适当的国际机构来开展合作。

2. 每一缔约国应促进与其他缔约国尤其是发展中国家的科技合作,以执行本公约,办法之中包括制定和执行国家政策。促进此种合作时应特别注意通过人力资源和机构建设以发展和加强国家能力。

3. 缔约国会议应在第一次会议上确定如何设立交换机制以促进并便于科技合作。

4. 缔约国会议实现本公约的目标,应按照国家立法和政策,鼓励并制定各种合作方法以开发和使用各种技术,包括当地技术和传统技术在内。为此目的,缔约国还应促进关于人员培训、专家交流的合作。

5. 缔约国应经共同协议促进设立联合研究和联合企业,以开发与本公约目标有关的技术。

第 19 条 生物技术的处理及其惠益的分配

1. 每一缔约国应酌情采取立法、行政和政策措施,让提供遗传资源于生物技术研究的缔约国,特别是其中国家,切实参与此种研究活动;可行时,研究活动宜在这些缔约国中进行。

2. 每一缔约国应采取一切可行措施,以赞助和促进那些提供遗传资源的缔约国,特别是其中的发展中国家,在公平的基础上优先取得基于提供资源的生物技术所产生成果和惠益。此种取得应按共同商定的条件进行。

3. 缔约国应考虑是否需要一项议定书，规定适当程序，特别包括事先知情协议，适用于可能对生物多样性的保护和持久使用产生不利影响的或由生物技术改变的任何活生物体的安全转让、处理和使用，并考虑该议定书的形式。

4. 每一个缔约国应直接或要求其管辖下提供以上第 3 款所指生物体的任何自然人和法人，将该缔约国在处理这种生物体方面规定的使用和安全条例的任何现有资料以及有关该生物体可能产生的不利影响的任何现有资料，提供给将要引进这些生物体的缔约国。

第 20 条　资金

1. 每一缔约国承诺依其能力为那些旨在根据其国家计划、优先事项和方案实现本公约目标的活动提供财政支助和鼓励。

2. 发达国家缔约国应提供额外的资金，以使发展中国家缔约国能支付它们因执行那些履行本公约义务的措施而承负的议定的全部增加费用，并使它们能享到本公约条款产生的惠益；上项费用将由个别发展中国家同第 21 条所指的体制机构商定，但须遵循缔约国会议所制订的政策、战略、方案重点、合格标准和增加费用指示性清单。其他缔约国，包括那些处于向市场经济过渡进程的国家，得自愿承负发达国家缔约国的义务。为了本条目的，缔约国会议在其第一次会议上确定一个发达国家缔约国和其他自愿承负发达国家缔约国义务的缔约国名单。缔约国会议应定期审查这个名单并于必要时加以修改。另将鼓励其他国家和来源以自愿方式作出捐款。履行这些承诺时，应考虑到资金提供必须充分、可预测和及时，且名单内缴款缔约国之间共同承担义务也极为重要。

3. 发达国家缔约国也可通过双边、区域和其他多边渠道提供与执行本公约有关的资金，而发展中国家缔约国则可利用该资金。

4. 发展中国家缔约国有效地履行其根据公约作出的承诺的程度将取决于发达国家缔约国有效地履行其根据公约就财政资源和技术转让作出的承诺，并将充分顾及这一事实，即经济和社会发展以及消除贫困是发展中国家缔约国的首要优先事项。

5. 各缔约国在其就筹资和技术转让采取行动时，应充分考虑到最不发达国家的具体需要和特殊情况。

6. 缔约国还应考虑以发展中国家缔约国、特别是小岛屿国家中由于对生物多样性的依赖、生物多样性的分布和地点而产生的特殊情况。

7. 发展中国家——包括环境方面最脆弱、例如境内有干旱和半干旱地带、沿海和山岳地区的国家——的特殊情况也应予以考虑。

第 21 条 财务机制

1. 为本公约的目的，应有一个在赠予或减让条件的基础上向发展中国家缔约国提供资金的机制，本条中说明其主要内容。该机制应为本公约目的而在缔约国会议权力下履行职责，遵循会议的指导并向其负责。该机制的业务应由缔约国会议第一次会议或将决定采用的一个体制机构开展。为本公约的目的，缔约国会议应确定有关此项资源获取和利用的政策、战略、方案重点和资格标准。捐款额应按照缔约国会议定期决定所需的资金数额，考虑到第 20 条第 2 款所指名单的缴款缔约国分担负担的重要性。发达国家缔约国和其他国家及来源也可提供自愿捐款。该机制应在民主和透明的管理体制内开展业务。

2. 依据本公约目标，缔约国会议应在其第一次会议上确定政策、战略和方案重点，以及详细的资格标准和准则，用于资金的获取和利用，包括对此种利用的定期监测和评价。缔约国会议应在同受托负责财务机制运行的体制机构协商后，就实行以上第 1 款的安排作出决定。

3. 缔约国会议应在本公约生效后不迟于两年内、其后在定期基础上，审查依照本条规定设立的财务机制的功效，包括以上第 2 款所指的标准和准则。根据这种审查，会议应于必要时采取适当行动，以增进该机制的功效。

4. 缔约国应审议如何加强现有的金融机构，以便为生物多样性的保护和持久使用提供资金。

第 22 条 与其他国际公约的关系

1. 本公约的规定不得影响任何缔约国在任何现有国际协定下的权利和义务，除非行使这些权利和义务将严重破坏或威胁生物多样性。

2. 缔约国在海洋环境方面实施本公约不得抵触各国在海洋法下的权利和义务。

第 23 条 缔约国会议

1. 特此设立缔约国会议。缔约国会议第一次会议应由联合国环境规划署执行主任于本公约生效后一年内召开。其后，缔约国会议的常务会应依照第一次会议所规定的时间定期举行。

2. 缔约国会议可于其认为必要的其他时间举行非常会议；如，经任何缔约国书面请求，由秘书处将该项请求转致各缔约国后六个月内至少有三分之一缔约国表示支持时，亦可举行非常会议。

3. 缔约国会议应以协商一致方式商定和通过它本身的和它可能设立的任何附属机构的议事规则和关于秘书处经费的财务细则。缔约国会议应审查每次常务会通过到下届常务会为止的财政期间的预算。

4. 缔约国会议应不断审查本公约的实施情形，为此应：

（a）按照第26条规定递送的资料规定递送格式及间隔时间，并审议此种资料以及任何附属机构提交的报告；

（b）审查按照第25条提供的关于生物多样性的科学、技术和工艺咨询意见；

（c）视需要按照第28条审议并通过议定书；

（d）视需要按照第29和第30条审议并通过对本公约及其附件的修正；

（e）审议对任何议定书及其任何附件的修正，如作出修正决定，则建议有关议定书缔约国予以通过；

（f）视需要按照第30条审议并通过本公约的增补附件；

（g）视实施本公约的需要，设立附属机构，特别是提供科技咨询意见的机构；

（h）通过秘书处，与处理本公约所涉事项的各公约的执行机构进行接触，以期与它们建立适当的合作形式；

（i）参考实施本公约取得的经验，审议并采取为实现本公约的目的可能需要的任何其他行动。

5. 联合国、其各专门机构和国际原子能机构以及任何非本公约缔约国的国家，均可派观察员出席缔约国会议。任何其他组织或机构，无论是政府性质或非政府性质，只要在与保护和持久使用生物多样性有关领域具有资格，并通知秘书处愿意以观察员身份出席缔约国会议，都可被接纳参加会议，除非有至少三分之一的出席缔约国表示反对。观察员的接纳与参加应遵照缔约国会议通过的议事规则处理。

第24条 秘书处

1. 特此设立秘书处，其职责如下：

（a）为第23条规定的缔约国会议作出安排并提供服务；

(b) 执行任何议定书可能指派给它的职责;

(c) 编制关于它根据本公约执行职责情况的报告,并提交缔约国会议;

(d) 与其他有关国际机构取得协调,特别是订出各种必要的行政和合同安排,以便有效地执行其职责;

(e) 执行缔约国会议可能规定的其他职责。

2. 缔约国会议应在其第一次常务会上从那些已经表示愿意执行本公约规定的秘书处职责的现有合格国际组织之中指定某一组织为秘书处。

第 25 条 科学、技术和工艺咨询事务附属机构

1. 特此设立一个提供科学、技术和工艺咨询意见的附属机构,以向缔约国会议、并酌情向它的其他附属机构及时提供有关执行本公约的咨询意见。该机构应开放,供所有缔约国参加,并应为多学科性。它应由有关专门知识领域内卓有专长的政府代表组成。它应定期向缔约国会议报告其各个方面的工作。

2. 这个机构应在缔约国会议的权力下,按照会议所订的准则并应其要求:

(a) 提供关于生物多样性状况的科学和技术评估意见;

(b) 编制有关按照本公约条款所采取各类措施的功效的科学和技术评估报告;

(c) 查明有关保护和持久使用生物多样性的创新的、有效的和当代最先进的技术和专门技能,并就促进此类技术的开发和/或转让的途径和方法提供咨询意见;

(d) 就有关保护和持久使用生物多样性的科学方案以及研究和开发方面的国际合作提供咨询意见;

(e) 回答缔约国会议及其附属机构可能向其提出的有关科学、技术、工艺和方法的问题。

3. 这个机构的职责、权限、组织和业务可由缔约国会议进一步订立。

第 26 条 报告

每一缔约国应按缔约国会议决定的时间间隔,向缔约国会议提交关于该国为执行本公约条款已采取的措施以及这些措施在实现本公约目标方面功效的报告。

第 27 条 争端的解决

1. 缔约国之间在就公约的解释或适用方面发生争端时,有关的缔

约国应通过谈判方式寻求解决。

2. 如果有关缔约国无法以谈判方式达成协议,它们可以联合要求第三方进行斡旋或要求第三方出面调停。

3. 在批准、接受、核准或加入本公约时或其后的任何时候,一个国家或区域经济一体化组织可书面向保管者声明,对按照以上第1或第2款未能解决的争端,它接受下列一种或两种争端解决办法作为强制性办法:

(a) 按照附件二第1部分规定的程序进行仲裁;

(b) 将争端提交国际法院。

4. 如果争端各方尚未按照以上第3款规定接受同一或任何程序,则这项争端应按照附件二第2部分规定提交调解,除非缔约国另有协议。

5. 本条规定应适用于任何议定书,除非该议定书另有规定。

第 28 条 议定书的通过

1. 缔约国应合作拟订并通过本公约的议定书。

2. 议定书应由本公约缔约国会议举行会议通过。

3. 任何拟议议定书的案文应由秘书处至少在举行上述会议以前六个月递交各缔约国。

第 29 条 公约或议定书的修正

1. 任何缔约国均可就本公约提出修正案。议定书的任何缔约国可就该议定书提出修正案。

2. 本公约的修正案应由缔约国会议举行会议通过。对任何议定书的修正案应在该议定书缔约国的会议上通过。就本公约或任何议定书提出的修正案,除非该议定书另有规定,应由秘书处至少在举行拟议通过该修正案的会议以前六个月递交公约或有关议定书缔约国。秘书处也应将拟议的修正案递交本公约的签署国,供其参考。

3. 缔约国应尽力以协商的方式就本公约或任何议定书的任何拟议修正案达成协议,如果尽了一切努力仍无法以协商一致方式达成协议,则作为最后办法,应以出席并参加表决的有关文书的缔约国三分之二多数票通过修正案;通过的修正应由保管者送交所有缔约国批准、接受或核准。

4. 对修正案的批准、接受或核准,应以书面通知保管者。依照以上第3款通过的修正案,应于至少三分之二公约缔约国或三分之二有关议定书缔约国交存批准、接受或核准书之后第九十天,在接受修正案的各缔约国之间生效,除非议定书内另有规定。其后,任何其他缔约国交存其对修正的批准、接受或核准书第九十天之后,修正即对它生效。

5. 为本条的目的，"出席并参加表决的缔约国"是指在场投赞成票或反对票的缔约国。

第 30 条 附件的通过和修正

1. 本公约或任何议定书的附件应成为本公约或该议定书的一个构成部分；除非另有明确规定，凡提及本公约或其议定书时，亦包括其任何附件在内。这种附件应以程序、科学、技术和行政事项为限。

2. 任何议定书就其附件可能另有规定者除外，本公约的增补附件或任何议定书的附件的提出、通过和生效，应适用下列程序：

（a）本公约或任何议定书的附件应依照第 29 条规定的程序提出和通过；

（b）任何缔约国如果不能接受本公约的某一增补附件或它作为缔约国的任何议定书的某一附件，应于保管者就其通过发出通知之日起一年内将此情况书面通知保管者。保管者应于接到任何此种通知后立即通知所有缔约国。一缔约国可于任何时间撤销以前的反对声明，有关附件即按以下（c）项规定对它生效；

（c）在保管者就附件通过发出通知之日起满一年后，该附件应对未曾依照以上（b）项发出通知的本公约或任何有关议定书的所有缔约国生效。

3. 本公约附件或任何议定书附件的修正案的提出、通过和生效，应遵照本公约附件或议定书附件的提出、通过和生效所适用的同一程序。

4. 如一个增补附件或对某一附件的修正案涉及对本公约或对任何议定书的修正，则该增补附件或修正案须于本公约或有关议定书的修正生效以后方能生效。

第 31 条 表决权

1. 除以下第 2 款之规定外，本公约或任何议定书的每一缔约国应有一票表决权。

2. 区域经济一体化组织对属于其权限的事项行使表决权时，其票数相当于其作为本公约或有关议定书缔约国的成员国数目。如果这些组织的成员国行使其表决权，则该组织就不应行使其表决权，反之亦然。

第 32 条 本公约与其议定书之间的关系

1. 一国或一区域经济一体化组织不得成为议定书缔约国，除非已是或同时成为本公约缔约国。

2. 任何议定书的决定，只应由该议定书缔约国作出。尚未批准、接受或核准一项议定书的公约缔约国，只能以观察员身份参加该议定书缔约国的任何会议。

第 33 条　签署

本公约应从 1992 年 6 月 5 日至 14 日在里约热内卢并从 1992 年 6 月 15 日至 1993 年 6 月 4 日在纽约联合国总部开放供各国和各区域经济一体化组织签署。

第 34 条　批准、接受或核准

1. 本公约和任何议定书须由各国和各区域经济一体化组织批准、接受或核准。批准、接受或核准书应交存保管者。

2. 以上第 1 款所指的任何组织如成为本公约或任何议定书的缔约组织而该组织没有任何成员国是缔约国，则该缔约组织应受公约或议定书规定的一切义务的约束。如这种组织的一个或多个成员国是本公约或有关议定书的缔约国，则该组织及其成员国应就履行其公约或议定书义务的各自责任作出决定。在这种情况下，该组织和成员国不应同时有权行使本公约或有关议定书规定的权利。

3. 以上第 1 款所指组织应在其批准、接受或核准书中声明其对本公约或有关议定书所涉事项的权限。这些组织也应将其权限的任何有关变化通知保管者。

第 35 条　加入

1. 本公约及任何议定书应自公约或有关议定书签署截止日期起开放供各国和各区域经济一体化组织加入。加入书应交存保管者。

2. 以上第 1 款所指组织应在其加入书中声明其对本公约或有关议定书所涉事项的权限。这些组织也应将其权限的任何有关变化通知保管者。

3. 第 34 条第 2 款的规定应适用于加入本公约或任何议定书的区域经济一体化组织。

第 36 条　生效

1. 本公约应于第三十份批准、接受、核准或加入书交存之日以后第九十天生效。

2. 任何议定书应于该议定书订明份数的批准、接受、核准或加入书交存之日以后第九十天生效。

3. 对于在第三十份批准、接受、核准或加入书交存后批准、接受、核准本公约或加入本公约的每一缔约国，本公约应于该缔约国的批准、接受、核准或加入书交存之日以后第九十天生效。

4. 任何议定书，除非其中另有规定，对于在该议定书依照以上第

2款规定生效后批准、接受、核准该议定书或加入该议定书的缔约国,应于该缔约国的批准、接受、核准或加入书交存之日以后第九十天生效,或于本公约对该缔约国生效之日生效,以两者中较后日期为准。

5. 为以上第1和第2款的目的,区域经济一体化组织交存的任何文书不得在该组织成员国所交存文书以外另行计算。

第37条 保留

不得对本公约作出任何保留。

第38条 退出

1. 在本公约对一缔约国生效之日起二年之后的任何时间,该缔约国须向保管者提出书面通知,退出本公约。

2. 这种退出应在保管者接到退出通知之日起一年后生效,或在退出通知中指明的一个较后日期生效。

3. 任何缔约国一旦退出本公约,即应被视为也已退出它加入的任何议定书。

第39条 临时财务安排

在本公约生效之后至缔约国会议第一次会议期间,或至缔约国会议决定根据第21条指定某个体制机构为止,联合国开发计划署、联合国环境规划署和国际复兴开发银行合办的全球环境贷款设施若已按照第21条的要求充分改组,则应暂时为第21条所指的体制机构。

第40条 秘书处临时安排

在本公约生效之后至缔约国会议第一次会议期间,联合国环境规划署执行主任提供秘书处应暂时为第24条第2款所指的秘书处。

第41条 保管者

联合国秘书长应负起本公约及任何议定书的保管者的职责。

第42条 作准文本

本公约原本应交存于联合国秘书长,其阿拉伯文、中文、英文、法文、俄文和西班牙文本均为作准文本。

为此,下列签名代表,经正式授权,在本公约上签字,以昭信守。

公元一千九百九十二年六月五日订于里约热内卢。

(五) 英国公园管理法

1. 1972年公园管理法
(皇家公园和花园的管理法)

(维多利亚女王第35～36年第15号命令)

目 录

第 1 条　简称
第 3 条　公园看守人的定义
第 5 条　公园看守人可拘留不知姓名或住处的任何违法者
第 6 条　对殴打公园看守人的行为的惩罚
第 7 条　公园看守人的职权、职责和特惠权
第 8 条　具有与公园看守人同样职权等的警察
第 10 条　规则的公布
第 11 条　某些权利的保留
第 12 条　属于累积性法令
第 13 条　王室权利的保留
第 14 条　维多利亚女王第 30 和 31 第 134 号命令的保留
第 15 条　对违法行为的即决诉讼

皇家公园和花园的管理法（节选）

[1872 年 6 月 27 日]

1872 年和 1926 年公园管理法根据 1926 年公园管理（修正）法第 4 条，本法和该法可合并在一起按这一集合名称引用，并将它们看作一部法。1961 年王室地产法第 6 条（2），将本法的规定，经过修改，扩大应用到大不列颠境内的任一领地，在该条款下制订了有关的实施规则，将该领地看作好像是本法适用的公园一样。在 1958 年公园狭路改建法中，批准对海德公园和格林公园作某些改建，但该法不影响 1872 年和 1926 年公园管理法的实施，参看 1958 年该法第 4 条（3）。

北爱尔兰　本法不适用。

第 1 条　简称

本法在各种使用中可引作"1872 年公园管理法"。

注

本法的应用范围：本法适用于目前由公共建筑和工程大臣负责或者在其管辖之下的一切公园、花园、游乐场地、空地以及其他土地；参看 1926 年公园管理（修正）法，第 1 条。它也适用于大不列颠境内

属于王室地产勿允许公众进入的任何领地,在 1961 年王室私产法第 6 条(1)中王室地产委员会已经制订了有关的规划;参看该条的第(2)。本法原先适用的某些公园,即:维多利亚、巴特西和肯宁顿公园,以及贝特纳草地、博物馆范围和切尔西长堤,根据 1887 年伦敦公园和工程法,第 2 条(已废止),曾转给伦敦工程局(今大伦敦市政委员会)管辖。对原来属于本法适用范围内的皇家丘园植物园,在 1926 年公园管理(修正)法第 3 条内制订了特别的规定。由公共建筑和工程大臣负责的皇家公园、花园和其他领地,列举于 1851 年王室地产法第 22 条中。上述的 1872 年和 1926 年法不适用于伦敦动物学会所占有的摄政公园的任何部分,参看 1961 年王室地产法第 7(4)条。

第 2 条 〔被 1926 年公园管理(修正)法第 4 条和修正案细目所废除。〕

第 3 条 公园看守人的定义

"公园看守人":是指在本法被批准以前就已经被任命或在此后被任命的、属于本法规定范围内的一个公园的看守人员。

注

公园 此词含意包括目前由公共建筑和工程大臣负责或者在其管辖或管理之下的一切公园、花园、游乐场地、空地和其他土地;参看 1926 年公园管理(修正)法第 1 条。并参看第 1 条的前面部分。

第 4 条 〔被 1926 年公园管理(修正)法第 4 条和修正案细目所废除。〕

第 5 条 公园看守人可拘留不知姓名或住处的任何违法者。

任何穿制服的公园看守人,以及他可能要求给予帮助的任何人,对于在该看守人管辖的公园内、被该看守人看见的违反本法规则任何一条的任何违法者,如果该看守人不知道并且不能查明该违法者的姓名或住处,则无须批准即可予以拘留。

当任一公园看守人或任一警察命令该违法者说出其姓名和住址时,如有任一违法者说的是假姓名或假住址,则根据即决裁判法庭的定罪,对该违法者应处以不超过 5 英镑的罚金。

注

公园看守人 其含义参看第 3 条前面部分。

公园 其含义参看第 3 条的注前面部分。

本法规则 皇家公园游人应予遵守的规则包含在本法细目 1(已

废止）内。根据1926年公园管理（修正）法第2条规定，公共建筑和工程大臣现在有权制定公园的管理规则，并且在本法中提到的规则应看作就是在该法内提到的规则；参看该法第2（3）条。

即决裁判法庭　其含义参看第15条，后面部分。

第6条　对殴打公园看守人的行为的惩罚

根据即决裁判法庭的判决，凡被宣判对正在履行职责的任何公园看守人犯有殴打罪的任何个人，该法庭有权就地对其判处不超过20英镑的罚金，如拖欠罚金则处以不超过六个月的期限、附加或不附加劳役的监禁；或者处以不超过六个月的某个期限、附加或不附加劳役的监禁。

注

公园看守人　其含义参看第3条，前面部分。

即决裁判法庭　其含义参看第15条，后面部分。

劳役　1948年刑事审判法第1（2）条，已将劳役废除，对于有权判处监禁附加劳役的条文规定，应解释为有权判处监禁。

第7条　公园看守人的职权、职责和特惠权

每一名公园看守人除了具有由本法特别授予的职权和豁免权以外，凡在该公园所在的警察管辖区内任一警察所具有的一切职权、特惠权和豁免权以及承担的一切职责和义务，该公园看守人在其看守的该公园内也都同样拥有；并且，如前述被任命为公园看守人的任何人，应服从可能随时来自委员会的有关他应如何履行其职责的合法命令。

注

根据1933年儿童和青年法第（3）条，凡被发现在公共场所吸烟而其年龄在16岁以下者，穿制服的公园看守人有责任没收其烟草制品和卷烟纸。

公园看守人　其含义参看第3条前面部分。

委员会　此处所说的委员会，在序言（已废除）中曾明确解释为工程委员会。其后工程委员会改为工程部。1962年工程大臣（改变称呼和头衔）令（1962年法令第1549号），将工程大臣再命名为公共建筑和工程大臣。

第8条　具有与公园看守人同样职权等的警察

适用本法的……任一公园所在地区的警察人员中，每一名警察在

该公园内都具有一名公园看守人所具有的职权、特惠权和豁免权……。
注
　　省略的文字已被1926年公园管理（修正）法第4条和修正案细目废除。
　　公园　关于本法适用的公园，参看第3条的注前面部分。
　　公园看守人　其含义参看第3条前面部分，关于公园看守人的职权、特惠权和豁免权，参看第5条和第7条前面部分。
　　第9条　〔被1926年公园管理（修正）法第4条和修正案细目所废除。〕
　　第10条　规则的公布
　　适用本法的公园……游人在执行本法中应予遵守的规则的复制件，应以最明显的、使委员会可以确信是通告公园游人最可靠的方式张贴于该公园内。
注
　　省略的文字已被1926年公园管理（修正）法第4条和修正案细目所废除。
　　规则　关于公共建筑和工程大臣制订公园游人应遵守的规则的职权，参看1926年公园管理（修正）法第2条。
　　委员会　其含义参看第7条的注前面部分。
　　第11条　某些权利的保留
　　本法的各项规定不得妨碍任何道路通行权或由法律授予任何个人的不论何种权利。
　　第12条　属于累积性法令
　　本法所授予的一切权力，应认为是添加于而不是有损于议会的任何其他法令所授予的任何权力。
　　第13条　王室权利的保留
　　本法所包含的各项规定不应被认为有损或影响女王陛下的任何特权或权利，或者委员会的任何权力、权利或义务，或者由女王陛下或委员会所任命的任何军、警官员或文职人员的任何权力或义务。
注
　　委员会　其含义参看第7条的注前面部分。
　　第14条　维多利亚女王第30和31年第134号命令的保留
　　本法所包含的各项规定不应影响1867年伦敦街道法或其应用于

法律上适用的任何公园。
注

1867年伦敦街道法　根据该法第3条,"街道"包括任何公路或其他不论是否大街的公共场所;依照1851年王室地产法的规定而由工程委员会(今公共建筑和工程大臣)管辖的任一皇家公园、花园和其他领地,根据该法的宗旨,应认为属于公共场所。至于该法规定的属于工程委员会管辖的皇家公园等,参看该法第22条。

第15条　对违法行为的即决诉讼

对任何违犯本法的行为均可向如下的即决裁判法庭提出起诉:

"即决裁判法庭"在本法中的含义包括法官和治安法官、大城市违警罪法庭法官、受薪治安推事,或者根据本条款或其中提到的任何法令对违犯本法的行为有权审判的不论何种名称的其他军、警或地方官。

注

省略的文字有一部分被1893年成文法修订法案(第2次)所废除、其未废除部分适用于苏格兰。

即决裁判法庭　参看1889年,释法第13(Ⅱ)条中的定议。该词现在使用的是"违警罪法庭";参看1952年违警罪法庭法第124条。

(细目1和2,被1929年公园管理(修正)法第4条和修正案细目所废除)。

2. 1926年公园管理(修正)法
(修正1872年公园管理法的法)

(乔治五世第16和17年第36号命令)

目　　录

第1条　应用范围
第2条　制订规则的权限
第3条　在皇家丘园植物园的应用
第4条　简称,引用,范围,结构和废除

北爱尔兰　本法不适用;参看第4(2)条,后面部分。

第1条 应用范围

1872年公园管理法（以下简称主法）应适用于目前由工程委员会负责或者在其管辖或管理之下的一切公园、花园、游乐场地、空地以及其他土地，因此，在该法中"公园"一词应包括如上所述的一切公园、花园、游乐场地、空地和其他土地；

但主法细目1的各项条款原先不适用的任何公园，在本法开始生效以前该条款仍不适用于该公园。

注

1872年公园管理法的应用范围　关于该法的应用范围，参看该法第1条的注。前面部分。

管辖之下　依照本条的解释，在摄政公园内某些指定的道路应认为是在公共建筑和工程大臣的管辖之下，并且，根据第2条的后面部分，在1961年7月27日以前制订的任何规则现在仍然有效；参看1961年王室地产法，第7（5）条。

工程委员会　根据1942年工程大臣法以及1945年工程大臣（权力移交）（第1号）令〔1945年成文法令，第991号〕，工程委员会的职责、所有权、权利和义务均移交给工程大臣。根据1962年工程大臣（改变称呼和头衔）令〔1962年法令，第1549号〕，将工程大臣再命名为公共建筑和工程大臣。

主法细目1　根据本法第4条和修正案细目1，该细目自1927年12月15日起被废除。

第2条 制订规则的权限

（1）从属于本法各条款之下，工程委员会可制订适用主法的任一公园的游人应予遵守的、他们认为必要的规则，以保证公园的正常管理和秩序的维护，并防止在园内出现各种不良现象，如有任何人不遵守或者违犯所制订的任何规则，应按违犯主法论罪，由即决裁判法庭酌情对其判处不超过5英镑的罚金。

（2）在本法之下所制订的任何规则在付诸实施以前，其草案应在议会的每一个议院开会前不少于二十一天的时间分别提交议会的上、下议院，如果其中有一个议院在该时间期满以前向陛下提出反对该草案或其中任一部分，则在制订新的规划草案获得赞同以前，不再继续进行有关它的活动。

（3）在本法之下所制订的规则在有关的任一公园付诸实施之日

起，在主法中提到的所有有关该公园的规则应当看作就是提到在本法之下所制订的规则。

(4) 1868年书面证据法，经1882年书面证据法修正，应适用于工程委员会，就像该委员会包括在前一法令的细目表第1栏中，而任一委员或大臣，或者授权代表大臣的任何个人，包括在该细目表的第2栏中，并且在该二法中提到的规则包括依照本法所制订的任何规则。
注

制订规则的权限　依照本条规定，农业、渔业和粮食大臣可制订有关丘园皇家植物园的规则；参看第3条后面部分。至于王室地产委员会为对公众开放的王室领地制订规则的权限，参看1961年王室地产法第6条。

工程委员会　参看第1条的注前面部分。

公园　关于主法适用的公园，参看第1条的前面部分，以及1872年公园管理法第1条的注"本法的应用范围"的前面部分。

主法　即1872年公园管理法，参看第1条前面部分。

即决裁判法庭　根据第4(3)条的后面部分，其含义参看主法的第15条，前面部分。

提交议会的上、下议院　被否决的本条内的规则草案，现在载于1946年法令文件法的条款内。在该法第1(2)条内容中的文件草案，就是上面说过的法令文件的草案。依照该法第6条，草案的副本应在判定为正式文件前40天提交议会。

1868年书面证据法和1882年书面证据法。并参看1895年书面证据法，该法将前二法的应用范围扩大到农业部（今农业、渔业和粮食部）。

停车费　根据1967年道路交通管理法第51条，本条内制订规则的权限扩大到可规定在皇家公园内收取机动车辆停车费。

超速行驶　驾驶车速超过本条款内规定的最高车速，根据1962年道路交通法第4条，应受惩罚。

罚金　本条第(1)条内，即决判处罚金的最高金额，根据1967年犯罪审判法第92(1)条和细目第3条第1部分，增加为20英镑。

摄政公园　参看第1条的注"管辖之下"的前面部分。

本条内的规则　本条内的规则都是地方性的，法律上有效的各项规则的目录刊载在成文法令和法令的各卷年刊上。海德公园、肯辛顿公园、詹姆斯和格林公园、摄政公园、格林威治公园、布歇公园、哈姆顿宫廷花园、里奇蒙公园、霍利路德公园的规则,已由皇家文书局出版(修订版)。

第3条 在皇家丘园植物园的应用

鉴于按照1889年农业部法第4条的规定,主法规定的工程委员会的职权和职责,其中有关丘园皇家植物园的部分,已经移交农业和渔业大臣,因此:

现在本法在丘园皇家植物园的实施,应由农业和渔业大臣接替工程委员会在该园的职权和职责。

注

根据经咨询枢密院后颁布的命令,权力由工程委员会移交农业和渔业大臣(今农业、渔业和粮食大臣),从1903年3月31日起开始生效〔成文法令,1904年修订版,第IX卷,公园,第1页〕。关于本条款扩大应用到其他公园等地,将它们置于上述大臣的管辖之下,参看1968年农业法。

工程委员会 参看第1条的注前面部分。

主法 即1872年公园管理,参看第1条前面部分。

第4条 简称,引用,范围,结构和废除

(1) 本法可引作:1926年公园管理(修正)法,主法和本法可一起引作:1872年和1926年公园管理法。

(2) 本法不适用于北爱尔兰。

(3) 除上下文另有要求者外,凡在本法中提到主法,应认为提到的是经过本法修正的主法,并且本法应与主法看作是一部法。

(4)(被1950年成文法修订法案所废除。)

注

主法 即1872年公园管理法,参看第1条前面部分。

看作是一种法 即每一部法的每一部分都应看作就像是包含在一部法中一样,除非有某些明显的脱节。可见,在这两部法的任何一部中的定义可能有另一部法的条款的解释。

(修正案细目被1950年成文法修订法案所废除。)

空地和游乐场地

(涉及本标题范围内的早期法令,参看第24卷,第1页;第41卷,第1032页;第42卷,第1417页;第43卷,第1284页)。

3. 1974年公园管理（修正）法
（进一步修正1872年公园管理法的法）

（1974年第29号命令）

1974年公园管理（修正）法

在1974年所通过的涉及本标题范围的其他法令中，特别应参看：1974年地方政府法，第7，8（5），9条，细目1第10段，标题：地方政府，前两部分；1974年污染控制法，第24条，标题：公共卫生，后面部分；以及1974年城乡保护法，第12，13（1）（c）条，标题：城乡规划后面部分。

北爱尔兰　本法不适用

1.（1）本法可称作：1974年公园管理（修正）法。

（2）1872年公园管理法、1926年公园管理（修正）法和本法，可一起称作：1872年至1974年公园管理法。

2. 1872年公园管理法须按本法细目内所列条目修正方具有效力。

细　　目

1872公园管理法的修正案

1. 在第3，5，6，7和8条中，"公园看守人"或"看守人"应更改为"公园警察"。

2. 在第3条后面应插入如下条款：——3A，公园警察的宣誓：

每一名公园警察就职时应和警察一样在治安法官面前举行宣誓，宣布他一定要充分履行警察的职责。

（全大伟译）

（六）美国西雅图市公园法

法字106615号

本法涉及管理、保护、控制、维持所有城市公园、公共广场、公园干道、停车场、林荫道、山间小径、高尔夫球场、动物园、水族馆、游戏和娱乐场所、海滩等公共区域的正常工作。本法中还涉及和引用了法字 76027、78096、85252、94550、96454 和 98778 号法规中的有关条款。

西雅图市公园和娱乐管理局

经西雅图市政府颁布法令如下：

第一条 公园法。本法令由西雅图市政府颁布，具体有下列条文。

第二条 本法令由西雅图市政府授权公安和司法部门实施。本法令各条文的设置是为了维护和保障自然环境、公共安全、大众健康和公共福利。

第三条 本法令中涉及的各名词详解，除明确不属于本法令涉及的范围，有如下规定：

① 执法人员，指西雅图市公园和娱乐部门的管理人员和有关部门任命的执法人员。

② 公园指所有的公园和公园内的水体、广场、干道、停车场、林荫道、山间小路、高尔夫球场、博物馆、水族馆、动物园、海滩、游乐及娱乐场所、植物园、露天娱乐设施和场地等等，一切由西雅图市管辖的公园和娱乐系统。

③ 露营地指保留的用于露营区域，可在其内搭帐篷或其他临时营地，或允许在内使用宿营设备，如汽车或移动式露营车等。

④ 动物园指饲有动物的公园，其中含有野兽、爬行动物和家禽等，用于研究、娱乐、保护、科教或观赏。

⑤ 动物展区指动物园中用于观赏的野兽，爬行动物和家禽类动物的展览区。

⑥ 水族馆指饲有水生及两栖类动物和生物用于研究、娱乐、保护和科教等目的场馆。

第四条 本文规定，执行和实施这项法令是所有执法人员的职责，执法人员也可采用有关行政法令与本法令相一致的条目来行使其职责，主要有以下任务：

① 提供咨询和解释本法令条文；

② 在法令中规定的公园内按章执行；

③ 在公园内监督指导本法令的实施；

④ 在公园内依法划定限制范围和区域。

第五条 禁止在公园内张贴、设置各类宣传品的规定

① 未经执法管理人员批准，禁止在任何公园内设立标志牌、留言牌、广告牌、张贴栏等设施。也不准在任何公园内的树木、栏杆、路灯柱或建筑物上张贴通知、留言条、海报、宣传画、广告或悬挂霓虹灯等。

② 禁止在公园内以任何方式向过往行人和车辆散发传单、函件和宣传品。

第六条 保护公园设施

① 除了公园和娱乐局授权人员，其他城市政府部门有关人员和遵循某一法律程序进行工作的人员外，禁止任何人进入和占用已划定的"禁区"。这个"禁区"是指有关部门为保护其中的野生生物和生态环境而划定的某些区域。

② 除了前面的几种人经过批准之外，禁止任何人搬动、破坏、切断、损伤公园内的建筑物，草坪、纪念碑、雕塑、花坛、喷泉、围墙、绿篱、栏杆、长凳、灌木、乔木、地质形成物、漂流木、地被植物、藤本植物、花卉、照明系统、人工降雨系统、路障、门锁等等，或其他公园内设施。任何人不得运走公园内的土、沙和草皮。任何人凡违反上述规定将按西雅图市刑事法第十二章 A01 和 A02 条进行处罚。视其情节轻重分别处以 500 美元以下的罚金或判处 6 个月以下的监禁，或两样同时执行。

第七条 有关各类动物

① 除执法机构和管理部门使用的警犬和护卫犬之外，禁止任何人在公园内放野狗或其他私养动物，且不论这些动物系或不系皮带（即有或无人带领），亦不得进入公共海滩、游泳场、疏林草地、池塘、瀑布、溪流或公共体育场。只允许进入经有关部门批准专门划定的训练动物场地。在公园内和不能放养这类动物的地方，执法人员应予以驱逐，或予以处理，并运出公园。埋在专门划定的动物的墓地，该动物的主人还须承担一切责任。

② 除警察、公园工作人员、其他州和联邦政府有关工作人员执行工作任务外，禁止任何人进入或占用经执法人员或经联邦政府划定的禁止游玩区、野兽保护区和动物保留地（经有关部门划定的可进入的此类地区除外），禁止任何人破坏、骚扰其内的野生生物、野兽巢穴或投食地。

③ 除据华盛顿州游乐委员会颁布的法令划定的有关区域和有关管

理部门划定的垂钓区域之外，禁止任何人在任何公园以任何方式捕捉或使用棍子、武器、其他设施、器具、扔石块、投掷物体，使用弓箭等激怒、打扰、攻击任何野兽、爬行动物、鸟类、家禽等。

④ 除公园工作人员之外，禁止任何人在动物园、水族馆和其他标明禁止动物表演的地方进行动物表演，也不允许任何人私自带动物进入这类场所。

⑤ 禁止游客向动物园和水族馆动物展区内展出的任何动物喂食物和其他的东西，也不能在动物展区内动物能达到的地方施放食物。提供食物须经动物园或水族馆的主任批准。只能给动物园内不在笼舍中喂养的漫游动物喂食，不能给笼舍中的动物喂食。但不限制喂松鼠、野兔、野鸡、孔雀、珍珠鸡、鸽子、乌鸦、麻雀和其他随处可见的散养动物，也不限制在儿童动物之家这类指定区域喂食动物。

第八条 武器和爆炸物

① 禁止在任何公园使用气枪、弓箭、投石器、其他武器或爆炸物品，以免伤害人和动物。狩猎射击这一类活动只限于在标志明确指明的、能安全开展这类活动的区域内进行，并且必须在执法人员规定的时间和范围内。

② 除警察和公园娱乐管理局的有关工作人员外，禁止携带手枪进入公园，亦严禁在公园内设置陷阱等捕杀动物的设施。

第九条 募捐和商业活动

① 除在法律明确允许的范围之内，禁止任何人在任何公园之内进行募捐活动。不论募捐的目的是用于慈善、教育、科学或其他。

② 禁止在任何公园内出售或试图出售任何货物、液体饮料、食用品或其他东西。宁静、安谧是公园的特点，没有一项条令允许在园内搞商业活动。

第十条 噪声

除经执法管理人员批准或有特殊情况和事件时，为保护公共和平与安全的需要，不准在任何公园内使用公共警报系统、高音喇叭和其他音响设备。

第十一条 游艇

① 除了经管理部门批准，专门开展游划艇运动的地方外，不准任何人和其他游艇在公园内的海湾、湖泊、池塘、沼泽、小河、溪流等水面上航行，也不准驾船在上述地点和公园内的海岸登陆。

② 除了经管理部门批准用于特殊事件和救援等目的外，禁止在格林湖上及邻近华盛顿公园，位于州属英莱港航线东北第 21 断面 1/4 的地方，希普镇以北 25 英里范围，华盛顿州的金县境内使用摩托艇。

第十二条　车辆和马匹通行规定

① 禁止骑马、驾驶畜力车或汽车，随意通过或穿过公园。只能沿公园内的汽车道行驶，即使在没有限速标志的地方，时速也不能超过每小时 15 英里。

② 除经执法人员批准外，禁止驾驶载重货车在公园中禁止通行此类车辆的地方通行。这些地段都设有明显标志。

③ 除了城市的服务车辆、公园内的工作车辆和骑警的马匹之外，在下列时间内，任何车辆不得在各公园内停放、驾驶，任何马匹不得通过。午夜 12 点至次日凌晨 6 点的有：志愿者公园；晚上 6 点至第二天早晨 6 点的有：发现公园、舍瓦得公园、林肯公园、史密兹公园、马岗尚公园、渥得兰公园。限制时间在晚上 9 点至第二天早上 6 点的有：戈登公园、卡基克公园。日落到早晨 6 点的有：皮卡岛海滩。日落到日出的有：华盛顿公园、阿波特卢普道。经由公园内到达商业区和居住区的道路不在此列。

④ 禁止在公园内的道路和停车场、停车林荫道上试车。

⑤ 禁止在任何公园内进行各种试验、赛跑、锻炼耐力、登山以及类似的汽车、小船、航模的竞赛，不论这些东西由人力或畜力牵引。设计用来载人或载动物，进行上述活动只能在经管理人员批准的专门用于这类活动的地区和时间内进行，执法管理人员将依照下述原则来批准：

① 能采取有效的适当的措施保证参加者的健康与安全。这类活动将不得有意外的危险；

② 这类活动必须以某种方式做到对私人和公共财产最小限度的损坏；

③ 这类活动将不会产生公害；

④ 这类活动不会妨碍其他普通的游客使用公园内的设施。

第十三条　露营

除在经管理部门批准并设立有明确标志用于露营的地区外，禁止在公园内的其他地区露营。

第十四条　垃圾

除在划定的垃圾处理场外，禁止在公园内的任何地区倾倒垃圾或掩埋废物。

第十五条 篝火规定

除了在专门划定的营火区内，禁止在公园内其他地方燃点篝火，或举办篝火晚会等。在午夜11点至凌晨6点，任何地方不准点篝火。

第十六条 反对一切犯罪活动

这里强调警察为了维护良好的社会秩序和风气，保障公民生命财产的安全与大众福利，在公园内拥有同样的权利。我们鼓励民众正当享用公园里的各种设施，不分人种、肤色、性别、婚姻状况、政治观点、年龄、宗教信仰、祖籍、国籍，使他们感觉上、精神上、身体条件上没有任何阻碍。

任何个人或集体以任何事件为借口占用或使用公园或娱乐设施，或借人种、肤色……等等原因不让其他人或集体使用公园和娱乐设施，不论是否经过允许或是否已支付费用都是不允许的。

第十七条 惩罚规定

除开本法令未涉及的其他特殊情况，任何违反本法令有关规定的人或行为都将受到处罚。将按本法令第六条第②项进行处理。

第十八条 废除有关法令

以前已公布过的法令第76027、78096、85252。94550、96454、98778……和其他有关法令中与本法令有冲突的相应条文，在此宣布作废。

第十九条 本法令各条款可逐条分项应用于各种情况，其中每一段每一句用于任何人或情况都具有合法性，而不影响其他条文用于任何人或情况的合法性。

第二十条 ……本法令由西雅图市议会1977年7月25日通过。西雅图市市长韦斯·奥尔漫同年7月29日签发，8月29日起生效。

第十一款

公园管理系统

第一条 公园和娱乐局：将设立一个公园和娱乐局，该局的领导就是全市公园和娱乐系统的总负责人。他有权掌管该市的公园和娱乐系统，这位领导人在国家文职部门的有关法律条文指导下，有权管理该局系统所有的官员和雇员，他也拥有符合法律规定的其他权力和职责。他的任命须由市议会大多数票通过，由市长予以任命。若要解除其职务，必须由本人按市长要求呈交辞职报告，同时还须由市长向市议会提交报告陈述解职原因，并经市议会表决批准生效。

(据 1977 年 11 月 8 日修正法案)

第二条 公园和娱乐局将设立一个公园委员会，其功能是在有关本市公园和娱乐方面的事项上起到市长、市议会和市公园娱乐局的"智囊"作用，根据委员们的工作态度和方式对其予以任免。委员们的职责由有关法案条文加以规定。

第三条 在市财政内为市立公园和娱乐系统设立"公园和娱乐专项基金"，用于公园的维护和管理。这项基金中包括：每年度财政拨出的用于公园娱乐系统的专款；为公园和娱乐的目的得到的礼物，馈赠财产和各类义务活动的一切收入；全市所有各类罚款、处罚金、执照许可费的总收入的 10%；通过其他的有关法案提供的资金。

第四条 有关这类问题而本款内未涉及的其他条文，将由第七款第一条，第十四款第一条予以补充。

(据 1967 年 11 月 7 日修正法案)

（七）美国纽约市公园与娱乐场地规章与条例

市长　爱德华·科奇
事务官　亨利·斯德恩
义务巡逻队主任　威廉·道尔通

公园与娱乐局提出的规章与条例
——最后颁布件

依照纽约市宪章第 21 章第 9 部分第 533 条 (a)，为了对目前和今后在公园与娱乐局管辖、保护与支配下的公共公园、海滨、游乐场、娱乐中心及一切其他财产、建筑物与设施的使用、管理与保护，公园与娱乐局事务官兹公布以下规章与条例，在此件于 1980 年 8 月 8 日生效起，其他所有规章与条例即行废止。

依照宪章第1105条的规定，提出的规章与条例已在《市记录》上发表，并广泛颁布给新闻媒介、市议会成员、市民组织和村社委员会，以便有关团体有评论的机会。

依照宪章第1105条第6节，我宣告此规章自公布之日起生效，我在此声明，撤销规章最后发表三十天后生效的规定，本规章与条例充分地修正了以前的版本，宣布了行为与活动，以前由于缺乏这方面的规章已使本市公园的公共使用与享用受到有害的结果。

事务官　亨利·斯德恩

规章与条例

第 1 条　定义、解释和范围
 第 1 节　定义
  第 1 款　局
  第 2 款　事务官
  第 3 款　公园
  第 4 款　公园街
  第 5 款　园路
  第 6 款　机动车辆
  第 7 款　规章与条例
  第 8 款　许可证
  第 9 款　个人（法人）
  第 10 款　物主
  第 11 款　警官
  第 12 款　游泳区域
  第 13 款　被批准的游泳海滨
  第 14 款　木板路
  第 15 款　公园指示牌
 第 2 节　规章条例的解释与范围
  第 1 款　解释
  第 2 款　地区范围

第 2 条　总则
 第 3 节　准许证
 第 4 节　警察官员、公园雇员的指示与命令，公园各种标志

第 3 条　禁令

第 5 节　财产与设备

第 6 节　树木、植物、花卉、灌木与草坪

第 7 节　废弃物和垃圾

第 8 节　水污染

第 9 节　张贴告示、广告、海报

第 10 节　飞行

第 11 节　爆炸物、火器和武器

第 12 节　动物

第 13 节　商业性捕鱼

第 14 节　捣乱行为

第 15 节　喧闹；乐器

第 4 条　限制使用

第 16 节　集会、会议、展览等

第 17 节　商贩

第 18 节　酒精饮料

第 19 节　无人管理的动物

第 20 节　动物粪便

第 21 节　海滨、木板路与水池

第 22 节　自行车

第 23 节　划船

第 24 节　野营

第 25 节　施工

第 26 节　倒垃圾、挖掘、填土

第 27 节　火灾（失火）

第 28 节　钓鱼

第 29 节　集资募捐活动

第 30 节　马

第 31 节　开放时间

第 32 节　滑冰

第 33 节　机动车辆

第 34 节　摄影与拍电影

第 35 节　种植

第 36 节 项目的实施
第 37 节 限制在规定区域的使用
第 5 条 其他
第 38 节 收费（各项费用）
第 39 节 处罚
第 40 节 条文的可分离性

第 1 条 定义，解释和范围

第 1 节 定义

第 1 款 "局"（Department）意指纽约市公园、娱乐局或所有的继任机构。

第 2 款 "事务官"（Commissioner）即公园、娱乐局的局长或任何继任机构总执行官员。

第 3 款 "公园"（Park）意为对公众开放的公园、海滩、水域及其水下土地、池塘、海滨木板路、儿童游戏场、娱乐中心，和目前及以后在公园、娱乐局管辖、主管或支配下的所有其他的财产、装备、建筑物和设施。

第 4 款 "公园街"（Park-street）意为与任何公园相连的所有街道的整个宽度。

第 5 款 "园路"（Park Road）意为穿过公园或在公园内用作车辆交通的任何道路。

第 6 款 "机动车辆"（Motor Vehicle）即任何汽车、摩托车、机动脚踏两用车，或其他任何由马达驱动的车辆。

第 7 款 除非有其他规定外，"规章与条例"，（Rules and Regulations）或"规章"（Rules），是指根据纽约市宪章第 21 部分第 553 节第 1 款而制定，并根据该宪章第 49 部分第 1105 节有关公告、颁布及存档要求而公布的规章或条例。

第 8 款 除非有其他规定，"许可证"（Permit）是指由事务官本人或在其授权下，对准许在任何公园或公园—街进行指定活动的特殊的权力所颁发的书面授权。

第 9 款 "法人"（Person）即任何自然人、有限公司、社团、组织、行会、协会、合股公司、商行、合伙公司、或其他实体。

第 10 款 "物主"（Owner）是指任何拥有、经营、使用或支配动物、车辆或其他任何个人财产者。

第 11 款 "警官"（Police Officer）是指纽约市警察局的任何成员以及其他城市的雇员，该雇员是由警察局长任命，进行过宣誓，被分派给警察局长的特殊巡警。

第 12 款 "游泳区域"（Bathing Aera）是指为游泳者使用的任何场所，它包括海洋上、海湾上的与游泳的海滨相连的 1000 英尺之内的水域及水下的土地，这些场所是在公园娱乐局局长的管辖范围之内的。

第 13 款 "被批准的游泳海滨"（Authorized Bathing Beachlies）是指由卫生部门批准后由公园、娱乐局指定的这样的游泳海滨。

第 14 款 "木板路"（Boardwalk）即专为徒步旅行而划出来的海边、湖边、河边的散步场所。

第 15 款 "公园指示牌"（Park Sign）是指由公园、娱乐局在当地贴出的挂图、招贴、通告、招牌等。

第 2 节 规章条例的解释与范围

第 1 款 规章与条例解释如下：（1）任何单数的术语也包括复数的含义；（2）任何阳性术语也包括同等内容的阴性和中性术语；（3）与任何行为有关的规章与条例包括：任何行为直接或间接地产生、实现、帮助或鼓动；以及允许未成年孩子做任何行为；（4）本约中没有任何一项条款会使下述行为成为非法：公园、娱乐局的任何官员或雇员在根据自己的职责或工作而采取必要的行为；或任何个人，这个人的代理人或雇员，在正确地、必须履行其与公园、娱乐局达成的协议时所采取的行为；（5）任何法律上是禁止的行为或活动，但如果办取了准许证并严格地遵守许可证的内容和顾及到周围的环境，遵守许可证的授权范围，则被视为合法；（6）这些规章与条例是对市、州、联邦法律的补充。

第 2 款 范围如纽约市宪章第 21 部分所规定的，这些规章与条例将在公园、娱乐局事务官的管辖范围下的所有区域内生效。

第 2 条 总 则

第 3 节 准许证

第 1 款 当一个行为或活动的采取须根据这些规章制度的有关项目办理准许证时，在未得到公园、娱乐局事务官本人或其权威性的代表的书面授权的同意之前,不得开始这个行为或活动。

第2款 准许证可按公园、娱乐局事务官合理规定的条款而签发,准许证对于行为或活动的授权范围严格限制在条款内容之内。这样的准许证可由事务官随时终止,并通知持证人。

第3款 欲领取准许证,须填写由公园、娱乐局准备并提供的表格,填写的内容应是该局认为适于审核及评价准许证申请书的材料。该局事务官可收下一定数目的准许证申请、颁发的管理费。

第4款 公园、娱乐局事务官可要求持准许证者提供一保证书,该书即要保证完全遵守准许证所规定的条例与条件,提供某种类型的保证金或保险金,这是合理地保护纽约市免受私人团体各种索赔要求所必须的,到准许证期满时,如果确定持准许证者已不再遵守准许证上规定的条款与条件,或已触犯任何法律、法令、法规或条例,则要按下面规章行事:

(1) 收回为持准许证者与公园、娱乐局的活动的安全所提供的任何保证,市政府对给城市造成损失的各种行为,玩忽职守或触犯法律,保留要求其必要的赔偿的权利。

(2) 对于触犯法律的持准许证者和其代理人及雇员都负连带的法律责任,并应对其造成的损害交付给城市额外的改正或赔偿费用。

(3) 对这些损害所课以的安全罚金及付款手段并不意味着执准许证者可逃脱由于其触犯了法律、法规、规章或条例而应负的法律责任。

第4节 警察官员、公园雇员的指示与命令,公园各种标志

第1款 任何人都不得无视或拒绝遵守任何警官或委派的该局雇员的通过手势或其他方式发出的合法的指示或命令。

第2款 任何人都必须遵守公园各种标志上写有、印有或显示出来的指示、命令、条例、警告或禁令,除非这些标志在警官、特殊巡警或委派的该局雇员发出命令时给忽视掉了。

第3条 禁 令

第5节 财产与设备

任何人都不得以任何方式损害、更改、涂抹、毁坏、移动或干预任何不动产或个人财产,或由该局拥有或管辖支配的装备。

第 6 节　树木、植物、花卉、灌木和草坪

第 1 款　没有该局事条官的允许，任何人都不得擅自损害、涂抹、折毁或从地上移走任何在该局管辖之下的树木、植物、花卉、灌木或其他地被植物。

第 2 款　任何人都不准在新播种的草坪或草地上走动，也不准由他看管的任何动物在上走动。

第 3 款　任何人都不得占据用于园艺或任何公园内的植物，树木、灌木或其他植被上的公共使用的工具，除非经过该局事务官特殊批准。

第 7 节　废弃物和垃圾

任何人都不得在任何公园随地留下、乱扔、掉落、卸下废弃物或垃圾，除非扔在公园所提供的垃圾箱里，家里的垃圾或其他废弃物或垃圾也不得带进或穿越公园，不得扔在任何公园的垃圾箱里。

第 8 节　水污染

任何人都不得把能产生污染或将会产生污染的任何物质、东西、液体或气体扔进、留在、掉落在或卸在任何公园的水体中（包括池塘及游泳区），或流进公园水体的支流、小溪、小河、阴沟或下水道中。

第 9 节　张贴告示、广告、海报

第 1 款　除非由该局事务官批准外，任何人不得以任何借口在任何公园的地面里、地面上或利用飞机、风筝、气球等空中设备在公园的上空张贴图画、散发广告、表演、签署、制造，或携带任何布告、传单、通告、旗帜、模型或其他项目。

第 2 款　任何人都不得为做广告，或为商业目的，或为表演、展览等吸引注意力而演奏乐器，或敲鼓，或制造噪声。

第 10 节　飞行

任何人都不准随意将任何飞机、气球、降落伞、滑翔机或其他空中设备在任何公园内携带以降落或造成降落，但不包括由于飞机或其他空中设备的机械或结构上的故障而造成的迫降。

第 11 节　爆炸物、火器和武器

除了警官与治安官员外，任何人都不得在任何公园带进或持有任何火器、弹弓、爆竹、火箭推进器或爆炸物，包括单独使用或与其他物质、化合物或混合物共同使用便可推进火箭，产生爆炸，发生分解，产生火焰、燃烧、噪声或有毒有害气体的任何物质、化合物或混合物。本节内容并未禁止那些并不违背有关规章制度的在野餐烤架上

的适当的容器里合理地使用木炭点火液。

第 12 节　动物

第 1 款　任何人都不得在任何公园内侵扰、追逐、捕捉、伤害、打猎、射击、扔火箭、转移或占有任何动物、鸟类，或松鼠的巢穴，或任何年幼的动物，或爬行动物及鸟类的卵；也不准明知故犯地购买、接收、占有、出售，或赠送已获得的或已杀死的上述动物或卵。

第 2 款　除了没有关起来的松鼠和鸟外，任何人不得在任何动物园给动物喂食。任何人不得把任何东西扔进任何动物的笼子里或圈地里，也不得以任何方式搅扰或伤害任何动物，无论这些动物是否是关起来的。

第 13 节　商业性捕鱼

在所有的公园，包括海滨附近的水域，禁止商业性捕鱼。

第 14 节　捣乱行为

在公园里的任何游人都应以下述行为为耻：

第 1 款　不按规定的进、出口进入和离开公园，进入或试图进入关闭的、锁着的或禁止公众通行的任何设施、地区或建筑物；

第 2 款　攀爬任何墙壁、栅栏、屏障、树木、灌木、雕像、喷水池或其他地被植物或建造物；

第 3 款　获得或企图获得不交费就使用应交费才能使用的任何公园里的设施的准许；

第 4 款　参加任何形式的赌博或凭运气取胜的游戏，或算命活动；或把聚赌用具带进任何公园或拥有聚赌用具；

第 5 款　在正当的获准的项目活动中，怀有制造麻烦、引起慌乱，或破坏上述活动的企图而起哄捣乱；

第 6 款　搅乱、堵塞公园的任一部分或园路，或使其变得危险；或在车辆、行人过往的路上设置障碍；

第 7 款　参加打架斗殴，或殴打任何人；

第 8 款　参与某一活动的全过程，或做出行为，这种活动与行为惊扰了或严重搅扰了其他人，但无正当的理由；

第 9 款　做出任何下流动作与行为。

第 15 节　喧闹；乐器

第 1 款　任何人不得发出或引起过分的、刺耳的噪声去搅扰他人的舒适、安宁，影响他人的健康，危及他人的安全，不得搅扰或侵害动植物的生活，不得损毁事物及财产。

第 2 款 未得到该局事务官和有关司法事宜的其他城市代理人签发的准许证，任何人不得为增加人为噪声、乐曲、颤音或声波的音量而使用声音放大装置。本款并不限制那些完全遵照有关的条令，在公园许可的使用中不搅扰他人的手提式收音机、唱机或磁带录音机的定期的习惯性的使用。

第 3 款 除非准许证上签有特殊规定，否则任何人不得在晚 10 点到早 8 点之间演奏任何乐器和利用收音机、磁带录放机等发声装置进行播放，该局事务官对于在一些特殊的公园里操纵这些发出声音的设备会搅乱他人或商业的舒适、安宁、健康与安全的事宜可作出更进一步的时间上的限制。

第 4 条 限 制 使 用

第 16 节 集会、会议、展览等

第 1 款 未持准许证，任何人不得举办或发起任何比赛、展览、公共娱乐、游行、体育比赛，或类似活动。在适当的场地，只要不甚打扰游客在公园的游嬉，无须获准就可举办一些戏剧读物、诗歌读物、故事会、表演节目或野餐等活动。

第 2 款 未经准许，任何人不得在任何公园里或公园一街上召开公众大会或集会，举行任何仪式，发表演说或讲演，展示任何指示牌、标语牌、声明，或进行任何形式的呼吁。

第 3 款 未经该局事务官或其指定的代表的批准，任何人不得建造与任何集会、会议、展览会有关的建筑物、看台、公用电话间、讲台、展览用品或其他东西。

第 4 款 对于召开集会、会议、展览会之类活动的申请，该局事务官不对以下情况签发准许证：

（1）该活动极大地影响到公众对公园的使用和娱乐；

（2）该活动选择的场所如对园林景观、植物栽培，或其他环境条件有害，则是不适当的；

（3）该活动选择的场所如是一个包括了但不是限制在一个动物园、游泳池、滑冰场的特殊地区，或由于该活动的性质与时间无此环境容量，则是不适合的；

（4）举办该活动的日期与时间早已在准许证内规定；
（5）该活动将对公众的健康与安全当时就会产生明显的危险。

办理准许证的申请书一经否决，该局则主动向申请者提出举办该活动的其他适合的位置或时间，而申请者可通过书面材料呈递给专事，要求官员重新审核，该官员可否定原判，维持原判，或作出某些修改，并书面通知申请人。

第 17 节　商贩

除非准许证上有这方面的规定，否则任何人不得在任何公园内，公园附近或挨着公园的街上（包括挨着公园的街上的所有便道）进行有形的或无形的售货、叫卖、雇佣、出租的商业行为。

第 18 节　酒精饮料

任何人不得在任何公园、儿童游乐场、海滨、游泳池或其他的公园或设施内携带、持有或饮用酒精饮料。

第 19 节　无人管理的动物

拥有或看管或支配任何动物的任何人都不得在任何公园内带着动物散步或让动物随便走动，一俟发现有动物顺意走动而无人照看，则可抓住并没收。办有许可证的狗和猫可带进公园，但拴狗和猫的皮带不能超过 6 英尺长。在任何情况下也不允许将狗或其他动物带进儿童游乐场、动物园、游泳设备、野餐地区、公园建筑物或其他由该局事务官禁止的区域，本节条款并不禁止引领盲人的狗进入上述区域，也不禁止马进入或待在公园里，如 30 节所述。

第 20 节　动物粪便

第 1 款　任何人都不得将其看管或支配的任何动物在任何公园内排泄粪尿，但可排泄在园路上。

第 2 款　每只狗的主人有责任将狗在任何公园里排泄的粪便清除干净。

第 21 节　海滨、木板路与水池

第 1 款　在该局管辖的财产附近的水域里游泳，只有在该局事务官指定的游泳海滨里及在规定的游泳季节方获准许。该事务官可根据天气条件及对公众安全的考虑而相应地限制或扩大游泳海滨的范围，减少或延长游泳季节。任何人都不得在未经许可的区域或在暴风雨的天气下游泳。

第 2 款　任何人不得将人造漂浮物、面罩、鱼叉、橡皮脚掌、潜

水用通气管，或潜水用的其他器具带进该局管辖下的任何区域或设施内，也不得在这些区域或设施内使用。

第 3 款 除了在指定用作体育运动的场所外，任何人不得在游泳的海滨或在水中参加或指导自己做给自己或他人造成危险的任何体育项目，冲浪运动只能在特定地区进行。任何患有或明显患有传染病的人都不准进入游泳海滨或更衣室，也不准进入水中。

第 4 款 除了在更衣室内或其他指定的场所外，任何人不得更换衣裳，任何人不得在水中或在任何游泳海滨裸体，除非这种海滨是根据有关法律规定进行裸浴的。

第 5 款 任何人都必须遵守救护人员的合理的指挥，不得与救护人员进行不必要的谈话；除非遇到紧急情况外，不准假装呼叫救命，不得站在、坐在、缠在救护人员的休息处，或缠在或进入救护艇。

第 6 款 在游泳池游泳、洗澡的日期与时间须由该局事务官规定并张贴在每个游泳池外。

第 22 节 自行车

任何将自行车带进公园里的人都必须遵守公园指示牌上全部的有关自行车使用的规定，不得在草坪上、马道上、散步道上、休息或运动场所、儿童游乐场内骑乘自行车，园路上可骑乘自行车，但也只能在该局事务官特别指定的时间与路段才行。任何人都不得野蛮骑乘自行车。

第 23 节 划船

除了在专门规定的靠岸地点或遇紧急情况外，任何人不得随意在公园岸线停靠任何类型的船只，也不得在该局事务官管辖的水域中野蛮驾驶任何类型的船只，以免破坏船上乘客或其他游客的兴致，甚至造成生命危险。已规定的任何游泳区域禁止划船。

第 24 节 野营

未经获准，任何人都不得在任何公园宿营或野营或搭帐篷或搭遮蔽物。

第 25 节 施工

任何人不得在任何公园进行任何种类的施工或各种辅助性的施工，除非根据，以及完全遵照准许证上的条款，或正式收到命令可开始履行与该局签署的合同者例外。

第 26 节 倒垃圾、挖掘、填土

未经准许，任何人都不得在公园的属地内进行、促使或允许堆放垃圾，挖掘壕沟或填土。

第 27 节　火灾（失火）

第 1 款　除非由该局专门划定并在指示牌上标出的地方或者得到特别的批准外，任何人不得在任何地方或小型容器内或铁格子上燃火、持火、用火。从火点燃到熄灭的整个期间均需有一名超过 18 岁的负责任的人看管。在任何建筑物的 10 英尺之内，灌木下面或任何树木的树枝下面不得生火。

第 2 款　任何人都不得在任何公园内的任何建筑物、船只、车辆、围场、或绿地里面、上面或紧挨着这些物体或场地，留下、保存下、扔弃任何易燃物，燃过的火柴、雪茄或香烟。

第 28 节　钓鱼

作为一种体育项目的钓鱼只允许在该局事务官批准的地方与时间内进行。除非准许证上有特别规定外，在该局管辖范围内的水域里不得借助其他动力而只能用手钓鱼。

第 29 节　集资募捐活动

未经批准，任何公园都不允许进行包括乞讨与捐助在内的任何种类的集资募捐活动。

第 30 节　马

任何人都不得将他的马或由他负责的马未牢靠拴住就留在任何公园内没有约束或无人看管，也不得损坏任何树木、植物、花卉、灌木或其他地被植物，只有在马道上允许骑马，所骑之马应训练有素并处于骑手的持续支配之下，以便随时都可停下或转弯，任何人不得骑马漫不经心或横冲直撞。

第 31 节　开放时间

第 1 款　游人可在日出前半小时进入公园，午夜 1 点闭园。如有其他开放时间则会在公园门口张贴出来。未获事务官特准，任何人不得在闭园以后进入公园，也不准在公园内游逛。

第 2 款　无论什么时候，只要有任何自然的因素、爆炸、事故，或其他灾难，或有闹事，或有非法集会或活动，造成对于公众健康与安全的威胁，事务官则可对所有的未经授权的人关闭公园或关闭公园里面的任一部分，并以确保公众的安全与健康为出发点来决定必要的关闭时间。

第 32 节 滑冰

第 1 款 在事务官划定的滑冰场可进行滑冰,有关使用、开放时间及规章制度则在各滑冰场张贴通知。

第 2 款 除非是事务官规定的地点与时间外,任何人不准在任何公园的湖或池塘结的冰面上走动。

第 33 节 机动车辆

第 1 款 除了在园路上或指定的区域,任何人不得将机动车辆带进公园的任何区域,也不得在公园内驾驶,事务官也可规定某时关闭某段园路。

第 2 款 除非由事务官规定的专门停车区域,并且还得在这个公园开放时间以内,任何人都不准在任何公园停放任何机动车辆。

第 34 节 摄影与拍电影

未经准许,任何人都不准在任何公园进行任何商业性质的摄影与拍电影。经获准在园内摄影或拍电影,更换或损坏了公园的财产,持证人应给予适当合理的修复与赔偿。

第 35 节 种植

未经获准,任何植物都不得在该局管辖的区域内进行栽种。未经公路局批准,任何街道都不得挖坑开穴进行种植,经批准种植的树木,在一年的保证期圆满渡过后,则成为该城市的财产。

第 36 节 项目的实施

在下述两种情况下,事务官可下令撤销、废除或修改任何在公园、公园—街、与公园或公园—街毗连的区域的上方、地面、地下的任何施工项目,以及距公园 350 英尺范围内的任何街道上的任何指示牌:

(1) 该项目未经有关具有司法权威的城市机构的准许;

(2) 该项目或指示牌与公园的使用、娱乐功能、保持公园的景观不一致。

第 37 节 限制在规定区域的使用

第 1 款 任何人不准在非规定区域扔、抢、踢、击任何垒球、足球、篮球、高尔夫球、网球或类似物体,也不准参加任何运动或比赛。如果根据有关规章获准拨到一块理想区域进行这些活动,也只能在规定的时间内进行。

第 2 款 任何人都不得在未经规定的时间与地点进行任何航模的

飞行、航行、模型汽车驾驶。或放风筝等。
  第3款 任何人不得在未经规定的区域内滑旱冰、滑雪、乘雪橇、玩滑板或乘任何种类的车辆滑车。

第5条 其 他

第38节 收费（各项费用）
  事务官要经常规定必要的管理费、维修养护费及公众对公园、专有设施的使用费。这些设施费用一览表须记载在《市纪录》上及张贴在有关的设施上。

第39节 处罚
  对本规章制度的任何触犯均为犯法行为，可由有关司法部门查审并处罚，拘留时间不超过30天，或罚款不超过250美元，或根据纽约市宪章第21部分第553节第4款（9）的规定，拘留并课以罚款。

第40节 条文的可分离性
  如果这些规章里的任何一项，或者这项对任何人或任何情况的应用无效的话，规章的其余部分及对其他人或情况的应用则仍然完全有效。

（八）日本城市公园法[①]

［昭和31年（1956年）4月20日法律第79号］

本法根据以下法律先后将城市公园法的有关部分作了修改。
沿革
昭和32年（1957年）6月法律第161号
昭和37年（1962年）9月15日法律第161号

---

  ① 注：日本的法令分三级、即法律、政令和省令。政令相当于国务院颁布的法令、条例；省令相当于各部委颁布的条例。城市公园法原文含政令和省令条文，译者未改动。

昭和42年（1967年）7月20日法律第73号
昭和43年（1968年）6月15日法律第101号
昭和51年（1976年）5月25日法律第28号等先后将城市公园法的部分作了修改。

目　　录

第一章　总则
第二章　城市公园的设置与管理
第三章　杂则
第四章　罚则

第一章　总　　则

［法］
第一条　目的：
本法规定了城市公园的设置和管理等标准，以谋求城市公园的健康发展，增进居民的公共福利为目的。

［法］
第二条　定义：
第一项　本法中所谓的"城市公园"既包括下列的公园或绿地，也包括城市公园的设置者（国家或公共团体）在该公园或绿地上建设的公园设施。
（一）地方公共团体（译者注：地方公共团体包括市、镇、村领导机构）根据城市规划在规划区域内设置的公园或绿地；
（二）国家设置的公园或绿地：
（1）跨越一个都道府县的区域，为广域居民服务的公园或绿地；
（2）作为国家的纪念事业或为保护和利用本国固有的文化遗产，经内阁议会决定设置的公园或绿地
第二项　本法中所谓"公园设施"，系指为完善城市公园的功能，而在城市公园内设置的下列设施：
（一）公园道路及广场；
（二）植物、花坛、喷水池及政令规定的其他修景设施；

（三）休息场所、园椅及其他休息设施；
（四）秋千、滑梯、沙场及其他游戏设施；
（五）棒球场、田径场、游泳池及其他体育设施；
（六）植物园、动物园、露天剧场及其他文化设施；
（七）小卖部、停车场、厕所及其他服务设施；
（八）门、栅栏、管理处及其他管理设施；
（九）为完善城市公园的功能而设置的其他设施。

第三项 以下的公园不属于城市公园
（一）根据自然公园法（昭和32年法律第161号）规定而决定的国立公园或是国定公园（译者注：国立公园是国家管理的公园；国定公园是定为国家级，但委托地方代管的公园）及有关的设施或绿地。
（二）根据自然公园法规定的国立公园或国家公园区域内指定为集团设施的地区。

[政令]

第四条 公园设施的种类：

第一项 本法律所规定的修景设施为：树木、草坪、池塘、瀑布、假山、塑像、石灯笼、石组、飞石及其他类似的设施。

第二项 本法律规定的休息设施为：休息场所、园椅、园桌、野餐场、野营场及其他类似设施。

第三项 本法律中规定的游戏设施为：秋千、滑梯、压板、攀登架、梯子、沙场、涉水池、划船区、钩鱼区、旋转木马、游戏用电车、露天跳舞场及其他的类似设施。

第四项 本法律中规定的运动设施为：棒球场（专供职业棒球团体使用的除外）、田径场、足球场、网球场、篮球场、排球场、高尔夫球场、游泳池、划船场、滑冰场、相扑场、射箭场、单杠、吊环及其他类似设施，以及附属的观众席、更衣室、运动器材仓库、淋浴室及其他的类似构筑物。

第五项 本法律中规定的文化设施为：植物园、温室、分区园、动物园、动物馆、水族馆、露天剧场、露天音乐堂、图书馆、陈列馆、室外广播收听设施、天体或气象观测设施、纪念碑及其他类似设施，还有古坟、古城遗迹、古老住宅、其他遗址及具有历史和学术价值的复原物。

第六项 本法律中规定的服务设施为：小卖部、简单饮食店（系指除饭馆、咖啡馆、酒吧、设舞场的酒馆、旅馆等类似设施以外的饮食店)，简易住宿设施（山中临时宿营地、简易房、旅馆等专供投宿用的简单设施）、停车场、厕所、物品寄存处、钟台、饮水处、洗手池及其他类似设施。

第七项 本法律中规定的管理设施为：门、围栏、管理事务所、值勤办公室、仓库、车库、料场、苗圃、指示牌、标记、照明设备、垃圾处理场、废品箱、水道、水井、暗渠、水闸、护岸、挡土墙及其他类似设施。

第八项 本法律第二条第二项第九点规定的设施为：眺望台及集会场所。

第二章 城市公园的设置与管理

[法]

第二条之二 城市公园的设立：

城市公园管理者，有该公园开始供使用时，须公布下列事项：城市公园的名称、位置、区域和开始使用的时间。

[法]

第二条之三 城市公园的管理：

地方公共团体设立的城市公园，由有关的地方公共团体负责；国家设立的城市公园，由建设大臣负责。

[法]

第三条 城市公园设置的标准：

第一项 地方公共团体设置城市公园时，应符合政令规定的关于城市公园的布局与规模的技术标准。

第二项 国家设置的城市公园应符合政令中规定的城市公园的布局、规模、位置与地界区域的选定和有关配备的技术标准。

[政令]

第一条 居民每人平均的城市公园面积标准：

在一个市、町、村区域内，居民每人应占有城市公园（包括城郊）面积标准为 $6m^2$ 以上；在市、町、村的城市范围内，每人应有 $3m^2$ 以上。

[政令]

第二条 地方公共团体设置的城市公园的布局以及规模标准：

第一项 地方公共团体设立以下城市公园时，应根据各种公园的特点，使市、町、村或都、道、府、县的城市公园分布均衡，并且要考虑到防火、避难等作用。并应按下列事项决定其布局与规模：

（一）专供儿童活动的城市公园（以下称儿童公园）以 250m 作为服务半径标准进行部署，占地面积以 $0.25hm^2$ 作为标准；

（二）主要供附近居民活动的城市公园，服务半径的标准为 500m，占地面积以 $2hm^2$ 为标准；

（三）主要供居民步行可以达到的区域公园，服务半径的标准为 1km，占地面积以 $4hm^2$ 为标准；

（四）主要供市、町、村内居民休息、观赏、散步、游戏、运动等综合活动为目的城市公园和主要供体育活动为目的的城市公园以及跨越市、町、村供广大地区居民利用的城市公园应根据它们的特点，为充分发挥它们的机能而规定用地标准。

第二项 地方公共团体设置的以防止公害或灾害为目的的缓冲地带作为城市公园，和主要供观赏风景为主的城市公园等，应根据各自设置的目的，能充分发挥公园的机能来决定公园的布局和用地面积。

［政令］

第三条 国家设立的城市公园的布局、规模、位置与区域的选定标准如下：

（一）服务半径不超过 200km，用一般交通工具可到达的区域，并要考虑周围的人口，交通条件等；

（二）占地面积大致为 $300hm^2$ 以上；

（三）尽可能选择有良好的自然条件或有历史意义的区域；

（四）在配备公园设施时，要考虑到服务半径内其他城市公园的设施状况，尽可能满足多种娱乐需要。

［法］

第四条 城市公园设施的设置标准：

（一）公园建筑的占地面积不得超过公园总面积的 2%；

（二）除前项规定者外，关于公园设施的设置标准在政令中规定。

［政令］

第五条 允许建筑面积的特例：

（一）在城市公园内的动物园、植物园、图书馆、陈列馆、运动设施或历史遗迹等的建筑面积,可以超过2%的标准,不能超过5%。但面积在 4hm² 以下的上述城市公园除外。

（二）在城市公园内设立的不超过3个月的临时建筑面积可以超过2%。

[政令]

第六条 城市公园建筑的结构：

城市公园的建筑要有必要的安全和卫生设施。

[政令]

第七条 儿童公园内应有的设施：

儿童公园内至少应设置适合儿童游戏的广场、绿地、秋千、长椅、沙场和厕所。

[政令]

第八条 城市公园设施的限制：

（一）一个城市公园内设立体育设施的占地面积,不可超过公园用地面积的50%；

（二）各种城市公园必须具有如下的面积,方可设立的公园设施：

（1） 2hm² 以上的城市公园可以设立小卖部；

（2） 5hm² 以上的城市公园可以设立旋转木马、游戏用电车以及其他游戏设施,对使用者照章收费并设立分区园；

（3） 10hm² 以上的城市公园可以设立小吃店；

（4） 50hm² 以上的城市公园可以设立高尔夫球场及高尔夫球练习场。

（三）在城市公园内设立分区园时,一个分区园的面积不可超过 50m²；

（四）为完善城市公园的设施,可在公园内设立简易住宿设施,除特别有必要的场合外,不准设立住宿设施；

（五）城市公园内的小卖部,小吃店的出入口,不可与城市公园的外墙相通；

（六）被认为由于利用会带来危害的设施,为避免其危害应设置必要的设施；

（七）在适当场所要安装照明装置以保安全。

[法]

第五条 公园管理者以外的人设立的公园设施等：

（一）依照第二条之三的规定，管理城市公园的人（以下称"公园管理者"）对其管理的城市公园，在自己设立公园设施或在管理方面不适当或确有困难时，可以让公园管理者以外的人设立公园设施或从事管理；

（二）公园管理者以外的人，要设立公园设施或从事管理时，应向公园管理者交申请书，并须获得许可。获得许可的事项要变更时，同样要提出申请书；

（三）公园管理者以外的人设立公园设施或管理的期限不得超过10年，变更设施的期限也不得超过10年。

[省令]

第一条 关于国家设立的城市公园，公园管理者以外的人申请设立公园设施的许可，按建设省令规定的事项，分别规定申报内容如下：

（一）要设立公园设施时：

(1) 设置的目的；

(2) 设置的期限；

(3) 设置的场所；

(4) 公园设施的构造；

(5) 公园设施的外观；

(6) 公园设施的管理方法；

(7) 工程的实施方案；

(8) 工程的开工与竣工日期；

(9) 城市公园恢复原状的方法；

(10) 其他应考虑的事项。

（二）要管理公园设施时：

(1) 管理的目标；

(2) 管理的期限；

(3) 管理的场所；

(4) 管理的方法；

(5) 其他应考虑的事项。

（三）得到许可的事项要变更时，还要申报批准。

[法]

第五条之二 共用建筑物的管理：

（一）城市公园与河川、道路、下水道等其他设施或建筑物，在双方都有用途的情况下，公园管理者以及其他建筑物的管理者，对于该城市公园与其他建筑物的管理，不限于本法第二条之三的规定，可以进行协商，另外规定管理方法，但其他建筑物的管理者是私人时，只能在城市公园内进行施工与维修，不能参与管理；

（二）按照前项规定达成协议时，有关城市公园管理者必须公布达成协议的内容。

［法］

第五条之三 （代行管理者的权限）略

［政令］

第十条 代行公园管理者的权限：

其他建筑物的管理者管理城市公园时，可以代行有关城市公园的公园管理者的权限，但不能代行公园管理者的下列权限：

（一）关于国立城市公园设置与管理方面，所需的费用中，由都道府县负担的部分；

（二）依照本法第十七条第一项规定，建立城市公园的总账以及管理方面的档案等事宜。

［政令］

第十一条 略

［省令］

第二条 略

［法］

第六条 占用城市公园的许可

在城市公园中，因设立公园设置以外的工作物或其他物件而占用公园的设施时，必须得到公园管理者的许可：

① 申请者必须把申请占用的目的、时间、占用地点、工作物与物件或设施的构造等写入申请书中，向公园管理者提出。

② 当获许可的事项有变更时也应及时提出申请。

③ 占用公园的期限，不得超过 10 年，更新时也同样。

［政令］

第十二条 （略）

［政令］

第十三条 （略）

［政令］

第十四条 占用期限：

（一）法第七条第一项至第三项及法第十二条第一项至第五项规定的占用期限为10年的：

(1) 电线杆、电线、变压塔；

(2) 自来水管道、下水道、煤气管道；

(3) 地下铁道、轨道、停车场；

(4) 各种标志；

(5) 防火用的地下储水槽、地下自来水设施及地下变电所；

(6) 立交桥、道路、铁道、轨道；

(7) 索道及钢索铁道；

(8) 派出所及附属设施。

（二）法第七条第四项及第十二条第六项规定的占用期限为三年的：

(1) 信箱和公用电话；

(2) 天文、气候和土地观测设施。

（三）法第七条第六项，法第十二条七、八两项规定的占用期为三个月的：

(1) 体育比赛、集会、展览会、博览会等类似活动的临时设施；

(2) 从事工程的围板、脚手架；

(3) 门卫室、办公室等工程设施；

(4) 土、石、竹、木、砖瓦等的存料场。

（四）法第七条第五项及法第十二条第九项规定的占用期为6个月的：临时救灾设施。

［省令］

第三条 法第六条第二项中省令规定的事项如下：

（一）占用物的外观；

（二）占用物的管理方法；

（三）工程实施的方法；

（四）工程从开始到竣工的时间；

（五）城市公园恢复的方法；

（六）其他应参考的事项。

［法］

第七条 公园管理者对于符合以下条件不得已而占用公园设施又

不给群众利用带来显著妨碍的申请应给予许可（条件是限制在政令规定的技术标准情况下）：

1. 电线杆、电线、变压器之类；
2. 上下水管道、煤气管道之类；
3. 公路、铁路、停车场等的地下设施；
4. 邮电信箱或公用电话亭；
5. 特殊灾害时为收容灾民而设的临时工作物；
6. 为比赛、展览、集会之类而设的临时建筑；
7. 除上述各类外，政令规定的工作物或其他物件与设施。

[政令]

第一项 地方公共团体设置城市公园时，应符合政令规定的关于城市公园的布局与规模的技术标准。

第二项 国家设置的城市公园应符合政令中规定的城市公园的布局、规模、位置与地界区域的选定和有关配备的技术标准。

第十五条 占用物的外观及构造：

（一）占用物的外观及位置必须尽可能不损害城市公园的景观及其功能；

（二）地上设置物的构造必须坚固，不得妨害公园的功能及设施；

（三）地下设置占用物构造必须坚固，不得妨碍公园的功能及设施。

[政令]

第十六条 关于占用物的限制条件；

（一）电线应设在地下；

（二）自来水管、煤气管、下水道管线等干线顶部，与地面的距离不得小于 1.5m。在 5m 宽的园路下以及其他有载重车经过的地方，上述各种管道干线与地面的距离不得小于 3m；

（三）法第七条第三项、法第十二条第二项所规定的自来水设施和下水道设施与地面的距离原则上不得小于 1.5m；

（四）防火用地下储水槽其顶部与地面的距离不得小于 1m；地下变电所其顶部与地面的距离不得小于 3m；

（五）高架的立体设施：道路、桥、轨道等下部与园路路面的距离不得小于 4.5m；

（六）派出所的建筑面积不得大于 $30m^2$；天文、气象、土地观测设施的建筑面积不得大于 $10m^2$；

（七）面积大于 $5hm^2$ 的公园内，才允许设置变压塔。

（八）略

（九）略

[政令]

第十七条 关于占用的工程：

（一）占用的工程设施，所采用的必要措施，不得妨碍城市公园公众游览；

（二）占用工程如有沟、坑等夜间应设置红灯，及采取其他措施，防止游人发生危险；

（三）略

[省令]

第四条 略

[省令]

第五条 临时收容设施：

（一）饭馆、咖啡厅、酒吧间、小酒馆、旅馆等；

（二）剧场、电影院等；

（三）工厂。

[省令]

第六条 可以设置自来水、下水道、变电所设施的城市公园：

（一）主要供人们观赏风景的公园不得设置此类设施。其他公园，如果其面积为 $8hm^2$ 以上，而且将要在地下设置的自来水等设施的占用面积与该公园内已设的地下占用物的面积的总和不超过该公园面积1/4；

（二）上述占用面积根据占用物件外壁范围的水平投影面积计算。

[法]

第八条 许可的条件：

公园管理者为保障城市公园的管理对于第五条第二项及第六条第一项和第三项的许可，可附加条件。

[法]

第九条 国家占用城市公园的特例：

邮政及其他国有事业或国有铁路，日本专卖公社或日本电信电话公社进行的事业，法第七条所示各项工作物或设施占用城市公园的场合，这些事业的执行者与公园管理者达成协议时，同时可认为具有对第六条第一项和第三项的许可。

［法］
第十条 恢复原状：

第一项 占用和管理期限到期或被废止时，必须立即将城市公园恢复原状。但不包括已不适合恢复原状的场合。

第二项 前项不宜恢复原状的场合，公园管理者可对占用者提出必要的代替措施。

［法］
第十条之二 从事国家设施在城市公园中被禁止的行为：

在城市公园中，任何从事国家设施者，都不能任意进行下列行为：

（一）污损或损坏城市公园；

（二）采伐竹木和采摘植物；

（三）堆积土石、竹木等物品；

（四）除此以外，其他显著有损公众对公园的利用的行为按政令规定。

［政令］
第十八条

（一）采取土石及其他变更土地地形的行为；

（二）捕获或杀伤动物的行为；

（三）在公园管理者指定区域外焚火；

（四）进入公园管理者划定禁止入内的区域；

（五）将车辆驶入公园管理者规定的禁止区域；

（六）张贴广告等。

［法］
第十条之三

第一项 与国家有关的设施，如要在城市公园中进行下列行为时，根据建设者省令规定，必须得到公园管理者的许可：

（一）贩卖或分发物品；

（二）为召开体育比赛、集会、展览会及其他类似活动占用公园的全部或局部；

（三）除上述两点外，其他妨碍公园管理的行为，按政令规定。

第二项　法第八条，可以参照上两项规定。

[政令]

第十九条　法第十条之三的第一项（三）中其他妨碍公园管理的行为如下：

（一）募捐、签名运动及其他类似行为；

（二）电影等外景的拍摄。

[省令]

第七条　略

[法]

第十一条　监督处分：

第一项　对下列各项行为之一者，公园管理者可根据本法律取消许可或变更条件，停止工程的进程，如对公园内原有构筑物有可能造成损害时，可令其设置必要的防范设施。或命令其恢复城市公园的原状。

（一）违反本法律或根据本法律所订政令者；

（二）违反本法律的附加条件者；

（三）用不正当的手段而得到本法律的许可者。

第二项　对下列情况，公园管理者根据本法律及上述规定予以处分，或依照该项规定令其采取必要的措施：

（一）其工程对公园有妨碍时；

（二）显著地妨碍城市公园的保护，及公众对城市公园的利用

（三）略

第三项　公园管理者根据前两项规定进行处分时，要使被处分者明白受处分的原因，但当被处分者不接受处分或时间来不及者除外。

第四项　依照第一、二两项规定，公园管理者要命令采取必要措施时，必须事先通知其他占用工程者。

[法]

第十二条　对被监督处分者造成损失的补偿：

第一项　公园管理者对依照本法律规定得到许可从事各项工程的人，依照上条第一项规定而予以处分或命令采取必要措施，致使遭受损失时，一般情况下，对其所受的损失应予以补偿；

第二项　上述规定，关于损失的补偿，公园管理者与受损失者协商解决；

第三项　依照上项规定，未能达成协议时，公园管理者必须把自己估计的金额交付受损失者。对该金额有不服者，依政令规定的范围，自接受补偿金额之日起，在 30 日以内，依照土地征用法（昭和 26 年法律第 219 号）第九十四条规定，可以向征用委员会申请裁决；

第四项　公园管理者依照第一项规定而进行补偿时，据上条第二项第三点规定，由于处分或命令采取必要的措施，关于补偿的金额，可令造成该原因者负担。

［政令］

第二十六条　补偿损失裁决申请手续：

依照本法律第十二条第三项规定，依照土地征用法第九十四条规定，申请裁决的人，必须按照建设省令规定的样式，填写下列事项，向征用委员会提出裁决申请书。

（一）裁决申请者的姓名或名称及地址，是法人时，要有代表人姓名；

（二）对方的姓名或名称及住址；

（三）损失的实际情况；

（四）损失补偿的估价及其内容；

（五）协议的经过。

［省令］

第八条　略

［法］

第十二条之二　城市公园的设置与管理所需费用负担的原则：

城市公园设置与管理所需费用，除本法律与其他法律有特别规定外，属于地方公共团体设立的城市公园，由该地方公共团体负担，属于国家设立的城市公园，由国家负担。

［法］

第十二条之三　国家设立的城市公园所需费用，有关都、道、府县以及市、町、村负担的原则：

第一项　国家设立的城市公园（符合法第二条第一项第二点之一）跨越一个都、道、府、县的公园或绿地的设置与管理的费用由所在的都、道、府、县各负担一部分费用；

第二项　前项中某城市公园的设置及管理使其他的都、道、府、县也显著地受益时，建设大臣可根据其受益程度，让受益显著的都、道、府、县分担城市公园所在的都、道、府、县所负担金额的一部分；

第三项　依照前项规定，建设大臣使受益显著的都、道、府、县分担部分费用时，必须听取有关都、道、府、县的意见。

［政令］

第二十二条　都、道、府、县应负担的国家设立的都市公园费用：

依照本法律第十二条之一第一项规定的都、道、府、县应负担的金额，对新设立的城市公园需要负担费用的金额是从所需要的金额中减去法第十三条或第十四条第二项规定的负担金，再减去法第二十条规定使用金，直至公园建成要负担余下金额的1/3。

都、道、府、县负担城市公园改建费用额是从改建费中减去法第十三条、第十四条第二项规定的负担金，负担余下金额的1/3。

都、道、府、县负担的维修费及其他管理费是从所需维修费用中减去法第十三条、第十四条第二项规定的负担金额，再减去法第十二条规定的使用金额，负担余下金额的1/2。

［法］

第十二条之四

第一项　依照法第十二条之三，都、道、府、县负担城市公园的费用，可据该都、道、府、县区域内市、町、村的受益程度，使其负担费用的一部分。

第二项　依照上项规定市、町、村应负担的金额，要听取有关市、町、村的意见，并应经过有关都、道、府、县的议会决定。

［法］

第十二条之五　负担金的缴纳：

第一项　属于国家设立的城市公园（符合第二条第一项第二点）、城市公园设置与管理上需要费用时（依照第十二条之三第一项或第二项规定）都、道、府、县应负担的费用，依政令规定，必须向国库缴纳。

第二项　依照上条第一项规定市、町、村应负担的费用，按政令规定的范围，应向都、道、府、县缴纳。

［政令］

第二十三条　缴纳的通知：

建设大臣，对于国家设立的城市公园的设置与管理上所需费用的负担者，依照本法第十二条之三第一项、第二项规定，对于都、道、府、县应负担的费用，必须分别通知负担的金额与应缴纳的意旨。

[政令]

第二十四条 通知都、道、府、县负担金额的预算额：

建设大臣，关于国家设立的城市公园在管理方面所需费用，对于都、道、府、县应负担的费用，必须预先分别通知应负担金额的预算额，预算额有显著变更时也要通知。

[法]

第十二条之六 兼用建筑物管理上需要费用的负担：

城市公园和其他建筑物，相互兼用时对于有关城市公园在管理上所需的费用，公园管理者与其他建筑物的管理者进行协议决定。

本条—追加（昭和51年5月法律第28号）

[法]

第十三条 造成原因者负担费用的金额：

公园管理者对于因城市公园工程以外的工程（以下简称其他工程）或损坏城市公园的行为（以下简称其他行为）而必须改变城市公园现状，从事工程或行为所需的费用，根据对公园改建的程度，应令造成原因者负担全部或一部分。

[法]

第十四条 附加工程需要的费用：

第一项 由于城市公园的工程，或城市公园工程的施工，不得不建设其他附加工程时，根据附加工程必要程度，由城市公园工程费用的负担者来负担附加工程费用的一部分或全部。

第二项 城市公园中，由于其他各种原因必须进行工程时，该项工程的费用全部或部分由造成原因者负担。

[法]

第十五条 为履行本法或政令规定的处分的义务所必要的费用，除本法律规定的某种情况下，应由义务者负担。

第十六条 城市公园的保护：

除了依照城市计划法规定，要占用公园绿地；或其他公共事业确需占用公园绿地之外，不得随意占用公园绿地。

[法]

第十七条 城市公园档案：

第一项 公园管理者要建立所管理的公园的档案，并必须保存。

第二项　关于建立城市公园档案的方法：
记载事项及保管等事项，必须依照建设省令规定。
第三项　公园管理者，对要求查阅城市公园档案者不得拒绝。
［省令］
第九条　城市公园档案的内容：
第一项　城市公园的档案由记录和图纸组成。
第二项　城市公园的记录要记载下列事项：
（一）名称；
（二）所在地；
（三）设置的年、月、日；
（四）发展概要；
（五）公园管理者取得公园占地范围及土地占有权的法律依据；
（六）作为公园设施的建筑物及其他主要公园设施记载下列事项：
（1）种类及名称；
（2）工作物的构造；
（3）建筑物的面积；
（4）运动设施的占地面积；
（5）公园管理者以外的人所设置的公园设施，要记载设置者的姓名，住址（如果是法人时要记载名称及代表人的姓名及住址）。
（七）作为公园设施建筑物的总建筑面积，与公园占地面积的比例；酒吧、饭店、咖啡厅、旅馆等总面积与城市公园占地面积的比例；
（八）运动设施用地的总面积与城市公园用地的比例；
（九）主要的占用物件应登载下列事项：
（1）种类及名称；
（2）构造；
（3）建筑物的建筑面积；
（4）依照第六条第二项规定，地下占用物件占城市公园用地的比例；
（5）得到法第六条第一项或第三项许可者的姓名及住址（如系法人要有名称及代表人的姓名及住址）。
第三项　平面图的比例应为1：1200（1/1200），要表示出附近的地形方位及比例，并记载有关城市公园下列事项：
（一）城市公园的边界线；

(二) 公园所在地的行政区划名称；町、村以下的行政区划名称；街名以及边界线；

(三) 公园的地形；

(四) 公园占用土地及土地所有权的划分；

(五) 主要的公园设施；

(六) 主要的占用物件。

第四项 记录与图纸的记载事项有变更时，公园管理者必须迅速予以订正。

[法]

第十八条 用条例或政令规定的事项：

除本法或根据本法决定的命令规定的事项以外与城市公园设置及管理的有关事项，属于地方公共团体设立的城市公园，依照该地方公共团体条例规定，属于国家设立的城市公园，依照政令规定。

[政令]

第二十条 国家设立的城市公园使用费的征收：

建设大臣，对国家设立的城市公园的利用者，或受本法第五条第二项或本法第六条第一项或第三项、第二十三条第三项规定的许可者（依本法第九条规定，包括与公园管理者达到协议者），依照建设省令规定的范围，可以征收入园费及其他使用费。

[政令]

第二十一条 国家设立的城市公园开放日期与时间及其他必要事项：

由建设大臣规定。

[省令]

第十条 国家设立的城市公园使用费的征收：

第一项 依照政令第二十条规定，有关国家设立的城市公园，向利用者征收使用费的金额及其他有关使用费征收的必要事项，建设大臣对每个公园公别规定。

第二项 依照政令第二条规定，向国家设立的城市公园的利用者以外的人（被许可者）征用使用费的金额，根据公园的设置或管理费用，占用城市公园的目的和状况公正妥当地处理，可以减、免征收使用费。

[法]

第十八条之二 国立公园及国定公园及都、道、府县设立的自然公园的设置及管理，本法第五条第二项、第三项的规定不适用。

第三章 杂 则

[法]

第十九条 补助金：

国家可以在预算的范围内，补助地方公共团体新建或改建城市公园所需费用的一部分。

[政令]

第二十五条 城市公园费用的补助金额：

国家对地方公共团体补助的金额，城市公园新建、改建时属于下列事项（见下面（一）～（九））应补助费用额的1/2；补助城市公园征用土地费用的1/3。

（一）园路或广场；

（二）风景装饰设施；

（三）休养设施、休憩所、长椅、室外桌子及其他类似设施；

（四）游戏设施：秋千、滑梯、压板、攀登架、沙场、涉水池及其他等等；

（五）运动设施：高尔夫球场及附属设施除外；

（六）文化设施：露天剧场和露天音乐厅；

（七）服务设施：停车场、厕所、钟台、饮水处、洗手池等等；

（八）管理设施：门、栅栏、管理事务所、苗圃、照明设备、垃圾处理场、自来水、水井、暗渠、闸门、护岸、挡土墙等等；

（九）瞭望台。

[法]

第二十条 提出报告与资料：

第一项 地方公共团体设置城市公园、改变公园区域、废止城市公园及根据法律制定条例时，必须向建设大臣提出报告。

第二项 建设大臣要求地方公共团体提出上条要求的报告和资料。

[省令]

第十一条 给建设大臣的报告：

地方公共团体设立城市公园时，向建设大臣提出报告应包括下列事项：
（一）名称；
（二）所在地；
（三）设立的年、月、日；
（四）城市公园的区域；
（五）用地面积。

第二项　地方公共团体变更城市公园的区域时，应向建设大臣报告下列事项：
（一）名称；
（二）所在地；
（三）变更的年、月、日；
（四）变更的理由；
（五）变更前与变更后的所在区域；
（六）变更前与变更后的用地面积。

第三项　地方公共团体废止城市公园时，应向建设大臣报告下列事项：
（一）名称；
（二）所在地；
（三）废止的年、月、日；
（四）废止的理由；
（五）用地面积。

第四项　地方公共团体根据法律制定条例时，应向建设大臣提出的报告事项就是条例本身。

第五项　设置城市公园的区域，及变更前和变更后的区域的平面图，比例1/1200，法第二十条第一项的报告，设立城市公园，变更区域，或废止城市公园及制定条例时，要及时上报。

［法］
第二十一条　关于城市公园行政与技术指导：
为保护城市公园和促进其城市公园的完善（整备），建设大臣可给都、道、府、县与市、町、村有关保护城市公园和加速公园发展的行政与技术问题的指导、建议或援助。都、道、府、县知事对市、町、村同样也应给予技术指导、建议或援助。

[法]

第二十二条 构成城市公园的土地、物件不可行使私有权,但并不妨碍转移所有权,或制定抵押权。

[法]

第二十三条 公园的规划范围:

第一项 地方公共团体,认为有必要时,可规定要设置的城市公园的区域。

第二项 建设大臣要设立新城市公园时,必须规定城市公园区域。

第三项 依上二项规定,决定设立城市公园的区域,其意旨公布之后直至公园设立期间,地方公共团体及国家,取得法律上的土地所有权之后,在该规划区域内的设施,应作为公园的设施。

第四项 地方公共团体,依照第一项规定对应设立的城市公园的区域要作决定时,预先必须经过有关地方公共团体议会的决定。

第五项 建设大臣决定城市公园规划区域时,事先必须与规划城市公园所在地的都、道、府、县进行协议。

[省令]

第十二条 法第二十三条第五项规定的协议的内容:

(一)应设置的城市公园面积内,土地所有权的划分;

(二)公园设施的种类、数量及规模的概况;

(三)城市公园的设置与管理,需要费用的概算额;

(四)与协议有关的都、道、府、县应负担的费用的概算额。

[法]

第二十四条 受处分者的申述:

第一项 地方公共团体的公园管理者,对以下各点的处分,有不服者,可以请求建设大臣审查,在这种情况,有关受处分的公园管理者,还可以向地方公共团体的领导申述异议。

(一)依照第五条第二项或第六条第一项或第三项,上条第三项(公园管理者以外的人要设立公园设施或从事管理时,要设立非公园设施时,规划区域内的设施)的规定给予的许可或不许可;

(二)依照第十条第二项(在城市公园中从事国家设施的禁止行为)规定的指示;

(三)依第十一条第一项或第二项,上条第三项的规定(公园管理者实行的监督处分)处分或规定必要的措施和命令;

（四）依照第十二条第四项第十三条第十四条第二项上条第三项的规定〔（1）对处分者损失的补偿；（2）对造成原因者负担费用的金额；（3）附加工程需要的费用〕负担的执行；

（五）第十条之三第一项规定（与国家有关的设施，在城市公园中要进行下列行为时必须得到公园管理者的许可或不许可）的规定。

第二项　公园管理者向地方公共团体的领导申述异议时，地方公共团体领导从受理申述异议之日起，在三十日以内必须用文件作出决定。

第三项　第五条之二第一项规定的其他建筑物的管理者（与公园兼有互用的河川、道路、建筑的管理者）代替公园管理者；第十条之三第一项规定的与国家有关的设施，要在公园内进行各种行为者，对受到的处分有不服者，可以向建设大臣及其他建筑物的主管大臣提出申请审查。受到都、道、府、县、市、町、村公共团体处分的其他建筑物的管理者也可以向公共团体的首领申述异议。

第四项　第三项的都、道、府、县、市、町、村公共团体受理被处分的其他建筑物的管理者申述异议之日起，在三十日之内，必须用文件作出决定。

〔法〕

第二十四条之二　权限的委任：

本法及基于本法律政令规定的建设大臣的权限，根据政令规定的范围，可以把其中的一部分权限委任地方建设局局长，或北海道开发局局长。

〔政令〕

第二十七条　权力的委任：

委任于地方建设局局长与北海道开发局局长的权力规定如下：

（一）依照本法第五条第二项（含法第二十三条第三项准用的事项）规定的许可事项，第八条规定的关于许可附加必要条件的事项；

（二）依照本法第五条之二第一项的规定而决定的兼用建筑物的管理事项，及据该条第二项规定应发表公告；

（三）依照本法第六条第一项及第三项，（法第二十三条第三项规定准用的情况）及法的第八条规定的事项；该许可附加必要的条件；

（四）本法第九条、第二十三条第三项规定事项作协商；

（五）依照本法第十条第二项、第二十三条第三项规定的事项作必要的指示；

（六）依照本法第十条之三第一项，第二十三条第三项规定的事项在许可中附加必要条件；

（七）依照本法第十一条第三项、第二十三条第三项、第十一条第一项、第二项、第四项规定的事项自己执行或委任别人执行；

（八）依照本法第十二条第一、二、三项、四项及第二十三条第三项规定的事项可以征收负担金；

（九）依照本法第十二条第六项规定负担兼用工作物的费用；

（十）依照本法第十三条、第十八条第二项规定的事项可以征收负担金；

（十一）依照本法第十七条第一项规定的事项，建立公园档案并进行保管；

（十二）依照本法第十八条第三、四、五、六点规定的事项作出规定；

（十三）依照第二十条规定的事项征收使用费。

第四章 罚 则

［法］

第二十五条 对违反公园管理者依据本法第十一条第一、二项及本法第二十三条第三项规定的命令者，判处一年以下的徒刑或二十万日元以下的罚金。

［法］

第二十六条 符合以下各点之一者，判处六个月以下的徒刑，或十万日元的罚金。

（一）违反法第五条第二项关于公园设置或管理规定者；

（二）违反法第六条第一项、或第三项（包括第二十三条第三项）而占用城市公园者。

［法］

第二十七条 法人或个人及其代理人，有违反行为时，在处罚行为者之外，对法人或个人各按有关条例予以处罚。

［法］

第二十八条

第一项 违反第十条之二（包括第十三条第三项）规定而作出第十条之二中所列举行为之一者，处以一万日元以下罚金。

第二项 违反第十一条第一项或第二项（包括第二十三条第三项）规定的公园管理者的命令之一者，处以一万日元以下的罚金：

（一）违反第十条之二或第十条之三第一项（包括第二十三条第三项）规定的命令者；

（二）违反对于受到第十条第三项之一的许可者的命令者。

[法]

第二十九条 依照第五条之三规定，代行公园管理者行使权力的人，就是公园管理者（可以行使本章规定的权力）。

（日本建设省都市局公园绿地课监修）

（九）日本城市绿地保护法

昭和 48 年 9 月 1 日法律第 72 号

目 录

第一章 总则
第二章 绿地保护地区
第三章 绿化协定
第四章 罚则
附则

第一章 总 则

第一条 目的

本法律规定在城市中保护绿地和促进绿化的必要事项，目的是要形成良好的城市环境，有助于确保居民文明健康的城市生活。

第二条 国家与地方公共团体的任务

第一项　由于城市绿地是居民健康文明的生活所不可缺少的组成部分，因此国家与地方公共团体必须对保护绿地和促进绿化采取必要措施。

第二项　各单位在进行其业务活动时，都必须采取必要的措施以保护绿地，国家和地方公共团体为达到本法律规定的目的，必须配合这些措施的推行。

第三项　城市居民负有保护城市绿地的责任，国家和地方公共团体为实现本法律的目的必须予以协助。

第二章　绿地保护地区

第三条　城市绿地保护的规则

第一项　依照城市规划法（昭和43年法律100号）第五条规定，在被指定的城市规划区域内，树林地、草地、水边地、岩石地或其他类似的土地，无论是零散的，还是整片的，凡自然环境好，符合以下各点之一的土地范围，可定为城市绿地保护区。

（一）为防止市区无秩序地发展，或为防止公害和灾害等，所必要的隔离地带、缓冲地带、或避难地带，要位置适宜，规模和形状适当；

（二）与神社、寺院、历史遗迹相连或与该地区传说有关，与当地风俗习惯有关，以及具有历史文化意义的地段；

（三）风景优美或景观出色的地方，及能保证该地区居民健康的生活环境所必需的地区。

第二项　依照首都圈近郊绿地保护法（昭和41年法律第101号）第三条第一项规定，关于近郊绿地保全区域内及近畿范围保全区域的整顿，依照法律（昭和42年法律第103号）第五条第一项规定为了确保在近郊绿地保护区域内的绿地，根据特殊需要，制定城市规划的必要标准，不受上项规定限制。

关于首都圈近郊绿地保全法第五条第一项规定的以及近畿周围保全区域的整备，各自依照法律第六条第一项规定的范围实行。

第四条　标记的设置等

第一项　都、道、府、县，对城市规划中所规划的绿地保护区，在其区域内必须设置标记。

第二项　绿地保护区内的土地所有者或占有者除非有正当的理由，不得拒绝或妨碍设置上述标记。

第三项　依照第一项规定设置的标记，未经设置者的许可，任何人不得转移、除掉或污损、破坏标记。

第四项　由于实行第一项规定而使某人的利益受到损失时，都、道、府、县要适当地补偿其损失。

第五项　依照上项规定，关于损失的补偿，都、道、府、县必须与受到损失者协商。

第六项　依照上项规定未能达成协议时，都、道、府、县或受损失者，按照政令规定的范围，依照土地征用法（昭和26年法律第219号）第九十四条第二项规定，可以向征用委员会申请裁决。

第五条　在绿地保护区内限制的行为

第一项　在绿地保护区内，未经都、道、府、县知事许可，不得进行下列行为。但认为实施的事业具有较大的公益性，不显著妨碍保护绿地，没有危害时按政令规定。在制定城市规划时，规划的绿地保护区内已经着手从事的行为，或作为非常性灾害作应急措施而实行的行为，不受本规定限制。

（一）建筑物，其他建筑物的新建和改建；

（二）平整宅地，开垦土地，采取土石，采掘矿物及其他改变地形和地质的行为；

（三）采伐竹木；

（四）填平水域或排水造田；

（五）除上述各点外，其他使绿地保护受影响的行为，按有关法律规定。

第二项　都、道、府、县知事，对上述申请的行为如认为有碍绿地保护时，不得批准。

第三项　都、道、府、县知事，批准第一项申请时，如认为在绿地保护上有必要时，可附加许可期限和其他的条件。

第四项　在绿地保护地区内，凡欲从事第一项中所允许的各项行为者，事先必须将其意图通知都、道、府、县知事。

第五项　制定新的城市规划时，在有绿地保护地区的地方，在绿地保护区内已经开始进行的第一项中所指出的各种行为，从城市规划实施之日算起，必须在30日内，将其意图呈报都、道、府、县知事。

第六项 在绿地保护区内，由于特殊灾害，作为应急措施而进行第一项各点行为时，从采取措施之日算起，14日内必须向都、道、府、县知事呈报其意图。

第七项 对于第四项的通知或第五项、第六项的呈报，都、道、府、县知事为了保护绿地，必要时可对呈报者进行建议或劝告。

第八项 国家机关或地方公共团体（昭和25年法律第218号规定的港湾法包括港湾局）施行的行为，不必得到第一项的许可。但有关国家机关和地方公共团体要进行其行为时，预先必须和都、道、府、县知事达成协议。

第九项 以下的行为不符合第一项至第七项以及上项后段的规定：

（一）依照首都圈近郊绿地保护法第四条第一项规定，近郊绿地保护局施行的行为；

（二）关于近畿圈保全区域的调整，符合法律第九条第四项第一点政令规定的行为；

（三）一般的管理行为，简单的行为，其他按政令规定的行为。

第六条 恢复原状的命令等

第一项 都、道、府、县知事，对违反上条第一项规定者，或依据该条第三项规定，对许可附加条件的违反者，对这些人或这些人继承有关土地、建筑物或物件的权利者，要规定期限，为有关的绿地排除障碍，在必要时命令其恢复原状，如恢复原状有困难时，可以命令以代替的方法，采取必要的措施。

第二项 都、道、府、县知事，依上项规定命令其恢复原状时，事先应听取有关被命令恢复原状者的意见，但是没有正当理由而不应听取的意见不在此限。

第三项 依第一项规定，确知须恢复原状而被命令者没有过失时，都、道、府、县知事可以嘱托或委任他人为有关绿地排除障碍，恢复原状，要规定相应的期限，到期未完成者，要预先公告恢复原状的意图。

第四项 依上项规定，负责实现恢复原状者，要携带身份证明卡、必要时出示。

第七条 损失的补偿

第一项 都、道、府、县，对于未能得到第五条第一项的许可而受损失者，一般情况下，对于受损失者补偿受到的损失。但有关下列各项之一的行为不在此限。

（一）关于第五条第一项申请许可的行为（属于行政厅许可的，应按照其他法律规定）。没得到批准的或不应该批准的，不在赔偿之列。

（二）属第五条第一项申请许可的行为，严重地违背有关绿地保护区的城市规划的宗旨时，也不在赔偿之列。

第二项　第四条第五、第六项规定，照上述规定补偿损失。

第八条　土地的购入

第一项　都、道、府、县，认为绿地保护地区内的土地，须进行保护而未能得到该土地，无法对其土地利用时，都、道、府、县知事认为有必要可以向土地所有者提出购入。

第二项　依照上项规定，决定购入土地的价格应按时价。

第九条　土地购入的管理

购入的土地应按法律规定进行管理。

第十条　国家的补助

依照第七条第一项规定的损失的补偿，以及按照第八条第一项规定，购入土地所需费用国家在预算的范围内，依照政令规定，对于购入土地的费用国家给都、道、府、县一部分经费补助。

第十一条　报告及进行检查等

第一项　都、道、府、县知事，为了保护绿地，认为有必要时，对允许进行第五条第一项行为者，或是继承权利者，可要求其报告有关行为实施的状况，及其他必要事项。

第二项　都、道、府、县知事认为，依照第五条第一、三项；第六条第一项规定，有必要进行处分时，可派职员可以进入绿地保护地区的土地或建筑物，检查第五条第一项各点行为的实施状况；或调查这些行为对绿地保护受到的影响。

第三项　上述执行检查的职员，应携带身份证明卡，在有关人员要求时，必须出示。

第四项　按照第二项规定的权限，不得理解为对犯罪行为的搜查。

第十二条　大城市的特例

依照本章规定，属于都、道、府、县处理的事物或属于都、道、府、县权限范围内的事务，据地方自治法（昭和 22 年法律第 67 号）规定可由指定都市处理，或由该都市长官执行的场合，本章中关于都、道、府、县或都、道、府、县知事的规定，适合于指定都市或指定都市长官。

第十三条 公害等调解委员会的裁决

若有对根据法第五条第一项规定所作的处分不服者，可将其不服的理由向公共等调解委员会申请裁决。这时根据《行政不服审查法》（昭和 37 年法律第 160 号）可以提出不服的申述。

第三章 绿 化 协 定

第十四条 绿化协定的缔结等

第一项 在城市规划区域内，规模较大的土地，或与道路、河流等相邻接的大片土地（这些土地中供作公共设施段的土地及其他根据政令规定的土地除外）的所有者，及对建筑物和其他构筑物拥有土地权或租赁权者（以下统称土地所有者等）为确保市街地区的良好环境，经全体土地所有者同意，可以缔结该土地区域的绿化协定。

第二项 绿化协定必须规定下列事项：

（一）绿化协定涉及的土地区域（以下称绿化协定区域）；

（二）必要的绿化事项：

（1）树木的种类；

（2）树木栽植的场所；

（3）栅栏或围墙的构造；

（4）其他有关绿化事项。

（三）绿化协定的有效期限；

（四）对违反绿化协定采取的措施。

第三项 上述绿化协定必须得到市、町、村长的许可。

第十五条

第一项 市、町、村长，依上条第三项规定，认可绿化协定申请时应将绿化协定的意旨公布于众，约两周期间供有关人员观看。

第二项 观看期内有意见者可向市、町、村长提出。

第十六条 绿化协定的批准

第一项 对上述绿化协定的申请，符合下列条件时，市、町、村长应予以批准。

（一）申请手续合法；

（二）土地利用合理；

（三）第十四条第二点规定的各项事项标准符合建设省令规定的标准。

第二项　市、町、村长将其批准的上述的绿化协定，公布于机关及绿化协定涉及的区域内，供公众观看。

第十七条　绿化协定的变更

绿化协定区域内的土地所有者，要变更绿化协定事项时，必须征得协议各方的同意，并由市、町、村长批准。

第十八条　绿化协定的作用范围

依照第十六条第二项（包括上条第二项）规定，已经公布批准的绿化协定，公布以后，对该绿化区域内的土地所有者也同样有效。

第十九条　绿化协定的废止

第一项　绿化协定区域内的土地所有者，受到第十四条第三项或第十七条第一项批准者，若要废止上述被批准了的绿化协定时，必须征得缔结协定成员半数以上的同意，并经市、町、村长批准后，公布于众。

第二十条　绿化协定的特例

第一项　在城市规划区域内相当规模的一片土地若只属于一个土地所有者，得到市、町、村长的认可，可将该土地作为绿化区域时，可以制定绿化协定。

第二项　市、町、村长，依上项规定，对符合第十六条第一项各点规定的绿化协定，要予以批准。

第三项　协定按规定市、町、村长批准之日起即有效。

第四项　绿化协定从被批准之日起，在一年内有关绿化协定区域内的土地所有者，变成两个以上时，已经批准的公告及绿化协定仍然生效。

第四章　罚　　则

第二十一条　依照第六条第一项规定，对违反命令者，判处1年以下的徒刑或20万日元以下的罚款。

第二十二条 符合以下各点之一者，判处 6 个月以下的徒刑或 10 万日元以下的罚款：

（一）违反第五条第一项规定者；

（二）违反第五条第三项规定的附加条件者。

第二十三条 符合以下各点之一者，判处 3 万日元以下的罚款：

（一）违反第四条第三项规定者；

（二）不提交第十一条第一项规定，不履行报告或提交虚伪的报告者；

（三）拒绝、妨碍或回避第十一条第二项规定的检查或调查者。

第二十四条 法人的代表者或法人，或个人的代理人、使用人，其他工作人员，其法人或个人的业务或财产，有违反以上三条规定的违法行为者，除处罚行为者外，对法人或个人各按该条处以罚款。

附　则

施行日期：

本法律自公布之日起，在不超过 6 个月的期限内，按政令规定之日施行（依照昭和 49 年 1 月政令二号，自昭和 49 年 2 月 1 日施行）。

（日本建设省都市局公园绿地课监修）

第三部分 标准规范及重要文件

一、标准规范

(一) 公园设计规范

第一章 总 则

第1.0.1条 为全面地发挥公园的游憩功能和改善环境的作用,确保设计质量,制定本规范。

第1.0.2条 本规范适用于全国新建、扩建、改建和修复的各类公园设计。居住用地、公共设施用地和特殊用地中的附属绿地设计可参照执行。

第1.0.3条 公园设计应在批准的城市总体规划和绿地系统规划的基础上进行。应正确处理公司与城市建设之间,公园的社会效益、环境效益与经济效益之间以及近期建设与远期建设之间的关系。

第1.0.4条 公园内各种建筑物、构筑物和市政设施等设计除执行本规范外,尚应符合现行有关标准的规定。

第二章 一 般 规 定

第一节 与城市规划的关系

第2.1.1条 公园的用地范围和性质,应以批准的城市总体规划和绿地系统规划为依据。

第2.1.2条 市、区级公园的范围线应与城市道路红线重合,条件不允许时,必须设通道使主要出入口与城市道路衔接。

第2.1.3条 公园沿城市道路部分的地面标高应与该道路路面标高相适应,并采取措施,避免地面径流冲刷、污染城市道路和公园绿地。

第2.1.4条 沿城市主、次干道的市、区级公园主要出入口的位置,必须与城市交通和游人走向、流量相适应,根据规划和交通的需要设置游人集散广场。

第 2.1.5 条 公园沿城市道路、水系部分的景观，应与该地段城市风貌相协调。

第 2.1.6 条 城市高压输配电架空线通道内的用地不应按公园设计。公园用地与高压输配电架空线通道相邻处，应有明显界限。

第 2.1.7 条 城市高压输配电架空线以外的其他架空线和市政管线不宜通过公园，特殊情况时过境应符合下列规定：

一、选线符合公园总体设计要求；

二、通过乔、灌木种植区的地下管线与树木的水平距离符合附录二的规定；

三、管线从乔、灌木设计位置下部通过，其埋深大于 1.5m，从现状大树下部通过，地面不得开槽且埋深大于 3m。根据上部荷载，对管线采取必要的保护措施；

四、通过乔木林的架空线，提出保证树木正常生长的措施。

第二节　内容和规模

第 2.2.1 条 公园设计必须以创造优美的绿色自然环境为基本任务，并根据公园类型确定其特有的内容。

第 2.2.2 条 综合性公园的内容应包括多种文化娱乐设施、儿童游戏场和安静休憩区，也可设游戏型体育设施。在已有动物园的城市，其综合性公园内不宜设大型或猛兽类动物展区。全园面积不宜小于 $10hm^2$。

第 2.2.3 条 儿童公园应有儿童科普教育内容和游戏设施，全园面积宜大于 $2hm^2$。

第 2.2.4 条 动物园应有适合动物生活的环境；游人参观、休息、科普的设施；安全、卫生隔离的设施和绿带；饲料加工场以及兽医院。检疫站、隔离场和饲料基地不宜设在园内。全园面积宜大于 $20hm^2$。

专类动物园应以展出具有地区或类型特点的动物为主要内容。全园面积宜在 $5hm^2 \sim 20hm^2$ 之间。

第 2.2.5 条 植物园应创造适于多种植物生长的立地环境，应有体现本园特点的科普展览区和相应的科研实验区。全园面积宜大于 $40hm^2$。

专类植物园应以展出具有明显特征或重要意义的植物为主要内容，全园面积宜大于 $2hm^2$。

盆景园应以展出各种盆景为主要内容。独立的盆景园面积宜大

于 $2hm^2$。

第 2.2.6 条 风景名胜公园应在保护好自然和人文景观的基础上，设置适量游览路、休憩、服务和公用等设施。

第 2.2.7 条 历史名园修复设计必须符合《中华人民共和国文物保护法》的规定。为保护或参观使用而设置防火设施、值班室、厕所及水电等工程管线，也不得改变文物原状。

第 2.2.8 条 其他专类公园，应有名副其实的主题内容。全园面积宜大于 $2hm^2$。

第 2.2.9 条 居住区公园和居住小区游园，必须设置儿童游戏设施，同时应照顾老人的游憩需要。居住区公园陆地面积随居住区人口数量而定，宜在 $5hm^2 \sim 10hm^2$ 之间。居住小区游园面积宜大于 $0.5hm^2$。

第 2.2.10 条 带状公园，应具有隔离、装饰街道和供短暂休憩的作用。园内应设置简单的休憩设施，植物配置应考虑与城市环境的关系及园外行人、乘车人对公园外貌的观赏效果。

第 2.2.11 条 街旁游园，应以配置精美的园林植物为主，讲究街景的艺术效果并应设有供短暂休憩的设施。

第三节 园内主要用地比例

第 2.3.1 条 公园内部用地比例应根据公园类型和陆地面积确定。其绿化、建筑、园路及铺装场地等用地的比例应符合表 2.3.1 的规定。

第 2.3.2 条 表 2.3.1 中 Ⅰ、Ⅱ、Ⅲ 三项上限与 Ⅳ 下限之和不足 100%，剩余用地应供以下情况使用：

一、一般情况增加绿化用地的面积或设置各种活动用的铺装场地、院落、棚架、花架、假山等构筑物；

二、公园陆地形状或地貌出现特殊情况时园路及铺装场地的增值。

第 2.3.3 条 公园内园路及铺装场地用地，可在符合下列条件之一时按表 2.3.1 规定值适当增大，但增值不得超过公园总面积的 5%。

一、公园平面长宽比值大于 3；

二、公园面积一半以上的地形坡度超过 50%；

三、水体岸线总长度大于公园周边长度。

第四节 常 规 设 施

第 2.4.1 条 常规设施项目的设置，应符合表 2.4.1 的规定。

表 2.3.1 公园内部用地比例（%）

陆地面积 (hm²)	用地类型	综合性公园	儿童公园	动物园	专类动物园	植物园	专类植物园	盆景园	风景名胜公园	其他专类公园	居住区公园	居住小区游园	带状公园	街旁游园
<2	I	—	15~25	—	—	—	15~25	15~25	—	—	—	10~20	15~30	15~30
	II	—	<1.0	—	—	—	<1.0	<1.0	—	—	—	<0.5	<0.5	—
	III	—	<4.0	—	—	—	<7.0	<8.0	—	—	—	<2.5	<2.5	<1.0
	IV	—	>65	—	—	—	>65	>65	—	—	—	>75	>65	>65
2~<5	I	—	10~20	—	10~20	—	10~20	10~20	—	10~20	10~20	—	15~30	15~30
	II	—	<1.0	—	<2.0	—	<1.0	<1.0	—	<1.0	<0.5	—	<0.5	—
	III	—	<4.0	—	<12	—	<7.0	<8.0	—	<5.0	<2.5	—	<2.0	<1.0
	IV	—	>65	—	>65	—	>70	>65	—	>70	>75	—	>65	>65
5~<10	I	8~18	8~18	—	8~18	—	8~18	8~18	—	8~18	8~18	—	10~25	10~25
	II	<1.5	<2.0	—	<1.0	—	<1.0	<2.0	—	<1.0	<0.5	—	<0.5	<0.2
	III	<5.5	<4.5	—	<14	—	<5.0	<8.0	—	<4.0	<2.0	—	<1.5	<1.3
	IV	>70	>65	—	>65	—	>70	>70	—	>75	>75	—	>70	>70

续表

陆地面积(hm²)	用地类型	公园类型													
		综合性公园	儿童公园	动物园	专类动物园	植物园	专类植物园	盆景园	风景名胜公园	其他专类公园	居住区公园	居住小区游园	带状公园	街旁游园
10~<20	I	5~15	5~15	—	5~15	—	5~15	—	—	5~15	—	—	10~25	—
	II	<1.5	<2.0	—	<1.0	—	<1.0	—	—	<0.5	—	—	<0.5	—
	III	<4.5	<4.5	—	<14	—	<4.0	—	—	<3.5	—	—	<1.5	—
	IV	>75	>70	—	>65	—	>75	—	—	>80	—	—	>70	—
20~<50	I	5~15	—	5~15	—	5~10	—	—	—	5~15	—	—	10~25	—
	II	<1.0	—	<1.5	—	<0.5	—	—	—	<0.5	—	—	<0.5	—
	III	<4.0	—	<12.5	—	<3.5	—	—	—	<2.5	—	—	<1.5	—
	IV	>75	—	>70	—	>85	—	—	—	>80	—	—	>70	—
≥50	I	5~10	—	5~10	—	3~8	—	—	3~8	5~10	—	—	—	—
	II	<1.0	—	<1.5	—	<0.5	—	—	<0.5	<0.5	—	—	—	—
	III	<3.0	—	<11.5	—	<2.5	—	—	<2.5	<1.5	—	—	—	—
	IV	>80	—	>75	—	>85	—	—	>85	>85	—	—	—	—

注：Ⅰ——园路及铺装场地；Ⅱ——管理建筑；Ⅲ——游览、休憩、服务、公用建筑；Ⅳ——绿化用地。

公园常规设施　　　　表 2.4.1

设施类型	设施项目	陆地规模（hm²）					
		<2	2～<5	5～<10	10～<20	20～<50	>50
游憩设施	亭或廊	○	○	●	●	●	●
	厅、榭、码头	—	○	○	○	○	○
	棚架	○	○	○	○	○	○
	园椅、园凳	●	●	●	●	●	●
	成人活动场	○	●	●	●	●	●
服务设施	小卖店	○	○	●	●	●	●
	茶座、咖啡厅	—	○	○	○	●	●
	餐厅	—	—	○	○	●	●
	摄影部	—	—	○	○	○	○
	售票房	○	○	○	○	●	●
公用设施	厕所	○	●	●	●	●	●
	园灯	○	●	●	●	●	●
	公用电话	—	○	○	●	●	●
	果皮箱	●	●	●	●	●	●
	饮水站	○	○	○	○	○	○
	路标、导游牌	○	○	○	○	○	○
	停车场	—	○	○	●	●	●
	自行车存车处	○	○	●	●	●	●
管理设施	管理办公室	○	●	●	●	●	●
	治安机构	—	—	○	●	●	●
	垃圾站	—	—	○	●	●	●
	变电室、泵房	—	—	○	○	●	●
	生产温室荫棚	—	—	—	○	○	●
	电话交换站	—	—	—	○	○	●
	广播室	—	—	○	●	●	●
	仓库	—	○	●	●	●	●
	修理车间	—	—	—	○	●	●
	管理班（组）	—	○	○	●	●	●
	职工食堂	—	—	—	○	●	●
	淋浴室	—	—	—	○	○	●
	车库	—	—	—	○	○	●

注："●"表示应设；"○"表示可设。

第 2.4.2 条 公园内不得修建与其性质无关的、单纯以营利为目的的餐厅、旅馆和舞厅等建筑。公园中方便游人使用的餐厅、小卖店等服务设施的规模应与游人容量相适应。

第 2.4.3 条 游人使用的厕所

面积大于 $10hm^2$ 的公园,应按游人容量的 2% 设置厕所蹲位(包括小便斗位数),小于 $10hm^2$ 者按游人容量的 1.5% 设置,男女蹲位比例为 1～1.5∶1;厕所的服务半径不宜超过 $250hm^2$;各厕所内的蹲位数应与公园内的游人分布密度相适应;在儿童游戏场附近,应设置方便儿童使用的厕所;公园宜设方便残疾人使用的厕所。

第 2.4.4 条 公用的条凳、座椅、美人靠(包括一切游览建筑和构筑物中的在内)等,其数量应按游人容量的 20%～30% 设置,但平均每 $1hm^2$ 陆地面积上的座位数最低不得少于 20,最高不得超过 150。分布应合理。

第 2.4.5 条 停车场和自行车存车处的位置应设于各游人出入口附近,不得占用出入口内外广场,其用地面积应根据公园性质和游人使用的交通工具确定。

第 2.4.6 条 园路、园桥、铺装场地、出入口及游览服务建筑周围的照明标准,可参照有关标准执行。

第三章 总体设计

第一节 容量计算

第 3.1.1 条 公园设计必须确定公园的游人容量,作为计算各种设施的容量、个数、用地面积以及进行公园管理的依据。

第 3.1.2 条 公园游人容量应按下式计算:

$$C = \frac{A}{A_m} \qquad (3.1.2)$$

式中 C——公园游人容量(人)

A——公园总面积(m^2)

A_m——公园游人人均占有面积(m^2/人)

第 3.1.3 条 市、区级公园游人人均占有公园面积以 $60hm^2$ 为宜;居住区公园、带状公园和居住小区游园以 $30m^2$ 为宜;近期公共绿地人均指标低的城市，游人人均占有公园面积可酌情降低，但最低游人人均占有公园的陆地面积不得低于15hm²。风景名胜公园游人人均占有公园面积宜大于100hm²。

第3.1.4条 水面和坡度大于50%的陡坡山地面积之和超过总面积的50%的公园，游人人均占有公园面积应适当增加，其指标应符合表3.1.4的规定。

水面和陡坡面积较大的公园游人
人均占有面积指标　　　　　　　　　　表3.1.4

水面和陡坡面积占总面积比例（%）	0～50	60	70	80
近期游人占有公园面积（m²/人）	>30	>40	>50	>75
远期游人占有公园面积（m²/人）	>60	>75	>100	>150

第二节　布　　局

第3.2.1条 公园的总体设计应根据批准的设计任务书，结合现状条件对功能或影区划分、景观构想、景点设置、出入口位置、竖向及地貌、园路系统、河湖水系、植物布局以及建筑物和构筑物的位置、规模、造型及各专业工程管线系统等作出综合设计。

第3.2.2条 功能或景区划分，应根据公园性质和现状条件，确定各分区的规模及特色。

第3.2.3条 出入口设计，应根据城市规划和公园内部布局要求，确定游人主、次和专用出入口的位置，需要设置出入口内外集散广场、停车场、自行车存车处者，应确定其规模要求。

第3.2.4条 园路系统设计，应根据公园的规模、各分区的活动内容、游人容量和管理需要，确定园路的路线、分类分级和园桥、铺装场地的位置和特色要求。

第3.2.5条 园路的路网密度，宜在200m/hm²～380m/hm²之间；动物园的路网密度宜在160m/hm²～300m/hm²之间。

第3.2.6条 主要园路应具有引导游览的作用，易于识别方向。

游人大量集中地区的园路要做到明显、通畅、便于集散。通行养护管理机械的园路宽度应与机具、车辆相适应。通向建筑集中地区的园路应有环行路或回车场地。生产管理专用路不宜与主要游览路交叉。

第3.2.7条 河湖水系设计，应根据水源和现状地形等条件，确定园中河湖水系的水量、水位、流向；水闸或水井、泵房的位置；各类水体的形状和使用要求。游船水面应按船的类型提出水深要求和码头位置；游泳水面应划定不同水深的范围；观赏水面应确定各种水生植物的种植范围和不同的水深要求。

第3.2.8条 全园的植物组群类型及分布，应根据当地的气候状况、园外的环境特征、园内的立地条件，结合景观构想、防护功能要求和当地居民游赏习惯确定，应做到充分绿化和满足多种游憩及审美的要求。

第3.2.9条 建筑布局，应根据功能和景观要求及市政设施条件等，确定各类建筑物的位置、高度和空间关系，并提出平面形式和出入口位置。

第3.2.10条 公园管理设施及厕所等建筑物的位置，应隐蔽又方便使用。

第3.2.11条 需要采暖的各种建筑物或动物馆舍，宜采用集中供热。

第3.2.12条 公园内水、电、燃气等线路布置，不得破坏景观，同时应符合安全、卫生、节约和便于维修的要求。电气、上下水工程的配套设施、垃圾存放场及处理设施应设在隐蔽地带。

第3.2.13条 公园内不宜设置架空线路，必须设置时，应符合下列规定：

一、避开主要景点和游人密集活动区；

二、不得影响原有树木的生长，对计划新栽的树木，应提出解决树木和架空线路矛盾的措施。

第3.2.14条 公园内景观最佳地段，不得设置餐厅及集中的服务设施。

第三节 竖向控制

第3.3.1条 竖向控制应根据公园四周城市道路规划标高和园内主要内容，充分利用原有地形地貌，提出主要景物的高程及对其周围地形的要求，地形标高还必须适应拟保留的现状物和地表水的排放。

第 3.3.2 条 竖向控制应包括下列内容：山顶；最高水位、常水位、最低水位；水底；驳岸顶部；园路主要转折点、交叉点和变坡点；主要建筑的底层和室外地坪；各出入口内、外地面；地下工程管线及地下构筑物的埋深；园内外佳景的相互因借观赏点的地面高程。

第四节 现 状 处 理

第 3.4.1 条 公园范围内的现状地形、水体、建筑物、构筑物、植物、地上或地下管线和工程设施，必须进行调查，作出评价，提出处理意见。

第 3.4.2 条 在保留的地下管线和工程设施附近进行各种工程或种植设计时，应提出对原有物的保护措施和施工要求。

第 3.4.3 条 园内古树名木严禁砍伐或移植，并应采取保护措施。

第 3.4.4 条 古树名木的保护必须符合下列规定：

一、古树名木保护范围的划定必须符合下列要求：

1. 成林地带外缘树树冠垂直投影以外 5.0m 所围合的范围；

2. 单株树同时满足树冠垂直投影及其外侧 5.0m 宽和距树干基部外缘水平距离为胸径 20 倍以内。

二、保护范围内，不得损坏表土层和改变地表高程，除保护及加固设施外，不得设置建筑物、构筑物及架（埋）设各种过境管线，不得栽植缠绕古树名木的藤本植物；

三、保护范围附近，不得设置造成古树名木处于阴影下的高大物体和排泄危及古树名木的有害水、气的设施；

四、采取有效的工程技术措施和创造良好的生态环境，维护其正常生长。

第 3.4.5 条 原有健壮的乔木、灌木、藤本和多年生草本植物应保留利用。在乔木附近设置建筑物、构筑物和工程管线，必须符合下列规定：

一、水平距离符合附录二、三的规定；

二、在上款规定的距离内不得改变地表高程；

三、不得造成积水。

第 3.4.6 条 有文物价值和纪念意义的建筑物、构筑物，应保留并结合到园内景观之中。

第四章 地 形 设 计

第一节 一 般 规 定

第4.1.1条 地形设计应以总体设计所确定的各控制点的高程为依据。

第4.1.2条 土方调配设计应提出利用原表层栽植土的措施。

第4.1.3条 栽植地段的栽植土层厚度符合附录四的规定。

第4.1.4条 人力剪草机修剪的草坪坡度不应大于25%。

第4.1.5条 大高差或大面积填方地段的设计标高，应计入当地土壤的自然沉降系数。

第4.1.6条 改造的地形坡度超过土壤的自然安息角时，应采取护坡、固土或防冲刷的工程措施。

第4.1.7条 在无法利用自然排水的低洼地段，应设计地下排水管沟。

第4.1.8条 地形改造后的原有各种管线的覆土深度，应符合有关标准的规定。

第二节 地 表 排 水

第4.2.1条 创造地形应同时考虑园林景观和地表水的排放，各类地表的排水坡度宜符合表4.2.1的规定。

各类地表的排水坡度（%）　　　　表4.2.1

地 表 类 型		最大坡度	最小坡度	最适坡度
草　　　　地		33	1.0	1.5～10
运动草地		2	0.5	1
栽植地表		视土质而定	0.5	3～5
铺装场地	平原地区	1	0.3	—
	丘陵地区	3	0.3	—

第4.2.2条 公园内的河、湖最高水位，必须保证重要的建筑物、构筑物和动物笼舍不被水淹。

第三节 水体外缘

第4.3.1条 水工建筑物、构筑物应符合下列规定：

一、水体的进水口、排水口和溢水口及闸门的标高，应保证适宜的水位和泄洪、清淤的需要；

二、下游标高较高致使排水不畅时，应提出解决的措施；

三、非观赏型水工设施应结合造景采取隐蔽措施。

第4.3.2条 硬底人工水体的近岸2.0m范围内的水深，不得大于0.7m，达不到此要求的应设护栏。无护栏的园桥、汀步附近2.0m范围以内的水深不得大于0.5m。

第4.3.3条 溢水口的口径应考虑常年降水资料中的一次性最高降水量。

第4.3.4条 护岸顶与常水位的高差，应兼顾景观、安全、游人近水心理和防止岸体冲刷。

第五章 园路及铺装场地设计

第一节 园 路

第5.1.1条 各级园路应以总体设计为依据，确定路宽、平曲线和竖曲线的线形以及路面结构。

第5.1.2条 园路宽度宜符合表5.1.2的规定。

园路宽度（m）　　　　　　　　　表5.1.2

园路级别	陆地面积（hm²）			
	<2	2~<10	10~<50	>50
主路	2.0~3.5	2.5~4.5	3.5~5.0	5.0~7.0
支路	12~2.0	2.0~3.5	2.0~3.5	3.5~5.0
小路	0.9~1.2	0.9~2.0	1.2~2.0	1.2~3.0

第5.1.3条 园路线形设计应符合下列规定：

一、与地形、水体、植物、建筑物、铺装场地及其他设施结合，形成完整的风景构图；

二、创造连续展示园林景观的空间或欣赏前方景物的透视线；

三、路的拐折、衔接通顺，符合游人的行为规律。

第5.1.4条 主路纵坡宜小于8%，横坡宜小于3%，粒料路面横坡宜小于4%，纵、横坡不得同时无坡度。山地公园的园路纵坡应小于12%，超过12%应作防滑处理。主园路不宜设梯道，必须设梯道时，纵坡宜小于36%。

第5.1.5条 支路和小路，纵坡宜小于18%。纵坡超过15%路段，路面应作防滑处理；纵坡超过18%，宜按台阶、梯道设计，台阶踏步数不得少于2级，坡度大于58%的梯道应作防滑处理，宜设置护拦设施。

第5.1.6条 经常通行机动车的园路宽度应大于4m，转弯半径不得不于12m。

第5.1.7条 园路在地形险要的地段应设置安全防护设施。

第5.1.8条 通往孤岛、山顶等卡口的路段，宜设通行复线；必须沿原路返回的，宜适当放宽路面。应根据路段行程及通行难易程度，适当设置供游人短暂休憩的场所及护拦设施。

第5.1.9条 园路及铺装场地应根据不同功能要求确定其结构和饰面。面层材料应与公园风格相协调，并宜与城市车行路有所区别。

第5.1.10条 公园出入口及主要园路宜便于通过残疾人使用的轮椅，其宽度及坡度的设计应符合《方便残疾人使用的城市道路和建筑物设计规范》(JGJ50)中的有关规定。

第5.1.11条 公园游人出入口宽度应符合下列规定：

一、总宽度符合表5.1.11的规定；

公园游人出入口总宽度下限（m/万人） 表5.1.11

游人人均在园停留时间	售票公园	不售票公园
>4h	8.3	5.0
1h~4h	17.0	10.2
<1h	25.0	15.0

注：单位"万人"指公园游人容量。

二、单个出入口最小宽度1.5m；

三、举行大规模活动的公园，应另设定全门。

第二节 铺 装 场 地

第 5.2.1 条 根据公园总体设计的布局要求，确定各种铺装场地的面积。铺装场地应根据集散、活动、演出、赏景、休憩等使用功能要求作出不同设计。

第 5.2.2 条 内容丰富的售票公园游人出入口外集散场地的面积下限指标以公园游人容量为依据，宜按 500m²/万人计算。

第 5.2.3 条 安静休憩场地应利用地形或植物与喧闹区隔离。

第 5.2.4 条 演出场地应有方便观赏的适宜坡度和观众席位。

第三节 园 桥

第 5.3.1 条 园桥应根据公园总体设计确定通行、通航所需尺度并提出造景、观景等项具体要求。

第 5.3.2 条 通过管线的园桥，应同时考虑管道的隐蔽、安全、维修等问题。

第 5.3.3 条 通行车辆的园桥在正常情况下，汽车荷载等级可按汽车—10 级计算。

第 5.3.4 条 非通行车辆的园桥应有阻止车辆通过的措施，桥面人群荷载按 $3.5KN/m^2$ 计算。

第 5.3.5 条 作用在园桥栏杆扶手上的竖向力和栏杆顶部水平荷载均按 $1.0KN/m$ 计算。

第六章 种 植 设 计

第一节 一 般 规 定

第 6.1.1 条 公园的绿化用地应全部用绿色植物覆盖。建筑物的墙体、构筑物可布置垂直绿化。

第 6.1.2 条 种植设计应以公园总体设计对植物组群类型及分布的要求为根据。

第 6.1.3 条 植物种类的选择，应符合下列规定：

一、适应栽植地段立地条件的当地适生种类；

二、林下植物应具有耐阴性，其根系发展不得影响乔木根系

的生长;

三、垂直绿化的攀缘植物依照墙体附着情况确定;

四、具有相应抗性的种类;

五、适应栽植地养护管理条件;

六、改善栽植地条件后可以正常生长的、具有特殊意义的种类。

第6.1.4条 绿化用地的栽植土壤应符合下列规定:

一、栽植土层厚度符合附录四的数值,且无大面积不透水层;

二、废弃物污染程度不致影响植物的正常生长;

三、酸碱度适宜;

四、物理性质符合表6.1.4的规定;

土壤物理性质指标　　　　　　　　　　　表6.1.4

指　　标	土层深度范围（cm）	
	0～30	30～110
质量密度（g/cm³）	1.17～1.45	1.17～1.45
总孔隙度（%）	>45	45～52
非毛管孔隙度（%）	>10	10～20

五、凡栽植土壤不符合以上各款规定者必须进行土壤改良。

第6.1.5条 铺装场地内的树木其成年期的根系伸展范围,应采用透气性铺装。

第6.1.6条 公园的灌溉设施应根据气候特点、地形、土质、植物配置和管理条件设置。

第6.1.7条 乔木、灌木与各种建筑物、构筑物及各种地下管线的距离,应符合附录二、三的规定。

第6.1.8条 苗木控制应符合下列规定:

一、规定苗木的种名、规格和质量;

二、根据苗木生长速度提出近、远期不同的景观要求,重要地段应兼顾近、远期景观,并提出过渡的措施;

三、预测疏伐或间移的时期。

第6.1.9条 树木的景观控制应符合下列规定:

一、郁闭度

1. 风景林地应符合表6.1.9的规定;

风景林郁闭度 表 6.1.9

类　　型	开放当年标准	成年期标准
密林	0.3～0.7	0.7～1.0
疏林	0.1～0.4	0.4～0.6
疏林草地	0.07～0.20	0.1～0.3

2. 风景林中各观赏单元应另行计算，丛植、群植近期郁闭度应大于 0.5；带植近期郁闭度宜大于 0.6。

二、观赏特征

1. 孤植树、树丛：选择观赏特征突出的树种，并确定其规格、分枝点高度、姿态等要求；与周围环境或树木之间应留有明显的空间；提出有特殊要求的养护管理方法。

2. 树群：群内各层应能显露出其特征部分。

三、视距

1. 孤立树、树丛和树群至少有一处欣赏点，视距为观赏面宽度的 1.5 倍和高度的 2 倍；

2. 成片树林的观赏林缘线视距为林高的 2 倍以上。

第 6.1.10 条 单行整形绿篱的地上生长空间尺度应符合表 6.1.10 的规定。双行种植时，其宽度按表 6.1.10 规定的值增加 0.3～0.5m。

种类单行绿篱空间尺度（m） 表 6.1.10

类　　型	地上空间高度	地上空间宽度
树墙	>1.60	>1.50
高绿篱	1.20～1.60	1.20～2.00
中绿篱	0.50～1.20	0.80～1.50
矮绿篱	0.50	0.30～0.50

第二节　游人集中场所

第 6.2.1 条 游人集中场所的植物选用应符合下列规定：

一、在游人活动范围内宜选用大规格苗木；

二、严禁选用危及游人生命安全的有毒植物；

三、不应选用在游人正常活动范围内枝叶有硬刺或枝叶形状呈尖硬剑、刺状以及有浆果或分泌物坠地的种类；

四、不宜选用挥发物或花粉能引起明显过敏反应的种类。

第 6.2.2 条 集散场地种植设计的布置方式，应考虑交通安全视距和人流通行，场地内的树木枝下净空应大于 2.2m。

第 6.2.3 条 儿童游戏场的植物选用应符合下列规定：

一、乔木宜选用高大荫浓的种类，夏季庇荫面积应大于游戏活动范围的 50%；

二、活动范围内灌木宜选用萌发力强、直立生长的中高型种类，树木枝下净空应大于 1.8m。

第 6.2.4 条 露天演出场观众席范围内不应布置阻碍视线的植物，观众席铺栽草坪应选用耐践踏的种类。

第 6.2.5 条 停车场的种植应符合下列规定：

一、树木间距应满足车位、通道、转弯、回车半径的要求；

二、庇荫乔木枝下净空的标准：

1. 大、中型汽车停车场：大于 4.0m；
2. 小汽车停车场：大于 2.5m；
3. 自行车停车场：大于 2.2m。

三、场内种植池宽度应大于 1.5m，并应设置保护设施。

第 6.2.6 条 成人活动场的种植应符合下列规定：

一、宜选用高大乔木，枝下净空不低于 2.2m；

二、夏季乔木庇荫面积宜大于活动范围的 50%。

第 6.2.7 条 园路两侧的植物种植

一、通行机动车辆的园路，车辆通行范围内不得有低于 4.0m 高度的枝条；

二、方便残疾人使用的园路边缘种植应符合下列规定：

1. 不宜选用硬质叶片的丛生型植物；
2. 路面范围内，乔、灌木枝下净空不得低于 2.2m；
3. 乔木种植点距路缘应大于 0.75m。

第三节 动物展览区

第 6.3.1 条 动物展览区的种植设计，应符合下列规定：

一、有利于创造动物的良好生活环境；

二、不致造成动物逃逸；

三、创造有特色植物景观和游人参观休憩的良好环境；

四、有利于卫生防护隔离。

第 6.3.2 条 动物展览区的植物种类选择应符合下列规定：

一、有利于模拟动物原产区的自然景观；

二、动物运动范围内应种植对动物无毒、无刺、萌发力强、病虫害少的中慢长种类。

第 6.3.3 条 在笼舍、动物运动场内种植植物，应同时提出保护植物的措施。

第四节 植物园展览区

第 6.4.1 条 植物园展览区的种植设计应将各类植物展览区的主题内容和植物引种驯化成果、科普教育、园林艺术相结合。

第 6.4.2 条 展览区展示植物的种类选择应符合下列规定：

一、对科普、科研具有重要价值；

二、在城市绿化、美化功能等方面有特殊意义。

第 6.4.3 条 展览区配合植物的种类选择应符合下列规定：

一、能为展示种类提供局部良好生态环境；

二、能衬托展示种类的观赏特征或弥补其不足；

三、具有满足游览需要的其他功能。

第 6.4.4 条 展览区引入植物的种类，应是本园繁育成功或在原始材料圃内生长时间较长、基本适应本地区环境条件者。

第七章 建筑物及其他设施设计

第一节 建 筑 物

第 7.1.1 条 建筑物的位置、朝向、高度、体量、空间组合、造型、材料、色彩及其使用功能，应符合公园总体设计的要求。

第 7.1.2 条 游览、休憩、服务性建筑物设计应符合下列规定：

一、与地形、地貌、山石、水体、植物等其他造园要素统一协调；

二、层数以一层为宜，起主题和点景作用的建筑高度和层数服从景观需要；

三、游人通行量较多的建筑室外台阶宽度不宜小于 1.5m；踏步宽度不宜小于 30cm，踏步高度不宜大于 16cm；台阶踏步数不少于 2 级；侧方高差大于 1.0m 的台阶，设护栏设施；

四、建筑内部和外缘，凡游人正常活动范围边缘临空高差大于 1.0m 处，均设护拦设施，其高度应大于 1.05m；高差较大处可适当提高，但不宜大于 1.2m；护拦设施必须坚固耐久且采用不易攀登的构造，其竖向力和水平荷载应符合本规范第 5.3.5 条的规定；

五、有吊顶的亭、廊、敞厅，吊顶采用防潮材料；

六、亭、廊、花架、敞厅等供游人坐憩之处，不采用粗糙饰面材料，也不采用易刮伤肌肤和衣物的构造。

第7.1.3条 游览、休憩建筑的室内净高不应小于 2.0m；亭、廊、花架、敞厅等的楣子高度应考虑游人通过或赏景的要求。

第7.1.4条 管理设施和服务建筑的附属设施，其体量和烟囱高度应按不破坏景观和环境的原则严格控制；管理建筑不宜超过 2 层。

第7.1.5条 "三废"处理必须与建筑同时设计，不得影响环境卫生和景观。

第7.1.6条 残疾人使用的建筑设施，应符合《方便残疾人使用的城市道路和建筑物设计规范》（JGJ 50）的规定。

第二节 驳岸与山石

第7.2.1条 河湖水池必须建造驳岸并根据公园总体设计中规定的平面线形、竖向控制点、水位和流速进行设计。岸边的安全防护应符合本规范第 7.2.1 条第三款、第四款的规定。

第7.2.2条 素土驳岸

一、岸顶至水底坡度小于 100% 者应采用植被覆盖；坡度大于 100% 者应有固土和防冲刷的技术措施；

二、地表径流的排放及驳岸水下部分处理应符合有关标准的规定。

第7.2.3条 人工砌筑或混凝土浇筑的驳岸应符合下列规定：

一、寒冷地区的驳岸基础应设置在冰冻线以下，并考虑水体及驳岸外侧土体结冻后产生的冻胀对驳岸的影响，需要采取的管理措施在设计文件中注明；

二、驳岸地基基础设计应符合《建筑地基基础设计规范》（GB 50007—2002）的规定。

第7.2.4条 采取工程措施加固驳岸，其外形和所用材料的质地、色彩均应与环境协调。

第7.2.5条 堆叠假山和置石，体量、形式和高度必须与周围环境协调，假山的石料应提出色彩、质地、纹理等要求，置石的石料还应提出大小和形状。

第7.2.6条 叠山、置石和利用山石的各种造景，必须统一考虑安全、护坡、登高、隔离等各种功能要求。

第7.2.7条 叠山、置石以及山石梯道的基础设计应符合《建筑地基基础设计规定》（GB 50007—2002）的规定。

第7.2.8条 游人进出的山洞，其结构必须稳固，应有采光、通风、排水的措施，并应保证通行安全。

第7.2.9条 叠石必须保持本身的整体性和稳定性。山石衔接以及悬挑、山洞部分的山石之间、叠石与其他建筑设施相接部分的结构必须牢固，确保安全。山石勾缝做法可在设计文件中注明。

第三节 电气与防雷

第7.3.1条 园内照明宜采用分线路、分区域控制。

第7.3.2条 电力线路及主园路的照明线路宜埋地敷设，架空线必须采用绝缘线，线路敷设应符合本规范第3.2.13条的规定。

第7.3.3条 动物园和晚间开展大型游园活动、装置电动游乐设施、有开放性地下岩洞或架空索道的公园，应按两路电源供电设计，并应设自投装置；有特殊需要的应设自备发电装置。

第7.3.4条 公共场所的配电箱应加锁，并宜设在非游览地段。园灯接线盒外罩应考虑防护措施。

第7.3.5条 园林建筑、配电设施的防雷装置应按有关标准执行。园内游乐设备、制高点的护栏等应装置防雷设备或提出相应的管理措施。

第四节 给水排水

第7.4.1条 根据植物灌溉、喷泉水景、人畜饮用、卫生和消防等需要进行供水管网布置和配套工程设计。

第7.4.2条 使用城市供水系统以外的水源作为人畜饮用水和天然游泳场用水，水质应符合国家相应的卫生标准。

第7.4.3条 人工水体应防止渗漏，瀑布、喷泉的水应重复利用；喷泉设计可参照《建筑地基基础设计规定》（GB 50007—2002）的规定。

第7.4.4条 养护园林植物用的灌溉系统应与种植设计配合喷灌或滴灌设施应分段控制。喷灌设计应符合《喷灌工程技术规范》（GB/T 50085—2007）的规定。

第7.4.5条 公园排放的污水应接入城市污水系统，不得在地表排放，不得直接排入河湖水体或渗入地下。

第五节 护　　栏

第7.5.1条 公园内的示意性护栏高度不宜超过0.4m。

第7.5.2条 各种游人集中场所容易发生跌落、淹溺等人身事故的地段，应设置安全防护性护栏；设计要求可参照本规范第7.1.2条的规定。

第7.5.3条 各种装饰性、示意性和安全防护性护栏的构造做法，严禁采用锐角、利刺等形式。

第7.5.4条 电力设施、猛兽类动物展区以及其他专用防范性护栏，应根据实际需要另行设计和制作。

第六节 儿童游戏场

第7.6.1条 公园内的儿童游戏场与安静体憩区、游人密集区及城市干道之间，应用园林植物或自然地形等构成隔离地带。

第7.6.2条 幼儿和学龄儿童使用的器械，应分别设置。

第7.6.3条 游戏内容应保证安全、卫生和适合儿童特点，有利于开发智力，增强体质。不宜选用强刺激性、高能耗的器械。

第7.6.4条 游戏设施的设计应符合下列规定：

一、儿童游戏场内的建筑物、构筑物及设施的要求：

1. 室内外的各种使用设施、游戏器械和设备应结构坚固；耐用，并避免构造上的硬棱角；

2. 尺度应与儿童的人体尺度相适应；

3. 造型、色彩应符合儿童的心理特点；

4. 根据条件和需要设置游戏的管理监护设施。

二、机动游乐设施及游艺机,应符合《游艺机和游乐设施安全标准》(GB 8408)的规定;

三、戏水池最深处的水深不得超过 0.35m,池壁装饰材料应平整、光滑且不易脱落,池底应有防滑措施;

四、儿童游戏场内应设置坐凳及避雨、庇荫等休憩设施;

五、宜设置饮水器、洗手池。

第 7.6.5 条 游戏场地面

一、场内园路应平整,路缘不得采用锐利的边石;

二、地表高差应采用缓坡过渡,不宜采用山石和挡土墙;

三、游戏器械下的场地地面宜采用耐磨、有柔性、不扬尘的材料铺装。

附录一　本规范术语解释

序号	术语名称	曾用名称	解　　释
1	公园		供公众游览、观赏、休憩、开展科学文化及锻炼身体等活动,有较完善的设施和良好的绿化环境的公共绿地。公园类型包括综合性公园、居住区公园、居住小区游园、带状公园、街旁游园和各种专类公园等
2	儿童公园	儿童乐园	单独设置供儿童游戏和接受科普教育的活动场所。有良好的绿化环境和较完善的设施,能满足不同年龄儿童需要
3	儿童游戏场	儿童乐园	独立或附属于其他公园中,游戏器械较简单的儿童活动场所
4	风景名胜公园	郊野公园	位于城市建成区或近郊区的名胜风景点、古迹点,以供城市居民游览、休憩为主,兼为旅游点的公共绿地。有别于大多位于城市远郊区或远离城市以外,景区范围较大,主要为旅游点的各级风景名胜区
5	历史名园		具有悠久历史、知名度高的园林,往往属于全国、省、市县级的文物保护单位

续表

序号	术语名称	曾用名称	解 释
6	街旁游园	小游园、街头绿地	城市道路红线以外供行人短暂休息或装饰街景的小型公共绿地
7	古树名木		古树指树龄在百年以上的树木,名木指珍贵、稀有的树木,或具有历史、科学、文化价值以及有重要纪念意义的树木
8	主题建筑物或构筑物		指公园中代表公园主题的建筑物或铺装场地、陵墓、雕塑等构筑物
9	风景林		公园或风景区中由乔、灌木及草本植物配置而成,具备有较高观赏价值的树丛、树群组合的树林类型
10	公园游人容量		指游览旺季星期日高峰小时内同时在园游人数

附 录 二

公园树木与地下管线最小水平距离（m）

名　　称	新植乔木	现状乔木	灌木或绿篱外缘
电力电缆	1.50	3.5	0.50
通讯电缆	1.50	3.5	0.50
给水管	1.50	2.0	—
排水管	1.50	3.0	—
排水盲沟	1.00	3.0	—
消防笼头	1.20	2.0	1.20
煤气管道（低中压）	1.20	3.0	1.00
热力管	2.00	5.0	2.00

注：乔木与地下管线的距离是指乔木树干基部的外缘与管线外缘的净距离。灌木或绿篱与地下管线的距离是指地表处分蘖枝干中最外的枝干基部的外缘与管线外缘的净距。

附 录 三

公园树木与地面建筑物、构筑物外缘最小水平距离 (m)

名　　称	新植乔木	现状乔木	灌木或绿篱外缘
测量水准点	2.00	2.00	1.00
地上杆柱	2.00	2.00	—
挡土墙	1.00	3.00	0.50
楼房	5.00	5.00	1.50
平房	2.00	5.00	—
围墙（高度小于2m）	1.00	2.00	0.75
排水明沟	1.00	1.00	0.50

注：同附录二注。

附 录 四

栽植土层厚度 (cm)

植 物 类 型	栽植土层厚度	必要时设置排水层的厚度
草坪植物	>30	20
小灌木	>45	30
大灌木	>60	40
浅根乔木	>90	40
深根乔木	>150	40

附录五　本规范用词说明

一、为便于在执行本规范条文时区别对待，对于要求严格程度不同的用词说明如下：

1. 表示很严格，非这样做不可的：

正面词采用"必须"；

反面词采用"严禁"。

2. 表示严格，在正常情况下均应这样做的：

正面词采用"应"；

反面词采用"不应"或"不得"。

3. 表示允许稍有选择，在条件许可时，首先应这样作的：

正面词采用"宜"或"可"；

反面词采用"不宜"。

二、条文中指明必须按其他有关标准执行的写法为，"应按……执行"或"应符合……要求（或规定）"。非必须按所指定的标准执行的写法为，"可参照……的要求（或规定）。"

（二）《公园设计规范》条文说明

第一章 总 则

第1.0.1条 公园是完善城市四项基本职能中的游憩职能的重要基地，又是健全城市生态的重要组成部分。目前我国公园发展迅速，为使建设公园的土地和经费能充分发挥其应有的效益，首先应从设计工作着手，故制定本规范。

第1.0.2条 规定本规范的适用范围。居住用地、公共设施用地和特殊用地上的附属绿地的设计原则和居住区公园或街旁游园等类型号基本一致，所以可以参照使用。居住用地、公共设施用地和特殊用地的名称引自《城市用地分类与规划建设用地标准》（GBJ 137）。

第1.0.3条 公园用地属于城市建设用地，在城市规划中占有重要的位置，是绿地系统的有机组成部分，按《城市规划法》要求，各项建设必须符合城市规划，服从规划管理。公园的游憩功能是直接为城市居民生活服务的、不可缺少的社会公益事业，即具有社会效益；绿色植物是健全城市生态的物质基础，起到改善环境减轻污染的作用，具有环境效益；公园又有门票和从服务性商业取得合法利润等直接经济效益。三种效益的综合即可增进居民身心健康，提高工作效率，促进城市发展良性循环。各种效益之间的关系设计上必须正确掌握，不可偏废。大型公园不能一次建成，必须处理好近、远期建设关系，做到公园与周围环境的协调和内部的整体统一。

第 1.0.4 条 规定了公园设计中各专业设计应遵循的有关技术规定。

第二章 一般规定

第一节 与城市规划的关系

第 2.1.1 条 进行公园设计，首先要确保城市绿地按规划所要求的面积实现，公园的用地范围既不能超出规划范围线，更不得被任何非公园设施占用或变相占用，缩小用地范围。其次要明确公园的性质，服务范围：即为全市、区或居住区范围服务；服务对象：市外旅游者、本市居民或居民中的儿童、老人、盲人等。然后确定公园的内容，做到符合整体需要，满足居民各种爱好和不同闲暇时间的游憩要求。所以必须以城市规划为依据。如没有已经批准的城市规划或绿地系统规划，应与相应部门协商确定。

第 2.1.2 条 为方便广大游人使用和美化市容，市、区级公园应沿城市主、次干路或支路的红线设置，条件不允许时，应设通道解决主要出入口的交通。主要出入口指游人流量大的出入口。

第 2.1.3 条 用工程措施处理好公园与城市道路规划标高的关系，避免因有不适当的高差而造成地表径流污染或影响城市道路和公园的景观。

第 2.1.4 条 市、区级公园各个方向出入口的游人流量与附近公交车设站点位置、附近人口密度及城市道路的客流量密切相关，所以公园出入口位置的确定需要考虑这些条件。主要出入口前设置集散广场，是为了避免大股游人出入时影响城市道路交通，并确保游人安全。

第 2.1.5 条 公园内沿城市道路或水系部分的土山高度及形状，植物配置，园林建筑，围墙或栏杆、园门等的高度、体量、色彩等都应与所在地段城市风貌协调。

第 2.1.6 条 为保证游人和架空线的安全，在城市高压输配电架空线通道内不应设计供居民游憩的公园。公园与通道相邻，可设标志或栏杆与其分开。

第 2.1.7 条 在公园用地上已有城市架空或地下管线（除高压输配电以外），可参照第三章第四节有关条款处理。管线与公园同时建设的配合，按本条款规定。由于城市市政管线的管径一般都大于公园内部的管线管径，对位于树木下部的管线，为避免影响树木正常生长，埋深必须在树根分布区以下。保护性措施是要求各种管线不得经常返修和渗入灌溉水。

第二节 内容和规模

第 2.2.1 条 公园类型是指：综合性公园、儿童公园、植物园、动物园或街旁游园等。其内容应与类型一致。无论哪种类型的公园都应有足够的绿化，否则不能称为公园。

第 2.2.2 条 一般城市都有一个到几个综合性公园，内容丰富，但公园内不应设置专业性体育设施，以免变成体育用地，混淆城市用地性质，减少城市绿地面积；公园内驯养大型动物和猛兽类动物需要较多的卫生、安全防护设施，开支也大。在已设有动物园的城市，综合性公园内不得设这类动物展区。根据经验，鸟类、鱼类或兔、猴等展区是可以在综合性公园内选择一个角落布置的。

综合性公园内容多，各种设施会占去较大的园地面积，为确保公园内有良好的自然环境，公园规模不宜小于 $10hm^2$。原苏联的文化休息公园和我国的综合性公园相类似，他们提出这类公园的文化娱乐设施用地约需 $1.5hm^2$，其占地面积不应超过公园面积的 5%，所以规定市级公园面积不应少于 $30hm^2$，特殊情况，设施占地不得超过 10%，即公园的最小规模不得小于 $15hm^2$。日本综合公园标准规模为 $10\sim50hm^2$，最低为 $10hm^2$。考虑我国国情，下限定为 $10hm^2$。按近期公共绿地指标为 $3\sim5hm^2/$人，一个 10 万人的小城市就有 $30\sim50hm^2$ 的公共绿地面积，建一个 $10hm^2$ 以上的综合性公园是完全可能的。

第 2.2.3 条 儿童公园既要有丰富的内容，又因儿童体力有限，面积不宜太大，设施布置必须紧凑，要有良好的自然环境。我国现有儿童公园面积都不大，38 个儿童公园的平均面积为 $4hm^2$，最大的 $23hm^2$，最小的 $0.2hm^2$。

第 2.2.4 条 动物园中由于笼舍、动物活动场、游人参观场等占地较多，同时还需要有较大的绿化用地面积，才能满足卫生、安全防护隔离和创造优美环境的要求，所以动物园应有较大规模。综合性动物园宜大于 20hm²，专类动物园 5～20hm² 为宜。全国现有综合性动物园约 50 个，质量好、完整的动物园面积均在 20hm² 以上。本条指的是城市范围内的笼养式动物园，不包括天然动物园。

第 2.2.5 条 植物园需要有多种生态环境，如设较宽的绿化带与园外隔离，创造各种地形和水体，以便为多种多样的植物提供适宜的环境。植物园用地面积较大，规模宜大于 40hm²。现状综合性植物园面积在 20～1000hm² 范围，平均为 130hm²。专类植物园如月季园、杜鹃园等，其规模可根据内容多少而确定，但不宜小于 2hm²。独立的盆景园一般以大于 2hm² 为宜，附属于其他公园内的盆景园面积不受此标准限制。

第 2.2.6 条 风景名胜公园指随着城市用地的发展，把近郊风景区划入市区，起着城市公园作用，也有称为郊野公园的。

第 2.2.7 条 历史名园，指由各级政府核定为文物保护单位的历史名园，在修缮时必须按《中华人民共和国文物保护法》的规定执行。供游人参观、人员看守和设置防火防盗的设施，增加少量建筑功能和工程管线是必要的，但不能有损于古迹或破坏原貌。

第 2.2.8 条 随着人民生活水平的提高，文化事业的发展，今后还会建设各种专类公园。这类公园应有其特定的主题内容，如雕塑公园、交通公园等。

第 2.2.9 条 《城市用地分类与规划建设用地标准》（GBJ 137）中第 4.2.1 条的条文说明表明，居住区公园人均指标为 2m²，一般居住区人口为 3～5 万人，居住区公园面积宜为 5～10hm²。从生态环境和游憩效果考虑，绿地面积应尽量集中，所以每个居住区最好集中设一个居住区公园。日本居住区公园标准规模为 4hm²，其小区公园的标准规模为 2hm²，最小为 1hm²。我国居住小区的游憩绿地按每个居民 1m² 计，一个小区人口约为 1 万人，小区游园面积即为 1hm²。小区游园也应尽量集中，其规模不宜小于 0.5hm²。

第 2.2.10 条 带状绿地指沿城市主次干路、河流、旧城基等的狭长形绿地。

第 2.2.11 条 街旁游园，指位于城市主、次干路和支路附近街道红线以外的游园。面积有时虽小，对城市景观影响很大。设计时除考虑内部布局，满足短暂休息之需外，更要注意沿街部分的艺术效果。

第三节 园内主要用地比例

第 2.3.1 条～第 2.3.2 条 公园的陆地面积，指供游览及与之相适应的管理用地去除水面后的全部陆地面积。不包括已改变性质的用地。

绿化用地，指公园内用以栽植乔木、灌木、花卉和草地的用地。

建筑，指公园内各种休息、游览、服务、公用、管理建筑。

建筑占地，指各种建筑基底所占面积。

园路及铺装场地，指公园内供通行的各级园路和集散场地。不包括活动场地。

公园内的水面大小差别很大，有的没有水面，有的水面占总面积的 3/4 以上，且公园内的绿化、建筑和园路铺装等都建于陆地上，其比例只能与陆地面积相比，无法与总面积相比，所以采用随陆地面积大小确定比例。水中森林和水上建筑数量极少，其用地列入陆地中计算。表 2.3.1 中规定的各种用地比例的总和都小于 100%，留出余地一般可扩大绿化用地或供设置各种活动用的铺装场地、园林小品等。

表 2.3.1 是根据全国 142 个质量较好的公园的调查资料并参考日本、苏联、英国、中国台湾等有关规定制定的。

第 2.3.3 条 公园的外形、内部地形和水体形式都影响园路的用地面积，但不得过分强调以上因素而过多地加大园路铺装场的用地面积，减少绿化用地，为此特规定本条。

第四节 常 规 设 施

第 2.4.1 条 公园中的常规设施，指所有公园通常都应具备的、保证游人活动和管理使用的基本设施，属于公园中的共性设施。至于各种类型的公园，都有其特色，与之相适应的丰富多彩的游憩设施和服务设施，不作具体的规定。

表 2.4.1 中的成人活动场系指辟出一定场地供拳术、气功等活动用，以避免踩踏草地，造成局部地面裸露。在有条件的公园中，可适当增设供锻炼身体用的设施。

第 2.4.2 条 我国城市人均公共绿地水平较低，很难满足居民日益增长的游憩需要，为避免目前存在某些城市公共设施变相侵占公园用地的现象，明确规定不准设置与公园性质无关的设施。

第 2.4.3 条～第 2.4.5 条 厕所和园椅、园凳的设置数量，应与公园的游人量相适应。过少，影响使用或游憩效果；过多，既浪费设备，又有碍观瞻。经过全国一百多个公园进行普查和北京、上海公园的重点调查，并参考城市其他公共设施的设置指标而制定本条。

厕所

大型公园因游人停留时间长，各种饮食服务设施全，游人去厕所的频率高于小型公园，调查结果分别为 2% 和 1.5% 左右。这两个指标较《民用建筑设计指标》中规定的医院门诊部公用厕所指标 2.9%～3.6% 和车站旅客厕所 2.3% 为低，与其中的电影院厕所 1.4%～3.6% 近似。与《建筑设计资料集（2）》（建筑工程部北京工业建筑设计院编）中对体育辅助设施制定的厕所参考指标 0.5%～0.6% 相比为高。男女蹲位比是根据实地调查，现状旅游性公园和小型公园中男游客多于女游客，比数为 1.5∶1，大型公园男女比较接近。今后发展趋势是逐步持平，所以采用男∶女蹲位为 1～1.5∶1 的指标。

园椅、园凳

一般大型公园游人停留时间长，对坐憩要求高于小型公园，但许多大型公园有山石、大片草坪可供坐憩，而小型公园缺乏这类设施和场地；活动量大的公园，游人需休息的要求也高于其他公园，所以对园椅、园凳的指标定为 20%～30%。

各个公园因所在城市中的位置、交通条件和公园性质等因素的影响，游人量多寡不同。园椅、园凳指标如按游人量比例确定，当每个游人占有公园的陆地面积为 15m² 时，园椅、园凳数多达 200 位/hm²，影响观瞻。因此限定园椅、园凳数量取游人量 22.5% 的接近下限指标，即每 1hm² 陆地面积 150 位。对每个游人占有陆地面积在 100hm² 以上的公园，又会发生游人长距离找不到坐憩处的弊病。因而规定每 1hm² 陆地面积上园椅、园凳的下限为 20 位，即平均每两个座位的园椅、园凳的服务半径为 16m。

游人用停车场和自行车存车处

游人用停车场和自行车存车处的位置既要方便游人使用，又要防止车辆拥塞游人出入口广场和影响园门景观。所以规定不得占用出入口广场，而应设于出入口附近。游人停车场和自行车存车处的面积，因各市居民利用的交通工具差别很大，许多中小城市居民出游以徒步为主，不需停车场或存车处；一些地形起伏陡峭的山城很少利用自行车；在同一城市中因公园的服务对象不同，距离市中心远近不同，游人使用的交通工具也大不相同，因此不能作统一的指标规定。设计者应根据实际调查资料确定面积。为避免城市停车场变相占用公园用地，本条明确规定停车场只考虑停放本园游人用的汽车和自行车。

第三章　总体设计

第一节　容量计算

第3.1.1条　公园游人容量是确定内部各种设施数量或规模的依据，也是今后管理上控制游人量的依据，避免公园因超容量接纳游人，造成人身伤亡和园林设施损坏等事故，并为城市规划部门验证绿地系统规划的合理程度提供依据。

第3.1.2条　公园的游人量随季节、假日与平日、一日之中的高峰与低谷时而变化。节日最多，游览旺季星期日次之，旺季平日和淡季星期日较少，淡季平日最少，一日之中又有峰谷之分。确定公园游人容量以游览旺季星期日高峰时为标准，这是公园发挥作用的主要时间。如用节日的游人量，定额会偏高，造成浪费，用淡季或平日的游人量又会使标准太低，造成公园内过分拥挤。国外也是采用旺季星期日游人量为标准的。

第3.1.3条　本条指标是根据我国现状居民出游率高，公共绿地人均指标低的实际情况提出的。每个游人占有公园面积60hm²是比较符合游园舒适度要求的。一般市、区级公园的可进入活动面积约占三分之一，其余三分之二为不可进入或容量极小的水面、陡坡山地、树林、花坛等，起视域作用的。苏联规定的文化休息公园采用60m²/人。1985年的《苏联建筑规范》已提高为100m²/人。考虑我国国情，仍用60m²/人标准，对小型公园降为每个游人30m²的标准，因为小型公园的道路铺装场地面积比重较大，相对来说单位面积上可容游人多些，又因为内容简单，游人活动时间短，可降低一些标准。这个标准已为1991年实施的《城市用地分类与规划建设用地标准》（GBJ 137）采纳。对近期公共绿地人均指标低的城市还可酌情降低一些标准。确定游人人均占有公园面积的下限为陆地面积15m²，即活动面积缩小到

每人 $5m^2$。如果 $15m^2$ 中还包含水面，那么可活动面积势必更小，难免发生事故，失掉游园意义。

第 3.1.4 条 当公园内只能作为视域面积的水面、陡坡山地（如喀斯特地貌的山地）等占地超过 50% 时，游人可利用的活动面积很小，为保持游人在园中一定的舒适度和安全，应加大游人占有公园面积的指标。

第二节 布 局

第 3.2.1 条 公园的总体设计是全部设计工作中的一个重要环节，是决定一个公园的实用价值（游憩和环境效益）和艺术效果的关键所在。所以必须认真地在统一的指导思想下按照有关依据，作出全面的综合设计。

第 3.2.4 条 园路分类系指游览路或是生产管理用路，分级系指主园路、支路或小路。

第 3.2.5 条 园路路网密度是单位公园陆地面积上园路的路长。其值的大小影响园路的交通功能、游览效果、景点分布和道路及铺装场地的用地率。路网密度过高，会使公园分割过于细碎，影响总体布局的效果，并使园路用地率升高，减少绿化用地；路网密度过低，则交通不便，造成游人穿踏绿地。根据 80 个质量较好的公园的统计数据和对 40 余个综合性公园、居住区公园路网密度的重点分析，园路路网密度集中在 $200\sim380m/hm^2$ 之间，平均 $285m/hm^2$。由于各个公园的内容、地形条件不同，园路路网密度的限制只给出一个范围。

动物园一般面积较大，园路简捷地引导游人直达动物展点，在展点附近园路又多转化为参观场地。因此，动物园的路网密度均值较综合性公园低，为 $225m/hm^2$。按调查集中分布在 $160\sim300m/hm^2$ 之间。

第 3.2.6 条 通向建筑集中地区的园路有环行路或设回车场地是为了满足消防交通的要求。

第 3.2.7 条 公园中的水系设计，首先要掌握水源条件，可能供应的水量，然后作系统布局。划船水面的水深限制应对桥下、码头和最深处等给出不同深度的限制。游泳区要分出深水区和浅水区，观赏水面中水生植物种植区应分出深水、浅水和浮生等习性植物的种植范围，并提出相应的水深。

第3.2.8条 在总体设计阶段，应确定各景区植物景观上的效果和功能作用。我国地区差别很大，要根据条文中的各项原则充分绿化并能满足多种游憩及审美的要求。

第3.2.9条 景观要求是指创造园内外景观和本身的观赏效果。设置大型游乐设施、电子游艺室、餐厅等能耗多的建筑时，必须查清是否具备连接城市供电、供水、供气和排水等管线的可能性。

第3.2.14条 为充分发挥最佳景观地段的游赏效果，限制在该地段设置人流繁杂的服务设施和避免少数就餐者长时间占用。

第三节 竖向控制

第3.3.1条 竖向和平面布局是总体设计阶段至关重要的内容，所以在对园内主要景物布局的同时应对其高程和周围地形作出控制规定。

第3.3.2条 条文中列举的各部位的标高必须相互配合一致，所定标高即以后局部或专项设计的依据。高程除地下埋深外均指地表标高。园内外佳景因借点的地面高程，系指为眺望和俯瞰园内美景或引入园外佳景，园内观景点所需要的适宜地面高程。

第四节 现状处理

第3.4.1条 调查评价的内容包括建筑物、构筑物的结构、基础的坚固程度，文物历史价值、艺术水平和植物的生长状况、珍稀程度、树龄等。处理意见包括保留、迁移或移植、拆除或伐除等。

第3.4.2条 原有地下物的位置和体量不易发现，必须在设计图纸上注明，以免在施工时发生损坏或安全事故。

第3.4.3条 古树名木是珍贵文物，又可成为园中的主要景点，应与有文物价值的古建筑同等对待。古树名木是活的文物，需要一定的生长条件，故需要采取积极的措施保证古树名木健壮生长。

第3.4.4条 保护范围是参照《北京市古树名木保护管理暂行办法》(1986年)以及《广州市城市规划管理办法实施细则》穗 (1987) 85号第106条（二）中的具体规定制定的。根据各地的保护经验，本条文规定了保护内容。

第四章 地形设计

第一节 一般规定

第 4.1.2 条 本条规定是为了保护拟建公园地界中的土壤，包括自然形成或农田耕作层的土壤。各专项设计都可能造成对表土的破坏，因为地形设计是对公园地表的全面处理，所以在本章内提出对地表土保护的规定。充分利用原表层土壤，对公园植物景观的快速形成和园林植物的后期养护都极为有利。

第 4.1.3 条 地形设计如遇地下岩层、公园地下构筑物以及其他非土壤物质时，须考虑栽植土层的厚度，为植物的生长创造最基本的条件。

第 4.1.4 条 使用机械进行修剪的草坪，在地形设计时应考虑坡度限制。坡度小于 25%，可以适应利用人力推行的各类剪草机械。

第 4.1.5 条 设计时要考虑当地土壤的自然沉降系数，以避免土壤沉降后达不到预定要求的标高。

第 4.1.6 条 如果堆土超过土壤的自然安息角将出现自然滑坡。不同土壤有不同的自然安息角。护坡的措施有砌挡土墙、种地被植物及堆叠自然山石等。

第 4.1.8 条 对原有管线的覆土不能加高过多，否则造成探井加深，给检修和翻修带来更大困难。过多降低原管线的覆土标高，会造成地面压力将管线破坏，在寒冷地区容易将自来水管和污水管冻坏。

第二节 地表排水

第 4.2.1 条 表 4.2.1 中关于草地、运动草地、栽植地表的资料援引《园林工程》（南京林业大学编）。铺装场地坡度数值援引《统一技术措施》总图部分（建设部建筑设计院）。

第三节 水体外缘

第 4.3.1 条 本条为确保公园内水位的可调剂和维护园林景观，结合造景的隐蔽措施一般采用结合地形、假山、园桥或栽植植物等手段对非观赏型水工设施加以遮掩。

第4.3.2条 7岁小孩的平均肩高0.90m，7岁以上儿童落水只要站立均可使胸部以上露出水面，7岁以下儿童一般均在家长的带领下游园，因此规定近岸2m范围内的水深不大于0.70m。设置汀步的地方应是水浅的地方，根据人体平均上身高度（不包括头部）为0.56m至0.60m，因此规定水深不得超过0.50m，即落水成人坐在水底，头部也可露出水面，人体尺度资料援引《建筑设计资料集（1）》（建筑工程部北京工业建筑设计院编）。水深超过0.50m时，应在汀步石走向两侧加高池底以保证老人和儿童通过时的安全。

第五章 园路及铺装场地设计

第一节 园　　路

第5.1.1条 园路设计应根据总体设计院的选线（路由）、控制标高和特色要求具体确定园路的宽度、平曲线和竖曲线的线形以及路面结构。

第5.1.2条 表5.1.2是根据对40多个公园和8个动物园所作的统计分析而提出的。园路分为主路、支路和小路三级。一些由于非交通功能需要而宽度较大的园路、交通功能不强的步石和只能由单人通过的狭窄园路在园路系统中所占比例极小，在此不作规定。园路宽度有一些幅度，是适应不同性质和不同游人容量的公园需要。

园路最低宽度为0.9m，以便两人相遇时有一人侧身尚能交错通过。

2.0m宽度可供人通行；2～3.5m的宽度可通行小型车辆；3.5～5m的园路可满足多股人流通行，也可满足运输机具的通行要求。

第5.1.4条 主路　为方便不同年龄和坐轮椅的游人通行，所以坡度不宜过大。我国的建筑规范中一般规定步道坡度8%以上宜按台阶设计；国际康复协会规定，残疾人使用的坡道最大纵坡8.33%，因此，主路纵坡上限为8%。通过对实际情况的调查，山地公园主路纵坡应小于12%。主路不宜设梯道，是考虑坐轮椅和行走有困难的游人通行方便，同时便于养护机具通行。

第5.1.5条 支路和小路　日本资料，园路最大纵坡15%，自然探胜路17.6%，郊游路33.3%。根据实际调查，17.6%的坡道，人行较为舒适；18.9%的坡道，下行时有不同程度的负担，普遍感到稍累。所以规定纵坡宜小于18%。

原苏联建筑类规范中规定步行路台阶的高为12cm，宽38cm，其纵坡为31.5%，我国目前建筑上常用的室外台阶比较舒适的高度为12cm，宽度为30cm，其纵坡为40%。调查资料表明：纵坡为36.49%的梯道上下行还不感到累，但心理上有负担，坡度达39%时，老年人上下行均感到稍累，精神上有些紧张。因此为照顾全体游人交通的需要，主路上梯道的纵坡度宜小于36%。关于支路和小路上的梯道，日本的资料中要求梯道的最大纵坡57.7%。目前我国使用的楼梯坡度一般在36.4%～100%之间，适宜的为66.7%，但楼梯一般位于室内且有扶手栏杆。因此对于公园中支路和小路的纵坡度大于58%的梯道应作防滑处理，宜设扶手栏杆。

第5.1.6条 经常通行机动车的园路，根据交通部门的有关规定，道路宽度应大于4m，转弯半径不得小于12m。

第5.1.8条 通往孤岛、山顶的路段，容易形成卡口，游人上岛、登山往返都用一条道路时，如果人流量较大，容易造成通行不畅，地形陡峭更易发生危险。为避免游览中走回头路和形成景观序列的需要，规定孤岛和山顶的园路宜设复线。在地形复杂、高差较大、坡度较陡的地方设供人作短暂休息的场地，是为了使游人恢复体力和在人流较多时作临时的避让，以免过于拥挤，发生危险。

第5.1.9条 园路由于功能不同，有些需要通行大量人流或机动车，有些则只作为少量人流通行之用，荷载不同需有不同的结构和面层材料。公园中的路面面层材料的选择同时又受公园总体风格的制约，因此与城市车行道路的路面要有所区别。

第5.1.10条 考虑残疾人游园需要，公园可局部供残疾人使用，也可以有几条园路为残疾人使用。明确为残疾人使用的就要求符合《方便残疾人使用的城市道路和建筑物设计规范》(JGJ 50)。

第5.1.11条 根据实地调查，游人进园高峰小时内的人数与游人在园高峰小时内的人数有一个相关规律：即游人平均在园停留时间4小时以上者，最高进园游人数与最高在园游人数之比接近0.5；平均在园停留2小时左右者，比值接近1；平均在园1小时以内者，比值接近1.5，该比值即转换系数。根据公园的性质、内容丰富程度，可预测游人在园停留时间。公园最高在园游人数/小时，即公园的游人容量，详见本规范条文 3.1.2 和术语解释。

收门票公园，游人通过出入口时有瞬时停留，影响速度，按每分钟通过 15 人计；不收门票的公园，按每分钟通过 25 人计，相当于影剧院散场速度。

综合以上因素，即可计算出入口总宽度的最低标准，即：公园游人容量（万人）、转换系数和 1.5m 的乘积被单股游人高峰小时通过量（即售票公园为 0.09 万人，不售票公园为 0.15 万人）除。当游人平均在园停留时间为 4h 时系数取 0.5，得数为 8.3m；停留时间为 2h 时系数取 1，得数为 16.7m；停留时间为 1h 时系数取 1.5，得数为 25m。不售票公园进园速度为售票公园的 1.67 倍，相应的出入口总宽度的下限标准可降低 2/5，即为售票公园的 60%。

单股游人通过宽度取 0.75m，是根据人体自由行进时的所需宽度，由于公园出入口的游人同时有进有出，所以单个出入口（一股进，一股出）最小宽度为 1.5m。

第二节 铺装场地

第 5.2.2 条 公园出入口外集散场地人均使用面积参考我国有关集散广场的资料，采用每个游人 $1m^2$ 的标准。

一般内容丰富的售票公园，如动物园、综合性公园、儿童公园，游人量较大，在入口处要排队买票，有些游人要相互等候或拍照，因此有必要设集散场地。这类公园游人一般平均在园停留时间较长，按 4h 以上计算，最高进园游人数与最高在园游人数的转换系数为 0.5，（关于转换系数详见本条文说明第 5.1.11 条）可预计当公园容量为 10000 人时，游人最高进园小时中进入公园的人数为 5000 人，按每人在门外停留时间 3 分钟考虑，高峰进园小时中每分钟门前到达约 84 人，需广场面积 $250m^2$。加上当时出园游人所需则为 $500m^2$。

按照以上指标，对北京动物园、紫竹院公园主要出入口外集散广场进行了验证。动物园广场过小，紫竹院公园则偏大，这与实际使用情况相符。

第三节 园 桥

第 5.3.1 条 园桥的功能性很强，也是重要景点，必须全面考虑。目前有些公园内的桥梁由于体量过大、过重，与周围景色不谐调。有的缺乏远见，桥下不能通过画舫或游艇，造成日后水面上的游赏活动路线不合理。

第5.3.2条 有些联接孤岛的桥梁要考虑通往岛上的供水、供电、供热、污水及煤气等各种管线的位置，既不要暴露在外，影响景观和安全，又要考虑维修方便，本条也包括设计预留供将来使用的通道。

第5.3.3条 允许汽车通过的桥，即可运输货物、食品、基建器材、树木养护机具等，火警时还可能过消防车，根据《公路桥涵设计通用规范》（JTJ 021-89）的规定，车辆最低计算荷载等级为汽车-10级。

第5.3.4条～第5.3.5条 人群荷载、作用在扶手上的竖向力的指标引自《公路桥涵设计通用规范》（JTJ 021-89）第2.3.4条。栏杆顶部水平荷载根据《建筑结构荷载规范》（GBJ 9-87）第3.5.2条第二款。

第六章 种植设计

第一节 一般规定

第6.1.1条 公园中的绿化用地不应有未种任何植物的裸露地面。树林下如有条件可设法种植灌木、草皮或其他矮生植物以增加绿量，充分发挥绿色植物改善环境、气候的功能，在北方也可以防止二次扬尘。为了使公园的景色丰富多彩，一些建筑功能物和构筑物上也可以用藤蔓类植物攀缠。

第6.1.3条 植物种类选择的要求：

一、当地适生种类包括乡土树种以及经人工引进，已在本地长期"安家落户"能适应本地区的气候条件、生长发育良好并已得到广泛应用的绿化树种。为了防止本地气候变化，致使大量树种死亡，造成损失，外来植物种类未经长期驯化不应作为公园的主要园林植物。

二、林下地被植物的根系生长不能与乔木的根系在同一土层内争夺养分。一般要选择浅根性的草种、灌木或选用根系有固氮作用的其他林下种类。

三、垂直绿化用的园林植物其附着器官的性状各不相同，选择适应既定墙体或构筑物饰面的种类，如墙体饰面光滑，选用吸附力强的攀缘植物种类。

四、位于污染地区的公园，建立防护林，选择相应的抗性种类。例如空气中有二氧化硫的污染，华北地区就可以选择椿树、构树等抗性强于其他树种的种类。

五、对植物的管理，实质上也是植物生存的因素之一。管理的投入情况、管理所能提供的植物生长环境的质量都是选择植物的制约条件。例如，水源不充足的公园，就应选择比较耐干旱的种类。在地形复杂、不易通行打药车的地段，应选择病虫害少或病虫害发生前后易于控制的种类。限于管理条件满足不了的种类不应种植。

六、对于某些非当地适生种类，在总体设计中经特殊选定、有特殊意义并经采取一定技术措施即能够满足其正常生长的，也属于可选的范围。

第6.1.4条 一般植物类型的选择应根据用地内植物地下生存空间大小来确定。按选择的类型，土壤厚度不符合条件的，应在地形设计中预先予以考虑。

一、园林植物的形态类型细分为草皮植物、一年生花卉、多年生宿根花卉、木本地被、小灌木、大灌木、小乔木、大乔木（包括浅根大乔木、深根大乔木）。按这一地上部分生长类型的分法，应分为9项，但是植物地下部分的根系垂直分布所需要的地下空间与地上部分不容易一一对应，并有交叉现象。因此，附录四中的草坪植物包括一年生、多年生花卉与草皮类植物；小灌木包括木本地被；大灌木包括小乔木。附录四系参照各地经验和一些研究单位的研究成果制定。

大面积的不透水层中的"大面积"是指植株在壮年期根系发展以后，仍然不能超出的范围。"不透水层"指混凝土板块、石板、灰土层、礓石层及质地非常坚硬致使根系无法伸入者。在"不透水层"上的土壤改良包括设置由砂、砾石或碎石组成的排水，排水层的厚度为20~40cm。排水层下有时可用管道将水排出，"不透水层"有自然的倾斜度水可以自然排出者，可不埋设管道。

二、本条规定了公园绿化用地土壤的基本条件。城市公园用地的土壤非常复杂，可能有建筑垃圾、矿渣、生活垃圾或由于受污水面径流的影响，土壤内含有对植物有害的物质等等。为了保证公园的土壤符合植物生长的需要，使之能发挥长远的绿化作用，特规定本条。

三、城市中有时局部土壤由于长期积水，造成土壤酸、盐成分偏高。

四、表 6.1.4 中土壤物理性质指标制定，是依据落叶树、常绿树和古松柏三种类型树木的生长状况资料，择其保守值而定。

1. 关于落叶树

根据北京市园林科研所《毛白杨生长与城市土壤条件浅析》（1985 年）资料："土壤硬度大约在 16kg/cm³ 以上或土壤质量密度（原文为容重，以下同）在 1.63g/cm³ 以上的土壤里，毛白杨根系基本上没有分布。一般认为，毛白杨在土壤质量密度＞1.70g/cm³，总孔隙度大约在 35% 以下时，根系生长受到抑制。"

根据南京林产工业学院土壤教研组资料：

"杂交杨生长在土壤质量密度在 1.18～1.43g/cm³ 之间者，植株生长良好；质量密度在 1.51～1.64g/cm³ 之间者，生长状况中等。南京附近麻栎林地的粘质黄棕土壤，其 50～60cm 处的土壤质量密度为 1.6g/cm³ 左右，林分生长良好，而质量密度达 1.8g/cm³ 以上时，林分生长较差。"

2. 关于常绿树

根据南京林产工业学院土壤教研组资料：

"江西的黏质山地杉木林地上的红壤，30～50cm 处的土壤质量密度为 1.40～1.45g/cm³，林分生长良好；而质量密度大于 1.68g/cm³，杉木根群穿不过去，林分生长差，有时部分枯萎。"

根据北京市园林局《城市油松生长不良的土壤因素》：

"适于油松生长的土壤质量密度一般不超过 1.45g/cm³，总孔隙度在 45% 以上；而不适应的土壤质量密度都在 1.5g/cm³ 以上，总孔隙度则都在 42% 以下。"

在《北京市内园林树木和地被植物的研究及示范区试验》中："雪松据于二里沟绿地、陶然亭公园、景山公园等地测定，在土壤质量密度 1.30～1.45g/cm³ 的土壤上，枝叶浓绿生长健壮，枝条年生长量在 20cm 以上。"

3. 关于古树

根据北京市园林科研所 1983 年资料《北京市公园古松柏生长衰弱原因及复壮措施的研究》中提供的调查数据分析，古松柏生长势好的土壤情况：上层质量密度为 1.21g/cm³，下层（30～60cm）范围内土壤质量密度在 1.42～1.485g/cm³ 之间；总孔隙度在 43%～52% 之间；非毛管孔隙度在 10.7%以上。古松柏生长势弱的土壤情况：上层质量密度为 $1.59\sim1.8\text{g/cm}^3$，下层（30～60cm）质量密度在 $1.49\sim1.6\text{g/cm}^3$ 之间；下层总孔隙度在 42%以下，非毛管孔隙度在 10%以下。

条文中表 6.1.4 所取的值是根据以上资料中对土壤条件要求较严即适应性较差的类型，如古树、常绿树的生长受抑制的极限值确定的。对于适应性较差者能够维持其生长。

五、土壤改良的范围和进行何种性质的土壤改良要经过设计者的调查分析确定。

第 6.1.5 条 根系伸展范围以成年树所需为定，现行采用的透气性铺装有透气性铺装块、有孔洞的预制混凝土砖及干砌材料等。

第 6.1.7 条 本条文是参照我国现行有关标准及资料规定了在公园内执行的标准。

第 6.1.8 条 鉴于园林植物从设计定植到长成预想的效果需要较长的时间，在景观及功能上不同规格、质量的苗木发挥的作用差别很大。为了近期的园林景观效果和使园林植物能正常生长到发挥预计作用，设计应作出对苗木规格、质量和后期控制的规定，提出景观过渡的措施及其实施的时期要求，作为养护管理的依据。

第 6.1.9 条 风景林郁闭度的开放当年标准，是公园开始接待游人的当年，各类风景林不够成年期标准，但为了初步给游人以该类型风景林的感觉而规定的起始标准。

第 6.1.10 条 为保证整形绿篱正常生长需要和不影响游人活动作此规定。

第二节 游人集中场所

第 6.2.1 条 游人集中场所指公园内各种在设计上允许游人进入的区域，如出入口内、外铺装场地、儿童游戏场、各类园林建筑附属集散铺装场地、露天演出场、停车场、成人锻炼场、安静休息场及各级园路等场所。为在这些场所避免由于树种选择不当带来不利影响，本条对于某些植物作了限制。

第 6.2.2 条 2.2m 的值是根据《建筑设计资料集（1）》提供的人体尺度的平均高度加臂长。

第 6.2.3 条 儿童游戏场

一、乔木选用高大荫浓的树种，目的是为减少儿童攀爬机会和加强绿化效果。夏季有 50% 以上的庇荫，为儿童的户外活动提供卫生凉爽的环境。

二、灌木要求选用萌发力强、直立生长的中高型树种，主要是考虑儿童的活动对于灌木的生长具有破坏性，萌发力弱、蔓生或匍匐型、矮小的种类在儿童游戏场内，如不加保护措施，难于正常生长；矮型灌木向外侧生长的枝条大都在儿童身高范围内，儿童在互相追赶、奔跑嬉戏时，易造成枝折人伤。萌发力强、直力生长的中高型灌木，生存能力强，枝条分布多在儿童身高以上，儿童与树互不妨碍，场地又能得到良好的庇荫。

某些分枝低的乔木，能引诱儿童打悠、攀爬，既容易造成人身跌伤事故，又容易遭损坏。根据《建筑设计资料集（1）》提供的小学生身高及各部尺度的数据算得，13 岁以下的儿童平均摸高不大于 1.80m，由此定出大乔木分枝点不宜低于 1.8m。

第 6.2.5 条 停车场庇荫乔木枝下净空高度标准，依据中华人民共和国公安部、建设部 [88] 公（交管）字 90 号文中印发的《停车场规则设计规则（试行）》第 20 条规定的"停车场（库）设计车型外廓尺寸和换算系数表"中"总高"一栏。

二、1～2 依据上述规则第 20 条中大轿车高度而定。大轿车与小卧车混放的也依据本规定。

3. 枝下净空达到 2.2m 以上者可以存放自行车、三轮车等，根据人体尺度的平均高度加臂长求得。

三、保证树木基本生长所需土壤和保护树木不被车碰撞和碾压，保护设施一般选用栅栏杆或地面上设路缘石（高道牙）或设置种植（池）台。

第 6.2.7 条 园路两侧

一、《建筑设计资料集（1）》消防车库一节提供的消防车车库门高尺寸为 3000mm。以此为依据，保证园路的消防通行。

二、方便残疾人使用的园路边缘种植

1. 一些丛生型植物，叶质坚硬，其叶形如剑，直向上方，这类植物种于园路边，游人不慎跌倒，极易发生危险。

2. 枝下净空 2.2m 以上，是为了照顾视力残疾人。限高数值依据《方便残疾人使用的城市道路和建筑物设计规范》(JGJ 50)。

3. 在通行轮椅的园路边上，为避免当轮椅靠近路边时乔木的树干、枝条碰伤残疾人或防止乔灌木被轮椅撞伤而规定此值。参照《方便残疾人使用的城市道路和建筑物设计规范》（JGJ 50）提供的数据，轮椅坐面前沿垂线至前脚踏板中心距离 0.2m，参照室内柜橱设计，柜橱下部 0.30m 高度以下应向内凹进 0.2m，则轮椅坐面前沿垂线至柜橱下部橱壁为 0.40m。参照日本《都市公园技术标准解说书》关于露天桌的规定，轮椅坐面前沿垂线至桌子中心支撑物距离为 0.45m 以上，因此，乔木种植点宜距路边 0.50m 以上。

第三节　动物展览区

第 6.3.1 条　动物展区环境包括动物笼舍、动物运动场、参观看台、场地及其周围地带。

一、良好的生活环境如遮阴、防风砂、隔离不同动物间的视线等；

二、如在攀缘能力较强的动物运动场内植树，要防止动物缘树木攀登逃逸；

三、如创造原动物生长地的植物景观和为游人欣赏动物创造良好的视线、背景、遮阴条件等；

四、隔离某些动物发出的噪音和异味，以免影响附近环境。

第 6.3.2 条　植物种类选择，有其不同于一般公园的特殊要求。

一、本款规定的目的是使展出动物的同时，再现该动物原产地环境的缩影，以增加展出的真实感和科学性。动物来源于世界各地，生活于不同的气候带、不同的地理环境，在不同自然环境中的植物也千差万别，为了形成各地域不同的植物景观，在创造原产地的生态环境，满足动物和其环境植物生长要求的条件不具备时，可以使植物群体景观及个体形态相似于原产地植物。如：北京动物园采取代用树种的办法，用适应于北京地区生长的合欢，代替中国南部的凤凰木；用青桐来代替产于热带的梧桐科苹婆属植物。

二、有些植物虽有较高的观赏价值，但往往由于含某种有毒物质，对动物能起毒害作用。北京动物园就发生过熊猫误食国槐种子而引起腹泻的事故。因此在配置植物时应有所选择，其他植物，如茄科的曼陀罗、天南星科的海芋、夹竹桃科的夹竹桃均含对动物能起毒害作用的物质。一般说，野生动物本能地具有识别有毒植物的能力，但如混入饲草内被吞食，就有中毒的危险。

第四节 植物园展览区

第 6.4.1 条 植物园展览区的种植设计，将不同分区的主题内容、植物引种驯化成果、植物科学知识普及和园林艺术相结合，目的是为创造同时具备公园面貌和科学内容的植物园。

第 6.4.2 条 植物园展览区对定植的植物种类有较严的要求，一般在分区方案中就确定了该区展示的植物种类，但在种植设计中仍需从中进一步选择重点种类及确定具体品种。

第 6.4.3 条 展览种类以外的起配合作用的为配合种类。具有满足游览需要的其他功能是指游步道、庭园、休息场地等场所的庇荫等功能。

第七章 建筑物及其他设施设计

第一节 建 筑 物

第 7.1.1 条～第 7.1.2 条 为了实现公园的使用功能和整体风景构图的完美，要求单体建筑物设计与周围环境中的地形、地貌、山石、水体、植物等造园要素密切配合，保证游人安全、舒适和克服设计中单独突出建筑的倾向。

三、园林建筑的室外台阶很多与自然地形相结合，形式复杂，但为了游人的安全和赏景的需要作出下限规定。踏步宽采用《民用建筑设计通则》(JGJ 37) 第 4.2.1 条、表 4.2.1 中最低宽度限制。每处台阶踏步数不应少于 2 级是为避免行人不低头则不易发现有台阶而有被绊倒的危险。

四、护栏设施是泛指园林中能够起到栏杆作用的设施，可以是栏杆、矮墙或花台（池）等。设置护栏设施的起始高差 1m，系参照《民用建筑设计通则》第 4.2.2 条第二款。建筑物的护栏高度规定采用该规范第 4.2.4 条规定的数值。

第 7.1.4 条 在欧美、日本等国家公园中，服务、管理及附属建筑比较少。考虑我国目前游人的习惯以及服务的社会化、机械化程度不高等因素，仍需要适当设置这类建筑物。为了少占绿化用地和避免影响景观，要尽量减少这类建筑物的面积，压缩体量。管理设施指本规范第 2.4.1 条中所确定的常规设施中的管理部分。服务建筑的附属设施包括餐厅的厨房、冷冻间、锅炉房，车库等。

第二节 驳岸与山石

第 7.2.1 条 公园中的水体外缘建造驳岸，是为了避免河湖淤积。

第 7.2.2 条 一般土筑的驳岸坡度超过 100% 时，为了保持稳定，可以用各种形状的预制混凝土块、料石和天然山石铺漫，铺漫的形式可以有各种花纹，也可以留出种植孔穴，种植各种花草。坡度在 100% 以下时，可以用草皮或各种藤蔓类植物覆盖。

驳岸顶部一般都较附近稍高，使地表水向河湖的反方向排水，然后集中排入河内。排水设施有的用水簸箕，有的用管沟，这主要是防止对驳岸的冲刷。如果地表水需要进行防污、防沙处理则不在此例。

第 7.2.3 条 我国冬季土层冻结的寒冷地区，水体驳岸极易受冻胀的破坏。一种情况是基础受冻胀后使整个驳岸断裂，所以整个基础必须设在冰冻线以下；另一种情况是基础以上及其附近部分发生冻胀后使驳岸向水体方向挤胀，造成断裂，所以驳岸的铺漫砌筑不能用吸水性强的材料，铺漫砌筑的后方也需要填垫滤水的粒料，如砂石、焦碴等；再有一种情况是水体表面结冰后发生冻胀，可以使驳岸向水体外侧胀裂，特别是垂直的驳岸更易发生。解决的办法是加厚驳岸，以增加抗水平荷载，或者驳岸设计成斜坡，冻胀时冰面能顺坡上滑。为了避免水体表面结冻对垂直形式驳岸的冻胀威胁，北京有的公园采取破冰的方式，即隔一定时间，将靠近驳岸的冰面打碎，形成约一米左右宽的沟，使冰面离开驳岸。这只是一种简而易行的管理措施，还有用水体的循环水不断浇洒在靠近驳岸部分，使在一段距离内不结冰或只结薄冰。在严寒地区常采用冬季放掉池水的措施。所以设计文件中须注明管理措施。

第 7.2.4 条 驳岸的形式很多，对园林景观影响很大。设计时应着眼于园林特点，与园林环境协调，有别于一般的水库或其他水工构筑物。

第 7.2.5 条 有些艺术家把假山或立置石比作园林中的雕塑，我国传统园林中有很多艺术性很高的假山，因此堆叠山石既要考虑与周围环境、空间的关系，又要设计好本身的造型，选好石料。所用的各种石料和所设计的山形、山势,欣赏的角度、范围,与附近的建筑、道路、水体、植物都有密切的关系。例如有人主张在水边选用玲珑剔透的青绿色石料比较协调,也有人主张在水体上堆叠石桥用比较方整的暖色石料可以与水面形成对比,比较醒目。在大的环境中用料一般偏大,但也有时要在小的空间环境中选用几块大石料以为标志,诸如此类都要设计者加选定。

第7.2.6条 在我国园林中很多处都用山石护坡、砌花台、挡土墙、驳岸,也有叠成围墙状以形成一定的空间,遮掩一些败景,也有用来作梯道、台阶或石桌石凳的。在满足这些实际功能需要的同时还应该有美的形式和安全保证。

第7.2.8条 假山、山洞的结构可以采用梁柱式或拱券式,可以用钢筋混凝土作内部结构,外表饰以山石,也可以用天然石料直接堆筑。无论哪一种形式都要经过设计,或者设计人与施工部门共同商定,山石之间的加固措施也要同时确定。山洞曲折、深邃、内部较黑暗的要有采光。采光的方式可以用人工照明,也可以留出孔洞引入自然光。山洞结露滴下的水能排出;内部清扫冲刷时能将水排出。

第7.2.9条 用自然山石堆叠假山除了在艺术上要有完整性外,在结构上也要有整体性,其重心应稳定以防局部塌落。悬挑和山洞口的山石,为了防止塌落常在山石间埋设铁件,以山石作建筑物的梯道或在墙作壁山都在其间采用拉结措施,以防不均匀沉降或地震时发生问题。

第三节 电气与防雷

第7.3.1条 分线路、分区域控制照明是为了节约用电。

第7.3.3条 在有本条文所列内容的公园中,为防止特殊情况断电发生危险,需有两个电源供给。

第7.3.4条 本条文从安全和景观的需要出发,规定变(配)电所位置、配电箱位置选择原则。庭园灯接线盒外罩防护,指一般人不用专门工具无法打开的措施,防止少年儿童好奇打开造成触电事故。

第7.3.5条 公园的防雷范围包括建筑物、供电设施和游览活动设施。建筑物的防雷应按《建筑防雷设计规范》(GBJ 57)执行,供电设施应按《工业与民用电力装置的过电压保护设施规范》(GBJ 64)和《工业与民用电力装置的接地设计规范》(GBJ 65)执行。园内游乐设备如观览车、架空索道等以及通往山顶的山路金属护栏的防雷，要根据不同地区、不同设施具体解决，或是在雷雨天停止开放以防发生雷击伤人事件。

第四节 给水排水

第7.4.2条 城市供水系统以外的水源，系指利用自然水系、地下水或处理过的其他水源。

第五节 护　　栏

第7.5.1条 公园中的示意性护栏，指公园中带有一定装饰性、以示意的方式保护雕塑、花坛等不具有安全保护作用的护栏设施。

第六节 儿童游戏场

第7.6.4条 儿童游戏场戏水池深度的规定是为了确保安全和符合儿童特点，所规定的最大水深0.35m是根据《建筑设施资料集(1)》（幼儿园、托儿所）中提供的儿童尺度推算（3～4岁儿童的坐高减去头部高）得出，确保儿童坐在水中不致喝水。

第7.6.5条 儿童的自我平衡能力不高，又喜爱奔跑和攀爬，本条的制定是为了保证儿童在场地内活动时的安全，在儿童偶然摔倒后也不致被其他物体伤害，同时减少扬尘，提高环境质量。

（三）城市绿地分类标准

1　总　　则

1.0.1 为统一全国城市绿地（以下简称为"绿地"）分类，科学地编制、审批、实施城市绿地系统（以下简称为"绿地系统"）规划，规范绿地的保护、建设和管理，改善城市生态环境，促进城市的可持续发展，制定本标准。

1.0.2 本标准适用于绿地的规划、设计、建设、管理和统计等工作。

1.0.3 绿地分类除执行本标准外，尚应符合国家现行有关强制性标准的规定。

2 城市绿地分类

2.0.1 绿地应按主要功能进行分类，并与城市用地分类相对应。

2.0.2 绿地分类应采用大类、中类、小类三个层次。

2.0.3 绿地类别应采用英文字母与阿拉伯数字混合型代码表示。

2.0.4 绿地具体分类应符合表2.0.4的规定。

绿地分类　　　　　　　　　表2.0.4

类别代码			类别名称	内容与范围	备注
大类	中类	小类			
G_1			公园绿地	向公众开放，以游憩为主要功能，兼具生态、美化、防灾等作用的绿地	
	G_{11}		综合公园	内容丰富，有相应设施，适合于公众开展各类户外活动的规模较大的绿地	
		G_{111}	全市性公园	为全市居民服务，活动内容丰富、设施完善的绿地	
		G_{112}	区域性公园	为市区内一定区域的居民服务，具有较丰富的活动内容和设施完善的绿地	
	G_{12}		社区公园	为一定居住用地范围内的居民服务，具有一定活动内容和设施的集中绿地	不包括居住组团绿地
		G_{121}	居住区公园	服务于一个居住区的居民，具有一定活动内容和设施，为居住区配套建设的集中绿地	服务半径：0.5~1.0km
		G_{122}	小区游园	为一个居住小区的居民服务、配套建设的集中绿地	服务半径：0.3~0.5km

续表

类别代码			类别名称	内容与范围	备 注
大类	中类	小类			
G_1	G_{13}		专类公园	具有特定内容或形式，有一定游憩设施的绿地	
		G_{131}	儿童公园	单独设置，为少年儿童提供游戏及开展科普、文体活动，有安全、完善设施的绿地	
		G_{132}	动物园	在人工饲养条件下，移地保护野生动物，供观赏、普及科学知识，进行科学研究和动物繁育，并具有良好设施的绿地	
		G_{133}	植物园	进行植物科学研究和引种驯化，并供观赏、游憩及开展科普活动的绿地	
		G_{134}	历史名园	历史悠久，知名度高，体现传统造园艺术并被审定为文物保护单位的园林	
		G_{135}	风景名胜公园	位于城市建设用地范围内，以文物古迹、风景名胜点（区）为主形成的具有城市公园功能的绿地	
		G_{136}	游乐公园	具有大型游乐设施，单独设置，生态环境较好的绿地	绿化占地比例应大于等于65%
		G_{137}	其他专类公园	除以上各种专类公园外具有特定主题内容的绿地。包括雕塑园、盆景园、体育公园、纪念性公园等	绿化占地比例应大于等于65%
	G_{14}		带状公园	沿城市道路、城墙、水滨等，有一定游憩设施的狭长形绿地	
	G_{15}		街旁绿地	位于城市道路用地之外，相对独立成片的绿地，包括街道广场绿地、小型沿街绿化用地等	绿化占地比例应大于等于65%

续表

类别代码			类别名称	内容与范围	备注
大类	中类	小类			
G_2			生产绿地	为城市绿化提供苗木、花草、种子的苗圃、花圃、草圃等圃地	
G_3			防护绿地	城市中具有卫生、隔离和安全防护功能的绿地。包括卫生隔离带、道路防护绿地、城市高压走廊绿带、防风林、城市组团隔离带等	
G_4			附属绿地	城市建设用地中绿地之外各类用地中的附属绿化用地。包括居住用地、公共设施用地、工业用地、仓储用地、对外交通用地、道路广场用地、市政设施用地和特殊用地中的绿地	
	G_{41}		居住绿地	城市居住用地内社区公园以外的绿地,包括组团绿地、宅旁绿地、配套公建绿地、小区道路绿地等	
	G_{42}		公共设施绿地	公共设施用地内的绿地	
	G_{43}		工业绿地	工业用地内的绿地	
	G_{44}		仓储绿地	仓储用地内的绿地	
	G_{45}		对外交通绿地	对外交通用地内的绿地	
	G_{46}		道路绿地	道路广场用地内的绿地,包括行道树绿带、分车绿带、交通岛绿地、交通广场和停车场绿地等	
	G_{47}		市政设施绿地	市政公用设施用地内的绿地	
	G_{48}		特殊绿地	特殊用地内的绿地	

续表

类别代码			类别名称	内容与范围	备注
大类	中类	小类			
G5			其他绿地	对城市生态环境质量、居民休闲生活、城市景观和生物多样性保护有直接影响的绿地。包括风景名胜区、水源保护区、郊野公园、森林公园、自然保护区、风景林地、城市绿化隔离带、野生动植物园、湿地、垃圾填埋场恢复绿地等	

3 城市绿地的计算原则与方法

3.0.1 计算城市现状绿地和规划绿地的指标时，应分别采用相应的城市人口数据和城市用地数据；规划年限、城市建设用地面积、规划人口应与城市总体规划一致，统一进行汇总计算。

3.0.2 绿地应以绿化用地的平面投影面积为准，每块绿地只应计算一次。

3.0.3 绿地计算的所用图纸比例、计算单位和统计数字精确度均应与城市规划相应阶段的要求一致。

3.0.4 绿地的主要统计指标应按下列公式计算。

$$A_{g1m} = A_{g1}/N_p \quad (3.0.4\text{-}1)$$

式中 A_{g1m}——人均公园绿地面积（m^2/人）；

A_{g1}——公园绿地面积（m^2）；

N_p——城市人口数量（人）。

$$A_{gm} = (A_{g1} + A_{g2} + A_{g3} + A_{g4})/N_p \quad (3.0.4\text{-}2)$$

式中 A_{gm}——人均绿地面积（m^2/人）；

A_{g1}——公园绿地面积（m^2）；

A_{g2}——生产绿地面积（m^2）；

A_{g3}——防护绿地面积（m^2）；

A_{g4}——附属绿地面积（m^2）；

N_p——城市人口数量（人）。

$$\lambda_g = [(A_{g1} + A_{g2} + A_{g3} + A_{g4})/A_c] \times 100\% \quad (3.0.4\text{-}3)$$

式中 λ_g——绿地率（%）；

A_{g1}——公园绿地面积（m²）；

A_{g2}——生产绿地面积（m²）；

A_{g3}——防护绿地面积（m²）；

A_{g4}——附属绿地面积（m²）；

A_c——城市的用地面积（m²）。

3.0.5 绿地的数据统计应按表3.0.5的格式汇总。

城市绿地统计表　　　　　　　　表 3.0.5

序号	类别代码	类别名称	绿地面积（hm²）		绿地率（%）（绿地占城市建设用地比例）		人均绿地面积（m²/人）		绿地占城市总体规划用地比例（%）	
			现状	规划	现状	规划	现状	规划	现状	规划
1	G₁	公园绿地								
2	G₂	生产绿地								
3	G₃	防护绿地								
	小	计								
4	G₄	附属绿地								
	中	计								
5	G₅	其他绿地								
	合	计								

备注：_____年现状城市建设用地_____hm²，现状人口_____万人；

　　　_____年规划城市建设用地_____hm²，规划人口_____万人；

　　　_____年城市总体规划用地_____hm²。

3.0.6 城市绿化覆盖率应作为绿地建设的考核指标。

（四）《城市绿地分类标准》条文说明

1　总　　则

1.0.1 本标准所称城市绿地（以下简称"绿地"）是指以自然植被和

人工植被为主要存在形态的城市用地。它包含两个层次的内容：一是城市建设用地范围内用于绿化的土地；二是城市建设用地之外，对城市生态、景观和居民休闲生活具有积极作用、绿化环境较好的区域。这个概念建立在充分认识绿地生态功能、使用功能和美化功能，城市发展与环境建设互动关系的基础上，是对绿经的一种广义的理解，有利于建立科学的城市绿地系统（以下简称为"绿地系统"）。

随着城市化水平的不断提高，城市环境问题日益突出，绿地建设的重要性已为人们所认识。由于我国目前还没有一个全国统一的绿地分类标准，所以各个城市的绿地分类差别较大，有些即使是同类绿地，名称相同，但其内涵和统计口径也不尽相同。绿地分类及统计口径的不规范，导致绿地系统规划与城市规划之间缺少协调关系，使城市之间的绿地规划建设指标缺乏可比性，直接影响到绿地系统规划的编制与审批，影响到绿地的建设与管理。从绿地建设实践和城市的可持续发展来看，迫切需要制订全国统一的绿地分类标准。

编制本标准的目的在于总结建国以来绿地规划、建设、管理的经验，参考和学习国外先进方法，建立符合我国城市建设特点的绿地分类，以统一全国的绿地分类和统计口径，提高绿地系统规划编制、审批的科学性，提高绿地保护、建设和管理水平，切实改善城市生态环境，促进城市的可持续发展。

1.0.2 本标准适用于国家按行政建制设立的城市（1）绿地规划与设计的编制与审批；（2）绿地的建设与管理；（3）绿地的统计等工作。依照《中华人民共和国城市规划法》，本标准所称城市包括直辖市、市、镇。将建制镇作为本标准的适用对象，是考虑到在中国城市化进程中，城镇的发展较为迅速，其环境问题亦日益突出，注重城镇的绿地保护与建设，将有利于城镇经济和环境的同步发展。

1.0.3 各个城市在进行绿地的规划、设计、建设、管理及统计工作时，除执行本标准外，还应符合国家现行的与绿地相关的法律法规、技术标准，尤其是强制性标准条文的规定。

2　城市绿地分类

2.0.1 建国以来，有关的行政主管部门、研究部门和学者从不同的角度出发，提出过多种绿地的分类方法。世界各国由于国情不同，绿地规划、建设、管理、统计的机制不同,所采用的绿地分类方法也不统一。

本标准从我国的具体情况出发,根据各地区主要城市的绿地现状和规划特点,以及城市建设发展尤其是经济与环境同步发展的需要,参考国外有关资料,以绿地的功能和用途作为分类的依据。由于同一块绿地同时可以具备游憩、生态、景观、防灾等多种功能,因此,在分类时以其主要功能为依据。

与绿地相关的现行法规和标准主要有:《中华人民共和国城市规划法》、《城市绿化条例》、《城市用地分类与规划建设用地标准》GBJ 137、《公园设计规范》CJJ 48、《城市居住区规划设计规范》CB 50180和《城市道路绿化规划与设计规范》CJJ 75 等。这些法规和标准从不同角度对某些种类的绿地作了明确规定。从行业要求出发编制本标准时,与相关标准进行了充分协调。

2.0.2 本标准将绿地分为大类、中类、小类三个层次,共 5 大类、13 中类、11 小类,以反映绿地的实际情况以及绿地与城市其他各类用地之间的层次关系,满足绿地的规划设计、建设管理、科学研究和统计等工作使用的需要。

2.0.3 为使分类代码具有较好的识别性,便于图纸、文件的使用和绿地的管理,本标准使用英文字母与阿拉伯数字混合型分类代码。大类用英文 GREEN SPACE(绿地)的第一个字母 G 和一位阿拉伯数字表示;中类和小类各增加一位阿拉伯数字表示。如:G_1 表示公园绿地,G_{11} 表示公园绿地中的综合公园,G_{111} 表示综合公园中的全市性公园。

本标准同层级类目之间存在着并列关系,不同层级类目之间存在着隶属关系,即每一大类包含着若干并列的中类,每一中类包含着若干并列的小类。

2.0.4 表 2.0.4 已就各类绿地的名称、内容与范围作了规定,以下按顺序说明。

1 公园绿地

(1)关于取消"公共绿地"的说明

"公共绿地"引自苏联,建国以来在我国城市规划与绿地规划、建设、管理、统计工作中曾广泛使用。但是,从长期的绿地建设和发展趋势来看,需要从以下几方面重新考虑"公共绿地"的命名。

1) 准确的命名是建立科学的分类方法的基本保证。

类别名称的确定,反映了不同分类方法的出发点和基本原则。命名的准确性直接关系到分类方法的科学合理性。我国现行的法规、标准及行政文件对"公共绿地"的定义及内容的规定主要有:①《城市用地分类与规划建设用地标准》规定"公共绿地"为"向公众开放,有一定游憩设施的绿化用地,包括其范围内的水域";②《城市绿化规划建设指标的规定》(城建 [1993] 784 号):"公共绿地是指向公众开放的市级、区级、居住区级公园、小游园、街道广场绿地,以及植物园、动物园、特种公园等"。另外,在中华人民共和国建设部编写的《城市绿化条例释义》第三章中有这样的论述:"城市的公共绿地、风景林地、防护绿地、行道树及干道绿化带的绿化属于市公有,为全市服务,既是城市居民共享的,又是城市绿地系统中的骨干部分"。由此可见,"公共绿地"突出反映的是"公共性",与它相对应的是非公共绿地。因此,继续使用"公共绿地"将使本标准产生分类名称上的不准确。

2) 充分体现绿地的功能和用途。

"公共绿地"体现的是所属关系和服务对象的范围,但无论是《城市用地分类与规划建设用地标准》还是本标准,均以用地的性质和功能为主要分类依据。因此,继续使用"公共绿地"将使本标准产生分类依据上的不统一。

3) 适应绿地建设与发展的需要。

"公共绿地"是政府投资建设和管理的带有社会福利性质的市政公用设施。在社会主义市场经济条件下,绿地建设的投资渠道、开发方式和管理机制均发生了变化,由园林系统外建设并向公众开放的公园绿地在各地均有出现,这些公园绿地与"公共绿地"在概念上有所不同,但在功能和用途上是相同的。因此,继续使用"公共绿地"不能如实反映我国绿地建设的现状和发展趋势。

4) 有利于国际间的横向比较。

世界各国的绿地分类及绿地规划建设指标因国情不同而各异,但我国目前使用的"公共绿地"与其他国家相对于非公有绿地的"公共绿地"缺乏可比性。

为此,本标准不再使用"公共绿地",而用"公园绿地"替代。

(2) 关于"公园绿地"名称的说明

"公园绿地"是城市中向公众开放的、以游憩为主要功能，有一定的游憩设施和服务设施，同时兼有健全生态、美化景观、防灾减灾等综合作用的绿化用地。它是城市建设用地、城市绿地系统和城市市政公用设施的重要组成部分，是表示城市整体环境水平和居民生活质量的一项重要指标。

本标准将"公共绿地"改称"公园绿地"主要出于以下考虑：

1）突出绿地的主要功能。

相对于其他绿地来说，为居民提供绿化环境和良好的户外游憩场所是"公共绿地"的主要功能，但"公共绿地"从字面上看强调的是公共性，而"公园绿地"则直接体现的是这类绿地的功能性。"公园绿地"并非"公园"和"绿地"的叠加，不是公园和其他类别绿地的并列，而是对具有公园作用的所有绿地的统称，即公园性质的绿地。

2）具备一定的延续性和协调性。

首先，以"公园绿地"替代"公共绿地"，基本保持原有的内涵，既能保证命名的科学、准确，又使绿地统计数据具有一定的延续性。

其次，国家现行标准《公园设计规范》CJJ 48 中提出的公园类型基本上写《城市用地分类与规划建设用地标准》GBJ 137 中"公共绿地"的内容相吻合，只是所用名称有所不同，如将"街头绿地"表述为"带状公园"和"街旁游园"，并作出了相应的规定。因此，使用"公园绿地"既可以涵盖"公共绿地"的内容，又与相关标准、规范具有协调性。

3）建立国际间横向比较的基础。

"人均公园面积"是欧美、日本等发达国家普遍采用的一项反映绿地建设水平的指标，本标准使用"公园绿地"的名称，以"人均公园绿地面积"取代"人均公共绿地面积"，有利于国际间的横向比较。虽然世界各国"公园"的内涵不一定完全相同，但是基本概念是相对应的，而且从发展的角度看，也有趋同的趋势。

（3）关于"公园绿地"的分类

对"公园绿地"进一步分类，目的是针对不同类型的公园绿地提出不同的规划、设计、建设及管理要求。本标准按各种公园绿地的主要功能和内容，将其分为综合公园、社区公园、专类公园、带状公园和街旁绿地 5 个中类及 11 个小类，小类基本上与国家现行标准《公园设计规范》CJJ 48 的规定相对应。

1）综合公园。

综合公园包括全市性公园和区域性公园，与国家现行标准《公园设计规范》CJJ 48 的内容保持一致。因各城市的性质、规模、用地条件、历史沿革等具体情况不同，综合公园的规模和分布差异较大，故本标准对综合公园的最小规模和服务半径不作具体规定。

2）关于"社区公园"的说明。

在城市化发展过程中，一方面是城市生活水平的提高使居民的生活范围发生着变化，另一方面是城市开发建设的多元化使开发项目的单位规模多样化，因此，使用"社区"的概念，既可以从用地规模上保证覆盖面，同时强调社区体系的建立和社区文化的创造。"社区"的基本要素为："① 有一定的地域；② 有一定的人群；③ 有一定的组织形式、共同的价值观念、行为规范及相应的管理机构；④ 有满足成员的物质和精神需求的各种生活服务设施"（摘自《辞海》）。因此，"社区"与"居住用地"基本上是吻合的。

本标准在公园绿地的分类中设"社区公园"中类，结合国家现行标准《城市居住区规范设计规范》GB 50180 下设"居住区公园"和"小区游园"两个小类，并对其服务半径作出规定，旨在着重强调这类公园绿地都属于公园性质，与居民生活关系密切，必须和住宅开发配套建设，合理分布。

在《城市用地分类与规划建设用地标准》中，"居住区公园"归属"公共绿地"，而"小区游园"归属"居住用地"。为保证统计资料的准确性和延续性，在城市用地统计时，从本标准的"公园绿地"中扣除"小区游园"项之后，可替代原"公共绿地"参与城市建设用地平衡；在进行城市绿地统计时，"小区游园"已计入"公园绿地"，故不可再计入"附属绿地"中重复统计。

3）关于增设"游乐公园"的说明。

目前，我国许多城市兴建了大型游乐场所，但是其建设、管理均不够规范。1997 年，国务院下发《关于游艺机、游乐园有关情况的报告》（国经贸质［1997］661 号），明确规定将游乐园的管理权归属建设部。本标准增设"游乐公园"，是考虑到：① 大型游乐场作为城市旅游景点和居民户外活动场所之一应当纳入城市公园绿地的范畴；② 将游乐场所定位为"游乐公园"，明确其绿化占地比例应大于等于

65%的规定，有利于提高游乐场所的环境质量和整体水平；③将游乐场所从偏重于经济效益向注重环境、经济和社会综合效益的方向引导。

为符合国家现行标准《公园设计规范》CJJ 48 对公园绿地的要求，本标准提出"游乐公园"中的绿化占地比例应大于等于65%的规定。对于已建成的游乐场所，如达不到该项要求，不能按"公园绿地"计算。

4）关于"带状公园"的说明。

"带状公园"常常结合城市道路、水系、城墙而建设，是绿地系统中颇具特色的构成要素，承担着城市生态廊道的职能。"带状公园"的宽度受用地条件的影响，一般呈狭长形，以绿化为主，辅以简单的设施。本标准虽未对"带状公园"提出宽度的规定，但在带状公园的最窄处必须满足游人的通行、绿化种植带的延续以及小型休息设施布置的要求。

5）关于"街旁绿地"的说明。

"街旁绿地"是散布于城市中的中小型开放式绿地，虽然有的街旁绿地面积较小，但具备游憩和美化城市景观的功能，是城市中量大面广的一种公园绿地类型。

本标准提出"街旁绿地"的绿化占地比例的规定，其主要依据是国家现行标准《公园设计规范》CJJ 48 规定"街旁游园"的绿化占地比例应大于等于65%。

6）关于"街道广场绿地"的说明。

在"街旁绿地"的"内容与范围"一栏中提到了"街道广场绿地"的概念，"街道广场绿地"是我国绿地建设中一种新的类型，是美化城市景观，降低城市建筑密度，提供市民活动、交流和避难场所的开放型空间。"街道广场绿地"在空间位置和尺度上，在设计方法和景观效果上不同于小型的沿街绿化用地，也不同于一般的城市游憩集会广场、交通广场和社会停车场库用地。建设部《城市绿化规划建设指标的规定》的说明中，将"街道广场绿地"归为"公共绿地"的一种，但没有做出定义。从对北京、上海、沈阳、武汉等19个城市的调查结果看，其中，17个城市在"公共绿地"统计中有"街道广场绿地"。

"街道广场绿地"与"道路绿地"中的"广场绿地"不同，"街道广场绿地"位于道跟红线之外，而"广场绿地"在城市规划的道路广场用地（即道路红线范围）以内。

本标准提出"街道广场绿地"中绿化占地比例大于等于65%这一量化规定的主要依据是：① 国家现行标准《城市道路绿化规划与设计规范》CJJ 75规定城市公共活动广场集中成片绿地不应小于广场总面积的25%；② 对上海、天津、山东等地16个街道广场绿地的调查，绿化占地比例的平均值达63.3%，其中最低值为43%（不含水体），最高达81%；③ 虽广场绿地中的人流量一般大于普通的沿街绿地，但在满足功能需求的同时，应符合国家现行标准《公园设计规范》CJJ 48关于绿化占地比例的规定。

2 生产绿地

国家现行标准《城市用地分类与规划建设用地标准》CBJ 137将生产绿地和防护绿地合并为一个中类。考虑到这两类绿地具有不同的功能和用途，往往分类规划、分项建设。参照建设部《城市绿化规划建设指标的规定》，考虑绿地规划和建设的实际需要，本标准将这两类绿地分成两个大类。

不管是否为园林部门所属，只要是为城市绿化服务，能为城市提供苗木、草坪、花卉和种子的各类圃地，均应作为生产绿地，而不应计入其他类用地。其他季节性或临时性的苗圃，如从事苗木生产的农田，不应计入生产绿地。单位内附属的苗圃，应计入单位用地，如学校自用的苗圃，与学校一并作为教育科研设计用地，在计算绿地时则作为附属绿地。

由于城市建设用地指标的限定和苗木供应市场化，生产绿地已显现出郊区化的趋势。因此，位于城市建设用地范围外的生产绿地不参与城市建设用地平衡，但在用地规模是应达到相关标准的规定。

圃地具有生产的特点，许多城市中临时性存放或展示苗木、花卉的用地，如花卉展销中心等不能作为生产绿地。

3 防护绿地

防护绿地是为了满足城市对卫生、隔离、安全的要求而设置的，其功能是对自然灾害和城市公害起到一定的防护或减弱作用，不宜兼作公园绿地使用。因所在位置和防护对象的不同，对防护绿地的宽度和种植方式的要求各异，目前较多省市的相关法规针对当地情况有相应的规定，可参照执行。

4 附属绿地

（1）关于"附属绿地"含义的说明

"附属绿地"在过去的绿地分类中，被称为"专用绿地"或"单位附属绿地"。虽然从功用上看，"专用绿地"和"附属绿地"内容相同，但从名称的字面解释上看，"专用绿地"容易产生误解，因为许多"专用绿地"并非专用，而是对公众开放的。由于在城市总体规划中已对"专用绿地"、"生产绿地"和"防护绿地"作出了规定，使用"附属绿地"一词则更能够准确地反映出包含在其他城市建设用地中的绿地的含义。"附属绿地"不能单独参与城市建设用地平衡。

（2）关于"附属绿地"分类的说明

附属绿地的分类基本上与国家现行标准《城市用地分类与规划建设用地标准》GBJ 137 中建设用地分类的大类相对应，既概念明确，又便于绿地的统计、指标的确定和管理上的操作。附属绿地因所附属的用地性质不同，而在功能用途、规划设计与建设管理上有较大差异，应符合相关规定和城市规划的要求，如"道路绿地"应参照国家现行标准《城市道路绿化规划与设计规范》CJJ 75 的规定执行。

由于附属绿地的分类与城市建设用地的类别紧密相关，为方便本标准的使用，特将《城市用地分类与规划建设用地标准》中相关内容摘录如下：

类别名称	范围
居住用地	居住小区、居住街坊、居住组团和单位生活区等各种类型的成片或零星的用地
公共设施用地	居住区及居住区级以上的行政、经济、文化、教育、卫生、体育以及科研设计等机构和设施的用地，不包括居住用地中的公共服务设施用地
工业用地	工矿企业的生产车间、库房及其附属设施等用地，包括专用的铁路、码头和道路等用地。不包括露天矿用地
仓储用地	仓储企业的库房、堆场和包装加工车间及其附属设施等用地
对外交通用地	铁路、公路、管道运输、港口和机场等城市对外交通运输及其附属设施等用地

续表

类别名称	范围
道路广场用地	市级、区级和居住区级的道路、广场和停车场等用地
市政公用设施用地	市级、区级和居住区级的市政公用设施用地,包括其建筑物、构筑物及管理维修设施等用地
特殊用地	特殊性质的用地,如军事用地、外事用地、保安用地等

(3) 关于"居住绿地"的说明

居住绿地在城市绿地中占有较大比重,与城市生活密切相关,是居民日常使用频率最高的绿地类型。在《城市绿化条例》中将居住绿地作为一个大类,考虑到分类依据的统一性,以及居住绿地是附属于居住用地的绿化用地,本标准将居住绿地作为中类归入附属绿地。居住绿地不能单独参加城市建设用地平衡。

随着城市环境建设水平的提高,全国已有许多城市要求居民出行500m可进入公园绿地。为满足城市规划建设管理的需求,结合我国城市用地现状,本标准将"居住区公园"和"小区游园"归属"公园绿地",在城市绿地指标统计时不得作为"居住绿地"计算。居住绿地的规划设计应参照国家现行标准《城市居住区规划设计规范》GB 50180 的规定执行。

5 其他绿地

(1) 关于"其他绿地"的说明

1) 必要性。

城市通常有若干个空间层次,从城市规划、建设和管理的角度讲,则主要有城市建设用地和城市规划区空间层次。

随着市场经济和城市建设的发展、城市居民休闲时间的增加和出行能力的增强,位于城市建设用地之外、城市规划区范围以内,生态、景观和游憩环境较好、面积较大、环境类型多样的区域开始承担起城市生态、景观保护和居民游憩的职能,使市区与周边环境的结合更加有机,使居民生活更加丰富。

这些区域能够体现出城市规划区中的生态、景观、旅游、娱乐等资源状况,它是城市建设用地范围内上述诸系统的延伸,它与城市建设用地内的绿地共同构成完整的绿地系统。因此在绿地分类中必须包含这些内容。

2）关于"其他绿地"的含义及其命名。

"其他绿地"是指位于城市建设用地以外生态、景观、旅游和娱乐条件较好或亟须改善的区域，一般是植被覆盖较好、山水地貌较好或应当改造好的区域。这类区域对城市居民休闲生活的影响较大，它不但可以为本地居民的休闲生活服务，还可以为外地和外国游人提供旅游观光服务，有时其中的优秀景观甚至可以成为城市的景观标志。其主要功能偏重生态环境保护、景观培育、建设控制、减灾防灾、观光旅游、郊游探险、自然和文化遗产保护等。如风景名胜区、水源保护区、有些城市新出现的郊野公园、森林公园、自然保护区、风景林地、城市绿化隔离带、野生动植物园、湿地、垃圾填埋场恢复绿地等。由于上述区域与城市和居民的关系较为密切，故应当按城市规划和建设的要求保持现状或定向发展，一般不改变其土地利用现状分类和使用性质。

上述类型的区域在很多城市的绿地规划和建设中已经出现，并呈现良好的发展态势，但命名比较混乱。"其他绿地"的命名既考虑到这些类型的区域与城市建设用地内的绿地的相对关系，又能够对不断扩展的区域类型有较大的覆盖面。

"其他绿地"不能替代或折合成为城市建设用地中的绿地，它只是起到功能上的补充、景观上的丰富和空间上的延续等作用，使城市能够在一个良好的生态、景观基础上进行可持续发展。"其他绿地"不参与城市建设用地平衡，它的统计范围应与城市总体规划用地范围一致。

（2）关于"其他绿地"中"城市绿化隔离带"的说明

城市绿化隔离带包括城市绿化隔离带和城市组团绿化隔离带。不同于城市组团绿化隔离带的城市绿化隔离带指我国已经出现的城镇连片地区，有些城镇中心相距10余公里，城镇边缘已经相接，这些城镇应当用绿色空间分隔，防止城镇的无序蔓延和建设效益的降低。

（3）关于"其他绿地"中"湿地"的说明

根据《关于特别是水禽生境的国际重要湿地公约》（《拉姆萨公约》）在序言中的定义，湿地为："沼泽、湿原、泥炭地或水域，其中水域包括天然的和人工的，永久的和暂时的，水体可以是静止的或流动的，是淡水、半咸水或咸水，包括落潮时水深不超过6m的海域，另外还包括毗邻的梯岸和海滨"。这是一个广泛的定义。

3 城市绿地的计算原则与方法

3.0.1 绿地作为城市用地的一种类型，计算时应采用相应的城市人口数据和城市用地数据，以利于用地指标的分析比较，增强绿地统计工作的科学性。

3.0.2 绿地面积应按绿化用地的平面投影面积进行计算，山丘、坡地不能以表面积计算。每块绿地只计算一次，不得重复。

3.0.3 《城市用地分类与规划建设用地标准》对城市规划不同阶段用地计算的图纸比例、计算单位、数字统计精确度作了明确规定，绿地计算时应与城市规划相应阶段的要求一致，以保证城市用地统计数据的整合性。

3.0.4 为统一绿地主要指标的计算工作，便于绿地系统规划的编制与审批，以及有利于开展城市间的比较研究，本标准提出了人均公园绿地面积、人均绿地面积、绿地率三项主要的绿地统计指标的计算公式。

现就三项指标的计算公式做如下说明：① 可以用于不同的城市用地统计范围，如城市中心区、城市建设用地、城市总体规划用地等，一般在绿地系统规划中和无特指的情况下，均以城市建设用地范围为用地统计范围，即：计算公式中的 A_c 一般指城市建设用地面积；② 三项指标的计算公式既可以用于现状绿地的统计，也可以用于规划指标的计算，但计算时应符合 3.0.1 条的规定，即用于现状绿地统计时，采用城市现状人口和城市现状建设用地数据；用于规划指标计算时，采用城市规划人口和城市现状建设用地数据，这些数据均应与城市总体规划一致。

3.0.5 在表 3.0.5 中设"小计"、"中计"、"合计"项是为了便于与城市总体规划相协调。"小计"项中扣除"小区游园"后与《城市用地分类与规划建设用地标准》中的"绿地"一致；"中计"项与"城市建设用地平衡表"相对应；"合计"项可以得出绿地占城市总体规划用地的比例。因为城市建设用地和城市总体规划用地是城市总体规划与城市建设统计中使用的两个不同的用地范围，所以本标准提出针对这两个用地范围的绿地率指标，以反映不同空间层次的绿化水平。

附录：主要绿地分类名称中英文对照表

代码 CODES	主要绿地中文名称 CHINESE	英文同（近）义词 ENGLISH
G_1	公园绿地	PUBLIC PARK
G_2	生产绿地	NURSERY
G_3	防护绿地	GREEN BUFFER
G_4	附属绿地	ATTACHED GREEN SPACE
G_5	其他绿地	OTHER GREEN SPACE

（五）国家园林城市标准

一、组织管理（10分）

1. 认真执行国务院《城市绿化条例》；
2. 市政府领导重视城市绿化美化工作，创建活动动员有力，组织保障、政策资金落实；
3. 创建工作指导思想明确，实施措施有力；
4. 结合城市园林绿化工作实际，创造出丰富经验，对全国有示范、推动作用；
5. 城市园林绿化行政主管部门的机构完善，职能明确，行业管理到位；
6. 管理法规和制度健全、配套；
7. 执法管理落实、有效，无非法侵占绿地、破坏绿化成果的严重事件；
8. 园林绿化科研队伍和资金落实，科研成效显著。

二、规划设计（10分）

1. 城市绿地系统规划编制完成，获批准并纳入城市总体规划，严格实施规划，取得良好的生态、环境效益；
2. 城市公共绿地、居住区绿地、单位附属绿地、防护绿地、生产绿地、风景林地及道路绿化布局合理、功能健全，形成有机的完整系统；
3. 编制完成城市规划区范围内植物物种多样性保护规划；

4. 认真执行《公园设计规范》，城市园林的设计、建设、养护管理达到先进水平，景观效果好。

三、景观保护（8分）

1. 突出城市文化和民族特色，保护历史文化措施有力，效果明显，文物古迹及其所处环境得到保护；

2. 城市布局合理，建筑和谐，容貌美观；

3. 城市古树名木保护管理法规健全，古树名木保护建档立卡，责任落实，措施有力；

4. 户外广告管理规范，制度健全完善，效果明显。

四、绿化建设（30分）

（一）指标管理

1. 城市园林绿化工作成果达到全国先进水平，各项园林绿化指标最近五年逐年增长；

2. 经遥感技术鉴定核实，城市绿化覆盖率、建成区绿地率、人均公共绿地面积指标，达到基本指标；

3. 各城区间的绿化指标差距逐年缩小，城市绿化覆盖率、绿地率相差在5个百分点，人均化共绿地面积差距在 $2m^2$ 内。

（二）道路绿化

1. 城市街道绿化按道路长度普及率、达标率分别在95%和80%以上；

2. 市区干道绿化带面积不少于道路总用地面积的25%；

3. 全市形成林荫路系统，道路绿化、美化具有本地区特点。江、河、湖、海等水体沿岸绿化良好，具有特色，形成城市特有的风光带。

（三）居住区绿化

1. 新建居住小区绿化面积占总用地面积的30%以上，辟有休息活动园地，改造旧居住区绿化面积也不少于总用地面积的25%；

2. 全市园林式居住区占60%以上；

3. 居住区园林绿化养护管理资金落实，措施得当，绿化种植维护落实，设施保持完整。

（四）单位绿化

1. 市内各单位重视庭院绿化美化。开展"园林式单位"评选活动，标准科学合理，制度严格，成效显著。

2. 达标单位占 70% 以上，先进单位占 20% 以上；

3. 各单位和居民个人积极开展庭院、阳台、屋顶、墙面、室内绿化及认养绿地等绿化美化活动，取得良好的效果。

（五）苗圃建设

1. 全市生产绿地总面积占城市建成区面积的 2% 以上；

2. 城市各项绿化美化工程所用苗木自给率达 80% 以上，并且规格、质量符合城市绿化栽植工程需要；

3. 园林植物引种、育种工作成绩显著，培育出一批适应当地条件的具有特性、抗性优良品种。

（六）城市全民义务植树

城市全民义务植树每年完成，植树成活率和保存率均不低于 85%，尽责率在 80% 以上。

（七）立体绿化

垂直绿化普遍开展，积极推广屋顶绿化，景观效果好。

五、园林建设（12 分）

1. 城市建设精品多，标志性设施有特色，水平高；

2. 城市公园绿地布局合理，分布均匀，设施齐全，维护良好，特色鲜明；

3. 公园设计突出植物景观，绿化面积应占陆地总面积的 70% 以上，绿化种植植物群落富有特色，维护管理良好；

4. 推行按绿地生物量考核绿地质量，园林绿化水平不断提高，绿地维护管理良好；

5. 城市广场建设要突出以植物造景为主，植物配置乔灌草相结合，建筑小品、城市雕塑要突出城市特色，与周围环境协调美观，充分展示城市历史文化风貌。

六、生态建设（15 分）

1. 城市大环境绿化扎实开展，效果明显，形成城乡一体的优良环境，形成城市独有的独特自然、文化风貌；

2. 按照城市卫生、安全、防灾环保等要求建设防护绿地，维护管理措施落实，城市热岛效应缓解，环境效益良好；

3. 城市环城综合治理工作扎实开展，效果明显；

4. 生活垃圾无害化处理率达 60% 以上；

5. 污水处理率 35% 以上；

6. 城市大气污染指数达到二级标准，地表水环境质量标准达到三类以上；

7. 城市规划区内的河、湖、渠全面整治改造，形成城市园林景观，效果显著。

七、市政建设（15分）

1. 燃气普及率80%以上；
2. 万人拥有公共交运车辆达10辆（标台）以上；
3. 实施城市亮化工程，效果明显，城市主次干道灯光亮灯率97%以上；
4. 人均拥有道路面积$9m^2$以上；
5. 用水普及率98%以上；
6. 水质综合合格率100%。

八、特别条款

1. 经遥感技术鉴定核实，达不到基本指标，不予验收；
2. 城市绿地系统规划未编制，或未按规定获批准纳入城市总体规划的，暂缓验收；
3. 连续发生重大破坏绿化成果的行为，暂缓验收；
4. 城市园林绿化单项工作在全国处于领先水平的，加1分；
5. 城市绿化覆盖率、建成区绿地率每高出2个百分点或人均公共绿地面积每高于$1m^2$，加1分，最高加5分；
6. 城市园林绿化基本指标最近五年逐年增加低于0.5%或$0.5m^2$，倒扣1分；
7. 城市生产绿地总面积低于城市建成区面积的1.5%的，倒扣1分；
8. 城市园林绿化行政主管部门的机构不完善，行业管理职能不到位以及管理体制未理顺的，倒扣2分；
9. 有严重破坏绿化成果的行为，视情况倒扣分。

园林城市基本指标表

		大城市	中等城市	小城市
人均公共绿地	秦岭淮河以南	6.5	7	8
	秦岭淮河以北	6	6.5	7.5

续表

		大城市	中等城市	小城市
绿地率（%）	秦岭淮河以南	30	32	34
	秦岭淮河以北	28	30	32
绿化覆盖率（%）	秦岭淮河以南	35	37	39
	秦岭淮河以北	33	35	37

直辖市园林城区验收

基本指标按中等城市执行。以下项目不列入验收范围：

1. 城市绿地系统规划编制完成，获批准并纳入城市总体规划，规划得到实施和严格管理，取得良好的生态、环境效益；

2. 城市公共绿地、居住区绿地、单位附属绿地、防护绿地、生产绿地、风景林地及道路绿化布局合理、功能健全，形成有机的完整的系统；

3. 编制完成城市规划区范围内植物物种多样性规划；

4. 城市大环境绿化扎实开展，效果明显，形成城乡一体的优良环境，形成城市独有的独特自然、文化风貌；

5. 按照城市卫生、安全、防灾、环保等要求建设防护绿地，维护管理措施落实，城市热岛效应缓解，环境效益良好。

（六）城市绿地系统规划编制纲要（试行）

［发布日期］2002年10月16日　［实施日期］2002年10月16日
［文号］建城［2002］240号

城市绿地系统规划编制纲要（试行）编制说明

为贯彻落实《城市绿化条例》（国务院［1992］100号令）和《国务院关于加强城市绿化建设的通知》（国发［2001］20号），加强我国《城市绿地系统规划》编制的制度化和规范化，确保规划质量，充分发挥城市绿地系统的生态环境效益、社会经济效益和景观文化功能，特制定本《纲要》。

《城市绿地系统规划》是《城市总体规划》的专业规划，是对

《城市总体规划》的深化和细化。《城市绿地系统规划》由城市规划行政主管部门和城市园林行政主管部门共同负责编制，并纳入《城市总体规划》。

《城市绿地系统规划》的主要任务，是在深入调查研究的基础上，根据《城市总体规划》中的城市性质、发展目标、用地布局等规定，科学制定各类城市绿地的发展指标，合理安排城市各类园林绿地建设和市域大环境绿化的空间布局，达到保护和改善城市生态环境、优化城市人居环境、促进城市可持续发展的目的。

《城市绿地系统规划》成果应包括：规划文本、规划说明书、规划图则和规划基础资料四个部分。其中，依法批准的规划文本与规划图则具有同等法律效力。

本《纲要》由建设部负责解释，自发布之日起生效。全国各地城市在《城市绿地系统规划》的编制和评审工作中，均应遵循本《纲要》。在实践中，各地城市可本着"与时俱进"的原则积极探索，发现新问题及时上报，以便进一步充实完善本《纲要》的内容。

规 划 文 本

一、总则

包括规划范围、规划依据、规划指导思想与原则、规划期限与规模等

二、规划目标与指标

三、市域绿地系统规划

四、城市绿地系统规划结构、布局与分区

五、城市绿地分类规划

简述各类绿地的规划原则、规划要点和规划指标

六、树种规划

规划绿化植物数量与技术经济指标

七、生物多样性保护与建设规划

包括规划目标与指标、保护措施与对策

八、古树名木保护

古树名木数量、树种和生长状况

九、分期建设规划

分近、中、远三期规划，重点阐明近期建设项目、投资与效益估算
十、规划实施措施
包括法规性、行政性、技术性、经济性和政策性等措施
十一、附录

规划说明书

第一章 概况及现状分析

一、概况。包括自然条件、社会条件、环境状况和城市基本概况等。
二、绿地现状与分析。包括各类绿地现状统计分析，城市绿地发展优势与动力，存在的主要问题与制约因素等。

第二章 规划总则

一、规划编制的意义
二、规划的依据、期限、范围与规模
三、规划的指导思想与原则

第三章 规划目标

一、规划目标
二、规划指标

第四章 市域绿地系统规划

阐明市域绿地系统规划结构与布局和分类发展规划，构筑以中心城区为核心，覆盖整个市域，城乡一体化的绿地系统。

第五章 城市绿地系统规划结构布局与分区

一、规划结构

二、规划布局
三、规划分区

第六章　城市绿地分类规划

一、城市绿地分类（按国标《城市绿地分类标准》GJJ/T 85—2002 执行）
　　二、公园绿地（G1）规划
　　三、生产绿地（G2）规划
　　四、防护绿地（G3）规划
　　五、附属绿地（G4）规划
　　六、其他绿地（G5）规划
　　分述各类绿地的规划原则、规划内容（要点）和规划指标并确定相应的基调树种、骨干树种和一般树种的种类。

第七章　树 种 规 划

一、树种规划的基本原则
　　二、确定城市所处的植物地理位置。包括植被气候区域与地带、地带性植被类型、建群种、地带性土壤与非地带性土壤类型。
　　三、技术经济指标
　　确定裸子植物与被子植物比例、常绿树种与落叶树种比例、乔木与灌木比例、木本植物与草本植物比例、乡土树种与外来树种比例（并进行生态安全性分析）、速生与中生和慢生树种比例，确定绿地植物名录（科、属、种及种以下单位）。
　　四、基调树种、骨干树种和一般树种的选定
　　五、市花、市树的选择与建议

第八章　生物（重点是植物）多样性保护与建设规划

一、总体现状分析
　　二、生物多样性的保护与建设的目标与指标
　　三、生物多样性保护的层次与规划（含物种、基因、生态系统、

景观多样性规划）

四、生物多样性保护的措施与生态管理对策

五、珍稀濒危植物的保护与对策

第九章　古树名木保护

第十章　分期建设规划

城市绿地系统规划分期建设可分为近、中、远三期。在安排各期规划目标和重点项目时，应依城市绿地自身发展规律与特点而定。近期规划应提出规划目标与重点，具体建设项目、规模和投资估算；中、远期建设规划的主要内容应包括建设项目、规划和投资匡算等。

第十一章　实施措施

分别按法规性、行政性、技术性、经济性和政策性等措施进行论述。

第十二章　附录、附件

规 划 图 则

一、城市区位关系图

二、现状图

包括城市综合现状图、建成区现状图和各类绿地现状图以及古树名木和文物古迹分布图等。

三、城市绿地现状分析图

四、规划总图

五、市域大环境绿化规划图

六、绿地分类规划图

包括公园绿地、生产绿地、防护绿地、附属绿地和其他绿地规划图等。

七、近期绿地建设规划图

注：图纸比例与城市总体规划图基本一致，一般采用 1：5000～1：25000；城市区位关系图宜缩小（1：10000～1：50000）；绿地分类规划图可放大（1：2000～1：10000）；并标明风玫瑰。

绿地分类现状和规划图如生产绿地、防护绿地和其他绿地等可适当合并表达。

基础资料汇编

第一章 城市概况

第一节 自然条件
地理位置，地质地貌，气候，土壤，水文，植被与主要动、植物状况
第二节 经济及社会条件
经济、社会发展水平、城市发展目标、人口状况、各类用地状况
第三节 环境保护资料
城市主要污染源、重污染分布区、污染治理情况与其他环保资料
第四节 城市历史与文化资料

第二章 城市绿化现状

第一节 绿地及相关用地资料
一、现有各类绿地的位置、面积及其景观结构
二、各类人文景观的位置、面积及可利用程度
三、主要水系的位置、面积、流量、深度、水质及利用程度
第二节 技术经济指标
一、绿化指标
1. 人均公园绿地面积；2. 建成区绿化覆盖率；3. 建成区绿地率；4. 人均绿地面积；5. 公园绿地的服务半径；6. 公园绿地、风景林地的日常和节假日的客流量。
二、生产绿地的面积、苗木总量、种类、规格、苗木自给率
三、古树名木的数量、位置、名称、树龄、生长情况等

第三节　园林植物、动物资料
一、现有园林植物名录、动物名录
二、主要植物常见病虫害情况

第三章　管理资料

第一节　管理机构
一、机构名称、性质、归口
二、编制设置
三、规章制度建设
第二节　人员状况
一、职工总人数（万人职工比）
二、专业人员配备、工人技术等级情况
第三节　园林科研
第四节　资金与设备
第五节　城市绿地养护与管理情况

（七）城市绿化工程施工及验收规范

［发布日期］1999年2月24日　［实施日期］1999年8月1日
［文号］建标［1999］46号

前　言

根据建设部建标［1993］285号文的要求，标准编制组在广泛调查研究，认真总结实践经验，参考有关国际标准和国外先进标准，并广泛征求意见的基础上制定了本规范。

本规范的主要技术内容是：

1. 总则；
2. 术语；
3. 施工前准备；
4. 种植材料和播种材料；
5. 种植前土壤处理；

6. 种植穴、槽的挖掘;
7. 苗木运输与假植;
8. 苗木种植前的修剪;
9. 树木种植;
10. 大树移植;
11. 草坪、花卉种植;
12. 屋顶绿化;
13. 绿化工程的附属设施;
14. 工程验收;
15. 附录 本规范用词说明

本规范由建设部城镇建设标准技术归口单位建设部城市建设研究院归口管理,授权由主编单位负责具体解释。

本规范主编单位是:天津市园林管理局(地址:天津市南开区水上公园路44号;邮编:300191)。

本规范参加单位是:中国风景园林学会城市绿化专业委员会、北京市园林局、上海市园林管理局、杭州园林文物管理局、沈阳城建局绿化管理处。

本规范主要起草人是:陈威、孙义干、王立新、贺振、郭喜东、张启俊、杨雪芝、赵宏儒、施桂弟、黄梅珊、孔庆良。

1 总 则

1.0.1 为了对城市绿化工程施工全过程实施工程监理和质量控制,提高城市绿化种植成活率,改善城市绿化景观,节约绿化建设资金,确保城市绿化工程施工质量,创建良好的城市生态环境,制定本规范。

1.0.2 本规范适用于公共绿地、居住区绿地、单位附属绿地、生产绿地、防护绿地、城市风景林地、城市道路绿化等绿化工程及其附属设施的施工及验收。

1.0.3 为绿化工程配套的构筑物和市政设施工程,应符合国家现行有关标准的规定。

1.0.4 城市绿化工程的施工及验收除符合本规范外,尚应符合国家现行有关强制性标准的规定。

2 术　语

2.0.1 绿化工程 Plant Engineering
树木、花卉、草坪、地被植物等的植物种植工程。

2.0.2 种植土 Soil for Planting
理化性能好，结构疏松、通气，保水、保肥能力强，适宜于园林植物生长的土壤。

2.0.3 客土 Replace with Out-soil
将栽植地点或种植穴中不适合种植的土壤更换成适合种植的土壤，或掺入某种土壤改善理化性质。

2.0.4 种植土层厚度 Thickness of Planting Soil Layer
植物根系正常发育生长的土壤深度。

2.0.5 种植穴（槽）Plant Hole and Trough
种植植物挖掘的坑穴。坑穴为圆形或方形称种植穴，长条形的称种植槽。

2.0.6 规则式种植 Formal Style Planting
按规则图形对称配植，或排列整齐成行的种植方式。

2.0.7 自然式种植 Natural Style Planting
株行距不等，采用不对称的自然配植形式。

2.0.8 土球 Soil Ball
挖掘苗木时，按一定规格切断根系保留土壤呈圆球状，加以捆扎包装的苗木根部。

2.0.9 裸根苗木 Plant of Bare Root
挖掘苗木时根部不带土或带宿土（即起苗后轻抖根系保留的土壤）。

2.0.10 假植 Plant for Casual
苗木不能及时种植时，将苗木根系用湿润土壤临时性填埋的措施。

2.0.11 修剪 Pruning
在种植前对苗木的枝干和根系进行疏枝和短截。对枝干的修剪称修枝，对根的修剪称修根。

2.0.12 定干高度 Determine Height of Stem

乔木从地面至树冠分枝处即第一个分枝点的高度。

2.0.13 树池透气护栅 Tree Grate

护盖树穴，避免人为践踏，保持树穴通气的铁箅等构筑物。

2.0.14 鱼鳞穴 Fish Scaly Hole

为防止水土流失，对树木进行浇水时，在山坡陡地筑成的众多类似鱼鳞状的土堰。

2.0.15 浸穴 Soak Hole

种植前的树穴灌水。

3 施工前准备

3.0.1 城市绿化工程必须按照批准的绿化工程设计及有关文件施工。施工人员应掌握设计意图，进行工程准备。

3.0.2 施工前，设计单位应向施工单位进行设计交底，施工人员应按设计图进行现场核对。当有不符之处时，应提交设计单位作变更设计。

3.0.3 根据绿化设计要求，选定的种植材料应符合其产品标准的规定。

3.0.4 工程开工前应编制施工计划书，计划书应包括下列内容：

1. 施工程序和进度计划；
2. 各工序的用工数量及总用工日；
3. 工程所需材料进度表；
4. 机械与运输车辆和工具的使用计划；
5. 施工技术和安全措施；
6. 施工预算；
7. 大型及重点绿化工程应编制施工组织设计。

3.0.5 城市建设综合工程中的绿化种植，应在主要建筑物、地下管线、道路工程等主体工程完成后进行。

4 种植材料和播种材料

4.0.1 种植材料应根系发达，生长茁壮，无病虫害，规格及形态应符合设计要求。

4.0.2 苗木挖掘、包装应符合现行行业标准《城市绿化和园林绿地用植物材料——木本苗》CJ/T 34 的规定。

4.0.3 露地栽培花卉应符合下列规定：

1. 一、二年生花卉，株高应为 10～40cm，冠径应为 15～35cm。分枝不应少于 3～4 个，叶簇健壮，色泽明亮。
2. 宿根花卉，根系必须完整，无腐烂变质。
3. 球根花卉，根茎应苗壮，无损伤，幼芽饱满。
4. 观叶植物，叶色应鲜艳，叶簇丰满。

4.0.4 水生植物，根、茎发育应良好，植株健壮，无病虫害。

4.0.5 铺栽草坪用的草块及草卷应规格一致，边缘平直，杂草不得超过 5%。草块土层厚度宜为 3cm～5cm，草卷土层厚度宜为 1cm～3cm。

4.0.6 植生带，厚度不宜超过 1mm，种子分布应均匀，种子饱满，发芽率应大于 95%。

4.0.7 播种用的草坪、草花、地被植物种子均应注明品种、品系、产地、生产单位、采收年份、纯净度及发芽率，不得有病虫害。自外地引进种子应有检疫合格证。发芽率达 90%以上方可使用。

5 种植前土壤处理

5.0.1 种植或播种前应对该地区的土壤理化性质进行化验分析，采取相应的消毒、施肥和客土等措施。

5.0.2 园林植物生长所必需的最低种植土层厚度应符合表 5.0.2 的规定。

园林植物种植必需的最低土层厚度　　　表 5.0.2

植被类型	草本花卉	草坪地被	小灌木	大灌木	浅根乔木	深根乔木
土层厚度（cm）	30	30	45	60	90	150

5.0.3 种植地的土壤含有建筑废土及其他有害成分，以及强酸性土、强碱土、盐土、盐碱土、重黏土、沙土等，均应根据设计规定，采用客土或采取改良土壤的技术措施。

5.0.4 绿地应按设计要求构筑地形。对草坪种植地、花卉种植地、播种地应施足基肥，翻耕 25cm～30cm，搂平耙细，去除杂物，平整度和坡度应符合设计要求。

6 种植穴、槽的挖掘

6.0.1 种植穴、槽挖掘前，应向有关单位了解地下管线和隐蔽物埋设情况。

6.0.2 种植穴、槽的定点放线应符合下列规定：

1. 种植穴、槽定点放线应符合设计图纸要求，位置必须准确，标记明显。
2. 种植穴定点时应标明中心点位置。种植槽应标明边线。
3. 定点标志应标明树种名称（或代号）、规格。
4. 行道树定点遇有障碍物影响株距时，应与设计单位取得联系，进行适当调整。

6.0.3 挖种植穴、槽的大小，应根据苗木根系、土球直径和土壤情况而定。穴、槽必须垂直下挖，上口下底相等，规格应符合表 6.0.3-1～表 6.0.3-5 的规定。

常绿乔木类种植穴规格（cm） 表 6.0.3-1

树　高	土球直径	种植穴深度	种植穴直径
150	40～50	50～60	80～90
150～250	70～80	80～90	100～110
250～400	80～100	90～110	120～130
400 以上	140 以上	120 以上	180 以上

落叶乔木类种植穴规格（cm） 表 6.0.3-2

胸　径	种植穴深度	种植穴直径	胸　径	种植穴深度	种植穴直径
2～3	30～40	40～60	5～6	60～70	80～90
3～4	40～50	60～70	6～8	70～80	90～100
4～5	50～60	70～80	8～10	80～90	100～110

花灌木类种植穴规格（cm）
表 6.0.3-3

冠 径	种植穴深度	种植穴直径
200	70～90	90～110
100	60～70	70～90

竹类种植穴规格（cm）
表 6.0.3-4

种植穴深度	种植穴直径
盘根或土球深 20～40	比盘根或土球大 40～60

绿篱类种植槽规格（cm）
表 6.0.3-5

苗高 \ 种植方式 (深×宽)	单 行	双 行
50～80	40×40	40×60
100～120	50×50	50×70
120～150	60×60	60×80

6.0.4 在土层干燥地区应于种植前浸穴。

6.0.5 挖穴、槽后，应施入腐熟的有机肥作为基肥。

7 苗木运输与假植

7.0.1 苗木运输量应根据种植量确定。苗木运到现场后应及时栽植。

7.0.2 苗木在装卸车时应轻吊轻放，不得损伤苗木和造成散球。

7.0.3 起吊带土球（台）小型苗木时应用绳网兜土球吊起，不得用绳索缚捆根颈起吊。重量超过1t的大型土台，应在土台外部套钢丝缆起吊。

7.0.4 土球苗木装车时，应按车辆行驶方向，将土球向前，树冠向后码放整齐。

7.0.5 裸根乔木长途运输时，应覆盖并保持根系湿润。装车时应顺序码放整齐；装车后应将树干捆牢，并应加垫层防止磨损树干。

7.0.6 花灌木运输时可直立装车。

7.0.7 装运竹类时，不得损伤竹竿与竹鞭之间的着生点和鞭芽。

7.0.8 裸根苗木必须当天种植。裸树苗木自起苗开始暴露时间不宜超过8h。当天不能种植的苗木应进行假植。

7.0.9 带土球小型花灌木运至施工现场后，应紧密排码整齐，当日不能种植时,应喷水保持土球湿润。
7.0.10 珍贵树种和非种植季节所需苗木,应在合适的季节起苗,并用容器假植。

8 苗木种植前的修剪

8.0.1 种植前应进行苗木根系修剪,宜将劈裂根、病虫根、过长根剪除,并对树冠进行修剪,保持地上地下平衡。
8.0.2 乔木类修剪应符合下列规定:
　　1. 具有明显主干的高大落叶乔木应保持原有树形,适当疏枝,对保留的主侧枝应在健壮芽上短截,可剪去枝条 1/5～1/3。
　　2. 无明显主干、枝条茂密的落叶乔木,对干径 10cm 以上树木,可疏枝保持原树形;对干径为 5～10cm 的苗木,可选留主干上的几个侧枝,保持原有树形进行短截。
　　3. 枝条茂密具圆头型树冠的常绿乔木可适量疏枝。枝叶集生树干顶部的苗木可不修剪。具轮生侧枝的常绿乔木用作行道树时,可剪除基部 2～3 层轮生侧枝。
　　4. 常绿针叶树,不宜修剪,只剪除病虫枝、枯死枝、生长衰弱枝、过密的轮生枝和下垂枝。
　　5. 用作行道树的乔木,定干高度宜大于 3m,第一分枝点以下枝条应全部剪除,分枝点以上枝条酌情疏剪或短截,并应保持树冠原型。
　　6. 珍贵树种的树冠宜作少量疏剪。
8.0.3 灌木及藤蔓类修剪应符合下列规定:
　　1. 带土球或湿润地区带宿土裸根苗木及上年花芽分化的开花灌木不宜修剪,当有枯枝、病虫枝时应予剪除。
　　2. 枝条茂密的大灌木,可适量疏枝。
　　3. 对嫁接灌木,应将接口以下砧木萌生枝条剪除。
　　4. 分枝明显、新枝着生花芽的小灌木,应顺其树势适当强剪,促生新枝,更新老枝。
　　5. 用作绿篱的乔灌木,可在种植后按设计要求整形修剪。苗圃培育成型的绿篱,种植后应加以整修。
　　6. 攀缘类和蔓性苗木可剪除过长部分。攀缘上架苗木可剪除交错枝、横向生长枝。

8.0.4 苗木修剪质量应符合下列规定：
1. 剪口应平滑，不得劈裂。
2. 枝条短截时应留外芽，剪口应距留芽位置以上 1cm。
3. 修剪直径 2cm 以上大枝及粗根时，截口必须削平并涂防腐剂。

9　树木种植

9.0.1　应根据树木的习性和当地的气候条件，选择最适宜的种植时期进行种植。

9.0.2　种植的质量应符合下列规定：
1. 种植应按设计图纸要求核对苗木品种、规格及种植位置。
2. 规则式种植应保持对称平衡，行道树或行列种植树木应在一条线上，相邻植株规格应合理搭配，高度、干径、树形近似，种植的树木应保持直立，不得倾斜，应注意观赏面的合理朝向。
3. 种植绿篱的株行距应均匀。树形丰满的一面应向外，按苗木高度、树干大小搭配均匀。在苗圃修剪成型的绿篱，种植时应按造型拼栽，深浅一致。
4. 种植带土球树木时，不易腐烂的包装物必须拆除。
5. 珍贵树种应采取树冠喷雾、树干保湿和树根喷布生根激素等措施。
6. 种植时，根系必须舒展，填土应分层踏实，种植深度应与原种植线一致。竹类可比原种植线深 5cm～10cm。

9.0.3　树木种植应符合下列规定：
1. 树木置入种植穴前，应先检查种植穴大小及深度，不符合根系要求时，应修整种植穴。
2. 种植裸根树木时，应将种植穴底填土呈半圆土堆，置入树木填土至 1/3 时，应轻提树干使根系舒展，并充分接触土壤，随填土分层踏实。
3. 带土球树木必须踏实穴底土层，而后置入种植穴，填土踏实。
4. 绿篱成块种植或群植时，应由中心向外顺序退植。坡式种植时应由上向下种植。大型块植或不同彩色丛植时，宜分区分块种植。
5. 假山或岩缝间种植，应在种植土中掺入苔藓、泥炭等保湿透气材料。

9.0.4 落叶乔木在非种植季节种植时，应根据不同情况分别采取以下技术措施：

1. 苗木必须提前采取疏枝、环状断根或在适宜季节起苗用容器假植等处理。
2. 苗木应进行强修剪，剪除部分侧枝，保留的侧枝也应疏剪或短截，并应保留原树冠的三分之一，同时必须加大土球体积。
3. 可摘叶的应摘去部分叶片，但不得伤害幼芽。
4. 夏季可搭棚遮阴、树冠喷雾、树干保湿，保持空气湿润；冬季应防风防寒。

9.0.5 干旱地区或干旱季节，种植裸根树木应采取根部喷布生根激素、增加浇水次数等措施。针叶树可在树冠喷布聚乙烯树脂等抗蒸腾剂。

9.0.6 对排水不良的种植穴，可在穴底铺10~15cm砂砾或铺设渗水管、盲沟，以利排水。

9.0.7 树木种植后浇水、支撑固定应符合下列规定：

1. 种植后应在略大于种植穴直径的周围，筑成高10~15cm的灌水土堰，堰应筑实不得漏水。坡地可采用鱼鳞穴式种植。
2. 新植树木应在当日浇透第一遍水，以后应根据当地情况及时补水。北方地区种植后浇水不少于三遍。
3. 黏性土壤，宜适量浇水，根系不发达树种，浇水量宜较多；肉质根系树种，浇水量宜少。
4. 秋季种植的树木，浇足水后可封穴越冬。
5. 干旱地区或遇干旱天气时，应增加浇水次数。干热风季节，应对新发芽放叶的树冠喷雾，宜在上午10时前和下午15时后进行。
6. 浇水时应防止因水流过急冲刷裸露根系或冲毁围堰，造成跑漏水。浇水后出现土壤沉陷，致使树木倾斜时，应及时扶正、培土。
7. 浇水渗下后，应及时用围堰土封树穴。再筑堰时，不得损伤根系。

9.0.8 对人员集散较多的广场、人行道，树木种植后，种植池应铺设透气护栅。

9.0.9 种植胸径5cm以上的乔木，应设支柱固定。支柱应牢固，绑扎树木处应夹垫物，绑扎后的树干应保持直立。

9.0.10 攀缘植物种植后，应根据植物生长需要，进行绑扎或牵引。

10 大树移植

10.0.1 移植胸径在20cm以上的落叶乔木和胸径在15cm以上的常绿乔木，应属大树移植。

10.0.2 大树移植前应对移植的大树生长情况、立地条件、周围环境、交通状况等进行调查研究，制定移植的技术方案。有条件的地区，可采用机械移植作业。

10.0.3 当需移植大树时，移植时间宜一年前确定，移植前应分期断根，修剪，作好移植准备。

10.0.4 大树移植应符合下列规定：

1. 移植时对树木应标明主要观赏面和树木阴、阳面。
2. 一般地区大树移植时，必须按树木胸径的6~8倍挖掘土球或方形土台装箱。
3. 高寒地区可挖掘冻土台移植。
4. 吊装和运输大树的机具必须具备承载能力。移植大树在装运过程中，应将树冠捆拢，并应固定树干，防止损伤树皮，不得损坏土球（土台）。操作中应注意安全。
5. 大树移植卸车时，应将主要观赏面安排适当，土球（或箱）应直接吊放种植穴内，拆除包装，分层填土夯实。
6. 大树移植后，必须设立支撑，防止树身摇动。

10.0.5 大树移植后，两年内应配备专职技术人员作好修剪、剥芽、喷雾、叶面施肥、浇水、排水、设置风障、荫棚、包裹树干、防寒和病虫害防治等一系列养护管理工作，在确认大树成活后，方可进入正常养护管理。

10.0.6 大树移植应建立技术档案，其内容应包括：实施方案、施工和竣工记录、图纸、照片或录像资料、养护管理技术措施和验收资料等。记录表内容应符合表10.0.6的规定。

大树移植记录表   表10.0.6

原栽地点	移植地点	树　　种	规格年龄（年）	移植日期	参加施工（人员）
技术措施					

年　月　日填表

11 草坪、花卉种植

11.0.1 草坪种植应根据不同地区、不同地形选择播种、分株、茎枝繁殖、植生带、铺砌草块和草卷等方法。种植的适宜季节和草种类型选择应符合下列规定：

1. 冷季型草播种宜在秋季进行，也可在春、夏季进行。
2. 冷季型草分株栽植宜在北方地区春、夏、秋季进行。
3. 茎枝栽植暖季型草宜在南方地区夏季和多雨季节。
4. 植生带、铺砌草块或草卷，温暖地区四季均可进行，北方地区宜在春、夏、秋季进行。

11.0.2 草坪播种应符合下列规定：

1. 选择优良种籽，不得含有杂质，播种前应作发芽试验和催芽处理，确定合理的播种量。
2. 播种时应先浇水浸地，保持土壤湿润，稍干后将表层土耙细耙平，进行撒播，均匀覆土 0.30cm～0.50cm 后轻压，然后喷水。
3. 播种后应及时喷水，水点宜细密均匀，浸透土层 8～10cm，除降雨天气，喷水不得间断。亦可用草帘覆盖保持湿度，至发芽时撤除。
4. 植生带铺设后覆土、轻压、喷水，方法同播种。
5. 坡地和大面积草坪铺设可采用喷播法。

11.0.3 草坪混播应符合下列规定：

1. 选择两个以上草种应具有互为利用、生长良好、增加美观的功能。
2. 混播应根据生态组合、气候条件和设计确定草坪植物的种类和草坪比例。
3. 同一行混播应按确定比例混播在一行内，隔行混播应将主要草种播在一行内，另一草种播在另一行内。混合撒播应筑播种床育苗。

11.0.4 分株种植应将草带根掘起，除去杂草后 5～7 株分为一束，按株距 15cm～20cm，呈品字形种植于深 6cm～7cm 穴内，再踏实浇水。

11.0.5 茎枝繁殖宜取茎枝或匍匐茎的 3～5 个节间，穴深应为 6cm～7cm。埋入 3～5 枝，其露出地面宜为 3cm，并踏实、灌水。

11.0.6 铺设草块应符合下列规定：

1. 草块应选择无杂草、生长势好的草源。在干旱地掘草块前应适量浇水，待渗透后掘取。

2. 草块运输时宜用木板置放 2～3 层，装卸车时，应防止破碎。

3. 铺设草块可采取密铺或间铺。密铺应互相衔接不留缝，间铺间隙应均匀，并填以种植土。草块铺设后应滚压、灌水。

11.0.7 种植花卉的各种花坛（花带、花境等），应按照设计图定点放线，在地面准确划出位置、轮廓线。面积较大的花坛，可用方格线法，按比例放大到地面。

11.0.8 花卉用苗应选用经过 1～2 次移植，根系发育良好的植株。起苗应符合下列规定：

1. 裸根苗，应随起苗随种植。

2. 带土球苗，应在圃地灌水渗透后起苗，保持土球完整不散。

3. 盆育花苗去盆时，应保持盆土不散。

4. 起苗后种植前，应注意保鲜，花苗不得萎蔫。

11.0.9 各类花卉种植时，在晴朗天气、春秋季节、最高气温 25℃ 以下时可全天种植；当气温高于 25℃ 时，应避开中午高温时间。

11.0.10 模纹花坛种植时，应将不同品种分别置放，色彩不应混淆。

11.0.11 花卉种植的顺序应符合下列规定：

1. 独立花坛，应由中心向外的顺序种植。

2. 坡式花坛，应由上向下种植。

3. 高矮不同品种的花苗混植时，应按先矮后高的顺序种植。

4. 宿根花卉与一、二年生花卉混植时，应先种植宿根花卉，后种植一、二年生花卉。

5. 模纹花坛，应先种植图案的轮廓线，后种植内部填充部分。

6. 大型花坛，宜分区、分块种植。

11.0.12 种植花苗的株行距，应按植株高低、分蘖多少、冠丛大小决定。以成苗后不露出地面为宜。

11.0.13 花苗种植时，种植深度宜为原种植深度，不得损伤茎叶，并保持根系完整。球茎花卉种植深度宜为球茎的 1～2 倍。块根、块茎、根茎类可覆土 3cm。

11.0.14 花卉种植后,应及时浇水,并应保持植株清洁。
11.0.15 水生花卉应根据不同种类、品种习性进行种植。为适合水深的要求,可砌筑栽植槽或用缸盆架设水中,种植时应牢固埋入泥中,防止浮起。
11.0.16 对漂浮类水生花卉,可从产地捞起移入水面,任其漂浮繁殖。
11.0.17 主要水生花卉最适水深,应符合表 11.0.17 的规定。

水生花卉最适水深　　　　表 11.0.17

类　别	代表品种	最适水深(cm)	备　注
沿生类	菖蒲、千屈菜	0.5～10	千屈菜可盆栽
挺水类	荷、宽叶香蒲	100 以内	—
浮水类	芡实、睡莲	50～300	睡莲可水中盆栽
漂浮类	浮萍、凤眼莲	浮于水面	根不生于泥土中

12　屋　顶　绿　化

12.0.1 屋顶绿化种植,必须在建筑物整体荷载允许范围内进行,并符合下列规定:
　1. 应具有良好的排灌、防水系统,不得导致建筑物漏水或渗水。
　2. 应采用轻质栽培基质,冬季应有防冻措施。
　3. 绿化种植材料应选择适应性强、耐旱、耐贫瘠、喜光、抗风、不易倒伏的园林植物。
12.0.2 种植植物的容器宜选用轻型塑料制品。

13　绿化工程的附属设施

13.0.1 各类绿地应根据气候特点、地形、土质、植物配植和管理条件,设置相应的附属设施。
13.0.2 绿地的给水和喷灌的施工应符合下列规定:
　1. 给水管道的基础应坚实和密实,不得铺设在冻土和未经处理的松土上。

2. 管道的套箍、接口应牢固、紧密，管端清洁不乱丝，对口间隙准确。

3. 管道铺设应符合设计要求，铺设后必须进行水压试验。

4. 管道的沟槽还土后应进行分层夯实。

13.0.3 绿地排水管道的施工应符合下列规定：

1. 排水管道的坡度必须符合设计要求，管道标高偏差不应大于±10mm。

2. 管道连接要求承插口或套箍接口应平直，环形间隙应均匀。灰口应密实、饱满，抹带接口表面应平整，无间断和裂缝、空鼓现象。

3. 排水管道覆土深度应根据雨水井与接连管的坡度、冰冻深度和外部荷载确定，覆土深度不宜小于50cm。

13.0.4 绿地排水采用明沟排水时，明沟的沟底不得低于附近水体的高水位。采用收水井时，应选用卧泥井。

13.0.5 绿地护栏施工时应符合下列规定：

1. 铁制护栏立柱混凝土墩的强度等级不得低于C15，墩下素土应夯实。

2. 墩台的预埋件位置应准确，焊接点应光滑牢固。

3. 铁制护栏锈层应打磨干净刷防锈漆一遍，调和漆两遍。

13.0.6 花池挡墙施工应符合下列规定：

1. 花池挡墙地基下的素土应夯实。

2. 花池地基埋设深度，北方宜在冰冻层以下。

3. 防潮层以1:2.5水泥砂浆，内掺5%防水粉，厚度20mm，压实。

4. 清水砖砌花池挡墙，砖的抗压强度等级应大于或等于MU7.5，水泥砂浆砌筑时强度等级不低于M5，应以1:2水泥砂浆勾缝。

5. 花岗岩料石花池挡墙，水泥砂浆强度等级不应低于M5，宜用1:2水泥砂浆勾凹缝，缝深10mm。

6. 混凝土预制或现浇花池挡墙，宜内配直径6mm钢筋，双向中距200mm，混凝土强度等级不应低于C15，壁厚不宜小于80mm。

13.0.7 园路施工应符合下列规定：

1. 定桩放线应依据设计的路面中线，宜每隔20m设置一中心桩，道路曲线应在曲线的起点、曲线中点、曲线的终点各设一中心桩，并写明标号后以中心桩为准,按路面宽度定下边桩,最后放出路面平曲线。各中心桩应标注道路标高。

2. 开挖路槽应按设计路面宽度,每侧加放 20cm 开槽,槽底应夯实或碾压,不得有翻浆、弹簧现象。槽底平整度的误差,不得大于 2cm。

3. 铺筑基层,应按设计要求备好铺装材料,虚铺厚度宜为实铺厚度的 140%～160%,碾压夯实后,表面应坚实平整。铺筑基层的厚度、平整度、中线高程均应符合设计要求。

4. 铺筑结合层可采用 1∶3 白灰砂浆,厚度 25mm,或采用粗砂垫层,厚度 30mm。

5. 道牙的基础应与路槽同时填挖碾压,结合层可采用 1∶3 白灰砂浆铺砌。道牙接口处应以 1∶3 水泥砂浆勾缝,凹缝深 5mm。道牙背后应以 12% 白灰土夯实。

13.0.8 各种面层铺设时应符合下列规定:

1. 铺筑各种预制砖块,应轻轻放平,宜用橡胶锤敲打、稳定,不得损伤砖的边角。

2. 卵石嵌花路面,应先铺垫 M10 水泥砂浆,厚度 30mm,再铺水泥素浆 20mm,卵石厚度的 60% 插入素浆,待砂浆强度升至 70% 时,应以 30% 草酸溶液冲刷石子表面。

3. 水泥或沥青整体路面,应按设计要求精确配料,搅拌均匀,模板与支撑应垂直牢固;伸缩缝位置应准确,应振捣或碾压,路表面应平整坚实。

4. 嵌草路面的缝隙应填入培养土,栽植穴深度不宜小于 8cm。

14 工程验收

14.0.1 种植材料、种植土和肥料等,均应在种植前由施工人员按其规格、质量分批进行验收。

14.0.2 工程中间验收的工序应符合下列规定:

1. 种植物的定点、放线应在挖穴、槽前进行。
2. 种植的穴、槽应在未换种植土和施基肥前进行。
3. 更换种植土和施肥,应在挖穴、槽后进行。
4. 草坪和花卉的整地,应在播种或花苗(含球根)种植前进行。

5. 工程中间验收，应分别填写验收记录并签字。

14.0.3 工程竣工验收前，施工单位应于一周前向绿化质检部门提供下列有关文件：

1. 土壤及水质化验报告；
2. 工程中间验收记录；
3. 设计变更文件；
4. 竣工图和工程决算；
5. 外地购进苗木检验报告；
6. 附属设施用材合格证或试验报告；
7. 施工总结报告。

14.0.4 竣工验收时间应符合下列规定：

1. 新种植的乔木、灌木、攀缘植物，应在一个年生长周期满后方可验收。
2. 地被植物应在当年成活后，郁闭度达到80%以上进行验收。
3. 花坛种植的一、二年生花卉及观叶植物，应在种植15天后进行验收。
4. 春季种植的宿根花卉、球根花卉，应在当年发芽出土后进行验收。秋季种植的应在第二年春季发芽出土后验收。

14.0.5 绿化工程质量验收应符合下列规定：

1. 乔、灌木的成活率应达到95%以上。珍贵树种和孤植树应保证成活。
2. 强酸性土、强碱性土及干旱地区，各类树木成活率不应低于85%。
3. 花卉种植地应无杂草、无枯黄，各种花卉生长茂盛，种植成活率应达到95%。
4. 草坪无杂草、无枯黄，种植覆盖率应达到95%。
5. 绿地整洁，表面平整。
6. 种植的植物材料的整形修剪应符合设计要求。
7. 绿地附属设施工程的质量验收应符合《建筑安装工程质量检验评定统一标准》GB 50300 的有关规定。

14.0.6 竣工验收后，填报竣工验收单，绿化工程竣工验收单应符合表 14.0.6 规定。

绿化工程竣工验收单 表 14.0.6

工 程 名 称		工 程 地 址	
绿地面积（m²）			
开工日期		竣工日期	验收日期
树木成活率（%）			
花卉成活率（%）			
草坪覆盖率（%）			
整洁及平整			
整形修剪			
附属设施评定意见			
全部工程质量评定及结论			
验收意见			
施工单位	建设单位		绿化质检部门
签字： 公章：	签字： 公章：		签字： 公章：

（八）城市湿地公园规划设计导则（试行）

［发布日期］2005 年 6 月 24 日 ［实施日期］2005 年 6 月 24 日
［文号］建城［2005］97 号

第一章 总 则

1.1 编制依据

1.1.1 《关于特别是作为水禽栖息地的国际重要湿地公约》（简称《湿地公约》）

1.1.2 《中华人民共和国城市规划法》

1.1.3 《中华人民共和国环境保护法》

1.1.4 国务院《城市绿化条例》

1.1.5 国务院《关于加强湿地保护管理工作的通知》

1.1.6 建设部《国家城市湿地公园管理办法（试行）》

1.1.7 建设部《城市绿线管理办法》

1.1.8 行业标准《公园设计规范》（CJJ 48—92）

1.2 指导思想

根据各地区人口、资源、生态和环境的特点，以维护城市湿地系统生态平衡、保护城市湿地功能和湿地生物多样性、实现资源的可持续利用为基本出发点，坚持"全面保护、生态优先、合理利用、持续发展"的方针，充分发挥城市湿地在城市建设中的生态、经济和社会效益。

1.3 基本原则

1.3.1 遵循与湿地有关的国家法律、法规，与国际有关规定相一致；

1.3.2 维护城市湿地生物多样性及湿地生态系统结构和功能的完整性，对于人为干扰而遭到破坏的城市湿地，应根据实际情况加强其恢复与修复工作；

1.3.3 坚持城市湿地保护与合理开发利用相结合的原则，应在全面保护的基础上合理利用，适度开展科研、科普及游览活动，发挥城市湿地的经济和社会效益；

1.3.4 根据各地的实际情况和湿地保护现状，坚持突出重点、体现特色、因地制宜、分步实施的原则。

1.4 规划目标

全面加强城市湿地保护，维护城市湿地生态系统的生态特性和基本功能，最大限度地发挥城市湿地在改善城市生态环境、美化城市、科学研究、科普教育和休闲游乐等方面所具有的生态、环境和社会效益，有效地遏制城市建设中对湿地的不合理利用现象，保证湿地资源的可持续利用，实现人与自然的和谐发展。

第二章 基本概念

2.1 湿地的定义

本导则采用《湿地公约》关于湿地的定义，即湿地是指天然或人工、长久或暂时性的沼泽地、泥炭地或水域地带，静止或流动，淡水、半咸水、咸水体，包括低潮时水深不超过6m的水域。

2.2 城市湿地公园是一种独特的公园类型，是指纳入城市绿地系统规划的，具有湿地的生态功能和典型特征的，以生态保护、科普教育、自然野趣和休闲游览为主要内容的公园。

2.3 城市湿地公园与其他水景公园的区别，在于湿地公园强调了湿地生态系统的生态特性和基本功能的保护和展示，突出了湿地所特有

2.4 城市湿地公园与湿地自然保护区的区别，在于湿地公园强调了利用湿地开展生态保护和科普活动的教育功能，以及充分利用湿地的景观价值和文化属性，丰富居民休闲游乐活动的社会功能。

第三章 城市湿地公园规划设计原则

城市湿地公园规划设计应遵循系统保护、合理利用与协调建设相结合的原则。在系统保护城市湿地生态系统的完整性和发挥环境效益的同时，合理利用城市湿地具有的各种资源，充分发挥其经济效益、社会效益，以及在美化城市环境中的作用。

3.1 系统保护的原则

3.1.1 保护湿地的生物多样性：为各种湿地生物的生存提供最大的生息空间；营造适宜生物多样性发展的环境空间，对生境的改变应控制在最小的程度和范围；提高城市湿地生物物种的多样性并防止外来物种的入侵造成灾害。

3.1.2 保护湿地生态系统的连贯性：保持城市湿地与周边自然环境的连续性；保证湿地生物生态廊道的畅通，确保动物的避难场所；避免人工设施的大范围覆盖；确保湿地的透水性，寻求有机物的良性循环。

3.1.3 保护湿地环境的完整性：保持湿地水域环境和陆域环境的完整性，避免湿地环境的过度分割而造成的环境退化；保护湿地生态的循环体系和缓冲保护地带，避免城市发展对湿地环境的过度干扰。

3.1.4 保持湿地资源的稳定性：保持湿地水体、生物、矿物等各种资源的平衡与稳定，避免各种资源的贫瘠化，确保城市湿地公园的可持续发展。

3.2 合理利用的原则

3.2.1 合理利用湿地动植物的经济价值和观赏价值；

3.2.2 合理利用湿地提供的水资源、生物资源和矿物资源；

3.2.3 合理利用湿地开展休闲与游览；

3.2.4 合理利用湿地开展科研与科普活动。

3.3 协调建设原则

3.3.1 城市湿地公园的整体风貌与湿地特征相协调，体现自然野趣；

3.3.2 建筑风格应与城市湿地公园的整体风貌相协调，体现地域特征；

3.3.3 公园建设优先采用有利于保护湿地环境的生态化材料和工艺；
3.3.4 严格限定湿地公园中各类管理服务设施的数量、规模与位置。

第四章 城市湿地公园规划设计程序

4.1 编制规划设计任务书
4.2 界定规划边界与范围

城市湿地公园规划范围的确定应根据地形地貌、水系、林地等因素综合确定，应尽可能地以水域为核心，将区域内影响湿地生态系统连续性和完整性的各种用地都纳入规划范围，特别是湿地周边的林地、草地、溪流、水体等。

城市湿地公园边界线的确定应以保持湿地生态系统的完整性，以及与周边环境的连通性为原则，应尽量减轻城市建筑、道路等人为因素对湿地的不良影响，提倡在湿地周边增加植被缓冲地带，为更多的生物提供生息的空间。

为了充分发挥湿地的综合效益，城市湿地公园应具有一定的规模，一般不应小于 $20hm^2$。

4.3 基础资料调研与分析

基础资料调研在一般性城市公园规划设计调研内容的基础上，应着重于地形地貌、水文地质、土壤类型、气候条件、水资源总量、动植物资源等自然状况，城市经济与人口发展、土地利用、科研能力、管理水平等社会状况，以及湿地的演替、水体水质、污染物来源等环境状况方面。

4.4 规划论证

在城市湿地公园总体规划编制过程中，应组织风景园林、生态、湿地、生物等方面的专家针对进行规划设计成果的科学性与可行性进行评审论证工作。

4.5 设计程序

城市湿地公园设计工作，应在城市湿地公园总体规划的指导下进行，可以分为以下几个阶段：
4.5.1 方案设计
4.5.2 初步设计
4.5.3 施工图设计

第五章 城市湿地公园规划设计内容

5.1 城市湿地公园总体规划包括以下主要内容：

根据湿地区域的自然资源、经济社会条件和湿地公园用地的现状，确定总体规划的指导思想和基本原则，划定公园范围和功能分区，确定保护对象与保护措施，测定环境容量和游人容量，规划游览方式、游览路线和科普、游览活动内容，确定管理、服务和科学工作设施规模等内容。提出湿地保护与功能的恢复和增强、科研工作与科普教育、湿地管理与机构建设等方面的措施和建议。

对于有可能对湿地以及周边生态环境造成严重干扰甚至破坏的城市建设项目，应提交湿地环境影响专题分析报告。

5.2 规划功能分区与基本保护要求

城市湿地公园一般应包括重点保护区、湿地展示区、游览活动区和管理服务区等区域。

5.2.1 重点保护区

针对重要湿地，或湿地生态系统较为完整、生物多样性丰富的区域，应设置重点保护区。在重点保护区内，可以针对珍稀物种的繁殖地及原产地应设置禁入区，针对候鸟及繁殖期的鸟类活动区应设立临时性的禁入区。此外，考虑生物的生息空间及活动范围，应在重点保护区外围划定适当的非人工干涉圈，以充分保障生物的生息场所。

重点保护区内只允许开展各项湿地科学研究、保护与观察工作。可根据需要设置一些小型设施，为各种生物提供栖息场所和迁徙通道。本区内所有人工设施应以确保原有生态系统的完整性和最小干扰为前提。

5.2.2 湿地展示区

在重点保护区外围建立湿地展示区，重点展示湿地生态系统、生物多样性和湿地自然景观，开展湿地科普宣传和教育活动。对于湿地生态系统和湿地形态相对缺失的区域，应加强湿地生态系统的保育和恢复工作。

5.2.3 游览活动区

利用湿地敏感度相对较低的区域，可以划为游览活动区，开展以湿地为主体的休闲、游览活动。游览活动区内可以规划适宜的游览方式和活动内容，安排适度的游憩设施，避免游览活动对湿地生态环境造成破坏。同时，应加强游人的安全保护工作，防止意外发生。

5.2.4 管理服务区

在湿地生态系统敏感度相对较低的区域设置管理服务区，尽量减少对湿地整体环境的干扰和破坏。

第六章 城市湿地公园规划成果

城市湿地公园总体规划成果应包含以下主要内容：
6.1 城市湿地公园及其影响区域的基础资料汇编；
6.2 城市湿地公园规划说明书；
6.3 城市湿地公园规划图纸；
6.4 相关影响分析与规划专题报告。

（九）园林树木养护技术规程规范

1982-12-20

第一章 总 则

1.0.1 为了保证园林树木绿化施工成果，使园林树木养护管理工作纳入科学化、规范化、法规化的科学轨道，保证园林树木健壮生长发育，巩固首都绿化成果，特定此规范。

1.0.2 本规范适用于本市城镇地区园林树木的养护工作。

1.0.3 本规范根据中华人民共和国建设部1982年12月颁布的《城市绿化条例》以及对园林树木养护工作经验和技术总结制定的。

第二章 术 语

2.0.1 整形修剪：用剪、锯、捆绑、扎等手段，使树木形成一定形状。

2.0.2 灌溉：也叫浇水，给土壤补充水分，满足树木生长需要的措施。

2.0.3 灌冻水：土地封冻前对土壤充足灌溉，以利树木安全越冬。

2.0.4 古树名木：树龄达百年以上或名人与树木轶闻，具有某种纪念意义的树木。

2.0.5 树冠：树木观赏的主要部分，由大量枝、叶、花果等组成。

2.0.6 行道树：道路两旁行列式栽植的树木。

第三章 树木养护质量标准

第一节 一级标准

3.1.1 生长势好：生长量超过该树种该规格的平均生长量。

3.1.2 叶片健壮：

a）叶片正常落叶，树叶大而肥厚，针叶树针叶健壮，在正常条件下，不黄叶、不焦叶、不卷叶、不落叶，叶上无虫粪、虫网。

b）被虫咬的叶片最严重的每株在5%以下（含5%，下同）。

3.1.3 枝干健壮：

a）无明显枯枝死杈，枝条粗壮，过冬枝条已木质化。

b）无蛀干害虫的活卵、活虫。

c）介壳虫最严重处，主干主枝上平均每100cm有一头活虫以下（含1头，下同），较细枝条平均每33cm长，在5头活虫以下，株数都在2%以下。

d）无明显的人为损坏，绿地内无堆物、堆料、圈栏等。

e）树冠完整美观，分枝点合适，主侧枝分布匀称、数量适宜，内膛不乱，通风透光，绿篱、整型植株等应枝叶茂密，光满无缺，花灌木开花后必须进行修剪。

3.1.4 缺株在2%以下（包括2%，下同）。

第二节 二级标准

3.2.1 生长势正常。生长量达到该树种、该规格的平均生长量。

3.2.2 叶片正常：

a）叶色、大小、薄厚正常。

b）较严重的黄叶、焦叶、卷叶、带虫叶、虫网、蒙灰尘叶的株数在2%以下。

c）被虫咬的叶片，最严重的每株在10%以下。

3.2.3 枝干正常：

a）无明显枯枝、死权。

b）有蛀干害虫的株数在2%以下。

c）介壳虫最严重处，主枝、主干上平均每100cm有2头活虫以下，较细枝条，每33cm长内有10头活虫以下，株数在4%以下。

d）无较严重的人为损坏，对轻微或偶尔难以控制的人为损坏，能及时发现和处理；绿地、草坪内无堆物堆料、搭棚侵占等。

e）树冠基本完整，主侧枝分布匀称，树冠通风透光，开花灌木大部分进行修剪。

3.2.4 缺株在4%以下。

第三节 三级标准

3.3.1 生长势基本正常。

3.3.2 叶色基本正常：

a）叶色基本正常。

b）严重黄叶、焦叶、卷叶、带虫粪、虫网灰尘叶的株数在10%以下。

c）被虫咬的叶片最严重的每株在20%以下。

3.3.3 枝干基本正常：

a）无明显枯枝，死权。

b）有蛀干虫的株数在10%以下。

c）介壳虫最严重处，主枝、主干上平均每100cm有3头活虫以下，较细枝条平均33cm长，内有15头活虫以下，株数在6%以下。

d）对人为损坏能及时处理，绿地内无堆物堆料搭棚、侵占等。行道树下无堆放白灰等对树木有烧伤、毒害的物质，无搭棚、围墙、圈占等。

e）90%以上树冠基本完整，有绿化效果。

3.3.4 缺株在6%以下。

第四章　养护管理工作主要内容

一年中养护管理工作阶段划分及主要工作内容。根据一年中树木生长自然规律和自然环境条件的特点，分为五个阶段。

第一节　冬季阶段

十二月、一月、二月树木休眠期主要养护、管理工作：

4.1.1　整形修剪：落叶乔灌木在发芽前进行一次整形修剪（不宜冬剪树种除外）。

4.1.2　防治病虫害：（详见防治病虫技术规程。）

4.1.3　堆雪：下大雪后及时堆在树根上，增加土壤水分，但不可堆放施过盐水的雪。

4.1.4　要及时清除常绿树和竹子上的积雪，减少危害。

4.1.5　巡查维护：巡查执法人员加强巡查维护，依法处理各种有损绿化美化的行为，并宣传教育"爱护树木人人有责"。

4.1.6　检修各种园林机械、专用车辆和工具，保养完备。

第二节　春季阶段

三月、四月，气温、地温逐渐升高，各种树木陆续发芽、展叶，开始生长，主要养护管理工作：

4.2.1　修整树木围堰，进行灌溉工作，满足树木生长需要。

4.2.2　施肥：在树木发芽前结合灌溉，施入有机肥料，改善土壤肥力。

4.2.3　病虫防治：（详见防治病虫技术规程。）

4.2.4　修剪：在冬季修剪基础上，进行剥芽去蘖。

4.2.5　拆除防寒物。

4.2.6　补植缺株。

4.2.7　维护巡查。

第三节　初夏阶段

五月、六月，气温高、湿度小，树木生长旺季，主要养护管理工作：

4.3.1 灌溉：树木抽枝展叶开花，需要大量补足水分。
4.3.2 防治病虫：（详见防治病虫技术规程）
4.3.3 追肥：以速效肥料为主，可采用根灌或叶面喷施，注意掌握用量准确。
4.3.4 修剪：对灌木进行花后修剪，并对乔灌木进行剥芽，去除干蘖及根蘖。
4.3.5 除草：在绿地和树堰内，及时除去杂草，防止雨季出现草荒。
4.3.6 维护巡查。

第四节 盛夏阶段

七、八、九月高温多雨，树木生长由旺盛逐渐变缓，主要养护工作：
4.4.1 病虫防治。
4.4.2 中耕除草。
4.4.3 汛期排水防涝：组织防汛抢险队，对地势低洼和易涝树种在汛期前做好排涝准备工作。
4.4.4 修剪：对树冠大、根系浅的树种采取疏、截结合方法修剪，增强抗风力，配合架空线修剪和绿篱整形修剪。
4.4.5 扶直：支撑扶正倾斜树木，并进行支撑。
4.4.6 维护巡查。

第五节 秋季阶段

十月、十一月气温逐渐降低，树木将休眠越冬。
4.5.1 灌冻水：树木大部分落叶，土地封冻前普遍充足灌溉。
4.5.2 防寒：对不耐寒的树种分别采取不同防寒措施，确保树木安全越冬。
4.5.3 施底肥：珍贵树种，古树名木复壮或重点地块在树木休眠后施入有机肥料。
4.5.4 病虫防治。
4.5.5 补植缺株：以耐寒树种为主。
4.5.6 维护巡查。
4.5.7 清理枯枝树叶干草，做好防火。

第五章　主要养护项目的技术规定

第一节　灌　　水

根据本市气候特点，为使树木正常生长，3~6月、9~11月是对树木灌溉的关键时期。

5.1.1　新植树木：在连续5年内都应适时充足灌溉，土质保水力差或树根生长缓慢树种，可适当延长灌水年限。

5.1.2　浇水树堰保证不跑水、不漏水、不低于10cm。树堰直径：有铺装地块以预留池为准。无铺装地块，乔木应以树干胸径10倍左右，垂直投影或投影1/2为准。

5.1.3　浇水车浇树木时，应接胶皮管，进行缓流浇灌，严禁用高压水流冲毁树堰。

5.1.4　喷灌方法：应开关定时，专人看护不能脱岗，地面达到静流为止。

第二节　修　　剪

5.2.1　冬季修剪或夏季修剪要做到先培训，简要讲明修剪树木生长习性、开花结果习性、修剪目的要求、采取技术措施、注意事项、采取熟练工带学徒工办法。

5.2.2　个人使用修剪工具必须经过磨快，调整后方可参加操作，所用机械和车辆先检查无隐患后方可使用。

5.2.3　具体技术详见《园林树木修剪技术规程》。

第三节　施　　肥

增加土壤养分、改良土壤结构、增加土壤水分、补充某种元素以达到增强树势目的。

5.3.1　施底肥：在树木落叶后至发芽前施行。无论穴施、环施和放射沟施，应用已经过充分发酵腐熟的有机肥，并与土壤拌匀后施入土壤中，施肥量根据树木大小、肥料种类而定。

5.3.2　施追肥：无论根施法或根外施法，使用化学肥料要用量准确，粉碎撒施要均匀或与土壤混合后埋入土壤中。

5.3.3 土壤中施入肥料后应及时灌水。

5.3.4 叶面喷肥：所用器械要用水冲刷后再用，喷射时间傍晚效果最佳。

第四节 除 草

保持绿地整洁，避免杂草与树木争肥水，减少病虫滋生条件。

5.4.1 野生杂草生长季节要不间断进行，除小、除早，省工省力，效果好。

5.4.2 除下杂草要集中处理，及时运走堆制肥料。

5.4.3 在远郊区或具野趣游息地段经常用机械割草，使其高矮一致。

5.4.4 有条件的地区，可采取化学除草方法，但应慎重，先试验，再推广。

第五节 伐 树

必须经过一定法规手续批准后方可进行。

5.5.1 具备以下条件上报批准后再伐树：

    a）密植林适时间伐。

    b）更新树种。

    c）枯朽、衰老、严重倾斜、对人和物体构成危险的。

    d）配合有关建筑或市政工程。

    e）抗洪抢险的伐树不在此范围。

5.5.2 伐除时留锯茬高度应尽量降低，对行人、车辆安全构成影响或有碍景观的树根应刨除。

5.5.3 注意安全，避免各种事故发生。

5.5.4 伐倒树体不得随意短截，合理留材，并及时运走树身、树枝，清扫落叶进行处理。

第六节 公园绿地

5.6.1 园容卫生经常打扫，保持清洁，必要时分片包干，专人负责。

5.6.2 绿地设施，定期维修，全市保持经常完好。

5.6.3 绿地道路定期维护修补，保持平坦无坑洼。

5.6.4 加强宣传养护树木花草和公共设施的教育内容。

5.6.5 节日适当布置摆设盆花。

（十）城市园林绿化评价标准

1 总　　则

1.0.1 为规范城市园林绿化评价，全面提升我国城市园林绿化建设水平，构建和谐、安全、健康、舒适的城市人居环境和生态环境，促进城市环境可持续协调发展，制定本标准。
1.0.2 本标准适用于设市城市的城市园林绿化综合管理评价、城市园林绿地建设评价、各类城市园林绿地建设管控评价、与城市园林绿化相关的生态环境和市政设施建设评价。
1.0.3 城市园林绿化评价除执行本标准外，尚应符合国家相关法律、法规和现行有关标准的规定。

2 术　　语

2.0.1 林荫停车场　shaded parking lot
　　停车位间种植有乔木或通过其他永久式绿化方式进行遮阴，满足绿化遮阴面积大于等于停车场面积30%的停车场。
2.0.2 受损弃置地　damaged and abandoned land
　　因生产活动或自然灾害等原因造成自然地形和植被受到破坏，并且废弃或不能使用的宕口、露天开采用地、窑坑、塌陷地等。
2.0.3 节约型绿地　resource-saving green land
　　依据自然和社会资源循环与合理利用的原则进行规划设计和建设管理，具有较高的资源使用效率和较少的资源消耗的绿地。
2.0.4 生物防治　biotic-control
　　利用有益生物或其他生物，以及其他生物的分泌物和提取物来抑制或消灭有害生物的一种防治方法。
2.0.5 城市热岛效应　urban heat island effect
　　因城市环境造成城市市区中的气温明显高于外围郊区的现象。
2.0.6 本地木本植物　local woody plants
　　原有天然分布或长期生长于本地，适应本地自然条件并融入本地自然生态系统，对本地区原生生物物种和生物环境不产生威胁的木本植物。

2.0.7 生物多样性保护 biodiversity conservation

对生态系统、生物物种和遗传的多样性的保护。

2.0.8 城市湿地资源 urban wetland resources

纳入城市蓝线范围内,具有生态功能的天然或人工、长久或暂时性的沼泽地、泥炭地或水域地带,以及低潮时水深不超过6m的水域。

3 基本规定

3.0.1 城市园林绿化评价类型应包括综合管理、绿地建设、建设管控、生态环境和市政设施等五种,各评价类型的评价内容应符合本标准第4章的规定。

3.0.2 城市园林绿化评价应由高到低分四个标准等级,分别为城市园林绿化Ⅰ级、城市园林绿化Ⅱ级、城市园林绿化Ⅲ级和城市园林绿化Ⅳ级。

3.0.3 各标准等级的评价项目应包括基本项、一般项和附加项,并应符合下列规定:

  1 各标准等级的基本项应为本标准等级中应纳入评价的内容;
  2 各标准等级的一般项应为本标准等级中宜纳入评价的内容;
  3 各标准等级的附加项应为本标准等级中可纳入评价的内容。

3.0.4 各标准等级评价项目的选项内容、标准应符合本标准第5章的规定。

3.0.5 各标准等级的绿化建设评价中,在满足一般项的数量无法达到对于一般项的数量要求时,可选择附加项进行评价。满足任意两项附加项的评价标准要求可视为满足一项一般项,不得重复选择。

3.0.6 各标准等级的建设管控评价中,在满足一般项的数量无法达到对于一般项的数量要求时,可选择附加项进行评价。满足任意两项附加项的评价标准要求可视为满足一项一般项,不得重复选择。

4 评价内容与计算方法

4.1 评价内容

4.1.1 综合管理评价应包括以下内容:

  1 城市园林绿化管理机构;
  2 城市园林绿化科研能力;

    3 城市园林绿化维护专项资金；
    4 《城市绿地系统规划》编制；
    5 城市绿线管理；
    6 城市蓝线管理；
    7 城市园林绿化制度建设；
    8 城市园林绿化管理信息技术应用；
    9 公众对城市园林绿化的满意率。

4.1.2 绿地建设评价应包括以下内容：
    1 建成区绿化覆盖率；
    2 建成区绿地率；
    3 城市人均公园绿地面积；
    4 建成区绿化覆盖面积中乔、灌木所占比率；
    5 城市各城区绿地率最低值；
    6 城市各城区人均公园绿地面积最低值；
    7 公园绿地服务半径覆盖率；
    8 万人拥有综合公园指数；
    9 城市道路绿化普及率；
    10 城市新建、改建居住区绿地达标率；
    11 城市公共设施绿地达标率；
    12 城市防护绿地实施率；
    13 生产绿地占建成区面积比率；
    14 城市道路绿地达标率；
    15 大于 $40hm^2$ 的植物园数量；
    16 林荫停车场推广率；
    17 河道绿化普及率；
    18 受损弃置地生态与景观恢复率。

4.1.3 建设管控评价应包括以下内容：
    1 城市园林绿化综合评价值；
    2 城市公园绿地功能性评价值；
    3 城市公园绿地景观性评价值；
    4 城市公园绿地文化性评价值；
    5 城市道路绿化评价值；
    6 公园管理规范化率；
    7 古树名木保护率；

  8 节约型绿地建设率；
  9 立体绿化推广；
  10 城市"其他绿地"控制；
  11 生物防治推广率；
  12 公园绿地应急避险场所实施率；
  13 水体岸线自然化率；
  14 城市历史风貌保护；
  15 风景名胜区、文化与自然遗产保护与管理。
4.1.4 生态环境评价应包括以下内容：
  1 年空气污染指数小于或等于100的天数；
  2 地表水Ⅳ类及以上水体比率；
  3 区域环境噪声平均值；
  4 城市热岛效应强度；
  5 本地木本植物指数；
  6 生物多样性保护；
  7 城市湿地资源保护。
4.1.5 市政设施评价应包括以下内容：
  1 城市容貌评价值；
  2 城市管网水检验项目合格率；
  3 城市污水处理率；
  4 城市生活垃圾无害化处理率；
  5 城市道路完好率；
  6 城市主干道平峰期平均车速。
4.1.6 评价内容的计算方法应符合本标准第4.2节的规定。
4.1.7 评价内容的评价要求、范围、程序和时效应符合本标准附录A的规定。

4.2 计算方法

4.2.1 公众对城市园林绿化的满意率应按下式计算：

$$\text{公众对城市园林绿化的满意率}(\%) = \frac{\text{城市园林绿化满意度调查满意度总分}(M)\text{大于或等于8的公众人数(人)}}{\text{城市园林绿化满意度调查被抽查公众的总人数(人)}} \times 100\% \quad (4.2.1)$$

4.2.2 建成区绿化覆盖率应按下式计算：

$$建成区绿化覆盖率(\%)$$
$$=\frac{建成区所有植被的垂直投影面积(km^2)}{建成区面积(km^2)}\times 100\% \quad (4.2.2)$$

4.2.3 建成区绿地率应按下式计算：
$$建成区绿地率(\%)$$
$$=\frac{建成区各类城市绿地面积(km^2)}{建成区面积(km^2)}\times 100\% \quad (4.2.3)$$

4.2.4 城市人均公园绿地面积应按下式计算：
$$城市人均公园绿地面积(m^2/人)$$
$$=\frac{公园绿地面积(m^2)}{建成区内的城区人口数量(人)} \quad (4.2.4)$$

4.2.5 建成区绿化覆盖面积中乔、灌木所占比率应按下式计算：
$$建成区绿化覆盖面积中乔、灌木所占比率(\%)$$
$$=\frac{建成区乔、灌木的垂直投影面积(hm^2)}{建成区所有植被的垂直投影面积(hm^2)}\times 100\% \quad (4.2.5)$$

4.2.6 城市各城区绿地率最低值中城市各城区绿地率应按下式计算：
$$城市各城区绿地率(\%)$$
$$=\frac{城市各城区的建成区各类城市绿地面积(km^2)}{城市各城区的建成区面积(km^2)}$$
$$\times 100\% \quad (4.2.6)$$

4.2.7 城市各城区人均公园绿地面积最低值中城市各城区人均公园绿地面积应按下式计算：
$$城市各城区人均公园绿地面积(m^2/人)$$
$$=\frac{城市各城区公园绿地面积(m^2)}{城市各城区建成区内的城区人口数量(人)} \quad (4.2.7)$$

4.2.8 公园绿地服务半径覆盖率应按下式计算：
$$公园绿地服务半径覆盖率(\%)$$
$$=\frac{公园绿地服务半径覆盖的居住用地面积(hm^2)}{居住用地总面积(hm^2)}\times 100\%$$
$$(4.2.8)$$

4.2.9 万人拥有综合公园指数应按下式计算：
$$万人拥有综合公园指数$$
$$=\frac{综合公园总数(个)}{建成区内的城区人口数量(万人)} \quad (4.2.9)$$

4.2.10 城市道路绿化普及率应按下式计算：

城市道路绿化普及率(%)

$$= \frac{\text{道路两旁种植有行道树的城市道路长度(km)}}{\text{城市道路总长度(km)}} \times 100\% \quad (4.2.10)$$

4.2.11 城市新建、改建居住区绿地达标率应按下式计算：

城市新建、改建居住区绿地达标率(%)

$$= \frac{\text{绿地达标的城市新建、改建居住区面积}(hm^2)}{\text{城市新建、改建居住区总面积}(hm^2)} \times 100\% \quad (4.2.11)$$

4.2.12 城市公共设施绿地达标率应按下式计算：

城市公共设施绿地达标率(%)

$$= \frac{\text{绿地达标的城市公共设施用地面积}(hm^2)}{\text{城市公共设施用地总面积}(hm^3)} \times 100\% \quad (4.2.12)$$

4.2.13 城市防护绿地实施率应按下式计算：

城市防护绿地实施率(%)

$$= \frac{\text{已建成的城市防护绿地面积}(hm^2)}{\text{城市防护绿地规划总面积}(hm^2)} \times 100\% \quad (4.2.13)$$

4.2.14 生产绿地占建成区面积比率应按下式计算：

生产绿地占建成区面积比率(%)

$$= \frac{\text{生产绿地面积}(hm^2)}{\text{建成区面积}(hm^2)} \times 100\% \quad (4.2.14)$$

4.2.15 城市道路绿地达标率应按下式计算：

城市道路绿地达标率(%)

$$= \frac{\text{绿地达标的城市道路长度(km)}}{\text{城市道路总长度(km)}} \times 100\% \quad (4.2.15)$$

4.2.16 林荫停车场推广率应按下式计算：

林荫停车场推广率(%)

$$= \frac{\text{林荫停车场面积}(m^2)}{\text{停车场总面积}(m^2)} \times 100\% \quad (4.2.16)$$

4.2.17 河道绿化普及率应按下式计算：

河道绿化普及率(%)

$$= \frac{\text{单侧绿地宽度大于或等于12m的河道滨河绿带长度(km)}}{\text{河道岸线总长度(km)}}$$

$$\times 100\% \quad (4.2.17)$$

4.2.18 受损弃置地生态与景观恢复率应按下式计算：

受损弃置地生态与景观恢复率(%)

$$= \frac{\text{经过生态与景观恢复的受损弃置地面积}(hm^2)}{\text{受损弃置地总面积}(hm^2)} \times 100\%$$

$$(4.2.18)$$

4.2.19 城市园林绿化综合评价值应按下式计算：

$$E_{综} = E_{综1} \times 0.3 + E_{综2} \times 0.3 + E_{综3} \times 0.2 + E_{综4} \times 0.2 \quad (4.2.19)$$

式中　$E_{综}$——城市园林绿化综合评价值；

　　　$E_{综1}$——城市绿地格局的环境价值评价分值；

　　　$E_{综2}$——对城市自然资源的保护和合理利用程度评价分值；

　　　$E_{综3}$——对于城市风貌形成的作用评价分值；

　　　$E_{综4}$——在城市功能定位中的地位和作用评价分值。

4.2.20 城市公园绿地功能性评价值应按下式计算：

$$E_{功} = E_{功1} \times 0.20 + E_{功2} \times 0.20 + E_{功3} \times 0.15 + E_{功4} \times 0.15 + E_{功5} \times 0.15 + E_{功6} \times 0.15 \quad (4.2.20)$$

式中　$E_{功}$——城市公园绿地功能性评价值；

　　　$E_{功1}$——使用性评价分值；

　　　$E_{功2}$——服务性评价分值；

　　　$E_{功3}$——适用性评价分值；

　　　$E_{功4}$——可达性评价分值；

　　　$E_{功5}$——开放性评价分值；

　　　$E_{功6}$——安全性评价分值。

4.2.21 城市公园绿地景观性评价值应按下式计算：

$$E_{景} = E_{景1} \times 0.25 + E_{景2} \times 0.25 + E_{景3} \times 0.25 + E_{景4} \times 0.25 \quad (4.2.21)$$

式中　$E_{景}$——城市公园绿地景观性评价值；

　　　$E_{景1}$——景观特色评价分值；

　　　$E_{景2}$——施工工艺评价分值；

　　　$E_{景3}$——养护管理评价分值；

　　　$E_{景4}$——植物材料应用评价分值。

4.2.22 城市公园绿地文化性评价值应按下式计算：

$$E_{文} = E_{文1} \times 0.50 + E_{文2} \times 0.50 \quad (4.2.22)$$

式中　$E_{文}$——城市公园绿地文化性评价值；

　　　$E_{文1}$——文化的保护评价分值；

　　　$E_{文2}$——文化的继承评价分值。

4.2.23 城市道路绿化评价值应按下式计算：

$$E_{道} = E_{道1} \times 0.40 + E_{道2} \times 0.40 + E_{道3} \times 0.20 \quad (4.2.23)$$

式中　$E_{道}$——城市道路绿化评价值；

　　　$E_{道1}$——植物材料应用评价分值；

　　　$E_{道2}$——养护管理评价分值；

$E_{道3}$——景观特色评价分值。

4.2.24 公园管理规范化率应按下式计算：

$$公园管理规范化率(\%) = \frac{规范管理的公园数量(个)}{公园总数量(个)} \times 100\% \quad (4.2.24)$$

4.2.25 古树名木保护率应按下式计算：

$$古树名木保护率(\%) = \frac{建档并存活的古树名木数量(株)}{古树名木总数量(株)} \times 100\% \quad (4.2.25)$$

4.2.26 节约型绿地建设率应按下式计算：

$$节约型绿地建设率(\%) = \frac{应用节约型园林技术的公园绿地和道路绿地面积之和(hm^2)}{公园绿地和道路绿地总面积(hm^2)} \times 100\% \quad (4.2.26)$$

4.2.27 生物防治推广率应按下式计算：

$$生物防治推广率(\%) = \frac{采用了生物防治技术的公园绿地和道路绿地面积之和(hm^2)}{公园绿地和道路绿地总面积(hm^2)} \times 100\% \quad (4.2.27)$$

4.2.28 公园绿地应急避险场所实施率应按下式计算：

$$公园绿地应急避险场所实施率(\%) = \frac{已建成应急避险场所的公园绿地数量(个)}{规划要求设置应急避险场所的公园绿地数量(个)} \times 100\% \quad (4.2.28)$$

4.2.29 水体岸线自然化率应按下式计算：

$$水体岸线自然化率(\%) = \frac{符合自然岸线要求的水体岸线长度(km)}{水体岸线总长度(km)} \times 100\% \quad (4.2.29)$$

4.2.30 地表水Ⅳ类及以上水体比率应按下式计算：

$$地表水Ⅳ类及以上水体比率(\%) = \frac{地表水体中达到和优于Ⅳ类标准的监测断面数量}{地表水体监测断面总数} \times 100\% \quad (4.2.30)$$

4.2.31 区域环境噪声平均值应按下式计算：

$$\overline{L}_{Aeq} = \frac{\sum_{i=1}^{n} L_{Aeqi}}{n} \qquad (4.2.31)$$

式中 $\overline{L}_{Aeq}$ ——区域环境噪声平均值 [dB（A）]；

L_{Aeqi} ——第 i 网格监测点测得的等效声级 [dB（A）]；

n ——网格监测点总数。

4.2.32 城市热岛效应强度应按下式计算：

城市热岛效应强度(℃)＝建成区气温的平均值(℃)

－建成区周边区域气温的平均值（℃）

$$(4.2.32)$$

4.2.33 本地木本植物指数应按下式计算：

$$本地木本植物指数 = \frac{本地木本植物物种数(种)}{木本植物物种总数(种)} \qquad (4.2.33)$$

4.2.34 城市容貌评价值应按下式计算：

$$E_{容} = E_{容1} \times 0.3 + E_{容2} \times 0.3 + E_{容3} \times 0.2 + E_{容4} \times 0.2 \qquad (4.2.34)$$

式中 $E_{容}$ ——城市容貌评价值；

$E_{容1}$ ——公共场所评价分值；

$E_{容2}$ ——广告设施与标识评价分值；

$E_{容3}$ ——公共设施评价分值；

$E_{容4}$ ——城市照明评价分值。

4.2.35 城市管网水检验项目合格率应按下式计算：

城市管网水检验项目合格率(%)

$$= \frac{城市管网水检验合格的项目数量(项)}{城市管网水检验的项目数量(项)} \times 100\% \qquad (4.2.35)$$

4.2.36 城市污水处理率应按下式计算：

城市污水处理率(%)

$$= \frac{经过城市污水处理设施处理且达到排放标准的污水量(万吨)}{城市污水排放总量(万吨)}$$

$$\times 100\% \qquad (4.2.36)$$

4.2.37 城市生活垃圾无害化处理率应按下式计算：

城市生活垃圾无害化处理率(%)

$$= \frac{采用无害化处理的城市生活垃圾数量(万吨)}{城市生活垃圾产生总量(万吨)}$$

$$\times 100\% \qquad (4.2.37)$$

4.2.38 城市道路完好率应按下式计算：

$$城市道路完好率（\%）=\frac{城市道路完好面积（m^2）}{城市道路总面积（m^2）}\times 100\%$$

(4.2.38)

5 等 级 评 价

5.1 城市园林绿化 Ⅰ 级评价

5.1.1 城市园林绿化 Ⅰ 级评价的内容、项目和评价标准应符合表 5.1.1 的规定。

表 5.1.1 城市园林绿化 Ⅰ 级评价内容、项目和评价标准

评价类型	序号	评价内容		评价项目	评价标准
综合管理	1	城市园林绿化管理机构		基本项	符合附录 A 中表 A.0.1 评价要求
	2	城市园林绿化科研能力		基本项	
	3	城市园林绿化维护专项资金		基本项	
	4	《城市绿地系统规划》编制		基本项	
	5	城市绿线管理		基本项	
	6	城市蓝线管理		基本项	
	7	城市园林绿化制度建设		基本项	
	8	城市园林绿化管理信息技术应用		基本项	
	9	公众对城市园林绿化的满意率		基本项	≥85%
绿地建设	1	建成区绿化覆盖率		基本项	≥40%
	2	建成区绿地率		基本项	≥35%
	3	城市人均公园绿地面积	1）人均建设用地小于 80m² 的城市	基本项	≥9.50m²/人
			2）人均建设用地 80m²～100m² 的城市	基本项	≥10.00m²/人
			3）人均建设用地大于 100m² 的城市	基本项	≥11.00m²/人
	4	建成区绿化覆盖面积中乔、灌木所占比率		基本项	≥70%

续表 5.1.1

评价类型	序号	评价内容	评价项目	评价标准
绿地建设	5	城市各城区绿地率最低值	基本项	≥25%
	6	城市各城区人均公园绿地面积最低值	基本项	≥5.00m²/人
	7	公园绿地服务半径覆盖率	基本项	≥80%
	8	万人拥有综合公园指数	基本项	≥0.07
	9	城市道路绿化普及率	基本项	≥95%
	10	城市新建、改建居住区绿地达标率	一般项	≥95%
	11	城市公共设施绿地达标率	一般项	≥95%
	12	城市防护绿地实施率	一般项	≥90%
	13	生产绿地占建成区面积比率	一般项	≥2%
	14	城市道路绿地达标率	附加项	≥80%
	15	大于40hm²的植物园数量	附加项	≥1.00
	16	林荫停车场推广率	附加项	≥60%
	17	河道绿化普及率	附加项	≥80%
	18	受损弃置地生态与景观恢复率	附加项	≥80%
建设管控	1	城市园林绿化综合评价值	基本项	≥9.00
	2	城市公园绿地功能性评价值	基本项	≥9.00
	3	城市公园绿地景观性评价值	基本项	≥9.00
	4	城市公园绿地文化性评价值	基本项	≥9.00
	5	城市道路绿化评价值	基本项	≥9.00
	6	公园管理规范化率	基本项	≥95%
	7	古树名木保护率	基本项	≥98%
	8	节约型绿地建设率	一般项	≥80%
	9	立体绿化推广	一般项	符合附录A中表A.0.3评价要求
	10	城市"其他绿地"控制	一般项	

续表 5.1.1

评价类型	序号	评价内容	评价项目	评价标准
建设管控	11	生物防治推广率	附加项	≥50%
	12	公园绿地应急避险场所实施率	附加项	≥70%
	13	水体岸线自然化率	附加项	≥80%
	14	城市历史风貌保护	附加项	符合附录A表A.0.3评价要求
	15	风景名胜区、文化与自然遗产保护与管理	附加项	
生态环境	1	年空气污染指数小于或等于100的天数	基本项	≥300d
	2	地表水Ⅳ类及以上水体比率	基本项	≥60%
	3	区域环境噪声平均值	一般项	≤54.00dB(A)
	4	城市热岛效应强度	一般项	≤2.5℃
	5	本地木本植物指数	基本项	≥0.90
	6	生物多样性保护	基本项	符合附录A中表A.0.4评价要求
	7	城市湿地资源保护	基本项	
市政设施	1	城市容貌评价值	基本项	≥9.00
	2	城市管网水检验项目合格率	基本项	100%
	3	城市污水处理率	基本项	≥85%
	4	城市生活垃圾无害化处理率	基本项	≥90%
	5	城市道路完好率	一般项	≥98%
	6	城市主干道平峰期平均车速	一般项	≥40.00km/h

5.1.2 城市园林绿化Ⅰ级评价需满足的基本项和一般项数量应符合表 5.1.2 的规定。

表 5.1.2 城市园林绿化Ⅰ级需满足的基本项和一般项数量

评价类型	基本项数量（项）	一般项数量（项）
综合管理	9	0
绿地建设	9	4

续表 5.1.2

评价类型	基本项数量（项）	一般项数量（项）
建设管控	7	3
生态环境	5	1
市政设施	4	1

5.2 城市园林绿化Ⅱ级评价

5.2.1 城市园林绿化Ⅱ级评价的内容、项目和评价标准应符合表5.2.1的规定。

表 5.2.1 城市园林绿化Ⅱ级评价内容、项目和评价标准

评价类型	序号	评价内容	评价项目	评价标准
综合管理	1	城市园林绿化管理机构	基本项	符合附录A中表A.0.1评价要求
	2	城市园林绿化科研能力	基本项	
	3	城市园林绿化维护专项资金	基本项	
	4	《城市绿地系统规划》编制	基本项	
	5	城市绿线管理	基本项	
	6	城市蓝线管理	一般项	
	7	城市园林绿化制度建设	基本项	
	8	城市园林绿化管理信息技术应用	基本项	
	9	公众对城市园林绿化的满意率	一般项	≥80%
绿地建设	1	建成区绿化覆盖率	基本项	≥36%
	2	建成区绿地率	基本项	≥31%
	3	城市人均公园绿地面积 1）人均建设用地小于80m² 的城市	基本项	≥7.50m²/人
		2）人均建设用地80m²~100m² 的城市	基本项	≥8.00m²/人
		3）人均建设用地大于100m² 的城市	基本项	≥9.00m²/人

续表 5.2.1

评价类型	序号	评价内容	评价项目	评价标准
绿地建设	4	建成区绿化覆盖面积中乔、灌木所占比率	基本项	≥60%
	5	城市各城区绿地率最低值	基本项	≥22%
	6	城市各城区人均公园绿地面积最低值	基本项	≥4.50m²/人
	7	公园绿地服务半径覆盖率	一般项	≥70%
	8	万人拥有综合公园指数	基本项	≥0.06
	9	城市道路绿化普及率	一般项	≥95%
	10	城市新建、改建居住区绿地达标率	一般项	≥95%
	11	城市公共设施绿地达标率	一般项	≥95%
	12	城市防护绿地实施率	一般项	≥80%
	13	生产绿地占建成区面积比率	一般项	≥2%
	14	城市道路绿地达标率	附加项	≥80%
	15	大于40hm²的植物园数量	附加项	≥1.00
	16	林荫停车场推广率	附加项	≥60%
	17	河道绿化普及率	附加项	≥80%
	18	受损弃置地生态与景观恢复率	附加项	≥80%
建设管控	1	城市园林绿化综合评价值	基本项	≥8.00
	2	城市公园绿地功能性评价值	基本项	≥8.00
	3	城市公园绿地景观性评价值	基本项	≥8.00
	4	城市公园绿地文化性评价值	基本项	≥8.00
	5	城市道路绿化评价值	基本项	≥8.00
	6	公园管理规范化率	基本项	≥90%
	7	古树名木保护率	基本项	≥95%
	8	节约型绿地建设率	一般项	≥60%
	9	立体绿化推广	一般项	符合附录A中表A.0.3评价要求
	10	城市"其他绿地"控制	一般项	

续表 5.2.1

评价类型	序号	评价内容	评价项目	评价标准
建设管控	11	生物防治推广率	附加项	≥50%
	12	公园绿地应急避险场所实施率	附加项	≥70%
	13	水体岸线自然化率	附加项	≥80%
	14	城市历史风貌保护	附加项	符合附录A表A.0.3评价要求
	15	风景名胜区、文化与自然遗产保护与管理	附加项	
生态环境	1	年空气污染指数小于或等于100的天数	基本项	≥240d
	2	地表水Ⅳ类及以上水体比率	基本项	≥50%
	3	区域环境噪声平均值	一般项	≤56dB（A）
	4	城市热岛效应强度	一般项	≤3.0℃
	5	本地木本植物指数	一般项	≥0.80
	6	生物多样性保护	一般项	符合附录A中表A.0.4评价要求
	7	城市湿地资源保护	一般项	
市政设施	1	城市容貌评价值	基本项	≥8.00
	2	城市管网水检验项目合格率	基本项	≥99%
	3	城市污水处理率	基本项	≥80%
	4	城市生活垃圾无害化处理率	基本项	≥80%
	5	城市道路完好率	一般项	≥95%
	6	城市主干道平峰期平均车速	一般项	≥35.00km/h

5.2.2 城市园林绿化Ⅱ级评价需满足的基本项和一般项数量应符合表 5.2.2 的规定。

表 5.2.2　城市园林绿化Ⅱ级评价需满足的基本项和一般项数量

评价类型	基本项数量（项）	一般项数量（项）
综合管理	7	1
绿地建设	7	5

续表 5.2.2

评价类型	基本项数量（项）	一般项数量（项）
建设管控	7	2
生态环境	2	2
市政设施	4	1

5.3 城市园林绿化Ⅲ级评价

5.3.1 城市园林绿化Ⅲ级评价的内容、项目和评价标准应符合表5.3.1的规定。

表5.3.1 城市园林绿化Ⅲ级评价内容、项目和评价标准

评价类型	序号	评价内容		评价项目	评价标准
综合管理	1	城市园林绿化管理机构		基本项	符合附录A中表A.0.1评价要求
	2	城市园林绿化科研能力		一般项	
	3	城市园林绿化维护专项资金		基本项	
	4	《城市绿地系统规划》编制		基本项	
	5	城市绿线管理		基本项	
	6	城市蓝线管理		一般项	
	7	城市园林绿化制度建设		基本项	
	8	城市园林绿化管理信息技术应用		一般项	
	9	公众对城市园林绿化的满意率		一般项	≥70%
绿地建设	1	建成区绿化覆盖率		基本项	≥34%
	2	建成区绿地率		基本项	≥29%
	3	城市人均公园绿地面积	1）人均建设用地小于80m²的城市	基本项	≥6.50m²/人
			2）人均建设用地80m²~100m²的城市	基本项	≥7.00m²/人
			3）人均建设用地大于100m²的城市	基本项	≥7.50m²/人

续表 5.3.1

评价类型	序号	评价内容	评价项目	评价标准
绿地建设	4	建成区绿化覆盖面积中乔、灌木所占比率	基本项	≥60%
	5	城市各城区绿地率最低值	基本项	≥20%
	6	城市各城区人均公园绿地面积最低值	基本项	≥4.00m^2/人
	7	公园绿地服务半径覆盖率	一般项	≥60%
	8	万人拥有综合公园指数	一般项	≥0.05
	9	城市道路绿化普及率	一般项	≥85%
	10	城市新建、改建居住区绿地达标率	一般项	≥80%
	11	城市公共设施绿地达标率	一般项	≥85%
	12	城市防护绿地实施率	一般项	≥70%
	13	生产绿地占建成区面积比率	一般项	≥2%
	14	城市道路绿地达标率	附加项	≥80%
	15	大于40hm^2的植物园数量	附加项	≥1.00
	16	林荫停车场推广率	附加项	≥60%
	17	河道绿化普及率	附加项	≥80%
	18	受损弃置地生态与景观恢复率	附加项	≥80%
建设管控	1	城市园林绿化综合评价值	基本项	≥7.00
	2	城市公园绿地功能性评价值	基本项	≥7.00
	3	城市公园绿地景观性评价值	基本项	≥7.00
	4	城市公园绿地文化性评价值	基本项	≥7.00
	5	城市道路绿化评价值	基本项	≥7.00
	6	公园管理规范化率	基本项	≥85%
	7	古树名木保护率	基本项	≥95%
	8	节约型绿地建设率	一般项	≥60%
	9	立体绿化推广	一般项	符合附录A中表A.0.3评价要求
	10	城市"其他绿地"控制	一般项	

续表 5.3.1

评价类型	序号	评价内容	评价项目	评价标准
建设管控	11	生物防治推广率	附加项	≥50%
	12	公园绿地应急避险场所实施率	附加项	≥70%
	13	水体岸线自然化率	附加项	≥80%
	14	城市历史风貌保护	附加项	符合附录A表A.0.3评价要求
	15	风景名胜区、文化与自然遗产保护与管理	附加项	
生态环境	1	年空气污染指数小于或等于100的天数	一般项	≥240d
	2	地表水Ⅳ类及以上水体比率	一般项	≥40%
	3	区域环境噪声平均值	一般项	≤60dB(A)
	4	城市热岛效应强度	一般项	≤4.00℃
	5	本地木本植物指数	一般项	≥0.70
	6	生物多样性保护	一般项	符合附录A中表A.0.4评价要求
	7	城市湿地资源保护	一般项	
市政设施	1	城市容貌评价值	一般项	≥7.00
	2	城市管网水检验项目合格率	一般项	≥99%
	3	城市污水处理率	一般项	≥80%
	4	城市生活垃圾无害化处理率	一般项	≥80%
	5	城市道路完好率	一般项	≥95%
	6	城市主干道平峰期平均车速	一般项	≥35.00km/h

5.3.2 城市园林绿化Ⅲ级评价需满足的基本项和一般项数量应符合表 5.3.2 的规定。

表 5.3.2 城市园林绿化Ⅲ级评价需满足的基本项和一般项数量

评价类型	基本项数量(项)	一般项数量(项)
综合管理	5	2
绿地建设	6	5

续表 5.3.2

评价类型	基本项数量（项）	一般项数量（项）
建设管控	7	3
生态环境	0	2
市政设施	0	3

5.4 城市园林绿化Ⅳ级评价

5.4.1 城市园林绿化Ⅳ级评价的内容、项目和评价标准应符合表5.4.1的规定。

表 5.4.1 城市园林绿化Ⅳ级评价内容、项目和评价标准

评价类型	序号	评价内容		评价项目	评价标准
综合管理	1	城市园林绿化管理机构		基本项	符合附录A中表A.0.1评价要求
	2	城市园林绿化科研能力		一般项	
	3	城市园林绿化维护专项资金		基本项	
	4	《城市绿地系统规划》编制		基本项	
	5	城市绿线管理		基本项	
	6	城市蓝线管理		一般项	
	7	城市园林绿化制度建设		基本项	
	8	城市园林绿化管理信息技术应用		一般项	
	9	公众对城市园林绿化的满意率		一般项	≥60%
绿地建设	1	建成区绿化覆盖率		基本项	≥34%
	2	建成区绿地率		基本项	≥29%
	3	城市人均公园绿地面积	1) 人均建设用地小于80m² 的城市	基本项	≥6.50m²/人
			2) 人均建设用地80m²～100m² 的城市	基本项	≥7.00m²/人
			3) 人均建设用地大于100m² 的城市	基本项	≥7.50m²/人

续表 5.4.1

评价类型	序号	评价内容	评价项目	评价标准
绿地建设	4	建成区绿化覆盖面积中乔、灌木所占比率	一般项	≥60%
	5	城市各城区绿地率最低值	一般项	≥20%
	6	城市各城区人均公园绿地面积最低值	基本项	≥4.00m^2/人
	7	公园绿地服务半径覆盖率	一般项	≥60%
	8	万人拥有综合公园指数	一般项	≥0.05
	9	城市道路绿化普及率	一般项	≥85%
	10	城市新建、改建居住区绿地达标率	一般项	≥80%
	11	城市公共设施绿地达标率	一般项	≥85%
	12	城市防护绿地实施率	一般项	≥70%
	13	生产绿地占建成区面积比率	一般项	≥2%
	14	城市道路绿地达标率	附加项	≥80%
	15	大于40hm^2的植物园数量	附加项	≥1.00
	16	林荫停车场推广率	附加项	≥60%
	17	河道绿化普及率	附加项	≥80%
	18	受损弃置地生态与景观恢复率	附加项	≥80%
建设管控	1	城市园林绿化综合评价值	基本项	≥6.00
	2	城市公园绿地功能性评价值	基本项	≥6.00
	3	城市公园绿地景观性评价值	基本项	≥6.00
	4	城市公园绿地文化性评价值	基本项	≥6.00
	5	城市道路绿化评价值	基本项	≥6.00
	6	公园管理规范化率	一般项	≥85%
	7	古树名木保护率	基本项	≥95%
	8	节约型绿地建设率	一般项	≥60%
	9	立体绿化推广	一般项	符合附录A中表A.0.3评价要求
	10	城市"其他绿地"控制	一般项	

续表 5.4.1

评价类型	序号	评价内容	评价项目	评价标准
建设管控	11	生物防治推广率	附加项	≥50%
	12	公园绿地应急避险场所实施率	附加项	≥70%
	13	水体岸线自然化率	附加项	≥80%
	14	城市历史风貌保护	附加项	符合附录 A 表 A.0.3 评价要求
	15	风景名胜区、文化与自然遗产保护与管理	附加项	
生态环境	1	年空气污染指数小于或等于 100 的天数	一般项	≥240d
	2	地表水Ⅳ类及以上水体比率	一般项	≥40%
	3	区域环境噪声平均值	一般项	≤60dB（A）
	4	城市热岛效应强度	一般项	≤4.00℃
	5	本地木本植物指数	一般项	≥0.70
	6	生物多样性保护	一般项	符合附录 A 中 表 A.0.4 评价要求
	7	城市湿地资源保护	一般项	
市政设施	1	城市容貌评价值	一般项	≥6.00
	2	城市管网水检验项目合格率	一般项	≥99%
	3	城市污水处理率	一般项	≥80%
	4	城市生活垃圾无害化处理率	一般项	≥80%
	5	城市道路完好率	一般项	≥95%
	6	城市主干道平峰期平均车速	一般项	≥35.00km/h

5.4.2 城市园林绿化Ⅳ级评价需满足的基本项和一般项数量应符合表 5.4.2 的规定。

表 5.4.2 城市园林绿化Ⅳ级评价需满足的基本项和一般项数量

评价类型	基本项数量（项）	一般项数量（项）
综合管理	5	2
绿地建设	4	4
建设管控	6	3
生态环境	0	2
市政设施	0	2

附录 A 评价内容的评价要求、范围、程序和时效

A.0.1 综合管理评价的评价要求、范围、程序和时效应符合表 A.0.1 的规定。

表 A.0.1 综合管理评价的评价要求、范围、程序和时效

序号	评价内容	评价要求	评价范围	评价程序	评价时效
1	城市园林绿化管理机构	1）应按照各级政府职能分工的要求，设立相应的机构； 2）应依照法律法规授权有效行使行政管理职能	城市管理机构	核查上报资料	评价期适时评价
2	城市园林绿化科研能力	应满足以下任意一项要求： ①具有以城市园林绿化的研究、成果推广和科普宣传为主要工作内容的研究机构； ②近三年（含评价期当年度）具有在实际应用中得到推广的园林科研项目	城市科研机构或科研项目	核查上报资料	评价期适时评价
3	城市园林绿化维护专项资金	城市园林绿化维护专项资金投入应能满足城市各类绿地的正常维护	城市维护资金	核查上报资料	以评价期上一年度末的统计数据为准
4	《城市绿地系统规划》编制	1）《城市绿地系统规划》应由具有相关规划资质的单位编制，经政府批准实施； 2）《城市绿地系统规划》应纳入《城市总体规划》并与之相协调； 3）当《城市绿地系统规划》的规划期限低于评价期，应视为没有满足本项评价	城市规划	核查上报资料	评价期适时评价

续表 A.0.1

序号	评价内容	评价要求	评价范围	评价程序	评价时效
5	城市绿线管理	应按要求划定绿线，绿线的管理和实施应符合《城市绿线管理办法》（建设部令第112号）和其他相关标准的规定	城市规划区	查阅相关文件	评价期适时评价
6	城市蓝线管理	应按要求划定蓝线，蓝线的管理和实施应符合《城市蓝线管理办法》（建设部令第145号）的规定			
7	城市园林绿化制度建设	1) 应制定城市园林绿化各项制度； 2) 城市园林绿化制度应包括绿线管理、园林绿化工程管理、园林绿化养护管理、园林绿化公示制度以及控制大树移栽、防止外来物种入侵、义务植树等工程和技术管理制度	城市管理制度		
8	城市园林绿化管理信息技术应用	应满足以下任意两项要求： ① 应建立城市园林绿化数字化信息库； ② 应建立城市园林绿化信息发布与社会服务信息共享平台； ③ 应建立城市园林绿化信息化监管体系	城市管理信息技术	核查上报资料并实地调研	
9	公众对城市园林绿化的满意率	1) 应按照表 B.0.1 进行满意度调查和满意度总分（M）计算； 2) 被抽查的公众不应少于建成区城区人口的千分之一	城市公众满意度调查	核查上报统计资料	以不早于评价期一年之内的满意度调查结果为准

A.0.2 绿地建设评价的评价要求、范围、程序和时效应符合表A.0.2的规定。

表 A.0.2 绿地建设评价的评价要求、范围、程序和时效

序号	评价内容	评价要求	评价范围	评价程序	评价时效
1	建成区绿化覆盖率	1）所有植被的垂直投影面积应包括乔木、灌木、草坪等所有植被的垂直投影面积，还应包括屋顶绿化植物的垂直投影面积以及零星树木的垂直投影面积； 2）乔木树冠下的灌木和草本植物不能重复计算	城市建成区	核查上报统计资料及卫星或航空遥感影像数据	以评价期上一年度末统计数据和以不早于评价期一年内的卫星或航空遥感影像数据
2	建成区绿地率	1）历史文化街区面积超过建成区面积50%以上的城市，评价时绿地率评价标准可下调2个百分点； 2）纳入绿地率统计的"其他绿地"应在城市建成区内并且与城市建设用地毗邻； 3）纳入绿地率统计的"其他绿地"的面积不应超过建设用地内各类城市绿地总面积的20%； 4）建设用地外的河流、湖泊等水体面积不应计入绿地面积			
3	城市人均公园绿地面积	1）建成区内历史文化街区面积占建成区面积50%以上的城市，评价时人均公园绿地面积标准可下调$0.5m^2/$人； 2）公园绿地中被纳入建设用地的水面面积应计入公园绿地面积统计； 3）建设用地外的河流、湖泊不应计入公园绿地面积			

续表 A.0.2

序号	评价内容	评价要求	评价范围	评价程序	评价时效
4	建成区绿化覆盖面积中乔、灌木所占比率	1）所有植被的垂直投影面积应包括乔木、灌木、草坪等所有植被的垂直投影面积，还应包括屋顶绿化植物的垂直投影面积以及零星树木的垂直投影面积； 2）乔木树冠下的灌木和草本植物不能重复计算； 3）对于处于高原高寒植被区域的城市，本项评价无论数值多少均可视为满足评价要求	城市建成区	核查上报统计资料及卫星或航空遥感影像数据	以评价期上一年度末统计数据和以不早于评价期一年内的卫星或航空遥感影像数据
5	城市各城区绿地率最低值	1）未设区城市应按建成区绿地率进行评价； 2）历史文化街区可不计入各城区面积和各城区绿地面积统计范围； 3）历史文化街区面积超过所在城区面积50%以上的城区可不纳入城市各城区绿地率最低值评价			
6	城市各城区人均公园绿地面积最低值	1）未设区城市应按城市人均公园绿地面积评价； 2）历史文化街区面积超过所在城区面积50%以上的城区可不纳入城市各城区人均公园绿地面积最低值评价			
7	公园绿地服务半径覆盖率	1）公园绿地服务半径应以公园各边界起算； 2）建成区内的非历史文化街区范围应采用大于或等于5000m^2的城市公园绿地按照500m的服务半径覆盖居住用地面积的百分比进行评价； 3）建成区内的历史文化街区范围应采用大于或等于1000m^2的城市公园绿地按照300m的服务半径覆盖居住用地面积的百分比进行评价			

续表 A.0.2

序号	评价内容	评价要求	评价范围	评价程序	评价时效
8	万人拥有综合公园指数	1）纳入统计的综合公园应符合现行行业标准《城市绿地分类标准》CJJ/T 85-2002 中 2.0.4 的规定； 2）人口数量统计应与城市人均公园绿地面积的人口数量统计一致		核查上报统计资料	以评价期上一年度末统计数据为准
9	城市道路绿化普及率	1）道路红线外的行道树不应计入统计； 2）历史文化街区内的道路可不计入统计			
10	城市新建、改建居住区绿地达标率	纳入绿地达标统计的新建、改建居住区应符合现行国家标准《城市居住区规划设计规范》（GB 50180-93）中 7.0.2.3 绿地率的规定	城市建成区		
11	城市公共设施绿地达标率	纳入绿地达标统计的公共设施用地应符合本市《城市绿地系统规划》中关于公共设施用地绿地率的规定		核查上报统计资料及卫星或航空遥感影像数据	以评价期上一年度末统计数据和以不早于评价期一年内的卫星或航空遥感影像数据
12	城市防护绿地实施率	1）防护绿地规划总面积应包括《城市绿地系统规划》规划的现状建城区内的防护绿地面积； 2）已建成防护绿地面积应以现状建成区内的防护绿地面积为准			
13	生产绿地占建成区面积比率	在建成区之外但在城市规划区之内的生产绿地可纳入生产绿地的面积统计	城市规划区		

续表 A.0.2

序号	评价内容	评价要求	评价范围	评价程序	评价时效
14	城市道路绿地达标率	1）纳入绿地达标统计的城市道路应符合现行行业标准《城市道路绿化规划与设计规范》CJJ 75—97 中 3.1.2 道路绿地率的规定； 2）道路红线宽度小于 12m 的城市道路（支路）和历史文化街区的道路可不计入评价统计	城市建成区	核查上报统计资料	以评价期上一年度末统计数据为准
15	大于 $40hm^2$ 的植物园数量	纳入统计的植物园应符合现行行业标准《城市绿地分类标准》CJJ/T 85-2002 中 2.0.4 的规定			
16	林荫停车场推广率	1）纳入统计的停车场应包括社会停车场库用地内的机动车公共停车场； 2）室内停车场、地下停车场、机械式停车场不应计入统计			
17	河道绿化普及率	1）纳入统计的河道应包括城市建成区范围内或与之毗邻、在《城市总体规划》中被列入 E 水域的河道； 2）滨河绿带长度应为河道堤岸两侧绿带的总长度，河道岸线长度应为河道两侧岸线的总长度； 3）宽度小于 12m 的河道和具有地方传统特色的水巷可不计入评价； 4）因自然因素造成河道两侧地形坡度大于 33% 的河道可不计入评价	城市规划区	核查上报统计资料及卫星或航空遥感影像数据	以评价期上一年度末统计数据和以不早于评价期一年内的卫星或航空遥感影像数据
18	受损弃置地生态与景观恢复率	纳入统计的受损弃置地范围应符合现行国家标准《城市用地分类与规划建设用地标准》GBJ 137 中 E 类的范围规定			

注：新建、改建居住区应为 2002 年（含 2002 年）以后建成或改造的居住区或小区。

A.0.3 建设管控评价的评价要求、范围、程序和时效应符合表A.0.3的规定。

表A.0.3 建设管控评价的评价要求、范围、程序和时效

序号	评价内容	评价要求	评价范围	评价程序	评价时效
1	城市园林绿化综合评价值	应依据本标准中表B.0.2进行评价	城市规划区	由第三方机构或专家组评价	评价期适时评价
2	城市公园绿地功能性评价值	应依据本标准中表B.0.3进行评价	城市建成区		
3	城市公园绿地景观性评价值	应依据本标准中表B.0.4进行评价			
4	城市公园绿地文化性评价值	1）本评价应用于历史文化名城的评价，非历史文化名城无论评价值多少均可视为满足要求； 2）应依据本标准中表B.0.5进行评价			
5	城市道路绿化评价值	应依据本标准中表B.0.6进行评价			
6	公园管理规范化率	纳入管理规范化统计的公园应符合相关公园管理条例和办法的规定			
7	古树名木保护率	纳入建档并存活统计的古树名木应符合《城市古树名木保护管理办法》[建城（2000）192号]的规定	城市规划区	查阅相关资料并实地调研	以评价期上一年度年度末数据为准

续表 A.0.3

序号	评价内容	评价要求	评价范围	评价程序	评价时效
8	节约型绿地建设率	公园绿地、道路绿地中采用以下技术之一，并达到相关标准的均可称为应用节约型园林技术： ①采用微喷、滴灌、渗灌和其他节水技术的灌溉面积大于等于总灌溉面积的80%； ②采用透水材料和透水结构铺装面积超过铺装总面积的50%； ③设置有雨洪利用措施； ④采用再生水或自然水等非传统水源进行灌溉和造景，其年用水量大于等于总灌溉和造景年用水量的80%； ⑤对植物因自然生长或养护要求而产生的枝、叶等废弃物单独或区域性集中处理，生产肥料或作为生物质进行材料利用或能源利用； ⑥利用风能、太阳能、水能、浅层地热能、生物质能等非化石能源，其能源消耗量大于或等于能源消耗总量的25%； ⑦保护并合理利用了被相关专业部门认定为具有较高景观、生态、历史、文化价值的建构筑物、地形、水体、植被以及其他自然、历史文化遗址等基址资源	城市建成区	查阅相关资料并实地调研	以评价期上一年度年度末数据为准
9	立体绿化推广	1) 应制定立体绿化推广的鼓励政策和技术措施； 2) 应制定立体绿化推广的实施方案； 3) 应已执行立体绿化实施方案，效果明显			

续表 A.0.3

序号	评价内容	评价要求	评价范围	评价程序	评价时效
10	城市"其他绿地"控制	1）应依据《城市绿地系统规划》要求，建立城乡一体的绿地系统； 2）城市"其他绿地"应得到有效保护和合理利用； 3）纳入评价的"其他绿地"应符合现行行业标准《城市绿地分类标准》（CJJ/T 85—2002）中 2.0.4 的规定	城市规划区	查阅相关资料并实地调研	评价期适时评价
11	生物防治推广率	生物防治技术应符合国家相关标准和技术规范的要求	城市建成区		
12	公园绿地应急避险场所实施率	应急避难场所应符合现行国家标准《地震应急避难场所场址及配套设施》GB 21734 的有关规定			
13	水体岸线自然化率	1）纳入统计的水体，应包括在《城市总体规划》中被列入 E 水域的水体； 2）纳入自然岸线统计的水体应同时满足以下两个条件： ①应在满足防洪、排涝等水工（水利）功能要求的基础上，岸体构筑形式和材料符合生态学和景观美学要求，岸线模拟自然形态。 ②滨水绿地的构建应充分保护和利用了滨水区域野生和半野生的生境； 3）岸线长度应为河道两侧岸线的总长度； 4）具有地方传统特色的水巷、码头和历史名胜公园的岸线可不计入统计评价	城市规划区		以评价期上一年度年度末数据为准

续表 A.0.3

序号	评价内容	评价要求	评价范围	评价程序	评价时效
14	城市历史风貌保护	1) 应划定城市紫线，并制定了《历史文化名城保护规划》或城市历史风貌保护规划； 2) 城市历史风貌保护应符合《历史文化名城保护规划》或城市历史风貌保护规划的要求	城市规划区	查阅相关资料并实地调研	评价期适时评价
15	风景名胜区、文化与自然遗产保护与管理	应具有国家级风景名胜区或被列为世界遗产名录的文化或自然遗产，且严格依据《风景名胜区条例》或自然与文化遗产保护相关法律法规进行保护管理	城市规划区	查阅相关资料并实地调研	评价期适时评价

A.0.4 生态环境评价的评价要求、范围、程序和时效应符合表 A.0.4 的规定。

表 A.0.4　生态环境评价的评价要求、范围、程序和时效

序号	评价内容	评价要求	评价范围	评价程序	评价时效
1	年空气污染指数小于或等于100的天数	空气污染指数（API）计算方法应按照《城市空气质量日报技术规定》执行，每日API指数应按认证点位的均值计算	城市建成区	查阅环境质量公报或监测点数据	以评价期上一年度统计数据为准
2	地表水Ⅳ类及以上水体比率	水质评价应符合现行国家标准《地表水环境质量标准》GB 3838 的有关规定	城市规划区	查阅环境质量公报或监测点数据	以评价期上一年度统计数据为准
3	区域环境噪声平均值	区域环境噪声评价应符合现行国家标准《声环境质量标准》GB 3096 的有关规定	城市建成区	查阅环境质量公报或监测点数据	以评价期上一年度统计数据为准

续表 A.0.4

序号	评价内容	评价要求	评价范围	评价程序	评价时效
4	城市热岛效应强度	城市建成区与建成区周边区域（郊区、农村）气温的平均值应采用在6月~8月间的气温平均值	城市规划区	审核上报统计资料及核查卫星或航空遥感影像数据	以不早于评价期五年内的卫星或航空遥感影像数据为准
5	本地木本植物指数	1）本地木本植物应包括：①在本地自然生长的野生木本植物种及其衍生品种；②归化种（非本地原生，但已易生）及其衍生品种；③驯化种（非本地原生，但在本地正常生长，并且完成其生活史的植物种类）及其衍生品种，不包括标本园、种质资源圃、科研引种试验的木本植物种类。2）纳入本地木本植物种类统计的每种本地植物应符合在建成区每种种植数量不应小于50株的群体要求；3）没有进行物种统计的应视为不满足本项评价要求	城市建成区	查阅相关资料	以评价期上一年度末统计数据为准
6	生物多样性保护	1）应完成不小于城市市域范围的生物物种资源普查，并以完成当年为基准年；2）应制定《城市生物多样性保护规划》和实施措施；3）评价期当年超过基准年五年的，应调查统计当年城市市域内代表性鸟类、鱼类和植物物种数量，该数量不应低于基准年相应的物种数量；评价当年未超过基准年五年的仅评价以上1）、2）两条	城市市域		评价期适时评价

续表 A.0.4

序号	评价内容	评价要求	评价范围	评价程序	评价时效
7	城市湿地资源保护	1）应完成城市规划区内的湿地资源普查，并以完成当年为基准年； 2）应制定城市湿地资源保护规划和实施措施； 3）评价期当年的湿地资源面积不应低于基准年统计的湿地资源面积	城市规划区	核查上报统计资料及卫星遥感图片数据	以评价期上一年度末统计数据和以不早于评价期一年内的卫星遥感图片数据为准

A.0.5 市政设施评价的评价要求、范围、程序和时效应符合表 A.0.5 的规定。

表 A.0.5 市政设施评价的评价要求、范围、程序和时效

序号	评价内容	评价要求	评价范围	评价程序	评价时效
1	城市容貌评价值	应依据本标准中表 B.0.7 进行评价		由第三方机构或专家组评价	评价期适时评价
2	城市管网水检验项目合格率	城市管网水检验项目应符合现行行业标准《城市供水水质标准》CJ/T 206—2005 中第 6.8 节水质检验项目合格率的规定	城市建成区	审核上报统计资料并实地调研	以评价期上一年度末统计数据为准
3	城市污水处理率	排放标准应符合现行国家标准《城镇污水处理厂污染物排放标准》GB 18918、《污水综合排放标准》GB 8978 的有关规定			

续表 A.0.5

序号	评价内容	评价要求	评价范围	评价程序	评价时效
4	城市生活垃圾无害化处理率	1) 生活垃圾无害化处理应包括卫生填埋、焚烧、堆肥等三种处理方法； 2) 卫生填埋、焚烧、堆肥以及回收利用都应达到国家有关标准的要求； 3) 生活垃圾填埋场应达到现行行业标准《生活垃圾填埋场无害化评价标准》CJJ/T 107 的有关要求	城市建成区	审核上报统计资料并实地调研	以评价期上一年度末统计数据为准
5	城市道路完好率	纳入道路完好统计的道路应满足以下要求： ①路面应没有破损； ②路面应具有较好的稳定性和足够的强度； ③路面应满足平整、抗滑和排水的要求			
6	城市主干道平峰期平均车速	主干道平峰期平均车速应采用在非节假日中任一日 10：00～11：30 对主干道路所测得车速的平均值			

附录B 城市园林绿化满意度调查、城市园林绿化评价值

B.0.1 城市园林绿化满意度的调查应符合表 B.0.1 的规定。

表 B.0.1 城市园林绿化满意度调查表

	调查内容		评价取分标准					评价分值	权重
			9.0分~10.0分	8.0分~8.9分	7.0分~7.9分	6.0分~6.9分	小于6.0分		
1	绿地数量	您对本市绿地的面积和数量是否满意	满意	比较满意	一般	较不满意	不满意	M_1	0.25
2	绿地质量	您对本市绿地的景观效果是否满意	满意	比较满意	一般	较不满意	不满意	M_2	0.20
3	绿地使用	您对本市公园的服务设施是否满意	满意	比较满意	一般	较不满意	不满意	M_3	0.15
		您对本市公园到达的方便性是否满意	满意	比较满意	一般	较不满意	不满意	M_4	0.15
		您对本市公园的管理是否满意	满意	比较满意	一般	较不满意	不满意	M_5	0.15
4	环境质量	您对本市的空气质量是否满意	满意	比较满意	一般	较不满意	不满意	M_6	0.05
		您对本市的水体质量是否满意	满意	比较满意	一般	较不满意	不满意	M_7	0.05
5	满意度总分							M	1.00

注：$M = M_1 \times 0.25 + M_2 \times 0.20 + M_3 \times 0.15 + M_4 \times 0.15 + M_5 \times 0.15 + M_6 \times 0.05 + M_7 \times 0.05$

B.0.2 城市园林绿化综合评价值应符合表 B.0.2 的规定。

表 B.0.2 城市园林绿化综合评价值评价表

	评价内容		评价取分标准					评价分值	权重
			9.0分~10.0分	8.0分~8.9分	7.0分~7.9分	6.0分~6.9分	小于6.0分		
1	城市绿地格局的环境价值	主要评价城市园林绿地系统对城市综合环境的改善作用	高	较高	一般	较低	低	$E_{综1}$	0.30
2	对城市自然资源的保护和合理利用程度	主要评价城市园林绿地建设对于城市河流、湖泊、沼泽、林地、山地等自然资源的保护和合理利用	好	较好	一般	较差	差	$E_{综2}$	0.30
3	对于城市风貌形成的作用	主要评价城市园林绿地在城市风貌特色组成中的作用	高	较高	一般	较低	低	$E_{综3}$	0.20
4	在城市功能定位中的地位和作用	主要评价城市园林绿地对城市性质与产业功能所产生影响	高	较高	一般	较低	低	$E_{综4}$	0.20

B.0.3 城市公园绿地功能性评价值应符合表 B.0.3 的规定。

表 B.0.3 城市公园绿地功能性评价值评价表

	评价内容		评价取分标准					评价分值	权重
			9.0分~10.0分	8.0分~8.9分	7.0分~7.9分	6.0分~6.9分	小于6.0分		
1	使用性	主要评价城市居民对公园绿地、城市广场的使用程度	好	较好	一般	较差	差	$E_{功1}$	0.20
2	服务性	主要评价城市公园绿地内各项服务设施的完备、游览道路组织的合理性和实施无障碍设计等	好	较好	一般	较差	差	$E_{功2}$	0.20
3	适用性	主要评价城市公园绿地的营造是否考虑了城市气候、地形、地貌、土壤等自然特点	好	较好	一般	较差	差	$E_{功3}$	0.15
4	可达性	主要评价城市公园绿地是否方便城市居民到达和进出	好	较好	一般	较差	差	$E_{功4}$	0.15
5	开放性	主要评价城市公园绿地对于城市居民的开放程度	好	较好	一般	较差	差	$E_{功5}$	0.15
6	安全性	主要评价公园绿地在管理、监控和大型活动组织等方面对于可能产生的安全问题的防范能力	好	较好	一般	较差	差	$E_{功6}$	0.15

B.0.4 城市公园绿地景观性评价值应符合表B.0.4的规定。

表B.0.4 城市公园绿地景观性评价值评价表

	评价内容		评价取分标准					评价分值	权重
			9.0分~10.0分	8.0分~8.9分	7.0分~7.9分	6.0分~6.9分	小于6.0分		
1	景观特色	主要评价城市公园绿地设计理念、表现形式、艺术价值、材料和技术应用水平,以及城市公园绿地营造对于地方风貌特色的反映	好	较好	一般	较差	差	$E_{景1}$	0.25
2	施工工艺	主要评价城市公园绿地施工质量和工艺水平	好	较好	一般	较差	差	$E_{景2}$	0.25
3	养护管理	主要评价城市公园绿地的养护标准和养护水平	好	较好	一般	较差	差	$E_{景3}$	0.25
4	植物材料应用	主要评价城市公园绿地植物配置层次、植物材料的多样性和适用性	好	较好	一般	较差	差	$E_{景4}$	0.25

B.0.5 城市公园绿地文化性评价值应符合表B.0.5的规定。

表B.0.5 城市公园绿地文化性评价值评价表

	评价内容		评价取分标准					评价分值	权重
			9.0分~10.0分	8.0分~8.9分	7.0分~7.9分	6.0分~6.9分	小于6.0分		
1	文化的保护	主要评价城市公园绿地营造对于地方历史文化遗产、遗存遗迹的保护与展示的水平	好	较好	一般	较差	差	$E_{文1}$	0.50

续表 B.0.5

评价内容		评价取分标准					评价分值	权重
		9.0分~10.0分	8.0分~8.9分	7.0分~7.9分	6.0分~6.9分	小于6.0分		
2	文化的继承	主要评价城市公园绿地营造对于地方文化的宣传与展示的水平						
		好	较好	一般	较差	差	$E_{文2}$	0.50

B.0.6 城市道路绿化评价值应符合表 B.0.6 的规定。

表 B.0.6 城市道路绿化评价值评价表

评价内容		评价取分标准					评价分值	权重
		9.0分~10.0分	8.0分~8.9分	7.0分~7.9分	6.0分~6.9分	小于6.0分		
1	植物材料应用	主要评价城市道路绿化植物的适用性、丰富性和配置的合理性						
		好	较好	一般	较差	差	$E_{道1}$	0.40
2	养护管理	主要评价道路绿地植物养护标准和养护水平						
		好	较好	一般	较差	差	$E_{道2}$	0.40
3	景观特色	主要评价城市道路绿地营造对于城市街区的识别，城市出入市口和道路的绿化景观要素是否清晰可辨，给人印象是否深刻						
		好	较好	一般	较差	差	$E_{道3}$	0.20

B.0.7 城市容貌评价值应符合表 B.0.7 的规定。

表 B.0.7 城市容貌评价值评价表

	评价内容		评价取分标准					评价分值	权重
			9.0分~10.0分	8.0分~8.9分	7.0分~7.9分	6.0分~6.9分	小于6.0分		
1	公共场所	依据现行国家标准《城市容貌标准》GB 50449 的有关规定	好	较好	一般	较差	差	$E_{容1}$	0.30
2	广告设施与标识		好	较好	一般	较差	差	$E_{容2}$	0.30
3	公共设施		好	较好	一般	较差	差	$E_{容3}$	0.20
4	城市照明		好	较好	一般	较差	差	$E_{容4}$	0.20

本标准用词说明

1 为便于在执行本标准条文时区别对待，对要求严格程度不同的用词说明如下：

1) 表示很严格，非这样做不可的：
   正面词采用"必须"；反面词采用"严禁"；
2) 表示严格，在正常情况下均应这样做的：
   正面词采用"应"；反面词采用"不应"或"不得"；
3) 表示允许稍有选择，在条件许可时首先应这样做的：
   正面词采用"宜"；反面词采用"不宜"；
4) 表示有选择，在一定条件下可以这样做的，采用"可"。

2 条文中指明应按其他有关标准执行的写法为："应按……执行"或"应符合……规定"。

引用标准目录

1《城市用地分类与规划建设用地标准》GBJ 137
2《声环境质量标准》GB 3096
3《地表水环境质量标准》GB 3838
4《污水综合排放标准》GB 8978
5《生活垃圾填埋场无害化评价标准》CJJ/T 107
6《城镇污水处理厂污染物排放标准》GB 18918

7 《地震应急避难场所场址及配套设施》GB 21734
8 《城市居住区规划设计规范》GB 50180—93
9 《城市容貌标准》GB 50449
10 《城市道路绿化规划与设计规范》CJJ 75—97
11 《城市绿地分类标准》CJJ/T 85—2002
12 《城市供水水质标准》CJ/T 206—2005

(十一)《城市园林绿化评价标准》条文说明(GB/T 50563—2010)

制 订 说 明

《城市园林绿化评价标准》GB/T 50563—2010 经住房和城乡建设部于 2010 年 5 月 31 日以第 619 号公告批准、发布。

为便于城市园林绿地规划、设计、建设、管理,以及科研、学校等单位的有关人员在使用本标准时能正确理解和执行条文规定,《城市园林绿化评价标准》编制组按章、节、条顺序编制了本标准的条文说明,供使用者参考。

1 总 则

1.0.1 城市园林绿化是影响城市社会、生态、经济协调发展的重要因素。在本标准制定之前,尚没有一个针对城市园林绿化综合水平进行评价的标准或规范,各城市执行的一些评价方法存在着定义模糊、标准不统一等诸多问题。建立一套科学评价城市园林绿化水平、正确引导城市园林绿化健康发展、全国统一适用的国家标准,是本标准的编制目的。

1.0.2 本条主要说明两点:

1 本标准针对国务院确定的设市城市制订。县人民政府所在地的建制镇(即县城)和县以下的建制镇(即县辖建制镇),因其园林绿化和相关市政建设、环境建设要求、条件与设市城市有较大的差异,故不列入本标准的评价范围。

2 有效发挥城市园林绿化的综合作用，涉及城市基础设施建设的多个领域，涵盖了城市宜居环境的各个方面。本标准除评价城市总体和各类绿地建设管理水平外，还包括城市生态环境和与城市园林绿化相关的城市市政设施的评价。

2 术　语

2.0.1　本术语规定林荫停车场必须满足遮荫率的要求。遮荫率30%的标准确定，参考了目前一些城市多年执行的"株行距在6m×6m以下栽有乔木的停车场，计算为绿化用地面积"的规定，同时兼顾小型车停车场车位和通道的尺寸。

2.0.2　本术语部分参考了《城市用地分类与规划建设用地标准》GBJ 137中E7弃置地的解释，同时强调是因生产活动或自然灾害等原因造成自然地形和植被受到破坏而弃置，区别于自然形成的沙荒地、戈壁滩等弃置地。

2.0.3　节约型绿地的含义解释参照了原建设部（注：现为住房和城乡建设部，后同）《关于建设节约型城市园林绿化的意见》（建城[2007] 215号）中对于节约型城市园林绿化的阐述。

2.0.6　在城市园林绿化中常出现乡土植物、乡土树种、本地植物、原生植物等多种称谓，由于缺乏统一的规范，各地理解不一。本术语强调了本地木本植物应为本地原生木本植物或虽非本地原生木本植物但长期适应本地自然气候条件并融入本地自然生态系统。为避免与可能造成生物入侵物种混淆，本术语强调本地木本植物应对本地区原生生物物种和生物环境不产生威胁。

2.0.7　本术语明确了生物多样性应包含三个层次：生态系统多样性、物种多样性和遗传多样性。

2.0.8　湿地是城市环境中重要的自然资源，在我国逐步得到广泛的重视。本术语引用了1970年2月2日在伊朗拉姆萨尔签订的《关于特别是作为水禽栖息地的国际重要湿地公约》（Convention on Wetlands of International Importance Especially as Waterfowl Habitat，简称《湿地公约》）中关于湿地的定义，这是目前国内较为认可，并在相关文件中较多引用的关于湿地的定义。因湿地的术语采用了广义的湿地含义，本术语在解释中特别强调了城市湿地资源是纳入城市蓝线范围内的湿地，而非所有的水面和水域。原建设部 2005 年颁布的《城市蓝线管理办法》（建设部令第 145 号）中规定：城市蓝线，是指城市规划确定的江、河、湖、库、渠和湿地等城市地表水体保护和控制的地域界线。

3 基 本 规 定

3.0.1 城市园林绿化评价体系体现了本标准 1.0.2 的要求。

3.0.3 由于我国幅员辽阔，各城市在自然条件、社会人文、工程技术等方面差异较大，考虑到各城市园林绿化特色，评价项目分成基本项、一般项和附加项。基本项属于城市园林绿化中的核心内容，一般项为城市园林绿化中较为重要的内容。对一些具有地方或地域特色的城市园林绿化评价内容和一些目前在全国推广有一定局限的评价内容、研究推介方向性的评价内容，本标准设置为附加项，在评价时可一定程度地替代同类评价的一般项，进一步突出对城市园林绿化特色性的鼓励。

3.0.4 本标准评价方法采用了选项达标的方式，其特点是：

  1 操作简便，理解直观，目标明确，不需要通过复杂的计算就能得到结论。

  2 有利于明确重点和严格管理。如各等级的基本项为本等级中一票否决的内容。

  3 保留特色。对一些适应特定城市的条款保留一定的选择性，这也符合园林绿地建设应因地制宜的原则。

  4 园林理论和技术发展很快，采用选项达标的方式，具有较强的开放性，有利于随着发展对标准的条款进行删减和增加。

3.0.5、3.0.6 在本等级绿地建设和建设管控评价中，如果不能满足一般项数量要求时，可以通过评价同类型的附加项予以替代，评价满足任意两项同类型的附加项可相当于满足一项同类型的一般项，但不得重复选择。附加项的设置体现了本标准对特色建设内容的鼓励，同时也保证本标准具有更好的适用性。

4 评价内容与计算方法

4.1 评价内容

4.1.1 综合管理评价主要包括组织管理、资金投入、规划编制、制度建设和公众参与等内容。

1 城市园林绿化管理机构

《城市绿化条例》第七条要求:"城市人民政府城市绿化行政主管部门主管本行政区域内城市规划区的城市绿化工作。"

管理机构的设置是城市园林绿化建设和发展的基础,管理机构职能薄弱是目前制约城市园林绿化发展的重要原因之一。本项评价内容评价涉及两个方面:一、是否有管理机构,二、是否有效行使职能。在国外一些关于城市绿色环境的评价中,如欧盟城市绿色环境 URGE(Urban Green Environment),对于行政机关中的决策效率也作为评价内容。

本项评价在本标准第 5 章中明确作为城市园林绿化各级评价的基本项。

2 城市园林绿化科研能力

《城市绿化条例》第四条要求:"国家鼓励和加强城市绿化的科学研究,推广先进技术,提高城市绿化的科学技术和艺术水平。"

一个城市的科研能力是实现高质量园林绿化的重要保障。本项评价内容有城市科研机构和实际应用的科研成果两项。因为城市的规模不同,发展条件和需求也不尽相同。一些城市可能没有设立专门的科研机构,但可依托大城市的资源完成科技成果,所以评价中科研机构和科研成果只要满足一项就可以认为是满足评价要求。

本项评价在本标准第 5 章中列为城市园林绿化Ⅰ级、Ⅱ级评价的基本项,Ⅲ级、Ⅳ级评价作为一般项。

3 城市园林绿化维护专项资金

《国务院关于加强城市绿化建设的通知》中要求:"城市绿化建设资金是城市公共财政支出的重要组成部分,要坚持以政府投入为主的方针。城市各级财政应安排必要的资金保证城市绿化工作的需要,尤其要加大城市绿化隔离林带和大型公园绿地建设的投入,特别是要增加管理维护资金。"

城市园林绿化维护专项资金是政府为保证城市园林绿化的日常维修养护,以及用于事业单位人员经费的各种支出。绿化维护专项资金是城市园林绿化的基本保障之一,目前国内许多城市园林绿化都存在"重建轻养"或维护资金不足的问题,直接影响了城市园林绿化的可持续发展。设置本项评价旨在促进各地对绿化维护、养护费用资金投入的保障。

本项评价在本标准第 5 章中明确作为城市园林绿化各级评价的基本项。

4 《城市绿地系统规划》编制

《城市绿化条例》第八条要求:"城市人民政府应当组织城市规划行政主管部门和城市绿化行政主管部门等共同编制城市绿化规划,并纳入城市总体规划。"

《城市绿地系统规划》是指导城市园林绿地管理与建设的法律性文件,对城市园林绿地建设具有非常重要的意义。《城市绿地系统规划》虽然是《城市总体规划》的下位规划,但一个好的城市绿地系统规划同样能对城市总体规划的诸多方面进行有益的导引和限定。本项评价内容所指《城市绿地系统规划》是按照相关要求和标准单独编制的专业规划,而非《城市总体规划》中的绿地系统专项。

《城市绿地系统规划》的规划期限低于评价期的设定,强调了绿地系统规划的时效性,如某城市的《城市绿地系统规划》规划期限到 2010 年,而评估期在 2011 年,就可以认为规划期限低于评估期。

本项评价在本标准第 5 章中列为城市园林绿化各级评价的基本项。

5 城市绿线管理

城市绿线是城市各类绿地范围的控制线,包括现状绿线和规划绿线。现状绿线是一个保护线,现状绿线范围内不得进行非绿化建设;规划绿线是一个控制线,规划绿线范围内将按照规划进行绿化建设或改造。

城市绿线管理是《城市绿地系统规划》和绿地系统详细规划实施的基本保障。目前,随意侵占绿地、改变绿地属性的行为在城市建设中还较为常见,是各地园林管理部门在管理中需要面对的主要问题之一。加强绿线管理才能保证城市绿地具有合理的规模,保障人民的公众利益不受侵犯。

本项评价内容包括：一是是否划定绿线；二是城市绿线管理是否符合《城市绿线管理办法》（建设部令第 112 号）相关条款要求。

本标准第 5 章中明确本项评价为城市园林绿化各级评价的基本项。

6 城市蓝线管理

城市蓝线是城市规划确定的江、河、湖、库、渠和湿地等城市地表水体保护和控制的地域界线。

水体保护对城市生态环境和景观的作用十分重要。从调研情况来看，目前我国对水害的防治认识到位，但对城市滨水空间的控制和利用情况却不甚理想，致使这些水体未充分发挥其应有的景观、生态和社会的综合效益。

本项评价设置的目的在于促进对于城市地表水体和包括绿化在内的城市滨水空间的保护。

本项评价内容包括：一是是否划定蓝线；二是评价城市蓝线管理是否符合《城市蓝线管理办法》（建设部令第 145 号）相关条款要求。

本标准第 5 章中明确本项评价为城市园林绿化 I 级评价的基本项，II 级、III 级、IV 级评价作为一般项。

7 城市园林绿化制度建设

本项评价旨在考核城市园林绿化管理制度的建立与执行程度，评价园林绿化管理制度是否完善。纳入评价的园林绿化制度主要包括绿线管理、园林绿化工程管理、绿化养护管理、园林绿化公示、控制大树移栽、防止外来物种入侵、义务植树等工程和技术管理制度等。

本标准第 5 章中明确本项评价为城市园林绿化各级评价的基本项。

8 城市园林绿化管理信息技术应用

信息技术（Information Technology，简称 IT）是指利用电子计算机和现代通信手段获取、传递、存储、处理、显示信息和分配信息的技术，主要包括传感技术、计算机技术和通信技术。目前，信息技术已广泛应用于现代城市的各个领域，信息技术是管理实现自动、高效、规范和准确的重要依托，信息技术应用代表未来管理技术的发展方向。

原建设部在 2001 年印发的《建设领域信息化工作基本要点》（建科 [2001] 31 号）中提出："办公自动化"、"建设各行业综合网（站）……

提高为社会公众信息服务水平"、"积极推进信息发布平台建设，促进建设信息共享"、"建立行业权威数据库"等要求。依据以上要求，本项评价主要包括：一是建立城市园林绿化数字化信息库，如城市各类绿地分布、植物物种统计与分布等信息库；二是建立城市园林绿化信息发布与社会服务信息共享平台，包括园林绿化网站建设和其他网络服务平台等；三是建立城市园林绿化信息化监管体系，包括利用遥感或其他动态信息传递对城市各类绿地进行监管。达到其中两项要求，可认为满足本项评价。

本标准第 5 章中明确本项评价为城市园林绿化Ⅰ级、Ⅱ级评价的基本项，Ⅲ级、Ⅳ级评价作为一般项。

9　公众对城市园林绿化的满意率

民意调查是政府决策的基础，是获取公众信息的重要手段。

本项评价设置强调了园林绿化的公众性，评价采用抽查不少于城市人口的千分之一的公众进行调查。目前我国尚缺乏关于民意调查的标准，千分之一的公众人口要求是根据现行的一些民意调查方法和惯例而确定。满意度调查制定的统一问卷表格，保证了调查的公平性，调研表选项的设置充分考虑了简便、易懂的特点。

本标准第 5 章中明确本项评价为城市园林绿化Ⅰ级评价的基本项，Ⅱ级、Ⅲ级、Ⅳ级评价作为一般项。

4.1.2　绿地建设评价包括城市园林绿地总体数量以及城市各类绿地数量的评价。

1　建成区绿化覆盖率

在《国务院关于加强城市绿化建设的通知》以及相关城市园林绿化、生态环境的评价中，建成区绿化覆盖率均作为重要评价指标。现行行业标准《城市绿地分类标准》CJJ/T 85—2002 中 3.0.6 要求"城市绿化覆盖率应作为绿地建设的考核指标"。

城市建成区在现行国家标准《城市规划基本术语标准》GB/T 50280—98 的术语中解释为"城市行政区内实际已成片开发建设、市政公用设施和公共设施基本具备的地区"。在《城乡规划法》中第二条将建成区纳入到规划区的阐述："本法所称规划区，是指城市、镇和村庄的建成区以及因城乡建设和发展需要，必须实行规划控制的区域。规划区的具体范围由有关人民政府在组织编制的城市总体规划、镇总体规划、乡规划和村庄规划中，根据城乡经济社会发展水平和统筹城乡发展的需要划定。"《城乡规划法》第十七条中要求："规划区范围、规划区内建设用地规模应当作为城市总体规划、镇总体规划的强制性内容。"

建成区范围指建成区外轮廓线所能包括的地区，也就是城市实际建设用地所达到的范围。绿化覆盖面积是指城市中乔木、灌木、草坪等所有植被的垂直投影面积，包括屋顶绿化植物的垂直投影面积以及零星树木的垂直投影面积，乔木树冠下的灌木和草本植物不能重复计算。

本项评价各等级评价标准数值的确定，主要依据2008年全国660个设市城市相关统计数据的统计分析。660个城市的平均值为35.29%，其中110个国家园林城市绿化覆盖率的平均值为39.74%，抽样统计的非园林城市平均值为34.00%。同时，在2001年《国务院关于加强城市绿化建设的通知》中要求"到2010年，全国城市规划建成区……绿化覆盖率达到40%以上……"。

综合所上，本项评价确定Ⅰ级、Ⅱ级取值为40.00%和36.00%，Ⅲ级和Ⅳ级取值为34%。

在现行的一些评价办法中，把全国的城市分成秦岭淮河以南和以北两个大区域，再根据人口不同分别规定绿化覆盖率的评价标准。课题组按照这种方法对全国660个设市城市进行分组统计发现，绿化覆盖率并未随人口数量的增减呈现规律性的变化。考虑到绿化覆盖率的变化规律较为复杂，不宜简单地以秦岭淮河进行划分界定，在原建设部1993年发布的《城市绿化规划建设指标的规定》和《国务院关于加强城市绿化建设的通知》中也未对绿化覆盖率进行区域的划分，同时兼顾绿化覆盖率与绿地率的连带关系，故本标准中对绿化覆盖率不做城市所在区域和人口的限定。

本标准第5章中明确本项评价为城市园林绿化各级评价的基本项。

2　建成区绿地率

建成区绿地率是考核城市园林绿地规划控制水平的重要指标。在《国务院关于加强城市绿化建设的通知》以及相关城市园林绿化、生态环境的评价中，建成区绿地率均作为重要评价指标。

现行行业标准《城市绿地分类标准》CJJ/T 85—2002中对绿地率计算作了这样的解释："一般在绿地系统规划中和无特指的情况下，

均以城市建设用地范围为用地统计范围"。按这样的解释，其他绿地不应纳入绿地率的统计。而在《中国城市建设统计年鉴》中统计的是建成区绿地率。一般来说，城市的建成区范围要大于建设用地范围，或者说建成区内的城市绿地包括建设用地外的"其他绿地"，而事实上该部分绿地不论从改善城市生态环境、提供居民游憩场地，还是城市自然景观方面，都起到不容忽视的作用，因此，本标准在建成区绿地率统计中允许纳入建成区内、建设用地外的部分"其他绿地"面积，同时为了避免因统计"其他绿地"而削弱了对城市建设用地内绿地建设面积的控制，对纳入统计的"其他绿地"面积，规定不应超过建设用地内各类城市绿地总面积的20%；且纳入统计的"其他绿地"应与城市建设用地相毗邻。

建设用地外的河流、湖泊等水域虽然可能在建成区之内，也对城市生态环境起到积极作用，但因各地情况不一，面积跨越较大，故不列入本项评价内容统计。

绿地率评价标准数值的确定，主要依据2008年全国660个设市城市相关统计数据统计分析。660个城市的平均值为31.30%，其中110个国家园林城市的平均值为36.84%，抽样统计的非园林城市平均值为29.80%。本项评价确定Ⅰ级、Ⅱ级标准取值为35.00%和31.00%，Ⅲ级和Ⅳ级标准取值为29%。

在现行的一些评价办法中，把全国的城市分成秦岭淮河以南和以北两个大区域，再根据人口不同分别规定绿地率的标准。按照这种方法，课题组对2008年全国660个设市城市进行分组统计得到的结果，绿地率并未随人口数量的增减呈现规律性的变化。而在另一项指标人均公园绿地面积却是北方高于南方。绿地率作为各级城市规划控制的一项重要指标，其更多体现了城市规划管理控制的要求，而非体现在城市地域的差别。在原建设部1993年发布的《城市绿化规划建设指标的规定》和《国务院关于加强城市绿化建设的通知》中均未对绿地率进行区域和人口的划分，故本项评价不对城市所在区域和人口规模进行限定。

本标准第5章中明确本项评价为城市园林绿化各级评价的基本项。

3 城市人均公园绿地面积

城市人均公园绿地面积是考核城市发展规模与公园绿地建设是否

配套的重要指标。在《国务院关于加强城市绿化建设的通知》以及相关城市园林绿化、生态环境的评价中，人均公园绿地均作为重要评价指标。

本项评价需要明确以下几个概念：

(1) 公园绿地的统计

公园绿地的统计方式应以现行行业标准《城市绿地分类标准》CJJ/T 85—2002 为主要依据，不得超出该标准中公园绿地的范畴，不得将建设用地之外的绿地纳入公园绿地面积统计。一些城市利用河滩地、山地进行开发建设，确实起到了部分公园绿地的作用，但若纳入公园绿地统计可能造成公园绿地用地的边缘化，削弱了园林绿地在城市中的功能作用。

关于水面的统计，本项评价明确规定：公园绿地中纳入到城市建设用地内的水面计入公园绿地统计，未纳入城市建设用地的水面不应计入公园绿地统计。

(2) 建成区内的城区人口

本项评价内容计算的分母采用建成区内的城区人口。

按照《全国城市建设统计年鉴》的要求，从 2006 年起，人均和普及率指标按照城区的常住人口计算，包括公安部门的户籍人口和暂住人口。所以人均公园绿地的人口统计为城区户籍人口和城区暂住人口之和，即城区的常住人口。

城区人口在 2005 年和 2005 年之前称为"城市人口"，指城区范围的人口，这里的城区指：①街道办事处管辖的地域；②城市公共设施、居住设施和市政公用设施等连接到的其他镇（乡）地域；③常住人口在 3000 人以上独立的矿区、开发区、科研单位、大专院校等特殊区域。城区暂住人口指城区内离开常住户口地，到本市居住一年以上的人员。

《全国城市建设统计年鉴》中关于人均公园绿地的统计方法，相关人口数字虽然较容易掌握，但本项评价内容分子的"公园绿地"统计限定于城市建成区的建设用地，分母"城区人口"的统计是城区范围，按照国内的理解和计算，城区范围大大超过了建成区的范围，按照《全国城市建设统计年鉴》的统计，有些城市城区面积甚至是建成区面积的 10 倍。

根据《城市绿化规划建设指标的规定》的说明中，关于"一、城市绿化规划指标的统计口径"的解释5中明确指出"城市绿化指标的考核范围,对于绿化规划应为城市规划建成区;对于现状应为城市建成区。"在现行国家标准《城市用地分类与规划建设用地标准》GBJ 137中第4.0.2条指出:"……在计算建设用地标准时。人口计算范围必须与用地计算范围相一致……"现行行业标准《城市绿地分类标准》CJJ/T 85—2002中第3.0.1条指出:"……计算城市现状绿地和规划绿地的指标时,应分别采用相应的城市人口数据和城市用地数据……"因此,本项评价采用建成区内的城区人口较为准确。

目前我国人口数据由公安部门掌握,以街道办事处为统计单位,城市建成区范围由规划部门划定,建成区范围与人口统计范围通常不吻合。因此,建成区内的城区人口统计,对于不在建成区范围内的街道办事处和工矿企业等特殊区域人口不纳入本项评价内容人口统计,对于跨越建成区的街道办事处管辖地域的人口应纳入本项评价内容的人口统计。

(3) 关于本项评价的等级标准值

人均公园绿地面积评价标准数值的确定是根据2008年全国660个设市城市相关统计数据进行计算,660个城市的平均值为$8.98m^2$,其中110个国家园林城市的平均值为$11.12m^2$,抽样统计的非园林城市平均值为$10.50m^2$。

原建设部1993年发布的《城市绿化规划建设指标的规定》,将人均公共绿地面积指标分成城市人均建设用地不足$75m^2$、$75m^2 \sim 105m^2$和超过$105m^2$不同分别作了要求。根据我们对2008年全国660个城市的统计,确实发现人均公园绿地面积与人均建设用地面积呈正相关关系,而城市的地理位置对人均公园绿地没有明显的规律性影响。按照《全国城市建设统计年鉴》的统计,2007年我国城市人均建设用地面积平均值达到了$108m^2$,而大部分省份和直辖市,即使加上暂住人口,现状人均建设用地也超过了$80m^2$,所以本项评价内容设置人均建设用地设置小于$80m^2$、$80m^2 \sim 100m^2$和大于$100m^2$三个档次,通过对660个城市分别计算,分别设定评价标准,城市园林绿化Ⅰ级人均公园绿地在$9.5m^2 \sim 11.0m^2$以上,城市园林绿化Ⅱ级人均公园绿地在$7.5m^2 \sim 9.0m^2$以上,城市园林绿化Ⅲ级、Ⅳ级人均公园绿地在$6.5m^2 \sim 7.5m^2$以上。

本标准第5章中明确本项评价为城市园林绿化各级评价的基

本项。

4　建成区绿化覆盖面积中乔、灌木所占比率

城市园林绿地中应提倡植物种类和配置层次的丰富，这是体现绿地生态价值和构建节约型园林的重要内容。本项评价旨在控制园林绿地中单纯草坪的种植比例，提高单位面积绿地的生态功能。

根据研究，绿地中保持乔灌木覆盖率不低于70%，有利于发挥绿地更高的生态作用。本项评价的园林绿化Ⅰ级标准为70%，Ⅱ级、Ⅲ级、Ⅳ级适当放低。

处于高原高寒植被区域的城市，如处于青藏高原的城市，因其特殊的自然条件，植物立地条件较为特殊，故本项评价内容无论数值多少均可视为满足要求。

本标准第5章中明确本项评价为城市园林绿化Ⅰ级、Ⅱ级、Ⅲ级评价的基本项，Ⅳ级评价作为一般项。

5　城市各城区绿地率最低值

城市内部绿地分布不均是目前大多数城市普遍存在的现实问题，尽管很多城市绿地总量达到较高的水平，但就某些城市区域而言，其绿化状况却不尽人意，而这些城市区域又恰恰是人口稠密、建筑密集的老城区或中心城区，绿地需求量大。无论是从改善城市生态环境角度，还是从提供居民游憩场所角度，该地区只有保证一定的绿地面积，才能真正发挥绿地的综合功能。基于上述目的设置了本项评价内容。

原建设部在2006年修订的《国家园林城市评价标准》有关绿化建设的内容中，提出"各城区间的绿化指标差距逐年缩小，城市绿化覆盖率、绿地率相差在5个百分点以内、人均公共绿地面积差距在$2m^2$以内"。在实际操作中，需要进行多个数据的比较计算。为方便起见，本标准提出对城区的绿地率最低值进行控制。评价标准数值是根据我国660个设市城市及国家园林城市的相关统计数据综合考虑而确定。

本标准第5章中明确本项评价为城市园林绿化Ⅰ级、Ⅱ级、Ⅲ级评价的基本项，Ⅳ级评价作为一般项。

6　城市各城区人均公园绿地面积最低值

评价内容设置的意义同上，本标准第5章中明确本项评价为城市园林绿化各级评价的基本项。

7 公园绿地服务半径覆盖率

公园绿地为城市居民提供方便、安全、舒适、优美的休闲游憩环境，居民利用的公平性和可达性是评价公园绿地布局是否合理的重要内容，因此，公园绿地的布局应尽可能实现居住用地范围内 500m 服务半径的全覆盖。

本项评价内容的确定，主要依据：（1）我国各地公园绿地建设的实践和国内外相关理论表明，居民步行至公园绿地的距离不超过 500m 是符合方便性和可达性原则的。（2）《国家园林城市评价标准》中有"城市公共绿地布局合理，分布均匀，服务半径达到 500m（1000m^2 以上公共绿地）的要求"。

本评价中公园绿地的内涵与现行行业标准《城市绿地分类标准》CJJ/T 85—2002 中的公园绿地相一致，其中社区公园包括居住区公园和小区游园，小区游园按照现行行业标准《公园设计规范》CJJ 48—92 第 2.2.9 条要求面积不宜小于 0.5hm^2，考虑到 500m 服务半径可能的居民人口数量，本评价要求将公园绿地的最小规模设在 5000m^2。而对于城市中已被确定为历史文化街区的区域，考虑到该类地段是以保护原有历史风貌为重点，而绿地建设是在不破坏原有城市肌理的基础上进行，其表现特征为小型而分散，因此，针对该类地区，绿地规模可下调至 1000m^2，服务半径可缩小至 300m。

本标准第 5 章中明确本项评价为城市园林绿化 I 级评价的基本项，II 级、III 级、IV 级评价作为一般项。

8 万人拥有综合公园指数

在 2006 年住房和城乡建设部修订的《国家园林城市评价标准》中提出："近三年，大城市新建综合性公园或植物园不少于 3 处，中小城市不少于 1 处。"

从生态功能和使用功能来讲，绿地只有达到一定的面积才能发挥其应有的作用，特别是在满足城市居民综合游憩和缓解城市热岛效应等方面，综合公园发挥了不可替代的作用。

目前对于综合公园的具体内容和设施要求都没有较为明确的规定，本标准中综合公园的界定可以理解为三个方面，一是专指公园，而非指所有公园绿地，管理界线明确，并在园内设有管理机构；二是指综合性，强调设施的完备；三是面积必须大于 10hm^2，按照现行行业标准《公园设计规范》CJJ 48—92 第 2.2.2 条的要求："综合性公园的内容应包括多种文化娱乐设施、儿童游戏场和安静休憩区……全园面积不宜小于10hm²。"

该评价标准数据根据调研的近百个城市的统计资料综合分析而制定。

本标准第5章中明确本项评价为城市园林绿化Ⅰ级、Ⅱ级评价的基本项，Ⅲ级、Ⅳ级评价作为一般项。

9　城市道路绿化普及率

城市道路绿化是城市绿色网络空间的骨架，对城市空间形态组织、城市空气环境质量和噪音控制以及城市景观特征塑造等方面起到重要作用，是城市园林绿化水平评价的重要内容。

城市道路绿化普及率是对道路绿化绿量的考察内容。本标准调研过程中发现，一些城市重视发展宽阔的城市道路，而忽视道路绿化带的设置和乔木的种植，造成道路噪声污染严重、遮荫能力以及景观效果差等问题产生。本项评价重点考核道路红线内的行道树的种植情况。

本标准第5章中明确本项评价为城市园林绿化Ⅰ级评价的基本项，Ⅱ级、Ⅲ级、Ⅳ级评价作为一般项。

10　城市新建、改建居住区绿地达标率

居住区绿地与居民生活密切相关，居住区绿地率是衡量与考核居住区环境整体水平的重要指标。

本项评价内容设置依据现行国家标准《城市居住区规划设计规范》GB 50180-93中7.0.2.3绿地率"新区建设不应低于30％，旧区改建不宜低于25％"的要求。

对于国内的许多城市来说，2000年以前基本没有居住区绿地率方面的档案，原建设部在2002年对《城市居住区规划设计规范》GB 50180-93进行了局部修订，加入了强制性条文，包括对绿地率的控制，所以本标准将新建、改建居住区在时间上的界定是2002年（含2002年）以后建成或改造的居住区（小区）。

本标准第5章中明确本项评价作为城市园林绿化各级评价的一般项。

11　城市公共设施绿地达标率

附属绿地由于分布面广，其绿化质量和分布情况直接影响着城市园林绿化的水平。本标准在对分布面积最广的居住区绿地、道路绿地设定了相关标准进行评价的同时，重点对与城市居民联系紧密的城市公共设施用地的绿化建设水平进行评价。对于公共设施绿地的解释见现行行业标准《城市绿地分类标准》CJJ/T 85—2002 中表 2.0.4 的 G42 类别，公共设施用地的界定依据现行国家标准《城市用地分类与规划建设用地标准》GBJ 137。

本项评价考核主要依据《城市绿地系统规划》中对公共设施用地绿地率的要求。

本标准第 5 章中明确本项评价作为城市园林绿化各级评价的一般项。

12　城市防护绿地实施率

防护绿地是指为了满足城市对卫生、隔离、安全要求而设置的绿地，包括卫生隔离带、道路防护绿地、城市高压走廊绿带、防风林、城市组团隔离带等。防护绿地对城市灾害的隔离、城市环境的改善、城市污染的减低都具有十分重要的意义。

因防护绿地的布局和数量视各城市的城市格局、产业结构的不同而不尽相同，所以本项评价主要考核规划防护绿地的实施情况。

本标准第 5 章中明确本项评价作为城市园林绿化各级评价的一般项。

13　生产绿地占建成区面积比率

由于生产绿地担负着为城市绿化工程供应苗木、草坪及花卉植物等方面的生产任务，同时承担着为城市引种、驯化植物等科技任务，因此，保证一定规模的生产绿地对城市园林绿化具有积极的意义。

原建设部在《城市绿化规划指标的规定》（建城［2002］文件）中要求，城市生产绿地面积应占建成区面积的 2% 以上。

经多年实践证明，城市保持 2% 以上的生产用地才能真正担负起保持城市园林绿化用苗的抚育需要，但城市用地日益紧张，再加上市场化迅速发展，生产绿地的建设可不强调位于城市建成区内。本标准将位于城市规划区内的绿地，只要是以向城市提供苗木、花草、种子的各类圃地均计入生产绿地面积统计；但其他季节性或临时苗圃、从事苗木生产的农田、单位内附属的苗圃等则不计入。

本标准第 5 章中明确本项评价作为城市园林绿化各级评价的一般项。

14　城市道路绿地达标率

本项评价内容的设置，主要依据现行行业标准《城市道路绿化规划与设计规范》CJJ 75—97 中 3.1.2 的相关内容，即道路绿地率应符合"园林景观路绿地率不得小于 40%；红线宽度大于 50m 的道路绿地率不得小于 30%；红线宽度在 40m～50m 的道路绿地率不得小于 25%；红线宽度小于 40m 的道路绿地率不得小于 20% 为达标"，广场绿化应符合现行行业标准《城市道路绿化规划与设计规范》CJJ 75—97 中 5.2 的相关规定。

考虑到数据统计的难度和一些特殊地段的特殊要求，道路红线宽度小于 12m 的城市道路（支路）和历史传统街区，不在评价范围之内。

我国一些城市的道路绿地率距离规范的要求尚有一定的距离，在核查上也有一定的难度，在绿地总体数量达标的情况下，道路绿地可能存在个体的差异。因此，本标准第 5 章中明确本项评价作为城市园林绿化各级评价的附加项。

15　大于 40hm^2 的植物园数量

在住房和城乡建设部修订的《国家园林城市标准》中要求："近三年，大城市新建综合性公园或植物园不少于 3 处，中小城市不少于 1 处。"

本项评价设置目的在于鼓励发挥植物园在科普、教育、宣传和植物物种多样性保护方面的作用。现行行业标准《公园设计规范》CJJ 48—92 中规定："植物园应创造适于多种植物生长的立地环境，应有体现本园特点的科普展览区和相应的科研实验区。全园面积宜大于 40hm^2。"

本标准第 5 章中明确本项评价作为城市园林绿化各级评价的附加项。

16　林荫停车场推广率

随着社会经济的发展，城市停车场面积占城市室外硬地面积的比率越来越大，所以推广绿化停车场对于改善城市环境具有重要的意义。

本项评价内容设置依据原建设部《关于建设节约型城市园林绿化的意见》（建城〔2007〕215 号）中关于"建设生态化广场和停车场"的意见，旨在鼓励对城市硬质地面条件进行改善，提倡绿化美化。

本标准第 5 章中明确本项评价作为城市园林绿化各级评价的附

加项。

17 河道绿化普及率

本项评价内容设置目的在于保证河道具有一定规模的生态涵养林带、促进城市生活型滨水绿地的构筑。

根据相关规划规范要求，宽度 8m 的绿地是可作为开放性绿地、布置相关设施的最小值。另据相关研究表明，宽度 7m～12m 是可能形成生态廊道效应的阈值。所以宽度 12m 是较为适合的开放型绿地的宽度下限。

自然形成两岸陡崖、绝壁或两侧坡度大于 33% 的河道不适宜作绿化，不应纳入绿化评价统计。

本标准第 5 章中明确本项评价作为城市园林绿化各级评价的附加项。

18 受损弃置地生态与景观恢复率

本项评价设置对促进自然资源遭受破坏的城市的生态修复具有重要意义。受损弃置地建设除了应进行生态恢复外，还可以在一些地段，利用弃置地的条件采用一些景观处理方法，如一些城市利用露天工业遗址建设为特色公园或特色景区等。

本标准第 5 章中明确本项评价作为城市园林绿化各级评价中绿地建设的附加项。

4.1.3 建设管控评价主要评价城市绿地的质量，包括：城市园林绿化在城市中的地位和作用；公园绿地评价；道路绿化评价；资源保护、规范管理以及新技术应用等方面。

1 城市园林绿化综合评价值

城市园林绿化在城市中的地位和作用是评价一个城市园林绿地系统和绿化水平的重要指标，包括以下几个部分：

一是城市绿地格局对城市环境的影响，包括是否有利于缓解城市空气的污染、是否有利于城市组团的形成或起到防止城市建成区无序扩大的作用。

二是园林绿化对城市自然资源的保护和合理利用程度，包括对于城市河流、湖泊、沼泽、林地、山地等自然资源的保护和合理利用，与建设管控中的"其他绿地"控制比较，这里更强调了合理利用。

三是城市园林绿化对于城市风貌形成的作用，主要评价具有代表性的城市风貌中城市园林绿地所起的作用。

四是在城市功能性质定位中的地位和作用。城市园林绿地建设对城市的旅游发展、城市宜居水平和生态水平的提高均能发挥重要作用。

本项评价内容因为涉及内容较为复杂，不宜以单一的量化标准评价，故本项评价采用综合打分的方法，并通过第三方机构或专家组进行评价。

本标准第 5 章中明确本项评价作为城市园林绿化各级评价的基本项。

2　城市公园绿地功能性评价值

在本标准调研过程中发现，一些城市一味追求所谓的"景观效果"，耗费大量资金建设了大广场、大草坪、大型水景公园等，而这些大尺度的"景观"对城市居民来说许多都存在使用功能差的问题。

本项评价从使用性、服务性、适用性、可达性、开放性和安全性六方面进行评价。

使用性主要评价城市居民对公园绿地、城市广场的使用程度，主要评价平时和节假日时的游客人数是否与公园绿地的面积容量相符合。

服务性主要评价城市综合性公园内各项服务设施的完备，包括依据现行行业标准《公园设计规范》CJJ 48—92 中关于公园内部常规活动设施和功能区安排以及其他便民物品设置安排等，以及公园绿地的主要游路是否实施无障碍设计等。

适用性主要评价城市各类绿地的营造是否考虑了城市气候、地形、地貌、土壤等自然特点。

可达性主要评价城市公园绿地，包括出入口位置，公交线路安排和游览道路的组织是否方便城市居民到达和进出。

开放性主要评价城市公园绿地对于城市居民的开放程度，主要包括是否对全体市民开放、门票收取是否符合公益性的特点等。

安全性主要评价公园绿地对游客安全和其他公共安全的保障。

本项评价内容涉及内容较为复杂，不宜以单一的量化标准评价，故本项评价采用综合打分的方法，并通过第三方机构或专家组进行评价。

本标准第 5 章中明确本项评价作为城市园林绿化各级评价的基本项。

3　城市公园绿地景观性评价值

公园绿地的景观价值是评价园林绿化水平最直观的一项内容，也是城市园林绿化的突出特色。

本项评价从景观特色、施工工艺、养护管理、植物材料应用等四个方面进行评价。一个较好的城市园林绿化景观应具有较鲜明的特色、较强的艺术表达力，较高的施工工艺和养护水平，植物配置合理、层次丰富，植物品种选择多样又适应本地自然环境。

本项评价内容涉及内容较为复杂，不宜以单一的量化标准评价，故本项评价采用综合打分的方法，并通过第三方机构或专家组进行评价。

本标准第 5 章中明确本项评价作为城市园林绿化各级评价的基本项。

4　城市公园绿地文化性评价值

公园绿地的文化属性是园林绿化区别于造林的重要方面，也是中国传统园林的精髓所在，园林绿化的文化价值是评价园林绿化水平的重要指标。

本项评价内容所指文化价值包括两方面：

一是对文化物质的保护，主要评价城市园林绿地营造对于地方历史文化遗产、遗存遗迹的保护与展示的水平。重点评价遗址公园、历史文化公园等建设。

二是对文化非物质的继承，主要评价城市园林绿地营造中地方文化和特色文化的宣传与展示的水平。

本项评价内容因为涉及内容较为复杂，不宜以单一的量化标准评价，故本项评价采用综合打分的方法，并通过第三方机构或专家组进行评价。

为避免绿地建设中为"文化"而创造"文化"的情况，本项评价只对具有"历史文化名城"称号的城市进行，对非历史文化名城，本项指标视为自动满足。

本标准第 5 章中明确本项评价作为城市园林绿化各级评价的基本项。

5　城市道路绿化评价值

城市道路绿化是一个城市园林绿化形象和水平最直接的表现。道路绿化评价主要针对道路绿化的植物选择、养护管理和配置效果等。

本项评价内容因为涉及内容较为复杂，不宜以单一的量化标准评价，故本项评价采用综合打分的方法，并通过第三方机构或专家组进行评价。

本标准第 5 章中明确本项评价作为城市园林绿化各级评价的基本项。

6 公园管理规范化率

实现公园管理的规范化是体现公园公益性和服务性的重要标志。

本项评价内容主要评价公园管理中对相关公园管理条例和办法的执行情况。

本标准第 5 章中明确本项评价作为城市园林绿化Ⅰ级、Ⅱ级、Ⅲ级评价的基本项，Ⅳ级评价作为一般项。

7 古树名木保护率

古树名木是城市历史的记载，是绿色文物、活的化石。《城市绿化条例》第二十五条要求："对城市古树名木实行统一管理，分别养护。城市人民政府城市绿化行政主管部门，应当建立古树名木的档案和标志，划定保护范围，加强养护管理。"原建设部 2000 年发布了《城市古树名木保护管理办法》（建城［2000］192 号），对于古树名木建档提出了严格要求。

本项评价包括古树名木的建档和存活两项内容。

本标准第 5 章中明确本项评价作为城市园林绿化各级评价的基本项。

8 节约型绿地建设率

建设节约型城市园林绿地是落实科学发展观的必然要求，是构筑资源节约型、环境友好型社会的重要载体，是城市可持续性发展的生态基础，是我国城市园林绿化事业必须长期坚持的发展方向。

原建设部《关于建设节约型城市园林绿化的意见》（建城［2007］215 号）中提出："积极合理利用土地资源"、"提倡应用乡土植物"、"大力推广节水型绿化技术"以及"……在城市开发建设中，要保护原有树木，特别要严格保护大树、古树……"；"……在建设中要尽可能保持原有的地形地貌特征，减少客土使用，反对盲目改变地形地貌、造成土壤浪费的建设行为……"等。

节约型园林建设涵盖的技术广泛，因不同地区的不同自然条件与社会发展特点，节约型园林建设表现的形式亦不相同，所以无法以某一项节约型园林技术作为全国推广的技术要求，也无法以某一项的量化标准评价节约型的水平。本项评价内容所指节约型绿地为采用下列任何一项节约型园林技术的绿地。

①项、②项、③项、④项为节水技术；⑤项、⑥项为节能技术；⑦项为土地利用和资源利用技术。关于古树保护、本地植物的运用等在本标准其他评价内容中有所体现，故未列入本项评价。

本标准第 5 章中明确本项评价为城市园林绿化各级评价的一般项。

9　立体绿化推广

立体绿化是节约型园林节地的重要表现，在目前实施的《国家园林城市标准》中有："积极推广建筑物、屋顶、墙面、立交桥等立体绿化，取得良好的效果"的指标设置。

立体绿化难于量化和统计，所以本标准重点考核两点：一是有没有鼓励政策、技术措施和实施办法；二是实施后的效果如何。

本项评价在本标准第 5 章中列为城市园林绿化各级评价的一般项。

10　城市"其他绿地"控制

"其他绿地"指现行行业标准《城市绿地分类标准》CJJ/T 85—2002 中的"其他绿地"，即对城市生态环境质量、居民休闲生活、城市景观和生物多样性保护有直接影响的绿地。

完善的城市绿地系统强调区域环境的一体化，对"其他绿地"的有效保护和合理利用，形成城乡一体化的绿地格局有利于改善城市的生态环境。

本项评价的设置，旨在鼓励和促进城乡绿地环境一体化，重视城市建成区周边的环境保护和建设。

城市"其他绿地"很难用量化的标准进行评价，也没有固定模式。本项评价内容所指的"城乡一体化"，主要评价城市建成区与建成区周边的其他绿地的联系程度，同时评价"其他绿地"是否得到有效保护和合理的利用。

本标准第 5 章中明确本项评价作为城市园林绿化各级评价的一般项。

11　生物防治推广率

针对农药、化肥的过量使用给自然生态环境带来的负面影响，在绿地的养护中积极推广生物防治技术具有非常积极的意义。

本标准第五章中明确本项评价作为城市园林绿化各级评价的附加项。

12 公园绿地应急避险场所实施率

住房和城乡建设部在 2008 年颁布了《关于加强城市绿地系统建设提高城市防灾避险能力的意见》（建城 [2008] 171 号），旨在促进城市公园应急避险功能的完善。

城市绿地，尤其是公园绿地，由于具有较大的规模、相对完善的设施和内部建筑密度较低的特性，能够有效发挥防灾避险的功能，从而成为应急避险的良好场所。

因不同城市的灾害威胁程度不同，对于绿地的应急避险功能要求也不同，所以本项评价强调了对于规划的应急避险绿地的实施，而不是要求应急避险绿地越多越好。

本标准第 5 章中明确本项评价作为城市园林绿化各级评价的附加项。

13 水体岸线自然化率

原建设部《关于建设节约型城市园林绿化的意见》（建城 [2007] 215 号）中有关于"积极推进城市河道、景观水体护坡驳岸的生态化、自然化建设与修复"的意见。本项评价内容设置目的在于促进城市水体及滨水绿地的建设由纯功能性工程向生态化、景观化、自然化工程转变。

本项评价主要针对城市规划区内的较大型河道和水体，公园绿地中的水体和各城市建设用地中的水体岸线一般规模较小，所以不纳入评价。

本标准第 5 章中明确本项评价作为城市园林绿化各级评价的附加项。

14 城市历史风貌保护

历史风貌是社会生态的重要组成部分，城市人文景观和自然景观和谐融通符合城市传统园林景观价值的理念，继承城市传统文化、保护历史风貌和文化遗产是城市实现可持续发展战略的体现。

本项评价主要包括两个方面：一是是否编制完成相应的保护规划，历史文化名城应完成《历史文化名城保护规划》，非历史文化名城可依据城市总体规划中的专题或风貌保护的专项规划；二是对保护规划的执行情况。

本标准第 5 章中明确本项评价作为城市园林绿化各级评价的附加项。

15 风景名胜区、文化与自然遗产保护与管理

风景名胜区、文化与自然遗产是园林绿地的组成部分，是宝贵的物质资源和文化财富，一个城市拥有国家级风景名胜区、世界文化或自然遗产，表明本城市对文化或自然资源的保护达到较高水准。

本标准第 5 章中明确本项评价作为城市园林绿化各级评价的附加项。

4.1.4 生态环境主要评价城市水环境、空气质量、城市噪声控制、湿地资源保护和生物多样性。

1 年空气污染指数小于或等于 100 的天数

城市空气质量是城市居民生活环境的重要组成部分，城市空气质量的好坏直接关系到城市居民的身体健康和生活质量。空气污染指数（简称 API）是一种反映和评价空气质量的方法，空气污染指数（API）小于或等于 100 相当于达到现行国家标准《环境空气质量标准》GB 3095 中空气质量二级以上标准。各等级标准的确定参考了国内相关环境评价标准确定，一般认为，年空气污染指数小于或等于 100 的天数≥300d 是该项指标表现较好的值，国内许多大、中城市已经达到这个水平，有些城市甚至达到 350d。

考虑到空气污染指数与城市环境的密切关系，本标准第 5 章中明确本项评价作为城市园林绿化Ⅰ级、Ⅱ级评价的基本项，Ⅲ级、Ⅳ级评价作为一般项。

2 地表水Ⅳ类及以上水体比率

城市地表水环境是城市人居环境的重要组成部分，其质量的好坏直接关系到城市的景观环境和城市形象。在《国家园林城市标准》和《国家生态园林城市标准（暂行）》中均对城市地表水环境提出了明确要求。

考虑到目前我国城市地表水环境质量普遍较差的状况，选择城市规划区内地表水Ⅳ类及以上水体比率作为衡量城市地表水环境质量的指标。水质评价应符合现行国家标准《地表水环境质量标准》GB 3838 的要求，Ⅳ类水主要适用于工业用水区及非人体直接接触的娱乐用水区。

本标准第 5 章中明确本项评价为城市园林绿化Ⅰ级、Ⅱ级评价的基本项，Ⅲ级、Ⅳ级作为一般项。

3　区域环境噪声平均值

区域环境噪声平均值指城市建成区内经认证的环境噪声网格监测的等效声级算术平均值。

城市声环境是城市居民生活环境的重要组成部分，城市声环境的好坏直接关系到城市居民的身心健康和生活质量。实践表明，城市园林绿化具有明显的减弱噪声的作用。

本项评价内容在各级评价标准值的确定，参照现行国家标准《声环境质量标准》GB 3096 中各类声环境功能区的环境噪声等效声级限值的规定，只考核昼间平均等效声级。

本项评价在本标准第 5 章中列为城市园林绿化各级评价的一般项。

4　城市热岛效应强度

热岛效应是由于人们改变城市地表而引起小气候变化的综合现象。实践表明，合理的城市绿地系统结构、较高的绿化覆盖率和乔灌花草的合理搭配可以有效地减少城市特别是城市中心区的热岛效应强度，所以热岛效应强度也是评价一个城市园林绿化水平的重要指标。

城市热岛效应强度采用城市建成区与建成区周边（郊区、农村）6 月～8 月的气温平均值的差值进行评价。热岛效应一般采用气象站法、遥感测定法等进行研究，遥感测定可以获取大面积温度场，监测快捷、更新容易，能够直观定量地研究热岛特征，遥感数据反演出的是亮温或地表温度，所以应对遥感数据进行反演。但遥感测定易受到天气、云等影响，且温度反演存在一定难度。

因此要获得较真实的热岛效应强度，宜统一亮温评价时间段，尽可能采用多日的亮度温度差，反演前去除云量等影响。因目前国内的技术手段和物质能力要达到以上要求还有难度，所以本标准中没有进行强制要求。

本项评价在本标准第 5 章中列为城市园林绿化各级评价的一般项。

5　本地木本植物指数

原建设部《关于建设节约型城市园林绿化的意见》（建城［2007］

215号）中要求："……积极提倡应用乡土植物。在城市园林绿地建设中，要优先使用成本低、适应性强、本地特色鲜明的乡土树种……"

本地木本植物经过长期的自然选择及物种演替后，对某一特定地区有高度生态适应性，具有抗逆性强、资源广、苗源多、易栽植的特点；不仅能够满足当地城市园林绿化建设的要求，而且还代表了一定的植被文化和地域风情。

本项评价内容评价参考了《国家生态园林城市标准（暂行）》提出"本地植物指数≥0.7"的要求，考虑到统计调查的操作性，本项评价限定在木本植物。

本项评价内容要求纳入建成区木本植物种类统计的，每种植物应符合在建成区种植数量不小于50株，是参考了《保护生物学》中关于最小存活种群（MVP）的要求。最小可存活种群（minimum viable population），即以一定概率存活一定时间的最小种群大小，有研究表明短期（50年）存活的种群有效种群大小不低于50株，长期（100年）存活的种群有效种群大小应是500株。

本项评价在本标准第5章中列为城市园林绿化Ⅰ级评价的基本项，Ⅱ级、Ⅲ级、Ⅳ级评价均作为一般项。

6 生物多样性保护

加强城市生物多样性的保护工作，对于维护生态安全和生态平衡、改善人居环境等具有重要意义。1992年6月联合国通过了《生物多样性公约》。我国政府于1993年正式批准加入该公约。随后，国务院批准了《中国生物多样性保护行动计划》、《中国生物多样性保护国家报告》。

原建设部《关于加强城市生物多样性保护工作的通知》（建城[2002] 249号）中要求："开展生物资源调查，制定和实施生物多样性保护计划。"

该评价内容主要包括三点：一是是否进行城市生物资源的本底调查，这是进行生物多样性保护的基础条件；二是是否编制《生物多样性保护规划》和实施措施，这是实施生物多样性保护的重要依据；三是强调了生物多样性保护的实施效果，参考国内外相关标准，植物和鸟类种类数量一般统计5年内的变化值，所以本标准重点考核鸟类、鱼类和植物种类的数量在 5 年或 5 年以上的周期内不小于基准年统计的数量。

本标准第 5 章中明确本项评价作为城市园林绿化 Ⅰ 级评价的基本项，Ⅱ 级、Ⅲ 级、Ⅳ 级评价的一般项。

7 城市湿地资源保护

对湿地进行保护是生物多样性保护的重要体现。针对一些城市盲目填河、填沟、填湖，城市河流、湖泊、沟渠、沼泽地、自然湿地面临高强度的开发建设，完整的良性循环的城市生态系统和生态安全面临威胁，原建设部在《关于加强城市生物多样性保护工作的通知》（建城〔2002〕249 号）中要求严格保护城市规划区内的河湖、沼泽地、自然湿地等生态和景观的敏感区域。

因为湿地的定义较为广泛，所以本项评价内容强调的是对城市湿地资源的保存率，并非指对所有定义的"湿地"均要保护。

城市湿地资源保护的评价主要包括：一对于湿地资源的调查统计；二制定相关的保护规划和实施措施；三湿地保护的实际效果，以评价期湿地面积不小于基准年的湿地面积为标准。

本标准第 5 章中明确本项评价作为城市园林绿化 Ⅰ 级评价的基本项，Ⅱ 级、Ⅲ 级、Ⅳ 级评价的一般项。

4.1.5 市政设施评价包括：城市容貌、给水、污水处理、垃圾处理、燃气、道路交通等六个方面。

1 城市容貌评价值

城市园林绿化是城市容貌的重要组成部分，同时，城市容貌中的公共场所、广告设施与标识、公共设施和环境照明等对城市园林绿化的整体效果也有较大影响。

本项内容依据现行国家标准《城市容貌标准》GB 50449 的要求进行评价。

本项评价内容因为涉及内容较为复杂，不宜以单一的量化标准评价，故本项评价采用综合打分的方法，并通过第三方机构或专家组进行评价。

本标准第 5 章中明确本项评价作为城市园林绿化 Ⅰ 级、Ⅱ 级评价的基本项，Ⅲ 级、Ⅳ 级评价作为一般项。

2　城市管网水检验项目合格率

本项评价作为反映供水水质的代表性内容。根据现行行业标准《城市供水水质标准》CJ/T 206 规定，管网水检验项目合格率为浑浊度、色度、臭和味、余氯、细菌总数、总大肠菌群、COD_{Mn} 7 项指标的合格率。《城市供水水质标准》CJ/T 206 要求城市管网水检验项目合格率不低于 95%，目前，全国城市管网水检验项目合格率多在 99%以上。

本标准中城市园林绿化Ⅰ级评价标准要求城市管网水检验项目合格率为 100%，其他级别标准要求城市管网水检验项目合格率不低于 99%。

本项评价在本标准第 5 章中列为城市园林绿化Ⅰ级、Ⅱ级评价的基本项，Ⅲ级、Ⅳ级评价均作为一般项。

3　城市污水处理率

本项评价内容作为反映城市污水处理的代表性内容。城市污水处理率是指经过城市污水处理设施处理且达到排放标准的污水量与城市污水排放总量的百分比。"十一五"规划目标是全国设市城市的污水处理率不低于 70%，根据《中国城市建设统计年鉴》，2008 年全国城市污水处理率达到 70.2%。

本标准中城市园林绿化Ⅰ级评价标准要求城市污水处理率不低于 85%，其他级别标准要求城市污水处理率不低于 80%。城市污水处理率指标来源为《中国城市建设统计年鉴》。

本项评价在本标准第 5 章中列为城市园林绿化Ⅰ级、Ⅱ级评价的基本项，Ⅲ级、Ⅳ级评价均作为一般项。

4　城市生活垃圾无害化处理率

本项评价内容作为反映城市生活垃圾处理水平的代表性内容。生活垃圾无害化处理率是指经无害化处理的城市生活垃圾数量占城市生活垃圾产生总量的百分比，目前，城市生活垃圾产生总量用城市生活垃圾清运量代替。生活垃圾无害化处理方法主要有卫生填埋、焚烧、堆肥三种处理方法。生活垃圾填埋处理，要按照现行行业标准《生活垃圾填埋场无害化评价标准》CJJ/T 107 中Ⅰ、Ⅱ级垃圾填埋场的垃圾填埋量计入无害化处理量；焚烧厂、垃圾堆肥场均要达到国家有关技术标准要求。

"十一五"规划目标是全国设市城市生活垃圾无害化处理率不低于70%,根据《中国城市建设统计年鉴》,2008年全国城市生活垃圾无害化处理率达到66%。本标准中城市园林绿化Ⅰ级评价标准要求城市生活垃圾无害化处理率不低于90%,其他级别标准要求城市生活垃圾无害化处理率不低于80%。城市生活垃圾无害化处理率指标来源为《中国城市建设统计年鉴》。

本项评价在本标准第5章中列为城市园林绿化Ⅰ级、Ⅱ级评价的基本项,Ⅲ级、Ⅳ级评价均作为一般项。

5　城市道路完好率

城市道路完好率,指城市建成区内道路完好面积与城市道路面积的比率。道路路面完好是指路面没有破损,具有良好的稳定性和足够的强度,并满足平整、抗滑和排水的要求。路面完好率是衡量道路设施建设和维护水平的指标,反应道路交通管理的基础条件。

依据现行国家标准《城市容貌标准》GB 50449的要求,城市道路应保持平坦、完好,便于通行。路面出现坑凹、碎裂、隆起、溢水以及水毁塌方等情况,应及时修复。

本标准中城市园林绿化Ⅰ级评价标准要求城市道路完好率不低于98%,其他级别标准要求城市道路完好率不低于95%。城市道路完好率指标来源为地方城市调查统计。

本项评价在本标准第5章中列为城市园林绿化各级评价的一般项。

6　城市主干道平峰期平均车速

城市主干道平峰期平均车速是反映城市交通通畅程度的指标。主干道平峰期平均车速,指在非节假日中任一日10:00~11:30对主干道路所测得车速的平均值。

本标准中城市园林绿化Ⅰ级评价标准要求平均车速不低于40km/h,其他级别评价标准要求平均车速不低于35km/h。主干道平峰期平均车速指标来源为地方城市调查统计。

本项评价在本标准第5章中列为城市园林绿化各级评价的一般项。

5 等级评价

5.1 城市园林绿化 I 级评价

5.1.1 在本级的各类评价内容的选项中，对在全国各城市具有普遍性的综合管理、绿地建设和建设管控、生态环境评价的评价内容，对城市园林绿化影响直接的市政评价的评价内容均列为基本项；其他具有一定地域或城市特色、对城市园林绿化水平影响力一般的评价内容列为一般项。

城市园林绿化 I 级评价内容标准确定的原则是：

1 国家相关评价标准要求的高值。

2 若没有相关标准，按目前全国该项指标统计水平的高值或超过平均水平的值。

3 若目前全国没有该项指标的统计，则按理论上可能达到的较高值。

各项指标内容的确定见本条文说明中第 4 章。

5.1.2 城市园林绿化 I 级需要满足的评价项目共 43 项，其中基本项 34 项、一般项 9 项。需要满足的评价项目占所有评价项目的（不含附加项）的 96%，表明城市园林绿化 I 级具有高标准的要求。

5.2 城市园林绿化 II 级评价

5.2.1 在本级的各类评价内容的选项中，对在全国各城市具有普遍性的综合管理、绿地建设和建设管控评价内容，对城市园林绿化影响直接的生态环境、市政设施评价内容列为基本项；其他具有一定的地域或城市特色、对城市园林绿化水平影响力一般的评价内容列为一般项。

城市园林绿化 II 级评价内容标准确定的原则是：

1 略高于国家相关标准要求的值。

2 若没有相关标准，按略高于全国目前该项指标统计的平均值确定。

3 若目前没有该项指标的统计，则按高于理论上可能达到的平均值确定。

各项指标内容的确定见本条文说明中第 4 章。

5.2.2 城市园林绿化Ⅱ级需要满足的评价项目共 38 项，其中基本项 27 项、一般项 11 项。需要满足的评价项目占所有评价项目（不含附加项）的 84%，表明城市园林绿化Ⅱ级具有较高标准的要求。

5.3 城市园林绿化Ⅲ级评价

5.3.1 在本级的各类评价内容的选项中，对于评价城市园林绿地总体水平的综合管理、绿地建设和管控的基本评价内容列为基本项，具有一定的地域或城市特色评价和生态环境、市政设施指标列为一般项。

城市园林绿化Ⅲ级评价内容标准确定的原则是：

1 国家相关评价标准要求的值。

2 若没有相关标准，按全国目前该项指标统计的平均水平值确定。

3 若目前没有该项指标的统计，则按理论上可能达到的平均值确定。

各项指标内容的确定见本条文说明中第 4 章。

5.3.2 城市园林绿化Ⅲ级需要满足的评价项目共 33 项，其中基本项 18 项、一般项 15 项。需要满足的评价项目占所有评价项目（不含附加项）的 73%，表明城市园林绿化Ⅲ级为基本达标的要求。

5.4 城市园林绿化Ⅳ级评价

5.4.1 在本级的各类评价内容选项中，城市园林绿地质量最基本、最核心的评价指标列为基本项；其他评价内容均列为一般项。

除了公众对城市园林绿化的满意率、城市园林绿化综合评价值、城市公园绿地功能性评价值、城市公园绿地景观性评价值、城市公园绿地文化性评价值、城市道路绿化评价值和城市容貌评价值的标准略低于Ⅲ级，其他各项评价标准与Ⅲ级相同，主要差别是需要满足的评价项目数量不同。

各项指标内容的确定见本条文说明中第 4 章。

5.4.2 城市园林绿化Ⅳ级需要满足的评价项目共 28 项，其中基本项 15 项、一般项 13 项。需要满足的评价项目占所有评价项目（不含附加项）的 62%，表明城市园林绿化Ⅳ级为准达标的要求。

(十二) 国家生态园林城市标准（暂行）

一、一般性要求

1. 应用生态学与系统学原理来规划建设城市，城市性质、功能、发展目标定位准确，编制了科学的城市绿地系统规划并纳入了城市总体规划，制定了完整的城市生态发展战略、措施和行动计划。城市功能协调，符合生态平衡要求；城市发展与布局结构合理，形成了与区域生态系统相协调的城市发展形态和城乡一体化的城镇发展体系。

2. 城市与区域协调发展，有良好的市域生态环境，形成了完整的城市绿地系统。自然地貌、植被、水系、湿地等生态敏感区域得到了有效保护，绿地分布合理，生物多样性趋于丰富。大气环境、水系环境良好，并具有良好的气流循环，热岛效应较低。

3. 城市人文景观和自然景观和谐融通，继承城市传统文化，保持城市原有的历史风貌，保护历史文化和自然遗产，保持地形地貌、河流水系的自然形态，具有独特的城市人文、自然景观。

4. 城市各项基础设施完善。城市供水、燃气、供热、供电、通讯、交通等设施完备、高效、稳定，市民生活工作环境清洁安全，生产、生活污染物得到有效处理。城市交通系统运行高效，开展创建绿色交通示范城市活动，落实优先发展公交政策。城市建筑（包括住宅建设）广泛采用了建筑节能、节水技术，普遍应用了低能耗环保建筑材料。

5. 具有良好的城市生活环境。城市公共卫生设施完善，达到了较高污染控制水平，建立了相应的危机处理机制。市民能够普遍享受健康服务。城市具有完备的公园、文化、体育等各种娱乐和休闲场所。住宅小区、社区的建设功能俱全、环境优良。居民对本市的生态环境有较高的满意度。

6. 社会各界和普通市民能够积极参与涉及公共利益政策和措施的制定和实施。对城市生态建设、环保措施具有较高的参与度。

7. 模范执行国家和地方有关城市规划、生态环境保护法律法规，持续改善生态环境和生活环境。三年内无重大环境污染和生态破坏事件、无重大破坏绿化成果行为、无重大基础设施事故。

二、基本指标要求

（一）城市生态环境指标

序号	指标	标准值
1	综合物种指数	≥0.5
2	本地植物指数	≥0.7
3	建成区道路广场用地中透水面积的比重	≥50%
4	城市热岛效应程度（℃）	≤2.5
5	建成区绿化覆盖率（%）	≥45
6	建成区人均公共绿地（m²）	≥12
7	建成区绿地率（%）	≥38

（二）城市生活环境指标

序号	指标	标准值
8	空气污染指数小于等于100的天数/年	≥300
9	城市水环境功能区水质达标率（%）	100
10	城市管网水水质年综合合格率（%）	100
11	环境噪声达标区覆盖率（%）	≥95
12	公众对城市生态环境的满意度（%）	≥85

（三）城市基础设施指标

序号	指标	标准值
13	城市基础设施系统完好率（%）	≥85
14	自来水普及率（%）	100，实现24小时供水
15	城市污水处理率（%）	≥70
16	再生水利用率（%）	≥30
17	生活垃圾无害化处理率（%）	≥90
18	万人拥有病床数（张/万人）	≥90
19	主次干道平均车速	≥40km/h

(四) 基本指标要求说明

1. 综合物种指数

物种多样性是生物多样性的重要组成部分，是衡量一个地区生态保护、生态建设与恢复水平的较好指标。本指标选择代表性的动植物（鸟类、鱼类和植物）作为衡量城市物种多样性的标准。

物种指数的计算方法如下：

单项物种指数：$p_i = \dfrac{N_{bi}}{N_i}$（$i=1,2,3$，分别代表鸟类、鱼类和植物）

其中，P_i为单项物种指数；N_{bi}为城市建成区内该类物种数；N_i为市域范围内该类物种总数。

综合物种指数为单项物种指数的平均值。

综合物种指数，$H = \dfrac{1}{n}\sum\limits_{i=1}^{n} p_i$，$n=3$

注：鸟类、鱼类均以自然环境中生存的种类计算，人工饲养者不计。

2. 本地植物指数

城市建成区内全部植物物种中本地物种所占比例。

3. 建成区道路广场用地中透水面积的比重

城市建成区道路广场用地中，透水性地面（径流系数小于0.60的地面）所占比重。

4. 城市热岛效应程度（℃）

城市热岛效应是城市出现市区气温比周围郊区高的现象。采用城市市区6~8月日最高气温的平均值和对应时期区域腹地（郊区、农村）日最高气温平均值的差值表示。

5. 建成区绿化覆盖率（%）

指在城市建成区的绿化覆盖面积占建成区面积的百分比。绿化覆盖面积是指城市中乔木、灌木、草坪等所有植被垂直投影面积。

6. 建成区人均公共绿地（m^2）

指在城市建成区的公共绿地面积与相应范围城市人口之比。

7. 建成区绿地率（%）

指在城市建成区的园林绿地面积占建成区面积的百分比。

8. 城市空气污染指数小于100的天数/年

空气污染指数（API）为城市市区每日空气污染指数（API），其计算方法按照《城市空气质量日报技术规定》执行。

9. 城市水环境功能区水质达标率

指城市市区地表水认证点位监测结果按相应水体功能标准衡量，不同功能水域水质达标率的平均值。沿海城市水域功能区水质达标率是地表不功能区水质达标率和近岸海域功能区水质达标率的加权平均；非沿海城市水域功能区水质达标率是指各地表水功能区水质达标率平均值。

10. 城市管网水水质年综合合格率

指管网水达到一类自来水公司国家生活饮用水卫生标准的合格程度。

11. 环境噪声达标区覆盖率（%）

指城市建成区内，已建成的环境噪声达标区面积占建成区总面积的百分比。

计算方法：

$$噪声达标区覆盖率 = \frac{噪声达标区面积之和}{建成区总面积} \times 100\%$$

12. 公众对城市生态环境的满意度（%）

指被抽查的公众（不少于城市人口的千分之一）对城市生态环境满意（含基本满意）的人数占被抽查的公众总人数的百分比。

13. 城市基础设施系统完好率（%）

是衡量一个城市社会发展、城市基础建设水平及预警应急反应能力的重要指标。城市基础设施系统包括：供排水系统、供电线路、供热系统、供气系统、通信信息、交通道路系统、消防系统、医疗应急救援系统、地震等自然灾害应急救援系统。完好率最高为1，前5项以事故发生率计算，每条生命线每年发生10次以上扣0.1，100次以上扣0.3，1000次以上为0；交通线路每年发生交通事故死亡5人以上扣0.1，死亡10人扣0.3，死亡30人以上扣0.5，死亡50人以上则为0。后3项以是否建立了应急救援系统为准，若已建立则为1，未建立则为0。

计算公式：

$$基础设施完好率 = \sum p_i / 9 \times 100\%$$

式中 p_i 为各基础设施完好率。

14. 用水普及率

指城市用水人口与城市人口的比率。
15. 城市污水处理率（%）
指城市污水处理量与污水排放总量的比率。
16. 再生水利用率（%）
指城市污水再生利用量与污水处理量的比率。
17. 生活垃圾无害化处理率（%）
指经无害化处理的城市市区生活垃圾数量占市区生活垃圾产生总量的百分比。
18. 万人拥有病床数（张/万人）
指城市人口中每万人拥有的病床数。
19. 主次干道平均车速
考核主次干道上机动车的平均车速，平均行程车速是指车辆通过道路的长度与时间之比。

（十三）国家重点公园评价标准（报批稿）

1 总 则

1.0.1 为规范国家重点公园评价，提高公园规划建设和保护管理水平，制定本标准。
1.0.2 本标准适用于满足下列条件的公园：
　　1 建设完成并对外开放运行不少于五年；
　　2 具有较高的文化价值、历史价值或科学价值，且在全国有典型性和重要影响。
1.0.3 国家重点公园的评价除应符合本标准外，尚应符合国家现行的相关标准规范。

2 评价内容

2.0.1 国家重点公园评价应包括基础评价、特色评价和综合评价。
2.0.2 基础评价应包括综合管理、规划建设、园容环境和游览服务 4 个评价项目，并符合下列规定：

1 综合管理评价项目包括管理机构、用地权属、管理制度、维护资金、档案管理和运行管理6个评价子项；

2 规划建设评价项目包括规划编制、设计、交通组织、基础设施、服务设施和低碳环保6个评价子项；

3 园容环境评价项目包括植物配置、绿地养护、环境卫生、水环境、建筑小品5个评价子项；

4 游览服务评价项目包括导览设施、导览信息、讲解服务、文化活动、游客评价5个评价子项。

2.0.3 特色评价应包括文化价值、历史价值和科学价值3个评价项目，并符合下列规定：

1 文化价值评价项目包括造园思想、总体布局、艺术手法、人文景观和文化传承5个评价子项；

2 历史价值评价项目包括造园年代、留存状况、历史地位和保护水平4个评价子项；

3 科学价值评价项目应包括核心资源、保存水平、价值特征和示范作用4个评价子项。

2.0.4 综合评价应是以基础评价和特色评价为基础的综合评估。

3 评价方法

3.1 一般规定

3.1.1 国家重点公园的评价程序应为：自愿申报、专家组审查资料、现场检查并对照本标准分别打分。

3.1.2 参评公园的申报材料应包括文字资料、图纸和影像资料，并应符合附录A的要求。

3.1.3 专家组成员应不少于5人，由本行业及相关领域有关专业技术与管理人员组成。

3.1.4 国家重点公园评价应先进行基础评价，基础评价通过后，再进行特色评价。

3.1.5 基础评价和特色评价中，评价内容分值应包括范围分值和固定分值两种，专家可对范围分值进行弹性选择，对固定分值进行满分或零分的选择。

3.2 基 础 评 价

3.2.1 基础评价总分分值应为各评价内容分值之和,满分分值为100分。

3.2.2 基础评价内容与分值应符合表 3.2.2 的规定。

表 3.2.2 基础评价内容与分值

评价项目及分值	评价子项及分值	评价内容	分值(分)
综合管理(25分)	管理机构(5分)	1)具有独立的管理机构,且各机构运行良好。	0-2
		2)机构设置健全,各部门分工明确。	0-1.5
		3)专业技术力量雄厚,公园主要管理人员接受过风景园林等相关专业教育。	0-1.5
	用地权属(4分)	1)用地边界明确,并已纳入城市绿线管理。	2
		2)用地权属清晰。	2
	管理制度(4分)	1)管理制度完善。	0-2
		2)各项制度行之有效。	0-2
	维护资金(3分)	专项资金投入有保障,并满足公园健康持续发展需要。	0-3
	档案管理(3分)	1)规划建设管理档案完整,编有公园志。	0-1.5
		2)纳入数字化管理。	1.5
	运行管理(6分)	1)落实各项安全措施,设施设备安全运转。	0-1.5
		2)突发事件应急预案完善,并定期组织实施演习。	0-1.5
		3)配套服务设施满足游客需求,规模适度。	0-1.5
		4)公园游人量符合《公园设计规范》(CJJ 48)的相关规定。	0-1.5
规划建设(20分)	规划编制(4分)	1)编制有公园总体规划,对公园重要资源保护编制专项规划。	0-3
		2)编制有公园文化活动规划。	1
	设计施工(3分)	1)公园设计彰显地宜,布局合理,功能完善,符合《公园设计规范》(CJJ 48)的相关规定。	0-1
		2)建设施工安全、规范,符合设计方案要求。	0-2
	交通组织(3分)	1)出入口进出安全、便捷。	0-1
		2)道路分级设置,游览路线顺畅。	0-1

续表 3.2.2

评价项目及分值	评价子项及分值	评价内容	分值(分)
规划建设(20分)	交通组织(3分)	3)道路平整,符合《无障碍设计规范》(GB 50763)中对公园绿地无障碍游览路线的规定。	0-1
	基础设施(3分)	1)水、电、气、热等设施运行良好。	2
		2)监控系统覆盖全园。	1
	服务设施(3分)	1)服务设施满足游客容量需求,布局合理,并与公园景观相协调。	0-1
		2)服务设施运行良好,符合《无障碍设计规范(GB 50763—2012)》中对公园绿地设施无障碍设计的规定。	0-1
		3)公共厕所达到《旅游厕所质量等级的划分与评定》(GB/T 18973)三星级标准。	1
	低碳环保(4分)	1)有效利用绿色照明、清洁能源。	0-1
		2)公园主要道路、广场等采用透水铺装,非饮用水采用雨水和再生水等非传统水源。	2
		3)绿化废弃物资源实现循环利用,无害化处理率达到80%。	1
园容环境(30分)	植物配置(6分)	1)适地适树,体现地域特色,符合节约型园林建设要求。	0-3
		2)植物种类丰富多样、景观优美、季相丰富。	0-3
	绿地养护(9分)	1)植物生长健壮,形态优美。	0-3
		2)地被植物(含草坪)生长茂盛,覆盖率≥95%。	0-3
		3)乔灌木疏密有致,层次分明,林冠线与林缘线清晰饱满。	0-3
	环境卫生(5分)	园容环境干净整洁,符合《城市容貌标准》(GB 50449)公共场所相关规定。	5
	水景环境(6分)	1)景观水体清洁,水质符合《地表水环境质量标准》(GB 3838)Ⅲ类标准的规定。	3
		2)景观水体保持合理水位,与整体景观协调。	0-3
	建筑小品(4分)	建筑、小品维护良好。	0-4
游览服务(25分)	导览设施(6分)	1)设置游客服务中心。	2
		2)导览标识系统清晰、规范,与环境相协调。	0-2
		3)具备语音、手机等现代多级导览服务体系,广播导览覆盖全园。	2

续表 3.2.2

评价项目及分值	评价子项及分值	评价内容	分值（分）
游览服务（25分）	导览信息（4分）	1）导览信息全面、科学、准确。	0-2
		2）游人量信息实时发布。	0-2
	讲解服务（3分）	提供专业化的讲解服务，服务质量达到《旅游景区讲解服务规范》(LB/T 014)相关规定。	3
	文化活动（3分）	公园定期举办特色文化活动。	0-3
	游客评价（9分）	各项服务质量优良，定期进行游客满意度调查，调查要求与调查表的设计应符合附录B的规定。	0-9

3.3 特色评价

3.3.1 特色评价总分分值应为各评价内容分值之和，满分分值为100分，并应符合下列规定：

1　文化价值评价项目满分分值为50分；
2　历史价值评价项目满分分值为25分；
3　科学价值评价项目满分分值为25分。

3.3.2 特色评价内容与分值应符合表3.3.2的规定。

表 3.3.2　特色评价内容与分值

评价项目及分值	评价子项及分值	评价内容	分值（分）
文化价值（50分）	造园思想（10分）	1）造园思想有原创性，反映主题立意。	0-3
		2）造园思想有典型性，反映地域文化。	0-4
		3）造园思想有时代性，反映时代特征。	0-3
	总体布局（10分）	1）因地制宜，充分利用自然条件和人文条件。	0-5
		2）空间布局科学、合理，功能适合于服务对象，并体现出较高的规划、设计水平。	0-5
	艺术手法（10分）	1）叠石、堆山、理水手法或技艺具有较高艺术性。	0-4
		2）植物配置具有较高艺术性。	0-3
		3）园林建筑、小品营造手法或技艺具有较高艺术性。	0-3

续表 3.3.2

评价项目及分值	评价子项及分值	评价内容	分值（分）
文化价值（50分）	人文景观（10分）	1）楹联、碑刻等人文景观丰富，文化内涵深厚。	0-5
		2）人文景观得到合理保护。	0-5
	文化传承（10分）	1）公园文化展示丰富多彩。	0-5
		2）公园文化研究具有较高水平，公园文化宣传教育具有较高影响力。	0-5
历史价值（25分）	造园年代（5分）	具有悠久的造园历史。	0-5
	历史地位（10分）	1）与重要事件、重要人物相关联。	0-5
		2）建造风格反映时代特征。	0-5
	留存状况（5分）	自然景观和文物古迹保存完整。	0-5
	保护水平（5分）	历史遗存保护与管理手段科学，措施得力，古树名木保护率达到100%。	0-5
科学价值（25分）	核心资源（10分）	具有独特的地貌景观、珍稀的地质遗迹、丰富的动植物资源或濒危的动植物物种。	0-10
	保存水平（5分）	1）独特的自然遗存、动植物资源保存完好。	0-2.5
		2）具有满足濒危、珍稀动植物的生存环境和保护自然遗迹的能力。	0-2.5
	价值特征（5分）	公园在自然遗存、动植物资源、生物多样性保护等方面具有重要的研究价值和科普、宣传价值。	0-5
	示范作用（5分）	公园在自然遗存、动植物资源的保护研究，动植物引种、驯化、培育等新技术成果的应用和科普教育宣传等方面发挥了良好的示范引领作用。	0-5

3.4 综合评价

3.4.1 综合评价应在基础评价和特色评价的基础上进行，符合综合评价通过条件的公园可被评为国家重点公园。

3.4.2 综合评价通过条件应包括以下内容：

1 基础评价总分分值应达到85分。

2 特色评价总分得分分值应达到75分或文化价值、历史价值、科学价值的其中一项评价项目得分分值应达到该项满分分值的90%。

附录 A 申报材料

A.0.1 国家重点公园申报材料应符合表 A.0.1 的规定。

表 A.0.1 国家重点公园申报材料

申报材料类别	申报材料内容
文字材料	国家重点公园申报书
	响应本标准条款规定和相关评价指标的自评报告
	公园概况、历史沿革、周边环境等有关情况的说明材料
	公园重要资源以及特色价值的相关证明材料
	公园总体规划、重要资源保护利用规划、文化活动规划等规划文本
图纸与影像材料	公园位置图
	公园现状图及反映公园现状水平的影像资料
	公园规划和主要设计图
	公园重要资源的图纸、照片、视频等

A.0.2 国家重点公园申报书应符合表 A.0.2 的规定。

表 A.0.2 国家重点公园申报书

申报单位		申报时间	
公园名称		所在位置	
公园面积(公顷)		建成时间	
管理机构名称		隶属关系	
联系人		联系方式	
公园历史沿革			
公园主要特色			

(盖章)

年   月   日

附录 B 游客满意度调查

B.0.1 游客满意度调查表设计应符合表 B.0.1 的规定。

表 B.0.1 公园游客满意度调查表

调查内容		评价取分标准				
		0.75	0.60	0.45	0.30	0.15
1	您对本公园的管理是否满意	满意	比较满意	一般	较不满意	不满意
2	您对本公园的水体质量是否满意	满意	比较满意	一般	较不满意	不满意
3	您对本公园的卫生状况是否满意	满意	比较满意	一般	较不满意	不满意
4	您对本公园的整体景观是否满意	满意	比较满意	一般	较不满意	不满意
5	您对本公园的植物景观是否满意	满意	比较满意	一般	较不满意	不满意
6	您对本公园的道路设置是否满意	满意	比较满意	一般	较不满意	不满意
7	您对本公园的服务设施是否满意	满意	比较满意	一般	较不满意	不满意
8	您对本公园的导览设施是否满意	满意	比较满意	一般	较不满意	不满意
9	您对本公园的导览信息是否满意	满意	比较满意	一般	较不满意	不满意
10	您对本公园的讲解服务是否满意	满意	比较满意	一般	较不满意	不满意
11	您对本公园设置的活动内容是否满意？	满意	比较满意	一般	较不满意	不满意
12	您对本公园的活动场地是否满意？	满意	比较满意	一般	较不满意	不满意

B.0.2 游客满意度分值满分为 9 分，分值总分应按下式计算：

游客满意度分值总分＝∑游客满意度个人得分/调查游客人数

B.0.3 游客满意度调查过程应随机选择游客填写调查问卷，每次调查人数应不少于 300 人。

本标准用词说明

1 为便于在执行本标准条文时区别对待，对于要求严格程度不同的用词说明如下：

（1）表示很严格，非这样做不可的：
正面词采用"必须"，反面词采用"严禁"；
（2）表示严格，在正常情况下均应这样做的：
正面词采用"应"，反面词采用"不应"或"不得"；
（3）表示允许稍有选择，在条件允许时首先应这样做的：

正面词采用"宜",反面词采用"不宜";

（4）表示有选择,在一定条件下可以这样做的用词,采用"可"。

2 条文中指明必须按其它有关标准执行的写法为"应按……执行"或"应符合……的规定"。

引用标准目录

1 《地表水环境质量标准》GB 3838
2 《城市容貌标准》GB 50449
3 《无障碍设计规范》GB50763
4 《导游服务质量》GB/T 15971
5 《游乐园（场）安全和服务质量》GB/T 16767
6 《旅游厕所质量等级的划分与评定》GB/T 18973
7 《公园设计规范》CJJ 48
8 《旅游景区讲解服务规范》LB/T 014

（十四）园林基本术语标准

［实施日期］2002 年 12 月 1 日

1 总 则

1.0.1 为了科学地统一和规范园林基本术语及其定义,制定本标准。

1.0.2 本标准适用于园林行业的规划、设计、施工、管理、科研、教学及其他相关领域。

1.0.3 采用园林基本术语及其定义,除应符合本标准的规定外,尚应符合国家有关强制性标准的规定。

2 通 用 术 语

2.0.1 园林学 landscape architecture, garden architecture

综合运用生物科学技术、工程技术和美学理论来保护和合理利用自然环境资源,协调环境与人类经济和社会发展,创造生态健全、景观优美、具有文化内涵和可持续发展的人居环境的科学和艺术。

2.0.2 园林 garden and park

在一定地域内运用工程技术和艺术手段，通过因地制宜地改造地形、整治水系、栽种植物、营造建筑和布置园路等方法创作而成的优美的游憩境域。

2.0.3 绿化 greening, planting

栽种植物以改善环境的活动。

2.0.4 城市绿化 urban greening, urban planting

栽种植物以改善城市环境的活动。

2.0.5 城市绿地 urban green space

以植被为主要存在形态，用于改善城市生态，保护环境，为居民提供游憩场地和美化城市的一种城市用地。

3 城市绿地系统

3.1 城市绿地

3.1.1 公园绿地 public park

向公众开放，以游憩为主要功能，兼具生态、美化、防灾等作用的城市绿地。

3.1.2 公园 park

供公众游览、观赏、休憩，开展户外科普、文体及健身等活动，向全社会开放，有较完善的设施及良好生态环境的城市绿地。

3.1.3 儿童公园 children park

单独设置，为少年儿童提供游戏及开展科普、文化活动的公园。

3.1.4 动物园 zoo

在人工饲养条件下，移地保护野生动物，供观赏、普及科学知识、进行科学研究和动物繁育，并具有良好设施的绿地。

3.1.5 植物园 botanical garden

进行植物科学研究和引种驯化，并供观赏、游憩及开展科普活动的绿地。

3.1.6 墓园 cemetery garden

园林化的墓地。

3.1.7 盆景园 penjng garden, miniature landscape

以盆景展示为主要内容的专类公园。

3.1.8 盲人公园 park for the blind

以盲人为主要服务对象，配备以安全的设施，可以进行触觉感知、听觉感知和嗅觉感知等活动的公园。

3.1.9 花园 garden

以植物观赏为主要功能的小型绿地。可独立设园，也可附属于宅院、建筑物或公园内。

3.1.10 历史名园 historical garden and park

历史悠久、知名度高，体现传统造园艺术并被审定为文物保护单位的园林。

3.1.11 风景名胜公园 famous scenic park

位于城市建设用地范围内，以文物古迹、风景名胜点（区）为主形成的具有城市公园功能的绿地。

3.1.12 纪念公园 memorial park

以纪念历史事件、缅怀名人和革命烈士为主题的公园。

3.1.13 街旁绿地 roadside green space

位于城市道路用地之外，相对独立成片的绿地。

3.1.14 带状公园 linear park

沿城市道路、城墙、水系等，有一定游憩设施的狭长型绿地。

3.1.15 专类公园 theme park

具有特定内容或形式，有一定游憩设施的公园。

3.1.16 岩石园 rock garden

模拟自然界岩石及岩生植物的景观，附属于公园内或独立设置的专类公园。

3.1.17 社区公园 community park

为一定居住用地范围内的居民服务，具有一定活动内容和设施的集中绿地。

3.1.18 生产绿地 productive plantation area

为城市绿化提供苗木、花草、种子的苗圃、花圃、草圃等圃地。

3.1.19 防护绿地 green buffer, green area for environmental protection

城市中具有卫生、隔离和安全防护功能的绿化用地。

3.1.20 附属绿地 attached green space

城市建设用地中除绿地之外各类用地中的附属绿化用地。

3.1.21 居住绿地 green space attached to housing estate, residential green space

城市居住用地内除社区公园之外的绿地。

3.1.22 道路绿地 green space attached to urban road and square

城市道路广场用地内的绿地。

3.1.23 屋顶花园 roof garden

在建筑物屋顶上建造的花园。

3.1.24 立体绿化 vertical planting

利用除地面资源以外的其他空间资源进行绿化的方式。

3.1.25 风景林地 scenic forest land

具有一定景观价值，对城市整体风貌和环境起改善作用，但尚没有完善的游览、休息、娱乐等设施的林地。

3.2 城市绿地系统规划

3.2.1 城市绿地系统 urban green space system

由城市中各种类型和规模的绿化用地组成的整体。

3.2.2 城市绿地系统规划 urban green space system planning

对各种城市绿地进行定性、定位、定量的统筹安排，形成具有合理结构的绿色空间系统，以实现绿地所具有的生态保护、游憩休闲和社会文化等功能的活动。

3.2.3 绿化覆盖面积 green coverage

城市中所有植物的垂直投影面积。

3.2.4 绿化覆盖率 percentage of greenery coverage

一定城市用地范围内，植物的垂直投影面积占该用地总面积的百分比。

3.2.5 绿地率 greening rate, ratio of green space

一定城市用地范围内，各类绿化用地总面积占该城市用地面积的百分比。

3.2.6 绿带 green belt

在城市组团之间、城市周围或相邻城市之间设置的用以控制城市扩展的绿色开敞空间。

3.2.7 楔形绿地 green wedge

从城市外围嵌入城市内部的绿地,因反映在城市总平面图上呈楔形而得名。

3.2.8 城市绿线 boundary line of urban green space
在城市规划建设中确定的各种城市绿地的边界线。

4 园林规划与设计

4.1 园林史

4.1.1 园林史 landscape history, garden history
园林及其相关因素发生、发展和演变的历史。

4.1.2 古典园林 classical garden
对古代园林和具有典型古代园林风格的园林作品的统称。

4.1.3 囿 hunting park
中国古代供帝王贵族进行狩猎、游乐的一种园林类型。

4.1.4 苑 imperial park
在囿的基础上发展起来的,建有宫室和别墅,供帝王居住、游乐、宴饮的一种园林类型。

4.1.5 皇家园林 royal garden
古代皇帝或皇室享用的,以游乐、狩猎、休闲为主,兼有治政、居住等功能的园林。

4.1.6 私家园林 private garden
古代官僚、文人、地主、富商所拥有的私人宅园。

4.1.7 寺庙园林 monastery garden
指寺庙、宫观和祠院等宗教建筑的附属花园。

4.2 园林艺术

4.2.1 园林艺术 garden art
在园林创作中,通过审美创造活动再现自然和表达情感的一种艺术形式。

4.2.2 相地 site investigation
泛指对园址场地条件的勘察、体察、分析和利用。

4.2.3 造景 landscapin

使环境具有观赏价值或更高观赏价值的活动
4.2.4 借景 borrowed scencry, view borrowing
对景观自身条件加以利用,或借用外部景观从而完善园林自身的方法。
4.2.5 园林意境 poetic imagcry of garden
通过园林的形象所反映的情感,使游赏者触景生情,产生情景交融的一种艺术境界。
4.2.6 透景线 perspective line
在树木或其他物体中间保留的可透视远方景物的空间。
4.2.7 盆景 miniature landscape, penjing
呈现于盆器中的风景或园林花木景观的艺术缩制品。
4.2.8 插花 flower arrangement
以植物为主要材料,经过艺术加工而成的作品。
4.2.9 季相 seasonal appearance of plant
植物在不同季节表现出的外观。

4.3 规 划 设 计

4.3.1 园林规划 garden planning, landscaping planning
综合确定、安排园林建设项目的性质、规模、发展方向、主要内容、基础设施、空间综合布局、建设分期和投资估算的活动。
4.3.2 园林布局 garden layout
确定园林各种构成要素的位置和相互之间关系的活动。
4.3.3 园林设计 garden design
使园林的空间造型满足游人对其功能和审美要求的相关活动。
4.3.4 公园最大游人量 maximum visitors capacity in park
在游览旺季的日高峰小时内同时在公园中游览活动的总人数。
4.3.5 地形设计 topographical design
对原有地形、地貌进行工程结构和艺术造型的改造设计。
4.3.6 园路设计 garden path design
确定园林中道路的位置、线形、高程、结构和铺装形式的设计活动。
4.3.7 种植设计 planting design
按植物生态习性和园林规划设计的要求,合理配置各种植物,以发挥它们的园林功能和观赏特性的设计活动。

4.3.8 孤植 specimen planting, isolated planting
单株树木栽植的配植方式。

4.3.9 对植 opposite planting, coupled planting
两株树木在一定轴线关系下相对应的配植方式。

4.3.10 列植 linear planting
沿直线或曲线以等距离或按一定的变化规律而进行的植物种植方式。

4.3.11 群植 group planting, mass planting
由多株树木成丛、成群的配植方式。

4.4 园林植物

4.4.1 园林植物 landscape plant
适于园林中栽种的植物。

4.4.2 观赏植物 ornamental plant
具有观赏价值,在园林中供游人欣赏的植物。

4.4.3 古树名木 historical tree and famous wood species
古树泛指树龄在百年以上的树木;名木泛指珍贵、稀有或具有历史、科学、文化价值以及有重要纪念意义的树木,也指历史和现代名人种植的树木,或具有历史事件、传说及神话故事的树木。

4.4.4 地被植物 ground cover plant
株丛密集、低矮,用于覆盖地面的植物。

4.4.5 攀缘植物 climbing plant, climber
以某种方式攀附于其他物体上生长,主干茎不能直立的植物。

4.4.6 温室植物 greenhouse plant
在当地温室或保护地条件下才能正常生长的植物。

4.4.7 花卉 flowering plant
具有观赏价值的草本植物、花灌木、开花乔木以及盆景类植物。

4.4.8 行道树 avenue tree, street tree
沿道路或公路旁种植的乔木。

4.4.9 草坪 lawn
草本植物经人工种植或改造后形成的具有观赏效果,并能供人适度活动的坪状草地。

4.4.10 绿篱 hedge

成行密植，作造型修剪而形成的植物墙。

4.4.11 花篱 flower hedge
用开花植物栽植、修剪而成的一种绿篱。

4.4.12 花境 flower border
多种花卉交错混合栽植，沿道路形成的花带。

4.4.13 人工植物群落 man-made planting habitat
模仿自然植物群落栽植的、具有合理空间结构的植物群体。

4.5 园 林 建 筑

4.5.1 园林建筑 garden building
园林中供人游览、观赏、休憩并构成景观的建筑物或构筑物的统称。

4.5.2 园林小品 small garden ornaments
园林中供休息、装饰、景观照明、展示和为园林管理及方便游人之用的小型设施。

4.5.3 园廊 veranda, gallery, colonnade
园林中屋檐下的过道以及独立有顶的过道。

4.5.4 水榭 waterside pavilion
供游人休息、观赏风景的临水园林建筑。

4.5.5 舫 boat house
供游玩宴饮、观景之用的仿船造型的园林建筑。

4.5.6 园亭 garden pavilion, pavilion
供游人休息、观景或构成景观的开敞或半开敞的小型园林建筑。

4.5.7 园台 platform
利用地形或在地面上垒土、筑石成台形，顶部平整，一般在台上建屋宇房舍或仅有围栏，供游人登高览胜的园林构筑物。

4.5.8 月洞门 moon gate
开在园墙上，形状多样的门洞。

4.5.9 花架 pergola, trellis
可攀爬植物，并提供游人遮荫、休憩和观景之用的棚架或格子架。

4.5.10 园林楹联 couplet written on scroll, couplet on pillar
悬挂或张贴在园林建筑壁柱上的联语。

4.5.11 园林匾额 bian in garden

挂在厅堂或亭榭等园林建筑上的题字横牌。

5 园 林 工 程

5.0.1 园林工程 garden engineering
园林中除建筑工程以外的室外工程。

5.0.2 绿化工程 plant engineering
有关植物种植的工程。

5.0.3 大树移植 big tree transplanting
将胸径在 20cm 以上的落叶乔木和胸径在 15cm 以上的常绿乔木移栽到异地的活动。

5.0.4 假植 heeling in，temporary planting
苗木不能及时栽植时，将苗木根系用湿润土壤做临时性填埋的绿化工程措施。

5.0.5 基础种植 foundation planting
用灌木或花卉在建筑物或构筑物的基础周围进行绿化、美化栽植。

5.0.6 种植成活率 ratio of living tree
种植植物的成活数量与种植植物总量的百分比。

5.0.7 适地适树 planting according to the environment
因立地条件和小气候而选择相适应的植物种进行的绿化。

5.0.8 造型修剪 topiary
将乔木或灌木做修剪造型的一种技艺。

5.0.9 园艺 horticulture
指蔬菜、果树、观赏植物等的栽培、繁育技术和生产管理方法。

5.0.10 假山 rockwork，artificial hill
园林中以造景或登高览胜为目的，用土、石等材料人工构筑的模仿自然山景的构筑物。

5.0.11 置石 stone arrangement，stone layout
以石材或仿石材料布置成自然露岩景观的造景手法。

5.0.12 掇山 piled stone hill，hill making
用自然山石掇叠成假山。

5.0.13 塑山 man-made rockwork

用艺术手法将人工材料塑造成假山。

5.0.14 园林理水 water system layout in garden
造园中的水景处理。

5.0.15 驳岸 revetment in garden
保护园林水体岸边的工程设施。

5.0.16 喷泉 fountain
经加压后形成的喷涌水流。

6 风景名胜区

6.0.1 风景名胜区 landscape and famous scenery
指风景名胜资源集中、环境优美、具有一定规模和游览条件，可供人们游览欣赏、休憩娱乐或进行科学文化活动的地域。

6.0.2 国家重点风景名胜区 national park of China
经国务院审定公布的风景名胜区。

6.0.3 风景名胜区规划 landscape and famous scenery planning
保护培育、开发利用和经营管理风景名胜区，并发挥其多种功能作用的统筹部署和具体安排。

6.0.4 风景名胜 famous scenery, famous scenic site
著名的自然或人文景点、景区和风景区域。

6.0.5 风景资源 scenery resource
能引起审美与欣赏活动，可以作为风景游览对象和风景开发利用的事物的总称。

6.0.6 景物 view, feature
具有独立欣赏价值的风景素材的个体。

6.0.7 景点 feature spot, view spot
由若干相互关联的景物所构成、具有相对独立性和完整性，并具有审美特征的基本境域单元。

6.0.8 景区 scenic zone
根据风景资源类型、景观特征或游人观赏需求而将风景区划分成的一定用地范围。

6.0.9 景观 landscape, scenery
可引起良好视觉感受的某种景象。

6.0.10 游览线 touring route

为游人安排的游览、欣赏风景的路线。

6.0.11 环境容量 environmental capacity

在一定的时间和空间范围内所能容纳的合理的游人数量。

6.0.12 国家公园 national park

国家为合理地保护和利用自然、文化遗产而设立的大规模的保护区域。

<h2 style="text-align:center">条 文 说 明</h2>

<h1 style="text-align:center">1 总 则</h1>

1.0.1 《园林基本术语标准》（以下简称"基本术语"）是指在园林行业中比较常见，与园林规划设计联系相对比较紧密的行业专门用语。"基本术语"中所称的园林，包括传统园林学、城市园林绿化学和大地景观规划三个部分，即通常所说的风景园林所涉及的各个领域。

由于中国园林的历史悠久、专业覆盖面广、内容丰富以及空间应用范围大，行业术语的数量也很大，既有园林从古至今约定俗成的术语，也有从相关行业和不同领域借鉴来的术语，还有园林与相关学科相互渗透交融过程中产生的词汇，许多术语的确切定义尚需做进一步的讨论。园林规划设计作为行业的龙头，基本上能够将行业所涉及的各个专业和相关术语联系起来。术语是各门学科的专门用语，有严格规定的意义。本标准在筛选了数百个常见的园林名词之后，选择了117个术语。对于园林行业中一般的术语和不需要特别解释的名词，目前暂不予以选用。在以后《园林基本术语标准》的修编过程中，待一些术语的定义进一步完善后，再进行定义的调整和词条的增减。

对园林术语的选择和定义相对比较困难。有些术语如"园林意境"属于纯艺术范畴，涉及中国"天人合一"思想指导下独特的造园境界的追求；有些术语如"绿化"，既是学科术语，又是行业名词，同时也是大众用语，其内容比较开放、广泛和不易确定。因此，本标准尽量在与园林学科有关的术语层面对它们作出规定。

本标准采用中、英文对照的方式，并采用英汉条文对照和汉语文字、拼音条文对照的方式索引。英文术语尽量以国家授权过的权威出版物为准。

1.0.2 "基本术语"将有利于园林及其相关行业在科学研究和技术交流中用语的规范化、行业管理的标准化、规划设计成果的严谨描述及合同文本的准确表达。

2 通 用 术 语

2.0.1 园林学

采用"园林学"一词作为主要行业术语的主要依据之一是全国自然科学审定委员会公布的《建筑　园林　城市规划名词》(1996)。该书在"前言"中有如下解释和说明："如'园林学'一词，有的专家认为应以'景观学'代替，但考虑到我国多年来习用的'园林学'的概念已不断扩大，故仍采用'园林学'，与英文的 landscape architecture 相当。""根据国务院授权，委员会审定公布的名词术语，科研、教学、生产、经营以及新闻出版等各部门，均应遵照使用。"

中国园林历史悠久，但是作为一门学科它又很年轻。在汉文化圈内的国家和地区中，韩国称之为"造景"，日本称之为"造园"，台湾称之为"景园"。名称虽略有不同，但是其所研究的内容是一致的。因此，我们仍然沿用中国传统的"园林"一词，作为学科的名称。

作为研究园林理论和技术的综合学科，现代的园林学包括传统园林学、城市园林绿化学和大地景观规划。传统园林学主要包括园林历史、园林艺术、园林植物、园林工程、园林建筑等分支学科，并运用相关的成果来创造、保护和管理各种园林；选育优良品质的植物；研究表现良好的植物群落组合；研究植物生境特点及相关栽培管理技术；提高园林绿地的规划设计水平和绿地的生态效益。城市园林绿化学研究的是园林绿化在城市建设中的作用，调查研究居民游憩、健身时对园林绿地的需求和文化心理，测定园林绿化改善和净化环境能力的计量化数据，合理地确定城市中所需的绿量并合理布局，构成系统；研究并实施城市规划和城市设计；研究城市中各类园林绿地的建设、管理技术；分析评估城市园林绿化在宏观经济方面的投资和效益；以及研究制定推进城市园林绿化的政策、措施等。大地景观规划是发展中的课题,其任务是把大地的自然景观和人文景观当作资源来看待,从生态价值、社会经济价值和审美价值三方面来进行评价和环境敏感性分析;最大限度地保存典型的生态系统和珍贵濒危生物种的繁衍栖息地,保护生物多样性,保存自然景观和珍贵的自然、文化遗产,最合理地使用土地。规划范围包括风景名胜区、国家公园、休养度假胜地、自然保护区及其他迹地的景观恢复等。

2.0.2 园林

园林一词始见于西晋。在历史上,因时间、内容和形式的不同曾用过不同的名称,如囿、猎苑、苑、宫苑、园、园池、庭园、宅园、别业等。现代园林包括庭院、宅园、小游园、公园、附属绿地、生产防护绿地等各种城市绿地。随着园林学科的发展,其外延扩大到风景名胜区、自然保护区的游览区以及文化遗址保护绿地、旅游度假休闲、休养胜地等范围。

从物质形态来看,山(地形)、水、植物(生物)和建筑是园林组成的四大要素。园林不是对相关要素进行简单的叠加,而是对它们进行有机整合之后创造出的艺术整体。

园林学与园林、园的关系。"园林学"是关于园林发生、发展一般规律的学问;"园林"是对各种各样公园、绿地概念的总称;"园"则是指具体的公园、绿地等绿色空间。

2.0.3 绿化

绿化包括国土绿化、城市绿化、四旁绿化和道路绿化等。绿化改善环境包括改善生态环境和一定程度的美化环境。

绿化与园林的关系。"绿化"一词源于苏联,是"城市居民区绿化"的简称,在我国大约有50年的历史。"园林"一词为中国传统用语,在我国已有1700年历史。绿化单指植物因素,而植物是园林的重要组成要素之一,因此,绿化是园林的基础,是局部。园林包括综合因素,园林是对其各组成要素的有机整合,是各个组成要素的最高级表现形式,是整体。绿化注重植物栽植和实现生态效益的物质功能,同时也含有一定的"美化"意思;园林则更加注重精神功能,在实现生态效益的基础上,特别强调艺术效果和综合功能。因此:(1)在国土范围内,一般将普遍的植树造林称为"绿化",将具有更高审美质量的风景名胜区等优美环境称为"园林";(2)在城市范围内,一般将郊区的荒山植树和农田林网建设称为"绿化",将市区的绿色空间称为"园林";(3)在市区范围内,将普通的植物种植和美学质量一般的绿色空间建设称为"绿化",将经过精心规划、设计和施工管理的公园、花园称为"园林"。

园林与绿化在改善生态环境方面的作用是一致的,在审美价值和功能的多样性方面是不同的。"园林绿化"有时作为一个名词使用,即用行业中最高层次的和最基础的两个方面来描述整个行业,其意思与"园林"的内涵相同。园林可以包含绿化,但绿化不能代表园林。

2.0.4 城市绿化

城市绿化相对于城市园林而言,其形式较为简单,功能较为单一,美学价值比较一般,管理比较粗放,以生态效益为主,兼有美化功能,是城市园林的组成部分和生态基础。

2.0.5 城市绿地

广义的城市绿地,指城市规划区范围内的各种绿地。

包括:公园绿地、生产绿地、防护绿地、附属绿地和其他绿地。

城市绿地不包括:

(1) 屋顶绿化、垂直绿化、阳台绿化和室内绿化;

(2) 以物质生产为主的林地、耕地、牧草地、果园和竹园等地;

(3) 城市规划中不列入"绿地"的水域。

上述内容属于"城市绿化"范畴。

狭义的城市绿地,指面积较小、设施较少或没有设施的绿化地段,区别于面积较大、设施较为完善的"公园"。

"绿地"作为城市规划专门术语,在国家现行标准《城市用地分类与规划建设用地标准》GBJ 137中指城市建设用地的一个大类,其中包括公共绿地、生产和防护绿地两个种类。

本标准指的是广义的城市绿地,即国务院《城市绿化条例》中"城市绿地"的范畴。

3 城市绿地系统

3.1 城 市 绿 地

3.1.1 公园绿地

公园绿地指各种公园和向公众开放的绿地。包括综合公园、社区公园、专类公园、带状公园和街旁绿地，含其范围内的水域；不包括附属绿地、生产绿地、防护绿地和其他绿地。

公园绿地中除"小区游园"之外，都参与城市用地平衡，相当于"公共绿地"。在国家现行标准《城市用地分类与规划建设用地标准》GBJ 137 中，"公共绿地"被列为"绿地"大类下的一个中类。包括"公园"和"街头绿地"两个小类。

"公共绿地"一词来源于苏联，突出反映的是绿地的所有权、产权等公共属性。我国目前在绿地的分类上不存在私有绿地，所有的城市绿地都属于国家、为公众服务。公共绿地与国际上公园的内涵相似，与我国的公园和开放型绿地相当，因此，都属于公园绿地性质。鉴于此，公园绿地的概念更能够反映出公共绿地的功能特征而不是属性特征。

3.1.2 公园

是公园绿地的一种类型，也是城市绿地系统的重要组成部分。狭义的公园指面积较大、绿化用地比例较高、设施较为完善、服务半径合理、通常有围墙环绕、设有公园一级管理机构的绿地；广义的公园除了上述的公园之外，还包括设施较为简单、具有公园性质的敞开式绿地。发达国家的公园一般是向公众免费开放的。

国家现行标准《公园设计规范》CJJ 48 对不同公园内部的用地比例有明确的规定。

3.1.3 儿童公园

附属于公园绿地中的儿童活动场地不属于儿童公园。

3.1.4 动物园

指独立的动物园。附属于公园中的"动物角"不属于动物园。普通的动物饲养场、马戏团所属的动物活动用地不属于动物园。

动物园包括城市动物园和野生动物园等。

3.1.5 植物园

指独立的植物园。侧重科学研究的植物园以收集植物物种为主，侧重植物观赏的植物园以展示植物的景观多样性为主。附属于公园内的植物展览区不属于植物园。

3.1.6 墓园

墓园不包括烈士陵园。

3.1.9 花园

花园指以观赏花卉植物为主要功能的园林。花园与公园的区别为：花园的规模相对较小，也可附属在公园内；花园的职能较为单一，公园的职能较为综合；在国外，花园可能是私有的、收费的，而公园是公有的，向公众免费开放的。

3.1.10　历史名园

历史名园一定是国家级、省（自治区）级、市（区）级或县级文物保护单位。没有被审定为各级文物保护单位的园林不属于历史名园。

3.1.11　风景名胜公园

我国的风景名胜区多数在城市郊区，位于城市建设用地之外，而公园多数位于市区，位于城市建设用地之内。当二者在空间上交叉时，往往会形成风景名胜公园。位于或部分位于城市建设用地内，依托风景名胜点形成的公园或风景名胜区按照城市公园职能使用的部分属于此类。风景名胜公园的用地属于城市建设用地，参与城市用地平衡；属于风景名胜区但其用地又不属于城市建设用地的部分，不属于风景名胜公园。

3.1.12　纪念公园

纪念公园包括烈士陵园，不包括墓园。

3.1.13　街旁绿地

街旁绿地包括小型沿街绿地、街道广场绿地等。

街旁绿地又名街头绿地。街旁绿地有两个含义：一是指属于公园性质的沿街绿地；二是指该绿地必须不属于城市道路广场用地。

3.1.14　带状公园

带状公园位于规划的道路红线以外。带状公园的最窄处必须保证游人的通行、绿化种植带的延续以及小型休息设施的布置。

3.1.17　社区公园

包括"居住区公园"和"小区游园"，不包括居住组团绿地等分散式的绿地。

3.1.18　生产绿地

生产绿地不管是否为园林部门所属，只要是被划定为城市建设用地，为城市绿化服务，能为城市提供苗木、草坪、花卉和种子的各类圃地或科研实验基地，均应作为生产绿地。

临时性的苗圃和花卉、苗木市场用地不属于生产绿地。

3.1.19 防护绿地

防护绿地针对城市的污染源或可能的灾害发生地而设置，一般游人不宜进入。防护绿地包括：卫生隔离绿带、道路防护绿地、城市高压走廊绿带、防风林带等，不包括城市之间的绿化隔离带。

3.1.20 附属绿地

根据国家现行标准《城市用地分类与规划建设用地标准》GBJ 137的规定，附属绿地不列入城市用地分类中的"绿地"类，而从属于各类建设用地之中。包括附属在公共设施用地、工业用地、仓储用地、对外交通用地、道路广场用地、市政公用设施用地和特殊用地中的绿化用地。

附属绿地不单独参与城市用地平衡，其功能服从于其所附属的城市建设用地的性质。

3.1.21 居住绿地

条文中的"居住用地"包括居住小区、居住街坊、居住组团和单位生活区等各种类型的成片或零星的用地。居住绿地属附属绿地性质，包括组团绿地、宅旁绿地、配套公建绿地、小区道路绿地。

居住区级公园和小区游园属于社区公园，不属于居住绿地。居住区级公园参与城市建设用地平衡。

3.1.22 道路绿地

道路绿地包括：道路绿带、交通岛绿地、广场绿地和停车场绿地。道路绿带指道路红线范围内的带状绿地；交通岛绿地指可绿化的交通岛用地；广场绿地和停车场绿地指交通广场、游憩集会广场和社会停车场（库）用地范围内的绿化用地。

道路绿地位于规划的道路广场用地之内，属于附属绿地性质，不单独参与城市用地平衡。

3.1.23 屋顶花园

狭义的屋顶花园以绿化为主，主要功能是植物观赏，游人可以进入的花园。广义的屋顶花园也包括以铺装为主、结合绿化，适宜游人休憩的或完全被植物覆盖、游人不能进入的屋顶空间。

3.1.24 立体绿化

立体绿化是相对于地面绿化而言的，它包括棚架绿化、墙面垂直绿化、屋顶绿化等多种绿化形式。

3.1.25 风景林地

风景林地仅限于具有景观价值的林地。

3.2 城市绿地系统规划

3.2.1 城市绿地系统

城市绿地系统包括各种类型和规模的城市绿化用地，其整体应当是一个结构完整的系统，并承担城市的以下职能：改善城市生态环境、满足居民休闲娱乐要求、组织城市景观、美化环境和防灾避灾等。

现在的绿地系统往往与城市开放空间（open space）的概念相结合，将城市的绿化用地、广场、道路系统、文物古迹、娱乐设施、风景名胜区和自然保护区等因素统一考虑。不同的系统结构会产生不同的系统功效，绿地系统的整体功效应当大于各个绿地功效之和，合理的城市绿地系统结构是相对稳定而长久的。

3.2.2 城市绿地系统规划

一般有两种形式。第一种属城市总体规划的组成部分，是城市总体规划中的专业规划。其任务是调查与评价城市发展的自然条件；协调城市绿地与其他各项建设用地的关系；确定城市公园绿地和生产防护绿地的空间布局、规划总量和人均定额。这实际是一种对城市部分绿地进行的规划或不完全的系统规划。

第二种属专项规划，《城市规划编制办法实施细则》第十六条提出（城市绿化规划）"必要时可分别编制"的城市绿地系统规划指第二种形式。其主要任务是以区域规划、城市总体规划为依据，预测城市绿化各项发展指标在规划期内的发展水平，综合部署各类各级城市绿地，确定绿地系统的结构、功能和在一定的规划期内应解决的主要问题；确定城市主要绿化树种和园林设施以及近期建设项目等，从而满足城市和居民对城市绿地的生态保护和游憩休闲等方面的要求。这是一种针对城市所有绿地和各个层次的完全的系统规划。本标准指的是第二种情况。

3.2.3 绿化覆盖面积

所有植物的垂直投影面积只能计算一次，不得重复相加计算。

3.2.4 绿化覆盖率

计算公式：绿化覆盖率＝区域内的绿化覆盖面积/该区域用地总

面积×100%

"用地总面积"指垂直投影面积,不应按山坡地的曲面表面积计算。

3.2.5　绿地率

计算公式:绿地率=区域内的绿地面积/该区域用地总面积×100%

绿化用地面积指垂直投影面积,不应按山坡地的曲面表面积计算。

绿化覆盖率和绿地率的区别。绿化覆盖率指植物冠幅的投影面积占城市用地的百分比,是描述城市下垫面状况的一项重要指标。绿地率指用于绿化种植的土地面积(垂直投影面积)占城市用地的百分比,是描述城市用地构成的一项重要指标。一般绿化覆盖率高于绿地率并保持一定的差值。

3.2.6　绿带

仅指城市之间或城市外围以绿化为主的建设控制地带,目的是控制城市"摊大饼"式地盲目连片发展。防止城市环境恶化。绿带不包括其他功能的带状绿地。

3.2.7　楔形绿地

楔形绿地将城市内、外相连,其基本功能是将郊区的新鲜空气引进城市,并形成廊道。

4　园林规划与设计

4.1　园　林　史

4.1.2　古典园林

包括中国古典园林和西方古典园林。古典园林不同于古代园林,它既可以是建于古代的园林,也可以是建于现代而具有古代园林风格的园林。古典园林曾用名传统园林。

4.1.3　囿

中国古代园林中,把种花木的叫园,养禽兽的叫囿。

囿是最早见于中国史籍记载的园林形式,也是中国皇家园林的雏形。通常在选定地域后划出范围或筑界垣,囿中草木鸟兽自然滋生繁育。帝王贵族进行狩猎既是游乐活动,也是一种军事训练方式;囿中有自然景象、天然植被和鸟兽的活动,可以赏心悦目,得到美的享受。
4.1.5 皇家园林
包括古籍中所称的苑、宫苑、苑囿、御苑等。
4.1.6 私家园林
包括古籍中所称的园、园亭、园野、池馆、草堂、山庄、别业等,是相对于皇家园林而言的。
4.1.7 寺庙园林
寺庙园林的功能要服从于寺庙宗教环境的要求,寺庙园林即宗教化了的园林。寺庙园林不同于园林寺庙,园林寺庙指园林化的寺庙,即美化了的宗教环境。

4.2 园林艺术

4.2.2 相地
中国古代造园用语。除了通常意义上设计者将园址作为客体进行研究外,园址同时也成为设计者自身的一部分被体察、体悟。这里包含着中国古代"天人合一"和"物我齐观"的认识论和方法论。
4.2.3 造景
使环境从没有观赏价值到具有观赏价值,或从较低的观赏价值到较高的观赏价值的活动。
4.2.4 借景
"借"有借用、因借、依据和凭借的意思。借景可分为:近借、远借、邻借、互借、仰借、俯借和应时借等。
4.2.5 园林意境
园林意境对内可以抒己,对外足以感人。园林意境强调的是园林空间环境的精神属性,是相对于园林生态环境的物质属性而言的。

园林造景并不能直接创造意境,但能运用人们的心理活动规律和所具有的社会文化积淀,充分发挥园林造景的特点,创造出促使游赏者产生多种优美意境的环境条件。
4.2.6 透景线
透景线与透视线有所不同。透景线远方空间的终点是可以被观赏的具体景物,而透视线仅仅是远方的可透视空间。
4.2.7 盆景
盆景大多用植物、水、石等材料,经过艺术加工,种植或布置在盆中，使之成为自然景物缩影的一种陈设品。

日本的盆栽又称盆栽植物（bonsai），与我国的植物盆景相似。

4.3 规 划 设 计

4.3.1 园林规划

园林规划包括风景名胜区规划、城市绿地系统规划和公园规划。面积较大和复杂区域的规划，按照工作阶段一般可以分为规划大纲、总体规划和详细规划。

园林规划的重点为：分析建设条件，研究存在问题，确定园林主要职能和建设规模，控制开发的方式和强度，确定用地和用地之间、用地与项目之间、项目与经济的可行性之间合理的时间和空间关系。

4.3.2 园林布局

园林布局是园林规划、设计的一部分，主要是对于园林各个要素进行空间安排，将园林中的空间资源进行合理配置。包括园林山水骨架的形成，不同功能用地的划分，园林主景的位置、出入口、园林建筑、园路和基础设施布置等。园林布局很大程度上决定着园林的艺术风格。根据园林布局手法的不同，分为规则式园林、自然式园林和抽象式园林三种形式。

4.3.3 园林设计

指对组成园林整体的山形、水系、植物、建筑、基础设施等要素进行的综合设计，而不是指针对园林组成要素进行的专项设计。

园林设计包括总体设计（方案设计）和施工图设计两个阶段。方案设计指对园林整体的立意构思、风格造型和建设投资估算；施工图设计则要提供满足施工要求的设计图纸、说明书、材料标准和施工概（预）算。

规划与设计的关系。从工作程序上看，一般是规划控制设计，设计指导施工，即总体规划、详细规划、总体设计（方案设计）、施工图设计。从工作深度上看，一般图纸的比例小于1/500为园林规划，比例大于1/500为园林设计。规划偏重宏观的综合部署和理性分析；园林设计偏重感性的艺术思维，主要通过造型来满足园林的功能和审美要求。规划所涉及的空间一般比较大，时间比较长；设计所涉及的空间一般比较小，时间就是建设的当时。规划是基础，设计是表现。规划和设计在中间层次有可能产生一定的工作交叉。

4.3.4 公园最大游人量

公园最大游人容量是计算公园各种设施数量、规模以及进行公园管理的依据。

4.3.5 地形设计

地形设计往往和竖向设计相结合,包括确定高程、坡度、朝向、排水方式等。同时,地形设计还应当考虑工程上的安全要求、环境小气候的形成以及游人的审美要求等。

4.3.7 种植设计

种植设计是园林设计的重要部分。植物配置除讲求构图、形式等艺术要求和文化寓意外,更重要的是考虑植物的生态习性及植物种类的多样性,注重人工植物群落配置的科学性,形成合理的复层混合结构。

4.4 园 林 植 物

4.4.1 园林植物

园林植物通常指绿化效果好、观赏价值高或具有经济价值的植物。园林植物要有形体美或色彩美,适应当地的气候、土壤条件,在一般管理条件下能发挥上述功能。

4.4.2 观赏植物

常见的观赏植物分为观赏蕨类、观赏松柏类、观形树木类、观花树木类、观赏草花类、观果植物类、观叶植物类和观赏棕榈类及竹类。

4.4.4 地被植物

地被植物包括贴近地面或匍匐地面生长的草本和木本植物,一般不耐践踏。

狭义的地被植物指株高50厘米以下、植株的匍匐干茎接触地面后,可以生根并且继续生长、覆盖地面的植物。广义的地被植物泛指株形低矮、枝叶茂盛,并能较密地覆盖地面,可保持水土、防止扬尘、改善气候,并具有一定的观赏价值的植物。草本、木本植物都可以作为地被植物。

4.4.5 攀缘植物

攀缘植物又称藤蔓植物,包括缠绕类、卷须类和吸附类。其中属于木本的称作藤本类,属于草本的称作蔓草类。

4.4.7 花卉

花卉可分为木本花卉、草本花卉和观赏草类。原指具有一定观赏价值的草本植物。

4.4.8 行道树

行道树一般成行等距离种植,具有遮荫、防尘、护路、减弱噪声和美化环境等作用。

4.4.9 草坪

草坪应当具备三个条件:人工种植或改造(非天然)、具有观赏效果(美学价值)和游人可以进入适度活动(承受踩踏)。

4.4.10 绿篱

根据植物性状的不同,绿篱又可以分为花篱、刺篱、果篱等,可用以代替篱笆、栏杆和墙垣,具有分隔、防护或装饰作用。

4.4.12 花境

花境也称花缘、花边、花带。一般多用宿根花卉,栽植在绿篱灌丛或栏杆、草地边缘、道路两侧、建筑物前。

4.5 园林建筑

4.5.2 园林小品

园林小品与园林建筑相比结构简单,一般没有内部空间,体量小巧,造型别致,富有特色,并讲究适得其所。根据其功能分为:供休息的小品、装饰性小品、结合照明的小品、展示性小品和服务性小品。如园灯、园椅、园桌、园凳、汲水器、垃圾箱、指路牌和导游牌等。有些体量较小的园林建筑、雕塑、置石等也被泛称为园林小品。

4.5.3 园廊

原指中国古代建筑中有顶的通道,包括回廊和游廊,基本功能为遮阳、防雨和供人小憩。

4.5.7 园台

通常为登高览胜游赏之地。台上的木构房屋称为榭,两者合称台榭。

4.5.8 月洞门

有的月洞门只有门框,没有门扇;有的具有多种风格的门扇。用圆形门洞除了具有装饰的意思外,还表示游人通过月洞门进入了月宫般的一种仙境。

5 园林工程

5.0.1 园林工程

园林工程以园林建设中的工程技术为主要研究对象,其特点是以工程技术为手段，塑造园林艺术的形象。园林工程包括土方工程、筑山工程、理水工程、园路工程、种植工程等。

5.0.5　基础种植

种植的植物高度一般低于窗台。

5.0.6　种植成活率

计算公式：一定时期内植物种植成活的数量/植物种植总量×100%

5.0.9　园艺

指园林中的栽植技艺。园艺不是"园林艺术"的简称。

5.0.10　假山

用土、石或人工材料结合建造的隆出地面的地形地貌，一般坡度在15%以上，区别于微地形。

5.0.11　置石

置石还可以具有挡土、护坡和作为种植床等实用功能，用以点缀园林空间。置石比假山小，可以是孤石。

5.0.12　掇山

一般经过选石、采运、相石、立基、拉底、堆叠中层和结顶等工序叠砌而成。

5.0.14　园林理水

园林理水既包括模拟自然界的江、河、湖、海等自然式的水体景观，也包括人工提炼、抽象出的规则式的水体景观。

5.0.15　驳岸

按照断面形式，园林驳岸可分为整形式和自然式两类。

5.0.16　喷泉

原指泉的类型之一，其水受自然的压力向外喷涌。

6　风景名胜区

6.0.1　风景名胜区

简称风景区。经县级以上地方人民政府批准公布的法定地域。按照风景资源的观赏、文化、科学价值，环境质量和风景区规模、游览条件的不同，分为国家、省和市（县）三级风景名胜区。

（1）国家重点风景名胜区：指经国务院审定公布的风景名胜区；

（2）省级风景名胜区：指经省、自治区、直辖市人民政府审定公布的风景名胜区；

（3）市（县）级风景名胜区：指经市、县人民政府审定公布的风景名胜区。

6.0.2　国家重点风景名胜区

我国的国家重点风景名胜区相当于海外的国家公园，其英文名称是 national park of China。

6.0.5　风景资源

风景资源又称景观资源。

6.0.8　景区

在风景名胜区规划中，往往将整个地域空间划分成风景区——景区——景点——景物若干个层次，逐层进行规划。景区是对风景区按照风景资源类型、景观特征或游览需求的不同而进行的空间划分。景区是仅次于风景区的一级空间层次，它有着相对独立的分区特征和明确的用地范围。景区包含有较多的景物、景点和景点群。

它与旅游中景区的概念不同旅游中的景区是对旅游区（点）或风景区（点）的一种泛称。

6.0.9　景观

景观包括下列含义：

（1）指具有审美特征的自然和人工的地表景色，意同风光、景色、风景；

（2）自然地理学中指一定区域内由地形、地貌、土壤、水体、植物和动物等所构成的综合体；

（3）景观生态学的概念，指由相互作用的拼块或生态系统组成，以相似的形式重复出现的一个空间异质性区域，是具有分类含义的自然综合体。

园林学科中所说的景观一般指第一种含义。

6.0.11　环境容量

指环境对游人的承载能力。一般可以分为三个层次：

（1）生态的环境容量：生态环境在保持自身平衡下允许调节的范围；

（2）心理的环境容量：合理的、游人感觉舒适的环境容量；

（3）安全的环境容量：极限的环境容量。

(十五) 国民经济行业分类与代码 (节录)

门类	大类	中类	小类	类别名称	说明
		682	6820	商业银行	包括各种商业银行
		683	6830	其他银行	包括政策性银行等
		684	6840	信用合作社	包括城市和农村信用社
		685	6850	信托投资业	包括国际国内信托投资活动
		686	6860	证券经纪与交易业	包括证券经纪和交易活动,如证券公司等
		687		其他非银行金融业	包括财务公司、融资租赁公司和贷款典当活动等
			6871	财务公司	包括办理企业集团内部金融业务的金融机构的活动
			6872	融资租赁公司	
			6873	典当业	
			6879	其他类未包括的非银行金融业	包括证券交易所、期货交易市场等
J		70	700	7000 保险业	包括各类保险公司的保险活动,不包括社会福利保险活动
				房地产业	
	72	720	7200	房地产开发与经营业	包括各类房地产经营、房地产交易、房地产租赁等活动
	73	730	7300	房地产管理业	包括对住宅发展管理,土地批租经营管理和其他房屋的管理活动等。也包括兼营房屋零星维修的各类房管所(站)、物业管理单位的活动。不包括房管部门所属独立核算的维修公司(队)的活动,独立的房屋维修公司(队)的活动列入土木工程建筑业中
	74	740	7400	房地产经纪与代理业	包括房地产经纪与代理中介活动,如房地产交易所、房地产估价所等

续表

门类	大类	中类	小类	类别名称	说明
K				社会服务业	
	75			公共设施服务业	
		751		市内公共交通业	包括市内公共汽车、电车、出租汽车、地铁、索道、轨道、缆车、轮渡等的经营管理活动
			7511	市内公共汽电车业	包括城市公共汽车、电车（包括小公共汽车）的经营管理活动
			7512	出租汽车业	包括城市出租汽车的经营管理活动
			7513	轨道交通业	包括地铁、轻轨、有轨电车、索道、缆车等的经营管理活动
			7514	市内轮渡业	包括城市公共轮渡（包括机动和非机动船）的经营管理活动
			7519	其他市内公共交通业	包括利用其他运输工具如摩托车、三轮车等所从事的城市客运的经营管理活动
		752	7520	园林绿化业	包括园林绿化活动。公园、动物园、植物园列入本类
		753	7530	自然保护区管理业	包括森林公园、自然保护区的经营管理活动
		754	7540	环境卫生业	包括废弃物处理、公共保洁、城市市容管理等活动
		755	7550	市政工程管理业	包括对城市道路、桥涵、隧道、广场、排水及污水处理设施、路灯等的养护和管理活动
		756	7560	风景名胜区管理业	包括风景名胜区的规划、管理活动
		759	7590	其他公共服务业	包括城建监察和建筑物的质量监督、评估等活动
	76			居民服务业	
		761	7610	理发及美容化妆业	包括理发、美容、化妆活动
		762	7620	淋浴业	包括浴池、沐浴室、桑拿浴等的活动

续表

门类	大类	中类	小类	类别名称	说明
		763	7630	洗染业	包括洗染店（部）、干洗店、洗衣房等的活动
		764	7640	摄影及扩印业	包括从事摄影和彩色扩印活动
		765	7650	托儿所	
		766	7660	日用品修理业	包括修理工厂以外的各类修理店（铺）进行的日用品修理活动，如照相机、钟表、自行车、缝纫机、收音机、电视机、黑白铁及其他杂品修理等
		767	7670	家务服务业	包括各种直接受家庭雇佣人员进行的活动。如：保姆、厨师、洗衣工、园丁、门卫、司机、看护、教师、私人秘书等。不包括劳务介绍所、保姆介绍所等活动，这些介绍所应列入其他居民服务业（7690）
		768	7680	殡葬业	包括埋葬、火化及与此有关的葬礼服务，墓地出租或出售，墓地或陵地保护和维护，烈士陵园的管理等活动
		769	7690	其他居民服务业	包括刻字、印名片，收费停（存）车场，机械描图，晒图社，复印、誊印，劳务介绍所、婚姻介绍所等的活动
	78	780	7800	旅馆业	包括宾馆、旅馆及招待所、大车店等
	79	790	7900	租赁服务业	包括提供机械电子设备、交通工具、办公用品、家庭生活用品、文化体育用品等租赁活动
	80	800	8000	旅游业	包括经营旅游业务的各类旅行社和旅游公司等的活动。不包括接待旅游活动的饭店、公园等的活动
	81	810	8100	娱乐服务业	包括卡拉OK歌舞厅、电子游戏厅(室)、游乐园（场）、夜总会等活动
	82			信息、咨询服务业	

续表

门类	大类	中类	小类	类别名称	说明
		821	8210	广告业	指专门为客户的商品、业务和其他委托的事项进行文字、图案、模型、影片等的设计、绘制、装置等宣传广告活动，广告代理活动也包括在内
		822		咨询服务业	包括各种咨询服务活动，如公证、法律、会计、审计、统计咨询和社会调查咨询活动
			8221	公证业	
			8222	律师事务所	
			8223	会计、审计、统计咨询业	包括提供会计、审计、统计专业评估、咨询、调查等服务的事务所、咨询中心等
			8224	社会调查业	
		829	8290	其他类未包括的信息咨询服务业	上述未包括的信息咨询服务活动
	83			计算机应用服务业	
		831	8310	软件开发咨询业	包括各种计算机软件的开发及其咨询活动
		832	8320	数据处理业	包括各种数据的处理及制表活动
		833	8330	数据库服务业	包括数据库开发、数据存储、数据库维护、网络服务
		834	8340	计算机设备维护咨询业	包括计算机主设备、外围设备的维护、简单修理以及对硬件的类型与配置和与之有关的软件提供咨询等活动
	84			其他社会服务业	包括市场管理服务活动、保安活动等
		841	8410	市场管理服务业	包括对生产资料、生活资料等各种商品进行现货交易的各种市场的管理服务活动。劳务市场、技术市场的管理也包括在内
		849	8490	其他类未包括的社会服务业	包括保安活动等

续表

门类	大类	中类	小类	类别名称	说 明
L	85			卫生、体育和社会福利业	
				卫生	
		851		医院	包括综合医院、专科医院、中医医院、门诊

（十六）地表水环境质量标准

(GB 3838—2002)

1 范 围

1.1 本标准按照地表水环境功能分类和保护目标，规定了水环境质量应控制的项目及限值，以及水质评价、水质项目的分析方法和标准的实施与监督。

1.2 本标准适用于中华人民共和国领域内江河、湖泊、运河、渠道、水库等具有使用功能的地表水水域。具有特定功能的水域，执行相应的专业用水水质标准。

2 引用标准

《生活饮用水卫生规范》（卫生部，2001年）和本标准表4～表6所列分析方法标准及规范中所含条文在本标准中被引用即构成为本标准条文，与本标准同效。当上述标准和规范被修订时，应使用其最新版本。

3 水域功能和标准分类

依据地表水水域环境功能和保护目标，按功能高低依次划分为五类：

Ⅰ类　主要适用于源头水、国家自然保护区；
Ⅱ类　主要适用于集中式生活饮用水地表水源地一级保护区、珍稀水生生物栖息地、鱼虾类产卵场、仔稚幼鱼的索饵场等；
Ⅲ类　主要适用于集中式生活饮用水地表水源地二级保护区、鱼虾类越冬场、洄游通道、水产养殖区等渔业水域及游泳区；
Ⅳ类　主要适用于一般工业用水区及人体非直接接触的娱乐用水区；
Ⅴ类　主要适用于农业用水区及一般景观要求水域。

对应地表水上述五类水域功能，将地表水环境质量标准基本项目标准值分为五类，不同功能类别分别执行相应类别的标准值。水域功能类别高的标准值严于水域功能类别低的标准值。同一水域兼有多类使用功能的，执行最高功能类别对应的标准值。实现水域功能与达功能类别标准为同一含义。

4　标　准　值

4.1　地表水环境质量标准基本项目标准限值见表1。
4.2　集中式生活饮用水地表水源地补充项目标准限值见表2。
4.3　集中式生活饮用水地表水源地特定项目标准限值见表3。

5　水　质　评　价

5.1　地表水环境质量评价应根据应实现的水域功能类别，选取相应类别标准，进行单因子评价，评价结果应说明水质达标情况，超标的应说明超标项目和超标倍数。
5.2　丰、平、枯水期特征明显的水域，应分水期进行水质评价。
5.3　集中式生活饮用水地表水源地水质评价的项目应包括表1中的基本项目、表2中的补充项目以及由县级以上人民政府环境保护行政主管部门从表3中选择确定的特定项目。

6　水　质　监　测

6.1　本标准规定的项目标准值，要求水样采集后自然沉降30min，取上层非沉降部分按规定方法进行分析。

表 1

地表水环境质量标准基本项目标准限值（单位：mg/L）

序号	项目 分类 标准值	I 类	II 类	III 类	IV 类	V 类
1	水温（℃）	人为造成的环境水温变化应限制在：周平均最大温升≤1；周平均最大温降≤2				
2	pH 值（无量纲）	6～9				
3	溶解氧 ≥	饱和率 90%（或 7.5）	6	5	3	2
4	高锰酸盐指数 ≤	2	4	6	10	15
5	化学需氧量（COD） ≤	15	15	20	30	40
6	五日生化需氧量（BOD$_5$） ≤	3	3	4	6	10
7	氨氮（NH$_3$-N） ≤	0.15	0.5	1.0	1.5	2.0
8	总磷（以 P 计） ≤	0.02（湖、库 0.01）	0.1（湖、库 0.025）	0.2（湖、库 0.05）	0.3（湖、库 0.1）	0.4（湖、库 0.2）
9	总氮（湖、库、以 N 计） ≤	0.2	0.5	1.0	1.5	2.0
10	铜 ≤	0.01	1.0	1.0	1.0	1.0

续表

序号	项目	分类	I类	II类	III类	IV类	V类
11	锌	≤	0.05	1.0	1.0	2.0	2.0
12	氟化物（以F⁻计）	≤	1.0	1.0	1.0	1.5	1.5
13	硒	≤	0.01	0.01	0.01	0.02	0.02
14	砷	≤	0.05	0.05	0.05	0.1	0.1
15	汞	≤	0.00005	0.00005	0.0001	0.001	0.001
16	镉	≤	0.001	0.005	0.005	0.005	0.01
17	铬（六价）	≤	0.01	0.05	0.05	0.05	0.1
18	铅	≤	0.01	0.01	0.05	0.05	0.1
19	氰化物	≤	0.005	0.05	0.2	0.2	0.2
20	挥发酚	≤	0.002	0.002	0.005	0.01	0.1
21	石油类	≤	0.05	0.05	0.05	0.5	1.0
22	阴离子表面活性剂	≤	0.2	0.2	0.2	0.3	0.3
23	硫化物	≤	0.05	0.1	0.2	0.5	1.0
24	粪大肠菌群（个/L）	≤	200	2000	10000	20000	40000

集中式生活饮用水地表水源地补充项目标准限值（单位：mg/L）

表 2

序 号	项 目	标准值
1	硫酸盐（以 SO_4^{2-} 计）	250
2	氯化物（以 Cl^- 计）	250
3	硝酸盐（以 N 计）	10
4	铁	0.3
5	锰	0.1

集中式生活饮用水地表水源地特定项目标准限值（单位：mg/L）

表 3

序号	项 目	标准值	序号	项 目	标准值
1	三氯甲烷	0.06	19	苯	0.01
2	四氯化碳	0.002	20	甲苯	0.7
3	三溴甲烷	0.1	21	乙苯	0.3
4	二氯甲烷	0.02	22	二甲苯①	0.5
5	1,2-二氯乙烷	0.03	23	异丙苯	0.25
6	环氧氯丙烷	0.02	24	氯苯	0.3
7	氯乙烯	0.005	25	1,2-二氯苯	1.0
8	1,1-二氯乙烯	0.03	26	1,4-二氯苯	0.3
9	1,2-二氯乙烯	0.05	27	三氯苯②	0.02
10	三氯乙烯	0.07	28	四氯苯③	0.02
11	四氯乙烯	0.04	29	六氯苯	0.05
12	氯丁二烯	0.002	30	硝基苯	0.017
13	六氯丁二烯	0.0006	31	二硝基苯④	0.5
14	苯乙烯	0.02	32	2,4-二硝基甲苯	0.0003
15	甲醛	0.9	33	2,4,6-三硝基甲苯	0.5
16	乙醛	0.05	34	硝基氯苯⑤	0.05
17	丙烯醛	0.1	35	2,4-二硝基氯苯	0.5
18	三氯乙醛	0.01	36	2,4-二氯苯酚	0.093

续表

序号	项目	标准值	序号	项目	标准值
37	2,4,6-三氯苯酚	0.2	59	敌敌畏	0.05
38	五氯酚	0.009	60	敌百虫	0.05
39	苯胺	0.1	61	内吸磷	0.03
40	联苯胺	0.0002	62	百菌清	0.01
41	丙烯酰胺	0.0005	63	甲萘威	0.05
42	丙烯腈	0.1	64	溴氰菊酯	0.02
43	邻苯二甲酸二丁酯	0.003	65	阿特拉津	0.003
44	邻苯二甲酸二(2-乙基己基)酯	0.008	66	苯并(a)芘	2.8×10^{-6}
45	水合肼	0.01	67	甲基汞	1.0×10^{-6}
46	四乙基铅	0.0001	68	多氯联苯⑥	2.0×10^{-6}
47	吡啶	0.2	69	微囊藻毒素-LR	0.001
48	松节油	0.2	70	黄磷	0.003
49	苦味酸	0.5	71	钼	0.07
50	丁基黄原酸	0.005	72	钴	1.0
51	活性氯	0.01	73	铍	0.002
52	滴滴涕	0.001	74	硼	0.5
53	林丹	0.002	75	锑	0.005
54	环氧七氯	0.0002	76	镍	0.02
55	对硫磷	0.003	77	钡	0.7
56	甲基对硫磷	0.002	78	钒	0.05
57	马拉硫磷	0.05	79	钛	0.1
58	乐果	0.08	80	铊	0.0001

注：① 二甲苯：指对-二甲苯、间-二门苯、邻-二甲苯。
② 三氯苯：指1,2,3-三氯苯、1,2,4-三氯苯、1,3,5-三氯苯。
③ 四氯苯：指1,2,3,4-四氯苯、1,2,3,5-四氯苯、1,2,4,5-四氯苯。
④ 二硝基苯：指对-二硝基苯、间-二硝基苯、邻-二硝基苯。
⑤ 硝基氯苯：指对-硝基氯苯、间-硝基氯苯、邻-硝基氯苯。
⑥ 多氯联苯：指 PCB-1016、PCB-1221、PCB-1232、PCB-1242、PCB-1248、PCB-1254、PCB-1260。

6.2 地表水水质监测的采样布点、监测频率应符合国家地表水环境监测技术规范的要求。

6.3 本标准水质项目的分析方法应优先选用表4～表6规定的方法，也可采用ISO方法体系等其他等效分析方法，但须进行适用性检验。

地表水环境质量标准基本项目分析方法　　　表4

序号	项目	分析方法	最低检出限(mg/L)	方法来源
1	水温	温度计法		GB 13195—91
2	pH值	玻璃电极法		GB 6920—86
3	溶解氧	碘量法	0.2	GB 7489—87
		电化学探头法		GB 11913—89
4	高锰酸盐指数		0.5	GB 11892—89
5	化学需氧量	重铬酸盐法	10	GB 11914—89
6	五日生化需氧量	稀释与接种法	2	GB 7488—87
7	氨氮	纳氏试剂比色法	0.05	GB 7479—87
		水杨酸分光光度法	0.01	GB 7481—87
8	总磷	钼酸铵分光光度法	0.01	GB 11893—89
9	总氮	碱性过硫酸钾消解紫外分光光度法	0.05	GB 11894—89
10	铜	2,9-二甲基-1,10-菲啰啉分光光度法	0.06	GB 7473—87
		二乙基二硫代氨基甲酸钠分光光度法	0.010	GB 7474—87
		原子吸收分光光度法（螯合萃取法）	0.001	GB 7475—87
11	锌	原子吸收分光光度法	0.05	GB 7475—87
12	氟化物	氟试剂分光光度法	0.05	GB 7483—87
		离子选择电极法	0.05	GB 7484—87
		离子色谱法	0.02	HJ/T 84—2001
13	硒	2,3-二氨基萘荧光法	0.00025	GB 11902—89
		石墨炉原子吸收分光光度法	0.003	GB/T 15505—1995

续表

序号	项目	分析方法	最低检出限(mg/L)	方法来源
14	砷	二乙基二硫代氨基甲酸银分光光度法	0.007	GB 7485—87
		冷原子荧光法	0.00006	1)
15	汞	冷原子吸收分光光度法	0.00005	GB 7468—87
		冷原子荧光法	0.00005	1)
16	镉	原子吸收分光光度法（螯合萃取法）	0.001	GB 7475—87
17	铬（六价）	二苯碳酰二肼分光光度法	0.004	GB 7467—87
18	铅	原子吸收分光光度法（螯合萃取法）	0.01	GB 7475—87
19	氰化物	异烟酸-吡唑啉酮比色法	0.004	GB 7487—87
		吡啶-巴比妥酸比色法	0.002	
20	挥发酚	蒸馏后 4-氨基安替比林分光光度法	0.002	GB 7490—87
21	石油类	红外分光光度法	0.01	GB/T 16488—1996
22	阴离子表面活性剂	亚甲蓝分光光度法	0.05	GB 7494—87
23	硫化物	亚甲基蓝分光光度法	0.005	GB/T 16489—1996
		直接显色分光光度法	0.004	GB/T 17133—1997
24	粪大肠菌群	多管发酵法、滤膜法		1)

注：暂采用下列分析方法，待国家方法标准发布后，执行国家标准。
1)《水和废水监测分析方法（第三版）》，中国环境科学出版社，1989年。

集中式生活饮用水地表水源地补充项目分析方法　　　　表 5

序号	项目	分析方法	最低检出限(mg/L)	方法来源
1	硫酸盐	重量法	10	GB 11899—89
		火焰原子吸收分光光度法	0.4	GB 13196—91
		铬酸钡光度法	8	1)
		离子色谱法	0.09	HJ/T 84—2001

续表

序号	项目	分析方法	最低检出限 (mg/L)	方法来源
2	氯化物	硝酸银滴定法	10	GB 11896—89
		硝酸汞滴定法	2.5	1)
		离子色谱法	0.02	HJ/T 84—2001
3	硝酸盐	酚二磺酸分光光度法	0.02	GB 7480—87
		紫外分光光度法	0.08	1)
		离子色谱法	0.08	HJ/T 84—2001
4	铁	火焰原子吸收分光光度法	0.03	GB 11911—89
		邻菲啰啉分光光度法	0.03	1)
5	锰	高碘酸钾分光光度法	0.02	GB 11906—89
		火焰原子吸收分光光度法	0.01	GB 11911—89
		甲醛肟光度法	0.01	1)

注：暂采用下列分析方法，待国家方法标准发布后，执行国家标准。
1)《水和废水监测分析方法（第三版）》，中国环境科学出版社，1989年。

集中式生活饮用水地表水源地特定项目分析方法　　表6

序号	项目	分析方法	最低检出限 (mg/L)	方法来源
1	三氯甲烷	顶空气相色谱法	0.0003	GB/T 17130—1997
		气相色谱法	0.0006	2)
2	四氯化碳	顶空气相色谱法	0.00005	GB/T 17130—1997
		气相色谱法	0.0003	2)
3	三溴甲烷	顶空气相色谱法	0.001	GB/T 17130—1997
		气相色谱法	0.006	2)
4	二氯甲烷	顶空气相色谱法	0.0087	2)
5	1,2-二氯乙烷	顶空气相色谱法	0.0125	2)
6	环氧氯丙烷	气相色谱法	0.02	2)
7	氯乙烯	气相色谱法	0.001	2)
8	1,1-二氯乙烯	吹出捕集气相色谱法	0.000018	2)

续表

序号	项目	分析方法	最低检出限（mg/L）	方法来源
9	1,2-二氯乙烯	吹出捕集气相色谱法	0.000012	2)
10	三氯乙烯	顶空气相色谱法	0.0005	GB/T 17130—1997
		气相色谱法	0.003	2)
11	四氯乙烯	顶空气相色谱法	0.0002	GB/T 17130—1997
		气相色谱法	0.0012	2)
12	氯丁二烯	顶空气相色谱法	0.002	2)
13	六氯丁二烯	气相色谱法	0.00002	2)
14	苯乙烯	气相色谱法	0.01	2)
15	甲醛	乙酰丙酮分光光度法	0.05	GB 13197—91
		4-氨基-3-联氨-5-巯基-1,2,4-三氮杂茂（AH-MT）分光光度法	0.05	2)
16	乙醛	气相色谱法	0.24	2)
17	丙烯醛	气相色谱法	0.019	2)
18	三氯乙醛	气相色谱法	0.001	2)
19	苯	液上气相色谱法	0.005	GB 11890—89
		顶空气相色谱法	0.00042	2)
20	甲苯	液上气相色谱法	0.005	GB 11890—89
		二硫化碳萃取气相色谱法	0.05	
		气相色谱法	0.01	2)
21	乙苯	液上气相色谱法	0.005	GB 11890—89
		二硫化碳萃取气相色谱法	0.05	
		气相色谱法	0.01	2)

续表

序号	项目	分析方法	最低检出限（mg/L）	方法来源
22	二甲苯	液上气相色谱法	0.005	GB 11890—89
		二硫化碳萃取气相色谱法	0.05	
		气相色谱法	0.01	2)
23	异丙苯	顶空气相色谱法	0.0032	2)
24	氯苯	气相色谱法	0.01	HJ/T 74—2001
25	1,2-二氯苯	气相色谱法	0.002	GB/T 17131—1997
26	1,4-二氯苯	气相色谱法	0.005	GB/T 17131—1997
27	三氯苯	气相色谱法	0.00004	2)
28	四氯苯	气相色谱法	0.00002	2)
29	六氯苯	气相色谱法	0.00002	2)
30	硝基苯	气相色谱法	0.0002	GB 13194—91
31	二硝基苯	气相色谱法	0.2	2)
32	2,4-二硝基甲苯	气相色谱法	0.0003	GB 13194—91
33	2,4,6-三硝基甲苯	气相色谱法	0.1	2)
34	硝基氯苯	气相色谱法	0.0002	GB 13194—91
35	2,4-二硝基氯苯	气相色谱法	0.1	2)
36	2,4-二氯苯酚	电子捕获-毛细色谱法	0.0004	2)
37	2,4,6-三氯苯酚	电子捕获-毛细色谱法	0.00004	2)
38	五氯酚	气相色谱法	0.00004	GB 8972—88
		电子捕获-毛细色谱法	0.000024	2)
39	苯胺	气相色谱法	0.002	2)
40	联苯胺	气相色谱法	0.0002	3)
41	丙烯酰胺	气相色谱法	0.00015	2)
42	丙烯腈	气相色谱法	0.10	2)
43	邻苯二甲酸二丁酯	液相色谱法	0.0001	HJ/T 72—2001

续表

序号	项目	分析方法	最低检出限（mg/L）	方法来源
44	邻苯二甲酸二（2-乙基己基）酯	气相色谱法	0.0004	2)
45	水合肼	对二甲氨基苯甲醛直接分光光度法	0.005	2)
46	四乙基铅	双硫腙比色法	0.0001	2)
47	吡啶	气相色谱法	0.031	GB/T 14672—93
		巴比土酸分光光度法	0.05	2)
48	松节油	气相色谱法	0.02	2)
49	苦味酸	气相色谱法	0.001	2)
50	丁基黄原酸	铜试剂亚铜分光光度法	0.002	2)
51	活性氯	N,N-二乙基对苯二胺（DPD）分光光度法	0.01	2)
		3,3′,5,5′-四甲基联苯胺比色法	0.005	2)
52	滴滴涕	气相色谱法	0.0002	GB 7492—87
53	林丹	气相色谱法	4×10^{-6}	GB 7492—87
54	环氧七氯	液萃取气相色谱法	0.000083	2)
55	对硫磷	气相色谱法	0.00054	GB 13192—91
56	甲基对硫磷	气相色谱法	0.00042	GB 13192—91
57	马拉硫磷	气相色谱法	0.00064	GB 13192—91
58	乐果	气相色谱法	0.00057	GB 13192—91
59	敌敌畏	气相色谱法	0.00006	GB 13192—91
60	敌百虫	气相色谱法	0.000051	GB 13192—91
61	内吸磷	气相色谱法	0.0025	2)
62	百菌清	气相色谱法	0.0004	2)
63	甲萘威	高效液相色谱法	0.01	2)

续表

序号	项目	分析方法	最低检出限 (mg/L)	方法来源
64	溴氰菊酯	气相色谱法	0.0002	2)
		高效液相色谱法	0.002	2)
65	阿特拉津	气相色谱法		3)
66	苯并(a)芘	乙酰化滤纸层析荧光分光光度法	4×10^{-6}	GB 11895—89
		高效液相色谱法	1×10^{-6}	GB 13198—91
67	甲基汞	气相色谱法	1×10^{-8}	GB/T 17132—1997
68	多氯联苯	气相色谱法		3)
69	微囊藻毒素-LR	高效液相色谱法	0.00001	2)
70	黄磷	钼-锑-抗分光光度法	0.0025	2)
71	钼	无火焰原子吸收分光光度法	0.00231	2)
72	钴	无火焰原子吸收分光光度法	0.00191	2)
73	铍	铬菁R分光光度法	0.0002	HJ/T 58—2000
		石墨炉原子吸收分光光度法	0.00002	HJ/T 59—2000
		桑色素荧光分光光度法	0.0002	2)
74	硼	姜黄素分光光度法	0.02	HJ/T 49—1999
		甲亚胺-H分光光度法	0.2	2)
75	锑	氢化原子吸收分光光度法	0.00025	2)
76	镍	无火焰原子吸收分光光度法	0.00248	2)
77	钡	无火焰原子吸收分光光度法	0.00618	2)

续表

序号	项目	分析方法	最低检出限（mg/L）	方法来源
78	钒	钽试剂（BPHA）萃取分光光度法	0.018	GB/T 15503—1995
		无火焰原子吸收分光光度法	0.00698	2)
79	钛	催化示波极谱法	0.0004	2)
		水杨基荧光酮分光光度法	0.02	2)
80	铊	无火焰原子吸收分光光度法	4×10^{-6}	2)

注：暂采用下列分析方法，待国家方法标准发布后，执行国家标准。
1)《水和废水监测分析方法（第三版）》，中国环境科学出版社，1989年。
2)《生活饮用水卫生规范》，中华人民共和国卫生部，2001年。
3)《水和废水标准检验法（第15版）》，中国建筑工业出版社，1985年。

7 标准的实施与监督

7.1 本标准由县级以上人民政府环境保护行政主管部门及相关部门按职责分工监督实施。

7.2 集中式生活饮用水地表水源地水质超标项目经自来水厂净化处理后，必须达到《生活饮用水卫生规范》的要求。

7.3 省、自治区、直辖市人民政府可以对本标准中未作规定的项目，制定地方补充标准，并报国务院环境保护行政主管部门备案。

(十七) 旅游景区质量等级的划分与评定

Standard of rating for quality of tourist attractions
GB/T 17775—2003 替 GB/T 17775—1999
2004—10—28 发布 2005—01—01　实施

前　　言

本标准从实施之日起，代替 GB/T 17775—1999《旅游景区质量等级的划分与评定》。本标准与 GB/T 17775—1999 相比，主要修改如下：
——在划分等级中增加了 AAAAA 级旅游景区。新增的 AAAAA 级主要从细节方面、景区的文化性和特色性等方面做更高要求；
——对原 AAAAA 级旅游景区的划分条件均进行了修订，强化以人为本的服务宗旨，AAAA 级旅游景区增加细节性、文化性和特色性要求；
——细化了关于资源吸引力和市场影响力方面的划分条件。
本标准由国家旅游局提出。
本标准由全国旅游标准化技术委员会归口并负责解释。
本标准起草单位：国家旅游局规划发展与财务司。
本标准主要起草人：魏小安、汪黎明、彭德成、潘肖澎、周梅。

引　　言

本标准的制定旨在加强对旅游景区的管理，提高旅游景区服务质量，维护旅游景区和旅游者的合法权益，促进我国旅游资源开发、利用和环境保护。

本标准在制定过程中，总结了国内旅游景区的管理经验，借鉴了国内外有关资料和技术规程，并直接引用了部分国家标准或标准条文。同时，根据 GB/T 17775—1999《旅游景区质量等级的划分与评定》自 1999 年至今近三年时间的实施情况，在原标准基础上对一些内容进行了修订，使其更加符合旅游景区的发展实际。

旅游景区质量等级的划分与评定

1 范　　围

本标准规定了旅游景区质量等级划分的依据、条件及评定的基本要求。

本标准适用于接待海内外旅游者的各种类型的旅游景区，包括以自然景观及人文景观为主的旅游景区。

2 规范性引用文件

下列文件中的条款通过本标准的引用而成为本标准的条款。凡是注日期的引用文件，其随后所有的修改单（不包括勘误的内容）或修订版均不适用于本标准，然而，鼓励根据本标准达成协议的各方研究是否可使用这些文件的最新版本。凡是不注日期的引用文件，其最新版本适用于本标准。

GB 3095—1996 环境空气质量标准

GB 3096—1993 城市区域环境噪声标准

GB 3838 地表水环境质量标准

GB 8978 污水综合排放标准

GB 9664 文化娱乐场所卫生标准

GB 9667 游泳场所卫生标准

GB/T 10001.1 标志用公共信息图形符号第 1 部分：通用符号

GB/T 10001.1—2000，neq ISO 7001：1990

GB/T 15971—1995 导游服务质量

GB 16153 饭馆（餐厅）卫生标准

GB/T 16767 游乐园（场）安全和服务质量标准

3　术语和定义

下列术语和定义适用于本标准。

3.1 旅游景区 tourist attraction

旅游景区是以旅游及其相关活动为主要功能或主要功能之一的空间或地域。本标准中旅游景区是指具有参观游览、休闲度假、康乐健身等功能，具备相应旅游服务设施并提供相应旅游服务的独立管理区。该管理区应有统一的经营管理机构和明确的地域范围。包括风景区、文博院馆、寺庙观堂、旅游度假区、自然保护区、主题公园、森林公园、地质公园、游乐园、动物园、植物园及工业、农业、经贸、科教、军事、体育、文化艺术等各类旅游景区。

3.2 旅游资源 tourism resources

自然界和人类社会凡能对旅游者产生吸引力，可以为旅游业开发利用，并可产生经济效益、社会效益和环境效益的各种事物和因素。

3.3 游客中心 tourist center

旅游景区设立的为游客提供信息、咨询、游程安排、讲解、教育、休息等旅游设施和服务功能的专门场所。

4 旅游景区质量等级及标志

4.1 旅游景区质量等级划分为五级，从高到低依次为 AAAAA、AAAA、AAA、AA、A 级旅游景区。

4.2 旅游景区质量等级的标牌、证书由全国旅游景区质量等级评定机构统一规定。

5 旅游景区质量等级划分条件

5.1 AAAAA 级旅游景区

5.1.1 旅游交通

a) 可进入性好。交通设施完善，进出便捷。或具有一级公路或高等级航道、航线直达；或具有旅游专线交通工具。

b) 有与景观环境相协调的专用停车场或船舶码头。管理完善，布局合理，容量能充分满足游客接待量要求。场地平整坚实、绿化美观或水域畅通、清洁。标志规范、醒目、美观。

c) 区内游览（参观）路线或航道布局合理、顺畅，与观赏内容联结度高，兴奋感强。路面特色突出，或航道水体清澈。

d) 区内应使用清洁能源的交通工具。

5.1.2 游览

a) 游客中心位置合理，规模适度，设施齐全，功能体现充分。咨询服务人员配备齐全，业务熟练，服务热情。

b) 各种引导标识（包括导游全景图、导览图、标识牌、景物介绍牌等）造型特色突出，艺术感和文化气息浓厚，能烘托总体环境。标识牌和景物介绍牌设置合理。

c) 公众信息资料（如研究论著、科普读物、综合画册、音像制品、导游图和导游材料等）特色突出，品种齐全，内容丰富，文字优美，制作精美，适时更新。

d) 导游员（讲解员）持证上岗，人数及语种能满足游客需要。普通话达标率100%。导游员（讲解员）均应具备大专以上文化程度，其中本科以上不少于30%。

e) 导游（讲解）词科学、准确、有文采。导游服务具有针对性，强调个性化，服务质量达到 GB/T 15971—1995 中 4.5.3 和第 5 章要求。

f) 公共信息图形符号的设置合理，设计精美，特色突出，有艺术感和文化气息，符合 GB/T 10001.1 的规定。

g) 游客公共休息设施布局合理，数量充足，设计精美，特色突出，有艺术感和文化气息。

5.1.3 旅游安全

a) 认真执行公安、交通、劳动、质量监督、旅游等有关部门制定和颁布的安全法规，建立完善的安全保卫制度，工作全面落实。

b) 消防、防盗、救护等设备齐全、完好、有效，交通、机电、游览、娱乐等设备完好，运行正常，无安全隐患。游乐园达到 GB/T 16767规定的安全和服务标准。危险地段标志明显，防护设施齐备、有效，特殊地段有专人看守。

c) 建立紧急救援机制，设立医务室，并配备专职医务人员。设有突发事件处理预案，应急处理能力强，事故处理及时、妥当，档案记录准确、齐全。

5.1.4 卫生

a) 环境整洁，无污水、污物，无乱建、乱堆、乱放现象，建筑物及各种设施设备无剥落、无污垢，空气清新、无异味。

b）各类场所全部达到 GB 9664 规定的要求，餐饮场所达到 GB 16153 规定的要求，游泳场所达到 GB 9667 规定的要求。

c）公共厕所布局合理，数量能满足需要，标识醒目美观，建筑造型景观化。所有厕所具备水冲、盥洗、通风设备，并保持完好或使用免水冲生态厕所。厕所设专人服务，洁具洁净、无污垢、无堵塞。室内整洁，有文化气息。

d）垃圾箱布局合理，标识明显，造型美观独特，与环境相协调。垃圾箱分类设置，垃圾清扫及时，日产日清。

e）食品卫生符合国家规定，餐饮服务配备消毒设施，不应使用对环境造成污染的一次性餐具。

5.1.5　邮电服务

a）提供邮政及邮政纪念服务。

b）通信设施布局合理。出入口及游人集中场所设有公用电话，具备国际、国内直拨功能。

c）公用电话亭与环境相协调，标志美观醒目。

d）通讯方便，线路畅通，服务亲切，收费合理。

e）能接收手提电话信号。

5.1.6　旅游购物

a）购物场所布局合理，建筑造型、色彩、材质有特色，与环境协调。

b）对购物场所进行集中管理，环境整洁，秩序良好，无围追兜售、强买强卖现象。

c）对商品从业人员有统一管理措施和手段。

d）旅游商品种类丰富，本地区及本旅游区特色突出。

5.1.7　经营管理

a）管理体制健全，经营机制有效。

b）旅游质量、旅游安全、旅游统计等各项经营管理制度健全有效，贯彻措施得力，定期监督检查，有完整的书面记录和总结。

c）管理人员配备合理，中高级以上管理人员均具备大学以上文化程度。

d）具有独特的产品形象、良好的质量形象、鲜明的视觉形象和文明的员工形象，确立自身的品牌标志，并全面、恰当地使用。

e）有正式批准的旅游总体规划，开发建设项目符合规划要求。

  f) 培训机构、制度明确，人员、经费落实，业务培训全面，效果良好，上岗人员培训合格率达100%。
  g) 投诉制度健全，人员落实、设备专用，投诉处理及时、妥善，档案记录完整。
  h) 为特定人群（老年人、儿童、残疾人等）配备旅游工具、用品，提供特殊服务。

5.1.8 资源和环境的保护
  a) 空气质量达 GB 3095—1996 的一级标准。
  b) 噪声质量达到 GB 3096—1993 的一类标准。
  c) 地面水环境质量达到 GB 3838 的规定。
  d) 污水排放达到 GB 8978 的规定。
  e) 自然景观和文物古迹保护手段科学，措施先进，能有效预防自然和人为破坏，保持自然景观和文物古迹的真实性和完整性。
  f) 科学管理游客容量。
  g) 建筑布局合理，建筑物体量、高度、色彩、造型与景观相协调。出入口主体建筑格调突出，并烘托景观及环境。周边建筑物与景观格调协调，或具有一定的缓冲区域。
  h) 环境氛围优良。绿化覆盖率高，植物与景观配置得当，景观与环境美化措施多样，效果好。
  i) 区内各项设施设备符合国家关于环境保护的要求，不造成环境污染和其他公害，不破坏旅游资源和游览气氛。

5.1.9 旅游资源吸引力
  a) 观赏游憩价值极高。
  b) 同时具有极高历史价值、文化价值、科学价值，或其中一类价值具世界意义。
  c) 有大量珍贵物种，或景观异常奇特，或有世界级资源实体。
  d) 资源实体体量巨大，或资源类型多，或资源实体疏密度极优。
  e) 资源实体完整无缺，保持原来形态与结构。

5.1.10 市场吸引力
  a) 世界知名。
  b) 美誉度极高。
  c) 市场辐射力很强。
  d) 主题鲜明，特色突出，独创性强。

5.1.11 年接待海内外旅游者 60 万人次以上，其中海外旅游者 5 万人次以上。
5.1.12 游客抽样调查满意率很高。
5.2 AAAA 级旅游景区
5.2.1 旅游交通

a) 可进入性良好。交通设施完善，进出便捷。或具有一级公路或高等级航道、航线直达；或具有旅游专线交通工具。

b) 有与景观环境相协调的专用停车场或船舶码头。且管理完善，布局合理，容量能满足游客接待量要求。场地平整坚实或水域畅通。标志规范、醒目。

c) 区内游览（参观）路线或航道布局合理、顺畅，观赏面大。路面有特色，或航道水质良好。

d) 区内使用低排放的交通工具，或鼓励使用清洁能源的交通工具。

5.2.2 游览

a) 游客中心位置合理，规模适度，设施齐全，功能完善。咨询服务人员配备齐全，业务熟练，服务热情。

b) 各种引导标识（包括导游全景图、导览图、标识牌、景物介绍牌等）造型有特色，与景观环境相协调。标识牌和景物介绍牌设置合理。

c) 公众信息资料（如研究论著、科普读物、综合画册、音像制品、导游图和导游材料等）特色突出，品种齐全，内容丰富，制作良好，适时更新。

d) 导游员（讲解员）持证上岗，人数及语种能满足游客需要。普通话达标率 100%。导游员（讲解员）均应具备高中以上文化程度，其中大专以上不少于 40%。

e) 导游（讲解）词科学、准确、生动。导游服务质量达到 GB/T 15971—1995 中第 4.5.3 条和第 5 章要求。

f) 公共信息图形符号的设置合理，设计精美，有特色，有艺术感，符合 GB/T 10001.1 的规定。

g) 游客公共休息设施布局合理，数量充足，设计精美，有特色，有艺术感。

5.2.3 旅游安全

a) 认真执行公安、交通、劳动、质量监督、旅游等有关部门制定和颁布的安全法规,建立完善的安全保卫制度,工作全面落实。

b) 消防、防盗、救护等设备齐全、完好、有效,交通、机电、游览、娱乐等设备完好,运行正常,无安全隐患。游乐园达到GB/T 16767规定的安全和服务标准。危险地段标志明显,防护设施齐备、有效,高峰期有专人看守。

c) 建立紧急救援机制,设立医务室,并配备医务人员。设有突发事件处理预案,应急处理能力强,事故处理及时、妥当,档案记录准确、齐全。

5.2.4 卫生

a) 环境整洁,无污水、污物,无乱建、乱堆、乱放现象,建筑物及各种设施设备无剥落、无污垢,空气清新、无异味。

b) 各类场所全部达到 GB 9664 规定的要求,餐饮场所达到GB 16153规定的要求,游泳场所达到 GB 9667 规定的要求。

c) 公共厕所布局合理,数量能满足需要,标识醒目美观,建筑造型与景观环境相协调。所有厕所具备水冲、盥洗、通风设备,并保持完好或使用免水冲生态厕所。厕所管理完善,洁具洁净,无污垢、无堵塞。室内整洁。

d) 垃圾箱布局合理,标识明显,数量能满足需要,造型美观,与环境相协调。垃圾分类收集,清扫及时,日产日清。

e) 食品卫生符合国家规定,餐饮服务配备消毒设施,不使用对环境造成污染的一次性餐具。

5.2.5 邮电服务

a) 提供邮政及邮政纪念服务。

b) 通信设施布局合理。出入口及游人集中场所设有公用电话,具备国际、国内直拨功能。

c) 公用电话亭与环境相协调,标志美观醒目。

d) 通讯方便,线路畅通,服务亲切,收费合理。

e) 能接收手提电话信号。

5.2.6 旅游购物

a) 购物场所布局合理,建筑造型、色彩、材质有特色,与环境协调。

b) 对购物场所进行集中管理,环境整洁,秩序良好,无围追兜售、强买强卖现象。

c) 对商品从业人员有统一管理措施和手段。

d) 旅游商品种类丰富，具有本地区特色。

5.2.7 经营管理

a) 管理体制健全，经营机制有效。

b) 旅游质量、旅游安全、旅游统计等各项经营管理制度健全有效，贯彻措施得力，定期监督检查，有完整的书面记录和总结。

c) 管理人员配备合理，高级管理人员均应具备大学以上文化程度。

d) 具有独特的产品形象、良好的质量形象、鲜明的视觉形象和文明的员工形象，确立自身的品牌标志，并全面、恰当地使用。

e) 有正式批准的旅游总体规划，开发建设项目符合规划要求。

f) 培训机构、制度明确，人员、经费落实，业务培训全面，效果良好，上岗人员培训合格率达100%。

g) 投诉制度健全，人员、设备落实，投诉处理及时、妥善，档案记录完整。

h) 为特定人群（老年人、儿童、残疾人等）配备旅游工具、用品，提供特殊服务。

5.2.8 资源和环境的保护

a) 空气质量达到 GB 3095—1996 的一级标准。

b) 噪声质量达到 GB 3096—1993 的一类标准。

c) 地面水环境质量达到 GB 3838 的规定。

d) 污水排放达到 GB 8978 的规定。

e) 自然景观和文物古迹保护手段科学，措施先进，能有效预防自然和人为破坏，保持自然景观和文物古迹的真实性和完整性。

f) 科学管理游客容量。

g) 建筑布局合理，建筑物体量、高度、色彩、造型与景观相协调。出入口主体建筑有格调，与景观环境相协调。周边建筑物与景观格调协调，或具有一定的缓冲区域或隔离带。

h) 环境氛围良好。绿化覆盖率高，植物与景观配置得当，景观与环境美化措施多样，效果良好。

i) 区内各项设施设备符合国家关于环境保护的要求，不造成环境污染和其他公害，不破坏旅游资源和游览气氛。

5.2.9 旅游资源吸引力

　　a) 观赏游憩价值很高。

　　b) 同时具有很高历史价值、文化价值、科学价值，或其中一类价值具全国意义。

　　c) 有很多珍贵物种，或景观非常奇特，或有国家级资源实体。

　　d) 资源实体体量很大，或资源类型多，或资源实体疏密度优良。

　　e) 资源实体完整，保持原来形态与结构。

5.2.10 市场吸引力

　　a) 全国知名。

　　b) 美誉度高。

　　c) 市场辐射力强。

　　d) 形成特色主题，有一定独创性。

5.2.11 年接待海内外旅游者 50 万人次以上，其中海外旅游者 3 万人次以上。

5.2.12 游客抽样调查满意率高。

5.3 AAA 级旅游景区

5.3.1 旅游交通

　　a) 可进入性较好。交通设施完备，进出便捷。或具有至少二级以上公路或高等级航道、航线直达；或具有旅游专线等便捷交通工具。

　　b) 有与景观环境相协调的专用停车场或船舶码头。且布局合理，容量能满足需求。场地平整坚实或水域畅通。标志规范、醒目。

　　c) 区内游览（参观）路线或航道布局合理、顺畅，观赏面大。路面有特色，或航道水质良好。

　　d) 区内使用低排放的交通工作，或鼓励使用清洁能源的交通工具。

5.3.2 游览

　　a) 游客中心位置合理，规模适度，设施、功能齐备。游客中心有服务人员，业务熟悉，服务热情。

　　b) 各种引导标识（包括导游全景图、导览图、标识牌、景物介绍牌等）造型有特色，与景观环境相协调。标识牌和景物介绍牌设置合理。

　　c) 公众信息资料（如研究论著、科普读物、综合画册、音像制品、导游图和导游材料等）有特色，品种全，内容丰富，制作良好，适时更新。

d）导游员（讲解员）持证上岗，人数及语种能满足游客需要。普通话达标率100%。导游员（讲解员）均应具备高中以上文化程度，其中大专以上不少于20%。

e）导游（讲解）词科学、准确、生动、导游服务质量达到GB/T 15971—1995 中 4.5.3 和第 5 章要求。

f）公共信息图形符号的设置合理，设计有特色，符合GB/T 10001.1的规定。

g）游客公共休息设施布局合理，数量满足需要，设计有特色。

5.3.3 旅游安全

a）认真执行公安、交通、劳动、质量监督、旅游等有关部门制定和颁布的安全法规，建立完善的安全保卫制度，工作全面落实。

b）消防、防盗、救护等设备齐全、完好、有效，交通、机电、游览、娱乐等设备完好，运行正常，无安全隐患。游乐园达到GB/T 16767规定的安全和服务标准。危险地段标志明显，防护设施齐备、有效，高峰期有专人看守。

c）建立紧急救援机制，设立医务室，至少配备兼职医务人员。设有突发事件处理预案，应急处理能力强，事故处理及时、妥当，档案记录准确、齐全。

5.3.4 卫生

a）环境整洁，无污水、污物，无乱建、乱堆、乱放现象，建筑物及各种设施设备无剥落、无污垢，空气清新、无异味。

b）各类场所全部达到 GB 9664 规定的要求，餐饮场所达到GB 16153规定的要求，游泳场所达到GB 9667规定的要求。

c）公共厕所布局合理，数量满足需要，标识醒目，建筑造型与景观环境协调。全部厕所具备水冲、通风设备，并保持完好或使用免水冲生态厕所。厕所整洁，洁具洁净、无污垢、无堵塞。

d）垃圾箱布局合理，标识明显，数量满足需要，造型美观，与环境协调。垃圾清扫及时，日产日清。

e）食品卫生符合国家规定，餐饮服务配备消毒设施，不使用造成污染的一次性餐具。

5.3.5 邮电服务

a) 提供邮政及邮政纪念服务。

b) 通信设施布局合理。游人集中场所设有公用电话，具备国际、国内直拨功能。

c) 公用电话亭与环境基本协调，标志醒目。

d) 通讯方便，线路畅通，服务亲切，收费合理。

e) 能接收手提电话信号。

5.3.6 旅游购物

a) 购物场所布局合理，建筑造型、色彩、材质与环境协调。

b) 对购物场所进行集中管理，环境整洁，秩序良好，无围追兜售、强买强卖现象。

c) 对商品从业人员有统一管理措施和手段。

d) 旅游商品种类丰富，具有本地区特色。

5.3.7 经营管理

a) 管理体制健全、经营机制有效。

b) 旅游质量、旅游安全、旅游统计等各项经营管理制度健全有效，贯彻措施得力，定期监督检查，有完整的书面记录和总结。

c) 管理人员配备合理，80%以上中高级管理人员具备大专以上文化程度。

d) 具有独特的产品形象、良好的质量形象、鲜明的视觉形象和文明的员工形象，确立自身的品牌标志，并全面、恰当地使用。

e) 有正式批准的总体规划，开发建设项目符合规划要求。

f) 培训机构、制度明确，人员、经费落实，业务培训全面，效果良好，上岗人员培训合格率达100%。

g) 投诉制度健全，人员、设备落实，投诉处理及时、妥善，档案记录完整。

h) 能为特定人群（老年人、儿童、残疾人等）提供特殊服务。

5.3.8 资源及环境的保护

a) 空气质量达到 GB 3095—1996 的一级标准。

b) 噪声质量达到 GB 3096—1993 的一类标准。

c) 地面水环境质量达到 GB 3838 的规定。

d) 污水排放达到 GB 8978 的规定。

e) 自然景观和文物古迹保护手段科学，措施得力，能有效预防自然和人为破坏，保持自然景观和文物古迹的真实性和完整性。

f) 科学管理游客容量。

g) 建筑布局合理，建筑物体量、高度、色彩、造型与景观相协调。出入口主体建筑有格调，与景观环境相协调。周边建筑物与景观格调协调，或具有一定的缓冲区或隔离带。

h) 环境氛围良好。绿化覆盖率较高，植物与景观配置得当，景观与环境美化效果良好。

i) 区内各项设施设备符合国家关于环境保护的要求，不造成环境污染和其他公害，不破坏旅游资源和游览气氛。

5.3.9 旅游资源吸引力

a) 观赏游憩价值较高。

b) 同时具有很高历史价值、文化价值、科学价值，或其中一类价值具省级意义。

c) 有较多珍贵物种，或景观奇特，或有省级资源实体。

d) 资源实体体量大，或资源类型较多，或资源实体疏密度良好。

e) 资源实体完整，基本保持原来形态与结构。

5.3.10 市场吸引力

a) 周边省市知名。

b) 美誉度较高。

c) 市场辐射力较强。

d) 有一定特色，并初步形成主题。

5.3.11 年接待海内外旅游者 30 万人次以上。

5.3.12 游客抽样调查满意率较高。

5.4 AA 级旅游景区

5.4.1 旅游交通

a) 可进入性较好。进出方便，道路通畅。

b) 有专用停车（船）场所，布局较合理，容量能基本满足需求，场地平整坚实或水域畅通，标志规范、醒目。

c) 区内游览（参观）路线或航道布局基本合理、顺畅。

d) 区内使用低排放的交通工具，或鼓励使用清洁能源的交通工具。区内无对环境造成污染的交通工具。

5.4.2 游览

a) 有为游客提供咨询服务的游客中心或相应场所，咨询服务人员业务熟悉，服务热情。

b) 各种引导标识（包括导游全景图、导览图、标识牌、景物介绍牌等）清晰美观，与景观环境基本协调。标识牌和景物介绍牌设置合理。

c) 公众信息资料（如研究论著、科普读物、综合画册、音像制品、导游图和导游材料等）品种多，内容丰富，制作较好。

d) 导游员（讲解员）持证上岗，人数及语种能满足游客需要。普通话达标率100%。导游员（讲解员）均应具备高中以上文化程度。

e) 导游（讲解）词科学、准确、生动。导游服务质量达到GB/T 15971—1995中4.5.3和第5章要求。

f) 公共信息图形符号的设置合理，规范醒目，符合GB/T 10001.1的规定。

g) 游客公共休息设施布局合理，数量基本满足需要，造型与环境基本协调。

5.4.3 旅游安全

a) 认真执行公安、交通、劳动、质量监督、旅游等有关部门制定和颁布的安全法规，建立完善的安全保卫制度，工作全面落实。

b) 消防、防盗、救护等设备齐全、完好、有效，交通、机电、游览、娱乐等设备完好，运行正常，无安全隐患。游乐园达到GB/T 16767规定的安全和服务标准。危险地段标志明显，防护设施齐备、有效。

c) 建立紧急救援机制。配备游客常用药品。事故处理及时、妥当，档案记录完整。

5.4.4 卫生

a) 环境比较整洁，无污水、污物，无乱建、乱堆、乱放现象，建筑物及各种设施设备无剥落、无污垢，空气清新、无异味。

b) 各类场所全部达到GB 9664规定的要求，餐饮场所达到GB 16153规定的要求，游泳场所达到GB 9667规定的要求。

c) 公共厕所布局合理，数量基本满足需要，标识醒目，建筑造型与景观环境协调。70%以上厕所具备水冲设备，并保持完好或使用免水冲生态厕所。厕所整洁，洁具洁净、无污垢、无堵塞。

d) 垃圾箱布局合理，标识明显，数量基本满足需要，造型美观，与环境基本协调。垃圾清扫及时，日产日清。

e) 食品卫生符合国家规定，餐饮服务配备消毒设施，不使用对环境造成污染的一次性餐具。

5.4.5 邮电服务

a) 提供邮政或邮政纪念服务。

b) 通信设施布局合理。游人集中场所设有公用电话，具备国内直拨功能。

c) 公用电话亭与环境基本协调，标志醒目。

d) 通讯方便，线路畅通，服务亲切，收费合理。

e) 能接收手提电话信号。

5.4.6 旅游购物

a) 购物场所布局基本合理，建筑造型、色彩、材质与环境基本协调。

b) 对购物场所进行集中管理，环境整洁，秩序良好，无围追兜售、强买强卖现象。

c) 对商品从业人员有统一管理措施和手段。

d) 旅游商品种类较多，具有本地区特色。

5.4.7 经营管理

a) 管理体制健全，经营机制有效。

b) 旅游质量、旅游安全、旅游统计等各项经营管理制度健全有效，贯彻措施得力，定期监督检查，有完整的书面记录和总结。

c) 管理人员配备合理，70%以上中高级管理人员具备大专以上文化程度。

d) 具有独特的产品形象、良好的质量形象、鲜明的视觉形象和文明的员工形象。

e) 有正式批准的总体规划，开发建设项目符合规划要求。

f) 培训机构、制度明确，人员、经费落实，业务培训全面，效果良好，上岗人员培训合格率达100%。

g) 投诉制度健全，人员、设备落实，投诉处理及时、妥善，档案记录基本完整。

h) 能为特定人群（老年人、儿童、残疾人等）提供特殊服务。

5.4.8 资源和环境的保护

a) 空气质量达到 GB 3095—1996 的一级标准。

b) 噪声质量达到 GB 3096—1993 的一类标准。

c) 地面水环境质量达到 GB 3838 的规定。

d) 污水排放达到 GB 8978 的规定。

e) 自然景观和文物古迹保护手段科学，措施得力，能有效预防自然和人为破坏，基本保持自然景观和文物古迹的真实性和完整性。

f) 科学管理游客容量。

g) 建筑布局基本合理，建筑物体量、高度、色彩、造型与景观基本协调。出入口主体建筑有格调，与景观环境相协调。周边建筑物与景观格调基本协调，或具有一定的缓冲区或隔离带。

h) 环境氛围良好。绿化覆盖率较高，植物与景观配置得当，景观与环境美化效果较好。

i) 区内各项设施设备符合国家关于环境保护的要求，不造成环境污染和其他公害，不破坏旅游资源和游览气氛。

5.4.9 旅游资源吸引力

a) 观赏游憩价值一般。

b) 同时具有较高历史价值、文化价值、科学价值，或其中一类价值具地区意义。

c) 有少量珍贵物种，或景观突出，或有地区级资源实体。

d) 资源实体体量较大，或资源类型较多，或资源实体疏密度较好。

e) 资源实体基本完整。

5.4.10 市场吸引力

a) 全省知名。

b) 有一定美誉度。

c) 有一定市场辐射力。

d) 有一定特色。

5.4.11 年接待海内外旅游者 10 万人次以上。

5.4.12 游客抽样调查满意率较高。

5.5 A级旅游景区

5.5.1 旅游交通

a) 通往旅游景区的交通基本通畅，有较好的可进入性。

b) 具有停车（船）场所，容量能基本满足需求，场地较平整坚实或水域较畅通，有相应标志。

c) 区内游览（参观）路线或航道布局基本合理、顺畅。

d) 区内使用低排放的交通工具，或鼓励使用清洁能源的交通工具。

5.5.2 游览

a) 有为游客提供咨询服务的场所，服务人员业务熟悉，服务热情。

b) 各种公众信息资料（包括导游全景图、标识牌、景物介绍牌等）与景观环境基本协调。标识牌和景物介绍牌设置基本合理。

c) 宣传教育材料（如研究论著、科普读物、综合画册、音像制品、导游图和导游材料等）品种多，内容丰富，制作较好。

d) 导游员（讲解员）持证上岗，人数及语种能基本满足游客需要。普通话达标率 100%。导游员（讲解员）均应具高中以上文化程度。

e) 导游（讲解）词科学、准确、生动。导游服务质量达到 GB/T 15971—1995 中 4.5.3 和第 5 章要求。

f) 公共信息图形符号的设置基本合理，基本符合 GB/T 10001.1 的规定。

g) 游客公共休息设施布局基本合理，数量基本满足需要。

5.5.3 旅游安全

a) 认真执行公安、交通、劳动、质量监督、旅游等有关部门制定和颁布的安全法规，安全保卫制度健全，工作落实。

b) 消防、防盗、救护等设备齐全、完好、有效，交通、机电、游览、娱乐等设备完好，运行正常，无安全隐患。游乐园达到 GB/T 16767 规定的安全和服务标准。危险地段标志明显，防护设施齐备、有效。

c) 事故处理及时、妥当，档案记录完整，配备游客常用药品。

5.5.4 卫生

a) 环境比较整洁，无污水、污物，无乱建、乱堆、乱放现象，建筑物及各种设施设备无剥落、无污垢，空气清新、无异味。

b) 各类场所全部达到 GB 9664 规定的要求，餐饮场所达到 GB 16153 规定的要求，游泳场所达到 GB 9667 规定的要求。

c) 公共厕所布局较合理，数量基本满足需要，建筑造型与景观环境比较协调。50%以上厕所具备水冲设备，并保持完好或使用免水冲生态厕所。厕所较整洁，洁具洁净、无污垢、无堵塞。

d) 垃圾箱布局较合理，标识明显，数量基本满足需要，造型与环境比较协调。垃圾清扫及时,日产日清。

e) 食品卫生符合国家规定,餐饮服务配备消毒设施,不使用对环境造成污染的一次性餐具。

5.5.5 邮电服务

a) 提供邮政或邮政纪念服务。

b) 通信设施布局较合理。游人集中场所设有公用电话,具备国内直拨功能。

c) 通讯方便,线路畅通,收费合理。

d) 能接收手提电话信号。

5.5.6 旅游购物

a) 购物场所布局基本合理,建筑造型、色彩、材质与环境较协调。

b) 对购物场所进行集中管理,环境整洁,秩序良好,无围追兜售、强买强卖现象。

c) 对商品从业人员有统一管理措施和手段。

d) 旅游商品有本地区特色。

5.5.7 经营管理

a) 管理体制健全,经营机制有效。

b) 旅游质量、旅游安全、旅游统计等各项经营管理制度健全有效,贯彻措施得力,定期监督检查,有比较完整的书面记录和总结。

c) 管理人员配备合理,60%以上中高级管理人员具大专以上文化程度。

d) 具有一定的产品形象、质量形象和文明的员工形象。

e) 有正式批准的总体规划,开发建设项目符合规划要求。

f) 培训机构、制度明确,人员、经费落实,业务培训全面,效果良好,上岗人员培训合格率达100%。

g) 投诉制度健全,人员、设备落实,投诉处理及时,档案记录基本完整。

h) 能为特定人群(老年人、儿童、残疾人等)提供特殊服务。

5.5.8 资源和环境的保护

a) 空气质量达到 GB 3095—1996 的一级标准。

b) 噪声质量达到 GB 3096—1993 的一类标准。

c) 地面水环境质量达到 GB 3838 的规定。

d) 污水排放达到 GB 8978 的规定。

e) 自然景观和文物古迹保护手段科学，措施得力，能有效预防自然和人为破坏，基本保持自然景观和文物古迹的真实性和完整性。

f) 科学管理游客容量。

g) 建筑布局较合理，建筑物造型与景观基本协调。出入口主体建筑与景观环境基本协调。周边建筑物与景观格调较协调，或具有一定的缓冲区或隔离带。

h) 环境氛围较好。绿化覆盖率较高，景观与环境美化效果较好。

i) 区内各项设施设备符合国家关于环境保护的要求，不造成环境污染和其他公害，不破坏旅游资源和游览气氛。

5.5.9 旅游资源吸引力

a) 观赏游憩价值较小。

b) 同时具有一定历史价值、文化价值、科学价值，或其中一类价值具地区意义。

c) 有个别珍贵物种，或景观比较突出，或有地区级资源实体。

d) 资源实体体量中等，或有一定资源类型，或资源实体疏密度一般。

e) 资源实体较完整。

5.5.10 市场吸引力

a) 本地区知名。

b) 有一定美誉度。

c) 有一定市场辐射力。

d) 有一定特色。

5.5.11 年接待海内外游客 3 万人次以上。

5.5.12 游客抽样调查基本满意。

6 旅游景区质量等级的划分依据与方法

6.1 根据旅游景区质量等级划分条件确定旅游景区质量等级，按照《服务质量与环境质量评分细则》、《景观质量评分细则》的评价得分，并结合《游客意见评分细则》的得分综合进行。

6.2 经评定合格的各质量等级旅游景区，由全国旅游景区质量等级评定机构向社会统一公告。

(十八) 北京市城市园林绿化养护管理标准

DB11/T 213—2003

1 范　　围

本标准规定了园林绿化中的乔木、灌木、藤木、竹类、花卉、草坪、地被、古树名木等的养护管理规范以及检查验收标准，适用于北京市规划市区的城市绿地、京郊城镇绿地以及北京市属风景名胜区绿地的养护管理工作。

2 规范性引用文件

下列文件中的条款通过本标准的引用而成为本标准的条款。凡是注日期的引用文件，其随后所有的修改单（不包括勘误的内容）或修订版均不适用于本标准，然而，鼓励根据本标准达成协议的各方研究是否可使用这些文件的最新版本。凡是不注日期的引用文件，其最新版本适用于本标准。

北京城市园林绿化技术标准汇编

北京市园林局园绿字〔1999〕047号：园林绿化养护等级质量标准

3 术语和定义

3.1　树冠

　　树木主干以上集生枝叶的部分。

3.2　花蕾期

　　植物从花芽萌动到开花前的时期。

3.3　叶芽

　　形状较瘦小，先端尖，能发育成枝和叶的芽。

3.4　花芽

　　形状较肥大，略呈圆形，能发育成花或花序的芽。

3.5 不定芽

在枝条上没有固定位置，重剪或受刺激后会大量萌发的芽。

3.6 生长势

植物的生长强弱。泛指植物生长速度、整齐度、茎叶色泽、植株茁壮程度、分蘖或分枝的繁茂程度等。

3.7 行道树

栽植在道路两旁，并构成街景的树木。

3.8 古树名木

树龄达百年以上或珍贵稀有，具有重要历史价值和纪念意义以及具有重要科研价值的树木。

3.9 地被植物

指植株低矮（50cm以下），用于覆盖园林地面的植物。

3.10 分枝点

乔木主干上开始出现分枝的部位。

3.11 主干

乔木或非丛生灌木地面上部与分枝点之间部分，上承树冠，下接根系。

3.12 主枝

自主干生出，构成树型骨架的粗壮枝条。

3.13 侧枝

自主枝上生出的较小枝条。

3.14 小侧枝

自侧枝上生出的较小枝条。

3.15 春梢

初春至夏初萌发的枝条。

3.16 园林植物养护管理

对园林植物采取灌溉、排涝、修剪、防治病虫、防寒、支撑、除草、中耕、施肥等技术措施。

3.17 整形修剪

用剪、锯、疏、捆、绑、扎等手段，使树木长成特定形状的技术措施。

3.18 冬季修剪

自秋冬至早春植物休眠期内进行的修剪。

3.19 夏季修剪
在夏季植物生长季节进行的修剪。

3.20 伤流
树木因修剪或其他创伤，造成伤口处流出大量树液的现象。

3.21 短截
在枝条上选留几个合适的芽后将枝条剪短，达到减少枝条，刺激侧芽萌发新梢的目的。

3.22 回缩
在树木二年以上生枝条上剪截去一部分枝条的修剪方法。

3.23 疏枝
在树木的枝条贴近着生部或地面剪除的修剪方法。

3.24 摘心、剪梢
将树木枝条剪去顶尖幼嫩部分的修剪方法。

3.25 施肥
在植物生长和发育过程中，为补充所需的各种营养元素而采取的肥料施用措施。

3.26 基肥
植物种植或栽植前，施入土壤或坑穴中以作为底肥的肥料，多为充分腐熟的有机肥。

3.27 追肥
植物种植或栽植后，为弥补植物所需各种营养元素的不足而追加施用的肥料。

3.28 病虫害防治
对各种植物病虫害进行预防和治疗的过程。

3.29 人工防治病虫害
针对不同病虫害所采取的人工防治方法。主要包括饵料诱杀、灯光诱杀、潜所诱杀、热处理、截止上树、人工捕捉、挖蛹、摘除卵块虫包、刷除虫卵、刺杀蛀干害虫以及结合修剪剪除病虫枝，摘除病叶病梢、刮除病斑等措施。

3.30 除草
植物生长期间人工或采用除草剂去除目的植物以外杂草的措施。

3.31 灌溉
为调节土壤温度和土壤水分，满足植物对水分的需要而采取的人工引水浇灌的措施。
3.32　排涝
　　排除绿地中多余积水的过程。
3.33　返青水
　　为植物正常发芽生长，在土壤化冻后对植物进行的灌溉。
3.34　冻水
　　为植物安全越冬，在土壤封冻前对植物进行的灌溉。
3.35　冠下缘线
　　由同一道路中每株行道树树冠底部缘线形成的线条。
3.36　黄土不露天
　　利用草坪等地被植物或树皮等其他材料，对绿地内和树冠下的裸露土地进行覆盖，以期达到绿化、美化、抑尘和保墒的目的。
3.37　分级养护管理
　　根据园林绿地所处位置的重要程度和养护管理水平的高低而将园林绿地的养护管理分成不同等级。由高到低分为：特级养护管理、一级养护管理、二级养护管理等三个等级。

4　园林绿化养护管理质量标准

4.1　特级养护质量标准
4.1.1　绿化养护技术措施完善，管理得当，植物配置科学合理，达到黄土不露天。
4.1.2　园林植物
4.1.2.1　生长健壮。新建绿地各种植物两年内达到正常形态。
4.1.2.2　园林树木树冠完整美观，分枝点合适，枝条粗壮，无枯枝死杈；主侧枝分布匀称、数量适宜、修剪科学合理；内膛不乱，通风透光。花灌木开花及时，株形丰满，花后修剪及时合理。绿篱、色块等修剪及时，枝叶茂密，整齐一致，整型树木造型雅观。行道树无缺株，绿地内无死树。
4.1.2.3　落叶树新梢生长健壮，叶片大小、颜色正常。在一般条件下，无黄叶、焦叶、卷叶，正常叶片保存率在95%以上。针叶树针叶宿存3年以上，结果枝条在10%以下。
4.1.2.4　花坛、花带轮廓清晰，整齐美观，色彩艳丽，无残缺，无残花败叶。

4.1.2.5 草坪及地被植物整齐，覆盖率99%以上，草坪内无杂草。草坪绿色期：冷季型草不得少于300天；暖季型草不得少于210天。

4.1.2.6 病虫害控制及时，园林树木无蛀干害虫的活卵、活虫；在园林树木主干、主枝上平均每$100cm^2$介壳虫的活虫数不得超过1头，较细枝条上平均每30cm不得超过2头，且平均被害株数不得超过1%。叶片上无虫粪、虫网。被虫咬的叶片每株不得超过2%。

4.1.3 垂直绿化应根据不同植物的攀缘特点，及时采取相应的牵引、设置网架等技术措施，视攀缘植物生长习性，覆盖率不得低于90%。开花的攀缘植物应适时开花，且花繁色艳。

4.1.4 绿地整洁，无杂物、无白色污染（树挂），对绿化生产垃圾（如树枝、树叶、草屑等）、绿地内水面杂物，重点地区随产随清，其他地区日产日清，做到巡视保洁。

4.1.5 栏杆、园路、桌椅、路灯、井盖和牌示等园林设施完整、安全、维护及时。

4.1.6 绿地完整，无堆物、堆料、搭棚，树干上无钉拴刻画等现象。行道树下距树干2m范围内无堆物、堆料、圈栏或搭棚设摊等影响树木生长和养护管理现象。

4.2 一级养护质量标准

4.2.1 绿化养护技术措施比较完善，管理基本得当，植物配置合理，基本达到黄土不露天。

4.2.2 园林植物

4.2.2.1 生长正常。新建绿地各种植物3年内达到正常形态。

4.2.2.2 园林树木树冠基本完整，主侧枝分布均称、数量适宜、修剪合理，内膛不乱，通风透光。花灌木开花及时、正常，花后修剪及时。绿篱、色块枝叶正常，整齐一致。行道树无缺株，绿地内无死树。

4.2.2.3 落叶树新梢生长正常，叶片大小、颜色正常，在一般条件下，黄叶、焦叶、卷叶和带虫粪、虫网的叶片不得超过5%，正常叶片保存率在90%以上。针叶树针叶宿存2年以上，结果枝条不超过20%。

4.2.2.4 花坛、花带轮廓清晰，整齐美观，适时开花，无残缺。

4.2.2.5 草坪及地被植物整齐一致，覆盖率95%以上，除缀花草坪外草坪内杂草率不得超过2%。草坪绿色期：冷季型草不得少于270天，暖季型草不得少于180天。

4.2.2.6 病虫害控制及时，园林树木有蛀干害虫危害的株数不得超过1%；园林树木的主干、主枝上平均每100cm² 介壳虫的活虫数不得超过2头，较细枝条上平均每30cm不得超过5头，且平均被害株数不得超过3%。叶上无虫粪，被虫咬的叶片每株不得超过5%。

4.2.3 垂直绿化应根据不同植物的攀缘特点，采取相应的牵引、设置网架等技术措施，视攀缘植物生长习性，覆盖率不得低于80%，开花的攀缘植物能适时开花。

4.2.4 绿地整洁，无杂物、无白色污染（树挂），绿化生产垃圾（如树枝、树叶、草屑等）、绿地内水面杂物应日产日清，做到保洁及时。

4.2.5 栏杆、园路、桌椅、路灯、井盖和牌示等园林设施完整、安全，基本做到维护及时。

4.2.6 绿地完整，无堆物、堆料、搭棚，树干上无钉拴刻画等现象。行道树下距树干2m范围内无堆物、堆料、搭棚设摊、圈栏等影响树木生长和养护管理的现象。

4.3 二级养护质量标准

4.3.1 绿化养护技术措施基本完善，植物配置基本合理，裸露土地不明显。

4.3.2 园林植物

4.3.2.1 生长正常。新建绿地各种植物四年内达到正常形态。

4.3.2.2 园林树木树冠基本正常，修剪及时，无明显枯枝死杈。分枝点合适，枝条粗壮，行道树缺株率不超过1%，绿地内无死树。

4.3.2.3 落叶树新梢生长基本正常，叶片大小、颜色正常，在正常条件下，有黄叶、焦叶、卷叶和带虫粪、虫网叶片的株数不得超过10%，正常叶片保存率在85%以上。针叶树针叶宿存1年以上，结果枝条不超过50%。

4.3.2.4 花坛、花带轮廓基本清晰、整齐美观，无残缺。

4.3.2.5 草坪及地被植物整齐一致，覆盖率90%以上，除缀花草坪外草坪内杂草率不得超过5%。草坪绿色期：冷季型草不得少于240天，暖季型草不得少于160天。

4.3.2.6 病虫害控制比较及时,园林树木有蛀干害虫危害的株数不得超过 3%;在园林树木主干、主枝上平均每 100cm² 介壳虫的活虫数不得超过 3 头,较细的枝条上平均每 30cm 不得超过 8 头,且平均被害株数不得超过 5%。被虫咬的叶片每株不得超过 8%。

4.3.3 垂直绿化能根据不同植物的攀缘特点,采取相应的技术措施,视攀缘植物生长习性,覆盖率不得低于 70%。开花的攀缘植物能适时开花。

4.3.4 绿地基本整洁,无明显杂物,无白色污染(树挂),绿化生产垃圾(如树枝、树叶、草屑等)、绿地内水面杂物能日产日清,能做到保洁及时。

4.3.5 栏杆、园路、桌椅、路灯、井盖和牌示等园林设施基本完整,能进行维护。

4.3.6 绿地基本完整,无明显堆物、堆料、搭棚、树干上无钉拴刻画等现象。行道树下距树干 2 米范围内无明显的堆物、堆料、圈栏或搭棚设摊等影响树木生长和养护管理的现象。

4.4 绿化养护等级技术措施和要求参考表 1。

绿化养护等级技术措施和要求(单位:次/年)　　表 1

级别	类别		浇水	防病虫	修剪	施肥	除草	垃圾处理
特级	乔木		15	7	2	1	3	随产随清
	灌木		15	5	2	1	3	
	绿篱		10	5	3	1	3	
	一、二年生草花		15	5	2	2	2	
	宿根花卉		20	5	4	4	3	
	草坪	冷季型	25	10	20	5	5	
		暖季型	15	5	8	4	5	
一级	乔木		10	5	1/2	1/2	2	重要道路随产随清,一般道路日产日清
	灌木		10	3	1	1/2	2	
	绿篱		8	2	2	1/2	2	
	一、二年生花卉		10	5	1	2	2	
	宿根花卉		15	3	2	3	2	
	草坪	冷季型	20	7	15	3	4	
		暖季型	10	2	5	2	3	

续表

级别	类别		浇水	防病虫	修剪	施肥	除草	垃圾处理
二级	乔木		8	3	1/5	1/2	1	主要地区和路段日产日清,其他地区根据需要突击清运
	灌木		6	2	1	1/2	1	
	绿篱		5	1	1	1/2	1	
	一、二年生花卉		8	2		1		
	宿根花卉		10	1	2	2		
	草坪	冷季型	15	3	10	2	2	
		暖季型	10	1	3	1	1	

注:修剪中的1/2,表示两年修剪一次,余下依此类推。

5 园林植物养护管理技术措施及要求

5.1 园林树木养护管理技术措施及要求

5.1.1 修剪

5.1.1.1 园林树木修剪应依据园林绿化功能的需要和设计的要求,在不违背树木的生长特性和自然分枝规律的前提下(特型树木除外),充分考虑树木与生长环境的关系,并根据树龄及生长势强弱进行修剪。

5.1.1.2 每年修剪树木前必须制定修前技术方案,并对工人进行培训,认真贯彻后方可进行操作,做到因地制宜,因树修剪。

5.1.1.3 自然型树木的修剪应以树木自然分枝习性所形成的树冠形状为基础进行修剪。

5.1.1.4 造型树木的修剪应根据园林绿化对树木的特定要求,适当控制树木部分枝干,按照绿化美化要求把树木剪成各种理想形态。

5.1.1.5 园林树木修剪的时期

5.1.1.5.1 园林树木可在休眠期和生长期进行修剪,但更新修剪必须在休眠期进行。

5.1.1.5.2 有严重伤流和易流胶的树种应避开生长季和落叶后伤流严重期。

5.1.1.5.3 抗寒性差的、易抽条的树种宜于早春进行。

5.1.1.5.4 常绿树的修剪应避开生长旺盛期。

5.1.1.5.5 绿篱、色块、黄杨球等修剪必须在每年的 5 月上旬和 8 月底以前进行。

5.1.1.6 乔木修剪

5.1.1.6.1 凡主轴明显的树种，修剪时应注意保护中央领导枝，使其向上直立生长。原中央领导枝受损、折断，应利用顶端侧枝重新培养新的领导枝。

5.1.1.6.2 应逐年调整树干与树冠的合理比例。同一树龄和品种的林地，分枝点高度应基本一致。位于林地边缘的树木分枝点可稍低于林内树木。

5.1.1.6.3 针叶树应剪除基部垂地枝条，随树木生长可根据需要逐步提高分枝点，并保护主尖直立向上生长。

5.1.1.6.4 银杏修剪只能疏枝，不准短截。对轮生枝可分阶段疏除。

5.1.1.6.5 行道树中乔木的修剪，除应按以上要求操作外，还应注意以下规定：

 a）行道树的树型和分枝点高度应基本一致，分枝点高度最低标准为 2.8m。郊区可适当提高。

 b）树木与架空线有矛盾时，应修剪树枝，使其与架空线保持安全距离。

 c）在交通路口 30m 范围内的树冠不能遮挡交通信号灯。

 d）路灯和变压设备附近的树枝应与其保留出足够的安全距离。

5.1.1.7 灌木修剪

5.1.1.7.1 灌木造型修剪应使树型内高外低，形成自然丰满的圆头形或半圆形树形。

5.1.1.7.2 灌木内膛小枝应适量疏剪，强壮枝应进行适当短截，下垂细弱枝及地表萌生的地蘖应彻底疏除。

5.1.1.7.3 栽种多年的丛生灌木应逐年更新衰老枝，疏剪内膛密生枝，培育新枝。栽植多年的有主干的灌木，每年应采取交替回缩主枝控制树冠的剪法，防止树势上强下弱。

5.1.1.7.4 生长于树冠外的徒长枝，应及时疏除或早短截，促生二次枝。

5.1.1.7.5 花落后形成的残花、残果，若无观赏价值或其他需要的宜尽早剪除。

5.1.1.7.6 成片栽植的灌木丛，修剪时应形成中间高四周低或前面低后面高的丛形。

5.1.1.7.7 多品种栽植的灌木丛，修剪时应突出主栽品种，并留出适当生长空间。

5.1.1.7.8 造型的灌木修剪应保持外形轮廓清楚，外缘枝叶紧密。

5.1.1.7.9 花灌木修剪应特别注意：

  a) 当年出枝条开花灌木，如：紫薇、木槿、月季、珍珠梅等，休眠期修剪时，为控制树木高度，对于生长健壮枝条应在保留 3～5 个芽处短截，促发新枝。1 年可数次开花灌木，如月季、珍珠梅、紫薇等，花落后应及时剪去残花，促使再次开花。

  b) 一年生枝条开花灌木，如：碧桃、榆叶梅、连翘、紫珠、丁香、黄刺玫等，休眠期适当整形修剪，生长季花落后 10～15 天将已开花枝条进行中或重短截，疏剪过密枝，以利来年促生健壮新枝。

  c) 多年生枝条开花灌木，如：紫荆、贴梗海棠等，应注意培育和保护老枝，剪除干扰树型并影响通风透光的过密枝、弱枝、枯枝或病虫枝。

5.1.1.8 绿篱及色带修剪

5.1.1.8.1 修剪应使绿篱及色带轮廓清楚，线条整齐，顶面平整，高度一致，侧面上下垂直或上窄下宽。每年整形修剪不少于 2 次。

5.1.1.8.2 绿篱及色带每次修剪高度较前一次修剪应提高 1cm。

5.1.1.8.3 修剪后残留绿篱面的枝叶应及时清除干净。

5.1.1.9 藤木修剪

5.1.1.9.1 吸附类藤木，应在生长季剪去未能吸附墙体而下垂的枝条，未完全覆盖的植物应短截空隙周围枝条，以便发生副梢，填补空缺。

5.1.1.9.2 钩刺类藤木，可按灌木修剪方法疏枝；生长到一定程度，树势衰弱时，应进行回缩修剪，强壮树势。

5.1.1.9.3 生长于棚架的藤木，落叶后应疏剪过密枝条，清除枯死枝，使枝条均匀分布架面。

5.1.1.9.4 成年和老年藤木应常疏枝，并适当进行回缩修剪。

5.1.1.10 园林树木修剪时，落叶树一般不留橛，针叶树应留 1～2cm 长的橛。修剪的剪口必须平滑，不得劈裂，并注意留芽的方位。直径超过 4cm 以上的剪锯口，应用刀削平，涂抹防腐剂促进伤口愈合。锯除大树杈时应注意保护皮脊。

5.1.2 灌水、排涝

5.1.2.1 应根据本市气候特点、土壤保水、植物需水、根系喜气等情况,适时适量进行浇水,促其正常生长。浇水前应先检查土壤含水量(一般取根系分布最多的土层中的土壤,用手攥可成团,但指缝中不出水,泥团落地能散碎,就可暂不浇水;杨柳树等较喜水的树木则土壤含水量可适当多一些)。

5.1.2.2 新植树木应在连续5年内充足灌溉,土质保水力差或根系生长缓慢树种,可适当延长灌水年限。

5.1.2.3 浇水树堰高度不低于10cm,树堰直径,有铺装地块的以预留池为准,无铺装地块的,乔木应以树干胸径10倍左右、树冠垂直投影的1/2为准,并保证不跑水、不漏水。

5.1.2.4 用水车浇灌树木时,应接软管,进行缓流浇灌,保证一次浇足浇透,严禁用高压水流冲毁树堰。

5.1.2.5 喷灌时应开关定时,专人看管,以地面达到径流为准。

5.1.2.6 在使用再生水浇灌绿地时,水质必须符合园林植物灌溉水质要求。

5.1.2.7 在雨季可采用开沟、埋管、打孔等排水措施及时对绿地和树池排涝,防止植物因涝至死。绿地和树池内积水不得超过24小时;宿根花卉种植地积水不得超过12小时。

5.1.3 中耕除草

5.1.3.1 在植物生长季节要不间断地进行中耕除草,应除小、除早、除了。除下杂草要集中处理,并及时清运。

5.1.3.2 在具野趣游憩地段可采用机械割草,使其高矮一致。

5.1.3.3 在绿地内采用化学药剂除草时,必须慎重,应先试验,再应用。

5.1.4 施肥及土壤改良

5.1.4.1 应根据园林树木生长需要和土壤肥力情况,合理施肥,平衡土壤中各种矿质营养元素,保持土壤肥力和合理结构。

5.1.4.2 在树木休眠期以有机肥为主,在与土壤拌匀后,采用穴施环施和放射状沟施等方法。施肥后踏实,并平整场地。

5.1.4.3 在树木生长季节可根据需要,进行土壤追肥或叶面喷肥。

5.1.4.4 园林树木施肥量应根据树木大小、肥料种类及土壤肥力状况而定。施用时要用量准确,并充分粉碎,与土壤混合后要撒施均匀，随即浇水，严禁肥料裸露。

5.1.4.5 用铁箅子等完全封闭的树堰，应预留专门的灌溉和施肥口。

5.1.5 更新、调整和伐树

5.1.5.1 种植结构调整和伐树应经相关部门批准后方可进行。

5.1.5.2 具备以下条件上报批准后再移植或伐树：

5.1.5.2.1 密植林的调整与间伐。

5.1.5.2.2 更新树种。

5.1.5.2.3 枯朽、衰老、严重倾斜、对人和物体构成危险的。

5.1.5.2.4 配合有关供电、建筑或市政工程。

5.1.5.3 伐除树木时，应设安全员，划定安全范围并围拦，严格执行操作规程；伐除的树干、树枝等要随时清运；树桩高度应尽量降低，并必须在两日内刨除树桩，并及时采取补种或铺装措施，做到场光地净，确保绿化景观的完美和行人、车辆的安全。

5.1.6 病虫害防治

5.1.6.1 防治园林植物病虫害应贯彻"预防为主，综合防治"的方针。

5.1.6.2 应科学、有针对性地进行养护管理，使植株生长健壮，以增强抗病虫害的能力。

5.1.6.3 及时清理带病虫的落叶、杂草等，消灭病源、虫源，防止病虫扩散、蔓延。

5.1.6.4 应加强病虫检查，发现主要病虫害应根据虫情预报及时采取防治措施。对于危险性病虫害，一旦发现疫情应及时上报主管部门，并迅速采取扑灭措施。

5.1.6.4.1 生物防治

应保护和利用天敌，创造有利于其生存发展的环境条件。具体方法主要包括以微生物治虫、以虫治虫、以鸟治虫、以螨治虫、以激素治虫，以菌治病虫等。

5.1.6.4.2 物理防治

主要包括饵料诱杀、灯光诱杀、潜所诱杀、热处理、人工捕捉、挖蛹或虫、采摘卵块虫包、刷除虫或卵、刺杀蛀干害虫、摘除病叶病梢、刮除病斑、结合修剪剪除病虫枝等。

5.1.6.4.3 化学防治

a) 应选用高效、低毒、无污染、对天敌较安全的药剂。被北京农药管理部门明令禁止使用的农药,如:六六六、滴滴涕、西力生、赛力散、毒杀芬、甲六粉、乙六粉、氯乙酰胺、氯乙酸钠、培福明、杀虫脒、二溴氯丙烷、蝇毒磷乳粉、除草醚、三氯杀螨醇、氧化乐果、久效磷、对硫磷等对人毒性较大、污染较重、对天敌影响较大的化学农药在园林植物的养护中同样严禁使用。用药时,对不同的防治对象,应抓住时机,对症下药、安全用药,不得随意加大浓度。注意不同药剂的交替使用,同时,尽量采取兼治,减少喷药次数。

  b)选用新的药剂和方法时,应先经试验,证明有效和安全时,才能大面积推广。

5.1.6.5 操作人员必须按照《农药操作规程》及《园林树木病虫害防治技术操作质量标准》进行作业。

5.1.7 防寒

5.1.7.1 加强肥水管理,特别是返青水和冻水应适时浇灌,并浇足浇透。合理安排修剪时期和修剪量,使树木枝条充分木质化,有效控制病虫害的发生,提高抗寒能力,确保树木安全越冬。

5.1.7.2 对不耐寒的树种和树势较弱的植株应分别采取不同防寒措施。

5.1.7.2.1 对雪松等耐寒、耐旱、抗风能力差的边缘树种在新植3年内应搭设风障。

5.1.7.2.2 对悬铃木等耐寒性差且树皮较薄的树种在新植3年内可采取主干裹纸加绕草绳等防寒措施。

5.1.7.2.3 对月季等株形低矮、抗寒性较差的花灌木应于根基部培设土堆防寒。

5.1.7.2.4 对紫薇、木槿、大叶黄杨等易发生春季哨条的树种,宜于上年初冬和当年早春适量喷洒高酯膜等抗蒸腾剂。

5.2 园林花卉的养护管理技术措施及要求

5.2.1 应根据不同花卉植物的生态习性、生物学特性、应用要求和周围环境状况,进行养护管理,使其适时开花,花繁色艳。

5.2.2 宿根花卉萌芽前应剪除上年残留枯枝、枯叶。

5.2.3 花坛、花带和各种容器栽植花卉应及时灌水,宿根花卉应特别注意返青水和冻水的浇灌时期和灌水量,矮牵牛等忌水涝花卉应注意排涝,花池应在适当位置加设排水孔。

5.2.4 及时中耕除草,作业时不能伤根及造成根系裸露,宿根花卉萌芽期应特别注意保护新生嫩芽，同时及时剪除多余萌蘖。

5.2.5 结合浇灌和中耕适量施肥，保持土壤肥力和合理结构。

5.2.6 宿根花卉花谢后应及时去除残花、残枝和枯叶，并加强肥水管理；1年生草花花后失去观赏价值的应及时更换。

5.2.7 及时清理死苗，并按原品种、原规格补齐。

5.2.8 做好病虫害的防治工作。及时清理株间的枯枝落叶，对病虫害早发现早治理。

5.2.9 病虫害防治技术操作必须按照《农药操作规程》并参照《园林树木病虫害防治技术操作质量标准》进行作业。

5.2.10 对不耐寒的宿根花卉应分别采取覆土等不同防寒措施，确保安全越冬。

5.3 草坪养护管理技术措施及要求

5.3.1 草坪的养护管理，应在了解各草种生长习性的基础上，根据立地条件、草坪的功能进行。

5.3.2 修剪

5.3.2.1 草坪的修剪应根据不同草种的习性和观赏效果，进行定期修剪，使草的高度一致，边缘整齐。

5.3.2.2 剪草的高度依草种、季节、环境等因素而定。一次修剪高度原则上不大于草高的1/3。北京常用草坪植物的剪留高度见表2。

北京常用草坪植物的剪留高度（单位：cm）　　　表2

草　种	剪留高度	
	全光照	树荫下
野牛草	4～6	
结缕草	3～5	6～7
高羊茅	5～7	8～10
黑麦草	4～6	8～10
匍匐翦股颖	3～5	7～9
草地早熟禾	4～5 (3、4、5、9、10、11月) 8～10 (6、7、8月)	8～10
小羊胡子	8～10	8～10
大羊胡子	8～10	8～10

5.3.2.3 草坪植物的修剪次数依不同的草种、不同的管理水平和不同的环境条件来确定：

  a) 野牛草：全年修剪不少于 3 次，自 5 月至 9 月，最后一次修剪不晚于 9 月上旬。

  b) 大羊胡子：基本上可以不修剪，为提高观赏效果一年可修剪 2 次～3 次。

  c) 冷季型草：要定期及时修剪，使草坪高度保持在 6～10cm。

5.3.3 浇水

5.3.3.1 除土壤封冻期外，人工草坪应适时进行浇灌，每次要浇足浇透，浇水深度不低于 20cm。雨季应注意排水，干热天气尤其是冷季型草应适当喷水降温保护草地。11 月下旬至 12 月上旬上冻前要浇足浇透冻水。

5.3.3.2 严禁使用撒过融雪剂的积雪补充草坪土壤水分。

5.3.3.3 在使用再生水灌溉时，水质必须符合园林植物灌溉水质要求。

5.3.4 施肥

5.3.4.1 草坪建植时应施基肥，之后每年应根据草坪草的生长状况进行适当追肥。

5.3.4.2 施肥时期和施肥量：冷季型草坪返青前，可施腐熟粉碎的有机肥，施肥量 $50\sim150g/m^2$，或施 $10g/m^2$ 尿素或 $10g/m^2$ 磷酸二铵等；生长期应视草情，适当增施磷、钾肥；晚秋，可施氮、磷、钾复合肥或纯氮肥 2 次～3 次，每次约 $10\sim15g/m^2$。暖季型草，如野牛草等可于 5 月和 8 月各施 $10g/m^2$ 尿素。

5.3.4.3 草坪施肥必须均匀，撒施后及时灌水。

5.3.5 除杂草、补植

5.3.5.1 人工建植的草坪要及时清除杂草，保持草坪纯度。

5.3.5.2 使用除草剂必须慎重，应先试验，再应用。

5.3.5.3 对被破坏或其他原因引起死亡的草坪草应及时更换补植，使草坪保持完整，无裸露地面。

5.3.5.4 补植时应补种与原草坪相同的草种；适当密植，并加强管理养护，尽快与周围草坪一致。

5.3.5.5 三年生以上草坪应采取打孔透气、疏草等措施。

5.3.6 病虫害防治

5.3.6.1 草坪的病虫害防治，应在加强养护管理的基础上，以防为主，综合防治。

5.3.6.2 草坪病害以冷季型草最为严重。化学防治应在5月初开始，此后根据病情适时喷药。

5.3.6.3 草坪害虫主要有：蛴螬、蚜虫、螨类、黏虫、淡剑夜蛾、地老虎等，其主要防治方法参考表3。

北京市主要草坪害虫发生期、症状及防治方法　　表3

害虫名称	发生期及症状	防治方法
蛴螬	5月～8月开始危害，冬季在土中越冬	3%呋喃丹 2kg/亩～4kg/亩
蚜虫	春～秋初，危害叶片	2%吡虫啉 3000～4000 倍液
螨类	春～秋初，危害叶片	73%克螨特 2000～3000 倍液
黏虫 淡剑夜蛾 地老虎	晚春～夏，幼虫夜间取食叶片	10%氯氰菊酯 2000～3000 倍液

5.3.6.4 草坪病虫害防治技术操作必须按照《农药操作规程》并参照《园林树木病虫害防治技术操作质量标准》进行作业。

5.4 园林地被植物养护管理技术措施及要求

5.4.1 草本类地被植物养护管理技术措施参照草坪和花卉的养护管理技术措施。

5.4.2 木本类地被植物养护管理技术措施参照园林树木的养护管理技术措施。

5.5 竹类养护管理技术措施及要求

5.5.1 本标准是以本市引种成功的早园竹、黄槽竹、箬竹等养护管理方法为主，其他品种可参照执行。

5.5.2 间伐修剪

5.5.2.1 竹林的间伐修剪应在晚秋或冬季地行，间伐以保留4、5年生以下立竹，去除6、7年以上，尤其是10年生以上老竹的原则进行。使竹林立竹年龄组成为1度～2度竹占40%左右，3度～4度竹占45%以上，5度竹占15%左右。

5.5.2.2 应及时清除枯死竹干和枝条，砍除老竹、病竹和倒伏竹。

5.5.2.3 竹林过密应适当间伐或间移，使留竹分布均匀，并及时用土杂肥回填土坑。

5.5.3 施肥

5.5.3.1 竹林应以施有机肥为主，并适量加入含铁的复合肥料，肥料中氮、磷、钾的比例以5∶2∶4为宜。最佳施肥时间为早春3月和8～9月。

5.5.3.2 应在竹林计划延伸的位置，深翻土地，并压入青草或填有机质含量高的土杂肥。

5.5.4 浇水

5.5.4.1 应于每年春季出笋前（3月）浇足催笋水，5、6月浇足拔节水。雨季可视降雨情况浇水，秋季（11月、12月、上旬）浇孕笋水，冬季过于干旱时可适当喷水。

5.5.5 管理

5.5.5.1 竹林每经过3～5年，应深翻、断鞭，将4年生以上的老鞭及每年砍伐后的竹蔸挖出。

5.5.5.2 过密竹林应于11月适当钩梢，未钩梢的密竹林，应于降雪后及时抖掉竹梢积雪。

5.5.5.3 竹林应于每年初冬适量培土。

5.5.6 病虫害防治

5.5.6.1 病虫害防治以预防为主，综合防治。应以控制红蜘蛛、蚜虫等为主，经常检查，掌握虫情发展规律，及时防治。

5.5.6.2 竹林应加强抚育管理，保留适当密度，使竹林通风透光、生长健壮。

5.5.6.3 应注意因干旱、水湿、冷冻、日灼、风害、缺肥等所致生理性病害的防治。

5.5.6.4 竹林主要病害防治

5.5.6.4.1 竹丛枝病：加强抚育管理，3～5月清除病枝或病株。

5.5.6.4.2 竹杆锈病：合理砍伐，使林内通风透光，及早砍除病竹和倒伏竹。

5.5.6.5 病虫害防治技术操作必须按照《农药操作规程》并参照《园林树木病虫害防治技术操作质量标准》进行作业。

5.6 园林绿地管理要求

5.6.1 保持绿地内无垃圾杂物，无鼠洞和蚊蝇滋生地等，发现鼠洞要随时堵塞。及时清除"树挂"等白色污染物及绿地内水面的杂物。

5.6.2 清除垃圾杂物后应注意保洁,集中后的垃圾杂物和器具应摆放在隐蔽的地方,严禁焚烧垃圾和枯枝落叶。

5.6.3 应保护好绿地内的花草树木,保持绿地的完整。经批准临时占用的绿地,应按时收回,并监督恢复原状。

5.6.4 加强监管,严禁绿地内堆放杂物和停放与绿化作业无关的一切车辆;严禁在绿地植物上贴挂标语、晾晒衣物等。

5.6.5 应保证围栏、护网、绿化供水及观赏、游艺等设施的完整美观,防止绿化用水等被盗用。对损坏的园林设施,要及时修补或更换。

5.7 古树名木的养护管理

5.7.1 古树是活文物,是不可再生的宝贵资源,是首都园林景观的重要组成部分。针对古树生态环境的变化和古树生长的特点,加大科学研究力度,实现科学管理和养护。

5.7.2 使古树生长的各项环境指标控制在允许的范围内。

5.7.2.1 土壤有效孔隙度不得低于10%。

5.7.2.2 土壤容重不得超过$1.3g/cm^3$。

5.7.2.3 土壤含水量控制在5%~20%之间,以15%~17%为宜。

5.7.2.4 土壤中固相、液相、气相比控制在5∶3∶1左右。

5.7.2.5 夏季土壤温度控制在15~29℃之间。

5.7.2.6 平衡营养,防止土壤中各种矿质元素短缺或过量,土壤含盐量不超过0.1%。

5.7.2.7 土壤中有机质含量不低于1.5%。

5.7.2.8 太阳光照强度不低于8000Lux。

5.7.3 必须处理好古树与周围其他植物之间的关系。

5.7.3.1 在松柏类古树周围可适量保留壳斗科树种如栎、槲等,以利菌根菌的活动,促进古树生长。

5.7.3.2 古松树冠垂直投影范围内严禁种植核桃树、接骨木、榆树,以避免对其的生长产生抑制作用。

5.7.3.3 除对古树生长有利的部分植物可进行适量保留外,必须对古树周围生长的阔叶树、速生树和杂灌草进行控制。

5.7.4 应保持古树及周围环境的清洁。

5.7.5 应加强古树的病虫害防治工作。

5.7.6 应因地制宜地设置围栏保护古树,孤立树或树群围栏与树干的距离不小于3m。

5.7.7 在古树保护范围内（树冠垂直投影外沿 3m 范围内），禁止动土或铺砌不透气材料。各种施工范围内的古树必须在其保护范围边缘事先采取保护措施。

5.7.8 在古树根系分布范围内，严禁设置临时厨房或厕所等有污染气体、液体的设施和排放污水的渗沟；严禁在树下堆放污染古树根系、土壤的物品，如石灰、撒过盐的积雪、人粪尿、垃圾、废料或倒污水等。

5.7.9 严禁在树体上钉钉子、绕铁丝、挂杂物或作为施工的支撑点。严禁攀折、刮蹭和刻划树皮等伤害古树的行为。

5.7.10 有纪念意义和特殊观赏价值的古树，应保留其原貌，对枯枝采取防腐处理。需修剪的应制定修剪方案，报主管部门批准。古树树体上的伤疤或空洞应及时填充修补，防止进水。

5.7.11 古树树体及大枝有倾倒、劈裂或折断的可能时，应及时采取加固或支撑等保护措施。

5.7.12 对高大树体必须安装避雷装置，以防雷击。

5.7.13 在坡林地环境的古树应有下木和地被植物伴生的自然生态环境。应对坡坎进行加固、防止水土流失。平地古树林地应适时适地栽种豆科地被植物。浇水应一次浇透浇足。暂不使用再生水浇灌古树。

5.7.14 古树复壮要严格采用成功的方法，吸收和运用新的研究成果，及时报请主管部门审查。

5.7.15 古树复壮和移植工程必须是具有二级或二级以上的园林绿化施工资质的企业方可承担。古树移植必须确保成活。施工技术方案必须经专家组论证，报请北京市园林局审查批准后，并在园林查部门监督下实施。移后要落实养护管理责任制，及时制定养护案，并进行跟踪管理，确保质量。

（十九）广东省城市绿地养护质量标准

1 范　　围

本标准规定了城市绿地内园林植物、古树名木、园林建筑小品及设施等养护质量标准，适用于广东省城市公园绿地、防护绿地、附属绿地和其他绿地等四类绿地的养护管理工作，全省建制镇以下的同类绿地养护管理也可参照本标准执行。

2 规范性引用文件

下列文件中的条款通过本标准的引用而成为本标准的条款。凡是注日期的引用文件，其随后所有的修改单（不包括勘误的内容）或修订版均不适用于本标准，然而，鼓励根据本标准达成协议的各方研究是否可使用这些文件的最新版本。凡是不注日期的引用文件，其最新版本适用于本标准。

GJJ/T 85—2002、J185—2002 城市绿地分类标准

DB44/T 268—2005 城市绿地养护技术规范

3 术语和定义

下列术语和定义适用于本标准。

3.1 绿色期 一年内草坪自然生长状态下叶色保持正常绿色的持续时间。

3.2 杂草覆盖率 单位面积内杂草所覆盖面积的百分比。

3.3 倾斜率 主干偏离地表垂线的角度超过 $5.0°$ 的行道树木株数占该路段行道树总数量的百分比。

3.4 分级养护 根据城市绿地所处位置的重要程度及绿地的性质和养护质量水平要求的不同，将城市绿地养护质量标准分成四个等级，即一级养护、二级养护、三级养护和四级养护。

4 养护质量标准

4.1 总体质量标准

4.1.1 一级养护

4.1.1.1 严格按照 DB 44/T 268—2005 的规定对绿地进行养护。制订完善的养护技术方案，建有工种齐全和固定的养护队伍，养护到位、得当，达到黄土不露天，绿地总体景观好。

4.1.1.2 园林植物

4.1.1.2.1 草坪植物叶片健壮、色泽纯正，无枯黄叶；其他植物的新梢粗壮、叶片健壮、叶色纯正，无枯枝败叶。新建植草坪的绿色期和覆盖率在一年内、其他新种植物的生长状况在两年内达到一级养护标准。

4.1.1.2.2 乔木树冠完整、美观，生长旺盛，开花结果正常；主侧枝分布均匀。分枝点高度与树种特性相适应，分枝不影响游览和观景。无死株、缺株。行道树的体量、高度基本保持一致，下缘线和分枝点高度的控制符合 DB 44/T 268—2005 的规定，倾斜率小于 3%。

4.1.1.2.3 花灌木生长旺盛，株型完整、丰满，开花正常，花繁叶茂，花后修剪合理、及时。木本地被植物生长旺盛，覆盖率达 99% 以上，无杂草，无死株、缺株。

4.1.1.2.4 花坛、花带及绿篱轮廓基本清晰、层次分明，整齐美观，无残缺，无杂草，修剪及时、得当。

4.1.1.2.5 造型植物修剪及时、得当、线条齐整、圆滑、流畅。规划式种植的造型植物，形状或体量保持一致；自然式种植的，形状和体量大小符合设计和景观要求。

4.1.1.2.6 藤本植物生长旺盛，开花适时，牵引得当、及时，覆盖率不低于 90%。

4.1.1.2.7 草本花卉生长旺盛，株型匀称、完整美观，开花适时，花繁、色正，开花时覆盖率达到 95% 以上，无杂草；花后需修剪的，修剪合理、及时。

4.1.1.2.8 草坪的绿色期不少于 280 天，覆盖率不小于 99%，杂草的覆盖率不超过 1%，无积水，修剪及时、合理。

4.1.1.2.9 水生植物生长旺盛，开花适时，生长范围符合景观要求。

4.1.1.2.10 补植、改植于 3 天内完成。草坪补植或改植后一个月内覆盖率达到 98% 以上，其他植物补植或改植的成活率达到 100%。

4.1.1.2.11 病虫害控制及时、有效，被害植株不超过 3%，被害叶片不超过植株叶片总量的 1%。有害植物的为害得到及时治理，基本无鼠害。

4.1.1.3 绿地的清洁与保洁符合 DB 44/T 268—2005 的要求，并有巡视保洁。

4.1.1.4 绿地内园林建筑小品及园路、铺装场地等设施的维护符合 DB44/T 268—2005 的规定。

4.1.1.5 有科学合理的古树名木养护技术方案,严格按照 DB 44/T 268—2005 的规定进行养护。

4.1.2 二级养护

4.1.2.1 按照 DB 44/T 268—2005 的规定对绿地进行养护,制订较完善的养护技术方案,建有工种齐全和相对稳定的养护队伍,养护基本到位、得当,基本达到黄土不露天,绿地总体景观较好。

4.1.2.2 园林植物

4.1.2.2.1 草坪植物叶片大小、色泽正常,基本无枯黄叶;其他植物新梢枝叶萌发正常,叶片大小和色泽正常,基本无枯枝败叶。新建植草坪的绿色期和覆盖率在一年内、其他新种植物的生长状况在两年内达到二级养护标准。

4.1.2.2.2 乔木树冠基本完整,生长与开花结果正常;主侧枝分布基本合理,分枝点高度与树种特性基本相适应,分枝不影响游览及观景。基本无死株、缺株,行道树的体量、高度基本保持一致,下缘线和分枝点高度的控制基本符合 DB 44/T 268—2005 的规定,倾斜率小于5%。

4.1.2.2.3 花灌木生长正常,株型完整,开花正常,花后修剪合理、及时。木本地被植物生长正常,覆盖率达到97%以上,基本无杂草,无死株、缺株。

4.1.2.2.4 花坛、花带及绿篱轮廓基本清晰,线条基本整齐,无残缺,基本无杂草,修剪及时。

4.1.2.2.5 造型植物修剪合理,线条基本齐整、圆滑。规则式种植的造型植物,形状或体量基本保持一致,自然式种植的,形状和体量一大小符合设计和景观的要求。

4.1.2.2.6 藤本植物生长正常,开花适时,牵引合理,覆盖率不低于85%。

4.1.2.2.7 草本花卉正常,株型完整,开花适时,开花时覆盖率达到90%以上,基本无杂草;花后需修剪的,得到合理修剪。

4.1.2.2.8 草坪绿色期不少于 250 天,覆盖率不小于 90%,杂草的覆盖率不超过 3%,无积水,修剪合理。

4.1.2.2.9 水生植物生长正常,开花适时,生长范围基本符合景观要求。

4.1.2.2.10 补植、改植于 5 天内完成。草坪补植或改植后一个月内覆盖率达到 95%以上,其他植物补植或改植的成活率达到 98%以上。

4.1.2.2.11　病虫害控制及时、有效，被害植株不超过5%，被害叶片不超过植株叶片总量的3%。有害植物的为害得到有效治理，鼠害基本得到控制。

4.1.2.3　绿地的清洁与保洁基本达到 DB 44/T 268—2005 的要求。

4.1.2.4　绿地园林建筑小品及园路、铺装场地等设施的维护基本符合 DB 44/T 268—2005 的规定。

4.1.3　三级养护

4.1.3.1　基本按照 DB 44/T 268—2005 的规定对绿地进行养护，备有养护管理技术方案，建有具备基本工种的养护队伍，黄土不露天现象不明显，绿地总体量景观基本完好。

4.1.3.2　园林植物

4.1.3.2.1　草坪植物叶片色泽正常，无明显枯黄叶；其他植物新梢枝叶萌发正常，叶片大小、色泽基本正常，无明显枯枝败叶。新建植草坪的绿色期和覆盖率在一年内、其他新种的植物在两年内达到三级养护管理标准。

4.1.3.2.2　乔木树冠基本完整，生长与开花结果正常；分枝基本不影响游览及观景。行道树的倾斜率小于7%。

4.1.3.2.3　花灌木生长发育基本正常，木本地被覆盖率达到95%以上。

4.1.3.2.4　花坛、花带及绿篱基本无残缺，杂草覆盖率不超过5%，无死株、缺株。

4.1.3.2.5　造型植物的修剪基本合理。规则式种植的造型植物，形状、体量大致一致；自然式种植的，形状和体量基本符合设计和景观的要求。

4.1.3.2.6　藤本植物生长基本正常，开花适时，牵引合理，覆盖率不低于80%。

4.1.3.2.7　草本花卉基本正常，株型基本完整，开花时覆盖率达到80%以上，杂草覆盖率不超过5%；花后需修剪的，基本得到修剪。

4.1.3.2.8　草坪绿色期不少于230天，覆盖率不小于85%，杂草的覆盖率不超过5%，草坪表面积水在雨后24小时内排清。

4.1.3.2.9　水生植物生长基本正常，开花适时。

4.1.3.2.10　补植、改植于7天内完成。草坪补植或改植后一个月内覆盖率达到90%以上，其他植物补植或改植的成活率达到95%以上。

4.1.3.2.11 病虫害得到控制，被害植株不得超过7%，补害叶片不超过植株片总量的5%。

4.1.3.3 绿地无明显生活垃圾。

4.1.3.4 绿地园林建筑小品及园路、铺装场地等设施基本完好，并得到合理维护。

4.1.4 四级养护

4.1.4.1 有养护管理技术方案和不固定的养护人员，绿地有定期的养护作业。

4.1.4.2 园林植物

4.1.4.2.1 植物生长基本正常。草坪的绿色期不少于200天，新建植草坪或其他地被植物在一年内覆盖率不小于80%，杂草的覆盖率不超过15%。

4.1.4.2.2 补植、改植于14天内完成。草坪补植或改植后一个月内覆盖率达到85%以上，其他植物补植或改植的成活率达到90%以上。

4.1.4.2.3 严重的病虫害得到控制，被害植株不得超过15%，被害叶片不超过植株叶片总量的10%。

4.1.4.3 绿地无明显的积水和生活垃圾。

4.1.4.4 绿地园林建筑小品及园路、铺装场地等设施基本完好，并得到合理维护。

4.2 养护等级技术要求

4.2.1 园林植物养护施肥见表1。

4.2.2 园林植物养护修剪见表2。

4.2.3 草坪的打孔与垂直刈割见表3。

4.2.4 城市绿地及设施保洁见表4。

4.2.5 铁质围栏、护树架、门窗、园灯杆等设施的翻新见表5。

园林植物养护施肥（单位：次/年） 表1

植物类型	一级养护	二级养护	三级养护	四级养护
一般乔木、灌木	≥2	≥2	≥1	—
观花灌木	≥4	≥3	≥2	≥1
草本花卉	≥6	≥4	≥2	≥1
地被植物	≥4	≥2	≥1	1
草坪植物	≥4	≥2	≥1	1

园林植物养护修剪（单位：次/年） 表2

植物类型	一级养护	二级养护	三级养护	四级养护
自然形乔木、灌木	≥2	≥1	≥1	—
造型乔木	≥6	≥4	≥2	—
模纹花坛、绿篱及造型灌木	≥12	≥6	≥4	≥2
结缕草属（Zoysia）和狗牙根属（Cynodon）草坪草	≥8	≥6	≥3	≥1
假俭草属（Eremochloa）地毯草属（Axonopus）钝叶草属（Steotaphrum）草坪草	≥4	≥3	≥2	≥1

草坪的打孔与垂直刈割 表3

质量项目	一级养护	二级养护	三级养护	四级养护
打孔	≥1次/年	2年一次	3年一次	—
垂直刈割	≥1次/年	2年一次	3年一次	—

城市绿地及设施保洁 表4

养护等级	卫生保洁项目		
	绿地、园路、铺装、场地（小时/天）	设施（次/周）	景观水池清洗（次/月）
一级养护	16	7	1～2
二级养护	12	3	1
三级养护	8	1	0.5
四级养护	8	—	—

铁质围栏、护树架、门窗、园灯杆等设施的翻新要求（单位：次/年）
表5

项目	一级养护	二级养护	三级养护	四级养护
翻新要求	≥2	≥1	≥1	≥0.5

二、重要文件

(一) 国务院关于加强城市绿化建设的通知

为了促进城市经济、社会和环境的协调发展,进一步提高城市绿化工作水平,改善城市生态环境和景观环境,现就加强城市绿化建设的有关部门问题通知如下:

一、充分认识城市绿化的重要意义

城市绿化是城市重要基础设施,是城市现代化建设的重要内容,是改善生态环境和提高广大人民群众生活质量的公益事业。改革开放以来,特别是20世纪90年代以来,我国的城市绿化工作取得了显著成绩,城市绿化水平有了较大提高。但总的看,绿化面积总量不足,发展不平衡、绿化水平比较低,城市中心地区绿地太少,城市周边地区没有形成绿化隔离带,建设工程的绿化配套工作不落实。一些城市人民政府的领导对城市绿化工作的重要性缺乏足够的认识;违反城市总体规划和城市绿地系统规划,随意侵占绿地和改变规划绿地性质的现象比较严重;绿化建设资金短缺,养护管理资金严重不足;城市绿化法制建设滞后,管理工作薄弱。

地方各级人民政府和国务院有关部门要充分认识城市绿化对调节气候、保持水土、减少污染、美化环境,促进经济社会发展和提高人民生活质量所起的重要作用,增强对搞好城市绿化工作的紧迫感和使命感,采取有力措施,加强城市绿化建设,提高城市绿化的整体水平。

二、城市绿化工作的指导思想和任务

(一)城市绿化工作的指导思想是:以加强城市生态环境建设,创造良好的人居环境,促进城市可持续发展为中心;坚持政府组织、群众参与、统一规划、因地制宜、讲求实效的原则,努力建成总量适宜、分布合理、植物多样、景观优美的城市绿地系统。

(二)今后一个时期城市绿化的工作和主要任务是:到2005年,全国城市规划建成区绿地率达到30%以上,绿化覆盖率达到35%以

上，人均公共绿地面积达到 8 平方米以上，城市中心区人均公共绿地达到 4 平方米以上；到 2010 年，城市规划建成区绿地率达到 35%以上，绿化覆盖率达到 40%以上，人均公共绿地面积达到 10 平方米以上，城市中心区人均公共绿地达到 6 平方米以上。由于各地城市经济、社会发展状况和自然条件差别很大，各个城市应根据自己的实际情况确定城市绿化目标。为此，要加强城市规划建成的绿化建设，改变建成区绿地不足的状况，特别是城市中心区的绿化要有大的改观，增加绿化面积。加快城市范围内道路和铁路两侧、河边、湖边、山坡绿化带建设步伐。建成一批有一定规模、一定水平和分布合理的城市公园，有条件的城市要加快植物园、动物园、森林公园和儿童公园的建设。居住区绿化、单位绿化及各类建设项目的配套绿化都要达到《城市绿化规划建设指标的规定》的标准。要大力推进城郊绿化，在城市周围、城市功能分区的交界处形成大规模的绿化隔离带，初步形成各类绿地合理配置，乔、灌、花、草有机搭配，城郊一体的城市体系。

三、采取有力措施，加快城市绿化建设步伐

（一）加强和改进城市绿化规划编制工作。各级人民政府在组织编制城市总体规划和详细规划时，要高度重视城市绿化工作。城市规划行政主管部门和城市绿化行政主管部门等要密切合作，共同编制好《城市绿地系统规划》。规划中要按规定标准划定绿化用地面积，力求公共绿地分层次合理布局；要根据当地情况，分别采取点、线、面、环等多种形式，切实提高城市绿化水平。要建立并严格实行城市绿化"绿线"管理制度，明确划定各类绿地范围控制线。近期城市人民政府要对已经批准的城市绿化规划进行一次检查，并将检查结果向上一级政府作出报告。尚未编制《城市绿地系统规划》的，要在 2002 年前补充编制，并依法报批。对于已经编制，但不符合城市绿化建设要求的，以及没有划定绿线范围的，要在 2001 年底前补充、完善。批准后的《城市绿地系统规划》要向社会公布，接受公众监督，各级政府应定期组织检查，督促落实。

（二）严格执行《城市绿地系统规划》。要严格按规划确定的绿线进行绿化管理。绿线内的用地不得改作他用，更不能进行经营性开发建设。因特殊需要，改变绿地规划、改变绿地性质的，应报经原批准机关重新审批，并严格按规定程序办理审批手续。在旧城改造和新区

建设中，要严格控制建筑密度，尽可能创造条件扩大绿地面积，城市规划和城市绿化行政主管部门要对新建、改建和扩展项目实行跟踪管理。要将城市范围内的河岸、湖岸、海岸、山坡、城市主干道等地带作为绿线管理的重点部位。同时，要严格保护重点公园、古典园林、风景名胜区和古树名木。对影响景观环境的建筑、游乐设施等要逐步迁移。

（三）加大城市绿化资金投入，建立稳定的、多元化的资金渠道。城市绿化建设资金是城市公共财政支出的重要组成部分，要坚持以政府投入为主的方针。城市各级财政应安排必要的资金保证城市绿化工作的需要，尤其要加大城市绿化隔离带和大型公园绿地建设的投入。特别是要增加管理维护资金。国家将通过加大对中西部和贫困地区转移支付力度，支持中西部地区城市绿化建设，同时，拓宽资金渠道，引导社会资金用于城市绿化建设。城市的各项建设都应将绿化费用纳入投资预算，并按规定建设绿地。对不能按要求建设绿地或建设绿地面积未达到标准的单位，由城市人民政府绿化行政主管部门依照《城市绿化条例》有关规定，责令其补建并达到规定面积，确保绿化建设。具体办法由省、自治区、直辖市人民政府制定。

（四）保证城市绿化用地。要在继续从严控制城市建设用地的同时，采取多种方式增加绿化用地。在城市国有土地上建设公共绿地，土地由当地城市人民政府采取划拨方式提供。国家征用农用地建设公共绿地的，按《中华人民共和国土地管理法》规定的补偿标准给予补偿。各类工程建设项目的配套绿化用地，要一次提供，统一征用，同步建设。对城市规划建成区周围按比例城市总体规划设有绿化隔离带的，其用地涉及的耕地，可以视作农业生产结构调整用地，不作为耕地减少进行考核。为加快城郊绿化，应鼓励和支持农民调整农业结构，也可采取地方政府补助的办法建设苗圃、公园、运动绿地、经济林和生态林等。

（五）切实搞好城市建成区的绿化。对城市规划建成区内绿地未达到规定标准的，要优化城市用地结构，提高绿化用地在城市用地中的比例。要结合产业结构调整和城市环境综合整治，迁出有污染的企业，增加绿化用地。建成区内闲置的土地，要限期绿化，对依法收回的土地优先用于城市绿化。各级人民政府要对城市内的违章建筑进行集中清理整顿，限期拆除，拆除建筑物后腾出的土地尽可能用于绿化。城市的各类房屋建设，应在该建筑所在区位，在规定确定的地点、规定的期限内，按其建筑面积的一定比例建设绿地，各类建设工程要与其配套的绿化工程同步设计、同步施工、同步验收。达不到规定绿化标准的不得投入使用，对确有困难的，可进行异地绿化。要充分利用建筑墙体、屋顶和桥体等绿化条件，大力发展立体绿化。城市绿化行政主管部门要切实加强绿化工程建设的监督管理。要积极实行绿化企业资质审验、绿化工程招投标制度和工程质量监督制度，确保城市绿化质量。市、区、街道和各单位都有义务建设和维护管理好责任范围内的绿地。

（六）加强城市绿化科研设计工作。要加强城市绿化的基础研究和应用研究，建立健全园林绿化科研机构，增加研究资金。要加强城市绿地系统生物多样的研究，特别要加强区域性物种保护与开发的研究，注重植物新品种的开发，开展园林植物育种及新品种引进培育的试验。要加强植物病虫害的防治研究和节水技术的研究。加大新成果、新技术的推广力度，大力促进科技成果的转化与应用。要搞好园林绿化设计工作。各城市在园林绿化设计中要借鉴国内外先进经验，体现本地特色和民族风格，突出科学性和艺术性。各地要因地制宜，在植物种类上注重乔、灌、花、草的合理配置，优先发展乔木，园林绿化应以乡土植物为主，积极引进适合本地区生长发育的园林植物，海关、质量监督检验检疫等部门积极配合和支持。城市公园和绿地要以植物造景为主，提高绿地的生态效益和景观效益，为人民群众营造更多的绿色休憩空间。

（七）加快城市绿化法制建设。要认真贯彻执行《中华人民共和国森林法》和《城市绿化条例》，并根据当前情况抓紧组织修改《城市绿化条例》，增加对违法行为的处罚条款；制定和完善城市绿化技术标准和规范，逐步建立和完善城市绿化法规体系。各地要结合本地实际情况，制定和完善城市绿化法规。城市绿化行政主管部门要依法行政，加强城市绿化行业管理与执法工作，坚决查处侵占绿地、乱伐树木和破坏绿化成果的行为，对违法砍伐树木、侵占绿地的要严厉处罚。建设部和省级城市绿化行政主管部门要加大城市绿化管理工作的力度，加强执法检查和监督管理。

四、加强对城市绿化工作的组织领导

（一）城市绿化工作是各级城市人民政府的一项重要职责。各级城市人民政府把城市绿化纳入国民经济和社会发展计划，近期要纳入"十五"计划，列入政府的重要议事日程，市长对城市绿化工作负主要责任。要科学决策、正确引导，建立城市绿化目标责任制，保证城市绿地系统规划的实施。

（二）各级城市人民政府要建立健全城市绿化管理机构，稳定专业技术队伍，保证城市绿化工作的正常开展。城市绿化行政主管部门要加强技术指导。各有关部门要明确责任，密切配合，积极支持城市绿化工作。建设部要加强调查研究，针对城市绿化工作中出现的问题，拟定有关政策措施，指导城市绿化健康发展。城市绿化的建设项目要引入市场机制。

（三）各级人民政府要组织好城市全民义务植树，广泛组织城市适龄居民参加植树绿化活动。要搞好城市全民义务植树规划，严格落实义务植树任务和责任，加强技术指导和苗木供应，确保植树成活率和保存率，保证绿化质量。

（四）继续做好建设园林城市工作。通知明确目标，科学考核，使更多的城市成为园林城市；积极组织开展创建园林小区、园林单位等活动，搞好单位绿化、小区绿化。要开展认建、认养、认管绿地的活动，引导和组织群众建纪念林、种纪念树。

城市绿化工作是一项服务当代、造福子孙的伟大事业。各级人民政府及城市绿化行政主管部门一定要加强领导和组织协调，切实加强和改进城市绿化工作，促进我国城市绿化事业的健康发展。

（二）国务院关于加强城市基础设施建设的意见

各省、自治区、直辖市人民政府，国务院各部委、各直属机构：

城市基础设施是城市正常运行和健康发展的物质基础，对于改善人居环境、增强城市综合承载能力、提高城市运行效率、稳步推进新型城镇化、确保2020年全面建成小康社会具有重要作用。当前，我国城市基础设施仍存在总量不足、标准不高、运行管理粗放等问题。加强城市基础设施建设，有利于推动经济结构调整和发展方式转变，拉动投资和消费增长，扩大就业，促进节能减排。为加强和改进城市基础设施建设，现提出以下意见：

一、总体要求

（一）指导思想。

以邓小平理论、"三个代表"重要思想、科学发展观为指导，围绕推进新型城镇化的重大战略部署，立足于稳增长、调结构、促改革、惠民生，科学研究、统筹规划，提升城市基础设施建设和管理水平，提高城镇化质量；深化投融资体制改革，充分发挥市场配置资源的基础性作用；着力抓好既利当前、又利长远的重点基础设施项目建设，提高城市综合承载能力；保障城市运行安全，改善城市人居生态环境，推动城市节能减排，促进经济社会持续健康发展。

（二）基本原则。

规划引领。坚持先规划、后建设，切实加强规划的科学性、权威性和严肃性。发挥规划的控制和引领作用，严格依据城市总体规划和土地利用总体规划，充分考虑资源环境影响和文物保护的要求，有序推进城市基础设施建设工作。

民生优先。坚持先地下、后地上，优先加强供水、供气、供热、电力、通信、公共交通、物流配送、防灾避险等与民生密切相关的基础设施建设，加强老旧基础设施改造。保障城市基础设施和公共服务设施供给，提高设施水平和服务质量，满足居民基本生活需求。

安全为重。提高城市管网、排水防涝、消防、交通、污水和垃圾处理等基础设施的建设质量、运营标准和管理水平，消除安全隐患，增强城市防灾减灾能力，保障城市运行安全。

机制创新。在保障政府投入的基础上，充分发挥市场机制作用，进一步完善城市公用事业服务价格形成、调整和补偿机制。加大金融机构支持力度，鼓励社会资金参与城市基础设施建设。

绿色优质。全面落实集约、智能、绿色、低碳等生态文明理念，提高城市基础设施建设工业化水平，优化节能建筑、绿色建筑发展环境，建立相关标准体系和规范，促进节能减排和污染防治，提升城市生态环境质量。

二、围绕重点领域，促进城市基础设施水平全面提升

当前，要围绕改善民生、保障城市安全、投资拉动效应明显的重点领域，加快城市基础设施转型升级，全面提升城市基础设施水平。

（一）加强城市道路交通基础设施建设。

公共交通基础设施建设。鼓励有条件的城市按照"量力而行、有

序发展"的原则,推进地铁、轻轨等城市轨道交通系统建设,发挥地铁等作为公共交通的骨干作用,带动城市公共交通和相关产业发展。到 2015 年,全国轨道交通新增运营里程 1000 公里。积极发展大容量地面公共交通,加快调度中心、停车场、保养场、首末站以及停靠站的建设;推进换乘枢纽及充电桩、充电站、公共停车场等配套服务设施建设,将其纳入城市旧城改造和新城建设规划同步实施。

城市道路、桥梁建设改造。加快完善城市道路网络系统,提升道路网络密度,提高城市道路网络连通性和可达性。加强城市桥梁安全检测和加固改造,限期整改安全隐患。加快推进城市桥梁信息系统建设,严格落实桥梁安全管理制度,保障城市路桥的运行安全。各城市应尽快完成城市桥梁的安全检测并及时公布检测结果,到 2015 年,力争完成对全国城市危桥加固改造,地级以上城市建成桥梁信息管理系统。

城市步行和自行车交通系统建设。城市交通要树立行人优先的理念,改善居民出行环境,保障出行安全,倡导绿色出行。设市城市应建设城市步行、自行车"绿道",加强行人过街设施、自行车停车设施、道路林荫绿化、照明等设施建设,切实转变过度依赖小汽车出行的交通发展模式。

(二)加大城市管网建设和改造力度。

市政地下管网建设改造。加强城市供水、污水、雨水、燃气、供热、通信等各类地下管网的建设、改造和检查,优先改造材质落后、漏损严重、影响安全的老旧管网,确保管网漏损率控制在国家标准以内。到 2015 年,完成全国城镇燃气 8 万公里、北方采暖地区城镇集中供热 9.28 万公里老旧管网改造任务,管网事故率显著降低;实现城市燃气普及率 94%、县城及小城镇燃气普及率 65%的目标。开展城市地下综合管廊试点,用 3 年左右时间,在全国 36 个大中城市全面启动地下综合管廊试点工程;中小城市因地制宜建设一批综合管廊项目。新建道路、城市新区和各类园区地下管网应按照综合管廊模式进行开发建设。

城市供水、排水防涝和防洪设施建设。加快城镇供水设施改造与建设,积极推进城乡统筹区域供水,力争到 2015 年实现全国城市公共供水普及率 95%和水质达标双目标;加强饮用水水源建设与保护,合理利用水资源,限期关闭城市公共供水管网覆盖范围内的自备水井，切实保障城市供水安全。在全面普查、摸清现状基础上，编制城市排水防涝设施规划。加快雨污分流管网改造与排水防涝设施建设，解决城市积水内涝问题。积极推行低影响开发建设模式，将建筑、小区雨水收集利用、可渗透面积、蓝线划定与保护等要求作为城市规划许可和项目建设的前置条件，因地制宜配套建设雨水滞渗、收集利用等削峰调蓄设施。加强城市河湖水系保护和管理，强化城市蓝线保护，坚决制止因城市建设非法侵占河湖水系的行为，维护其生态、排水防涝和防洪功能。完善城市防洪设施，健全预报预警、指挥调度、应急抢险等措施，到2015年，重要防洪城市达到国家规定的防洪标准。全面提高城市排水防涝、防洪减灾能力，用10年左右时间建成较完善的城市排水防涝、防洪工程体系。

城市电网建设。将配电网发展纳入城乡整体规划，进一步加强城市配电网建设，实现各电压等级协调发展。到2015年，全国中心城市基本形成500（或330）千伏环网网架，大部分城市建成220（或110）千伏环网网架。推进城市电网智能化，以满足新能源电力、分布式发电系统并网需求，优化需求侧管理，逐步实现电力系统与用户双向互动。以提高电力系统利用率、安全可靠水平和电能质量为目标，进一步加强城市智能配电网关键技术研究与试点示范。

（三）加快污水和垃圾处理设施建设。

城市污水处理设施建设。以设施建设和运行保障为主线，加快形成"厂网并举、泥水并重、再生利用"的建设格局。优先升级改造落后设施，确保城市污水处理厂出水达到国家新的环保排放要求或地表水Ⅳ类标准。到2015年，36个重点城市城区实现污水"全收集、全处理"，全国所有设市城市实现污水集中处理，城市污水处理率达到85%，建设完成污水管网7.3万公里。按照"无害化、资源化"要求，加强污泥处理处置设施建设，城市污泥无害化处置率达到70%左右；加快推进节水城市建设，在水资源紧缺和水环境质量差的地区，加快推动建筑中水和污水再生利用设施建设。到2015年，城镇污水处理设施再生水利用率达到20%以上；保障城市水安全、修复城市水生态，消除劣Ⅴ类水体，改善城市水环境。

城市生活垃圾处理设施建设。以大中城市为重点，建设生活垃圾分类示范城市（区）和生活垃圾存量治理示范项目。加大处理设施建设力度，提升生活垃圾处理能力。提高城市生活垃圾处理减量化、资源化和无害化水平。到 2015 年，36 个重点城市生活垃圾全部实现无害化处理，设市城市生活垃圾无害化处理率达到 90% 左右；到 2017 年，设市城市生活垃圾得到有效处理，确保垃圾处理设施规范运行，防止二次污染，摆脱"垃圾围城"困境。

（四）加强生态园林建设。

城市公园建设。结合城乡环境整治、城中村改造、弃置地生态修复等，加大社区公园、街头游园、郊野公园、绿道绿廊等规划建设力度，完善生态园林指标体系，推动生态园林城市建设。到 2015 年，确保老城区人均公园绿地面积不低于 5 平方米、公园绿地服务半径覆盖率不低于 60%。加强运营管理，强化公园公共服务属性，严格绿线管制。

提升城市绿地功能。到 2015 年，设市城市至少建成一个具有一定规模，水、气、电等设施齐备，功能完善的防灾避险公园。结合城市污水管网、排水防涝设施改造建设，通过透水性铺装，选用耐水湿、吸附净化能力强的植物等，建设下沉式绿地及城市湿地公园，提升城市绿地汇聚雨水、蓄洪排涝、补充地下水、净化生态等功能。

三、科学编制规划，发挥调控引领作用

（一）科学编制城市总体规划。牢固树立规划先行理念，遵循城镇化和城乡发展客观规律，以资源环境承载力为基础，科学编制城市总体规划，做好与土地利用总体规划的衔接，统筹安排城市基础设施建设。突出民生为本，节约集约利用土地，严格禁止一切实际的"政绩工程"、"形象工程"和滋生腐败的"豆腐渣工程"。强化城市总体规划对空间布局的统筹协调。严格按照规划进行建设，防止各类开发活动无序蔓延。开展地下空间资源调查与评估，制定城市地下空间开发利用规划，统筹地下各类设施、管线布局，实现合理开发利用。

（二）完善和落实城市基础设施建设专项规划。城市基础设施建设要着力提高科学性和前瞻性，避免盲目和无序建设。尽快编制完成城市综合交通、电力、排水防涝和北方采暖地区集中供热老旧管网改造规划。抓紧落实已明确的污水处理及再生利用、生活垃圾处理设施建设、城镇供水、城镇燃气等"十二五"规划。所有建设行为应严格执行建筑节能标准，落实《绿色建筑行动方案》。

（三）加强公共服务配套基础设施规划统筹。城市基础设施规划建设过程中，要统筹考虑城乡医疗、教育、治安、文化、体育、社区服务等公共服务设施建设。合理布局和建设专业性农产品批发市场、

物流配送场站等，完善城市公共厕所建设和管理，加强公共消防设施、人防设施以及防灾避险场所等设施建设。

四、抓好项目落实，加快基础设施建设进度

（一）加快在建项目建设。

各地要统筹组织协调在建基础设施项目，加快施工建设进度。通过建立城市基础设施建设项目信息系统，全面掌握在建项目进展情况。对城市道路和公共交通设施建设、市政地下管网建设、城市供水设施建设和改造、城市污水处理设施建设和改造、城市生活垃圾处理设施建设、消防设施建设等在建项目，要确保工程建设在规定工期内完成。各地要列出在建项目的竣工时间表，倒排工期、分项、分段落实；要采取有效措施，确保建设资金、材料、人工、装备设施等及时或提前到位；要优化工程组织设计，充分利用新理念、新技术、新工艺，推进在建项目实施。

（二）积极推进新项目开工。

根据城市基础设施建设专项规划落实具体项目，科学论证，加快项目立项、规划、环保、用地等前期工作。进一步优化简化城市基础设施建设项目审批流程，减少和取消不必要的行政干预，逐步转向备案、核准与审批相结合的专业化管理模式。要强化部门间的分工合作，做好环境、技术、安全等领域审查论证，对重大基础设施建设项目探索建立审批"绿色通道"，提高效率。在完善规划的基础上，对经审核具备开工条件的项目，要抓紧落实招投标、施工图设计审查、确定施工及监理单位等配套工作，尽快开工建设。

（三）做好后续项目储备。

按照城市总体规划和基础设施专项规划要求，超前谋划城市基础设施建设项目。各级发展改革、住房城乡建设、规划和国土资源等部门要解放思想，转变职能和工作作风，通过统筹研究、做好用地规划安排、提前下拨项目前期可研经费、加快项目可行性研究等措施，实现储备项目与年度建设计划有效对接。对2016年、2017年拟安排建设的项目，要抓紧做好前期准备工作，建立健全统一、完善的城市基础设施项目储备库。

五、确保政府投入，推进基础设施建设投融资体制和运营机制改革

（一）确保政府投入。各级政府要把加强和改善城市基础设施建设作为重点工作,大力推进。中央财政通过中央预算内投资以及城镇污水管网专项等现有渠道支持城市基础设施建设,地方政府要确保对城市基础设施建设的资金投入力度。各级政府要充分考虑和优先保障城市基础设施建设用地需求。对于符合《划拨用地目录》的项目,应当以划拨方式供应建设用地。基础设施建设用地要纳入土地利用年度计划和建设用地供应计划,确保建设用地供应。

(二)推进投融资体制和运营机制改革。建立政府与市场合理分工的城市基础设施投融资体制。政府应集中财力建设非经营性基础设施项目,要通过特许经营、投资补助、政府购买服务等多种形式,吸引包括民间资本在内的社会资金,参与投资、建设和运营有合理回报或一定投资回收能力的可经营性城市基础设施项目,在市场准入和扶持政策方面对各类投资主体同等对待。创新基础设施投资项目的运营管理方式,实行投资、建设、运营和监管分开,形成权责明确、制约有效、管理专业的市场化管理体制和运行机制。改革现行城市基础设施建设事业单位管理模式,向独立核算、自主经营的企业化管理模式转变。进一步完善城市公用事业服务价格形成、调整和补偿机制。积极创新金融产品和业务,建立完善多层次、多元化的城市基础设施投融资体系。研究出台配套财政扶持政策,落实税收优惠政策,支持城市基础设施投融资体制改革。

六、科学管理,明确责任,加强协调配合

(一)提升基础设施规划建设管理水平。城市规划建设管理要保持城市基础设施的整体性、系统性,避免条块分割、多头管理。要建立完善城市基础设施建设法律法规、标准规范和质量评价体系。建立健全以城市道路为核心、地上和地下统筹协调的基础设施管理体制机制。重点加强城市管网综合管理,尽快出台相关法规,统一规划、建设、管理,规范城市道路开挖和地下管线建设行为,杜绝"拉链马路"、窨井伤人现象。在普查的基础上,整合城市管网信息资源,消除市政地下管网安全隐患。建立城市基础设施电子档案,实现设市城市数字城管平台全覆盖。提升城市管理标准化、信息化、精细化水平,提升数字城管系统,推进城市管理向服务群众生活转变,促进城市防灾减灾综合能力和节能减排功能提升。

(二)落实地方政府责任。省级人民政府要把城市基础设施建设纳入重要议事日程,加大监督、指导和协调力度,结合已有规划和各地实际，出台具体政策措施并抓好落实。城市人民政府是基础设施建设的责任主体，要切实履行职责，抓好项目落实，科学确定项目规模和投资需求，公布城市基础设施建设具体项目和进展情况，接受社会监督，做好城市基础设施建设各项具体工作。对涉及民生和城市安全的城市管网、供水、节水、排水防涝、防洪、污水垃圾处理、消防及道路交通等重点项目纳入城市人民政府考核体系，对工作成绩突出的城市予以表彰奖励；对质量评价不合格、发生重大事故的政府负责人进行约谈，限期整改，依法追究相关责任。

（三）加强部门协调配合。住房城乡建设部会同有关部门加强对城市基础设施建设的监督指导；发展改革委、财政部、住房城乡建设部会同有关部门研究制定城市基础设施建设投融资、财政等支持政策；人民银行、银监会会同有关部门研究金融支持城市基础设施建设的政策措施；住房城乡建设部、发展改革委、财政部等有关部门定期对城市基础设施建设情况进行检查。

（三）关于加强城市生物多样性保护工作的通知

生物多样性是人类赖以生存和发展的基础，加强城市生物多样性的保护工作，对于维护生态安全和生态平衡、改善人居环境等具有重要意义。为了切实加强城市生物多样性保护工作，根据国务院领导的指示精神，通知如下：

一、提高认识，增强生物多样性保护工作的紧迫感

生物多样性保护工作在国际生物多样保护工作中有重要地位和特殊意义。1992年6月在联合国召开的环境与发展大会上通过了《生物多样性公约》，我国是生物物种极为丰富的国家，我国政府于1993年正式批准加入该公约。随后，国务院批准了《中国生物多样性保护行动计划》、《中国生物多样性保护国家报告》，近年来，我国生物多样性保护工作取得明显成效。

但一些地方城市对生物多样性保护工作没有引起足够的重视，本土化、乡土化的物种保护和利用不够，片面追求大草坪、大广场的建设；大量引进国外的草坪、树种和花卉；盲目大面积更换城市树种；大量移栽大树、古树；自然植物群落和生态群落破坏严重；城市园林绿化植物物种减少、品种单一，盲目填河、填湖；城市河流、湖泊、

沟渠、沼泽地、自然湿地面临高强度开发建设；完整的良性循环的城市生态系统和生态安全面临威胁，部分地区的生态环境开始恶化，因此，各级城乡建设（园林）急需加强生物多样性保护工作，作为一项重点和紧迫任务抓紧抓好。

二、开展生物资源调查，制定和实施生物多样性保护计划

各省、自治区建设厅，直辖市园林局组织开展城市规划区内的生物多样性物种资源的普查。各城市要尽快组织编制《生物多样性保护规划》和实施计划。有条件的城市和园林科研机构要加强生物多样性的研究，积极开展生物资源生态系统调查、生态环境及物种变化的监测、生物资源（特别是乡土物种和濒危物种）的调查和检测；生物多样性的重点地区要强化措施，切实加强珍稀、濒危物种的繁育和研究基地建设。

要高度重视和切实加强自然的植物群落和生态群落的保护。对城市规划区内的河湖、池塘、坡地、沟渠、沼泽地、自然湿地、茶园、果园等生态和景观的敏感区域，各级园林绿化行政主管部门要按照《城市绿线管理办法》（建设部令第 112 号）的规定，编制保护利用规划，划定绿线，严格保护，永续利用。

要划定国家重点生物多样性保护区。对生物多样性丰富和生态系统多样化的地区、稀有濒危种自然分布的地区、物种多样性受到严重威胁的地区、有独特的多样性生态系统的地区以及跨地区生物多样性重点地区，建设部和各地园林绿化行政主管部门要将其列入重点生物多样性保护区，严格保护其系统内生物的繁衍与进化，维持系统内的物质能量流动与生态过程。各省市要采取切实措施，确定保护范围、健全保护机构、制定保护法规，促进重点地区、重点区域的生物多样性保护管理工作。

三、突出重点，做好生物多样性保护管理工作

生物多样性保护工作主要是保护生态系统的多样性、物种的多样性和遗传基因的多样性。

各地要结合本地的实际情况，突出做好就地保护、移地保护工作，积极进行优良园林绿化材料的遗传驯化，加强和促进本地乡土物种的保护合理利用，要按国务院《城市绿化条例》"苗圃面积占建城区面积的 2%"的规定，加快苗圃、花圃、草圃建设，尤其是要注重加强大苗培育基地建设，加强乡土树种的保护培育，引进培育适宜树

种,丰富植物物种多样性。

要注重和加强珍稀濒危物种的移地保护。全面贯彻执行《城市古树名木保护管理办法》,对古树名木要普查建档,划定保护范围,落实责任单位,落实责任人,落实养护管理资金。对城市现有的绿地和树木实施就地保护。凡大批量的大树迁移和大规模的树木抚育更新的,要组织专家论证签署意见,并经省级园林绿化行政主管部门批准。

对公共绿地、居住区绿地、道路绿化、风景林地、单位附属绿地、防护绿地建设,要加强植物配置设计的审批,合理界定植物品种的数量,丰富植物物种。要按照《道路绿化设计规范》的规定,进行道路绿化的规划建设,每条主干道都要按规定建设绿地游园,各城市都要建设园林景观路。

加快动物园、植物园等建设,充分发挥公园在生物多样性研究和保护中的重要作用。到2005年每个市辖区、县都要有公园。2010年争取在建成区的主要街区建有一座公园,注重发挥公园在生物多样性方面的科普教育阵地的作用,不断提高公众的生物多样性保护的意识。

四、切实加强生物多样性保护管理工作的领导

加强城市生物多样性保护工作是各级建设(园林)部门的重要职责。国务院批准建设部"三定方案"规定了建设部指导城市规划区内生物多样性保护工作的管理职能。2001年5月,国务院发布的《国务院关于加强城市绿化建设的通知》也明确提出,"要加强城市绿地系统生物多样性的研究,特别要加强区域性物种保护与开发的研究"。

各地建设(园林)部门要会同有关部门,认真履行生物多样性保护职责,切实做好本地区的生物多样性保护。各地园林绿化行政主管部门要把多样性保护作为重要的职责和主要工作来抓,要配备专门人员、落实相应资金,研究制定生物多样性保护工作的政策措施,加强对生物多样性的宣传教育,切实搞好生物多样性的保护和管理工作。

(四)住房城乡建设部关于促进城市园林绿化事业健康发展的指导意见

为全面贯彻落实党的十八大精神,进一步深入落实科学发展观,大力推进生态文明建设,加强城市园林绿化规划设计、建设和管理,促进城市园林绿化事业健康、可持续发展,现就城市园林绿化工作提出如下意见:

一、促进城市园林绿化事业健康发展的重要性和紧迫性

城市园林绿化作为为城市居民提供公共服务的社会公益事业和民生工程,承担着生态环保、休闲游憩、景观营造、文化传承、科普教育、防灾避险等多种功能,是实现全面建成小康社会宏伟目标、促进两型社会建设的重要载体。

各地住房城乡建设(园林绿化)主管部门要从战略和全局发展的高度,充分认识促进城市园林绿化事业健康发展的重要性和紧迫性,进一步统一思想,落实各项措施,积极推进城市园林绿化工作,创造良好人居环境,促进城市可持续发展。

二、指导思想、基本原则和目标任务

(一)指导思想

以科学发展观为指导,将城市园林绿化作为生态文明建设和改善人民群众生活质量的重要内容,作为政府公共服务的重要职责,切实加强全过程的控制和管理,推动园林绿化从重数量向量质并举转变,从单一功能向复合功能转变,从重建设向建管并重、管养并重转变,实现城乡绿化面积的拓展、绿地质量的提高和管养水平的提升,促进城市生态、经济、政治、文化和社会协调发展。

(二)基本原则

生态优先,科学发展。要树立按照尊重自然、顺应自然、保护自然的生态文明理念,加强对城市所依托的山体、河湖水系、林地、生物物种等自然生态资源的保护,坚决纠正急功近利、贪大求洋等违背科学发展观和自然规律的建设行为。

量质并举,功能完善。要在合理增加城市绿量的基础上全面提升绿地品质。通过科学规划和合理设计,进一步完善绿地系统布局和结构,实现城市园林绿化生态、景观、游憩、文化、科教、防灾等多种功能的协调发展。

因地制宜,资源节约。要以"节地、节水、节材"和"减少城市热岛效应、减少城市空气和水体污染、减少城市建筑和基础设施能耗"为核心,在城市园林绿化规划、设计、建设和养护管理各个环节中最大限度地节约资源,提高资源使用效率,减少资源消耗和浪费,

获得最大的生态、社会和经济效益。

政府主导，社会参与。明确城市政府责任，强化政府在资源协调、理念引导、规划控制、财政投入等方面的作用，鼓励民间资本通过政府购买服务的形式进入园林绿化的运营和养护，提升社会公众在园林绿化规划、建设和管理各个方面的参与度，实现全民"共建共享"的和谐发展。

（三）发展目标和主要任务

到2020年，全国设市城市要对照《城市园林绿化评价标准》完成等级评定工作，达到国家Ⅱ级标准，其中已获得命名的国家园林城市要达到国家Ⅰ级标准。

当前园林绿化工作的主要任务是：在积极拓展城市绿量的基础上，进一步均衡绿地分布，加强城市中心区、老城区的园林绿化建设和改造提升；紧密结合城市居民日常游憩、出行等需求，加快公园绿地、居住区绿地、道路绿化和绿道建设；继续推广节约型园林绿化；不断完善绿地系统综合功能；以保护城市规划区内水系、山体、湿地、林地等自然生态资源为依托，统筹城乡绿化发展。

三、采取有效措施，促进城市园林绿化事业健康发展

（一）坚持公益性、专业化发展方向

城市园林绿化是重要的公益事业，必须坚持政府主导的原则，不能将城市公园绿地片面视为旅游资源和旅游产业内容，违背其公益性质进行经营性开发。城市园林绿化是涉及生态、土壤、植物、城市规划、建筑等多个专业的系统工程，不能简单等同于植树造林，进行粗放式建设和管理。城市园林绿化是唯一有生命的城市基础设施，与城市建筑物、构筑物及各类市政基础设施密不可分，必须统一规划、协同建设、综合管理。

（二）加强科学规划设计

1.增强绿地系统规划的强制性和可实施性。各设市城市、县城要在2015年底前完成绿地系统规划的编制或修订工作，并纳入城市总体规划依法报批。绿地系统规划应根据地域自然条件和历史文化特征，合理设置各类绿地及园林绿化设施，采取点、线、面、环等多种形式，进行科学布局，形成完整有机的系统。绿地系统规划应包括绿地现状分析与评价、规划期限和目标、绿地指标、绿地系统总体结构、各类绿地布局、绿线、区域植物及引种育种规划、生物多样性保护、古树名木保护、防灾避险等主要内容。批准后的绿地系统规划要向社会公布，各级人民政府要定期组织检查，督促落实。绿地系统规划确定的各类绿地实行绿线管制，园林绿化主管部门要会同城乡规划主管部门加快划定城市绿线，绿线划定后要在政府网站等主要媒体上公布，接受公众监督。

2. 严格把好城市绿地设计方案审查、论证关。要将节约型、生态型、功能完善型园林绿化的具体要求落实到设计方案审查要求中，从源头上控制追求高档用材和过大规格苗木、从山区移植古树到城市、引种不适合本地生长的外来植物、滥设粗劣雕塑和小品、使用昂贵灯具造景、盲目建设大广场和大水景等不符合科学发展观的做法。严格控制城市绿地设计方案中使用的苗木规格，胸径大于15厘米的速生树种乔木数量和胸径大于12厘米的慢生树种乔木数量在乔木总数中所占比例不得大于10%。

（三）提升绿地建设品质

1. 积极拓展绿化空间。要对城市边角地、弃置地全部实施绿化，结合市政基础设施积极开展墙体、屋面、阳台、桥体、公交站点、停车场等立体空间绿化。

2. 均衡城市绿地分布。要结合旧城改造、棚户区改造项目，通过拆迁建绿、拆违还绿、破硬增绿、增设花架花钵等形式，加强城市中心区、老城区等绿化薄弱地区的园林绿化建设和改造提升。

3. 加快公园绿地建设。要按照城市居民出行"300米见绿，500米见园"的要求，加快各类公园绿地建设，不断提高公园服务半径覆盖率。大力倡导文化建园，加大对地域、历史、文化元素的挖掘，提高公园文化品位和内涵，打造精品公园。

4. 完善居住区绿化。要加强对新建居住区绿地指标和质量的审核，并结合居民使用需求，通过增加植物配置和游憩、健身设施，对老旧小区绿化进行提升改造，完善居住区绿地的生态效益和服务功能。

5. 建设林荫道路。要加强城市道路绿化隔离带、道路分车带和行道树的绿化建设，增加乔木种植比重，在降低交通能耗、减少尾气污染的同时，为步行及非机动车使用者提供健康、安全、舒适的出行空间，达到"有路就有树，有树就有荫"的效果。

6. 增强绿地防灾避险功能。要通过合理利用城市湿地和增加下凹式绿地、透水铺装、路面雨水引流设施等措施，增强雨洪调控能力，滞留和净化雨水回补地下水。结合公园绿地、广场因地制宜设置应急避难场所，按照相关标准、规范配备应急供水、供电、排污、厕所等设施并保障日常维护管理到位。

7. 推广节约型园林绿化。要针对不同城市水质性、水源性缺水的情况，推广使用微喷、滴灌、渗灌、再生水利用和雨水收集利用等节水技术，探索并推广集雨型绿地建设。绿地铺装地面要使用透水透气的环保型材料，减少硬质铺装使用比例。坚持适地适树，优先使用苗圃培育的乡土植物种苗，通过科学配置，营建以乔木为骨干的复层植物群落，减少单一草坪应用，节省建设、养护成本。

8. 实施自然生态保护和修复。要加强城市规划区内的湿地资源和生物多样性保护，充分保护和利用城市滨水区域野生、半野生生境构建滨水绿地，推进城市水体护坡驳岸的生态化建设和修复，纠正随意改变自然地形地貌、挖湖堆山、拦河筑坝、截弯取直、护坡驳岸过度硬化等建设行为。强化城市内自然山体保护和绿化，对违法开山采石取土造成的裸露、破坏山体尽快实施生态修复。

9. 统筹城乡绿化。要加强城乡大环境绿化，结合城市道路、山体、水系、湿地、林地建设绿化隔离带、绿道、绿廊等，强化城乡之间绿色生态空间的联系。县、镇园林绿化建设不能简单模仿城市，要充分体现对县、镇自然山水资源和人文历史资源的保护和利用。

（四）规范市场监管

1. 加强从业单位资质和从业人员资格的管理。从事园林绿化工程设计、施工、监理的单位，要依法取得相应的资质，并在资质许可范围内承接业务。设计人员、监理人员要取得相应的执业资格并在资格许可范围内执业。城市园林绿化主管部门要加强对施工负责人、项目负责人、质量和安全管理人员的专业培训。

2. 完善工程建设程序。城市园林绿化主管部门要根据园林绿化工程特点及管理现状，研究制定规范工程建设程序的相关规定，完善项目报建、承发包交易、项目报监、施工许可和竣工验收备案制度。加强对各类园林绿化工程竣工验收的监督管理，对其用材、用工、工艺、施工质量以及绿地指标的落实等严格把关。加大对违规项目的处罚力度，切实提高投资使用效率和工程建设水平，保障群众利益。

3. 严格招投标管理。园林绿化工程依法应当实施招投标的，要按国家和地方有关规定执行,并应充分考虑园林绿化的文化性、艺术性和园林植物具有生命力等特殊性,通过公平、公正、公开的市场竞争方式确定设计、施工、养护、监理、质检单位,禁止串标、围标、低于成本价的恶意投标、弄虚作假等行为。

4. 强化工程质量监督。要制定园林绿化工程质量监督管理办法,完善对监理单位及监理人员的园林绿化专业技术资格要求,加强对园林绿化工程质量的监督检查和施工技术指导。

5. 加强行业诚信体系建设。城市园林绿化主管部门要会同相关主管部门和质量监督机构,定期发布城市园林绿化工程设计、施工、养护、监理单位遵守法律法规、工程质量、诚信等情况,及时公布违法违规企业名单及降低资质等级、吊销资质证书等处罚结果。

(五)强化日常管护

1. 切实执行绿线管理制度。要在城乡规划中全面引入绿线管理制度,对城市绿线内的用地进行严格管理,对侵占绿地、擅自改变绿地性质等违法行为加大检查和执法力度。确因特殊需要临时占用绿地的,要经园林绿化主管部门批准,按照有关规定办理临时用地手续,缴纳相关费用,并在被占绿地四周明显位置公示占用单位、事由、期限和批准单位、时间及恢复措施等相关信息。开发利用绿地地下空间的,在报规划等有关部门审批时,应征求园林绿化主管部门的意见,并符合国家和地方有关规范,确保树木正常生长和绿地正常使用。

2. 严格保护园林树木。在城市建设中要加强原有园林绿化成果的保护,严禁擅自砍伐、移植园林树木。因同一个工程项目需砍伐大树(胸径20厘米以上落叶乔木和胸径15厘米以上常绿乔木)超过2株,或移植大树、实施大修剪超过10株,或需迁移古树名木的,必须在工程规划设计阶段进行专项论证,采取听证会、公示等形式,就砍伐、移植树木种类和数量、修剪程度等征求公众意见,接受社会监督。道路改造要制定对原有行道树妥善保留的实施方案,反对盲目更换树种、随意砍伐和移植行道树。要加大对古树名木及树龄大于50年的树木的保护力度,反对高价购买、移植非生产绿地内的树木,严禁从自然山林或乡镇农村直接采挖大树、古树进行异地移植。

3. 加强公园绿地监管。禁止借改造、搬迁等名义侵占公园绿地,确需搬迁的要经过充分论证,搬迁后不得改变公园绿地的公益性质,不得改变原址用地的公园绿地性质和使用功能。禁止将公园用地或园内设施以租赁、承包、买断等形式转交给营利性组织或个人经营。对侵占公园用地进行商业开发的，要限期整改，并恢复用地的公园绿地性质。对公园绿地内不符合规划、未经批准，并且与公共服务、公园管理功能无关的经营性场所，要坚决予以清退。

4. 强化专业化、精细化管护。各地要结合实际情况，制定完善园林绿化养护管理技术规范和养护定额标准，加快培养养护专业技术人员，加大养护资金投入。养护管理资金投入应占当地上一年度园林绿化建设总投入的7~10%，同时不低于当地园林绿化养护管理定额标准。坚决纠正"重建轻管，只建不管"，绿地建成后无管养资金、人员保障，造成绿地难以发挥应有景观、生态效益的问题。要结合数字城市建设，加快城市园林绿化管理信息系统建设，提高遥感信息技术在绿地要素调查、古树名木保护、绿地系统监测、绿地跟踪管护等方面的应用水平。

（六）推动科技创新

要加强城市园林绿化的基础调研和应用研究，充实科研队伍，落实科研经费，加大新成果、新技术的推广力度，促进科研成果的转化和应用。要结合风景名胜区、植物专类园、综合公园、生产苗圃等建立乡土、适生植物种质资源库，开展相应的引种驯化和快速繁殖试验研究。要积极推广应用乡土及适生植物，在试验基础上推广应用自衍草花及宿根花卉等，丰富地被植物品种。要促进野生种群恢复、生境重建，满足城市园林绿化建设和生物多样性保护需求。

四、加强对城市园林绿化工作的组织领导

（一）落实地方责任，完善管理制度

要建立健全市政府主要领导负总责的城市绿化目标责任制，把城市园林绿化纳入市政府重要议事日程，并从管理机构、资金投入和人员编制等方面给予保障，制定完善绿线管理、园林绿化工程管理、养护管理、信息公开及杜绝古树迁移、控制大树移栽、防止外来物种入侵等各项管理制度，确保城市园林绿化管理职能行使到位。

（二）巩固创建成果，推进生态园林城市建设

要在巩固国家园林城市创建成果的基础上进一步发展提升，将创建活动向县、镇延伸，向居民区和单位发展，向生态园林城市推进。省级住房城乡建设（园林绿化）主管部门要积极引导已获命名的国家园林城市推进生态园林城市创建工作，从实际出发，制定切实可行的

创建目标和工作方案，促进城市园林绿化从以园林绿化为基础，向市政基础设施、住房保障、绿色出行、低碳交通、绿色建筑、循环经济、建筑节能等全方位的结合发展过渡；从追求外在形象整洁美观向提升城市生态功能、保护自然资源和生物物种多样性、保障城市生态安全和促进城市可持续发展转变。

（三）以示范项目带动，加强行业指导

住房城乡建设部将确定一批符合节约型、生态型、功能完善型园林绿化发展方向的园林绿化示范项目，向全国推广，发挥示范引领作用。各级园林绿化主管部门要对居住区、单位附属绿地和公路、铁路、湖泊、水库、河道等用地范围内的绿地加强行业指导，促进其按照国家标准规范要求，实施专业化规划设计、建设和规范化管理。

（四）完善法规标准，建立长效监管机制

要严格贯彻执行《城市园林绿化评价标准》等国家及行业标准，有条件的城市要结合实际情况，尽快制定、修订地方法规，加强对毁绿、占绿等违规行为的处罚力度，强化对城市园林绿化的保护。各级园林绿化主管部门要与规划、纪检、监察、财政、审计、房产、执法等有关部门联动配合，加大对违法违规行为的查处力度。

（五）加大培训教育和宣传力度

要加强城市园林绿化专业技术人才队伍的培养，定期组织专业知识和技能培训，形成低、中、高级技能型人才梯队，提高行业发展整体水平。建立园林绿化信息发布和社会服务信息共享平台，将园林绿化工程项目信息及移植树木、临时占用绿地等行政审批信息面向社会公开，自觉接受社会公众和新闻媒体的监督，加强对社会舆情的收集、研判和处理，营造"政府重视、社会关注、百姓支持"的良好氛围。

（六）组织专项检查

各地要对照本意见各项内容，全面组织开展城市园林绿化专项检查，并对当前存在的问题立即整改。各省级住房城乡建设（园林绿化）主管部门要对本地区的问题查找和整改情况进行监督检查，并在2012年12月底前将检查情况和整改方案报我部。

我部将根据各地专项检查开展情况和各省上报情况进行重点抽查，对经检查确实存在破坏城市自然生态资源、大规模砍伐移植行道树、移植大树古树、占用公园用地或设施进行经营性开发、侵占绿地等严重问题的,将予以通报批评;其中已获得"国家园林城市"、"中国人居环境奖"称号的城市,将撤销其称号;已申报"国家园林城市"、"中国人居环境奖"的城市,将取消其申报、考核资格。

中华人民共和国住房和城乡建设部
2012 年 11 月 18 日

(五) 关于加强公园管理工作的意见

为了树立和落实以人为本,全面、协调、可持续的发展观,进一步加强公园管理工作,促进城市园林绿化事业的发展,现提出如下意见:

一、充分认识公园管理工作的重要意义

公园是城市绿地系统的重要组成部分,是供公众游览、观赏、休憩,开展科学文化教育及锻炼身体的重要场所,是城市防灾避险的重要基础设施,是改善生态环境和提高广大人民群众生活质量的公益性事业。

改革开放以来,我国的公园建设得到了较快的发展,对提高人民群众生活质量和改善城市生态环境发挥了积极作用。但是,在公园管理工作中也存在着机构不健全、管理不到位的情况,一些城市对公园特别是古典园林缺乏必要的维护和管理,珍贵的古典园林没有得到应有的保护。各级建设、园林主管部门,要本着对人民高度负责的精神,充分认识加强公园管理工作的重要意义,树立和落实科学发展观,按照《国务院关于加强城市绿化建设的通知》要求,认真履行职责,采取有力措施,加强公园管理,保护古典园林,提高公园管理水平。

二、认真实施城市绿地系统规划,合理布局各类公园

公园是城市绿线管制的重要内容。各级建设、园林主管部门要在《城市绿地系统规划》的指导下,按照建设部《公园设计规范》和《城市绿线管理办法》的规定,科学合理地规划各类公园,并在 2005 年 12 月底前完成绿线划定工作,向社会公布,接受社会监督。任何单位和个人不得擅自占用公园用地、改变公园用地性质,改变公园规划,功能不相吻合的建筑物、构筑物要作出规划,逐步拆除。

三、加强公园的建设管理

公园建设要以植物造景为主,突出以人为本、生态优先的原则。有条件的城市要加快植物园、湿地公园、儿童公园等各类公园的建设。新建、改建、扩建的各类公园的设计,必须符合国家有关公园管理的规定和审批程序。要弘扬我国传统园林艺术,突出地方特色,不断提高公园设计水平。公园建设必须按照批准的设计施工,并由相应资质的单位承担。公园竣工必须按规定验收合格后方可投入使用。城市供电、供热、供气、电信、给排水及其他市政工程应尽量避免在公园内施工,需在公园内施工的,须事先征得公园主管部门的同意,并遵守有关规定。

四、保证政府的资金投入,鼓励吸收社会资金建设公园

公园是社会公益事业。各地建设和园林主管部门要协调当地财政部门,将社会公益性公园的建设和管理费用列入政府公共财政预算。

对于免费开放的公园绿地,要落实专项资金,保证公园绿地的维护管理经费,确保公园绿地维护和管理的正常运行。

要在统一规划的前提下,调动各方面的积极性,加快公园建设步伐,鼓励企业、事业、公民及其他社会团体通过资助捐赠等方式参与公园的建设。

五、严格保护历史名园

要加强历史名园保护管理工作,加大对古典园林的保护管理力度。对列入《世界遗产名录》的历史名园,要遵照《保护世界文化自然遗产公约》的要求,严格保护。要加强对古典园林的保护管理和造园艺术的研究,制定保护规划和实施计划,切实落实管理措施。历史名园应保持原有风貌和布局,凡对原有风貌和布局产生影响的建设方案,必须经过专家论证并按规定程序审批。历史名园要实行严格的景观控制,在其保护范围和建设控制地带内严格控制各类建筑物、构筑物的建设。对有较高价值、较大影响的公园,建设部将列为国家重点公园,严格保护管理。

六、加强动物园的管理

动物园是以展出野生动物为主要内容的专类公园,具有科普教育、科学研究、动物繁殖保护、观赏游览等重要功能,是科学普及和环境保护宣传教育基地。各级建设、园林主管部门要严格区分营利性与公益性动物园的界限,加强对公益性动物园的保护与管理。城市动

物园的搬迁要充分论证，广泛听取各方面专家和公众意见，必要时应举行听证会。确需搬迁的动物园，不能改变公益性动物园的性质，不能改变动物园原址的公共绿地性质，不能进行商业开发。

七、切实提高公园的管理水平

要加强公园各项基础管理工作，不断提高管理水平。要加强公园内园林植物和各类设施的养护管理，保持优美环境。要大力开展文明公园创建活动，积极开展健康有益的科学普及和文化、体育活动，抵制封建迷信、有伤风化等不良行为。要积极推动公园管理体制改革，公园的卫生保洁、植物养护等工作要逐步推向市场。政府投资建设的公园、植物园、动物园等不得转让、出让。要最大限度地发挥其科普教育、生物多样性保护宣传和服务社会的功能。

八、加强公园安全管理

保证游人生命安全是公园管理的头等大事，必须切实加强公园安全管理。未经公园管理单位同意和有关部门批准，任何单位和个人都不得在公园内举办各种大型活动。经批准在公园内举办的大型活动，必须制定安全应急预案和落实安全保障措施，并报当地主管部门批准，活动期间必须落实安全责任制。要按照公园游客的合理容量，严格控制游人量，维护正常的游览秩序，确保游人生命财产的安全。要加强对公园内展览动物的监控，保证防护设施坚固、安全。对各类水上、冰上活动要加强安全管理。要注意搞好公园游览安全设施、警示标志和引导标牌的建设。要加强安全巡查，杜绝安全隐患，确保游览安全。对玩忽职守造成安全事故的，要追究有关责任人的责任。

2005 年 2 月 3 日

（六）全国城市公园工作会议纪要

城乡建设环境保护部城市建设管理局组织的全国城市公园工作会议，于 1986 年 10 月 23 日至 28 日在湖南省衡阳市举行。召开这方面内容的工作会议，新中国成立以来还是第一次。出席会议的有各省、自治区建设厅（建委）负责公园工作的同志，全国 75 个城市的园林局（处）长、管理干部，还有部分公园的主任。会议总结交流了城市公园工作的经验，拟订了城市公园管理条例，并提出了进一步加强城市公园工作的意见。

新中国成立以来，全国城市有了很大的发展。据 1985 年底的统计，全国 324 个设市城市有公园（含动物园）1017 个，面积 2.2 万公顷，其中 80% 上都是新中国成立后兴建的。另外，全国 2048 个县有公园 855 个，面积 6000 公顷。在开展全民义务植树运动的"六五"期间，各地的公园建设进入了蓬勃发展的新时期。在建设新公园的同时，不少城市还积极维修古典园林，使它重放异彩。随着公园建设的发展，各城市普遍加强了公园的管理，使园容更加美观，活动内容更加丰富，服务设施不断完善，为广大群众提供了优美、清新的游览、休息场所，在"两个文明"的建设中起了积极的作用。1985 年，全国城市公园的中外游人达 8 亿人次。

但是，在城市公园工作中，也存在不少需要解决的问题。一是公园数量少、面积小，人均指标低。据 1985 年底统计，全国城市人均公共绿地面积仅为 2.8 平方米。二是侵占公园绿地的现象仍然不断发生。据全国 28 个城市统计，在"六五"期间就有 540 公顷园林绿地被侵占，其中不少就是公园。三是由于各种因素的影响，有的公园忽视自身的基本功能，片面追求经济收入，举办各种与公园性质无关或影响公园环境质量的活动，使优美安静的环境受到了破坏。四是造园艺术水平有待进一步提高。

为了适应四化建设发展和人民生活水平的提高的需要，达到 1990 年城市人均公共绿地面积 3～5 平方米，每个县城都有一个公园，2000 年城市人均绿地面积 7～11 平方米的指标，为人民群众提供更加优美、舒适的游憩场所，美化市容，改善生态环境，会议提出了进一步加强城市公园工作的意见。

（1）进一步明确公园的性质和任务。公园是城市园林绿化系统中的重要组成部分，它既是供群众进行游览、休息的场所，也是向群众进行精神文明教育、科学知识教育的园地，对于改善城市的生态条件，美化市容面貌，加强"两个文明"的建设，以及对外开放、发展旅游等方面都起着重要作用。因此，公园是社会公益事业单位。它不以直接生产商品、赚取利润为宗旨。它的基本任务是，通过科学地配置树木花草，改善城市生态条件；提高艺术水平和环境质量，为人们提供优美、清新的游览、休息场所，向游人提供优质服务；通过不同方式，向游人进行精神文明及科学知识教育，寓教育于游览、娱乐之中。

(2) 处理好三个效益的关系。公园具有环境效益、社会效益和经济效益。在这三者的关系中，要以提高环境效益和社会效益为主，在发挥公园功能的前提下，努力提高经济效益，把三者统一起来。对于公园的经济效益，也不能仅仅归结为增加收入这一个方面。应当认识到，改善了城市的生态条件，提高了环境质量，同样也可以转换为经济效益。此外，公园在进行各项建设和维修时，用好每一笔资金，杜绝浪费，也是提高经济效益的一个方面。对三个效益有正确的理解，并处理好三者之间的关系，使其有机地统一起来，才能更好地完成公园的基本任务。

(3) 不应把"以园养园"、"园林结合生产"作为指导方针。在三年困难时期，曾提出过"以园养园"、"园林结合生产"的口号，之后曾长期作为园林工作的一个指导方针。可是，作为社会公益事业单位，是不可能自己养自己的。据1985年年底的统计，全国城市园林绿化共收入24656万元，而支出85831万元，收入只占支出的29%，而且这个支出数字还不包括社会集资和义务劳动。在"以园养园"、"园林结合生产"口号的影响下，一些公园只注重多抓收入，不注重园林基地功能的发挥，甚至主次颠倒。因此，今后不应再强调"以园养园"、"园林结合生产"这些口号，不能把它当作园林绿化工作的指导方针。当然，这并不是不主张提高经济效益。在保证公园功能发挥的前提下，公园仍然要努力增加收益。

(4) 逐步增加公园的建设、养护资金。公园建设，应列入城市的国民经济与社会发展计划，在资金上保证建设的顺利进行。要继续贯彻"人民城市人民建"的方针，在受益范围内集资进行公园建设。由于园林部门的工作是以提高环境效益、社会效益为主，因此在经济政策上应予以一些特殊照顾，减免一些税、费，以减轻经济负担。应改变园林部门目前实行的增收节支留用的办法，以加强公园及其他园林绿化的养护、维修。现行的公园门票价格偏低，不少公园的游人数严重超过环境容量，引起了环境的破坏。为了控制一些公园特别是古典园林的游人量，并增加公园自身的维修能力，各地可根据不同的情况，对公园的门票价格进行调整。

(5) 公园用地要加以保证。为了逐步达到城市公园的发展指标，城市规划部门应在城市总体规划、详细规划中，根据指标确定好公园的位置及面积。规划中的公园绿地,不得改作他用。现有的公园绿地,严禁任何单位进行侵占。要建立健全园林绿化及公园管理方面的法规,依法治园,保障园林绿地不被侵占,巩固和发展公园建设及整个园林绿化建设的成果。

(6) 坚持以植物造景为主进行园林建设。公园的重要功能是改善城市生态条件,在公园建设中必须坚持以植物造景为主。目前有些新建公园,绿化面积不到公园陆地总面积的50%,亭台楼阁过多,树木花草寥寥。这种状况应当加以改变。根据我国的情况,在规划公园中的用地,绿化面积应不少于公园陆地总面积的70%,建筑物的占地面积,根据不同情况,应分别为公园陆地总面积的1%至3%。这对于发挥公园的环境效益是非常必要的,同时还可以大大降低造价。

(7) 在继承的基础上加以创新。我国优秀的园林艺术为我们提供了丰富的遗产,值得我们认真学习、借鉴。但是,在新公园的建设上,一味照抄照搬某些古典名园,也是没有出路的。要建设有时代感和民族特色、地方特色的新园林,就必须在继承的基础上努力创新,同时应吸收外国的先进经验。

(8) 不能把公园变成游乐场。在古典园林中,设置各种游乐设施,特别是大型游艺机,破坏了原有的风貌,是不符合保护文物的精神的。在新公园中,设置各项游乐设施,也应该有规划,按照公园的功能分区合理设置,不要到处都搞。因为公园是向社会开放的,要满足不同爱好的人们的需要,一个公园的大部分区域应该是安静休息区。

(9) 加强公园的精神文明建设。最近,中共中央作出了关于社会主义精神文明指导方针的决议,明确指出:"加强精神文明建设,不但是思想文教部门的任务,而且是各条战线和一切部门的任务,是全党全军和全国各族工人、农民、知识分子和其他劳动者、爱国者的共同的长期的任务。"公园是精神文明的一个窗口,应该在这方面发挥更积极的作用。首先,要有一个优美、整洁、清新的园容面貌,给人以美的享受和陶冶。其次,要向游人提供优质服务,以园林职工的文明语言、文明行为,展示新的精神面貌。再有,要通过开展各种形式的科学知识教育及健康的文化娱乐活动,加强精神文明建设的工作。

(10) 加强公园管理。要提高公园的效益,充分发挥其功能就必须加强公园的管理工作。公园管理部门在搞好行政、技术、经济等方面管理的同时,应充分注意抓好以下几项具体管理工作:一是园容园貌的管理。公园内的小卖部、餐厅、照相、游船、游艺等服务点,要按照规划来设置,由公园统一经营管理。三是安全管理。要制定各项安全工作规章制度,对于容易发生危险的火、电、游船、古建筑、假山石等部分,要重点检查,消除隐患。各种设施要严格按照规程操作,严禁超载超员。举办大型活动时,要合理控制游人数量,并事先与公安、交通等部门取得联系,游览道路和出入口应确保畅通。

(11) 继续搞好改革。园林经济体制改革的目的,是为了更好地发挥园林的功能和作用,最大限度发挥环境效益、社会效益和经济效益,园林部门要根据公园的特点和实际情况,按照中央的精神和当地的部署,积极研究提出改革方案,进行试点。要打破平均主义的分配制度,继续完善不同形式的经济承包责任制、岗位责任制,提高广大职工的积极性、主动性和创造性。应建立健全各项经济、技术考核指标,使考核有科学的依据。园林局(处)对公园应该简政放权。要进一步搞好经营管理,充分发挥公园的功能作用,增加经济收入,努力改善职工的生活和工作条件。同时要加强思想政治工作,不断提高职工绿化环境、美化城市的责任心和光荣感,为两个文明建设作出更大的贡献。

(七) 关于进一步加强公园建设管理的意见

为适应城镇化快速发展需要,切实满足人民群众休闲、娱乐、健身等生活需要,切实改善人居生态环境,现就进一步加强公园建设管理提出以下意见:

一、正确认识公园建设管理工作的重要性和紧迫性

公园是与群众日常生活息息相关的公共服务产品,是供民众公平享受的绿色福利,是公众游览、休憩、娱乐、健身、交友、学习以及举办相关文化教育活动的公共场所,是城市绿地系统的核心组成部分,承载着改善生态、美化环境、休闲游憩、健身娱乐、传承文化、保护资源、科普教育、防灾避险等重要功能。

随着城镇化进程的不断加快,公园事业面临着新的挑战:一是随着人们生活水平的提高,市民群众对公园的数量、内涵、品质、功能、开放时间与服务质量等方面需求不断提高;二是随着社会老龄化

速度的加快、市民群众休闲需求的增加以及公园的免费开放，公园游客量急速增长，节假日更是人流剧增，公园的安全、服务、维护等方面压力不断加大；三是城乡统筹发展对公园类型、布局、设计、建设、管理等方面提出了新的要求；四是城市道路拓宽、地铁修建、房地产开发以及"以园养园"等变相经营对公园的用地范围、公益属性及健康发展都造成威胁。

各地要站在建设生态文明、精神文明和安定和谐社会的高度，充分认识加强新时期公园建设管理的重要性和紧迫性，树立生态、低碳、人文、和谐的理念，始终坚持公园的公益性发展方向，切实抓好公园建设管理工作。

二、强化公园体系规划的编制实施

各地要在编制或修编城市绿地系统规划时，本着"生态、便民、求实、发展"的原则，编制城市公园建设与保护专项规划，构建数量达标、分布均衡、功能完备、品质优良的公园体系。一是适应城市防灾避险、历史人文和自然保护以及市民群众多样化需求，合理规划建设植物园、湿地公园、雕塑公园、体育公园等不同主题的公园，并确保设区城市至少有一个综合性公园。二是与城市道路、交通、排水、照明、管线等基础设施相协调，统筹城市防灾避险及地下空间合理利用等发展需求。严格控制公园周边的开发建设，合理设置自行车停放场地、预留公交车停靠站点，限制公交车之外的机动车通行，并保障公园内交通微循环与城市绿道绿廊等慢行交通系统有效衔接。三是在保护、改造提升原有公园的基础上，按照市民出行300~500米见公园绿地的要求，结合城乡环境整治、城中村改造、城乡统筹建设、弃置地生态修复等，加大社区公园、街头游园、郊野公园、绿道绿廊等规划建设力度，确保城区人均公园绿地面积不低于5平方米、公园绿地服务半径覆盖率不低于60％。四是将公园保护发展规划纳入城市绿线和蓝线管理，确保公园用地性质及其完整性。

三、加强公园设计的科学引导

各地要牢固树立以人为本、尊重科学、顺应自然、低碳环保的公园设计理念，从设计环节上引导公园建设走节约型、生态型、功能完善型发展道路。一是严把设计方案审查关，防止过度设计。公园设计要严格遵照相关法规标准，严格控制公园内建筑物、构筑物等配套设施设备建设，保证绿地面积不得少于公园陆地总面积的65％；严格控制游乐设施的设置，防止将公园变成游乐场；严格控制大广场、大草坪、大水面等，杜绝盲目建造雕塑、小品、灯具造景、过度硬化等高价设计和不切实际的"洋"设计。二是以人为本，不断完善综合功能。新建公园要切实保障其文化娱乐、科普教育、健身交友、调蓄防涝、防灾避险等综合功能，并在公园改造、扩建时不断完善。三是突出人文内涵和地域风貌。要有机融合历史、文化、艺术、时代特征、民族特色、传统工艺等，突出公园文化艺术内涵和地域特色，避免"千园一面"。四是生态优先、保护优先。要着力保护自然山体、水体、地形、地貌以及湿地、生物物种等资源和风貌，严禁建造偏离资源保护、雨洪调蓄等宗旨的人工湿地，严禁盲目挖湖堆山、裁弯取直、筑坝截流、硬质驳岸等。五是以植物造景为主，以乡土植物、适生植物为主，合理配植乔灌草（地被），做到物种多样、季相丰富、景观优美。

四、严格公园建设过程的监管

各地要在保护好现有公园的基础上，有序建设新公园，合理改造提升、扩建老旧公园。一是切实加强对新建、改建、扩建公园项目从招投标到竣工验收全过程的专业化监督管理，确保严格遵照规划设计方案和工艺要求，安全、规范施工建设。二是以栽植本地区苗圃培育的健康、全冠、适龄的苗木为主，坚决制止移植古树名木，严格控制移植树龄超过50年的大树；严格控制未经试验大量引进外来植物；严禁违背自然规律和生物特性反季节种植施工、过度密植、过度修剪等。三是加强对新建、改建、扩建公园项目的竣工验收和审计，对违反规划设计方案施工、违规采购等要严肃查处，对不符合绿化强制性标准、未完成工程设计内容的公园建设项目，不得出具竣工验收合格报告。四是切实加强对公园建设项目竣工验收后养护管理的指导服务和监督检查。城市园林绿化主管部门要会同水利、交通、房产等各相关主管部门和质量监督机构，定期发布公园建设项目设计、施工、养护、监理单位遵守法律法规、工程质量、诚信等情况，及时公布违法违规企业名单及处罚结果。五是积极推广应用绿色照明、清洁能源、雨水收集及中水利用、园林垃圾资源化利用等新材料、新工艺、新技术，不断提升公园品质和功能。

五、深化公园运营维护管理

（一）严格运营管理，确保公园公共服务属性。

公园是公共资源,要确保公园姓"公",严禁任何与公园公益性及服务游人宗旨相违背的经营行为。一是严禁在公园内设立为少数人服务的会所、高档餐馆、茶楼等;严禁利用"园中园"等变相经营。二是禁止将政府投资建设的公园资产转由企业经营、将公园作为旅游景点进行经营开发。三是严禁违规增添游乐康体设施设备以及将公园内亭、台、楼、阁等园林建筑以租赁、承包、买断等形式转交营利性组织或个人经营。

各城市园林绿化主管部门每年至少组织一次全面清理检查,对存在违规行为的公园提出处理意见,责令限期整改,并将检查清理情况及时报送城市人民政府及省级住房城乡建设(园林绿化)主管部门。各省级住房城乡建设(园林绿化)主管部门应及时将有关情况报送住房城乡建设部,并督促整改。

(二)强化绿线管制,保障公园绿地性质。

公园绿地是城市绿地系统最核心的组成部分,任何单位和个人不得侵占。一是禁止以开发、市政建设等名义侵占公园绿地。二是禁止出租公园用地,不得以合作、合资或者其他方式,将公园用地改作他用。三是严禁借改造、搬迁等名义将公园迁移到偏远位置。经过公示、论证并经审核同意搬迁的公园,其原址的公园绿地性质和服务功能不得改变。四是严格控制公园周边可能影响其景观和功能的建设项目及公园地下空间的商业性开发。市政工程建设涉及已建成公园的必须采取合理避让措施;确需临时占用的,必须征得城市园林绿化主管部门同意,并按园林绿化主管部门的意见实施。

(三)加强日常管理,确保公园运营安全有序。

公园要建立健全安全管理制度,明确分工,责任到人。完善突发事件应急处置机制和安全督查机制,保障公园内各项设施设备安全运营。公园内举办大型活动或设置游乐项目必须首先开展安全风险评估,严格审查和公示管理,必要时需组织论证和听证。承担防灾避险功能的公园必须合理设置防灾避险设施,并确保出现灾情时及时开放、功能完好。

各地公园要切实加强日常管理,制订公园管理细则,明确公园管理人员、服务人员、游人等的行为准则,以优质服务游人为基本宗旨,倡导文明游园。一要保障公园内所有餐饮、展示、娱乐等服务性设备设施都面向公众开放。二要按功能分区合理设置游览休闲等项目，积极组织开展科普教育、生物多样性保护宣传和文化节、游园会、书画展等文化娱乐活动，严禁低级庸俗的活动进园。三要加强卫生保洁以及公园内山体、水体、树木花草等保护管理，确保公园水质清新、设施干净、环境优美。四要加强游园巡查，制止和清除黑导、野泳、野钓、烧烤等行为，杜绝噪声扰民、商品展销、游商兜售等。五要加强对旅游团队的管理，讲解人员须持证上岗，对历史名园、遗址保护公园、植物园、动物园、湿地公园等，要实行专业化讲解。六要严格限制宠物入园（宠物专类公园除外），严禁动物表演，严格限制机动车辆入园。

（四）加大管养投入，保障健康永续发展。

要本着"三分建设七分管养"的原则，在切实加大养护管理投入的同时全面推进公园管养专业化、精细化。一是从实际出发，制定公园养护管理技术规范和定额标准，加强专业人才队伍建设，保障公园管养经费足额到位，保证专业化管养水准。二是充分利用先进的科技手段，建设公园人、财、物以及游园、服务等数字化管理平台，健全信息公开、社会监督和动态监管机制，提高对古树名木、历史文化遗产等资源保护效力和公园综合管理效能。三是加大科研投入，积极开展引种驯化、物种资源保护、水质净化水生态保护等实用性、前瞻性研究。四是积极探索研究公园分级分类管理，根据公园等级类型和功能的不同，在收费标准、资金投入、考核检查等方面实行差异化管理。在标准完善、考核和监管机制健全的基础上，对公园卫生保洁、安全保卫以及防治病虫害等养护作业可实行社会化管理。

六、加强组织领导

（一）落实管理责任。

城市人民政府要贯彻落实《国务院关于加强城市绿化建设的通知》要求，把公园建设管理纳入政府重要议事日程。各级政府要在理念引导、规划控制、资源协调、资金投入、政策保障、监督管理等方面强化主导作用。

各级住房城乡建设（园林绿化）主管部门要组织制订完善公园建设管理的法规政策、制度以及技术标准、操作规程等，指导、监督公园管理机构正常履行职责，并对辖区内公园运营管理等组织考核并跟踪监督。

（二）完善公众监督。

各地要建立健全公园建设管理全过程监管体系，自觉接受社会公众和新闻媒体的监督，营造"政府重视、社会关注、百姓支持"的良好氛围。已建成开放的公园，要及时面向社会公示公园四至范围及坐标位置，加强社会监督。各地公园要建立自律自治和举报监督机制，及时受理群众举报，接受公众、媒体监督，引导社会各界参与公园的维护、管理，促进公园规范运营、和谐发展。

（三）健全动态监管。

各地要建立公园登记注册、普查清理、督查整改等动态监管机制，各省级住房城乡建设（园林绿化）主管部门要在每年12月31日前将本地区公园建设管理及跟踪督查情况上报住房城乡建设部。住房城乡建设部将根据各地上报信息及群众举报、媒体报道等情况组织重点抽查和专项调查，并及时通报违规情况。

（八）关于建设节约型城市园林绿化的意见

建城〔2007〕215号

为全面落实科学发展观，加快建设节约型社会，促进城市建设健康发展，现就建设节约型城市园林绿化提出如下意见：

一、充分认识建设节约型城市园林绿化的重要意义

城市园林绿化是城市重要的基础设施，是改善城市生态环境的主要载体，是重要的社会公益事业，是政府的重要职责。改革开放以来，特别是2001年国务院召开全国城市绿化工作会议以来，我国城市园林绿化水平有了较大提高，生态环境质量不断改善，人居环境不断优化，城市面貌明显改观，为促进城市生态环境建设和城市可持续发展作出了积极贡献。

但是，随着社会经济和城市建设的快速发展，城市土地、水资源和生态环境等面临着巨大压力，矛盾日益突出。一些地方违背生态发展和建设的科学规律，急功近利，盲目追求建设所谓的"森林城市"，出现了大量引进外来植物，移种大树古树等高价建绿、铺张浪费的现象，使城市所依托的自然环境和生态资源遭到了破坏，也偏离了我国城市园林绿化事业可持续发展的方向。

建设节约型城市园林绿化是要按照自然资源和社会资源循环与合

理利用的原则，在城市园林绿化规划设计、建设施工、养护管理、健康持续发展等各个环节中最大限度地节约各种资源，提高资源使用效率，减少资源消耗和浪费，获取最大的生态、社会和经济效益。建设节约型城市园林绿化是落实科学发展观的必然要求，是构筑资源节约型、环境友好型社会的重要载体，是城市可持续性发展的生态基础，是我国城市园林绿化事业必须长期坚持的发展方向。

各地建设（规划、园林绿化）主管部门要从战略和全局发展的高度，充分认识建设节约型园林绿化的重要性和紧迫性，切实抓好各项工作的落实。

二、指导思想与基本原则

（一）指导思想

按照建设资源节约型、环境友好型社会的要求，全面落实科学发展观，因地制宜、合理投入、生态优先、科学建绿，将节约理念贯穿于规划、建设、管理的全过程，引导和实现城市园林绿化发展模式的转变，促进城市园林绿化的可持续发展。

（二）基本原则

——坚持提高土地使用效率的原则。通过改善植物配置、增加乔木种植量等措施，努力增加单位绿地生物量，提高土地的使用效率和产出效益。

——坚持提高资金使用效率的原则。通过科学规划、合理设计、积极投入、精心管理等措施，降低建设成本和养护成本，提高资金使用效率。

——坚持政府主导、社会参与的原则。强化政府在资源协调、理念引导、规划控制、政策保障和技术推广等方面的作用，积极引导、推动全社会广泛参与，在全社会树立节约型、生态型、可持续发展的园林绿化理念。

——坚持生态优先、功能协调的原则。以争取城市绿地生态效益最大化为目标，通过城市绿地与历史、文化、美学、科技的融合，实现城市园林绿化生态、景观、游憩、科教、防灾等多种功能的协调发展。

三、建设节约型城市园林绿化的主要措施

（一）严格保护现有绿化成果。保护现有绿地是建设节约型园林绿化的前提，要加强对城市所依托的山坡林地、河湖水系、湿地等自然生态敏感区域的保护，维持城市地域自然风貌，反对过分改变自然形态的人工化、城市化倾向。在城市开发建设中，要保护原有树木，特别要严格保护大树、古树；在道路改造过程中，反对盲目地大规模更换树种和绿地改造，禁止随意砍伐和移植行道树；坚决查处侵占、毁坏绿地和随意改变绿地性质等破坏城市绿化的行为。

（二）合理利用土地资源。土地资源是城市园林绿化的基础，要确保城市园林绿化用地，同时按照节约和集约利用土地的原则，合理规划园林绿化建设用地。在有效整合城市土地资源的前提下，尽最大可能满足城市绿化建设用地的需求；在建设中要尽可能保持原有的地形地貌特征，减少客土使用，反对盲目改变地形地貌、造成土壤浪费的建设行为；要通过合理配置绿化植物、改良土壤等措施，实现植物正常生长与土壤功效的提高。

（三）加强科学规划设计。要通过科学的植物配置，增加乔灌木地被种植量，努力增加单位绿地生物量，充分利用有限的土地资源实现绿地生态效益的最大化。要适当降低草坪比例，减少雕塑等建筑小品和大型喷泉的使用。对现有草坪面积过大的绿地，要合理补植乔灌木、地被植物和宿根花卉。要加强城市绿化隔离带、城市道路分车带和行道树的绿化建设，增加隔离带上乔木种植的比重，建设林荫道路。要推广立体绿化，在一切可以利用的地方进行垂直绿化，有条件的地区要推广屋顶绿化。

（四）推动科技进步。要加大节约型园林绿化各项相关技术的攻关力度，针对不同地区建设节约型园林绿化的突出矛盾和优势，建设一批示范工程，对相关的新技术、新工艺、新设备、新材料等研究成果，进行广泛推广和应用。要加大对园林绿化科研工作的投入，落实科研经费，充实科研队伍，增强科研人员的素质，提高科学研究和成果推广能力，推动城市开展节约型园林绿化工作。

（五）积极提倡应用乡土植物。在城市园林绿地建设中，要优先使用成本低、适应性强、本地特色鲜明的乡土树种，积极利用自然植物群落和野生植被，大力推广宿根花卉和自播能力较强的地被植物，营造具有浓郁地方特色和郊野气息的自然景观。反对片面追求树种高档化、不必要的反季节种树，以及引种不适本地生长的外来树种等倾向。要推进乡土树种和适生地被植物的选优、培育和应用，培养一批耐旱、耐碱、耐阴、耐污染的树种。

（六）大力推广节水型绿化技术。在水资源匮乏地区，推广节水型绿化技术是必然选择。要加快研究和推广使用节水耐旱的植物；推广使用微喷、滴灌、渗灌等先进节水技术，科学合理地调整灌溉方式；积极推广使用中水；注重雨水拦蓄利用，探索建立集雨型绿地。

（七）实施自然生态建设。要积极推进城市河道、景观水体护坡驳岸的生态化、自然化建设与修复。建设生态化广场和停车场，尽量减少硬质铺装的比例，植树造荫。铺装地面尽量采用透气透水的环保型材料，提高环境效益。鼓励利用城市湿地进行污水净化。通过堆肥、发展生物质燃料、有机营养基质和深加工等方式处理修剪的树枝，减少占用垃圾填埋库容，实现循环利用。坚决纠正在绿地中过多使用高档材料、配置昂贵灯具、种植假树假花等不良倾向。

四、加强节约型城市园林绿化工作的组织领导

（一）明确分工，落实责任。各地建设（规划、园林绿化）主管部门要把思想统一到科学发展观上来，牢固树立节约型园林绿化的意识，将建设节约型城市园林绿化列入重要议事日程，制订具体实施方案。要统一思想，明确分工、目标和责任，确保认识到位、责任到位、措施到位。

（二）加强法规配套建设。各地建设（规划、园林绿化）主管部门要严格按照《城市规划法》、《城市绿化条例》等相关规定，不断加大执法力度，落实绿线管制制度。城市绿线必须向社会公布，接受社会监督，保护建设成果。要结合节约型园林绿化的要求，梳理现有法规规章，加快修订、完善园林绿化相关法规和标准，将节约型园林绿化作为重要内容纳入技术标准和规范，使节约型园林绿化的要求更加具体化、更具有可操作性。

（三）严格审核规划设计方案，加强监督检查。城市规划主管部门要会同城市园林绿化主管部门，按照节约型园林绿化的要求，严格审查规划设计方案。要组织专家对规划设计方案进行充分论证，将节约型园林绿化的具体要求落实到方案的评审标准中，从源头上制止不切实际，不尊重科学以及铺张浪费的行为，杜绝高价设计、高价建绿的问题。各地建设、园林绿化主管部门要加强对园林绿化建设、养护管理的监督检查，大力推广节约型管理模式，走节约型、可持续性发展的园林绿化道路。

（四）加强依法监督与管理。要建立健全各项管理和监督机制，保障节约型园林绿化工作有效推进。各地建设（规划、园林绿化）主管部门要在近期开展一次大检查，对于不符合节约型园林绿化要求的在建项目要责令其停建、整改；对于不符合要求的已建项目要逐步进行改造和完善。建设部在人居奖审查等环节将节约型园林绿化作为重要的考核内容，对于发生侵占绿地、破坏绿化成果等重大事件的，实行一票否决。

建设节约型城市园林绿化，是我国城市建设和发展进程的一项重要的长期任务。各地建设（规划、园林绿化）主管部门要在实践过程中不断总结经验，因势利导，结合城市所处地域的自然资源状况和地带气候特征，科学地制定实施方案，以高度的历史责任感和使命感，切实推进节约型城市园林绿化工作。

中华人民共和国建设部
二〇〇七年八月三十日

（九）城市园林绿化当前产业政策实施办法

建设部 1992 年 5 月 27 日颁布

城市园林绿化作为城市基础设施，是城市市政公用事业和城市环境建设事业的重要组成部分。城市园林绿化是以丰富的园林植物，完整的绿地系统，优美的景观和完备的设施发挥改善城市生态，美化城市环境的作用，为广大人民群众提供休息、游览，开展科学文化活动的园地，增进人民身心健康；同时还承担着保护、繁殖、研究珍稀、濒危物种的任务。优美的园林景观和良好的城市环境又是吸引投资、发展旅游事业的基础条件。城市园林绿化关系到每一个居民，渗透各行各业，覆盖全社会。园林绿化促进城市经济和社会系统的健康和活力，随着经济发展和社会繁荣，园林绿化事业的地位和社会需求将不断提高。分析其内部结构，大致由以下几方面组成：

1. 公共绿地管理：包括各级、各类公园，动物园、植物园、其他公共绿地及城市道路绿化管理。

2. 专用绿地管理：包括防护绿地，居住小区绿地，工厂、机关、学校、部队等单位的附属绿地。

3. 园林绿化建设、养护管理：包括园林绿化工程设计、施工、养护管理单位和队伍。

4. 园林绿化材料生产：包括为城市园林绿化服务的苗圃、草圃、花圃、种子基地等生产绿地管理及专用物资供给、保障事业。

5. 园林绿化科研、教育、服务管理：包括园林绿化专业的科研、教育单位及园林内的商业、服务业单位。

城市园林绿化规划、设计、施工、养护、管理、服务、生产、科研、教育等几个环节，密切相关，互相衔接，在国民经济中，形成了独立的产业体系。同时又与城市规划和市政、公用设施建设以及园艺、育种、植保、林业、气象、水利、环保、环卫、文化、文物、旅游、商业、服务等项事业发展密切相关或相包容，又具有一定的综合性，要同城市各项建设密切结合，协调发展。从总体上看，城市园林绿化事业具有为其他产业及人民生活服务的性质，是城市社会保障和社会服务系统中的组成部分，属于第三产业。其中园林树木、花卉和其他绿化材料的培育、养护同于种植业，有第一产业特点。园林绿化施工及专用设备材料制造，与建设业和制造业相似，有第二产业特点。

新中国建立后，城市园林绿化事业取得进展，但经历曲折道路，近十多年来，在改革开放政策的指引下，得到新的发展。截至1990年底，全国467个城市共有绿地474613公顷。其中建成区园林绿地217601公顷，公共绿地57863公顷。城市绿化苗圃有13941.5公顷，为城市建成区面积的1%。年植树量约1亿株。平均每城市居民占有公共绿地3.9平方米，绿化覆盖率平均为19.2%，建成区平均绿地率为16.9%。共有公园1926处，面积39084.2公顷，年游人量达99628万人次。园林绿化系统内职工总数为202315人。1990年园林绿化事业全年的维护、建设、更新改造支出总计88979万元，占城市维护建设总支出4.23%。

我国园林绿化还比较落后，城市绿地率、绿化覆盖率和人均公共绿地面积都较低，而且，园林绿地的绿化质量普遍不高，同世界发达城市相比差距悬殊。在此情况下，侵占绿地、改变现有规划园林绿地性质的情况却时有发生，对现有成果的巩固和发展造成巨大威胁。其主要原因是我国人口多，城市用地标准低，经济和社会发展尚处于社会主义的初级阶段，国家财力、物力满足不了实际需要，加之对园林绿化作用认识不足，管理机构不健全，法规、政策不配套，影响了园林绿化事业的发展和行业管理的实施。

植树造林,绿化祖国是我国的基本国策。城市园林绿化是国土绿化的组成部分,受国家法律保障,列为政府的职责、公民的义务。《中华人民共和国宪法》、《森林法》、《环境保护法》、《城市规划法》和其他法律、法规都作出了加强城市园林绿化建设,保护绿地、树木的规定,第五届全国人民代表大会第四次会议还作出了《关于开展全民义务植树运动的决议》,从法律上确立了城市园林绿化在国民经济和社会发展中的地位。随着城市化、工业化的发展,城市环境矛盾日趋突出,而园林绿化是城市生态系统中促进良性发展的积极因素,在创造优良的生产环境和改善人们的生存条件方面的作用是其他系统所不能代替的。所以,城市园林绿化是治理污染、提高环境质量必不可少的手段。"中共中央关于制定国民经济和社会发展十年规划和'八五'计划的建议"中指出"积极植树造林,提高绿化水平,为人民创造清洁、优美的生活环境"和积极治理污染,使环境建设同国民经济发展相协调的任务。国务院于 1991 年颁发的《固定资产投资方向调节税暂行条例》中规定"城市园林绿地"建设税率为 0%,体现了国家对城市园林绿化的重点支持政策。根据《国务院关于当前产业政策要点的决定》和国家计委《关于制定〈国务院关于当前产业政策要点的决定〉实施办法的通知》要求,制定本实施办法。

一、指导思想

(一)园林绿化是以园林植物为主体,以占有土地为基础的事业。将市区各类绿地同城市依托的自然环境,统筹规划,形成有机的绿地系统,维护和改善城市生态环境,保护自然地貌,文物古迹,保证规定标准的园林绿化用地。努力提高园林绿化水平,创造适宜、优美的生产和生活环境,造福人民。

(二)纳入国民经济与社会发展计划,与国民经济持续、稳定、协调发展。紧密结合城市建设、改造和各项建设工程,实行同步规划、计划、设计、施工、验收,及时发挥投资的总体效益。园林植物依靠持续的养护管理,不断生长、成熟,增长其功能和效益。不间断的养护、管理是建设的继续,保证养护管理的持续投入是事业维持所必须的。

(三)从我国实际情况出发,既要高瞻远瞩,根据城市环境治理、改善生态和提高人民生活水平的需要,规定园林绿地建设的规模和分布规律，制定长远发展规划，并留有余地；又要因地制宜，注重实效，制定切实可行的发展目标和分期的实施步骤。挖掘土地潜力，提高效率，充分利用一切可利用的土地和空间，植树绿化，开辟绿地。

（四）在目前多种经济成分并存的园林绿化体系下，要加强行业管理，通过加强宣传教育工作，普及园林绿化知识，组织动员公民义务植树，同时依靠法律的、行政的、经济的手段，调动各行业和广大人民群众，共同搞好城市园林绿化的建设、养护、管理工作，实现绿化地市的目标，使全市人民共同受益。

（五）园林绿化事业所产生的生态、经济效益是社会的巨大财富。但是，这些效益不可能为园林部门直接收得，事业的维持和发展主要靠国家、社会的支持和政策上给予的某些照顾。园林绿化管理部门应利用有利条件，搞好经济管理改革、提高维护保养水平和服务质量，合理地组织收入，减少国家的财政负担。促进旅游资源开发，发展外向型经济，组织园林技术和产品出口，努力增加收入。

（六）发展园林绿化科学技术，依靠科技进步，用现代科学技术改造和武装全行业。改变目前的以传统方式、体力劳动、手工操作为主的落后面貌，提高全行业的效率。

二、规划目标和发展序列

在"八五"期间，实现人均公共绿地 5 平方米指标的基础上，规划 2000 年城市绿化覆盖率要达到 35% 以上，人均公共绿地面积 7 平方米以上，城市建成区绿地率达到 30%，将城市一切可以绿化的地方都绿化起来，形成完整有机的绿地系统，搞好城市依托的大自然环境绿化。与此同时，扩大园林绿化职工队伍，提高队伍素质。

为实现上述目标，城市园林绿化应依据下列发展序列，执行产业政策，并作为各项经济政策的导向目标：

——重点发展公园、街道绿化和城市依托的自然环境绿化。

——利用自然地貌，名胜古迹，搞好环境绿化和配套设施建设，提供人们游览休息场所。

——发展植物园、动物园，搞好濒危物种移地保护、繁育、研究，搞好科普宣传教育。

——开发区和新建市区坚持按规划标准建设绿地系统，同时在城镇周围、工业区周围、工业区与居住区之间按标准建设防护绿地。

——新建住宅区和旧城改造，同步搞好绿化和建设配套公园。改善人民居住环境，为儿童和老年人提供休息和活动条件。

——新建和扩建项目，按各类规划指标，同步建设好附属环境绿地。

——发展园林绿化生产苗圃、花圃，实行科学育苗，培育优良品种、起行业引导作用。

——提倡结合城市近郊自然地貌，搞好绿化，广植树木，营造林地、林带，改善城市依托的自然环境，改善城市生态。

——控制建筑物、假山等非生物设施比例过大的园林建设。

——坚决制止侵占城市绿地或占用规划绿地搞其他建设项目。详见附件。

三、保障政策和实施措施

（一）每个城市都要制定城市园林绿化规划并纳入城市总体规划。规划绿地范围内的土地，要严加控制，不允许随意新建构筑物、建筑物或改作他用。现有地不许任意侵占或改作他用。必须占用的须报上级园林绿化行政主管部门审批，提出修改规划，给予加倍补偿。通过行政立法和技术立法规定城市总体和各类用地园林绿化指标，各类功能区域的绿地率，作为编制城市园林绿化规划的依据，促进城市绿地系统规划的实现。各城市应根据不同的地理、历史、气候、人口条件和政治、经济地位制定具体的指标和实施步骤。

（二）城市园林绿化建设要纳入城市国民经济和社会发展计划。

1. 对城市环境有重要影响的园林绿化项目，特别是城市依托的自然环境绿化系统工程，经过充分论证后，报请各级计划部门列入国民经济和社会发展计划。

2. 根据《环境保护法》中"城乡建设应当结合当地自然环境的特点，保护植被、水域和自然景观，加强城市园林、绿地和风景名胜区的建设"的要求，在安排社会发展和城市环境综合治理计划时，充分考虑园林绿化在城市环境治理和建设中积极、有效的作用，将其摆在应有的位置。

3. 根据城市基础设施稳定、协调发展的需要，各地方、各城市在城市建设维护资金计划中按比例安排园林绿化的资金。其具体比例由各地方根据当地园林绿化的实际水平和城市环境建设的需要分别确定。

4. 各城市财政预算应根据实际需要安排园林绿化养护费用。各城市在安排园林绿化发展计划时，应同时落实园林绿化养护能力和费用，避免盲目发展，无力维护造成的损失。

5. 在制定城市旅游发展规划时，应同时考虑城市风景园林和环境建设。建立旅游受益部门对提高风景园林价值和旅游环境质量给予补偿的机制。

6. 增加园林绿化科研、教育的投入，促进行业科学技术和职工素质水平提高，增加发展后劲。

（三）城市建设，公用、自用项目建设和改造都应按标准安排园林绿化资金，进行同步规划、计划、设计、建设、验收，凡未能达到规定绿地标准的均应给城市绿化建设以补偿。

1. 道路、桥梁等市政建设项目，要会同园林主管部门，进行统一规划设计，安排一定比例的绿地、林带或行道侧。由城市建设部门统一办理征地、动迁。所需建设投资，统一纳入项目的总预算内，交由园林专业部门组织实施。

2. 新建居住区和成片改造旧城区时，居住小区的绿地面积一般不应少于占地面积的30%，居住区应另辟建公园。绿地建设投资纳入住宅开发建设投资之内，一般按每平方米建筑面积造价的一定百分比提取。

3. 机关、工厂、医院和学校等一切企、事业单位的新建、改建、扩建项目，都应按标准规划设计绿地，其投资纳入项目建设计划。

4. 城市规划区内的铁路沿线、站区及由水利部门管理的河渠、水库、湖泊等滨水地带的林带及绿地，按照城市总体规划及有关技术标准，分别由铁路部门、水利部门进行建设及养护管理。

5. 工厂、企业及其他对环境有影响的设施应按照城市总体规划和环境保护的要求，负责营建防护林带，并做好经常的养护管理工作。

6. 在城市区内的解放军营区，除按照总参谋部、总政治部、总后勤部颁发的《军队绿化工作规定》进行绿化外，还要服从城市的统一规划和园林绿化要求。

7. 依法批租给国内、国外、境外租赁者使用的土地，都要遵照有关法规规定的标准，建设绿地。

（四）贯彻执行全国人大五届四次会议《关于开展全民义务植树运动的决议》和国务院《关于开展全民义务植树运动实施办法》，各城市人民政府要发动群众，植树绿化，维护和改善生态环境，把绿化城市的群众运动深入持久地开展下去。

1. 各临街道建设单位可以承包单位附近一定范围的公共绿地和道路建设和维护，作为该单位义务植树的任务。

2. 城市内没有完成义务植树任务的单位和个人，应缴纳一定数量的绿化费，专款专用于城市园林绿地的建设、维护。

（五）加快立法建设进程，完善园林绿化配套法规和技术标准，理顺管理体制，依法强化行业管理。

1. 根据国务院立法计划，积极搞好《城市绿化条例》和《城市公园管理条例》的起草、协调工作；争取早日颁布实施。抓紧有关部门规章和地方法规的编制，促进行业法规体系完整配套。

2. 根据城市园林绿化标准体系，抓紧专业标准、规范的配套编制。

3. 充实加强城市各级人民政府园林行政主管部门（或配备专门的人员），依法行使园林绿化行业管理职能。在管理体制上，特大城市、大城市坚持实行统一领导下的分级管理，适当保留一定的人、财、物制约调控权；中、小城市以相对集中管理为主。

4. 各级政府的园林行政主管部门要参与编制园林绿化规划，行使行业审核、协调、服务、监督的行政职能，管理城市各类园林绿地的建设和维护。对经营园林绿化设计、施工、苗木花卉生产、销售等的单位和个人，要依法进行行业监督管理。

5. 搞好城市园林绿化成果的保护和管理。城市绿化种植不得随意砍伐和损毁，特别应落实古树名木的保护管理职责。

（六）作为国家重点支持的产业，在财政、税收、物价、物资供应等方面给予优惠的政策。

1. 有条件的公园实行售票游览是现阶段国家给公园的一项优惠政策，同时也是控制游人量的一项管理措施。门票价格体现了公益性质，不足以补偿公园建设和管理的成本，经国家税务局同意，暂时免征营业税。

2. 国家对城市园林单位公共使用的土地和园林绿地建设给予免征土地使用税、投资方向调节税的照顾。农林特产品等的征税问题，待财政、税务部门调查研究后另行规定。

3. 对公园门票和园林部门的其他收费项目的定价，根据设施条件、服务质量和实际成本的变化，适时报请各级物价部门做出调整。

4. 园林绿化生产单位如苗圃、花圃、园林机具厂供应的水、电、煤炭、油料等能源，化肥、塑料薄膜、钢材、水泥等物资享受等同于农业、林业的优惠价格。

（七）加速改革开放进程，发挥行业优势，搞活经营，增强行业发展的活力。

1. 加强城市园林绿化的养护管理。按照维护任务量实行园林绿地养护管理费用的定额补贴。提高维护管理技术，保证维护管理力量。同时，允许在搞好维护管理工作的前提下开展多种经营，增加收入。

2. 充分发挥城市园林绿化的环境效益和社会效益，提高园容和管理水平，方便群众游览休息，丰富游览活动内容。利用园林部门的优势和有利条件开展各种经营，提高自我更新、改造的能力。园内的商业、服务业应统一由园林部门规划、经营。非园林单位经营者，利用公园设施和条件，应给予补偿。

3. 园林绿化要以当地植物为主。各城市应按规定标准建设苗圃、花圃。园林部门的苗圃、花圃是绿化材料生产的主体单位，在育种、繁育优良品种、优质苗木上起行业引导作用，应予重点扶植。支持企业、事业单位培育自用植物材料；同时，鼓励集体、个体及其他部门经营绿化材料生产。

4. 组织我国特产苗木、花卉、盆景和园林技术出口，开拓国际市场，发展外向型园林经济。

（八）实行科学管理，依靠科技进步，增加科研的投入，提高职工队伍素质，促进园林绿化事业的全面发展。

1. 改革传统的管理方式，吸收应用管理科学的新成果，改变园林绿化事业的落后面貌。

2. 加强园林植物的引种驯化、遗传育种的研究。培育具有特性和抗性的园林植物新品种。实行以植物材料为主进行园林绿化建设的技术政策。

3. 加强濒危、珍稀动、植物物种的异地保护、繁育、研究，为保护物种多样性作出贡献。

4. 针对园林设计、施工、植保、养护、管理、测试监控、专用机械等方面的发展开展科学研究。同时加强园林绿化科技情报工作，开展国内外横向交流，引进先进的园林绿化技术和植物品种。

5. 利用自身一切条件和手段加强对人民，特别是青少年的热爱自然、保护环境、保护园林绿化成果和各项园林绿化科学知识的普及教育。提高社会维护生存环境、自然生态、园林绿化的意识，动员全社会的力量共同搞好园林绿化建设和维护。

6. 加强各级园林绿化部门的政治思想工作和岗位技术、职业道德的教育，有计划、多形式、多层次地培养人才，不断提高职工队伍素质。园林绿化职工的工资待遇、住房条件、保险福利等应有所改善，园林部门内的育种、植保、环卫、室外高空作业等工种职工的劳保福利应享受专业队伍的同等待遇。

附：城市园林绿化当前发展序列和重点发展方向

一、园林绿化管理

（一）重点支持的方面

1. 改善城市生态、美化市容的园林绿地维护管理。加强城市公共绿地、居住区绿地、单位附属绿地、防护绿地、风景林地和道路绿化的维护管理，提高绿化水平和绿化覆盖率，发挥更大的环境和社会效益。搞好城市规划区内自然景观、文物古迹及其所处环境的保护和管理，维护和强化城市风貌特点，提供人们游览休息的场所。加强防护绿地的管理，提高对环境、卫生、安全、防灾等方面的防护效能，有条件的，可提供休息和游览。

2. 搞好公园的管理，提高造园水平，为社会主义物质和精神文明建设服务。搞好各级、各类公园管理；提高公园景观、园容和服务水平，丰富园林游览活动内容，创造各自吸引游人的特色。在提高环境、社会效益的前提下，搞好多种经营，提高经济效益，增强自身发展的能力。动物园、植物园和其他专类公园搞好饲养动物、栽培植物，游览环境和园容，加强科学普及和科学研究工作，为异地保护濒危物种和维护物种多样性作出贡献。维护、管理好居住区和单位附属绿地，为人民创造安静、优美的生产、生活和学习环境，特别要为儿童和老年人创造优美、丰富的休息、活动园地。搞好自然名胜和文物古迹的保护，特别是历史名园要保持其传统风貌，优美的环境，提供人民群众观赏和开展科学文化活动的场所。

3. 园林植物和设施的维护。保护园林植物及时的施肥、浇水、修剪、防治病虫害，维持园林植物长势良好，生机盎然。加强城市规划区范围内一切古树名木的维护管理，落实责任制，促使其健康、复壮。搞好游览防护、安全、服务和防治自然灾害设施的维护和检修。

4. 发展园林生产。园林生产苗圃、花圃、草圃、种子基地要加强引种、育种工作，培育适合当地生长的园林植物优良品种，保证当地园林绿化事业发展的需要。采用科学研究成果，发展新技术、新手段，在培育具有特性、抗性优良品种，推广新技术方面起示范、引导作用。利用园林优势，发展副业生产：生产适用、特效的培养土、肥料、营养剂、生物防治媒体等。组织特产园林植物、观赏动物繁育，满足国内外园林建设和交换的需要；组织中国特色的园林技术出口。

5. 园林绿化专业的科研和教育。

（二）限制和禁止的方面：

1. 禁止有损园林生态，自然、文化风貌和绿化种植的经营活动。
2. 限制影响园林绿化环境、社会效益的单纯追求经济效益的经营活动。
3. 限制高残留化肥、化学农药的施用。
4. 限制培育淘汰苗木品种，限制幼小苗木出圃，限制苗木远距离调运。

二、基本建设

（一）重点支持的方面

1. 按规划对城市依托的自然环境、城市郊区的大环境绿化系统工程以及构成完整的城市绿地系统的重要绿化工程项目建设。
2. 按规划确定的标准和特色建设的公园和其他公共绿地。对有价值的自然名胜和文物古迹加以保护、开发、利用、绿化、美化其周围环境，开辟成为游览胜地。
3. 城市规划区内的道路、河流、海湖岸绿化美化工程。
4. 按规定标准在城市各功能区、开发区、工矿区和特种设施间营造防护绿地、林网工程。
5. 新建、改扩建居住区按标准建设的中心绿地和绿化工程；各种新建项目按规定标准建设的附属绿地工程。
6. 为城市绿化服务的苗圃、花圃、草圃、种子基地等生产绿地建设。
7. 企事业单位，社会团体资助、受益单位集资建设的公园、纪念性绿地和其他公共绿地。
8. 有地方特色的植物园和专类园建设；在展览动物、技术力量和资金落实情况下的动物园、水族馆建设。

9. 以高新技术、先进设备改造传统生产管理方式的技术引进项目，设备购置项目。

10. 在公共绿地中提倡布置固定式花坛，种植多年生花卉、植物，设置游览指导、科普和康乐设施，实施无障碍设计和为残疾人专设的游憩项目。

（二）限制和禁止的方面

1. 禁止侵占城市园林绿地搞其他建设，禁止改变城市规划绿地的性质或者损坏其地形、水体和植被。

2. 禁止在园林绿地的景观精华地区和园林内部游人集中的地方建设大型的非游览设施或旅馆、饭店等。

3. 限制在园林绿地超过规定标准建设房屋和其他人工设施。

4. 限制在园林建设中过多地搞假山等非生物设施。

5. 限制在公园内建设绿地比例小、噪声大的大型游乐设施。

（十）旅游景区质量等级评定管理办法

自 2005 年 8 月 5 日起施行

第一条 为了全面推行旅游景区质量等级评定工作，规范旅游景区质量等级评定程序，促进旅游景区发展，特制定本办法。

第二条 旅游景区质量等级评定工作，依据中华人民共和国国家标准《旅游景区质量等级的划分与评定》（GB/T 17775—2003）及国家旅游局颁布的有关评定细则进行。

第三条 旅游景区质量等级评定工作，遵循自愿申报、分级评定、动态管理、分类指导的原则。

第四条 凡在中华人民共和国境内，正式开业从事旅游经营业务一年以上的旅游景区，包括风景区、文博院馆、寺庙观堂、旅游度假区、自然保护区、主题公园、森林公园、地质公园、游乐园、动物园、植物园及工业、农业、经贸、科教、军事、体育、文化艺术等旅游景区，均可申请参加质量等级评定。

第五条 旅游景区质量等级评定，是指对具有独立管理和服务机构的旅游景区进行评定，对园中园、景中景等内部旅游点，不进行单独评定。

第六条 国家旅游局负责旅游景区质量等级评定标准、评定细则的制订工作，负责对质量等级评定标准实施进行监督检查。

第七条 国家旅游局组织设立全国旅游景区质量等级评定委员会。全国旅游景区质量等级评定委员会负责全国旅游景区质量等级评定工作的组织和管理。

各省级旅游行政管理部门组织设立本地区旅游景区质量等级评定委员会，并报全国旅游景区质量等级评定委员会备案。根据全国旅游景区质量等级评定委员会的委托，省级旅游景区质量等级评定委员会进行相应的旅游景区质量等级评定工作的组织和管理。

第八条 3A级、2A级、1A级旅游景区由全国旅游景区质量等级评定委员会委托各省级旅游景区质量等级评定委员会负责评定。省级旅游景区质量等级评定委员会可以向条件成熟的地市级旅游景区质量等级评定机构再行委托。

4A级旅游景区由省级旅游景区质量等级评定委员会推荐，全国旅游景区质量等级评定委员会组织评定。

5A级旅游景区从4A级旅游景区中产生。被公告为4A级旅游景区一年以上的方可申报5A级旅游景区。5A级旅游景区由省级旅游景区质量等级评定委员会推荐，全国旅游景区质量等级评定委员会组织评定。

第九条 各级旅游景区的质量等级评定工作按照"创建、申请、评定、公告"的程序进行。

第十条 参加创建质量等级的旅游景区要按照国家标准和评定细则的要求，制定创建计划，明确责任目标，落实各项创建措施。

第十一条 旅游景区在创建计划完成后，进行自检。自检结果达到相应等级标准和细则规定的旅游景区，填写《旅游景区质量等级评定报告书》，并向当地旅游景区质量等级评定机构提出评定申请。经当地旅游景区质量等级评定机构审核同意，向上一级旅游景区质量等级评定机构推荐参加相应质量等级的正式评定。

第十二条 现场评定工作由负责评定的旅游景区质量等级评定机构委派评定小组承担。评定小组采取现场检查、资料审核、抽样调查等方式进行现场评定工作。

第十三条 现场评定符合标准的旅游景区，由负责评定的旅游景区质量等级评定机构批准其质量等级,并向社会公告。

第十四条 全国旅游景区质量等级评定委员会适时公告新达标的各级旅游景区名单。

第十五条 旅游景区质量等级评定现场工作由具有相应资格的检查员担负。根据所评定的旅游景区的资源类型与特色,应有一名相应专家作为评定小组成员。

第十六条 旅游景区质量等级评定检查员分为国家级检查员和地方级检查员。国家级检查员由全国旅游景区质量等级评定委员会聘任。地方级检查员由省级旅游景区质量等级评定委员聘任。

第十七条 检查员要接受旅游景区的监督,不得徇私舞弊。各级旅游景区质量等级评定机构要加强对检查员的监督管理,对有违规行为的检查员取消其检查员资格。

第十八条 被委托的旅游景区质量等级评定机构出现违规操作的,上级评定机构可以撤销委托其已获得的最高等级的评定权限。

第十九条 各级旅游景区质量等级评定机构对所评旅游景区要进行监督检查和复核。监督检查采取重点抽查、定期明查和不定期暗访以及社会调查、听取游客意见反馈等方式进行。全面复核至少每三年进行一次。

第二十条 等级复核工作主要由省级质量等级评定委员会组织和实施。全国质量等级评定委员会有计划、有重点进行复核。

第二十一条 经复核达不到要求的,或被游客进行重大投诉经调查情况属实的景区,按以下方法作出处理:

1. 由相应质量等级评定委员会根据具体情况,作出签发警告通知书、通报批评、降低或取消等级的处理。对于取消或降低等级的景区,需由相应的评定机构对外公告。

2. 旅游景区接到警告通知书、通报批评、降低或取消等级的通知后,须认真整改,并在规定期限内将整改情况上报相应的等级评定机构。

3. 凡被降低、取消质量等级的旅游景区,自降低或取消等级之日起一年内,不得重新申请新的资质等级。

第二十二条 旅游景区质量等级评定委员会签发警告通知书、通报批评、降低或取消等级的处理权限如下:

1. 1A、2A、3A 旅游景区达不到标准规定,省、自治区、直辖市旅游景区质量等级评定委员会有权签发警告通知书、通报批评、降低或取消等级。降低或取消等级的通知，须报国家旅游景区质量等级评定委员会备案。

2.4A、5A旅游景区达不到标准规定，省、自治区、直辖市旅游景区质量等级评定委员会有权签发警告通知书、通报批评，并报国家旅游景区质量等级评定委员会备案。如认为应作出降低或取消等级的处理，须报国家旅游景区质量等级评定委员会审批。

3.国家旅游景区质量等级评定委员会有权对各质量等级的旅游景区，作出签发警告通知书、通报批评、降低或取消等级通知的处理，但需事先通知有关省、自治区、直辖市旅游局旅游景区质量等级评定委员会。

第二十三条 旅游景区质量等级的标牌、证书由全国旅游景区质量等级评定委员会统一制作，由相应评定机构颁发。

第二十四条 旅游景区质量等级标牌，须置于旅游景区主要入口最明显位置，并在对外宣传资料中正确标明其等级。

第二十五条 本办法由国家旅游局负责解释。

第二十六条 本办法自二〇〇五年八月五日起施行，一九九九年九月三十日制定的《旅游区（点）质量等级评定办法》同时废止。

（十一）上海市公园管理条例（修正）

（1994年7月22日上海市第十届人民代表大会常务委员会第十一次会议通过根据1997年5月27日上海市第十届人民代表大会常务委员会第三十六次会议《关于修改〈上海市公园管理条例〉的决定》修正）

第一章 总 则

第一条 为了加强本市公园建设和管理，保护和改善生态环境，美化城市，增进人民身心健康，根据国家有关法律、法规的规定，结合本市实际情况，制定本条例。

第二条 本条例所称的公园是公益性的城市基础设施，是改善区域性生态环境的公共绿地，是供公众游览、休憩、观赏的场所。

第三条 本条例适用于本市范围内已建成和在建的综合性公园、

专类公园、历史文化名园以及规划确定的公园建设用地。

第四条 市人民政府园林管理部门（以下简称市园林管理部门）是本市公园行政主管部门，负责本条例的实施。

区、县人民政府园林管理部门（以下简称区、县园林管理部门）是本辖区内区、县属公园行政主管部门，业务上受市园林管理部门领导。

市或者区、县人民政府有关管理部门应当按照各自的职责，协同市或者区、县园林管理部门实施本条例。

第五条 市园林管理部门主要职责：

（一）编制本市公园的发展规划、建设计划，审批新建公园的总体规划和建成公园的调整规划；

（二）制定公园管理规范、技术标准、操作规程；

（三）制定有关公园的科技进步和人才培养目标；

（四）负责市属公园的建设、养护、管理和审批建设项目的设计方案；

（五）负责有关法律、法规的贯彻实施。

区、县园林管理部门主要职责：

（一）编制所属公园的总体规划，审批所属公园建设项目的设计方案；

（二）负责所属公园的建设、养护和管理；

（三）负责有关法律、法规的贯彻实施。

第六条 公园管理机构主要职责：

（一）依法实施公园的规划建设，加强财产管理，保证设备设施完好，提高园林艺术水平，创造优美环境；

（二）实行优质服务，维护公园秩序，保障游客安全；

（三）开展符合社会主义精神文明的科学普及教育和文化娱乐活动；

（四）受市或者区、县园林管理部门委托，处理游客违反本条例行为。

第七条 市或者区、县人民政府应当将公园建设纳入国民经济和社会发展计划，并单列专项经费保证公园的养护和管理。

市或者区、县人民政府可以通过接受捐赠、资助和社会集资等渠道筹集公园建设、养护、管理经费。

第八条 公园应当得到全社会的保护。对违反本条例的行为，公民有举报和控告的权利。

对在本市公园的规划、建设、保护和管理中成绩显著的单位和个人，由市或者区、县园林管理部门给予表彰和奖励。

第二章 规划和建设

第九条 本市公园发展规划和建设计划根据城市绿地系统规划以及合理布局的原则进行编制，经市人民政府批准后实施。

新建公园的总体规划根据本市公园发展规划和建设计划编制，其各项用地比例应当符合国家的有关规定。

第十条 公园建设项目的设计方案审批必须具备以下条件：

（一）符合批准的公园的总体规划；

（二）符合国家有关规定、技术标准和规范要求；

（三）承担设计的单位必须具有相应资格。

经批准的公园建设项目的设计方案不得任意改变。变更设计方案的，须经原批准部门批准。

凡不符合本条第一款规定的审批，市园林管理部门应当予以纠正。

第十一条 公园建设项目的施工，由具备相应资格的施工单位承担。建设单位和施工单位应当按批准的设计进行施工，不得任意改变。

公园建设项目竣工后，由市或者区、县园林管理部门和有关部门验收合格方可交付使用。

第三章 保护和管理

第十二条 本市公园发展规划确定的公园建设用地，任何单位和个人不得擅自改变或者侵占。城市规划确需改变公园建设用地性质的，市城市规划管理部门应当征得市园林管理部门同意后，报市人民政府批准，并就近补偿相应的规划公园建设用地。

第十三条 任何单位和个人不得侵占、出租公园用地，不得以合作、合资或者其他方式，将公园用地改作他用。

各类建设项目不得穿越或者使用公园用地。

市政工程、公用设施、高压供电走廊等建设项目因特殊需要穿越或者使用公园用地的，应当征得市园林管理部门同意后，报市人民政府批准，并就近补偿不少于占用面积的土地和补偿经济损失。

已建成的公园绿化用地的比例未达到国家有关规定的，应当逐步调整达到。

第十四条　市园林管理部门应当对本市公园实行分类分级管理，并会同市有关部门对重点园林给予重点保护和管理。

第十五条　公园的植物、动物、园林设施管理应当做到：

（一）按照园林植物栽植和养护的技术规程，加强养护和管理，提高园林艺术水平；

（二）加强对观赏动物的饲养、保护、繁育和研究，扩大珍稀、濒危动物种群，依法做好动物的引进、交换、调配工作；

（三）保持建筑、游乐、服务等设施完好，标牌齐全完整；

（四）依法对古树名木、文物古迹、优秀近代建筑实行重点保护。

第十六条　公园的环境管理应当做到：

（一）保持环境整洁，环境卫生设施完好；

（二）保持水体清洁，符合观赏标准；

（三）保持安静，噪声不得超过环境保护部门规定的标准；

（四）不得焚烧树枝树叶、垃圾或者其他杂物；

（五）不得设置影响公园景观的广告。

任何单位和个人不得向公园排放烟尘或者有毒有害气体；不得向公园水体倾倒杂物、垃圾或者排放不符合排放标准的污水。

市或者区、县城市规划管理部门应当对公园周围的建设项目加以控制，使其与公园景观相协调。

第十七条　公园的安全管理应当做到：

（一）健全安全管理制度，加强水上活动、动物展出、游乐设施、节假日游园活动等管理，落实措施，保障游客安全；

（二）设备、设施的操作人员应当持证上岗；

（三）除老、幼、病、残者专用的非机动车外，其他车辆未经许可不得进入公园。

第十八条　公园门票、游乐设施、展览以及其他活动、有关服务设施的收费标准和审批程序，按物价管理部门的规定执行。

第十九条　设置游乐设施项目不得有损公园绿化及环境质量，并须符合下列要求：

（一）设置在规划确定的区域内；

（二）与公园景观相协调；

（三）技术、安全指标达到国家的有关规定。

游乐设施项目竣工后，须经技术监督管理部门验收的，应当验收合格方可使用，并定期维修保养。

第二十条　商业服务设施设置应当服从公园规划布局，与公园功能、规模、景观相协调，并经市或者区、县园林管理部门批准。

因公园建设需要搬迁或者撤销公园内商业服务设施的，有关单位和个人应当服从。

第二十一条　公园内举办展览以及其他活动，应当符合公园的性质功能，坚持健康、文明的原则，不得有损公园绿化和环境质量。

举办全国性的展览以及其他活动，由市园林管理部门批准；举办局部性的展览以及其他活动，由市或者区、县园林管理部门批准。举办对本市有重大影响的展览以及其他活动，由市人民政府批准。

第二十二条　公园应当每天开放，开放时间由市园林管理部门规定。

因特殊情况需要停闭或者变更开放时间的，须经市园林管理部门批准。

第二十三条　游客应当文明游园，爱护公园绿化，保护公园设施，维护公园秩序，遵守游园守则。

游客游园禁止以下行为：

（一）损毁公园花草树木及设施、设备；

（二）携带枪支弹药、易燃易爆物品及其他危险品；

（三）伤害公园动物；

（四）设置经营或者擅自营火、烧烤、宿营；

（五）法律、法规禁止的其他行为。

第四章　法 律 责 任

第二十四条　有下列行为之一的，由市或者区、县园林管理部门责令其停止设计、施工或者使用，限期改正；越权或者违法的审批，其审批文件无效；造成损失的，应当赔偿；对直接责任人员处以赔偿费百分之一至百分之五的罚款：

（一）公园建设项目设计方案未经园林管理部门批准的；

（二）公园建设项目设计方案不符合公园的总体规划或者不符合国家有关规定、技术标准和规范要求的；

（三）未按资格等级承担设计、施工任务的；

（四）擅自改变公园设计或者未按批准的设计进行施工的；

（五）公园建设项目竣工后，未按规定进行验收的。

第二十五条 有下列行为之一的，由市园林管理部门责令其限期改正，恢复原状；造成公园用地损失的，应当赔偿，并处以绿地建设费用四至五倍的罚款；对直接责任人员处以罚款数额百分之一至百分之五的罚款：

（一）擅自改变公园规划建设用地性质的；

（二）侵占、出租公园用地或者以合作、合资以及其他方式，将公园用地改作他用的；

（三）公园内部用地比例未按国家有关规定执行的；

（四）各类建设项目擅自穿越或者使用公园用地的。

第二十六条 有下列行为之一的，由市或者区、县园林管理部门责令其停止侵害；造成损失的，应当赔偿，并按环境保护和环境卫生有关规定给予处罚：

（一）向公园水体排放不符合排放标准的污水或者向公园水体内倾倒杂物、垃圾的；

（二）向公园排放烟尘、有毒有害气体或者在公园内焚烧树枝树叶、垃圾及其他杂物的；

（三）公园内的噪声超过环境保护部门规定标准的；

（四）设置广告影响公园景观的。

第二十七条 因公园管理责任造成游客伤害的，应当赔偿；构成犯罪的，依法追究刑事责任。

第二十八条 有下列行为之一的，由市或者区、县园林管理部门责令其停止活动，限期改正，没收违法所得；造成公园用地损失的，应当赔偿，并处以绿地建设费用四至五倍的罚款；对直接责任人员处以罚款数额百分之一至百分之五的罚款：

（一）擅自制定公园门票、展览以及其他活动票价的；

（二）公园游乐设施技术指标未达到国家有关规定或者擅自在公园内设置游乐设施的；

（三）擅自在公园内设置商业服务设施的；

（四）擅自在公园内举办各种展览以及其他活动的；

（五）举办展览以及其他活动，有损于公园绿化、环境质量的。

第二十九条 违反本条例第二十三条第一款规定的，由市或者区、县园林管理部门给予教育制止，责令其改正；造成损失的，应当赔偿。

违反本条例第二十三条第二款禁止行为之一的，由市或者区、县园林管理部门责令其改正；造成损失的，应当赔偿，并可处赔偿费一至二倍的罚款；违反《中华人民共和国治安管理处罚条例》的，由公安部门给予处罚；构成犯罪的，依法追究刑事责任。

第三十条 市或者区、县园林管理部门对违反本条例的行为给予处罚的，应当向当事人出具行政处罚决定书。

市或者区、县园林管理部门对违反本条例的行为处以罚没款的，罚没款按规定上缴国库。

公园用地的赔偿费应当上缴市或者区、县园林管理部门，用于公园绿化建设。

第三十一条 市或者区、县园林管理部门、公园管理机构及其工作人员违反本条例，玩忽职守、滥用职权、徇私舞弊的，由其上级管理部门或者所在单位给予行政处分；造成损失的，依法予以赔偿；构成犯罪的，依法追究刑事责任。

第三十二条 当事人对行政处罚不服的，可以自接到处罚决定书之日起十五日内，向作出处罚决定机关的本级人民政府或者上一级主管机关申请复议，对复议决定不服的，可以自接到复议决定书之日起十五日内向人民法院起诉。当事人也可以在接到处罚决定书之日起三个月内，直接向人民法院起诉。当事人逾期不申请复议或者不向人民法院起诉又不履行处罚决定的，由作出处罚决定的机关申请人民法院强制执行。

第五章 附 则

第三十三条 本条例实施的应用问题由市园林管理部门负

责解释。

第三十四条 绿化赔偿费和罚款标准由市园林管理部门制定,报市人民政府批准后执行。

第三十五条 本条例自 1994 年 10 月 1 日起施行。

(十二) 重庆市公园管理条例

(2000 年 11 月 24 日重庆市第一届人民代表大会常务委员会第二十八次会议通过,根据 2005 年 5 月 27 日重庆市第二届人民代表大会常务委员会第十七次会议《重庆市人民代表大会常务委员会关于修改〈重庆市公园管理条例〉的决定》修正)

第一章 总 则

第一条 为加强公园规划、建设和管理,改善生态环境,美化城市,增进公民身心健康,根据有关法律、行政法规的规定,结合本市实际,制定本条例。

第二条 本条例所称公园是公益性的城市基础设施,具有游憩、休闲功能和良好的生态环境,向公众开放的场所。包括:综合公园、儿童公园、动物园、植物园、历史名园、风景名胜公园、游乐公园以及其他专类公园。

第三条 本市行政区域内公园的规划、建设和管理适用本条例。

第四条 市和区县(自治县、市)人民政府应当将公园建设纳入国民经济和社会发展计划,加大对公园建设的投入,并逐步增加一些不收费的公园。

国内外投资者可以依据国家有关规定,投资公园的建设,进行经营和管理。鼓励以捐赠、资助等形式参与公园建设。

第五条 市城市园林绿化主管部门负责全市公园的统一管理。

区县(自治县、市)城市园林绿化主管部门负责本辖区内公园管理。

公园管理机构负责公园内部的日常管理工作。

第六条 计划、建设、规划、土地、环保、公安等职能部门,按照各自职责,协同城市园林绿化主管部门做好公园的规划、建设和管理工作。

第二章 规 划

第七条 市城市园林绿化主管部门应当根据城市土地利用总体规划、城市总体规划和绿地系统规划以及合理布局的原则组织编制全市公园发展规划,报市人民政府批准后实施。

新建居住区五公顷以上必须规划百分之四以上的面积集中实施公园建设。

区县(自治县、市)人民政府应规划两个以上面积各不少于十公顷的公园。

第八条 全市的公园总体规划由市城市园林绿化主管部门组织编制。城市规划区范围内的公园总体规划由所在区人民政府会同市城市园林绿化主管部门编制,报市规划主管部门审批;城市规划区范围以外的区县(自治县、市)公园总体规划由所在区县(自治县、市)城市园林绿化主管部门编制,报同级人民政府审批,并报市城市园林绿化主管部门备案。

第九条 公园的修建性详细规划由公园管理机构根据公园的总体规划组织编制,其中,城市规划区范围内的由市城市园林绿化主管部门审查,报市规划主管部门审批;城市规划区范围以外的由区县(自治县、市)城市园林绿化主管部门审查,由区县(自治县、市)城市规划主管部门审批,报市城市园林绿化主管部门备案。

第十条 经批准的公园规划必须严格执行,任何单位和个人不得擅自变更,确需变更的应报原批准部门批准。

第十一条 公园的规划编制工作应当委托具有相应规划设计资质的单位承担。

第十二条 规划部门应当会同城市园林绿化主管部门划定公园保护范围,并实施控制管理。公园保护范围内建(构)筑物的体量、色彩及建筑风格等应当与公园景观相协调,不得影响公园内的植物生长。

第三章 建 设

第十三条 在城市规划区范围内公园的选址定点,由市城市园林绿化主管部门会同市建设、规划、土地等管理部门和公园所在地人民政府共同踏勘，由市规划主管部门核发建设工程选址意见书；在城市规划区范围以外的，由区县（自治县、市）城市园林绿化主管部门会同建设、规划、土地等管理部门共同踏勘，由区县（自治县、市）规划主管部门核发建设工程选址意见书。

第十四条　规划主管部门在审批城市规划区范围内公园建设项目规划设计方案前，应征求城市园林绿化主管部门的意见。

第十五条　公园建设项目的设计方案应符合批准的公园的总体规划、详细规划，符合国家有关技术标准和规范，承担设计的单位必须具有相应资质。

经批准的公园建设项目的设计方案不得任意改变。确需变更的，须经原批准机关批准。

第十六条　综合性公园绿化用地面积应不低于其陆地面积的百分之八十，建筑面积不超过其总面积的百分之三；其他类型的公园按国家公园设计规范标准执行。

已建成的公园绿化用地比例未达到国家有关规定的，应当逐步调整达到。

第十七条　公园建设施工应当按批准的设计方案进行，不得任意改变。建设项目的施工，应由具备相应资质的施工单位承担。

公园建设项目竣工并按照有关规定验收合格后，方可交付使用。

第四章　管　　理

第十八条　在公园保护范围内，禁止新建、扩建污染公园环境或影响、破坏公园景观的工程项目或设施。

公园门前应保持畅通、平整、洁净，不得摆摊设点。

第十九条　任何单位和个人不得向公园排放烟尘、有毒有害气体及不符合排放标准的污水，不得破坏和擅自开采、利用公园保护范围内的水资源和矿产资源等自然资源。

第二十条　任何单位和个人不得侵占公园绿地，不得以出租、合作、合资或者其他方式，将公园绿地改作他用。

第二十一条　因基础设施建设确需临时占用公园绿地或修剪、移植、砍伐公园树木的，按照《重庆市城市园林绿化条例》规定执行。

第二十二条 因城市规划确需改变或调整公园绿地性质和范围的,城市规划区范围内必须经市城市园林、规划、土地管理部门同意后,报市人民政府批准;城市规划区范围以外的经区县(自治县、市)城市园林、规划、土地管理部门同意,报同级人民政府批准,并报市城市园林绿化主管部门备案。

占用公园绿地应依法予以补偿并供给土地,用于公园建设。

第二十三条 公园管理机构应当遵守以下规定:

(一)严格按照规划要求实施公园的建设和管理;

(二)保证园内设备设施完好;

(三)保持公园环境整洁,园内水体符合观赏要求;

(四)确保废气、废水、噪声不超过环境保护部门规定的标准;

(五)在公园的醒目处设置导游图牌和服务指示牌;

(六)建立健全安全管理制度,维护公园秩序,确保园内各类活动的有序开展和游乐设施的正常运行和游客安全;

(七)不得划定收费的摄影点。

第二十四条 公园管理机构对植物、动物养护管理应当做到:

(一)遵守园林植物栽植和养护的技术规程,提高园林艺术水平;

(二)加强对观赏动物的饲养、保护、繁育和研究,扩大珍稀、濒危动物种群,依法做好动物的引进、交换、调配工作;

(三)依法对古树名木、文物古迹、寺观教堂和优秀近代建筑实行保护。

第二十五条 公园内的文化、游乐及配套的服务设施应当与公园功能、规模、景观相协调,设置在规划确定的区域内,并符合环境保护的要求。

游乐设施项目须经质量技术监督等有关部门验收合格方可使用,并定期维修保养。

因公园建设需要搬迁或者撤销公园内服务、游乐等设施的,有关单位和个人应当服从。

第二十六条 单位和个人在公园内举办大型游乐、展览等活动,应征得公园管理机构和城市园林绿化主管部门的同意,并依法办理有关手续。

第二十七条 公园门票、展览、游乐设施和其他有关服务收费的项目及标准,应报物价管理部门核定并公示。

对老年人、儿童、现役军人、残疾人、学生的门票费实行减免。

第二十八条 除老、幼、病、残者专用的代步车辆外，其他车辆未经公园管理机构许可不得进入公园。

第二十九条 驻在公园内的单位和人员应遵守公园的各项管理制度。

第三十条 根据公园的规模、游人量和治安工作的需要，经城市园林绿化主管部门提出，公安机关可依法设立治安管理机构。

第三十一条 在公园内禁止下列行为：

（一）设置户外商业性广告；

（二）破坏公园植被及景观，损毁公园花草树木，擅自进入草坪绿地；

（三）污损、毁坏公园设施、设备；

（四）擅自在公园内营火、烧烤、宿营；

（五）向公园倾倒杂物、垃圾及乱丢果皮、纸屑、烟头、塑料包装等废弃物；

（六）恐吓、捕捉和伤害受保护动物；

（七）喧闹滋事，妨碍公共安宁；

（八）非法携带枪支弹药、管制刀具、易燃易爆物品及其他危险品；

（九）法律法规禁止的其他行为。

第五章 法 律 责 任

第三十二条 对违反本条例规定，委托未具有相应资质等级的单位承担公园建设项目设计、施工任务的，由城市园林绿化主管部门责令改正，造成损失的依法承担赔偿责任，可处五千元以上一万元以下的罚款。

第三十三条 违反本条例第二十八条、第三十一条规定的，由公园管理机构给予警告，造成损失的，承担赔偿责任，城市园林绿化主管部门可处赔偿额两倍以上四倍以下的罚款；违反治安管理处罚条例的由公安机关处理；构成犯罪的，依法追究刑事责任。

第三十四条 违反本条例规定，应当由其他行政主管部门处理的，由公园管理机构提请有关行政主管部门依法处理。

第三十五条 国家机关及工作人员有下列行为之一的，由有关部

门给予行政处分;造成损失的,依法承担赔偿责任;构成犯罪的,依法追究刑事责任:

(一)擅自同意占用公园用地的;

(二)擅自发给公园建设工程规划许可证、建设工程施工许可证的;

(三)越权发放移植、砍伐公园树木许可证的;

(四)挤占、挪用、贪污赔偿费、建设费的;

(五)滥用职权、徇私舞弊、玩忽职守的。

第三十六条 公园管理机构及其工作人员违反本条例第二十三条、第二十七条规定,由城市园林绿化主管部门或其他行政主管部门责令限期改正。因公园管理责任,造成游客人身伤害或财物损失的,应当依法赔偿。

第三十七条 当事人对有关部门依据本条例作出的具体行政行为不服的,可依法申请行政复议或者提起行政诉讼。逾期不申请复议或者不向人民法院起诉,又不履行行政处罚决定的,作出处罚决定的机关可申请人民法院强制执行。

第六章 附 则

第三十八条 本条例自 2001 年 2 月 1 日起施行。

(十三)广州市公园管理条例

(1997 年 9 月 26 日广州市第十届人民代表大会常务委员会第三十六次会议审议制定,1997 年 12 月 1 日广东省第八届人民代表大会常务委员会第三十二次会议批准,1997 年 12 月 22 日广州市人民代表大会常务委员会公告第八十三号公布,从 1998 年 3 月 1 日起实施)

第一章 总 则

第一条 为加强公园的建设和管理,保护和改善生态环境,美化城市,增进公民身心健康,根据本市具体情况和实际需要,制定本条例。

第二条 本条例所称的公园属公益性的城市基础设施,是改善区域性生态环境的公共绿地及供公众休憩、观赏、进行文化娱乐和科学普及活动的场所。

第三条 本条例适用于本市市区范围内已建成和在建的公园,以及规划确定的市区公园建设用地的管理。

第四条 市、区、镇人民政府应当将公园建设纳入国民经济和社会发展计划,并在经费上保障公园的建设、维护和管理。

公园建设和维护费用可以通过接受捐赠、资助等渠道筹集。国内外投资者可以依据国家有关规定,投资参与公园的建设和管理。

第五条 市人民政府园林管理部门(以下简称市园林部门)是全市公园的行政主管部门,负责组织实施本条例。

区园林管理部门负责所属公园的建设和管理。

市、区所属公园,由该公园的主管部门负责建设和管理。

公园管理机构负责公园的日常管理工作。计划、建设、规划、国土、财政等职能部门,应当按照各自职能协同园林部门做好公园管理工作。

第二章 规划和建设管理

第六条 市园林部门应当根据城市总体规划组织编制本市公园发展规划和建设计划,报市人民政府批准后实施。

新建公园的规划和建成公园的调整规划应当根据本市公园发展规划和建设计划编制,由市园林部门和市城市规划行政主管部门(以下简称"市规划部门")审批后,报市人民政府审批。

第七条 公园必须按照规划进行建设。

公园内的亭、廊、榭、阁等非营业性的单体式园林建筑小品的建设,由市园林部门审批,报市规划部门备案;其他建设项目,经市园林部门提出意见,报市规划部门审批。

第八条 公园建设项目设计和施工,应当由具有相应资质的单位承担。

第九条 公园建设项目的设计方案必须符合国家的有关技术标准和规范,报市园林部门审核后,方可办理报建手续,经批准的公园建设项目设计方案不得任意改变。确需变更设计方案的,应当经原批准部门批准。

第十条 市规划部门应当会同市园林部门划定公园保护范围，并实施控制管理。公园保护范围内建（构）筑物的高度、色彩及建筑风格等应当与公园景观相协调。

第十一条 公园管理机构应当按有关规定建立规划、建设和管理业务档案，并报市园林部门备案。

第十二条 任何单位和个人不得侵占公园用地，不得擅自改变公园用地性质。违法侵占公园用地的，由市人民政府责令限期清退。

已建成公园的绿化用地比例未达到规划要求的，由园林部门或者非市、区属公园的部门组织调整达到，其费用由该公园管理机构承担。

第十三条 除不占用公园用地会严重影响城市功能发挥的城市道路基础设施外，其他建设项目不得征用公园用地。

征用公园用地或规划确定的公园建设用地的，市规划部门应当征得市园林部门同意后，报市人民政府批准。征用公园用地的，应当就近或异地补偿相应的用地及补偿经济损失；征用规划公园用地，应当补偿相应的规划公园建设用地。

城市基础设施建设需要临时占用公园用地的，按照《广州市城市绿化管理条例》规定的程序和要求办理有关手续。

第十四条 与公园无关的驻园单位不得在公园内进行新建、改建、扩建工程，市人民政府应当安排其迁出。

第三章 园 容 管 理

第十五条 公园应当加强园容管理，景观、设施、环境达到规范要求，为游客提供优美、舒适的休憩场所。

第十六条 公园应当加强绿化养护管理，保持植物生势良好，保护古树名木、文物古迹。凡在公园内砍伐树木的，必须经市园林部门批准。

第十七条 公园内的园道、公共卫生设施，应当按照市容环境卫生管理和有关规定实施管理，保持整洁及完好。

第十八条 公园内的水体应当保持清洁，及时打捞漂浮物，定期清理淤泥、杂物。

第十九条 任何单位和个人不得向公园内排放烟尘、有害气体及倾倒杂物、垃圾等废弃物。

公园内不得焚烧树枝树叶、垃圾及其他杂物。

第二十条 公园内设置游乐、康乐和服务设施应当符合公园规划布局，与公园功能、规模、景观相协调。不相协调的，由园林部门或者非市、区属公园的主管部门责令限期调整。

公园的建筑及游乐、康乐、服务等设施应当保持完好，标牌完整规范。

第二十一条 公园应当设置导游图牌和服务标示牌。不得设置户外广告。

公园门前广场应当保持空旷、平整，不得摆设摊档。

第二十二条 在公园内只允许与公园配套的商业服务活动。

在公园内从事商业服务活动，应当经公园管理机构和工商行政管理部门批准，并接受公园管理机构的检查、监督。

不得拆除围墙（栏）建设经营性的建（构）筑物。

第二十三条 公园内供游客游览、休憩的亭、廊、榭、阁等园林建筑不得改变其用途。

第四章 安 全 管 理

第二十四条 公园应当建立安全管理制度。加强水上活动、动物展出、大型展览、节假日游园活动和游乐、康乐设施的安全管理。

在公园内组织大型群众活动，应当按有关规定落实防范和应急措施，保障游客安全。

第二十五条 公园内涉及人身安全的游乐、康乐项目竣工后，必须经公安、劳动等部门验收合格方可使用，并定期检测、维修保养。

第二十六条 公园设备、设施的操作人员，必须经业务培训合格后，持证上岗。

第二十七条 除老、幼、病、残者专用的非机动车外，其他车辆未经公园管理机构许可不得进入公园。

第二十八条 公园应当按有关规定做好防风、防汛、防火和安全用电等工作，及时处理枯枝危树，定期检修湖泊堤坝，配备消防和抢救器材并定期保养、更新。

第二十九条 公园内的饮食服务点，应当依法做好食品、食具和从业人员的卫生管理工作。

第三十条 公园引进、出口或者交换动植物,应当按照管理权限报所属管理部门审核,并按国家动、植物检疫管理有关规定报批。

第五章 游园管理

第三十一条 游客应当文明游园,爱护公园绿化及设施,遵守游园守则及公园管理的有关规定。

第三十二条 公园内举办展览及其他活动,应当符合公园的性质和功能,坚持健康、文明的原则,不得影响游客的正常游园活动,不得损害公园绿化和环境质量。

公园举办全园性的活动,市属公园由市园林部门批准,区属公园由区园林部门批准;非市、区属公园由该公园的主管部门批准。

第三十三条 公园门票应当对老人、儿童、现役军人、残疾人、学生实行优惠。

公园门票(包括临时调整门票价格)和公园内的收费项目及标准,按物价部门有关规定执行。

第三十四条 公园内禁止下列行为:

(一)携带易燃易爆物品及其他危险品;

(二)恐吓、捕捉和伤害展出动物;

(三)在公园设施、树木、雕塑上涂写、刻划、张贴;

(四)损毁花草树木;

(五)在公园的亭、廊、座椅、护栏等设施上践踏、躺卧;

(六)随地便溺;

(七)乱丢果皮、纸屑、烟头等废弃物;

(八)其他损害公园绿化及设施的行为。

第三十五条 未经公园管理机构批准,不得在公园内营火、烧烤、垂钓、宿营及放风筝。

第六章 法律责任

第三十六条 违反本条例,有下列行为之一的,由市园林部门责令停止设计、施工,并处以2000元以上10000元以下罚款;造成损失的,应当依法承担赔偿责任:

（一）公园内非营业性的单体式园林建筑设计方案，未经批准或者未按批准的设计方案进行施工的；

（二）委托未具有相应资质或不按资质等级承担园林设计、施工任务的。

第三十七条 未经批准，举办全国性的展览和游园活动的，按照管理权限由园林部门或者非市、区所属公园的主管部门责令其停止活动，限期改正。

第三十八条 违反本条例第二十七条、第三十四条第（二）项至第（八）项和第三十五条有关规定的，由市、区属公园管理机构给予警告，并可当场对个人处以 50 元以下罚款，对单位处以 1000 元以下罚款；造成损失的，应当依法赔偿。

第三十九条 违反本条例应当由其他行政主管部门处罚的，由公园管理机构提请有关行政主管部门依法处理。构成犯罪的，依法追究刑事责任。

第四十条 园林部门和非市、区属公园的主管部门的工作人员及公园管理机构的管理人员玩忽职守、滥用职权、徇私舞弊的，由所有单位或者上一级行政部门给予行政处分；构成犯罪的，依法追究刑事责任。

因公园管理责任，造成游客人身伤害或者财物损失的，应当依法赔偿。

第七章　附　　则

第四十一条 县级市的公园管理，可照本条例执行。

第四十二条 本条例自 1998 年 3 月 1 日起施行。1988 年 5 月 31 日广州市人民政府颁布的《广州市公园管理规定》同时废止。

（十四）杭州市公园管理条例

2006 年 06 月 21 日

第一章　总　　则

第一条 为适应建设国际风景旅游城市的要求，提高公园建设、管理水平，美化城市，创造良好的公众游憩环境，增进人民身心健康，为公众服务，根据国家有关法律、法规，结合本市实际，制定本条例。

第二条 本条例所称的公园，是指具有休憩、观赏、游乐功能，供公众游憩，有一定规模的公共绿地。公园的具体名录由市人民政府公布。

第三条 杭州市市区范围内各类公园的规划、建设、管理和使用，应当遵守本条例。

第四条 公园实行市、区分级管理。市人民政府公园行政主管部门负责组织实施本条例，并负责市管公园的行政管理。各区人民政府公园行政主管部门负责本辖区内除市管公园以外的公园行政管理工作，业务上受市公园行政主管部门的指导。建设、规划、土地、市容环卫、环境保护、工商、物价、质量技术监督、公安等部门，应按各自职责，协同市、区公园行政主管部门做好公园行政管理工作。

第五条 市、区人民政府应当将公园的建设、管理和养护纳入国民经济和社会发展计划。市、区人民政府应当鼓励和引导社会力量筹集公园的建设、管理和养护资金。市、区人民政府应当加强公园建设，并积极创造条件，逐步增加公益性公园。

第六条 任何单位和个人都有保护公园的义务，对违反本条例的行为，有控告和举报的权利。

第二章 规划和建设

第七条 市公园行政主管部门应当根据《杭州市城市绿地系统规划》和《杭州市西湖风景名胜区总体规划》以及国家、省、市有关法律、法规，编制本市各公园的控制性详细规划。公园控制性详细规划应报市人民政府批准，报市人大常委会备案。

第八条 公园控制性详细规划确定的公园用地，任何单位和个人不得侵占或擅自改变其使用性质。因特殊情况确需调整公园用地的，应报市人民政府批准，并就近补偿相应的公园用地。市人民政府批准的公园用地调整方案，应报市人大常委会备案。

第九条 新建、扩建的公园，绿化用地比例应当符合国家和省的有关规定。已建成的公园，绿化用地比例未达到国家规定的，不得新建、扩建各类建筑物、构筑物。

第十条 规划行政主管部门应当对公园周围的建设项目加以控制，使其与公园景观和环境相协调。

第十一条 公园内新建、扩建、改建各类建筑物、构筑物，其体量、外形、高度、色彩都应与周围景观、环境相协调，不得损害自然景观和人文景观。任何单位和个人不得在公园内新建、扩建与公园功能无关的建筑物和构筑物。

第十二条 公园建设项目的设计、施工，应当按照建设工程招投标的有关规定确定设计、施工单位。

第十三条 公园建设项目设计方案，应当符合公园控制性详细规划和有关设计规范。公园建设项目设计方案，应经市公园行政主管部门和有关部门审查同意，并报市人民政府备案。经批准的公园建设项目设计方案，任何单位和个人不得任意改变；如需变更，应经原批准部门审查同意。

第十四条 公园建设项目竣工后，应经市公园行政主管部门会同有关部门验收合格，方可交付使用。游乐设施的设计、安装、竣工验收，按国家有关规定办理。

第十五条 公园绿化应合理配置植物群落，注重生态效应和园林造景，提高公园绿化园艺水平。

第三章 保护和管理

第十六条 公园业主单位应当按照园林植物栽植和养护的技术规程，加强对园林植物的养护和管理，枯树枯枝、残花败叶、地被杂草应及时清除。公园业主单位应加强对文物古迹、古建筑的保护，加强对展出动物的保护和管理。

第十七条 公园业主单位应加强公园设施的维护和管理，保持其安全、完好、整洁、色彩、外形与园容相协调，并符合下列规定：

（一）游乐设施保养、维修、更新符合有关规定；

（二）环境卫生设施保持其使用有效；

（三）说明牌、警示牌、导游牌等标牌应按规定标识，采用中外文对照，并保持齐全、清晰、准确。

第十八条 公园业主单位应当在公园内设置公共信息标志。公共信息标志的设置和维护必须符合国家及杭州市的有关规定。

第十九条 公园业主单位应按照法律、法规的有关规定，制定游园守则和公园安全管理制度，落实防范措施，加强安全管理，以保障游客安全。

第二十条 公园业主单位应加强车辆管理。除老、幼、病、残者使用其专用车辆外，其他车辆未经允许不得进入公园。经允许进入的车辆，应使其行驶和停放不影响游览和安全。

第二十一条 公园业主单位应加强环境卫生管理，落实环境卫生责任制度，保持环境整洁，水体清洁。禁止向公园或在公园内排放影响公园环境的废水、废气和噪声。

第二十二条 公园内举办宣传、演出、咨询、展览等公众活动，内容应健康、文明，遵守法律、法规的有关规定。公园内举办规模较大或对本市有重大影响的公众活动，应报经市人民政府批准；举办一般性公众活动，应报市、区公园行政主管部门批准。法律、法规另有规定的，从其规定。

第二十三条 公园应当定时开放，具体开放时间由公园业主单位报市、区公园行政主管部门备案。除特殊情况外，需要变更开放时间或停止开放的，须经市、区公园行政主管部门批准，并提前公告。

第二十四条 居住小区配套公园、广场公园、敞开式公园实行免费游园；其他公园经市人民政府批准，可以实行收费游园。收费公园，应设立相应的售票处和出入口，告示游园内容，明码标价。收费公园应按规定对老年人、学生、残疾人、现役军人和教师等游客实行免费或优惠。人民政府设立的收费公园，每日清晨对市民免费开放。具体时间和公园目录由市人民政府公布。

第二十五条 公园门票和公园游园项目的价格，物价行政主管部门应按《中华人民共和国价格法》的规定予以核定。公园的门票收入应当用于公园的维护和建设。因公园增加游园项目或游园项目内容以及其他原因，需要提高公园门票价格的，物价行政主管部门应当组织价格听证。经市人民政府批准，公园内举办的重大活动需要实行收费或提高公园门票价格的，由物价行政主管部门核定。

第二十六条 公园业主单位应当与公园游园项目的其他经营者依照法律、法规及其他有关规定签订合同，约定公园设施维护和安全管理等责任界限，报市、区公园行政主管部门备案。

第二十七条 公园内商业服务网点的布局，应遵循统一规划、控制规模、方便游客的原则。公园业主单位应根据公园的控制性详细规划和有关技术规定，制定商业服务网点的设计方案，并报市公园行政主管部门和规划行政主管部门批准。

第二十八条 凡需在公园内从事商品经营的经营者，应先征得公园业主单位的同意，经工商行政等部门批准后，持有关证照，在商业服务网点规划确定的区域或设施内经营。在公园内从事商品经营的经营者应当遵守下列规定：

（一）商业服务人员应佩戴服务证上岗，文明经商，礼貌待客；

（二）不得擅自扩大经营面积，搭建经营设施，占用绿地、道路从事经营活动；

（三）商品的陈列、宣传不得影响景观和周围环境；

（四）物价、工商、食品卫生、治安等有关法律法规的规定。

第二十九条 公园管理人员应当文明管理，遵守下列规定：

（一）佩戴服务证上岗，恪守职责，礼貌待客，热情服务；

（二）发现公园内有违反本条例行为的，应当劝阻、制止，并及时报告有关行政执法机关；

（三）本条例和其他法律法规的有关规定。

第三十条 游客应当文明游园，爱护公园的绿化和设施，遵守游园守则；不得逃票或使用假票。

第三十一条 公园内禁止下列行为：

（一）兜售物品、乞讨、堆放杂物、晾晒衣物、擅自张贴或设置标语或户外广告等有碍园容的，在凳、椅、亭、廊等处躺卧妨碍他人游憩的；

（二）随地吐痰、便溺、乱扔瓜皮果壳、纸屑、烟蒂、包装袋（盒）等废弃物、焚烧树叶、垃圾、倾倒废土、废渣及其他有碍公园环境卫生的；

（三）算命、占卜等封建迷信活动的；

（四）擅自攀登、移动、刻画、涂污或损坏围栏、亭、廊、雕塑、标牌及其他公园设施的；

（五）擅自采石取土、攀折花草树木、采摘果实或毁坏草坪、植被等损毁绿化的；

（六）未经许可捕捉野生动物、捕捞水生动植物或伤害展出动物的；

（七）法律法规禁止的其他行为。

第四章 法 律 责 任

第三十二条 违反本条例第九条规定的，由市公园行政主管部门责令其限期改正，恢复原状，并可处以一万元以上五万元以下的罚款。

第三十三条 违反本条例规定，有下列行为之一的，由市、区公园行政主管部门责令其限期改正，并可按以下规定处以罚款：

（一）公园建设项目竣工后，未按规定进行验收或验收不合格交付使用的，处一万元以上五万元以下的罚款；

（二）未按规定批准，在公园内举办公众活动的，处二千元以上一万元以下的罚款；

（三）公园设施存在安全隐患不排除的，处一千元以上一万元以下罚款；

（四）枯树枯枝、残败花卉、地被杂草不及时修整的，未按规定时间开放或擅自停止开放公园的，处二百元以上二千元以下罚款；

（五）车辆未经允许进入公园的，或经允许进入公园的车辆行驶、停放影响他人游览的，处二百元以下罚款。

第三十四条 违反本条例规定，有下列行为之一的，分别由市、区公园行政主管部门责令其限期改正，并可按以下规定予以处罚：

（一）公园管理人员或商业服务人员上岗未佩戴服务证的，处五十元以上一百元以下的罚款；

（二）从事商业服务的经营者擅自扩大经营面积、搭建经营设施的，处二百元以上二千元以下的罚款。

第三十五条 违反本条例规定，有下列行为之一的，由市、区公园行政主管部门责令其改正，拒不改正的，可按以下规定予以处罚；造成损失的，应予以赔偿：

（一）兜售物品的，在凳、椅、亭、廊等处躺卧妨碍他人游憩的，可处以二十元以上二百元以下的罚款；

（二）逃票或使用假票的，擅自攀登、移动或损坏围栏、亭、廊、雕塑、标牌及其他公园设施的，擅自捕捞水生动植物或伤害展出动物的，可处以五十元以上五百元以下的罚款。

第三十六条　违反本条例规定，涉及《杭州市市容和环境卫生管理条例》规定行为的，由市容环境卫生主管部门委托市、区公园行政主管部门所属的具有管理公共事务职能的事业组织按照《杭州市市容和环境卫生管理条例》的有关规定予以处罚。违反本条例规定，其他法律、法规已有处罚规定的，由有关行政主管部门按有关法律、法规的规定予以处罚，并告知公园行政主管部门。

第三十七条　公园行政主管部门工作人员玩忽职守、滥用职权、徇私舞弊的，由其所在单位或者上级主管部门给予行政处分；构成犯罪的，依法追究刑事责任。

第三十八条　本条例规定的行政处罚，公园行政主管部门可依法委托具有管理公共事务职能的事业组织实施。

第五章　附　　则

第三十九条　本条例所称公园业主单位，包括公园业主或受公园业主委托建设、经营、管理公园的法人、组织以及政府批准设立的公园管理机构。本条例所称公园游园项目是指利用公园主要设施为游客提供独立的游乐、观赏等公园服务项目。公园游园项目的其他经营者，是指与公园业主单位约定，利用公园场地或主要设施，从事公园游园项目经营活动的单位和个人。

第四十条　本条例自公布之日起施行。

（十五）成都市公园条例（草案）

第一章　总　　则

第一条　（目的与依据）

为加强公园的规划、建设、管理和保护，促进公园事业的发展，改善生态环境，美化城市，根据国务院《城市绿化条例》、《四川省城市园林绿化条例》等有关法律、法规，结合成都市实际，制定本条例。

第二条 （公园概念）

本条例所称公园，是指具有休憩娱乐、游览观赏和防灾避险功能，有较完善的设施、良好的绿化环境，并向公众开放的场所，是城市的公益性基础设施。包括：综合性公园、专类公园（儿童公园、动物园、植物园、游乐园、体育公园等）、文物古迹公园、纪念性公园、风景名胜公园、带状公园等。

第三条 （适用范围）

本市行政区域内公园的规划、建设、管理适用本条例。

第四条 （资金投入）

市和区（市）县人民政府应将公园事业纳入国民经济和社会发展计划，政府负责维护和管理的公园，其维护和管理费用应列入财政预算。

鼓励自然人、法人和其他组织参与投资公园建设或以资助、捐赠等方式支持公园事业的发展。

第五条 （管理体制）

市园林行政管理部门主管本市公园工作，负责本条例的组织实施。区（市）县园林行政管理部门按照职责分工负责本行政区域内的公园管理监督工作。

有关行政管理部门按照各自职责，负责公园的有关工作。

公园管理机构负责公园范围内的具体管理工作。

第六条 （分级分类管理）

公园实行分级、分类管理。

公园的等级、类别由市园林行政管理部门按照有关规定确定并公布。

第二章 规划、建设与保护

第七条 （规划与计划）

市园林行政管理部门应会同有关行政管理部门依据成都市城市总体规划、分区规划和绿地系统规划编制公园发展规划和实施计划，报市人民政府批准后实施。

第八条 （用地控制）

市规划行政管理部门应会同市土地、园林行政管理部门,按照公园发展规划确定公园建设用地范围,并予公布。任何单位和个人不得擅自改变公园用地性质。

确需改变公园用地性质的,应制定调整方案。锦江区、青羊区、金牛区、武侯区、成华区等五城区(含高新技术产业开发区,以下统称"五城区")范围内应由市规划行政管理部门会同市土地、园林行政管理部门组织论证,提出意见,报市人民政府审批。其他区(市)县范围内应由区(市)县规划行政管理部门会同土地、园林行政管理部门组织论证,提出意见,报同级人民政府审批,并报市园林行政管理部门备案。

市和区(市)县园林行政管理部门,对调整公园用地性质方案进行论证时,应当组织听证。

第九条 (选址)

新建公园应布局合理,优先选择历史、文化等遗址和遗迹及自然景观资源的区域、地点。鼓励利用荒滩、荒地等建造公园。

公园选址定点,由规划行政管理部门会同建设、土地、园林行政管理部门共同踏勘,由规划行政管理部门核发建设工程选址意见书。涉及文物保护的,应征求文化行政管理部门的意见。

第十条 (保护范围)

规划行政管理部门应会同园林行政管理部门划定公园保护范围,并实施控制管理。公园保护范围内的各类建(构)筑物的高度、体量、色彩和建筑物风格应与公园整体景观相协调。

第十一条 (设计审批)

新建、改建、扩建公园应符合本市公园发展规划。

城市各级各类公园的规划设计按以下规定审批:

(一)面积在10万平方米以上的,由市园林行政管理部门审查,按法定程序履行审批手续。

(二)面积不足10万平方米的,五城区范围内由市园林行政管理部门审批;其他区(市)县由其园林行政管理部门报同级人民政府审查,按法定程序审批。

第十二条 (绿地面积与建筑占地面积)

公园绿化用地面积、建筑占地面积与公园面积的比例,按国家规定的标准执行。

已建成的公园绿化用地比例未达到国家规定标准的,应逐步调整,达到国家规定标准。

第十三条 （设计资质）

公园的设计应由具有相应园林规划设计资质的单位承担。公园的设计应符合公园设计规范。

第十四条 （施工、监理资质）

公园建设施工、监理应由具有相应资质等级的单位承担,施工、监理单位必须按照批准的公园设计进行施工和监理。

第十五条 （设计施工单位确定）

公园的建设项目设计、施工,应按照建设工程招标投标的有关规定确定设计、施工单位。

第十六条 （竣工验收）

公园建设项目竣工后,经建设单位组织验收合格,方可投入使用,并报园林行政管理部门备案。

第十七条 （确认）

本市公园经园林行政管理部门登记确认后公布。

第十八条 （市政设施设置）

公园内水、电、燃气等市政管线和其他市政设施应隐蔽设置,不得破坏公园景观,不得设置在主要景点和游人密集活动区,不得影响树木生长,不得危及游人人身及财产安全。不符合规定设置的,应改建。

第十九条 （设施的设置）

公园内各类设施应与公园功能相适应,与公园景观相协调。

花坛、草坪、喷水池、瀑布、假山、雕塑、亭榭、回廊等,应突出文化内涵,讲求文化品位。

公共厕所、果皮箱、园灯、园椅等设施的数量应按照公园设计规范设置。

餐厅、茶座、小卖部、照相服务部等商业服务设施应统一规划,控制规模。

第二十条 （无障碍设施）

在公园出入口、主要园路、建筑物出入口及公共厕所等处应设置无障碍设施。

第二十一条 （集散地与停车场）

公园应根据规划和交通需要设置游人集散场地、机动车、非机动车停放场（点）。

第二十二条 （园内施工）

需在公园内进行工程施工的单位应征得公园管理机构同意，并报有关部门批准后方可进行。

在公园内进行工程施工的，不得影响游人安全。施工现场用地范围的周边应围挡，采取有效安全保障措施，并设置安全警示标志。施工结束后，施工单位应及时清理现场，恢复景观。

第二十三条 （游乐设施）

公园内新设大型游乐设施，应进行论证。对公园景观、环境的影响进行分析预测，对安全技术条件进行评估。

设置的游乐设施必须符合有关技术、安全标准。

第三章 管理与服务

第二十四条 （管理机构的职责）

公园管理机构应履行下列职责：

（一）建立健全公园管理的各项制度；

（二）依法制定游园须知；

（三）保持园内设备、设施完好；

（四）加强安全管理，维护公园正常游览秩序；

（五）保护公园财产和景观，对破坏公园财产及景观的行为有权制止，并要求赔偿或者补偿；

（六）按照价格行政管理部门批准的项目、标准收费；

（七）为游客提供文明、周到、方便的服务。

第二十五条 （闭园与清园）

公园因特殊原因不能开园的，应提前24小时公示。

封闭式公园闭园后，应进行清园。

第二十六条 （门票收费与优惠）

游人进入收门票公园应按规定购买门票。

收门票公园应按规定对老年人、中小学生、残疾人、现役军人等游客实行优惠。

免门票公园内举行临时性活动，可按价格行政管理部门批准的标准，收取门票。

第二十七条 （标牌设置要求）

公园入口处明显位置应设置游园导游图、公园简介、游园须知；殿堂、展室入口处应设置简介；主要路口应设置指示标牌。

公园的各类标牌应符合公共图形标准，保持整洁完备。

第二十八条 （服务人员的要求）

公园的服务人员必须经过培训，佩戴标志，遵守服务规范。

在公园内从事导游活动的人员必须具有导游资格。

第二十九条 （园容要求）

公园园容应符合下列要求：

（一）整洁、美观；

（二）绿化植被长势良好；

（三）建筑物、构筑物外观完好；

（四）设施完好；

（五）水面清洁，水质符合景观标准，并保持一定水位；

（六）无外露垃圾，无积水，无污物，无痰迹及烟蒂。

第三十条 （安全措施）

公园建筑物、高大游乐设施、公园制高点等应依法安装防雷设备。

公园内的各类设备、设施应定期维护检查，保持完好。公园内应依法设置消防水源、消防设施。消防通道应保证畅通。

公园内的游乐项目未经检验合格不得运营。各类游乐项目必须公示安全须知。

第三十一条 （禁止标志）

防火区、禁烟区和禁止游泳、钓鱼等区域应设置明显的禁止标志。

第三十二条 （禁止入园车辆）

除老年人、残疾人、儿童的自用轮椅、婴儿车等外，其他车辆未经允许不得进入公园。

第三十三条 （举办临时活动规定）

在公园内举办大型临时性活动应经有关部门批准，并制定控制人流量等安全措施，确保活动安全。活动结束后，举办单位应及时清除各类废弃物，及时拆除临时设施，清理场地，恢复公园景观、绿地、设施原状。对公园树木、草坪、设施造成损坏，应赔偿。

在公园内拍摄商业性影视资料应经公园管理机构同意。涉及文物的，应经文物行政管理部门批准。

第三十四条 （游客义务）

游客应文明游园，爱护公物，保护环境，不得影响和妨碍他人游览、休憩。

第三十五条 （禁止行为）

公园内禁止下列行为：

（一）兜售物品、乞讨、晾晒衣物，随地吐痰、便溺，随地抛弃果皮（核）、纸屑、烟蒂、包装袋（盒）、口香糖等废弃物；

（二）在禁烟区吸烟，在非游泳区游泳，在非钓鱼区钓鱼，在非体育运动场所踢球、滑冰等；

（三）擅自攀爬、移动、刻画、涂改或损坏围栏、亭、廊、雕塑、标牌及其他公园设施；

（四）攀折花草树木，采摘花卉、果实，损害树木、草坪等植被；

（五）堆放杂物、焚烧树叶、垃圾，倾倒废土、废渣，排放烟尘、有害气体、污水；

（六）算命、占卜等封建迷信活动或赌博、寻衅滋事；

（七）擅自张贴、设置标语或户外广告，擅自采石取土；

（八）未经许可捕捉动物、捕捞水生动植物或者恐吓、伤害动物的，在非投喂区投喂动物；

（九）在水景区域内沐浴、洗涤；

（十）携带猫、狗、蛇、猴等动物入园；

（十一）公园闭园清场后仍在公园内逗留；

（十二）擅自占用公园场地、设施从事经营活动；

（十三）法律、法规禁止的其他行为。

第三十六条 （突发事件处理）

公园管理机构应按照公园设计规定的游人容量接待游人。在公园开放时，遇有紧急情况或突发事件，应按照应急预案采取临时关闭公园、景区、展馆，疏散游人等措施，并及时向园林行政管理部门和有关部门报告。

第三十七条 （避灾避险）

对发生地震等重大灾害需要进入公园避灾避险的，公园管理机构应及时开放已经划定的避险场所。在公园内避险的人员应服从公园管理机构的管理。灾害消除后，在公园避险的人员应及时撤出，公园管理机构应恢复公园原貌。

第四章 法 律 责 任

第三十八条 （建设违法责任）

违反本条例规定，有下列行为之一的建设单位，责令其限期改正，拒不改正的，按下列规定予以处罚：

（一）新建公园的绿化用地面积达不到国家规定标准的，按差欠面积处以临时绿地占用费2至3倍罚款；

（二）公园建设项目设计未经批准进行建设或擅自改变设计以及公园建设项目竣工后未按规定验收的，可处以1万元以上5万元以下罚款。

第三十九条 （改变绿地性质违法责任）

擅自改变公园用地性质的，责令改正。

擅自占用公园用地进行工程建设的，责令限期拆除，逾期未拆除的，依法强制拆除，并按照该工程造价10%以上20%以下处以罚款。

第四十条 （禁止行为违法责任）

违反本条例第三十五条规定，责令其改正，拒不改正的予以警告，并按下列规定处罚：

（一）对违反第（一）项、第（二）项、第（三）项、第（四）项的处以10元以上50元以下罚款；

（二）对违反第（五）项、第（六）项、第（七）项、第（八）项、第（九）项、第（十）项处以50元以上200元以下的罚款；

（三）对违反第（十一）项、第（十二）项处以100元以上500元以下罚款。

违反治安管理规定的由公安机关处理；构成犯罪的，依法追究刑事责任。

第四十一条 （其他违法责任）

违反本条例规定，有下列行为之一的，责令限期改正，并可按以下规定予以处理：

（一）未经批准，在公园内举办大型临时性活动的，处以2000元以上 1 万元以下罚款；

（二）擅自闭园的，处以 200 元以上 2000 元以下罚款；

（三）车辆未经允许进入公园的，处以 50 元以上 100 元以下罚款；

（四）在公园内从事商业服务的经营者擅自扩大经营面积，搭建经营设施的，依法强制拆除，并处以 500 元以上 2000 元以下罚款。

第四十二条 （处罚主体）

本条例第三十八条、第三十九条、第四十条、第四十一条的行政处罚或行政强制措施，由城市管理行政执法部门实施；未成立城市管理行政执法部门的区（市）县，由有关行政管理部门实施。

第四十三条 （委托处罚）

对违反本条例第三十五条，处以警告或 10 元以上 50 元以下罚款的行政处罚，城市管理行政执法部门可以委托依法成立的管理公园事务的事业性管理机构实施。

接受委托的公园管理机构，应以城市管理行政执法部门的名义实施行政处罚行为，在委托权限范围内作出的行政处罚行为，法律后果由城市管理行政执法部门承担。

第四十四条 （其他法定处罚主体）

违反本条例规定的行为，法律、行政法规已作出处罚规定的，从其规定；法律、行政法规未作出处罚规定，而其他地方性法规的处罚规定与本条例规定不一致的，适用本条例规定；法律、行政法规与本条例都未作出处罚规定，而其他地方性法规、政府规章已作出规定的，从其规定。

有关行政管理部门，在实施行政处罚时，应告知园林行政管理部门。

第四十五条 （责任追究）

有关行政管理部门和公园管理机构的工作人员，滥用职权，玩忽职守，徇私舞弊的，由其所在单位或者上级主管机关给予行政处分；构成犯罪的，依法追究刑事责任。

（十六）安徽省森林公园管理条例

（2006 年 10 月 21 日安徽省第十届人民代表大会常务委员会第二

十六次会议通过)

第一章 总 则

第一条 为了规范森林公园管理,保护和合理利用森林风景资源,改善生态环境,促进森林旅游业发展,提高人民生活质量,根据《中华人民共和国森林法》等有关法律、行政法规,结合本省实际,制定本条例。

第二条 本条例所称森林公园,是指依法设立,以森林资源为依托,具有一定规模和质量的森林风景资源与环境条件,可供人们游览、休闲和进行科学研究、文化教育等活动的区域。

第三条 森林公园建设和管理应当坚持统筹规划、严格保护、合理开发、永续利用的原则,促进森林资源的生态效益、经济效益和社会效益相统一。

第四条 县级以上人民政府应当将保护和发展森林公园纳入本地区国民经济和社会发展规划,增加对森林公园基础设施建设和森林资源保护的投入,组织协调、解决森林公园管理中的重大问题。

第五条 县级以上人民政府林业行政主管部门负责本行政区域内森林公园管理工作。县级以上人民政府其他有关部门应当按照各自职责,依法做好森林公园有关管理工作。

森林公园的管理机构负责森林公园的日常管理活动。

第六条 在森林公园内从事建设、经营、游览等活动的单位和个人,都有保护森林风景资源的义务。任何单位和个人都有权对破坏、侵占森林风景资源的行为提出控告或者检举。

第七条 在森林公园管理、保护等方面成绩显著的单位和个人,由县级以上人民政府给予奖励。

第二章 设立与建设

第八条 省人民政府林业行政主管部门应当会同有关部门,编制本省森林公园发展规划,报省人民政府批准后组织实施。

第九条 设立森林公园应当符合国家规定的森林风景资源质量标准。未经批准,任何单位和个人不得设立森林公园。

第十条 森林、林木、林地的所有者或者使用者，可以申请设立森林公园。

利用集体所有或者个人承包的林地设立森林公园的，应征得其所有者或者使用者的同意。

第十一条 申请设立国家级森林公园，按照国务院林业行政主管部门规定的条件和程序执行。

第十二条 申请设立省级森林公园，应当具备下列条件：

（一）符合本省森林公园发展规划；

（二）面积在 100 公顷以上，森林覆盖率 70% 以上；

（三）森林风景资源质量等级达到国家森林公园风景资源质量等级评定二级以上标准；

（四）森林、林木、林地权属清楚，林地界线明确；

（五）管理和经营机构健全，职责和制度明确，并具备相应的技术和管理人员；

（六）法律、法规规定的其他条件。

第十三条 申请设立省级森林公园，申请人应当向省人民政府林业行政主管部门提交申请、可行性研究报告等相关材料，省人民政府林业行政主管部门批准后报省人民政府和国务院林业行政主管部门备案。

省级森林公园的批准机关应当在自接到申请材料之日起 20 日内，作出许可或者不予许可的决定。

第十四条 设立省级森林公园的行政许可决定书，应当明确省级森林公园的名称、位置、面积和四至界线，并向社会公告。

第十五条 经批准设立的省级森林公园，需要撤销、合并、改变经营范围或者变更隶属关系的，应当报经原批准机关批准。

第十六条 县级森林公园的设立由省人民政府另行规定。

第十七条 在已经批准设立的风景名胜区、自然保护区内的实验区、地质公园内申请设立森林公园的，应当报风景名胜区、自然保护区、地质公园批准机关备案。

在已经批准设立的森林公园内申请设立风景名胜区或者自然保护区、地质公园的，应当报森林公园批准机关备案。

森林公园与风景名胜区、自然保护区内的实验区、地质公园地域范围基本一致的，所在地县级以上人民政府应当根据精简、效能和有利于保护利用的原则，确定一个机构负责实施统一管理。

第十八条 经批准设立的森林公园，由县级以上人民政府林业行政主管部门组织编制森林公园总体规划，并按国家和省的有关规定报批准。

经批准的森林公园总体规划是森林公园保护、开发和建设的依据，任何单位和个人不得擅自改变。因保护、开发和建设森林公园确需对森林公园总体规划进行调整的，应当报原批准机关批准。

第十九条 在森林公园内建设各项设施，应当符合森林公园总体规划，并与周围景观相协调。建设项目应当依法进行环境影响评价，并履行审批手续。

第二十条 在森林公园内进行建设活动，建设单位应当在施工中采取措施，保护施工现场周围的景观植被、山体和水体。

第二十一条 森林公园内的居民新建住宅应当在统一规划的居民点内建设，并依法办理审批手续。其建设规模、用地面积实行严格控制。

第三章 资 源 保 护

第二十二条 森林公园管理机构负责森林风景资源的保护与管理。

县级以上人民政府林业行政主管部门应当对森林公园管理机构保护森林风景资源的情况进行监督检查。

第二十三条 森林公园管理机构应当培育具有地方特色的风景林木，保持当地森林景观优势特征，提高森林风景资源的观赏价值。

鼓励森林公园管理机构引进与当地生态环境相适应的新的生物物种。对非本土生物物种的引进，应当进行科学论证，依法办理检疫手续，防止有害生物的入侵。

第二十四条 森林公园管理机构应当定期组织对森林公园内森林资源的清查，建立档案。

森林公园管理机构应当对森林公园内古树名木以及珍稀、濒危和具有独特观赏、科研价值的野生动植物进行登记，在其主要生长地或者栖息地设置保护设施及保护标识。

禁止采伐、损毁和擅自移植森林公园内古树名木。

禁止在森林公园内采集或者猎捕、伤害国家和省保护的野生动植物。因特殊情况确需采集或者猎捕的，应当依法办理采集证或者猎捕证，并按照采集证或者猎捕证规定的种类、数量、地点和期限进行采集或者猎捕。

第二十五条　森林公园的树种调整和林相改造，应当符合森林公园总体规划。游览区内的林木，除抚育性或者更新性采伐外，禁止采伐。

禁止在森林公园内的林木、公共设施上涂写、刻画以及擅自采挖森林公园内的花草、林木、种子和药材。

第二十六条　森林公园管理机构应当配合县级以上人民政府有关行政主管部门对森林公园内的文物、寺庙等进行登记，建立档案，设置保护设施。

第二十七条　森林公园内的地形地貌应当严格保护，禁止在森林公园内采石、采矿、挖砂、取土。因维护森林公园内的道路、设施，确需在森林公园内挖砂、取土的，应当经县级以上人民政府有关行政主管部门批准，并在森林公园管理机构指定地点采挖。

森林公园内的居民因特殊需要，必须在森林公园内挖砂、取土自用的，由森林公园管理机构指定地点采挖。

因挖砂、取土造成植被破坏的，应当负责恢复。

第二十八条　森林公园内的沼泽、河床、湖泊、溪流、瀑布等，除按照森林公园总体规划的要求进行整修、利用外，应当保持原貌，不得截流、改向、填堵或者进行其他改变。

第二十九条　在主要景点和核心景区内，不得建设宾馆、招待所、疗养院等设施。

禁止在森林公园内建设工矿企业及其他污染环境、破坏资源或者景观的建设项目和设施。

第三十条　禁止在森林公园内排放超标的污染物和倾倒固体废物、危险废物。

森林公园内的生活垃圾必须集中堆放，及时处理。

第三十一条　任何单位和个人不得擅自占用森林公园内的林地。

因建设需要征收、征用森林公园内林地的，用地单位应当提出申请，经林业行政主管部门审核同意后，依法办理用地审批手续。

第三十二条　禁止在森林公园内新建坟墓。已建的公墓不得扩大范围。除具有历史、文化、艺术、科学价值受国家保护的坟墓以及依法批准建造的公墓外，原有的坟墓应当限期迁移或者深埋，不留坟头。

第三十三条 森林公园管理机构应当组织专业人员对森林公园内有害生物进行调查和监测；发现有害生物危害严重的，应当采取应急措施，并立即报告当地人民政府和林业行政主管部门。

第三十四条 森林公园管理机构应当建立护林防火组织，落实防火责任制，配备必要的防火设施、设备，划定禁火区和防火责任区，定期开展防火检查，消除火灾隐患。

禁止在森林公园内野外用火。因特殊情况需要用火的，应当按照森林防火的有关规定执行。

第四章 经营与管理

第三十五条 鼓励国内外单位和个人投资开发、建设、经营森林公园。

森林公园内森林、林木和林地的所有者、使用者可以以使用权入股、联营、租赁等形式参与森林公园的开发、建设和经营。

第三十六条 森林公园经营者应当在林业行政主管部门的指导下，依法做好其经营区域内的环境保护、动植物保护、森林防火和病虫害防治等工作。

第三十七条 森林公园经营者应当根据森林公园总体规划，建设公共服务设施，向公众提供文明、健康、有益的生态旅游服务。

森林公园经营者应当在游览区域内设置游览线路、卫生环保设施和防火警示标识，配备必要的管理人员，维护游览和经营秩序，改善游览服务条件。

第三十八条 森林公园经营者应当在危险地段和游客可能遭受伤害的区域设置安全保护设施和警示标识，对危害安全、影响卫生和环境保护的燃料、包装材料等物品应当在明显位置设置禁用标识。

森林公园经营者应当对森林公园内经营设施等进行定期检查维修，及时消除事故隐患。

第三十九条 经有关部门批准，森林公园经营者可以出售门票和收取有关费用。

鼓励森林公园经营者利用资源和技术，培育苗木花卉，兴办特色植物园林，开展科普教育等活动，做好森林风景资源的保护和利用工作。

第四十条 森林公园管理机构应当加强安全管理，根据生态承载力确定游览接待容量，制定突发事件的应急预案和旅游旺季疏导游客的方案。

第四十一条 森林公园管理机构应当引导森林公园内的居民发展具有地方特色的、无污染的种植、养殖和林副产品加工业，从事与森林公园保护、开发利用相关的生产经营活动。

第四十二条 森林公园所在地的公安机关，可以根据需要在森林公园设置公安派出机构，维护森林公园内的治安秩序。

第五章 法 律 责 任

第四十三条 违反本条例第九条规定，未经批准，使用森林公园名称从事经营活动的，由县级以上人民政府林业行政主管部门责令限期改正，没收违法所得；逾期不改正的，可以处1万元以上3万元以下的罚款。

第四十四条 违反本条例第十八条规定，未按照批准的森林公园总体规划进行建设的，由县级以上人民政府林业行政主管部门责令停止建设，恢复原状；造成森林资源破坏的，赔偿损失，并处以被毁坏森林资源价值1倍以上5倍以下罚款。

第四十五条 违反本条例第二十条规定，在施工中未采取保护措施，造成景观植被、山体和水体破坏的，由县级以上人民政府有关行政主管部门责令停止违法行为、限期恢复原状或者采取其他补救措施，可处以2万元以上10万元以下的罚款。

第四十六条 违反本条例规定，有下列行为之一的，由县级以上人民政府林业行政主管部门按照下列规定给予处罚：

（一）采伐、损毁和擅自移植森林公园内古树名木的，责令采取补救措施或者赔偿损失，没收古树名木，并处以古树名木价值2倍以上5倍以下的罚款；

（二）在森林公园内的林木、公共设施上涂写、刻画的，责令采取补救措施，可处以100元以上500元以下的罚款；

（三）擅自采挖森林公园内花草、林木、种子和药材的，责令改正；情节严重的，处以所采挖花草、林木、种子和药材价值 2 倍以上 5 倍以下的罚款。

第四十七条 违反本条例第三十八条规定，森林公园经营者未在危险地段和游客可能遭受伤害的区域设置安全保护设施或者警示标识的，由县级以上人民政府林业行政主管部门责令限期改正；逾期不改正的，可以处 5000 元以上 1 万元以下罚款。

第四十八条 林业行政主管部门和森林公园管理机构及其工作人员违反本条例规定，有下列行为之一的，对直接负责的主管人员和其他直接责任人员依法给予行政处分；构成犯罪的，依法追究刑事责任：

（一）不依照本条例规定实施行政许可的；
（二）发现违法行为不查处的；
（三）违法实施行政处罚或者作出其他行政处理决定的；
（四）其他徇私舞弊、滥用职权、玩忽职守行为的。

第六章 附 则

第四十九条 本条例自 2007 年 3 月 1 日起施行。

(十七) 南昌市公园条例

（2003 年 8 月 29 日南昌市第十二届人民代表大会常务委员会第十七次会议通过，2003 年 9 月 26 日江西省第十届人民代表大会常务委员会第五次会议批准）

第一章 总 则

第一条 为了加强公园建设，规范公园管理，改善人居环境，增进公众身心健康，根据国务院《城市绿化条例》及其他有关法律、法规的规定，结合本市实际，制定本条例。

第二条 本市城市规划区内公园的规划、建设、保护和管理，适用本条例。本条例所称公园，是指向全社会开放，供公众游览、观赏、休憩，开展户外科普、文体及健身等活动，有较完善的设施及良好生态环境的城市绿地。公园的具体名录由市、县（区）园林行政主管部门公布。

第三条 市园林行政主管部门负责全市公园行政管理工作，县（区）园林行政主管部门按照职责分工负责本辖区公园行政管理工作。有关行政管理部门应当按照各自职责，做好公园行政管理的有关工作。

第四条 市、县（区）人民政府应当将公园建设纳入国民经济和社会发展计划，对政府投资的公园应当保证其建设、维护和管理所需经费。鼓励国（境）内外投资者投资建设、经营管理公园，或者以捐赠、认养、有偿命名等形式参与公园建设。

第五条 对在公园建设、保护和管理工作中作出显著成绩的单位和个人，市、县（区）人民政府或者园林行政主管部门应当给予表彰、奖励。

第二章 规划和建设

第六条 市或者县、湾里区园林行政主管部门应当根据城市总体规划和土地利用总体规划，组织编制本辖区城市公园总体规划，经同级规划行政主管部门综合协调、审核，报同级人民政府批准后予以公布，并报同级人民代表大会常务委员会备案。

第七条 公园经营管理单位应当根据城市绿地系统规划和公园设计规范，组织编制公园建设发展规划。市城市规划区内公园的建设发展规划，由市园林行政主管部门审核，报市规划行政主管部门批准；县、湾里区城市规划区内的公园建设发展规划，由县、湾里区园林行政主管部门审核，县、湾里区规划行政主管部门批准，报市园林行政主管部门备案。经批准的公园建设发展规划不得擅自改变；确需变更的，应当按照原审批程序报经批准。

第八条 公园建设应当符合公园建设发展规划，充分利用原有地形、地貌、水体、植被和历史文化遗址等自然、人文资源，提高文化品位和园林艺术水平。

第九条 新建、扩建公园，绿化用地比例应当符合国家有关规定。现有公园的绿化用地比例未达到国家规定的，不得新建、扩建各类建筑物、构筑物或者其他设施，并逐步调整达到国家规定。

第十条 规划行政主管部门应当会同园林行政主管部门划定公园

的外围保护地带。在公园外围保护地带内新建、改建、扩建建筑物、构筑物或者其他设施,其高度、造型、体量、色彩等应当与公园景观相协调。

第十一条 新建、改建、扩建公园时,应当实行方便残疾人的道路和建筑物设计规范,采取无障碍措施。任何单位和个人不得在公园内新建、扩建与公园功能无关或者污染公园环境的建筑物、构筑物或者其他设施。

第十二条 公园建设项目的设计、施工,应当按照建设工程招投标的有关规定确定设计、施工单位。公园规划编制单位和建设项目设计、施工单位应当具备相应的资质。

第十三条 公园建设项目竣工后,建设单位应当依法组织验收,经验收合格方可交付使用。

第三章 保护和管理

第十四条 任何单位和个人不得占用公园用地。因城市规划调整、市级以上重点工程建设确需占用或者因建设需要临时占用公园用地的,按照《南昌市城市绿化管理规定》办理。

第十五条 公园经营管理单位应当加强对公园内树木、花坛、绿篱、草地、水体和道路、亭、榭、座椅等设施的管理和维护,保持环境、设施良好;对公园内古树名木、文物古迹以及珍稀、濒危动植物必须重点保护和管理,设置相应的保护设施。

第十六条 公园经营管理单位应当在公园内设置游园示意图、服务指示牌、游客须知、警示牌等公共信息标识。标识上的文字、图示应当规范。

第十七条 公园经营管理单位应当加强公园内安全管理,落实防范措施,保障游客安全。公园内设置的游乐设施应当符合国家有关规定和技术、安全标准,并经质量技术监督等有关部门检验合格方可使用。

第十八条 公园经营管理单位应当加强公园内环境卫生管理,落实环境卫生责任制度,保持公园环境整洁、水体清洁。禁止向公园或者在公园内排放废水、废气和倾倒固体废物。公园内噪声排放不得超过环境保护部门规定的标准。

第十九条 公园经营管理单位应当按照统一规划、控制规模、限制数量、合理布局、方便游客的原则设置公园内的商业经营点。公园内的经营者应当在指定的地点按照经营范围合法经营，遵守公园的管理制度。

第二十条 在公园内举办展览、表演等活动，应当征得公园经营管理单位同意，并依法办理相关手续。举办活动不得损坏公园绿化和景观环境，不得影响游客游园活动。

第二十一条 公园出入口的设置应当与城市交通和游客走向、流量相适应。公园主要出入口外应当根据城市总体规划和交通管理的需要设置游客集散广场、停车场、自行车停放处。公园经营管理单位应当加强对公园大门外游客集散广场的管理，保持畅通、洁净、车辆停放有序。公园大门外游客集散广场，任何单位和个人不得占用。

第二十二条 定时开放的公园，因特殊情况需要变更开放时间的，应当提前3天公示。公园的开放时间、收费标准以及对老年人、残疾人、军人、儿童、学生等的优惠办法应当在公园入口处或者售票处公示。

第二十三条 公园收费必须经市、县（区）人民政府批准，未经批准，各类公园一律不得收费。公园门票收费标准应当按照物价部门的规定执行，门票收入应当提取不低于10%比例用于公园的维护和建设。

第二十四条 除老、幼、病、残者代步用的非机动车外，其他车辆未经公园经营管理单位同意不得进入公园。

第二十五条 游客应当文明游园，爱护公园设施，维护公园秩序。公园内禁止下列行为：

（一）随地吐痰、便溺或者乱丢瓜皮果壳、烟蒂、口香糖、纸屑、塑料袋、快餐盒等废物；

（二）攀爬树木、采摘花朵果实或者损毁草坪植被；

（三）攀爬、移动、涂污或者损坏围栏、亭、廊、雕塑、标牌及其他公园设施；

（四）躺占凳、椅，妨碍他人休憩；

（五）恐吓、捕捉、伤害动物或者携带有碍人身安全的动物；

（六）燃放烟花爆竹、焚烧树枝树叶和其他物品或者擅自营火、烧烤；

（七）赌博、乞讨、卖艺、非法兜售物品；
（八）算命、占卜等封建迷信活动；
（九）在指定的区域外游泳、垂钓、滑冰、踢球；
（十）法律、法规禁止的其他行为。

第二十六条 公园经营管理单位管理人员应当佩戴服务证上岗，热情服务，文明管理，发现公园内有违反本条例行为的，应当劝阻、制止，直至报告有关行政主管部门。

第四章 法 律 责 任

第二十七条 违反本条例规定，有下列行为之一的，由园林行政主管部门按照以下规定予以处罚：

（一）现有公园的绿化用地比例未达到国家规定，新建、扩建各类建筑物、构筑物或者其他设施的，责令恢复原状，处以 5000 元以上 3 万元以下罚款；

（二）在公园内新建、扩建与公园功能无关或者污染公园环境的建筑物、构筑物或者其他设施的，责令恢复原状，并处以 5000 元以上 3 万元以下罚款；

（三）擅自占用公园用地的，责令限期退还，恢复原状，并可按照每日每平方米处以 10 元以上 20 元以下罚款，造成损失的，依法承担赔偿责任。

第二十八条 违反本条例规定，有下列行为之一的，由园林行政主管部门责令改正，处以 10 元以上 50 元以下罚款；造成损失的，依法承担赔偿责任：

（一）攀爬树木、采摘花朵果实、损毁草坪植被，或者燃放烟花爆竹、焚烧树枝树叶和其他物品，或者擅自营火、烧烤的；

（二）攀爬、移动、涂污或者损坏围栏、亭、廊、雕塑、标牌及其他公园设施的；

（三）恐吓、捕捉、伤害动物或者携带有碍人身安全的动物的；

（四）在指定的区域外游泳、垂钓、滑冰、踢球的。

第二十九条 公园经营管理单位违反本条例规定，有下列行为之一的，由园林行政主管部门责令改正，处以 100 元以上 500 元以下罚款：

（一）对公园内古树名木、文物古迹以及珍稀、濒危动植物未设置相应的保护设施的；

（二）未按照规定设置和维护导游牌、服务指示牌、游客须知、警示牌等设施的。

第三十条 违反本条例规定的其他行为，依法应当处罚的，由有关行政主管部门依法处罚。

第三十一条 园林行政主管部门和其他行政主管部门的工作人员滥用职权、玩忽职守、徇私舞弊的，由其所在单位或者上级主管部门依法给予行政处分；构成犯罪的，依法追究刑事责任。

第五章 附 则

第三十二条 本条例所称公园经营管理单位，包括公园业主或者受公园业主委托经营、管理公园的法人、组织。

第三十三条 本条例自 2003 年 12 月 1 日起施行。

（十八）台湾省公园管理办法

第一条 台湾省政府（以下简称本府）为加强县市（局）乡镇（市）公园之管理，特制定本办法。

第二条 本办法所称公园，系指县市政府（局）或乡镇（市）公所，依都市计划设定建设管理，而供公共使用为目的之公园而言。

第三条 县市（局）乡镇（市）公园之管理，除风景名胜地区内公园，依台湾省风景名胜地区管理办法规定办理外，依本办法行之。

第四条 公园之主管机关，在省为建设厅，在县市（局）为县市（局）政府，在乡镇（市）为乡镇（市）公所。

第五条 公园之周围境界线，除为河川、山脉或其他类似天然障碍物所形成者外，应以具有耐久性之材料，设置适当之围护物。

第六条 公园内各种设施，应配合环境增进景色，便利公共使用，并以下列项目为限：

一、整洁之行人道及畅通之排水系统。

二、树木花卉及其必需之建筑物，如花架、花坛、暖室等。

三、观赏性动物之笼舍。

四、桥梁、假山、池塘、喷水池等配景设施。

五、亭榭、回廊、椅凳、游艇等游憩设施。

六、儿童游戏设施。

七、音乐台、纪念碑、牌坊、雕像等文教或纪念设施。

八、垃圾或废物等收集或焚化设施。

九、冲洗式公共厕所及洗手设施。

十、照明设施。

十一、标准钟、日晷台等。

十二、公用电话、邮筒及电视等。

十三、必需之管理房屋。

十四、其他经建设厅专案核准者。

前项如属有顶盖之建筑物,其建筑总面积不得超过公园总面积百分之三。

第七条 前条规定之公园各种设施,得接受私人或机关团体之捐献。

第八条 县市(局)或乡镇(市)公园主管机关,对于公园之新设或整修,应依照第五条、第六条规定,拟定整个公园计划图,呈报其上级主管机关核定后,始得实施。计划变更亦同。

公园计划图应载明地形、界线、现有及拟设之各种设施,其比例尺不得小于六百分之一,等高线高差不得大于一公尺。

第九条 县市(局)及乡镇(市)公园以不收费为原则。为养护改善及增建设施,而确有收费之必要者,得收取门票,其票价应报请上级主管机关核准。门票收入,应纳入年度预算。

第十条 公园之管理、养护、改善及增建等,除由前条规定之门票收入支应外,如有不足,应由其主管机关,依照需要情形,酌列预算支应之。

第十一条 凡有下列情形之一者,应拒绝其入园或勒令离园,其情节重大或不听制止者,报请警察机关,依法处理:

一、酗酒泥醉。

二、精神病患者。

第十二条 公园内不得有下列行为,违者依法处理之:

一、兜售商品或乞讨。

二、赤身露体或其他不检行为。
三、携带危险物品。
四、随地吐痰、便溺或抛弃果皮废物。
五、在水池游泳或沐浴。
六、喧闹滋事、妨害公共安宁。
七、露宿。
八、类似赌博。
九、攀折花木果品、损坏草坪或损毁公园设施。
十、虐害动物。
十一、擅自在公园设施上书刻或张贴。
十二、不依规定使用儿童游戏设施。
十三、逾规定时间，仍逗留于公园内。
十四、其他公园主管机关所禁止或限制之行为。

第十三条 依第九条规定收费之公园应规定开放时间，除有特殊情形，经上级主管机关核准者外，星期日及例假日，不得停止开放。

第十四条 公园之平面图及第十一条、第十二条规定，应公告于公园大门口。

第十五条 本办法自公布日施行。

（十九）台北市公园管理办法

第一章 总 则

第一条 台北市政府（以下简称本府）为加强本市公园之管理，特定本办法。

第二条 本办法所称公园系指依都市计划建设，以供公众游憩之场地而言。

第三条 本办法所称主管机关为本府工务局，所称管理单位为本府工务局公园路灯工程管理处。

第二章 公 园 设 施

第四条 公园周围境界线，得视实际情形，以具有耐久性材料，设置适当之围护物。

第五条 公园内得视规模性质，及环境需要，设置下列设施：

一、饰景设施：树木、草坪、花坛、绿篱、花钟、棚架、绿廊、喷泉、水流、池塘、瀑布、假山、雕塑、石踏等。

二、休憩设施：亭榭、楼阁、回廊、椅凳、野宴场地等。

三、游戏设施：砂坑、涂写板、浪木、摇椅、秋千架、跷跷板、回转环、滑梯、迷阵、爬竿架、攀登架、戏水池等。

四、运动设施：篮球场、排球场、足球场、网球场、羽毛球场、棒球场、手球场、曲棍球场、高尔夫球练习场、橄榄球场、小型田径场、游泳池、游艇场、滑水场、溜冰场、射箭场、跳伞塔、单双杠、吊环、跑马练习场、战斗练习营、看台、更衣室、淋浴室等。

五、社教设施：植物标本园、温室、观赏性动物之笼舍、水族馆、露天戏场、音乐台、图书馆、陈列室、萤火场、户外广播园、电视园、日晷台、天体气象观测设施、牌坊、雕像、纪念碑、瞭望台、古物遗迹等。

六、服务及管理设施：园道、停车场、厕所、服务中心（包括：餐饮部、行李寄存处、播音室、医疗室等）、时钟塔、饮水泉、洗手台、园门、围墙、围栏、防止栅、邮亭、电话亭、照明设备、消防设备、护岸、烟蒂缸、垃圾箱、标志、给排水设备、仓库、材料堆置场、苗圃、布告板、管理所、售票亭、岗亭等。

七、其他经主管机关核准者。

第六条 前条规定设施，如属建筑法所称之建筑物，应依下列规定核定其建筑物总面积：

一、公园总面积在五公顷以下者，不得超过15%。

二、公园面积超过五公顷者，其超过部分不得超过12%。

第七条 新设公园，应依第四条、第五条规定，拟定计划图，送经主管机关核定后始得实施，变更时亦同。

公园计划图应载明地形界线，现有及拟设立之各种设施，其比例尺不得小于六百分之一，等高线之高差不得大于一公尺

第八条 私人或团体依都市计划法等有关规定投资兴建公园，应拟具计划报经本府核准，并应遵守本办法之管理规定。

第九条 第四条、第五条规定之各种设施，得接受私人或机关团体之捐献，但其设计图样及装设位置应经主管机关核准。

第三章 养　　护

第十条　观赏植物及草坪应依下列方式养护之：
一、灌水。
二、护栏及树架油漆检修。
三、剪修。
四、病虫害防治。
五、施肥。
六、中耕、除草。
七、培植。
八、补植。
九、草坪铺平。

第十一条　路园广场应依下列方式养护之：
一、清扫除草。
二、整形。

第十二条　给排水系统，应依下列方式养护之：
一、沟渠、池塘、喷泉之清除。
二、饮水泉、洗手台、厕所之清洁冲洗及给水设备等之检修。

第十三条　电气设备应随时检查维护更新。

第十四条　饰景、休憩、游乐、运动、社教、服务及管理等设施，应随时检查、养护、整修、更换及增设。

第四章 管　　理

第十五条　管理单位应订定工作计划及进度，切实执行。

第十六条　本市公有公园，以不收费为原则，如情形特殊确有收费必要者，经报请本府核准后，得酌收门票。

第十七条　由私人或团体投资之公园，其收费标准，依都市计划法及其他有关规定办理。

第十八条　有下列情形之一者，应拒绝进入公园或勒令离园，其情节重大或不听制止者，送请警察机关依法处理：
一、车辆（婴儿车及残废乘坐车除外）。

二、酗酒泥醉者。

三、携带危险物品者。

四、传染病及精神病患者。

五、携带家犬及其他牲畜入园者。

第十九条 公园内不得有下列情形，违者依法处理。

一、兜售商品或乞讨。

二、赤身露体、衣履不整或其他行为不检。

三、随地吐痰、便溺、抛弃果皮及废物垃圾。

四、在水池内游泳、沐浴、洗涤。

五、曝晒衣物。

六、喧闹滋事，妨害公共安宁及秩序。

七、露宿。

八、有伤风化及赌博之行为。

九、攀折花木、损坏草坪或损坏各项措施。

十、虐待动物或在水池内钓鱼。

十一、在公园设施上书刻、张贴。

十二、在公园内散发广告及宣传品。

十三、不依规定使用游乐设施。

十四、逾规定时间仍逗留于园内。

十五、其他经主管机关禁止或限制事项。

第二十条 凡公园内集会、展览、演说、表演或为其他使用者，应事先向管理单位申请核准。

第二十一条 公园开放时间，由主管机关公告，星期日及例假日不得关闭，但情形特殊经本府核准者，不在此限。

第二十二条 公园内树木及其他设施，管理单位应经常派员巡视，如有下列情形者，应随时修护或补植。

一、因台风暴雨之侵袭折断、吹倒，或其他自然灾害者。

二、栽植后成活不佳，或自然枯死及腐损者。

三、人为损害、折断、摧毁或盗窃者。

前项所需资材及树木，应由管理单位经常贮存培育应用。

第二十三条 凡在公园内埋（架）设地下（上）物者，应先向管理单位申请核准，并缴纳修复费后始得动工。因施工导致各种设施变更现状或有损坏时，由施工单位负责修复。前项修复费标准另订之。

第二十四条　公园各种设施之使用，以具有社会教育意义者为限，不得作为营利活动之用，使用人并应填具申请书，记明用途及时间向管理单位申请，经核准并缴纳费后始得使用。

　　前项使用费，由管理单位另订之。

　　第二十五条　公园内之各种设施，申请使用时间如有更改或中途停止，所缴纳使用费概不退还，但因可归责于管理单位之事由不在此限。

　　第二十六条　公园内之各种设施，使用单位（使用人）有下列情形之一者管理单位得令其停止使用：

　　一、违反原定用途者。

　　二、违反政令者。

　　三、因空袭或其他意外事件者。

　　第二十七条　公园内之各种设施，在使用时间内，场地清洁秩序由使用单位（人员）负责维持，其有损毁应负责修复。

　　第二十八条　公园内之既有设备，游人不得任意损坏，违者送请警察机关依法处理。并令恢复原状或赔偿之。

第五章　附　　则

　　第二十九条　公园之各种设施，管理单位应建立图、册、表、卡，并逐一编号妥慎保管，备供查阅。

　　第三十条　本办法自发布日施行。

（二十）洛阳市洛浦公园管理条例

　　（2005年7月22日洛阳市第十二届人民代表大会常务委员会第十三次会议通过 2005年9月30日河南省第十届人民代表大会常务委员会第十九次会议批准 2005年10月25日洛阳市人民代表大会常务委员会公告公布自2006年1月1日起施行）

第一章　总　　则

　　第一条　为加强对洛浦公园的规划、建设和管理，保护和改善生态环境，创造良好的人居环境，根据国家有关法律、法规，结合本市实际，制定本条例。

第二条 本条例所称洛浦公园（以下简称公园）是指经城市总体规划划定的洛河两岸用于改善区域性生态环境以及供公众休憩、观赏的公共绿地和河道水面。

洛河上游西南环高速公路大桥以东至洛河下游二广高速公路大桥以西为公园规划控制区。公园堤脚线向外五十米为公园绝对控制区，五十米至一百米为公园相对控制区。

第三条 公园及公园周边控制区的规划、建设和管理适用本条例。

第四条 市园林行政管理部门是公园的主管部门。公园管理机构具体负责公园的日常管理工作。相关行政管理部门在各自的职责范围内，共同做好公园的规划、建设和管理工作。

第五条 公园实行封闭式管理，免费游览。

任何单位和个人都有保护公园的义务，有权对违反本条例的行为进行劝阻、检举和控告。

第二章 规划与建设

第六条 公园发展规划和建设计划由市园林行政主管部门会同城市规划、水利、土地等行政管理部门根据城市总体规划组织编制，报市人民政府批准后实施。

第七条 在公园绝对控制区内禁止建设与公园功能无关的各种设施。

在公园相对控制区内进行建设应当严格控制。确需进行建设的，应当与公园景观相协调。城市规划行政管理部门在审批时，应当征求市园林行政主管部门的意见。

在公园控制区内已建成的与公园景观不相协调的建筑物，应当按照公园发展规划的要求逐步改造或者拆除。

第八条 在公园内新建、改建和扩建配套设施项目应当符合公园发展规划，充分考虑公园的文化内涵和城市功能。项目设计应当由具有相应资质的单位承担，设计方案须由市园林行政主管部门参加审查，并按照国家和本市有关规定申报批准。

对公园景观或者功能产生重大影响的项目，其设计方案应当向社会公示，听取公众意见，必要时由市园林行政主管部门组织听证。

经批准的设计方案确需调整的，应当报原批准机关批准。

第九条 工程施工必须按照批准的设计方案进行建设，施工现场应当设置围挡和安全警示标志，并采用有效的安全保障措施。不得破坏公园景观及各类设施，不得影响游人游览安全。

第十条 公园的建设应当充分利用原有地形、地势、水体、植被和历史文化遗址等自然、人文条件。公园绿化应当科学合理地配置植物，注重物种的多样化发展和保护，体现生态效果，绿化用地的比例不少于陆地面积的百分之七十。公园的公共设施应当突出文化内涵，注重艺术和景观效果。

第十一条 公园的出入口应当设置公园简介、游园示意图、游园须知和游园指引牌。公园内的各类牌卡应当保持整洁完好，文字图形规范。损坏、丢失的，应当及时更换或者补设。

主要出入口的位置必须与城市交通和游人走向、流量相适应。出入口外应当设置停车场和自行车存放处。

非主要出入口应当统一规划，并根据需要设立隔离桩或者围栏。

第十二条 公园内的水、电、通讯、燃气等市政管网设施应当隐蔽铺设，不得破坏景观，不得危及游人人身、财产安全。

第十三条 公园设置的游乐、健身和公共服务设施应当与公园功能、规模、景观相适应。

在公园的主要园路、建筑物出入口以及公共厕所等处应当设置无障碍设施。

第十四条 公园用地不得擅自改作他用，城市基础设施建设确需占用公园用地或者规划确定的公园建设用地的，应当征求市园林行政主管部门的意见，并按照规定报市人民政府批准。

经批准占用公园绿地的，应当依据国家有关规定，向市园林行政主管部门交纳恢复绿地补偿费。

第三章 园容与保护

第十五条 公园园容应当符合以下要求：

（一）清新、整洁、美观；

（二）绿化植被长势良好；

（三）建筑物、构筑物外观完好；
（四）设施完好；
（五）无外露垃圾、无积水、无污物；
（六）门前广场畅通、平整、洁净。

第十六条 公园服务人员应当佩戴标志，遵守服务规范。在公园从事商业导游活动的人员必须具备导游资格。设备、设施的操作人员应当熟练掌握操作规程，法律、行政法规有资格要求的，应当取得相应的资格。

第十七条 公园的安全管理应当做到：
（一）安全管理制度健全，大型展览、节假日游园活动和游乐、健身设施的安全保障措施落实到位；
（二）落实防火、防汛、防滑坡、防塌方的安全措施；
（三）合理设置消防水源、消防设施及排水设施；
（四）各类设备、设施应当定期检查维护，保持安全使用；道路及时修缮，保持安全畅通；
（五）游乐项目应当按照国家有关规定检查合格，各类游乐项目必须公开安全须知。

第十八条 公园的病虫害防治应当以生物防治为主，减少药物用量，采取措施保护土壤和大气环境，降低对动植物的危害。

第十九条 任何单位和个人不得向公园内排放烟尘、有害气体以及倾倒杂物、垃圾等废弃物。

公园及周边的噪声排放应当符合国家标准。对影响游人游览的噪声排放，公园管理机构应当会同有关部门予以制止。

第四章 游园与管理

第二十条 除老年人、残疾人、儿童等使用的手摇、手推轮椅和儿童车外，其他车辆未经公园管理机构同意不得进入园内。经批准进入公园的车辆车速不得超过30公里/小时。

第二十一条 严格控制在公园内举办大型群众活动。

需要在公园内组织大型群众活动，主办单位应当制订活动方案和相应安全保障措施，并按照有关规定报有审批权的部门批准。

第二十二条 在公园内组织活动，应当坚持健康、文明的原则，不得违反公序良俗，不得影响游客的正常游园和参观，不得损害公园绿化和环境质量。需搭建舞台、展台等临时建筑设施的，不得影响游客游览。活动结束后，主办单位应当及时清除废弃物，恢复原状。造成树木、草坪、设施损坏的，应当赔偿。

第二十三条 游客应当文明游园，爱护公物，保护环境，遵守游园须知及公园有关管理规定，听从工作人员的引导和管理，不得妨碍他人游览和休憩。

第二十四条 公园内禁止下列行为：
（一）乱丢果皮、纸屑、烟头等废弃物以及随地吐痰、便溺；
（二）攀踏亭、廊、座椅、护栏等设施；
（三）打骂吵闹、酗酒、影响他人游园；
（四）恐吓、捕捉和伤害鸟雀等动物；
（五）携犬进入公园；
（六）爬树、损坏植物，采摘花、果，践踏草坪；
（七）在设施、树木、雕塑上涂、写、刻、画、张贴和悬挂重物；
（八）携带易燃、易爆物品及其他危险品；
（九）点燃篝火、烧烤、宿营、焚烧落叶、荒草、垃圾；
（十）擅自摆摊设点、张挂广告、兜售物品。

第五章 河道水面管理

第二十五条 市水利行政管理部门按照管辖范围负责公园内河道水面的监督管理工作。

第二十六条 公园河道水面工程及其附属设施应当及时维修、养护，确保正常使用。

河道水面工程的运行服从市防汛指挥部的统一调度。

河道水面工程管理单位应当在橡胶坝上下游划定禁区，并设置禁令标志。在河道水面易发生危险的地段，应当设置警示标志。

河道水面管理单位应当保持水面干净卫生，及时打捞漂浮物。

第二十七条 在公园河道水面管理范围内，严格控制经营活动。

第二十八条 在公园河道水面管理范围内新建、改建、扩建工程，应当按照河道管理权限申报批准。

第二十九条 公园河道水面内禁止下列行为：

（一）汛期在两岸堤防之间行洪；

（二）建设妨碍行洪的建筑物、构筑物，倾倒垃圾、渣土，从事影响河道行洪安全的活动；

（三）排放污水及一切影响水体水质的有害物质；

（四）清洗装储油类或者有毒污染物的车辆、容器等；

（五）乱搭窝棚及其他设施；

（六）非工作人员及船只进入禁区；

（七）漂流、游泳；

（八）燃油船只擅自进入水面；

（九）电网捕鱼、炸药炸鱼、药物毒鱼。

第六章 法律责任

第三十条 违反本条例规定，有下列行为之一的，由市园林、水利行政管理部门或者相关行政管理部门根据各自职责按照以下规定处理：

（一）违反第七条、第八条规定，未经批准擅自在公园内或者控制区内进行建设的，责令停止施工，限期改正或者拆除，并按照土建工程造价的百分之三至百分之七处以罚款；

（二）违反第九条规定，未设置围挡和安全警示标志以及破坏公园景观、设施，影响游人游览安全的，责令改正，可处以五百元以上二千元以下罚款；

（三）违反第十九条规定，擅自倾倒垃圾、杂物等废弃物的，责令限期清理，可处以一百元以上一千元以下罚款；

（四）违反第二十条规定，车辆未经同意进入公园或者经同意进入公园的车辆车速超过规定的，责令改正；拒不改正的，处以二百元以下罚款；

（五）违反第二十一条规定，擅自在公园内组织大型群众活动的，责令改正，可处以一千元以上五千元以下罚款；

（六）违反第二十四条规定的，责令立即改正、清理或者赔偿；拒不改正、清理或者赔偿的，对第（一）、（二）、（三）、（四）项行为，处以五元以上十元以下罚款；对第（五）、（六）、（七）项行为，处以二十元以上一百元以下罚款；对第（九）、（十）项行为，处以五十元以上二百元以下罚款；

（七）违反第二十九条第（二）项规定的，责令停止违法行为，排除阻碍或者采取其他补救措施，可处以五万元以下罚款；违反其他各项规定，责令改正，可以对个人处以五十元以上一百元以下罚款，对单位处以五百元以上三千元以下罚款。

第三十一条 违反本条例规定，造成他人损失的，应当承担赔偿责任；构成犯罪的，依法追究刑事责任。

第三十二条 市园林、水利行政管理部门及其管理机构的工作人员违反本条例规定，有下列行为之一的，对直接负责的主管人员和其他直接责任人员给予批评教育或者依法给予行政处分；构成犯罪的，依法追究刑事责任：

（一）不设置或者不按照规划设置游园示意图、游园须知、游园指引牌、警示牌等游园标识、标牌的；

（二）不依法履行法定的审批职责的；

（三）对职责范围内的举报、投诉不予查处或者查处不力的；

（四）不履行法定的监督管理职责，造成园容脏、乱、差或者游园秩序混乱的；

（五）因管理不善造成人员伤亡的；

（六）其他滥用职权、玩忽职守、徇私舞弊的行为。

第七章 附 则

第三十三条 本条例自2006年1月1日起施行。

第四部分　中外名园撷英

一、中国著名公园

（一）历史名园（61个）

序号	公园名称	规模（hm²）	开放时间	历 史 沿 革	文 化 特 色	票价（人民币）
1	北京天坛公园	210.2	1913年	天坛始建于明永乐十八年（1420年），又经明嘉靖、清乾隆等朝增建、改建，是明、清两代皇帝"祭天""祈谷"的场所。原占地273hm²	天坛集明、清建筑技艺之大成，是中国古建珍品，是世界上最大的祭天建筑群	门票：10元/人（淡季）15元/人（旺季）
2	北京颐和园	290.13	1928年	原名清漪园，始建于1750年，1860年被英法联军烧毁；1886年清政府重修，并于两年后改名颐和园。1900年八国联军侵入北京，颐和园再遭洗劫，1902年清政府又予重修。1924年，颐和园辟为对外开放公园	集传统造园艺术之大成，借景周围的山水环境，饱含中国皇家园林的恢弘富丽气势，又充满自然之趣，高度体现了"虽由人作、宛自天开"的造园准则	门票：20元/人（淡季）30元/人（旺季）

第四部分　中外名园撷英

续表

序号	公园名称	规模(hm²)	开放时间	历史沿革	文化特色	票价(人民币)
3	北京北海公园	68.20	1925年	公园园林的开发始于辽代。金代又在辽代初创的基础上于大定十九年(1179年)建成规模宏伟的太宁宫。至元四年(1267年)，元世祖忽必烈以太宁宫琼华岛为中心营建大都，琼华岛及其所在的湖沿被划入皇城，赐名万寿山、太液池。永乐十八年(1420年)明朝正式迁都北京，万寿山、太液池成为紫禁城西面的御苑，称西苑。明代向南开拓水面，形成三海的格局。清朝承袭明代的西苑，乾隆时期对北海进行大规模的改建，奠定了此后的规模和格局	北海是中国历史园林的艺术杰作，主要由琼华岛、东岸、北岸景区组成。	门票:10元/人
4	北京玉渊潭公园	136.69	1960年	早在金代，公园就是金中都城西北郊的风景游览胜地；辽金时代，这里河水弯弯，一片水乡景色。清乾隆三十八年(1773年)，著名的香山引河治水工程，开挖了玉渊潭湖系	公园每年春季举办的"樱花赏花会"国内知名，荟萃2000千余株樱花的樱花园，在春风中樱树绯云绛雪，成为京城早春特有的景致	票价:2元/人

续表

序号	公园名称	规模（hm²）	开放时间	历史沿革	文化特色	票价（人民币）
5	北京紫竹院公园	47.35	1953年	远在3世纪，曾是古代高梁河的发源地。金代大定二十七年（1187年）以后，在上游开挖河道，增辟水源，此地就成了一个蓄水湖。明代万历五年（1577年），慈圣皇太后出资巨万，在广源闸西边兴建万寿寺时，这里就成了万寿寺的下院。清朝乾隆皇帝赐名为"紫竹禅院"，紫竹院由此得名	园中三湖两岛、一河一渠（长河与紫竹渠），翠竹全园占地14hm²，是一座以水景为主、以竹景取胜、深富江南园林特色的大型公园	免票
6	北京香山公园	180.05	1956年	始建于金大定二十六年（1186年），距今已有800多年历史。元、明、清都在此营建离宫别院，为皇家游幸驻跸之所。清乾隆十年（1745年）在此兴建亭台楼阁，殿宇廊轩，共成名噪京城的二十八景，名赐"静宜园"，名列京西"三山五园"。后遭英法联军和八国联军的焚掠	是一座著名的具有皇家园林特色的大型山林公园	门票：5元/人（淡季）10元/人（旺季）

续表

序号	公园名称	规模（hm²）	开放时间	历史沿革	文化特色	票价（人民币）
7	北京中山公园	23.8	1914年	原是辽代兴国寺，明永乐十九年（1421年），此遗迹改建为社稷坛，成为皇帝祭祀土地神、五谷神的处所。1914年辟为中央公园，后因孙中山先生的灵柩曾在园内祭殿里停放，于1928年改名为中山公园	是一座带有纪念性的古典坛庙园林，也是一座精美的具有浓厚民族风格的城市园林	门票：3元/人
8	北京陶然亭公园	59.06	1958年	为清康熙三十四年（1695年）工部郎中江藻所建。初名江亭。江藻所撰"陶然吟"石刻镶嵌在亭南壁。清末后，渐趋荒芜。1952年全面整修辟为公园。园内慈悲庵为元代古刹。1954年又从中南海移来云绘楼、清音阁两组古建筑，更添公园古雅清幽的景色	是一座以亭景为主的大型公园，共有36座风格各异、多彩多姿的亭子。在公园之内可以欣赏到全国各地的主要名亭：沧浪亭、醉翁亭、兰亭、少陵草堂碑亭、二泉亭、独醒亭、歌台等	门票：2元/人

续表

序号	公园名称	规模(hm²)	开放时间	历史沿革	文化特色	票价(人民币)
9	北京景山公园	23	1955年	建于金大定十九年（1179年）。明永乐十八年（1420年），将拆除旧皇城的渣土和挖新紫禁城筒子河的泥土，堆积在元朝建筑延春阁的旧址上，形成一座土山，取名"万岁山"。景山由此也就成为明大内皇宫北面的御园。明崇祯十七年（1644年），李自成攻克内城，崇祯自缢在山东侧一棵槐树上，称之为"崇祯自缢处"。清顺治十二年（1655年），"万岁山"改名为"景山"	地处北京城中轴线最高点，故宫北侧，是一座环境优美的皇家园林。园内松柏葱郁、古树参天，登高远眺，可俯瞰全城	门票：2元/人
10	北京八大处公园	253	1956年	园中八座古刹最早建于隋末唐初，历经末元明清历代修建而成。其中灵光寺、长安寺、大悲寺、香界寺、证果寺5寺均为皇帝救建。灵光寺辽招仙塔中曾供奉释迦牟尼佛牙舍利，1900年毁于八国联军炮火，建国后经周恩来总理批准新建佛牙舍利塔	由西山余脉翠微山、平坡山、卢师山所环抱，因保存完好的八座古刹而得名，又以自然天成的"十二景"闻名遐尔	门票：10元/人

第四部分 中外名园撷英

续表

序号	公园名称	规模(hm²)	开放时间	历史沿革	文化特色	票价(人民币)
11	北京日坛公园	20.62	1951年	始建于明朝嘉靖9年(1530年),为明清两代皇帝祭祀太阳大明之神的地方	园中林木成荫,路面整齐,古朴典雅,景色幽静	免费
12	北京月坛公园	7.97	1955年	原名"夕月坛",明嘉靖九年(1530年)兴建,这是明清两代皇帝祭祀月亮夜明之神的地方	园内景观紧扣住"月"的主题,突出了中秋的意境,成为北京一处优美的赏月和游览胜地	门票:2元/人
13	北京地坛公园	43.05	1984年5月	又称方泽坛,是古都北京五坛中的第二大坛。始建于明代嘉靖九年(1530年),是明清两朝帝王祭祀皇地祇神"的场所,也是我国现存最大的祭地之所。1925年辟为"京兆公园",1928年改称"市民公园",1957年恢复公园称"地坛公园",1981年以来,国家投资对古建筑进行了复原整修	整个建筑从整体到局部都是遵照我国古代"天圆地方"、"天青地黄"、"天南地北"、"龙凤"、"乾坤"等传统和象征传说构思设计的。现存有方泽坛、皇祇室、宰牲亭、斋宫、神库等古性建筑	门票:2元/人

续表

序号	公园名称	规模（hm²）	开放时间	历史沿革	文化特色	票价（人民币）
14	北京什刹海公园	54.60	开敞式	历史上这里是寺庙林立的地方，素有"九庵一庙"之说，所以这里也得名为"什刹海"。元代，这里曾是南北大运河北段的起点。当时船运业繁盛的景色，史载"盛况空前"。南北大运河船运业的繁盛，带动了鼓楼大街一带也成为繁华的商业区	由西海、后海、前海组成，为一条自西北斜向东南的狭长水面。三湖一水相通，以后海水面最大	
15	北京圆明园遗址公园	350	1988年6月29日	历史上的圆明园是由圆明园、长春园、绮春园（万春园）组成。三园紧相毗连，通称圆明园。最初是康熙皇帝赐给皇四子胤禛（即后来的雍正皇帝）的花园。雍正皇帝于1723年即位后，拓展原赐园，在园南增建正大光明殿和勤政殿以及内阁、六部、军机处诸值房，御以"避喧听政"。至乾隆三十五年（1770年），圆明三园的格局基本形成。园于咸丰十年（1860年）被英法联军劫掠焚毁	既富于遗址特色，又具备公园功能，是一处进行爱国主义教育及人民群众游憩的好去处	门票：10元/人

第四部分　中外名园撷英

续表

序号	公园名称	规模(hm²)	开放时间	历史沿革	文化特色	票价(人民币)
16	北京劳动人民文化宫	19.70	1950年5月1日	原为太庙,建于明代永乐十八年(1420年),是明清两代皇帝祭祖的宗庙。依据古代王都"左祖右社"的规制,与故宫、社稷坛同时建造,是紫禁城重要的组成部分	是劳动人民的"学校和乐园"和中外游客旅游的胜地	门票:2元/人
17	北京恭王府花园	6	1988年	又名翠锦园,建于1777年,曾为清乾隆时大学士和珅私宅。嘉庆四年(1799年)和珅因罪赐死,改为庆王府。咸丰元年(1851年)恭亲王奕䜣改赐道光皇帝第六子奕䜣,始称恭王府。20世纪初,溥伟及溥儒出售给辅仁大学作校舍及校园。建国后成为北京艺术师范学院校舍及中国艺术研究院办公和教学地点。1988年6月花园部分对外开放	是北京现存最完整、布置最精致的一座清代王府	门票:20元/人

续表

序号	公园名称	规模（hm²）	开放时间	历史沿革	文化特色	票价（人民币）
18	北京末庆龄故居	2.8	1982年5月29日	原是中国末代皇帝爱新觉罗·溥仪的父亲醇亲王载沣的府邸花园，也称西花园。1962年，周恩来总理受党和政府的委托，决定借此作为末庆龄的住所。1963年4月，末庆龄迁居于此。末庆龄逝世后辟为公园	是一处雅名典雅、幽静别致的庭园，现已成为"青少年教育基地"	门票：20元/人
19	北京莲花池公园	53.6	1990年	是北京地区一处古老的名胜之地，也是都城的重要水源，是北京城的发祥地，有"先有莲花池后有北京城"之说，距今有3000多年的历史。辽、金时代曾在莲花池西南建了都城。后来因为辽金灭亡都城被毁，莲花池也渐渐荒废	是一处保留原始风光与水趣的游览之地	门票：5元/人
20	哈尔滨兆麟公园	8.4	1906年	原名道里公园，始建于1906年，是哈尔滨最早的公园。当年人们为纪念抗日英雄李兆麟将军，将其遗体安葬在此，并在公园内举行隆重的公祭和安葬仪式。1946年，道里公园更名为兆麟公园	一年一度的哈尔滨冰灯游园会举办之地。每年1月5日开始至2月末，冰灯艺术年年有新变化，被人们称为"永不重复的童话"	门票：30元/人（灯展期间）

续表

序号	公园名称	规模(hm²)	开放时间	历史沿革	文化特色	票价(人民币)
21	沈阳北陵公园	330	1927年	1643年（清崇德八年）清太宗皇太极和孝端文皇后博尔济吉特氏的陵墓昭陵建成。1927年，奉天省政府将昭陵辟为公园，因位于市区北部，故得此名	沈阳名胜古迹之一，是我国古代建筑的精华，汉满民族文化交流的典型	公园门票6元/人。昭陵门票30元/人
22	沈阳东陵公园	557.3	1929年	又称"福陵"，是清太祖努尔哈赤及其孝慈高皇后叶赫纳喇氏的陵墓。与沈阳市的昭陵、新宾县永陵合称"关外三陵"，"盛京三陵"。始建于公元1629年（天聪三年），到1651年基本建成。崇德元年（1636年）大清建国，定陵号为"福陵"，1929年当时奉天当局辟福陵为东陵公园	是一座具有历史文物、园林风光、旅游度假等多种功能的观光游览公园	门票:12元/人
23	杭州太子湾公园	57.4	1988年	相传此地曾是南宋庄文、景献两位太子的攒园，故有太子湾之称	该公园富有山野情趣，一派乡土风光，喷泉尽除。现为著名的婚庆公园与郁金香展地	门票:10元/人

续表

序号	公园名称	规模（hm²）	开放时间	历史沿革	文化特色	票价（人民币）
24	杭州虎跑泉	2	1981年	虎跑泉的得名始于佛教神话传说，相传819年，唐代有个叫寰中的高僧住在这里，后因水源缺乏准备迁出。一夜，高僧梦见一神仙告诉他：南岳童子泉，当遣二虎移来。第二天，果真有二虎跑地作穴，涌出泉水，故名"虎跑"。	称为"天下第三泉"，"虎跑"游览的乐趣在"泉"。从听泉、观泉、品泉、试泉直到"梦泉"，能使人自然进入一个绘声绘色、神幻自得的美妙境界	门票:15元/人
25	杭州花港观鱼	20	1988年	早在南宋时，有一条小溪从花家山经此流入西湖，这条小溪就叫花港。当时，内侍官卢允升在花港侧畔建了一座别墅，称为"卢园"	园内叠石为山，凿地为池，畜养异色鱼，于是游人称为"花港观鱼"，成为西湖十景之一。解放后1952年和1955年分别于人民政府拨款进行了两次大规模的整修	免费

续表

序号	公园名称	规模(hm²)	开放时间	历史沿革	文化特色	票价(人民币)
26	苏州留园	3.33	1929年6月	始建于明代万历二十一年(1593年)，为太仆寺少卿徐泰时的私家园林，时人称东园。泰时去世后，清代乾隆五十九年(1794年)，园为吴县东山刘恕所得，在"东园"故址改建，更名"寒碧山庄"，俗称"刘园"。同治十二年(1873年)，园为常州盛康(旭人)购得，缮修加筑，留园渐见荒芜，改名留园。20世纪30年代以后，留园经过修整，一代名园重现光彩	是中国四大名园之一。为我国大型古典私家园林代表清代风格。园以建筑艺术精湛著称，厅堂宏敞华丽，庭院富有变化。太湖石以冠云峰为最，有"不出城郭而获山林之趣"的美誉	门票：30元/人(淡季)；40元/人(旺季)
27	苏州网师园	0.53	1958年10月	始建于南宋淳熙元年(公元1174年)，原为南宋史侍郎史正志的一座府宅园林，名"万卷堂"，号"渔隐"。后数易其主。1940年，书画文物鉴赏家和收藏家何亚农家买下这座园林，复用"网师园"旧名。1950年，何亚农后人将网师园捐献给国家。	以精致的造园手法，深厚的文化底蕴，典雅的园林气息，当之无愧地成为江南中小型古典园林的代表作品，成为"小园极则"，在国内外享有盛誉	门票：20元/人(淡季)；30元/人(旺季)

续表

序号	公园名称	规模（hm²）	开放时间	历史沿革	文化特色	票价（人民币）
28	苏州拙政园	4.8	1952年	始建于明正德四年（1509年），为明代弘治进士、御史王献臣弃官回乡后，在唐代陆龟蒙宅地和元代大弘寺旧址处拓建而成，命名为拙政园。王献臣死后，主人更换频繁。解放后于1952年正式对外开放，西部部分，1960年东部整修完毕开放	是目前苏州最大的古园林，我国四大名园之一。拙政园布局主题以水为中心	门票：50元/人（淡季）；70元/人（旺季）
29	苏州狮子林	0.93	1954年	始建于元代。1341年，高僧天如禅师来到苏州讲经，元至正二年（1342），弟子们买地置屋为天如禅师建禅林。天如禅师因师傅中峰和尚得道于浙江西天目山狮子岩，取名"师子林"，亦名"狮子林"。园中最高峰为"狮子峰"。后儿经盛衰。1917年，上海颜料巨商贝润生购得狮子林。解放后贝氏后人将园子捐献给国家，苏州园林管理处接管整修后，于1954年对公众开放	是苏州古典园林的代表之一，将被列入《世界文化遗产名录》，拥有国内尚存最大的古代假山群，湖石假山古代神人化，被誉为"假山王国"	门票：20元/人（淡季）；30元/人（旺季）

续表

序号	公园名称	规模（hm²）	开放时间	历史沿革	文化特色	票价（人民币）
30	苏州沧浪亭	1.1	自古一直开放。1953年由政府管理开放	北宋庆历五年（1045年），诗人苏舜钦购得园址，傍水构亭名"沧浪"，自号"沧浪翁"。后几经易主或改建。清咸丰十年（1860年）毁于兵火。同治十二年（1873年）重建	园以清幽古朴见长，富有山林野趣。池水萦回，古亭翼然，轩榭复廊，古树名木，内外融为一体，在苏州众多园林中独树一帜	门票：15元/人（淡季）；20元/人（旺季）
31	苏州环秀山庄	0.2	2004年6月	原为唐末吴越王钱元璙的金谷园故址。宋代为文学家朱文长文的药圃。后为景德寺。明万历年间为大学士申时行宅。清代相继为蒋楫、毕沅、孙士毅宅。孙氏邀请春山大师戈裕良在园中叠有一座假山，存留至今。道光年间，改称环秀山庄，后多毁损。1984年6月—1985年10月，由苏州市园林局和刺绣研究所共同出资，进行较大规模的整修	园内地盘不大，园外无景色可借，造景颇难。但因布局设计巧妙得宜，湖山、池水、树木、建筑，得以融为一体。而于假山一座，池水一湾，更是独出心裁，另辟蹊径，两者配合，佳景层出不穷。望全园，山重水复，峰嶂雄厅；人其境，移步换景，变化万端	门票：15元/人

续表

序号	公园名称	规模（hm²）	开放时间	历史沿革	文化特色	票价（人民币）
32	苏州耦园	0.8	1965年5月—1967年7月 1980年7月重新开放	东部旧址原为清雍正年间保宁知府陆锦致仕后所筑"涉园"，又名"小郁林"。后皆明祝氏别墅。光绪初年，湖州沈秉成购得涉园废址，营筑宅园，取名"耦园"（耦通偶）。沈秉成卒后，其园不治。光绪二十一年（1895年）沈秉成卒后，其园不治。光绪二十一年杨荫榆于此创办二乐女子学社。1932年，史学家钱穆携眷寓居东花园	布局独树一帜，正宅居中，有东、西两个花园，这在苏州园林中独树一帜	门票：15元/人（淡季）；20元/人（旺季）
33	苏州艺圃	0.38	1984年10月1日	始建于明嘉靖年间，袁祖庚建醉颖堂，题门额"城市山林"。万历时为文徵明曾孙文震孟所得，堂名世纶，药圃曾文氏世居。清初归姜实节易园名为艺圃，又称敬亭山房。更名颐圃，又称敬亭山房。此后屡易主。道光三、四年，吴姓曾于此后屡易主。道光十九年（1839年），园宅归绸业同人，名七襄公所，重加修葺	保持明末清初景观风貌，部分建筑、绝壁相结合研究园林史的重要实例，以池水、石径、绝壁相结合的手法，取法自然，力求超越自然，是明清时期苏州一代造园家最为常用的布局技法	门票：3元/人（淡季）；10元/人（旺季）

续表

序号	公园名称	规模（hm²）	开放时间	历史沿革	文化特色	票价（人民币）
34	苏州退思园	0.65	1984年	退思园由清兵备道任兰生革职回乡后，请本镇画家袁龙设计而建，历时二年。退思二字，取自《左传》"宣公十二年"："林父之事君也，进思尽忠，退思补过"	简朴淡雅，水面过半，建筑皆紧贴水面修筑，园如浮于水上，是全国唯一一处贴水园建筑，体现了晚清江南园林建筑的风格	门票：30元/人（淡季）；40元/人（旺季）
35	苏州虎丘	21.3	自古开放。1953年政府管理开放	原名海涌山。相传在2400年前的春秋时期，吴王阖闾在与越国的槜李大战中受伤，不久死去，葬于虎丘。葬后三日有一只白虎蹲在山上，所以改名为虎丘山。晋代，虎丘是司徒王珣和司空王珉的别墅，咸和二年（327年）他们舍宅为寺，以山上剑池为界分东、西虎丘寺。唐时，因避太祖李虎讳，改称"武丘报恩寺"，唐会昌年间武宗建佛报恩寺故毁。唐朝以后又复名虎丘。北宋知州魏庠奏改此寺为"云岩禅寺"。清康熙皇帝游览后改名为虎阜禅寺	被誉为"吴中第一名胜"	门票：40元/人（淡季）；60元/人（旺季）

续表

序号	公园名称	规模(hm²)	开放时间	历史沿革	文化特色	票价(人民币)
36	扬州何园	1.4	1969年	原名"寄啸山庄",是清代同治元年(1862年)湖北道台何芒舰离任后归隐扬州,购得"片石山房"旧址进行扩建,历时13年建成的一座大型住宅园林。建成后,取陶渊明《归去来辞》中"倚南窗以寄傲,登东皋以舒啸"的意境,题名为"寄啸山庄",又因为园主人姓何,故俗称何家花园,简称"何园"	建筑布局由园居、东西花园、片石山房组成,环环相扣,内外有别,中西合璧,居游两便的人居环境,中国私家园林的建筑审美和居游功能在此达到高度和谐与极致完美	门票:30元/人(淡季);40元/人(旺季)
37	扬州个园	2	1982年	系清嘉庆年间,由盐商两淮商总黄应泰在明代寿芝园的基础上扩建而成。盖以竹为本园。取苏东坡"宁可食无肉,不可居无竹,无肉使人瘦,无竹令人俗"的诗意,在园中修竹万竿,因"个"字乃"竹"字之半,且状似竹叶,故取名"个园"	园以假山堆叠精巧而著称	门票:30元/人(淡季);40元/人(旺季)

续表

序号	公园名称	规模(hm²)	开放时间	历史沿革	文化特色	票价(人民币)
38	扬州瘦西湖	103.7	1950年	原名炮山河,亦名保障河,保障湖,又名长春湖。为唐罗城、宋大城的护城河,亦是蜀冈山水流向运河的泄洪渠道。沿河两岸,经历代造园家擘划经营,逐步形成湖上园林。十里波光,幽秀明媚,颇可与杭州西湖颉颃,而清瘦过之,遂易其名曰"瘦西湖"	瘦西湖园林群景色怡人,融南秀北雄为一体	门票:90元/人
39	扬州盆景园	5	1986年	盆景园,清初为古郧园,现主要由卷石洞天、西园曲水等景区和扬派盆景组成	作为中国盆景五大流派之一的专业盆景园,与广州的西苑、四川的杜甫草堂、上海的龙华植物园、苏州的万景山庄齐名,以古拙飘逸的艺术作品装点着闻名遐迩的名园胜景	含在瘦西湖门票中

续表

序号	公园名称	规模（hm²）	开放时间	历史沿革	文化特色	票价（人民币）
40	上海古漪园	10	1963年	为明代万历时河南通判闵士籍的私家花园，原名柔奇园。古园的设计者是嘉定著名竹刻艺术家朱三松，后归李宜之所有。清乾隆十一年（1746年），洞庭山人叶锦购得后，大兴土木增建亭榭，拓展园基，改名古漪园。乾隆五十三年（1788年），地方士人集资买园作为城隍庙庙灵苑。嘉庆十一年（1806年）募款整修，同治、光绪年间，又作为祀神和当地同业会集议场所	规模为上海古典园林之最。园内逸野堂、戏鹅池、松鹤园、青清园、鸳鸯湖、南翔壁六大景区，形成悠悠绿竹、幽静诗词水、明代建筑、楹联诗词以及优美的花石小路五大园艺特色	门票：12元/人
41	济南趵突泉	10.5	1956年	最早见于古代文献的济南名泉。近据专家考证，趵突泉有文字记载的历史，可上溯至我国的商代，迄今长达3543年。1956年，趵突泉被整修辟为公园，历经几次扩建，逐渐建成以泉为主的泉石园，面积从不足3.4hm²扩至10.5hm²	济南古称泉城，七十二名泉，趵突泉为冠，是以泉水、人文景观为主的文化名园	门票：40元/人

续表

序号	公园名称	规模（hm²）	开放时间	历史沿革	文化特色	票价（人民币）
42	济南大明湖	86	1958年	是济南三大名胜之一，历史悠久，其名始于北魏·郦道元《水经注》	景色优美秀丽，杨柳荫浓，荷花满塘，其间点缀着各色亭、台、楼、阁，远山近水与晴空融为一色，犹如一幅巨大的彩色画卷	门票：30元/人
43	湖州市飞英公园	2.97	1996年	飞英公园位于湖州市，毗邻苕溪，占地2.97hm²，1996年建成开放。有飞英塔、莫妙亭、六客堂等文物古迹	园内亭榭楼堂，山水石泉，古树名卉相映成趣，以各类植物构成四季景观	门票 10元/人 儿童 5元/人
44	邯郸市丛台公园	24	1953年	丛台公园位于邯郸市中华北大街，占地24hm²，水面2.87hm²。丛台始建于春秋战国的赵武灵王时期（公元前325年至前299年间）	园内亭台楼榭棋星罗棋布，曲桥长廊玲珑秀美，湖光山色绿树掩映，是一座集古迹游览、花卉欣赏、动物展出、儿童娱乐为一体的综合性休憩娱乐大型公园	门票：2元/人

续表

序号	公园名称	规模(hm²)	开放时间	历史沿革	文化特色	票价(人民币)
45	武汉市黄鹤楼	17.2	1985年6月	黄鹤楼位于武汉市蛇山,濒临长江,雄踞蛇山之首,蜚声中外的名胜古迹。始建于三国时期的吴黄武三年(223年)	现今的黄鹤楼,时逢盛事,规制超前,楼姿雄伟,气势壮观,以黄鹤楼为主体,有楼、亭、轩、阁、坊、廊、榭等组成的建筑群落和人文、自然景观融为一体。因山就势,或续或断,错落有致	门票:30元/人
46	成都市望江楼公园	11.76	1953年	望江楼公园位于成都市东门外锦江南岸,占地11.76hm²。锦江南岸有古井,昔人常在此酿造酒纸。1953年建成公园,形成现在规模	园内以清代建筑群体为代表的著名建筑有崇丽阁、吟诗楼等。有体现川西民居的建筑风格的仿古建筑群。园内还有唐代女诗人薛涛像,薛涛井及为纪念薛涛而建的亭	门票:2元/人 4月22日至5月31日竹文化展期间2元/人

续表

序号	公园名称	规模（hm²）	开放时间	历史沿革	文化特色	票价（人民币）
47	成都市杜甫草堂	16	1952年	杜甫草堂位于成都市南郊，占地16hm²，是唐代大诗人杜甫流寓成都时的故居，被誉为中国文学史上的圣地	草堂建筑为清代风格，照壁、正门、大廨、诗史堂、柴门、工部祠等建筑排列在一条轴线上，两旁配以对称的回廊和其他附属建筑	门票：30元/人
48	成都市武侯祠	3.99	1953年	武侯祠位于成都市南郊，与刘备陵庙相毗邻，占地3.99hm²。公元5世纪，成都惠陵旁建造了一座武侯祠，到唐代时已成为名胜古迹。1953年经整修后对游人开放	武侯祠的园林内，有草榭、水池、庭院、红墙环抱、古柏森森、绿草茵茵、翠竹掩映、各种花卉点缀其间，具有西南园林的特色	门票：30元/人
49	重庆市西山公园	14.3	1925年	西山公园位于万州市西南端，面临长江，面积14.3hm²，始建于民国14年（1925年），最初名"商埠公园"	园内传统与现代相结合，自然与人文相辉映，故成为长江上游著名的游览胜地	3元/人

续表

序号	公园名称	规模(hm²)	开放时间	历史沿革	文化特色	票价(人民币)
50	重庆市鹅岭公园	5.6	1958年	鹅岭公园位于重庆市城区西部制高点，海拔340~380m，面积5.6hm²	鹅岭公园具有雄、险、秀的特色，是观览两江风光、观赏山城夜景的最佳处所	门票：免费
51	重庆市南山公园	580	1959年10月1日	南山公园坐落在南山风景名胜区群山之中，森林面积580hm²，海拔最高680m	南山公园是一个以森林为基础，以花卉为特色的综合性公园	门票：15元/人
52	广州市黄花岗公园	13	1912年	黄花岗公园位于广州市先烈中路，占地约13hm²，始建于1912年，是为纪念在1911年农历三月二十九日，孙中山领导的同盟会为推翻满清政府的反动统治发动的广州武装起义中牺牲的烈士营葬而建的公园	园门正高13m的牌坊上镌刻着孙中山亲笔题字："浩气长存"。岗陵上安放着七十二烈士之墓，墓后纪功坊上屹立着自由女神像	门票：8元/人
53	广州市越秀公园	86	1952年	越秀公园位于广州市解放北路，占地86hm²，绿化覆盖率90.3%	越秀公园为广州市内大型的综合性公园	门票：8元/人

续表

序号	公园名称	规模(hm²)	开放时间	历史沿革	文化特色	票价(人民币)
54	东莞市可园	2.2	1966年	可园位于广东省东莞市,占地2.2hm²,始建于清道光三十年(1850年)。1966年修复开放	可园虽小,但设计精巧,把住宅、客厅、别墅、庭院、花圃、书斋等揉合在一个不大的面积(0.2hm²)中,是岭南园林的珍品,与顺德清晖园、番禺余荫山房、佛山十二石斋(梁园)合称广东近代四大名园	门票:8元/人
55	东湖公园	20.5	1994年	东湖公园位于泉州市东北部,占地20.5hm²,其中水面7.5hm²	公园以闽南建筑文化为特色,吸取国内外园林艺术手法,以中心湖体为主体,环湖布置人文景观	门票:5元/人
56	黔灵公园	426	1957年	黔灵公园为贵阳市城西北,占地426hm²	园内峰峦叠嶂,古洞清涧,幽潭翠竹,古树参天,林密谷深,景致清绝,自古是贵州省原有的风景名胜地	门票:5元/人

续表

序号	公园名称	规模（hm²）	开放时间	历史沿革	文化特色	票价（人民币）
57	兴庆宫公园	52	1958年	兴庆宫位于西安市大明宫东南，占地52hm²，其中湖面10hm²。始建于唐玄宗开元二年(714年)	兴庆宫公园王字形立、琼楼棋布，兼具宫廷和园林双重特色	门票：免费
58	西安华清池	10	1959年	华清池距西安城西30km，南依骊山，北临渭水，占地10hm²，自然环境优美，是历代在西安建都的帝王特别钟情的风水宝地	史载，西周幽王曾在此建"骊宫"；秦时砌石起汤池，取名"骊山汤"。"温泉宫"。华清池以唐玄宗与杨贵妃的爱情故事而著称	门票：淡季 40元/人；旺季 70元/人
59	乌鲁木齐红山公园	46.6	1958年	红山公园位于乌鲁木齐市中心，海拔910.6m，占地46.6hm²	红山公园植物丰富多采，四季有景，鸟语花香，是独具特色的自然与文化相结合的综合性公园	门票：3元/人

续表

序号	公园名称	规模(hm²)	开放时间	历史沿革	文化特色	票价(人民币)
60	兰州市五泉山公园	30	1955年	五泉山位于兰州市区南侧的皋兰山北麓,是一处"林木葱郁花草香,雕梁飞阁泉瀑鸣",具有两千多年历史的遐迩闻名的陇上胜地。公园景点以五泉和佛教古建筑为主,海拔1 600多m,占地30hm²	公园景点以五眼名泉和佛教古建筑为主。有明清以来的建筑群10余处,1 000多间,建筑面积10 000多m²,规模宏大。现存最早的一所建筑"金刚殿","崇庆寺"内的五年(公元1372年)所建,距今已有600余年。寨建筑群均系清末陆续重修	门票:6元/人
61	上海市醉白池公园	5	1644年	醉白池公园位于上海市松江区人民路,占地5hm²。清代顺治年间,工部主事顾大申重加修建,并仿宋韩琦慕白居易而筑醉白堂,更名为醉白池	醉白池公园是上海五大古典园林之一。历经300余年,至今仍保存有堂、轩、亭、舫、榭等古建筑,并保持这明清江南园林风貌	门票:12元/人

(二) 动物园 (26 个)

序号	单位名称	规模(hm²)	开放时间	历史沿革	文化特色	票价(人民币)
1	北京动物园	86hm²,其中水面8.6hm²	1907年	清朝光绪三十二年(1906年)建农工商部农事试验场,是在原乐善园、继园(又称"三贝子花园")和广善寺、惠安寺旧址上所建。1949年9月1日定名为"西郊公园"。1955年4月1日正式改名为"北京动物园"	是中国开放最早、饲养动物最多的动物园之一,距今已有100余年的历史,内有亚洲最大的海洋馆	15元/人门票是首道,门票20元/人联票包括熊猫馆、动物园里有2个场馆(企鹅馆、小动物俱乐部)是需要单独购票的
2	八达岭野生动物世界	400	1998年10月1日	中国最大的山地野生动物园	拥有百种万头野生动物,集观赏、救助繁育、休闲度假一体	成人优惠:70元/人学生、老人:45元/人
3	北京野生动物园	240	2001年8月8日	是北京农业集团有限公司控股,北京绿野晴川动物园有限公司投资建设的	以现代的无屏全方位立体观赏取代了传统笼舍观赏方式。园区突出一个"野"字	门票:成年人:80元/人(通票) 儿童:1.2m以下免票,需由家长带领;1.2m以上购学生票,50元/人

836　公园工作手册(第二版)

第四部分　中外名园撷英

续表

序号	单位名称	规模（hm²）	开放时间	历史沿革	文化特色	票价（人民币）
4	重庆动物园	46.67	始建于1953年		园内山峦起伏绵亘，自然风光清新绮丽，是国内大型的城市动物园之一	成人门票20元/人
5	重庆野生动物世界	333.34	2000年	是国家林业局批准建立的西部地区首家国家级野生动物生态旅游园区	分为广场区、步行区、车行区、停车区、后勤服务区、金澜湾国际度假村6个功能区	节假日：成人票100元/人；学生、儿童票70元/人非节假日：成人票80元/人；学生、儿童票50元/人
6	成都动物园	17.342	始建于1953年	在1976年迁到现址	园内绿树成荫，湖光潋滟，鸟语花香，风景诱人，是西南地区最大的动物园	门票12元/人
7	上海动物园	72	1954年5月25日	开放于上海解放5周年纪念日，由西郊公园扩建而成，1980年元旦改名为上海动物园，原址是英商于1916年占地建成的高尔夫球场俱乐部	园林绿化造景别具一格，同展出动物特色的生态环境相结合，形成了具有上海特色的海派动物园	票价30元/人

续表

序号	单位名称	规模（hm²）	开放时间	历史沿革	文化特色	票价（人民币）
8	杭州动物园	20	1958年	1975年10月新建，并迁址虎跑路40号	是一座综合性山林式动物公园	全票15元/人、半票7.5元/人
9	石家庄动物园	266.7	始建于1954年	前身是位于市中心的人民公园，1983年迁址，更名为石家庄动物园。2005年在鹿泉市建设新园，于2006年改建完成正式对外开放	为河北省面积最大、饲养种类最多的动物园。园内景观布局采用非对称式，以山势奔腾起伏的隐风山为背景，把自然景色与人工建筑巧妙有机地结合在一起，收到"虽有人作，宛自天开"的效果	成人每人40元，身高不足1.2m者可免费；学生及30人以上团体每人30元，残疾人、现役军人及70岁以上（含70岁）的老人，均可凭有效证件免票入园
10	济南动物园	87	1960年5月1日	原名金牛公园，后称金牛动物园，1989年改称济南动物园	是一个规模庞大、集动物饲养、观赏、科研、游乐、餐饮服务为一体的综合性动物园	门票25元/人
11	青岛动物园	31	1977年	原在青岛中山公园南部，1915年始建动物笼舍。1977年在太平山西南侧另建青岛动物园，历经10年	是一个功能较齐全、布局较合理的中型动物园	成人6.5元/人

第四部分 中外名园撷英 839

续表

序号	单位名称	规模（hm²）	开放时间	历史沿革	文化特色	票价（人民币）
12	武汉动物园	水陆面积48.3	1985年2月20日	武汉动物园是由原武汉市中山公园动物园迁出独立发展起来的	全园三面环湖，形成半岛，具有湖光山色、鸟语花香的自然景观	成人20元/人；学生15元/人
13	深圳野生动物园	120	1993年	是全国第一家由企业投资兴办的市政项目。建于山青水秀的深圳西丽湖畔	是我国第一座集动物、森林、植物、科普等多种特色和观赏功能为一体的具有亚热带新型园林生态环境系统的风景区	全票100元/人半票50元/人
14	大连森林动物园	占地面积180	1997年5月24日	1945年11月，大连市政府将日伪时期的"小村公园"（前身电气游园）改名为"大连文化公园"。1947年初改称"鲁迅公园"。1966年9月，更名为"大连动物园"	被誉为"让人类生活在没有污染的城市环境中，让动物生活在没有人类干扰的自然环境里"的高品位的动物园	票价120元/人

续表

序号	单位名称	规模（hm²）	开放时间	历史沿革	文化特色	票价（人民币）
15	大连老虎滩海洋公园	118	2002年	坐落于国家风景名胜区——大连南部海滨中部，景观独特。原为大连老虎滩海洋公园	是展示海洋文化，突出滨城特色，集观光、娱乐、科普、购物、文化于一体的现代化海洋主题公园。有4000米海岸线	门票15元/人
16	广州番禺香江野生动物世界	133	1997年12月28日开业	是我国唯一由私营企业投资管理的大型国家级野生动物园	以大规模野生动物种群放养和自驾车观赏为特色，是亚洲最大的野生动物主题公园	120元/人
17	太原动物园	79.36	始建于1957年	1957年在黑龙潭公园原址建设开放。2003年迁址卧虎山公园改建。2004年4月29日正式对外开放	充分利用原有地形、地貌、水体、植被、树木等自然环境条件和设施，坚持以建设人、动物与自然生态环境相互融合的方针，创造适合动物生存，易于游客观赏及休闲娱乐、科研、教育、动物保护于一体的景观型、生态型城市动物园	成人10元/人，儿童5元/人

第四部分　中外名园撷英　841

续表

序号	单位名称	规模（hm²）	开放时间	历史沿革	文化特色	票价（人民币）
18	南京红山森林动物园	68	1998年9月28日	位于城北红山，东眺南京火车站，南临玄武湖，北望幕村山。由玄武湖动物园迁建	动物场馆依山布局，与树林巧妙结合，动物笼舍养与散养相结合，形成城市森林动物园的独特风貌	成人:118元/人(1.3米以上儿童按成人计)儿童:68元/人
19	台北市立动物园	182	1986年	原址在台北的圆山，1986年迁至台北文山区木栅	所有栏舍呈现自然风貌,动物脱离高年笼的束缚,有更自由的活动空间；而在环境的布置上,也采用先进的地理生态展示法	30元/人
20	香港海洋公园	87	1977年元月	位于香港南部香港仔海洋公园边,是世界最大的海洋公园之一	三面环海,东濒深多湾,南临东博寮海峡,西接大树湾	成人180港元/人儿童90港元/人
21	香港动植物园	535	1864年	始建于1861年,曾因短暂辟为总督府,故俗称"兵头公园"	园内充满维多利亚时代的典型园林特色	

续表

序号	单位名称	规模（hm²）	开放时间	历史沿革	文化特色	票价（人民币）
22	哈尔滨北方森林动物园	848	1953年	前身为1953年9月开放的哈尔滨公园。1959年元月改名为哈尔滨动物园。2004年由市区搬迁到阿城市的鸽子洞地区，同年9月28日正式对外开放	目前国内最大的森林动物园，森林覆盖率在85%以上。此外，园中还有25000m²的"天鹅湖"，加上三湖一岛占地25000m²的水禽区，两大水系相互环绕形成园中大型的湿地景观	成人80元/人，儿童40元/人
23	广州动物园	约42	1958年	前身为1928年，国民政府在中山路建立永汉公园。1950年，公园被改称人民公园（现为儿童乐园）。1955年5月正式命名为广州动物园。1956年7月征用先烈路段的麻鹰岗一带作动物园新址	园内建有多个极具特色的主题展馆，包括我南造园第一家特色的上海洋馆、极具岭南造园创的户外观赏鱼展览园锦鳞苑	全票20元/人，老人票10元/人

续表

序号	单位名称	规模(hm²)	开放时间	历史沿革	文化特色	票价（人民币）
24	南宁动物园	46	始建于1973年	位于南宁市西郊五里亭，又名西郊公园	是国内第一家同时兼具陆生动物和海洋动物共同展出的共有特性质的专业性动物园	成人20元/人，儿童10元/人
25	上海野生动物园	153	1995年11月	是上海市人民政府和国家林业局合作建设的国家级野生动物园，位于上海浦东南汇区境内。距市区35公里。投资3亿元	园内有4座功能各异的动物馆。人与动物大型广场艺术表演，精彩纷呈；园内一流的海狮表演让您领略动物的聪颖与美妙；来自澳洲的赛狗于是让您在惊叹速度魅力的同时遐想无限	成人：100元，0.8～1.2米儿童半票。0.8米以下免票。现役军人、残疾军人、离休干部免票；上海本地70岁以上老人凭证享受五折优惠，残疾人六折
26	昆明动物园	32.5	始建于1953年	最早叫圆通动物园，1986年改名	是昆明市区观赏内容最丰富，游人最多的公园，海拔1930米	门票10元/人

(三) 植物园 (21 个)

序号	单位	面积 (hm²)	开放时间	历史沿革	文化特色	票价 (人民币)
1	北京植物园	157	1956 年	坐落在北京西山脚下，是北京的历史名园之一，拥有现代化植物展览温室	由植物展览区、科研区、名胜古迹区和自然保护区组成，有千年古刹卧佛寺、黄叶林和樱桃沟	成人门票：5 元/人 学生门票：2.5 元/人 温室门票：50 元/人
2	上海植物园	81.86	1978 年 4 月	其前身是建于 1954 年的龙华苗圃，1974 年改建为上海植物园	集科研、科普、游览、生产为一体的综合性植物园	成人票：15 元/人 学生票：12 元/人
3	沈阳植物园	211	1959 年	位于沈阳东郊 74 公里处，隶属于沈阳城建局	东北地区收集植物种类最多的植物园	门票：50 元/人
4	天津热带植物园	4			亚洲地区最大室内植物园	成人票价：50 元/人 学生票价：30 元/人
5	深圳仙湖植物园	586.67	1988 年	始建于 1983 年	是一个以科研科普、旅游为一体的多功能的著名植物园与风景区	门票：20 元/人

续表

序号	单位	面积（hm²）	开放时间	历史沿革	文化特色	票价（人民币）
6	湖南省森林植物园	140	1985年	即天际岭国家森林公园	全省重要的动植物科研阵地、科普教育基地和森林旅游的重要场所，也是野生动物的乐园	10元/人
7	庐山植物园	294.60	1934年	地处著名的风景名胜区，是中国植物学家创建的第一个用于科学研究目的的大型正规化植物园	已建成12个园区，迁地保育活植物3400余种，形成以松柏类和杜鹃花科为主要特色的山地园林景观	免费
8	武汉植物园	70	1956年	依傍东湖，由著名植物学家钟心煊、素文才、陈封怀和孙祥钟等教授创建	拥有世界上最大的猕猴桃种质资源库和东亚最大的水生植物资源圃；还建有"三峡植物园"和"华中地区珍稀植物迁地保护基地"	门票：30元/人
9	西双版纳热带植物园	900	1959年	1959年在著名植物学家蔡希陶教授领导下创建。1996年从原昆明植物研究所划出，与原昆明生态研究所合并成为中科院的一个独立研究机构	是目前我国最大和保存物种最多的植物园	门票：60元/人

续表

序号	单位	面积（hm²）	开放时间	历史沿革	文化特色	票价（人民币）
10	华南植物园	300	1956年	在广州市沙河，2002年12月，中国科学院撤销华南植物研究所建制，改为华南植物园建制。2003年10月16日，易名为中国科学院华南植物园	是我国面积最大的南亚热带植物园，有新石器时代"广州第一村"遗址和朱澄古墓	10元/人
11	中国科学院植物研究所北京植物园	119	1955年	是新中国成立后科学院于20世纪50年代建立的植物园中较早的一个	以引种栽培珍稀濒危植物和有重要经济价值的植物为主，成为北方植物多样性迁地保护与可持续利用研究和科普教育的基地	门票10元/人
12	南京中山植物园	186	1929年	前身是"中山先生纪念植物园"。1954年由中国科学院植物分类研究所华东工作站接管和重建，隶属中国科学院，定名为中国科学院南京中山植物园	是我国第一个国立植物园，也是我国中北亚热带地区重要的植物科学研究机构	20元/人

续表

序号	单位	面积(hm²)	开放时间	历史沿革	文化特色	票价(人民币)
13	昆明植物园	44	1938年	隶属于中国科学院昆明植物研究所,分为东园和西园,始建于1938年,由昆明植物园和植物生物技术研究室整合而成	已建成树木园、山茶园、木兰园、枫香大道、裸子植物区、百草园、展览温室等13个专类园	8元/人
14	厦门植物园	227	1960年	隶属于厦门市园林局	是一个以引种热带、亚热带的经济和观赏植物为中心,着重植物园与突出科学性和地理气候特点相结合,一个有科学的内容、公园的外貌的地方性植物园	票价:40元/人
15	海南兴隆热带植物园	29.7	始建于1957年	是海南最早对外开放参观的热带植物园,隶属于中国热带农业科学院热带香料饮料研究所	是一座物种资源丰富、园林景观优美、具有科研、科普、观光和植物种质资源保护功能的综合性热带植物园	票价:45元/人
16	重庆南山植物园	551	1999年	在原南山公园的基础上改扩建而成	是以专类观赏植物园区为中心,进行物种保护、收集和栽培,集科研、科普、教育和园林艺术为一体的低山类观赏植物园	门票:15元/人

第四部分 中外名园撷英

续表

序号	单位	面积（hm²）	开放时间	历史沿革	文化特色	票价（人民币）
17	杭州植物园	248.46	1956年	位于西湖西北桃源岭一带。灵峰探梅位于青芝坞，因苏东坡题咏而得名	一所具有公园外貌、科学内涵，以科学研究为主，并向大众开放，进行植物科学和环境科学知识普及的地方性植物园	门票：10元/人
18	青岛植物园	69	1994年6月	始建于1976年，隶属于青岛市园林局	园内建有森林乐园，植物精品园，中日友好园，法国楼，听涛阁，水榭等景点	门票：10元/人
19	黑龙江省森林植物园	136	1988年	始建于1958年	是我国最具代表性的东北寒温带植物园，是集植物科研、科普、旅游、休闲为一体的综合性植物园，也是我国唯一一处坐落在城市市区的国家级森林公园	门票：15元/人
20	济南植物园	46.7	1989年9月	始建于1986年，隶属于济南市园林局	植物分类采用克朗奎斯特系统进行植物配置，共有植物89科450种近20万株	免费

续表

序号	单位	面积 (hm²)	开放时间	历史沿革	文化特色	票价（人民币）
21	西安植物园	20	1959	成立于1959年，是建国初期我国建设的8个植物园之一，也是西北地区最早成立的植物园	建有9个专类区以及2座热带、亚热带植物展览温室以及具有日式园林风格的翠华园	门票：5元/人

（四）主题游乐公园（21个）

序号	名称	开放时间	面积 (hm²)	内容特色	票价
1	北京欢乐谷	2006年7月8日	100	由峡湾森林、亚特兰蒂斯、失落玛雅、爱琴港、香格里拉和蚂蚁王国等六个主题区组成	160元/人
2	北京大观园	1984	13	大型音乐喷泉表演激光水幕电影《梦幻红楼》	40元/人
3	北京世界公园	1993年10月25日	64	包含世界上40个国家的109个著名微缩景点	成人：65元/人；学生：35元/人

续表

序号	名 称	开放时间	面积（hm²）	内 容 特 色	票 价
4	北京石景山游乐园	1986	26.7	是一座以高科技为先导，集知识性、趣味性、娱乐性、参与性于一体，融异国风格建筑、郊野园林艺术和各类游艺设施为一身的大型现代化休闲娱乐场所	10元/人
5	北京游乐园	1994年6月	40	是我国最早建立的游乐园之一	100元/人（身高1.4m以上）；80元/人（身高1.2～1.4m和60岁以上老人）
6	北京民族园	1989年11月	45	是集中全国少数民族的传统建筑、民俗风情、歌舞表演、工艺制作以及民族美食为一体的大型民族文化园地	90元/人；65元/学生
7	深圳锦绣中华	1994年6月18日	37	是我国自然风光与历史古迹精粹的微缩景区，也是目前世界上面积最大、内容最丰富的实景微缩景区	120元/人
8	深圳世界之窗		48	荟萃130个世界著名景观、集自然风光、民俗风情、民间歌舞、大型演出以及高科技参与性项目于一园、再现了一个美妙的世界	120元/人

续表

序号	名称	开放时间	面积（hm²）	内容特色	票价
9	深圳欢乐谷	1998年10月1日	35	是一座融参与性、观赏性、娱乐性、趣味性于一体的中国现代主题乐园	150元/人
10	秦皇岛山海关乐岛海洋公园	1998年7月	27.1	是国内规模最大、最具海洋特色，在国内唯一融互动游乐、休闲、动物展演、科普展示、娱乐为一体的海洋主题公园	85元/人
11	上海大观园	1984	9	按照《红楼梦》中的描述而建造的古典园林	60元/人
12	广州世界大观		48	是一个集五大洲民间风情、古典建筑、自然景观、融观赏性、刺激性和参与性于一体的大型综合游乐场所	45元/人
13	苏州乐园	1995年7月	94	用现代化游乐器具装备起来的苏州乐园，在姑苏西郊美丽自然生态环境的映衬下，成为成千上万的人们向往的"游乐天堂"	欢乐世界门票：60元/人；水上世界40元/人

续表

序号	名　称	开放时间	面积（hm²）	内　容　特　色	票　价
14	河北香河天下第一城		133	是一座外仿明清时期都城北京之风貌，内集华复古今文化之精华的仿古建筑	20元/人
15	珠海珍珠乐园	1985年	40	是一个现代化的花园式游乐场，建筑设计独特，色彩迷人，充满异国情调	成人：60元/人；学生：30元/人
16	珠海圆明新园	1997年2月2日	139	以北京圆明园焚烧前的建筑为母体，按一比一的比例恢复当年景点的特色，赋予了新的仿古旅游景观，是一个举世罕见的仿古旅游景观，融中国文化、西洋文化、历史文化、旅游文化、商业文化、饮食文化于一体	100元/人
17	开封清明上河园	1998年	40	是按照1∶1的比例把宋代著名画家张择端的代表作，塔称中华民族艺术之瑰宝的《清明上河图》复原再现的大型宋代历史文化主题公园	80元/人
18	杭州宋城	1996年5月18日	13.2	是中国最大的宋文化主题公园	80元/人

续表

序号	名称	开放时间	面积（hm²）	内容特色	票价
19	长沙世界之窗	1997.10.1	40	是一座以人类文明史为主线的主题公园，它将世界奇观、历史遗迹、古今名胜以及世界名居、民俗风情、世界歌舞艺术表演汇集于一园	70元/人
20	西安大唐芙蓉园	2004	66.67	是中国第一个全方位展示盛唐风貌的大型皇家园林式文化主题公园	50元/人
21	兰州水车博览园	1994年	1.45	园内由双轮水车、围堰、水磨坊、服务室和游乐区组成	10元/人（旺季）；2元/人（淡季）

(五) 全国公园优秀文化活动名录

序号	获奖单位	活动名称
1	北京市公园管理中心 北京市公园绿地协会	第七届北京公园节
2	文化部恭王府管理中心	二月二龙抬头,风调雨顺同祈福—恭王府民俗文化活动
3	北京市天坛公园	第八届天坛文化周
4	北京市中山公园	中山公园春花暨郁金香展
5	北京市北海公园	第十六届荷花文化节—端午民俗文化系列活动
6	北京市香山公园	香山公园红叶文化节
7	北京市景山公园	第十六届牡丹花卉艺术节
8	北京市陶然亭公园	陶然亭公园第七届端午活动
9	北京市紫竹院公园	第十九届竹荷文化展
10	北京市玉渊潭公园	第二十四届樱花文化节
11	北京植物园	第24届北京桃花节暨第九届世界名花展
12	北京市圆明园遗址公园	第十七届圆明园踏青节
13	北京市八大处公园	第十一届八大处中国园林茶文化节暨陕西安康富硒茶文化周
14	北京大观园	北京大观园第十七届红楼庙会
15	北京市莲花池公园	第十二届荷花节
16	北京市柳荫公园	第二届柳文化节
17	北京国际雕塑公园	第九届玉兰节
18	上海辰山植物园	辰山草地音乐会
19	上海古漪园	新春游园会
20	上海世纪公园	上海国际音乐烟花节
21	上海滨江森林公园	上海杜鹃花展
22	上海徐家汇公园	徐家汇公园星期音乐会
23	重庆市南山植物园	视觉之上—南山植物园威尔士生命条码艺术摄影展

续表

序号	获奖单位	活动名称
24	石家庄市动物园	石家庄市动物园"快乐我行"夏令营
25	保定市动物园	动物园全民谜会
26	沧州市园林绿化局人民公园	沧州市第四届迎春花展
27	太原市园林局	太原市公园"一园一品"活动
28	呼和浩特青城公园	"草原之夜·炫彩青城"大型彩灯烟花游园会
29	长春市园林绿化局	长春市"公园健康行"活动
30	长春市长春公园	"唱响文化民生,共建幸福长春"系列活动
31	长春市动植物园	公园暑期保护教育系列活动——关注身边各种可爱的精灵
32	南京市玄武湖	玄武湖百花闹春游园会
33	太湖鼋头渚风景区	2012太湖鼋头渚国际樱花节
34	杭州西湖风景名胜区钱江管理处	"六和祈福步步高"系列活动
35	厦门白鹭洲公园	厦门白鹭洲公园箎笃书院中华优秀传统文化普及推广活动
36	济南市趵突泉公园	趵突泉公园迎春灯会
37	郑州市碧沙岗公园	郑州市海棠文化节
38	郑州市人民公园	郑州市迎春灯会
39	武汉黄鹤楼公园	第六届黄鹤楼诗词大赛
40	武汉解放公园	六一"我是小明星"才艺比赛
41	武汉市西北湖绿化广场	"周末文化景观台"群众休闲文化活动
42	广州市流花湖公园	中国盆景艺术大师吴成发先生盆景作品及古盆藏品展
43	深圳市公园管理中心	第七届公园文化节
44	深圳市洪湖公园	第二十三届荷花展览会
45	佛山禅城区园林处	"野生动物保护科普教育宣传月"活动
46	柳州市柳侯公园	2012年柳州社会各界祭祀柳宗元仪式
47	柳州市龙潭公园	第九届大龙潭雷塘庙会

续表

序号	获奖单位	活动名称
48	成都市塔子山公园	成都市第44届灯会
49	成都动物园	成都动物园"暑期保护站"活动
50	西安市兴庆宫公园	"兴庆宫群众文化大舞台"活动
51	宝鸡炎帝园	清明节公祭炎黄活动
52	兰州市五泉山公园	兰州春节民俗文化庙会
53	西宁市公园管理中心	西宁市园林职工摄影展
54	银川市中山公园	银川观菊赏石文化节

注：届别截至2012年度。

二、世界名园

序号	项目 内容 地点	公园名称	公园概况	备注
1	英国伦敦	海德公园	海德公园是世界园林史上第一个城市公园。位于城西威斯敏斯特区,占地160万 m²,是伦敦最知名的公园,居伦敦各公园之首。东有圣詹姆斯公园、格林公园,西邻肯辛顿公园,其间有桥相通。十八世纪以前这里是英王的狩猎场。有著名的演讲角(Speaker's Corner),是一个大的可以公开发表自己观点的地方,经常可见有人在此发表即兴演讲,"有肥皂箱上的民主"之称。现在的演说者多数站在铝制梯架上,或肥皂箱、啤酒箱上高谈阔论,成为海德公园内独特的一景。 在海德和肯辛顿两公园内筑堤围水成湖,名塞彭丁湖,碧水涟漪,最宜泛舟。湖的南侧有一条威廉三世时代的皇家驿道,称"鲁特恩罗"。驿道两侧巨木参天,浓荫匝地,环境幽雅静谧,是伦敦最时尚的骑者小径。在公园宽敞的草坪和广场上,汇聚着数以万计的鸽子,拍翅啁啾。建于1876年的巨人哥特式天篷下的艾伯特雕像和纪念碑,是为了纪念维多利亚女王的丈夫艾伯特亲王而建的。纪念碑对面是椭圆形皇家艾伯特大会堂,宏伟而壮观	
2	英国伦敦	丘园	1759年,英国国王在伦敦西郊丘园的御林园内,划出3万多 m² 土地建立了一个小型植物园,1841年正式扩大为皇家植物园。因其设于丘园,别称"丘园植物园"。它因规模宏大,植物种类多,标本号数全,引种驯化功绩卓著,成为世界公认的植物分类学研究中心。国际保护自然和自然资源联合会的保护检测中心设在这里,其中《丘园植物目录》《植物图谱》等期刊,也在国际植物学界享有崇高的权威	

续表

序号	项目 内容 地点	公园名称	公园概况	备注
2	英国伦敦	丘园	丘园占地 133.2 万 m²，另有一个 200 万 m² 的公园。园内种植各类植物 5 万多种，数十万株，它们是世界各个地理带的植物活标本。除了适合于当地气候生长的植物在露地栽培外，其余种在几十座巨大的玻璃温室内，并依植物种属或地理特征，分别辟为澳洲植物室、温带植物室、高山植物室、水生植物室、食虫植物室、蕨类室、仙人掌室、棕榈室、王莲室、兰室等。丘园还建有一个综合性的温室，这个温室长 130m，面积 4290m²，中央最高 11 米，以钢框玻璃构成。内部隔成沙漠、红树林沼泽、热带水域、高纬森林等 11 个气候带，温室主要接纳娇嫩的草本，如蕨类、兰花、睡莲等，并以电脑控制小区特殊气候，使其达到植物所需要的温湿度	
3	英国爱丁堡	爱丁堡皇家植物园	英国国立植物园，1969 年起归苏格兰农业和渔业部领导。1670 年建立，面积 24.8hm²，温室面积 8000m²，活植物种类数 1.2 万种。特色：杜鹃花科、兰科、菊科、蔷薇科等种类特别丰富；地区来源以中国、美国、英国、西班牙、不丹等为多；还有报春绿绒蒿百合，以及其他亚洲特有属和各类温室植物。馆藏标本 200 万份。爱丁堡植物园的创建者为巴尔弗和西巴尔德两位医生，植物园最初栽种的都是药用植物。以后几经搬迁和扩大，除了 Inverleith 总园以外，还有 3 个分园：本莫 Benmore、罗根 Logan 和道克 Dawyck	
4	英国康沃尔郡	伊甸园	英国建造的大型植物展览馆"伊甸园"，于 2001 年 3 月 17 日正式对外开放，是英国新千年庆典工程之一，是世界上最大的温室。它建在康沃尔郡圣奥斯特尔附近的废旧黏土矿坑里，耗资 7400 万英镑（约 1.1 亿美元）。温室由 4 座穹顶状建筑连接组成，天窗上铺设半透明材料，外形像巨大的昆虫复眼。穹顶由轻型材料制成。其中	

续表

序号	项目 内容 地点	公园名称	公园概况	备注
4	英国康沃尔郡	伊甸园	"潮湿热带馆"的馆身甚至比馆内空气的总重量还轻。穹顶架由钢管构成，拼成尺寸9米大小的六角形，中间用半透明的四氟乙烯薄膜填充。 　"伊甸园"自称为"通往植物和人的世界的大门"，容纳了来自世界各地不同气候条件下的数万种植物，主要目的是展示植物与人的关系，人类如何依靠植物进行可持续发展。"伊甸园"预计每年将吸引75万名游客，所得收入主要用于研究国内的植物。 　最大的一座称为"潮湿热带馆"，占地约1.6万 m²，高55m，长200m。其中生活着来自亚马孙河地区、大洋洲、马来西亚和南非等地的1.2万种植物，包括棕榈树、橡胶树、桃花心木、红树林等。 　"温暖气候馆"里种植着来自地中海、美国加利福尼亚、南非等地区的植物，如橄榄树、兰花、柑橘等植物等。"凉爽气候馆"里则是原先生活在日本、英国、智利等地区的植物。各馆内除了植物之外，还放养了一些鸟类、爬行动物等，帮助消灭害虫，控制生态	
5	美国纽约	中央公园	纽约中央公园是世界上第一座城市公园。面积为340hm²，考虑到成人和儿童的不同乐趣和爱好，园内安排了各种活动设施，并有各种独立的交通路线，有车行道、骑马道、步行道及穿越城市的公共交通路线。在纽约中央公园的设计方案中，奥姆斯特德明确提出了以下构思原则：满足人们的需要，为人们提供周末、节假日休息所需要的优美环境，满足全社会各阶层人们的娱乐要求；考虑自然美和环境效益，公园规划尽可能反映自然面貌，各种活动和服务设施应融于自然之中；规划应考虑管理的要求和交通方便。中央公园内除一条直线形林荫道及两座方形旧蓄水池外，尚有两条贯穿公园的公共交通通道是笔直的。公园的其他地方，如水体、起伏的草地，曲线流畅的道路，以及乔、灌木的配置均为自然式；设施内容也更符合城市广大居民的要求，是一种全新概念的城市公园	

続表

序号	项目 内容 地点	公园名称	公园概况	备注
6	美国 纽约	布鲁克林植物园	布鲁克林植物园起源于十九世纪末,这里原为垃圾堆放处,现今已发展成为美国优秀城市花园与园艺展览的典范。布鲁克林植物园有大小、规模不等的20多个分类园,使这里成为当地最受欢迎的植物园之一。 在布鲁克林植物园里,有美国第一个为盲人设计的花园——芳香园。这里种植着各种芳香花卉,盲人可以通过不同的香味辨别出不同的花卉,据说香气还可以治疗疾病,因此芳香园可以说是一个难得的医疗场所。莎士比亚花园坐落在由蜿蜒的挡墙围合的土坡上,是一个英式棉花园地风格的优美花园,繁茂簇拥的植物用以展示剧作家作品中所描绘的植物景象。穿过莎士比亚花园就是名人通道的起点。在步石上铭刻着从过去至今天著名的布鲁克人的历史。还有草本园,奥斯本花园,格兰弗德玫瑰园。这里超过5000丛近1200个品种。温室保存着大量的室内植物,在真实的环境中模拟全球范围的植物生长地。儿童花园始建于1914年,这是世界上最早的延续至今的儿童花园,并且成为培养儿童的动手能力的典范。发现者乐园是一个令人感动而且亲切的游乐场所,在那里小孩和他们的家庭能够探索世界各地的植物与自然	
7	美国 西雅图	煤气厂公园	1970年,美国景观设计师哈克被委托在始建于1906年的美国西雅图煤气厂8公顷的旧址上建设新的公园。哈克决定尊重基地已有的东西,从现有条件出发设计公园,而不是把它从记忆中彻底抹去。工业设备经过有选择的删减,剩下的成为巨大的雕塑和工业考古的遗迹而存在。一些机器被刷上了红、黄、蓝、紫等鲜艳的颜色,有的笼罩在简单的坡屋顶下,成为游戏室内的机械。这些工业设施和厂房被改建成餐饮、休息、儿童游戏等公园设施,原先被大多数人认为丑陋的工厂保持了其历史、美学和实用的价值。公园中基本上是草地,而且凹凸不平,夏天会变得枯黄。哈克认为,万物轮回、叶枯叶荣是自然的规律,应当遵循,没有必要用花费昂贵的常年灌溉来阻止这一现象	

续表

序号	项目 地点	公园名称	公园概况	备注
8	美国亚特兰大	亚特兰大植物园	亚特兰大植物园建造于1976年，它拥有极富艺术性的温室，15英亩[①]美丽的花园，15英亩阔叶林区及2英亩的儿童花园。1985年，亚特兰大植物园又建造了管理大楼和温室。 　　亚特兰大植物园是一个非商业性的组织，主要依靠社会团体以及私人的捐助。它的任务是开发和保护园内收藏的植物品种，以用做展览、教育、研究、交流和鉴赏。这里的设施和设备都由理事会管理，并由50多名工作人员及众多志愿者共同维护。如果以一种花作为园艺的标志，非玫瑰花莫属。亚特兰大植物园里的玫瑰园，历史可以追溯到20世纪60年代，当时成立了一个规模很大的亚特兰大玫瑰协会，在玫瑰园现在的位置有一个旧花园，于是这个花园就被改建成了玫瑰园。今天的玫瑰园是整座植物园里最受欢迎的地方。玫瑰园里栽种了一些古老的玫瑰品种，以及特意为亚特兰大地区培育的与茶树、花束月季等杂交获得的性状良好的杂交玫瑰品种。每年二月底亚特兰大植物园都会有一个"玫瑰修剪日"，届时，自愿为植物园担当技术顾问的一大批玫瑰种植者将汇聚于此，并亲自为玫瑰爱好者们示范正确的修剪方法。亚特兰大植物园的药草园栽种了该地区很多常见的药草植物。由一块块岩石建造起来的亚特兰大植物园的岩石庭院，尽其所能地表现着岩石的美丽和它们的奇形怪状。在矮生松类植物园中，你会看到亚特兰大植物园中最奇特的景象。这里栽种着矮生及稀有的松类植物，全世界几乎所有松科松属植物品种都汇聚于此	
9	美国芝加哥	芝加哥植物园	芝加哥植物园位于美国伊利诺伊州格兰科区，芝加哥城区以北约25英里[②]，隶属于库克郡的森林保护区。作为美国年游人量位居第二的植物园，其156hm²的面	

续表

序号	项目 内容 地点	公园名称	公园概况	备注
9	美国 芝加哥	芝加哥植物园	积内划分成 23 个园区,拥有 30hm² 的浅水湖,9.6 千米的岸线,9 个岛屿,6hm² 的北美大草原和 40.5 公顷的森林。夏天的百合与秋天的番红花使得球茎花园以不断变化的季相吸引着人们。中心花园一年生花卉以独特的和多样的方式渲染着季相色彩。漫步在明快的散步场所,宏大的花园入口因壮观的喷泉更显突出。缀花乔木、常绿树和花灌木环绕着与一对私密花园紧邻的规整式花园。英式围合庭园追求老式浪漫情调,具有无可替代的魅力。墙内六个庭园空间,每一个代表一种英国庭园风格。还有传统园、日本园、居家花园、北美草原区、麦克唐纳林地、自然式花园等	
10	美国 纽约	帕雷公园	帕雷公园是袖珍公园中的第一个。位于纽约 53 号街。在 42×100 英尺大小的基地尽端布置了一个水墙,潺潺的水声掩盖了街道上的噪音,两侧建筑的山墙上爬满了攀缘植物,作为"垂直的草地",广场上种植的刺槐树的树冠,限定了空间的高度。小广场成为"有墙,地板和天花板的房间"。树下有一些轻便的桌子和座椅,入口的小商亭还提供便宜的饮料和点心,对于市中心的购物者和公司职员来说,这是一个安静愉悦的休息空间。帕雷公园被一些设计师称赞为 20 世纪最有人情味的空间设计之一	
11	美国 旧金山	旧金山唐纳花园	庭院由入口院子、游泳池、餐饮处和大面积平台组成。平台的一部分是美国杉木铺装地面,另一部分是混凝土地面。庭院轮廓以锯齿线和曲线相连,肾形泳池流畅的线条以及池中雕塑的曲线,与远处海湾的"S"形线条相呼应。树冠的框景将原野、海湾和旧金山的天际线带入庭院中	

续表

序号	项目 内容 地点	公园名称	公园概况	备注
12	美国波士顿	阿诺德树木园	阿诺德树木园作为哈佛大学的附属树木园，是一所教育和科研机构，并与波士顿公园和娱乐部有合作关系，向游客免费开放，年游客量20万人次。1872年建立，面积132hm^2。活植物种类数6200种，特色种属有槭属、荚蒾属、苹果属、连翘属、丁香属、木瓜属、忍冬属、栎属、杜鹃属、松柏类盆景及美国东北部稀有植物。园内有15hm^{2}自然植被。馆藏标本520万份，其中园艺植物标本17.5万份，是世界著名植物标本馆之一，也是美国重要的植物分类学研究中心之一，号称为美国最大的树木园，并以引种东亚植物为特色	
13	美国圣路易斯	密苏里植物园	美国私人植物园，建于1859年，面积32hm^2，温室面积6000m^2。活植物种类3万种。特色种类有：兰科、蔷薇、鸢尾，地中海植物、蝎尾蕉、西番莲、凤梨科、经济植物、食虫植物、萱草、玉簪、黄杨。馆藏标本450万份。年游客量超过75万人次。密苏里植物园的创立者亨利·萧是位商人。他在1849年至1851年间遍游美国和欧洲。因为着迷于邱园的魅力，特地求教于邱园W.J·胡克，并在恩格尔曼和美国首席植物学家格雷的帮助下筹建植物园。1977年建成17hm^{2}的日本园。1983年起植物园得到政府拨款，降低了收费标准并加强了展示区建设。增加了英国森林公园、蔷薇园、喷泉、新的矮生松柏园、岩石园、杜鹃园、鸢尾园、球茎花卉园、迷宫家庭园艺区等，并相应扩大了科普教育活动的内容。拥有10个种和40多个品种的玉簪园；丰富多采的萱草园也是这里的美景之一	

续表

序号	项目 地点	公园名称	公园概况	备注
14	美国纽约	纽约植物园	1891年建立，面积100hm²，温室面积2000m²。活植物种类1.5万种。特别种类有：蒙哥马利松柏系列、海维梅叶丁香系列、常绿和落叶杜鹃花系列、樱、木兰、萱草、莛蓬、蕨类、沙漠植物、棕榈、兰花、热带植物。全园分为28个区，专类园有岩石园、乡土植物园、蔷薇园、草药园、水生植物园、香料植物园等。馆藏标本550万份，其中园艺植物标本2000份。研究工作领域：园艺、分类、繁殖、生态、物种保存、真菌学。纽约植物园是美国最古老和最大的植物园之一。不仅以其园艺之美著称，更重要的还因为它是植物分类和生态学研究和教育的世界中心。植物园的研究人员从世界各地考察发现引种了许多新的植物，研究了工业化社会对生态系统的影响，例如酸雨的成因及对森林的影响等。纽约植物园的温室是美国最大的维多利亚式温室，堪称是一座闪光的玻璃宫殿。无论在科学上或建筑艺术上均按照极品的要求来建造。除了著名的温室以外，岩石园是纽约植物园室外部分的精华	
15	美国费城	长木公园温室公园（杜邦花园）	费城长木花园世界著名公园。该园是由杜邦公司购下的私人花园，经过整顿后于1920年起向社会开放，成为美国首家高级花园，专供公众观赏各种花木以达到普及科教结合音乐、娱乐为惟一目的，其经济来源全由杜邦公司出资经营，也以出售门票及园中商店营业为辅助收入。 　　长木花园占地1050英亩，走进园门就是一个大湖泊，踏上桥顶即可望见一片大型意大利水池园地，在四角及中央建有喷水池，另一端建有五个大型喷泉，十分壮观，长木公园共有20个温室花园，各有特色，最大的东温室，内有三座水池，四周种上各色花草，池边水中还立着六只青铜仙鹤，姿态各异，栩栩如生	

续表

序号	项目地点	公园名称	公园概况	备注
15	美国费城	长木公园温室公园(杜邦花园)	游客们喜欢坐在长椅上观看室内一个十多米高的喷泉的欣赏四周的花木。园内有一座专门为儿童设计的温室园林,里面栽种的低矮灌植物,设计成迷宫曲径,引孩子们奔走,还有一座底部冒出气泡的水池,吸引孩子们嬉戏。 热带温室,室内引种的许多热带植物经多年护养,枝叶茂盛高达十数米,也有铁树,热带兰按其习性吊挂在树林中间,开花艳丽多彩,还有许多凤梨科盆花放置在绿树丛中,搭配得当,赏心悦目。另有一座颇有特色的玻璃水生植物温室,水面浮着睡莲	
16	美国	亨丁顿植物园	极负盛名的美国私人植物园。1901年建立,面积$82.8hm^2$。活植物种类约12000种。特色种类:多浆植物、山茶、苏铁、松柏类、棕榈、竹、木兰、蔷薇、墨西哥植物、澳大利亚植物、药草。馆藏标本7500份。年游客量50多万人次。专类园中最有名的是沙漠植物园和月季园。沙漠植物园是世界最大的仙人掌类和多浆植物收集圃之一。1909年建立的兰科和热带植物温室、山茶室、苏铁室、日本园和莎士比亚园等也都是出类拔萃的。苏铁园从1910年开始引种工作,目前已收集11个属中9个属约75个种,属于美国最丰富的苏铁收集圃之一	
17	德国柏林	柏林植物园	柏林植物园占地$51hm^2$,并因此成为世界上最大的,也是最重要的植物园之一。这里拥有超过20000个不同种类的植物,在占地$16hm^2$的植物地理园区,你可以游历北半球的绝大部分区域,在占地$17hm^2$的植物分类园区,你可以洞察木本和草本植物群落间的关系。温室组群包括16栋对外开放的房屋,为游客提供游历热带、亚热带植物景观的条件	

续表

序号	项目/内容/地点	公园名称	公园概况	备注
18	德国汉诺威市	赫恩豪森花园	赫恩豪森花园位于德国汉诺威市郊，是德国至今在整体上还保留着原状的极少数巴洛克园林之一。花园始建于1680年至1714年之间，勒·瑙特最初曾参与过花园的设计，后来由另一位法国设计师沙波恩尼设计建造。它的面积达到 50hm²。赫恩豪森三面由水渠环绕，北面为宫殿和画廊。宫殿前是高篱围合成的大花坛，花坛由各种鲜花组成绚丽精美的巴洛克图案。大花坛中心是钟表形的喷泉。南部为高篱围合的丛林小花园，每个小花园设计手法各异，有着不同的主题。这些小花园簇拥着一个几十米高的大喷泉，它形成了赫恩豪森花园的构图中心，花园也以大规模的水景工程而闻名于世	
19	德国	英国园	英国园是大众公园。四大片景区：草地、林地、田野及湖泊。建造多处感伤式的点景物，引人注目的有中国塔，这个五层高的木塔可以说是德国风景园中最成功的中国式建筑。在中国塔附近还有中国农庄。其他景区还有中国式的小店及小桥。1792年中国塔一带的公园建成并开放。园子南部把城市中心的景致引入公园，使之与公园成为一体，"以便让人们同时感到城市风景如画。"园北不太理想的城市建筑用密林隔开。扩大湖面并堆了几个岛，除开阔的湖泊外，其他水系或设计成河谷式风景，或穿过大草地，为草地开阔的空间带来活跃的气氛。英国园也是城市规划的杰作，它把城市中心与公园相连，把大自然引入了闹市区，城市风景从而转变为自然风景，是人工与自然的和谐、城市与乡村和谐的表现。这个长5km，面积达360hm²的"英国园"是慕尼黑市民最喜爱的休闲地	

续表

序号	地点	公园名称	公园概况	备注
20	德国	纽芬堡花园	慕尼黑西部的纽芬堡花园有 250hm^2，于 1701 年作为夏宫而建。初期以荷兰园林为蓝本，建造宫殿、大水渠及花坛。后来法国园林设计师完成了花园水景及喷泉设计，从此纽芬堡花园名声大振。这座巴洛克园林最壮观的也是其水景，水从园林西部通过大跌水流入水渠，然后流向宫殿西侧的大花坛。花坛中心是大喷泉，周围布置雕塑及花。在宫殿东侧水渠汇入两个水面，再由水渠林荫道向东通向慕尼黑。 巴洛克园的中轴线成功地转变成为一条视轴线，而游览的空间则安排于轴线两边的自然式园林里。轴线两侧的两个园林均以湖面为中心，一大一小，各有特色。南侧的浴堡湖开阔壮观，北侧的塔堡湖则较为宁静，富于田园气息。纽芬堡园的对十九世纪巴洛克园林的风景式改造影响很大	
21	德国	无忧宫	德国波茨坦的无忧宫最初是一座巴洛克及洛可可式园林。园林的主轴线是一条东西向的林荫大道，它始于园林入口，从宫殿前穿过，延伸到新宫（Neue Palais）。严谨的轴线上有喷泉、雕像，但是整座园林并不是中轴对称的。早在 1754 至 1757 年园中就建了一座中国式建筑——中国茶亭，这是德国园林中较早的中国式建筑，它尺度较大，在镀金柱廊内有一圈中国人物雕像，不过除了室内陈列中国瓷器外，整座建筑与中国建筑相差甚远，外观上它更像一座蒙古包，雕像也如同是穿着中国服饰的西方人。1770 年在园的北部建了龙塔，它是受 1762 年在丘园中所建的中国塔的影响而建。塔的层数是偶数，建筑不伦不类。1772 年无忧宫的中轴线旁建了规模较大的自然式的狍园，从而打破了中轴线，改变了巴洛克几何园的面貌	

续表

序号	地点	公园名称	公园概况	备注
21	德国	无忧宫	1816年,园林设计师莱内(P. J. Lenne)规划把60年以来该园所建的巴洛克、洛可可、中国式、风景式等风格统一起来,成为一完整的风景式园林。从此花园的中轴线由林荫大道变成了林间通道,其他道路都自然弯曲,并形成系统,水系贯穿全园,局部扩大成为小湖泊。大片树丛及孤植树限定无分割的广阔的草地空间,大面积的草地上除几棵孤植树外,不再由其他要素分割。无忧宫中西西里园和北园是法国式园林	
22	德国	慕斯考花园	德国著名的风景园慕斯考花园。慕斯考原是尼斯河畔一片含沙的沼泽地,绝大部分地段土壤贫瘠,但是河滩上已有不少茂盛的针叶林,山谷内景观交替,远处是层层山峦,大的风景环境非常好。慕斯考花园有550hm²,其中80hm²属尼斯河谷园,120公顷是山地园,其余350hm²均在波兰境内,是自然保护区。中心是74hm²的宫殿园,宫殿三面临水,一面是大草地,充满魅力。在宫殿周围设计了花园,称之为"愉快的领地"。林园外是风景地,植物群较稀疏,这里有大面积的农业用地,还有各种休息场所,如九龙戏球场、咖啡屋、茶室、舞厅、游艺厅等让市民享用。园林不仅考虑视觉的效果,没有一件设施不是点景物,相反它们都有经济功能。由于当时慕斯考的经济非常落后,所以在林园中还建有奶牛场、鸡场、磨场、酿酒厂、矿井等,平克勒要把慕斯考作为景观与社会相结合的园林	

续表

序号	地点	公园名称	公园概况	备注
23	德国卡塞尔市	威廉山	250公顷的威廉山坐落于德国卡塞尔市，于1718年建成，园林的主轴线由山顶的希那大力神—海格立斯雕像一直延续到卡塞尔市区，长达5km，其中在园内有2km，花园高差约300m，设计中水沿着这条轴线从山顶一级级跌下，共600级，后来只建了200级，轴线上设有水剧场雕塑等。这里大量引入英中式园林，引种外来植物，同时建了很多异国情调的景物，包括1782年至1785年建造的中国村寨，名木兰。村寨坐落在一条小溪旁，以一重檐中国亭为中心，周围散落着农舍及小桥	
24	德国德骚	沃尔利兹园	夏宫沃尔利兹园1769年开始建造，面积110hm^2，位于易北河边凹地的沃尔利兹园是河谷式风景，中心是长方形的沃尔利兹湖，水面向四方广泛延伸，又通过水渠联系一些小湖面，湖中有岛，景色十分深远。由于受英国和意大利园林及建筑的双重影响，沃尔利兹成为自然与艺术相结合的出色作品。大文豪歌德在1778年的一封信中写道："这里无限美好，当我们走过湖泊、水渠及林地时非常激动，这里是天堂中的田园"	
25	德国勃兰尼茨	勃兰尼茨花园	它是德国风景园林设计师平克勒的一个重要作品。它占地50hm^2，园林的中心是宫殿，旁边是花园，装饰味很浓，平克勒仍把它称为"愉快的领地"。所有农业用地均远离宫殿，并且向外延伸。宫殿前是大草地，有深远的视景线，小溪从草地上穿过。引人注目的是他在园中建造了两座金字塔，一在陆地上，一在水中，这是他对埃及探险的回忆，也是为自己浪漫的一生安排了一个富有传奇色彩的归宿。高20m左右，与周围环境形成强烈对比的水中金字塔最后成了他的陵墓。勃兰尼茨是平克勒花费25年时间建成的，也是德国最后一个经典的风景园	

续表

序号	项目 内容 地点	公园名称	公园概况	备注
26	德国波茨坦	波茨坦电影公园	波茨坦是个仅有4万人口的小城，距离柏林只有半小时的车程。1945年，苏、美、英三国元首聚会并发表"波茨坦宣言"，宣告希特勒的末日，使波茨坦成为世界名阜。走在园内弯弯小径上，随处可见以电影道具形式出现的"断头台"、"索道"、"牢房"、"绞刑架"、"炮台"、"冰川"和"丛林"。电影公园将电影制作和游乐项目合二为一。游客可以在现场观看电影动画片的拍摄	
27	德国鲁尔区	杜伊斯堡公园	杜伊斯堡公园坐落在杜伊斯堡市北部，面积200hm^2。这里曾经是有百年历史的钢铁厂。1989年政府将工厂改为公园，成为埃姆舍公园的组成部分。工厂中的建筑物都予以保留，部分建筑物被赋予了新的使用功能。高炉等工业设施可以让游人安全的攀登眺望，废弃的高架铁路改造成为公园中的游步道，并被处理为大地艺术的作品，工厂中的一些铁架成为攀缘植物的支架，高高的混凝土墙体成为攀岩训练场。公园的处理方法不是努力掩饰这些破碎的景观，而是寻求对这些旧有的景观结构和要素的重新解释。任何地方都让人们去看，去感受历史，建筑及工程构建物都作为工业时代的纪念物保留下来，它们不再是丑陋难看的废墟，而是如同风景园中的点景物，供人们欣赏。其次，工厂中的植被均得以保留，荒草也任其自由生长，工厂中原有的废弃材料也得到尽可能的利用。红砖磨碎后用作红色混凝土的部分材料，厂区堆积的焦碳，矿渣成为一些植物生长的介质或地面面层的材料，工厂遗留的大型钢板成为广场的铺装材料	

续表

序号	项目/内容/地点	公园名称	公园概况	备注
28	德国	慕尼黑宫廷花园	慕尼黑宫廷花园位于慕尼黑市中心，由马克西米利安（Herzog Maximilian）建于1613至1617年。花园用地长方形，由圆、直线和放射线构成，中心是花床，周围用椴树高篱围和，华丽庄严。花木中心是1615年建造的有8个入口的12边形亭子，这种中心设置石亭，周围与道路精密相连的花园布局方式是典型的德国文艺复兴花园形式。后来花园有一些改动，由于养护费用原因，植物材料、植物种植方式及喷泉形式已大为简化。花园于1790年向市民开放。19世纪初建造的360hm²的长条形的"英国园"就是以宫廷花园为起点，向北延伸，把慕尼黑市中心与郊区的大自然连为一体	
29	德国	大莱植物园	德国国立植物园，始建于1679年，面积42hm²。活植物种类约18000种，馆藏标本200万份。特色展区为植物地理区，特有种类有千岁兰、仙人掌和多浆植物、秋海棠、食虫植物、蕨类等	
30	法国巴黎	凡尔赛宫	凡尔赛宫苑是作为路易十四的纪念碑来建造的。在巴洛克时代是狩猎行宫，路易十四对它情有独钟。凡尔赛宫苑规划面积达1600hm²，其中仅花园部分面积就达到100hm²。如果包括外围的大园林，占地面积达6000余hm²，围墙长4000m，设有22个出入口。宫苑主要的东西向主轴线，有3000m之长。园林从1662年开始建造，到1688年建成，历时26年之久，力求精益求精。 宫殿坐东朝西，建造在人工堆起的台上，南北长400m，中部向西凸出90m，长100m。花园中建造的"水花坛"是一对矩形抹角的大型水镜面。从宫殿中看出去，水花坛中倒映着蓝天白云，与远处明亮的大运河交相辉映。 林园是凡尔赛宫苑中最独特的，最可爱的部分之一，是真正的娱乐休憩场所。全园共有十四处小林园	

续表

序号	项目 内容 地点	公园名称	公园概况	备注
31	法国	和平公园	法国巴黎市和平公园（Garden of Peace）建造时间：1958年（1999年9月至2000年3月修复）开放时间：星期日。和平公园位于法国巴黎郊区的联合国教科文组织总部内，它是由日本政府捐资兴建的园。在公园中有一个很大的下沉中心庭院，里面包括石头、溪水、池塘、混凝土桥，用石头和玻璃堆起的山峦和许多植物如樱花、梅、荷和竹子。 中心庭院几乎所所不有，有丰富的植物，传统园林的枯山水式和现代的造园风格也在此对比交织着。而这种交织的纽带则是公园中穿流的小溪和曲折的小路，它们互相制约并且联系着不同空间。溪水源于一个被称为和平喷泉的喷泉中。在和平喷泉后面的一个墙壁上，有一个长崎天使的雕塑，它是惟一一座纪念1945年4月9日长崎遭受原子弹袭击的雕塑。此雕塑由长崎市在1978年捐赠给联合国教科文组织的。 在和平公园中还有许多来自法国艺术家的作品。如琼·贝则妮设计的名为"水的旋律"的雕刻，它充分应用珐琅、陶瓷和石头，意于展现水的活动	
32	法国 尼斯	索非娅·安提波利斯国际活动公园	索非娅·安提波利斯国际活动公园位于法国南部阿尔卑斯—滨海省会尼斯西北25km处，是一座以现代法国科技研究和应用为中心内容的国际活动公园。公园始建于1972年，占地2300hm²，是一个由国家投资，结合当地土地整治，开发规划建立的一个跨行政区域的公园。 公园背倚阿尔卑斯山，面对地中海，地处世界闻名的"蓝色海岸"之滨，在尼斯、戛纳和格拉斯三角地带的森林之中，这里阳光灿烂，景色诱人。整个公园由科研工作区、生活居住区和森林绿化区3大部分组成。目前，有30多个国家的学者在此工作，50个科研和教育单位，加上服务机构130多个，成了目前西欧颇引人注目的尖端科研机构集中区。公园布局依自然环境而建，错落有序，建筑物相对集中，又各具特色	

续表

序号	项目 地点	公园名称	公园概况	备注
33	法国巴黎	21世纪公园	1983年法国政府向全世界征集"21世纪公园"国际竞赛方案。该公园位于巴黎时区，占地55hm²，名为拉维莱特公园。它是一个无中心、无边界的开放性公园。公园以点线面三套各自独立的空间体系为骨架，并通过并列、交叉、重叠等解构主义设计方法进行拆解和重组。它全部为红色，具有统一效果的点的体系，重建了一个新的秩序，它不仅成为公园的空间标志体系，也使园内不同时代、不同风格的各种古典建筑和现代建筑得到了统一。拉维莱特公园不仅具有休闲功能，同时也是文化、教育、娱乐和交往中心，园内设有科技馆、影视厅、体育馆、滑冰场、商店、餐厅等设施。这种新的空间模式将城市与生态、建筑与园林、日常生活与休闲游憩融合成为一个有机的整体。它不再以和谐完美的方式进行整合，而是以机械的几何结构来重组	
34	日本京都	修学院离宫庭园	修学院离宫庭园大约完成于万治二年（1659年），由下茶屋、中茶屋、上茶屋构成，并由御幸道把这三部分连接起来。修学院离宫分上中下三部分，下、中茶屋的规模很小，但是它的优美之处体现在石组、灯笼、小溪等细部处理上，特别是灯笼的种类和美的价值是其他庭园无法比的。而与下中茶屋相反，上茶屋庭园规模大，其中水面占了很大一部分，游人可以通过池中的大小五个岛，游览园中的景色。而且这一部分的特色是大面积的种植修剪，体现了自然美与人工美的完美结合。由于园中丰富的景观变化，修学院离宫形成了8景和10境，即：邻云夜雨、茅檐秋月、平田落鹰、修学晚钟、松崎夕照、村路青岚、睿峰暮雪等8景和寿月观、弯曲阁、穷邃亭、云亭、洗诗台、菩提树、浴龙池、止止斋、万松坞等10境	

序号	地点	公园名称	公园概况	备注
35	日本札幌	百合公园	日本札幌市有个专类园百合公园。这里有各色品种的百合数十种,姹紫嫣红,分外妖娆。有陆地栽培的,也有温室养植的。为了应其百合公园之名,这里的公园管理者煞费苦心,能让来这里的游客在一年的 365 天都能看到百合。他们的密招是:他们建了一个低温温窖室,里面将百合球根按次序装屉,一箱装 40 个球,储备起来,在 $-2\,^\circ\!C$ 储藏,等百合过了盛花期之后,他们根据其生长发育的周期,计算好时间,定期拿出一定数量的球根,放在适当的温度下培植,让一茬一茬的百合接连不断的开花。一年出窖 26 次,特别是在冬季,人们能在展览温室内看到盛开的百合花。所以游人什么时间来,都能满足你看到百合花的愿望。这是他们创造特色的高明之处	
36	日本东京	昭和纪念公园	昭和纪念公园所在地原是美军基地,归还给日本后,日本政府为纪念昭和天皇在位 50 周年,把它辟为公园。$180hm^2$,是非常现代化的公园。在这里,不再是日本园林的小巧玲珑,而给人一种很大气,且朴实的造园艺术的享受。广阔的草坪和生满野花的草地,二者相得益彰,既有景观效果,又有生态效果。日本政府投资 350 亿日元在公园内建起垃圾处理场。回收场分两部分,一部分是将不可再利用的废物用封闭式炉焚毁,另一部分是将树枝树叶粉碎,高温处理后制成有机肥,解决公园的肥料问题,达到了"叶落归根、枝杆还田"的目的。公园内有个雾园,在这里参观,走着走着,突然被大雾包围,刚才还晴朗朗的,一时间成了雾海,十几米就看不见人了,草地上、树林里到处是雾茫茫的一片。这是一个人造雾的设备,一是为了造景,二是为了周围的植物,是一个露天的"植物温室"。旁边的树上挂满了青苔和附生植物,仿佛置身茫茫林海之中	

续表

序号	地点	公园名称	公园概况	备注
37	日本京都	苔藓公园	京都苔藓公园建造时间：1339年。苔藓的面积4.5hm²，茂密的森林和水面使它更显辽阔。虽然此公园以到处覆盖着苔藓而闻名，但当初的设想却是为了建造一个适合漫步的公园，而不是如今的"苔藓公园"。 在苔藓公园中，有8世纪建造的寺院，它在1339年重修过一次。在公园的修建过程中，一些流行的寺庙建筑也修建起来了。公园中的水池形状几经变化，水池中有几个小岛，小岛由精巧的石桥连接着。在公园多丘陵的地方有三块显著的岩石，上面分别覆盖着各类苔藓。 因为苔藓会给游人的安全造成威胁，所以公园的开放时间很短，并且一定要事先写信给寺庙，以获得许可。到公园看苔藓最好的时间是5月到7月，这个季节也是日本枫叶最引人入胜的时候	
38	日本东京	新宿御苑	新宿御苑是日本东京最大的兼有日本式庭园和法国式庭园特点的公园，面积约58hm²。这里原是信川高远藩主内藤骏河守的住宅，明治5年（公元1872年）为蔬菜水果研究所，明治12年（公元1879年）为新宿植物御苑，二次大战后改为国立公园。御苑原为日本林泉式庭园，后经园艺教授设计改建成法国式庭园。如今园内还保留有一处日本式的林泉，令人缅怀古昔的景象。正门的前庭是法国式的整形园。园内树木甚多，葱郁繁茂，风景宜人，约有500株樱树，每当百花争春时，一簇簇、一片片绯红、粉白色樱花也竞相盛开。每年的4月，日本首相都要在此举行赏樱会，招待各国使节和国内名流。昭和32年（1958年）建筑的温室，高17m，为日本最高最大的温室，栽培着热带、亚热带、兰科、仙人掌科以及食虫科植物等	

续表

序号 \ 地点	公园名称	公园概况	备注
39 日本京都市	大仙院	日本京都市大仙院建成时间:1513年。大仙院是日本很有名的公园之一。它是1509年在著名的禅宗寺院——大德寺中建造,并于1513年建成。大仙院对于狭窄空间的运用有着独到的手法。 这个狭窄的花园围绕着主大厅的四面,同时又被干枯的河床所包围。这条"河流"顺时针的自东向西南"流"着。(这样安排是根据日本当年"平安时代"的风水原则作的规划。)在花园里有很多景观:假山、龟鹤岛、石桥、已经干了的瀑布。公园的布局似乎暗示着人的一生中所经历的足迹。生命的"河流"起始于假山的东北部,那里有经过精心修剪的山茶树,这是一片有很多不雕花的地方。它经过短暂而急促的"青年时期"(河道的狭窄地段),进入更为宽广的"成年阶段"(河道的宽广地段)。河流中的暗礁象征着可以给人带来成熟考验和磨难。在花园的东部,当你遇到了那块很有名气的石头——"财宝船"时,就仿佛你已经得到了经验宝贵的财富。小海龟逆流而游是一种很典型的好运气的一种象征,但要真的逆着时间的河流而上,又是何等的无用。 花园的南部是大面积的白砂砾空阔地带,这个地带在河流的末端,那里有两个砂砾锥充当在角落中的菩提树(据说这是日本佛教禅宗开悟的地方)。大仙院是第一个通过简朴展现繁茂主题的花园,使中国神话与之有机结合起来的第一个经典范例。	
40 日本水口町	霍拉花园	17世纪中叶建成的大知事中霍拉花园是主要的景观。亭阁、让人拍案叫绝的强烈的柏树味道和从天花板的喇叭中传出的奇怪的怦怦声,前者是因为新近使用的建筑材料;1993年2月2日,一场大雪使主大堂的屋顶倒塌,重修的主大堂按照原来的精确尺寸进行,并以柏木为原料。后者是根据声学的原理,把水珠滴落到房间	

续表

序号	项目 内容 地点	公园名称	公园概况	备注
40	日本水口町	霍拉花园	的效果放大了。正对着后山坡的杜鹃花带,在这片花带下的白色沙子是花园最为显著的特征。经过修剪过的花灌木让人想起在海浪中起伏的装满了财宝的船。杜鹃花带被规划成方形和圆形,船中的财宝被堆放在几乎看不见的石头周围,这些石头原先被看作是 7 位有关好运的神。到达船头的右方是一个分开的圆形杜鹃花带,它与在建筑物屋檐下海龟形状的突出的石头相类似。在亭阁的台阶处是一个圆形的扁平的石头,它与侧面的一小片杜鹃花相邻。这块圆形的扁石头正是特意为当光临这个花园的禅宗打坐沉思提供的处所	
41	意大利托斯卡那	加贝拉依阿花园	在意大利托斯卡那地区的佛罗伦萨东北部,一片长满意大利柏树的山坡上,坐落着加贝拉依阿花园。十四世纪,这里只有一个非常简朴的农居,富有的商人拉皮于 1618 年购买了这片土地,在原有的环境基础上,他把这片土地变成了一处优美的文艺复兴花园。二次世界大战中,别墅建筑的室内部被全部烧毁,花园也荒芜得无法辨认。1954 年,设计师根据原有的平面图和速写修复了花园和建筑。别墅建筑的南部是水花园,修剪的黄杨绿篱围合出的四个对称的长方形水面和十字交叉的小路,交点上布置了一个带有蘑菇状喷泉的圆形水池。水花园的南端是一个种植睡莲的半圆形的水池,外围是半圆形的高篱形成的绿廊,把花园和下面的山谷分开,石凳布置其中,非常隐蔽;绿廊上修剪出一些大拱门,远远透出山谷及天空的景致,这是加贝拉依阿花园的精彩之笔。尽管加贝拉依阿花园仅仅由最简单的线条和最简单的几何体构成,但它的空间变化却非常丰富	

续表

序号	项目 内容 地点	公园名称	公园概况	备注
42	意大利 科洛蒂	加佐尼花园	加佐尼花园(Villa Garzoni)是意大利著名的巴洛克园林，位于路卡(Lucca)附近的科洛蒂(Collodi)。园林最初是由园主人加佐尼(R. Garzoni)在17世纪中叶设计的，历时百余年才得以完成。园林坐落于山坡上，分为上下两部分，上部为台地园，下部为花坛园。两者之间是有三层平台的大台阶，在台阶的挡土墙壁上用精美的马赛克装饰，勾画出下部花坛中植物的图案。上部台地园长满密林，中心被一条发源于园林最高处的岩石中的水分为两半，水跌落而下，形成文艺复兴园林中常用的水阶梯。但是在这里，水阶梯采用了巴洛克园林的手法，从上到下，由宽变窄，增加透视的效果，同时，水阶梯池底的铺装采用一个仰卧的人像作为图案，巴洛克趣味非常强烈。在台地花园的一侧，有一个小型露天剧场，由绿篱分割出剧场空间，这里也采用了透视变形的手法，增加剧场的景深。剧场两侧分列着一些雕像。下部的花坛园也由两层高差不大的部分组成，底层是由曲线构成的花坛，花卉色彩艳丽，四季盛开。中心是轴线两侧的两个圆形水池，池中有睡莲，并有高达10m的大瀑布。上层是位于大台阶底下的三个正方形的花坛。园林的入口位于花园下部，入园后映入眼帘的首先是轴线两侧的两个圆形水池，前方是花坛、大台阶、密林和水阶梯构成的富有戏剧性的景象	
43	意大利	阿尔多布兰迪尼花园	阿尔多布兰迪尼花园(TheVillaAldobrandini)是意大利早期巴洛克园林的代表。16世纪末的红衣主教阿尔多布兰迪尼请建筑师泡塔(G. D. Porta)来设计这座别墅，它坐落于距罗马东17km的弗拉斯卡迪山上。建筑体量很大，室内装饰豪华，一条中轴线贯穿始终，从低处的入口到坡道上的建筑，从建筑后面的水剧场延伸至瀑	

续表

序号	地点	公园名称	公园概况	备注
43	意大利	阿尔多布兰迪尼花园	布。别墅的宏伟立面从大门外依稀可见，三条放射式林荫道从门口穿进果园，将视线引向前方。沿中心林荫道可直接来到一对宽阔的弧形坡道前，上到建筑前部的平台。建筑的立面比较朴实，延伸的两翼布置了两个小塔。这座别墅的室内有价值连城的壁饰。 别墅的后面是长长的挡土墙，墙的凹处形成一处壮丽的水剧场。剧场正面有韵律地设置了表面饰有马赛克和浮石的五个大型壁龛，正中的壁龛中宇宙神用他那有力的双臂负着地球，泉水落到地球上，从四面哗哗溅下。两侧的壁龛里又有一些小龛，里面放置着海神雕塑。最外侧的壁龛中有吹奏乐器的神像，喷水的时候乐器会发出鸣响。在水剧场的盛期，这里还有各种机关水嬉，会在人毫无防备的情况下，突然喷出水来。 从右面参观者可以上到水剧场的上部台地，沿位于轴线上的链式瀑布两侧的台阶可以通向林园。它的入口有两根螺旋形的大柱子，柱子上有马赛克的装饰和环绕柱子的浅浮雕，此处形成整个轴线的高潮	
44	意大利罗马	德·埃斯特花园	1750年伊波利托·埃斯特（K. I. d'Este）被任命为罗马附近蒂佛里的守城官后，建造了这座消夏别墅庄园。园林位于陡峭的山坡上，高差近50m。别墅建筑耸立在制高点，前面是依山建造的有八层台地的园林。由顶层台地上向园外望去，视野非常开阔。园林是几何形的，中轴对称。中轴线两侧种植着几十棵高大的柏树，气势宏伟。层层露台与纵横交错的小路把园林划分为大小不等的方块，这些方块由绿篱环绕，种植着各种常绿树，形成不同的主题。园林中除了常绿树外，几乎没有色彩鲜艳的花卉，很多植物不作修剪，郁郁葱葱、遮天蔽日，尽管园林是几何的，但是却如同一片无际的森林，充满着大自然的情趣	

续表

序号 \ 项目内容 \ 地点	公园名称	公园概况	备注
44 意大利罗马	德·埃斯特花园	园林中最具魅力的是变化无穷的水。德·埃斯特可谓一座水花园,园中处处是水,抽象地再现了大自然中各种水的形态。有急湍的飞瀑,涓涓的小溪,平静的水池,更有奢华的喷泉,如"水风琴"、"水剧场"、"龙泉"和由数百个喷泉组成的"百泉台"	
45 意大利	朗特花园	意大利文艺复兴著名园林——朗特花园(VillaLante)位于罗马以北96km的巴涅阿伊阿(Bagnaia),1568年,年轻有为的红衣主教冈伯拉(G. F. Gambara)请建筑师维尼奥拉(Vignola)设计了这一杰作。朗特花园呈长方形,位于山坡上,面积不足 1hm²,但是设计得非常精致。通过围墙的中心拱门可看见一幅壮丽的花园景象。园内布置着精美的花坛,作为背景的两个别墅建筑,体型完全一致,分列于主轴线的两侧。一条石材铺设的长长坡道爬上树林茂密的山坡,然后消失在茫茫丛林之中。水从山顶的岩洞中沿主轴线奔流而下,展示着从发源地到流入大海的过程。花园结合自然山体的坡度,设置了五个不同标高的露台。这些露台自上而下逐步加宽,视野也逐渐开阔。在下层台地上,凭栏可以鸟瞰广阔的原野。下层台地也是花园的精华,汇集山上跌水的中心水池,象征着海洋。水池中心的小岛上是大喷泉,小岛由水面上的四座桥与水池外的花坛相连,修剪的花坛运用了意大利传统的几何式图案。 在朗特花园中,人控制着自然要素。由雕塑、凉亭、水池、坡道及绿篱花坛组成的花园中,那雷鸣般的瀑布,强劲的喷泉和潺潺的水流令人陶醉。花园追求的风格是宜人、亲切,而不是奢侈与排场	

续表

序号	项目 地点 内容	公园名称	公园概况	备注
46	澳大利亚堪培拉	澳大利亚国立植物园	国立植物园。1949年建立，面积90hm²，活植物种类数6000种。馆藏标本17.5万份。年游客量36.8万人次。植物园位于堪培拉附近的黑山南坡，原来是1935年建立的一个牧场。1951年在Jervis湾无霜害威胁的地方建了一个分园，1970年10月20日正式开放。园内的生态展示部分包括热带雨林、溪谷、岩石园、悉尼地区植物和Mallee灌丛地。热带园林区是本园的主要特色之一，既反映了澳大利亚的地区特色，也是澳大利亚国立植物园研究工作水平的一种反映。Jervis湾分园最美的季节在春季。在这里可以见到在堪培拉不能栽培的不耐寒植物，从巴布亚新几内亚引种的与澳大利亚植物有关连的Vireya杜鹃也栽种在这里。棕榈、蕨类和兰花是这里的主要特色	
47	澳大利亚	帝园	国立植物园。面积400hm²，温室面积1200m²。活植物种类数3700种，其中澳大利亚原产植物2200种。珍稀濒危植物园内收集濒危植物70种，濒危植物36种。有自然植被区262hm²。帝园原名帕斯公园，1901年为纪念英王爱德华七世登基及其子康沃尔和约克公爵、威尔士王子访问澳大利亚而更名为帝园。在帝园之内的天鹅河畔有一个可称为园中园的植物园，开放于1965年，面积为17hm²。这里全年展出西澳大利亚植物，有一个区是东澳大利亚和地中海气候区植物，如加利福尼亚和南非的植物。西澳大利亚12000种植物中，这里已经收集了2000种以上	
48	印度	印度植物园	1787年建立，位于流经加尔各答和豪拉2市的红河岸边。原名东印度公司豪拉植物园，面积曾达124hm²，现有面积110hm²。活植物种类有5000种。特色：经济植物、药用植物、棕榈、竹亚科、兰科露兜树、宝金花、柑橘。馆藏标本150万份。研究工作领域：育种、繁殖、驯化、	

续表

序号	项目 内容 地点	公园名称	公园概况	备注
48	印度	印度植物园	种质保存。印度植物园拥有最广泛的乡土植物和外来植物引种收集圃和濒危植物保存圃。与其他某些园子不同,印度植物园内水泥和砖瓦建筑很少,地面大多覆盖在大树的树冠之下。除了闻名于世的大榕树以外,还以自己丰富的棕榈、竹、露兜树、宝金花收集圃而自豪。其棕榈收集圃是东南亚最大的。1987年时,印度植物园收集的宝金花品种已达141种,它们主要分属2个种:光叶子花(B. glabra)和叶子花(B. spectabilis)。这里还有很好看的兰花和仙人掌收集圃	
49	印度新德里	莫卧儿花园	莫卧儿花园体现了自然式和规则式的结合。花园由三部分组成:第一部分为紧贴着建筑的方花园,这是一个规则式花园,花园的骨架由四条水渠组成,水渠的交叉点上是四个独特的喷泉,以四条水渠为主体,再分出一些小的水渠,延伸到其他区域。外侧是小块的草坪和方格状布置的小花床,形成美丽的园林景观。第二部分是长方形花园,这是整个园中唯一没有水渠的花园。花园平展地以下沉的圆形水池处为结束,这里是花园的第三部分——圆花园,水池外围是众多的分层花台,一排排花卉种植在环行的台地上。莫卧儿花园规则的水渠、花池、草地、台阶、小桥、汀步等的丰富变化都在桥与水面之间60cm内展开。美丽的花卉和修剪树木体现了9世纪的传统,交叉的水渠象征着天堂的四条河流。这里,建筑师运用了现代建筑的简洁的三维几何形式,给予了印度伊斯兰园林传统以新的生命	

续表

序号	地点	公园名称	公园概况	备注
50	荷兰阿姆斯特丹	库肯霍夫花园	它占地 32hm^2，600 多万株各式花卉绘出一幅幅令人惊叹的彩图。世界各处的爱花人每年朝圣般来到这里，徜徉在花海中。"Keuken"是荷兰厨房的意思，而"hof"是指花园。据说这是因当年一名女贵族在园内种植厨房用的香料蔬果的"无心插柳"所赐。后来园景设计家赋予它最初的英式花园雏形，直到花农开始在此举行户外花展深获好评后，才逐步演变为今天举世闻名的库肯霍夫花展。园中的花卉，按规划设计的美丽图案，散植在园内各处，但以荷兰的国花郁金香为主。库肯霍夫花园中展示的郁金香种类颇多，许多色彩并不常见，尤其是色泽如山竹般暗紫带黑色的郁金香，更深受人们喜爱。除了户外的百花齐放外，园区内还另设室内花展，主要是主题性的展出	
51	加拿大	蒙特利尔植物园	于 1931 年创建，占地 73hm^2，收集和栽培植物 21000 种，植物标本 90 万份。园内一处中国风格的庭园，名叫"梦湖园"，它象征着中加文化交流以及上海与蒙特利尔市的友谊。它是一个奇妙的生物世界，不仅有丰富多彩的植物，而且有北美洲独一无二的昆虫馆。该昆虫馆于 1990 年揭幕，收藏昆虫和节肢动物标本，活体共 16000 件。为马里·维克罗林修士创建	
52	加拿大	珀尔森公园	珀尔森公园位于弗农的最南端，是一个集休闲和娱乐的大型公园。在这个公园里，您可以驱车通过蜿蜒的小路寻找到专门在公园东南角开辟出来的日本花园。在这个公园中，鸭子、鹅和鸽子蜂拥在路上，就像是城里高峰期堵的车一样。五棵大柳树分布在公园里的大草坪和其他地方。公园的中央被开辟出一块中等规模的、一端有鹅卵石滩的池塘	

续表

序号	项目 地点	公园名称	公园概况	备注
52	加拿大	珀尔森公园	整个花园是本地的造园风格尝试着与日本风格的结合。池塘位于公园的中央，不利于水的流动循环。池塘的底部，是由相当廉价的水泥做成的，这样一来，池塘看上去就像原先上面有很多桥一样。其实它只是一条水泥的痕迹，第二条与前面所说的那条相邻接。公园中还有松类植物很整齐地矗立着，但它们并不是被特意的种在这里，它们看上去瘦长而笨拙，却比优美的造型感觉还要好。花园位于珀尔森——这个非常大的公园的很少有人游览的角落	
53	西班牙	加那利植物园	西班牙加那利岛地方政府植物园，位于巴利加里省首府帕尔马斯市附近，1952年始建，1959年建成开放。面积 27hm^2，是西班牙最大的植物园，温室面积 150m^2。特色：Macaronesia，特别是加那利岛濒危植物、非洲多浆植物、仙人掌科、铁兰属（Tillandsia）亚热带岛屿濒危植物。主要的专类园和景点有岛屿园、仙人掌和多浆植物园、松树林、聪明泉、月桂林、峭壁小道、沿海植被和池塘	
54	印度尼西亚	茂物植物园	印度尼西亚国立植物园是世界上最古老最著名和最大的热带植物园之一。建于1817年，面积87hm^2。有5个分园，2个在爪哇，2个在苏门答腊，1个在巴厘。总园位于首都雅加达以南约60km处Salak山低坡约海拔235～260m处。这里活植物种类52927种。活植物种类数包括约15000株从印度尼西亚各地收集的本国原产植物和从其他热带国家收集的外来植物。特色种类：兰科、棕榈科、豆科、夹竹桃科、天南星科、茜草科、槟榔、龙脑香科、热带果树、芭蕉科、薯芋科。迁地保存以印度尼西亚濒危果树兰科和热带濒危植物物种为主。馆藏标本200万份。热带植物的引种和利用是本园的主要特色	

续表

序号	地点	公园名称	公园概况	备注
55	新加坡	新加坡植物园	又称新加坡国立植物园。创建于 1859 年,是世界著名的热带植物园之一。面积 47hm^2。植物种类 3000 种。重点收集种类:兰花、棕榈、竹类。有 2 个联合的自然保护区,面积 75hm^2。园内有 0.4hm^2 的自然植被。标本室建立于 1875 年,馆藏标本 65 万份,其中模式标本约 4000 份,主要采自马来群岛。图书馆藏书 20 万册。其主要功能有:(1)重要的热带植物学研究机构。(2)国家公园。新加坡植物园是最被公众接受的满足其绿色文化需求的空间。(3)旅游点。新加坡旅游业发达,植物园是游览的胜地之一	
56	俄罗斯	莫斯科总植物园	国立植物园,位于莫斯科西北部。1945 年 1 月 21 日苏联科学院 220 年院庆时成立,面积 361hm^2,温室面积 9300m^2。属苏联科学院生物学部。活植物种类 2.1 万种。特色:郁金香、鸢尾、唐昌蒲、芍药、热带和亚热带植物、栽培植物。专类区:植物进化区、苏联植物资源区、树木园、有用野生植物区、观赏和绿化植物区、栽培植物区。园内有自然植被 200hm^2,其中有 50hm^2 是受到很好保护的原始森林,主要树种为栎树,树龄大多数已达 100~200 年。馆藏标本 26.7 万份。研究工作领域:分类、园艺、抗性生理、育种、繁殖、引种驯化、生态、生化、解剖。有定期刊物总植物园学报和年报。同时通过与世界上 60 个国家的 650 个植物园、树木园、研究所交换,引进了 32 万份种子,并向国外植物园寄出种子 16.7 万份。树木园占地 76hm^2,栽植乔灌木 3 万株,共 2200 种,植物按属设说明牌。月季收集圃内收集的品种有 3000 多个。温室植物有 2000 多种	

续表

序号	地点	公园名称	公园概况	备注
57	南非	科斯坦布什南非国立植物园	南非国立植物园。1913年建立,面积528hm^2,温室面积610m^2。特色:南非植物。种质保存有Fynbos稀有濒危植物、欧石南、大头苏铁属、石蜡红(Pelargonium)、茅膏菜(Drosera)、鳞茎类、多浆植物、Widdringtonia、Cassine、蕨苏铁(Strangeria)、千岁兰、Agathosma 非洲兰(Disa)、罗汉松、Restionaceae、蕨类。专类园:Protea 园、岩石园、芳香植物园、盲人园、自然小径。有3个协作自然保护区,面积432hm^2,园内还有400hm^{2}的自然植被。馆藏标本30万份。研究工作领域:分类、种子、组培、发芽。年游客量70万人次。南非22000种乡土植物中有三分之一以上可以在植物园看到。盲人小径是一条长约470m,有导盲绳装置的小路,步行约40min的路程,中间有10个可以停留的点,每个点上都设有盲文标牌和可供盲人抚摩的植物。旁边的森林和灌丛中有许多鸣声怪异的鸟类,最吸引人的可能是一种很小的橙胸太阳鸟。该园园景设计富有特色,地方文化色彩浓厚,是一个十分现代化的新型植物园	
58	芬兰	西贝柳斯公园	西贝柳斯公园是赫尔辛基的一大名胜。在公园中树立着一座不锈钢管制成的管风琴的纪念碑及西贝柳斯的铜制头像。每年6月,赫尔辛基都要举办"西贝柳斯节",以这座公园为中心,举办7~10天的各种音乐会,吸引了许多古典乐迷前往。公园开放时间:夏季9:00~20:00;冬季9:30~16:30。免费参观。 西贝柳斯故居坐落在离赫尔辛基38km的耶尔文帕镇附近的乡间。它是一座木结构的两层楼房,建于1904年,芬兰著名作曲家西贝柳斯全家当年9月迁此居住。这位伟大的芬兰音乐家1957年9月20日就是在这里	

续表

序号	项目 内容 地点	公园名称	公园概况	备注
58	芬兰	西贝柳斯公园	长眠不起，离居室 20 余 m，便是他的墓地。他的夫人艾诺 1969 年去世后，同他合葬。这座房屋于 1974 年改为纪念馆。这里松树参天，桦树挺拔。西贝柳斯从 9 岁作曲开始到 92 岁去世，一生谱写了 7 首交响乐，如《芬兰颂》等。人们称赞他的交响乐"具有贝多芬的逻辑、柴可夫斯基的风格"。他和贝多芬、柴可夫斯基、施特劳斯、舒曼等并列为音乐大师，闻名世界乐坛	
59	以色列	总统森林公园	以色列的总统森林公园位于耶路撒冷市郊 30km 处，面积约 7.5km²。建设这座总统森林公园的初衷是为了鼓励、提倡种树绿化。目前，公园已建起三座园林，分别为：纪念以色列前总统赫尔佐克的园林。赫尔佐克总统因在其任期内促成了中以建交，受到了人们的尊敬。另一个是为纪念魏茨曼总统 75 寿辰专门于 1999 年建立的。第三座园林即为占地 1 万 m² 的中以友好林。2000 年 4 月 16 日，正在以色列访问的我国国家主席江泽民在魏茨曼总统陪同下专程来到中以友好林种下了一棵象征和平与友谊的橄榄树，并为纪念碑揭幕。以色列土地贫瘠，气候干旱，早在建国之初，议会就把在全国植树种草立为法律。以色列在干旱的沙漠上创造出农业和绿化的奇迹，为人类征服自然提供了宝贵的经验	

① 英亩＝4048.02m²
② 英里＝1.609344km
③ 英尺＝0.3048m

参 考 文 献

[1] 北京市园林局编. 李嘉乐风景园林文集[M]. 北京：中国林业出版社，2006.
[2] 北京市园林局史志办公室编. 京华园林丛考[M]. 北京：北京科学技术出版社，1996.
[3] 第29届奥林匹克运动会组织委员会组编；中共北京市委宣传部，首都精神文明办公室编撰. 北京奥运会窗口行业员工读本[M]. 北京：北京出版社，2006.
[4] 景长顺. 公园漫步[M]. 北京：中国科学技术出版社，2006.
[5] 景长顺. 讲解心理学[M]. 北京：中国科学技术出版社，2006.
[6] 冯采芹等. 国外园林法规的研究[M]. 北京：中国科学技术出版社，1991.
[7] 国家文物局法制处编. 国际保护文化遗产法律文件选编[M]. 北京：紫禁城出版社，1993.
[8] 公园管理人手册（修订本）. 北京市园林局，2003.
[9] 许浩. 城市景观规则设计理论与技法[M]. 北京：中国建筑工业出版社，2006.
[10]《城市大园林论文集》编审委员会编. 城市大园林论文集[M]. 北京：北京出版社，2002.
[11] 中国园林. 2007年06月.
[12] 上海市绿化委员会；上海市园林局绿化管理处；上海市园林局公园管理处编. 生态园林论文集[M]. 园林杂志社.
[13] 程绪珂，胡运骅. 生态园林的理论与实践[M]. 北京：中国林业出版社，2006.
[14] 王焘，寇怀云. 城市绿化管理学[M]. 北京：中国林业出版社，2002.
[15] 王焘. 园林经济管理学[M]. 北京：中国林业出版社，1978.
[16] 刘乾生. 园林说（原名《园冶》）译注[M]. 长春：吉林文史出版社.
[17] 郦芷若，朱建宁. 西方园林. 郑州：河南科学技术出版社，2002.
[18] 中国公园协会，上海市园林局主编. 中国名园[M]. 上海：上海三联书店，1999.

[19] 北京地方志编纂委员会. 北京志. 市政卷园林绿化志［M］. 北京：北京出版社，2000.
[20] 贺善安，张佐双，顾姻. 植物园学［M］. 中国农业出版社，2005.
[21] 王向荣，夏敏，郁言等. 中国花卉报，2001.

后　　记

　　北京动物园是北京的第一个公园。上海的外滩公园在 1868 年至 1927 年这段时间因为不向中国公众开放，所以它不是"公园"，而是"西人的私花园"。这些观点也许您第一次听到，但这是本书的一个特点。此所谓著者，就是在本书的"公园管理的理论和实践"这一部分中，注入了我对公园的许多新的观点。比如，公园的三个必要条件的观点，游客需求的"五求"（求知、求乐、求美、求奇、求健）的观点，游客需求动力论的观点，境界文化信息的观点，科学管理十项原则的观点，园林及园林文化层次结构的观点，公园管理的法律法规体系的观点，数字公园、创造和谐公园以及游览参观点价值评价的观点、优质服务实现的观点等。这些观点或见解是我的研究成果和创新思考。我愿以我对公园的一颗热诚之心奉献给读者，供大家品评和参考。

　　此书在编著过程中得到了业内许多同志和朋友的支持和帮助：北京动物园园长吴兆铮、副园长王宝强，北京植物园园长张佐双、副园长赵世伟，石景山游乐园总经理刘景旺，原大观园主任林宽等，为本书附录之《中国名园》部分提供了许多重要资料并帮助校阅修改；王来水同志提供中山公园开放初期门票情况；特别是赵世伟博士，看了本书样本后，给我提出了很好的建议，优化了文章的结构，充实了部分的章节，使本书结构更合理。北京市公园绿地协会姚天新、朱杰等同志为本书搜集资料、录入打印等，做了许多工作，从不同方面给予我许多帮助。在本书出版之际，对他们表示衷心的感谢。

2008 年 1 月 9 日